“双一流”建设专业学位研究生教学案例

法律教学案例精选

李伟　主编

中国财经出版传媒集团
中国财政经济出版社

图书在版编目（CIP）数据

法律教学案例精选 / 李伟主编．--北京：中国财政经济出版社，2022.3

（“双一流”建设专业学位研究生教学案例）

ISBN 978-7-5223-1121-0

Ⅰ.①法… Ⅱ.①李… Ⅲ.①法律-研究生-教案（教育）-汇编 Ⅳ.①D9-42

中国版本图书馆 CIP 数据核字（2022）第 030343 号

责任编辑：马 真　　责任校对：张 凡

封面设计：陈宇琰　　责任印制：党 辉

法律教学案例精选

FALÜ JIAOXUE ANLI JINGXUAN

中国财政经济出版社 出版

URL：http：//www.cfeph.cn

E-mail：cfeph@cfeph.cn

社址：北京市海淀区阜成路甲 28 号 邮政编码：100142

营销中心电话：010-88191522

天猫网店：中国财政经济出版社旗舰店

网址：https：//zgczjjcbs.tmall.com

北京时捷印刷有限公司印刷 各地新华书店经销

成品尺寸：185mm×260mm 16 开 35.75 印张 663 000 字

2022 年 4 月第 1 版 2022 年 4 月北京第 1 次印刷

定价：120.00 元

ISBN 978-7-5223-1121-0

（图书出现印装问题，本社负责调换，电话：010-88190548）

本社质量投诉电话：010-88190744

打击盗版举报热线：010-88191661 QQ：2242791300

1. 民法案例

案例1

“与公司对赌”有效系列司法案例*

（民事诉讼实务）

2012年最高人民法院判决的苏州海富诉甘肃世恒案被认为是树立了“与公司对赌无效，与股东对赌有效”的法律规则，但2017年以来一些新的判决反映了“与公司对赌有效”的司法新趋势，包括最高人民法院判决的2017年新方向案、2018年翰霖案，2019年江苏省高级人民法院判决的扬州锻压案。到2019年11月“九民纪要”出台，此类协议趋于全面合法化。

本教学案例旨在帮助学生理解“与公司对赌”的实质正当性，涉及的实体知识点包括“与公司对赌”的分类，对赌协议的作用与本质，新老股东、公司、公司债权人之间的权利义务关系，特别是履行对赌协议与债权人保护的关系；涉及的程序知识点包括公司同意对外担保老股东履行义务或直接签订对赌协议时的程序；在此基础上我们可以思考公司法应以资本信用抑或资产信用为债权人保护的原则，公司法、合同法应如何看待实务中兴起的对赌协议。

* 本案例由中央财经大学法学院副教授缪因知编写。

案例正文

一、第一阶段：“与公司对赌无效”

2012 年最高人民法院再审的苏州海富公司诉甘肃世恒有色资源公司案判决塑造了“与老股东对赌有效，与公司对赌无效”的基本认知，即投资者可以与投资目标公司的老股东对赌，要求他们在无法实现业绩承诺或上市承诺时提供补偿，而不能令目标公司本身补偿。其主要理由是新老股东之间的对赌、补偿、回购协议不损害他人利益，而入股者与公司对赌，意味着“投资可以取得相对固定的收益，该收益脱离了世恒公司的经营业绩，损害了公司利益和公司债权人利益”。2012 年后，主流司法意见采纳了世恒案的观点。

二、第二阶段：公司可以为参与对赌的股东担保，但需要符合担保程序

但最高人民法院 2017 年通联资本公司诉新方向科技公司案判决标志着法院开始认可公司作为担保人承担对赌义务的实质合理性，争议只在于担保程序上。

此案中，当事人约定目标公司老股东在公司不能如期上市时向新股东承担股权回购义务、目标公司承担履约连带责任。一审法院判决目标公司承担连带支付责任。而四川省高级人民法院二审指出私募投资者（新股东）未对目标“公司法定代表人作出的该项意思表示是否经过股东会决议尽到基本的形式审查义务，其不应属于善意的相对人”，目标公司法定代表人的代表行为“不发生法律效力”。

最高人民法院再审则认为，目标公司不是股权回购的义务主体，不产生回购本公司股份或抽逃资本等法律后果；双方把履约连带责任理解为连带担保责任并未加重目标公司承担连带偿付责任的负担。投资者“未能尽到要求目标公司提交股东会决议的合理注意义务，导致担保条款无效，对协议中约定的担保条款无效自身存在过错”，但目标公司章程就对外担保相关事项规定不明，公司法定代表人又越权签订担保协议，公司对担保约定无效的法律后果亦有过错，故在老股东不能履行回购义务时，目标公司承担债务人不能清偿部分 1/2 的赔偿责任。

三、第三阶段：公司为参与对赌的股东担保，符合担保程序的有效

最高人民法院2018年判决的强静延诉瀚霖公司、曹务波等案从实质和程序角度双重认可了公司担保对赌义务的正当性。

本案基本情节是私募股权基金投资者强静延向瀚霖公司注资时，与瀚霖老股东曹务波约定公司若不能如期实现上市，由老股东溢价回购新股东所持股权，瀚霖公司对此承担连带担保责任。一审法院和二审的四川省高级人民法院均认为要求目标公司承担担保责任无效。然而，最高人民法院2018年9月作出的再审判决认定公司担保对赌协议有效性的条件。

在程序事项上，最高人民法院指出相关增资协议已“披露瀚霖公司在增资前已通过股东会决议，各方代表已获得授权签署增资协议及相关交易文件。强静延有理由相信瀚霖公司为曹务波回购股权提供担保的事宜经过了公司股东会决议同意”，论证结论重心在于投资者的主观合理信赖而非已验证股东会决议的客观事实。

而在实质事项上，最高人民法院明确指出即使“并未对担保事项进行股东会决议，但是该担保行为有利于瀚霖公司的自身经营发展需要，并未损害公司及公司中小股东权益”，“公司为他人、为股东、为实际控制人提供了经济担保，对公司和债权人有其积极的一面。强静延高溢价增资入股瀚霖公司，瀚霖公司是最大的获益方，由瀚霖公司提供回购担保也合情合理”。不存在不构成《公司法》第二十条“损害债权人利益”或第三十五条的“抽逃资本”或其他足以导致合同无效的强制性规范。

所以，在给出“有利于公司”的实质认定结论时，法院指出“增资扩股、股权回购、公司担保本身属于链条型的整体投资模式”。而且，本判决强调“合同无效的判定严格遵循法定主义”。

四、第四阶段：公司直接参与对赌协议有效

2019年4月由江苏省高级人民法院再审判决的江苏华工创业投资有限公司诉扬州锻压机床股份有限公司等案（2019年6月公布）中，目标公司不再是为老股东担保对赌义务，而是成为唯一的对赌义务人，并对私募股权投资者承担回购股份义务。

华工公司（合同丙方）与扬锻集团公司（合同乙方）及潘云虎等扬锻集团公司全体股东（合同甲方）于2011年7月6日签订了《补充协议》俗称“对赌协议”，其第一条第一款约定，如扬锻集团公司在2014年12月31日前未能在境内资本市场上市或

主营业务、实际控制人、董事会成员发生重大变化等情形，华工公司有权要求扬锻集团公司回购华工公司所持有的全部股份，扬锻集团公司应以现金形式收购；第二款约定，回购股权价款计算公式为：回购股权价款 = 华工公司投资额 +（华工公司投资额 ×8% ×投资到公司实际月份数/12）－扬锻集团公司累计对华工公司进行的分红；第三款约定：扬锻集团公司、扬锻集团公司原全体股东应在华工公司书面提出回购要求之日起30日内完成回购股权等有关事项，包括完成股东大会决议，签署股权转让合同以及其他相关法律文件，支付有关股权收购的全部款项，完成工商变更登记；第四款约定：若扬锻集团公司、扬锻集团公司原全体股东在约定的期间内未予配合并收购华工公司所持有公司股份，则扬锻集团公司应按华工公司应得回购股权价款每日的0.5‰比率支付罚息，支付给华工公司。该补充协议第一条第一款中明确约定“丙方（华工公司）有权要求乙方（扬锻集团公司）回购丙方所持有的全部乙方的股份，乙方应以现金形式收购”，该款明确股权回购义务的承担主体为扬锻集团公司，未包括该公司股东；第三款、第四款对扬锻集团公司及其11名股东在回购时的相关义务作出了约定。

一审判决认为这一约定令华工脱离公司经营业绩、不承担经营风险而当然获得约定收益，破坏法人财产独立性，故回购约定无效。2017年11月扬州中级人民法院作出的二审判决也认为这一约定有悖于资本维持原则。

但江苏省高级人民法院再审认为：

1. 案涉协议约定的股权回购主体应认定为扬锻集团公司。因《补充协议》并未明确约定扬锻公司原股东是回购主体，亦未对扬锻公司原股东是否应当承担支付回购款的义务作出明确。该《补充协议》第三条关于违约责任的约定，即“本协议生效后，乙方的违约行为导致华工公司发生任何损失，甲方（扬锻集团公司全体股东）、乙方承担连带责任”，亦可印证合同约定的股权回购主体为扬锻集团公司，扬锻集团公司股东对该公司的违约行为承担连带责任。进而，扬锻公司原股东不是回购主体。另外，华工公司在合同约定的股权回购条件成就后，仅向扬锻公司致函要求该公司回购股权，而未向原扬锻集团股东提出回购要求，进一步证明该补充协议约定的回购股权的主体仅为扬锻集团公司。根据上述约定及事实，以合同条款文义及合同条款体系的合理性为依据，原扬锻集团公司股东所应承担的义务应为对回购事宜的履行辅助如参加股东大会、保证回购决议通过等义务，以及在扬锻集团公司发生违约时承担连带责任的担保义务。二审判决认定合同约定的回购主体限于扬锻集团公司，在逻辑上通顺完整，在内容上也使得各条款相互衔接有序，不存在矛盾，也不会造成任何一个条款无意义，并无不当。华工公司认为扬锻集团公司股东系股权回购共同责任主体，不能成立。

2. 扬锻公司新章程未对对赌协议作出变更。2011 年 11 月 20 日，扬锻集团公司召开创立大会，所有股东参加，股东一致表决同意通过新的公司章程。新章程第一条规定：扬锻公司为股份有限公司；第二条规定：本公司章程自生效之日起，即成为规范公司的组织与行为、公司与股东、股东与股东之间权利义务关系的具有法律约束力的文件，对公司、股东、董事、监事、高级管理人员具有法律约束力；第十六条记载华工公司为扬锻公司股东；第二十一条第一款规定，公司在特定情况下可以依照法律、行政法规、部门规章和本章程的规定回购本公司的股份。第二款规定，除上述情形外，公司不进行买卖本公司股份的活动。该章程虽对公司回购股份作出原则性限制，但同时亦载明因符合该章程规定的事由，扬锻公司可以回购本公司股份。该章程第二十一条第一款第一项规定公司可回购本公司股份的事由为"减少公司注册资本"。该规定与《补充协议》约定的股份回购并不存在冲突，即扬锻公司可在不违反《公司法》及公司章程关于股份回购强制性规定的情形下，通过履行法定手续和法定程序的方式合法回购华工公司持有的股份。故扬锻公司等关于公司章程对原对赌协议作出变更的辩解理由不能成立。

3. 案涉对赌协议效力应认定有效。案涉对赌协议签订时扬锻集团公司系有限责任公司，且该公司全体股东均在对赌协议中签字并承诺确保对赌协议内容的履行。该协议约定扬锻集团公司及其原全体股东应在华工公司书面提出回购要求之日起 30 日内完成回购股权等有关事项，包括完成股东大会决议，签署股权转让合同以及其他相关法律文件，支付有关股权收购的全部款项，完成工商变更登记；扬锻集团公司的违约行为导致华工公司发生任何损失，扬锻集团公司及其全体股东承担连带责任。上述约定表明，扬锻集团公司及全部股东对股权回购应当履行的法律程序及法律后果是清楚的，即扬锻集团公司及全部股东在约定的股权回购条款激活后，该公司应当履行法定程序办理工商变更登记，该公司全体股东负有履行过程中的协助义务及履行结果上的保证责任。

江苏省高级人民法院认为：我国《公司法》并不禁止有限责任公司回购本公司股份，有限责任公司回购本公司股份不当然违反我国《公司法》的强制性规定。有限责任公司在履行法定程序后回购本公司股份，亦不会损害公司股东及债权人利益，亦不会构成对公司资本维持原则的违反。在有限责任公司作为对赌协议约定的股份回购主体的情形下，投资者作为对赌协议相对方所负担的义务不仅限于投入资金成本，还包括激励完善公司治理结构以及以公司上市为目标的资本运作等。投资人在进入目标公司后，亦应依《公司法》的规定，对目标公司经营亏损等问题按照合同约定或者持股比例承担相应责任。案涉对赌协议中关于股份回购的条款内容，是当事人特别设立的保护投资人利益的条款，属于缔约过程中当事人对投资合作商业风险的安排，系各方当事人的真实意思表示。他们的约定虽为相对固定收益，但约定的年回报率为 8%，与同期企业融资成本相比并不明显过高，不存在脱离目标公司正常经营下所应负担的经营成本及所能获得的经营业绩的企业正常经营规律。华工公司、扬锻集团公司及全体股东关于华工公司上述投资收益的约定，不违反国家法律、行政法规的禁止性规定，不存在《合同法》第五十二条规定的合同无效的情形，亦不属于合同法所规定的格式合同或者格式条款，不存在显失公平的问题。扬锻公司及潘云虎等关于案涉对赌协议无效的辩解意见，不予采信。扬锻集团公司变更为扬锻公司后，案涉对赌协议的权利义务应由扬锻公司承继，在案涉对赌条款激活后，扬锻公司应按照协议约定履行股份回购义务，潘云虎等原扬锻集团公司股东应承担连带责任。

4. 案涉对赌协议具备履行可能性。2011 年 11 月 20 日，扬锻集团公司股东一致表决通过新的公司章程，明确扬锻公司为股份有限公司。同年 12 月 29 日，扬锻集团公司经工商部门核准变更为扬锻公司。故案涉对赌协议约定的股份回购义务应由扬锻公司履行。扬锻公司作为股份有限公司，不同于原扬锻集团，故华工公司诉请扬锻公司履行股份回购义务，尚需具备法律上及事实上的履行可能。

关于股份有限公司股份回购，《公司法》第一百四十二条第一款规定，公司不得收购本公司股份。但是，有下列情形之一的除外：（一）减少公司注册资本；（二）与持有本公司股份的其他公司合并；……。第二款规定，公司因前款第（一）项至第（三）项的原因收购本公司股份的，应当经股东大会决议；……。第三款规定，公司依照前款规定收购本公司股份后，属于第（一）项情形的，应当自收购之日起十日内注销；……。根据上述规定可知，《公司法》原则上禁止股份有限公司回购本公司股份，但同时亦规定了例外情形，即符合上述例外情形的，《公司法》允许股份有限公司回购本公司股份。本案中，扬锻公司章程亦对回购本公司股份的例外情形作出了类似的规定，并经股东一致表决同意，该规定对扬锻公司及全体股东均有法律上的约束力。《公司法》第三十七条、第四十六条、第一百七十七条、第一百七十九条，已明确规定了股份有限公司可减少注册资本回购本公司股份的合法途径。如股份有限公司应由公司董事会制定减资方案；股东会作出减资决议；公司编制资产负债表及财产清单；通知债权人并公告，债权人有权要求公司清偿债务或提供担保；办理工商变更登记。扬锻公司履行法定程序，支付股份回购款项，并不违反公司法的强制性规定，亦不会损害公司股东及债权人的利益。关于华工公司缴纳的冲入扬锻公司资本公积金部分的本金 2000 万元及相关利息损失，《公司法》第三条第一款规定，公司是企业法人，有独立的法人财产，享有法人财产权。公司以其全部财产对公司的债务承担责任。第二款规定，有限责任公司的股东以其认缴的出资额为限对公司承担责任；股份有限公司的股东以其认购的股份为限对公司承担责任。公司的全部财产中包括股东以股份形式的投资，以及其他由公司合法控制的能带来经济利益的资源，例如借款等。公司对外承担债务的责任财产为其全部财产，即上述资产均应作为对外承担债务的范围。对赌协议投资方在对赌协议中是目标公司的债权人，在对赌协议约定的股权回购情形出现时，当然有权要求公司及原股东承担相应的合同责任。在投资方投入资金后，成为目标公司的股东，但并不能因此否认其仍是公司债权人的地位。投资方基于公司股东的身份，应当遵守公司法的强制性规定，非依法定程序履行减资手续后退出，不能违法抽逃出资。而其基于公司债权人的身份，当然有权依据对赌协议的约定主张权利。《公司法》亦未禁止公司回购股东对资本公积享有的份额。案涉对赌协议无论是针对列入注册资本的注资部分还是列入资本公积金的注资部分的回购约定，均具备法律上的履行可能。

扬锻集团公司在投资方注资后，其资产得以增长，而且在事实上持续对股东分红，其债务承担能力相较于投资方注资之前得到明显提高。扬锻公司在持续正常经营，参考华工公司在扬锻公司所占股权比例及扬锻公司历年分红情况，案涉对赌协议约定的股份回购款项的支付不会导致扬锻公司资产的减损，亦不会损害扬锻公司对其他债务人的清偿能力，不会因该义务的履行构成对其他债权人债权实现的障碍。相反，华工公司在向扬锻集团公司注资后，同时具备该公司股东及该公司债权人的双重身份，如允许扬锻公司及原扬锻集团公司股东违反对赌协议的约定拒绝履行股份回购义务，则不仅损害华工公司作为债权人应享有的合法权益，还会对华工公司股东及该公司债权人的利益造成侵害，有违商事活动的诚实信用原则及公平原则。案涉对赌协议约定的股份回购条款具备事实上的履行可能。

5. 扬锻公司应承担责任的范围。华工公司实际于2011年7月20日缴纳列入注册资本的200万元及列入资本公积金的2000万元。2014年11月25日，华工公司书面要求扬锻公司回购股份。结合对赌协议关于股份回购条款激活时限为2014年12月31日，股份回购履行期限为30日的约定，扬锻公司应自2015年1月30日前履行回购义务。回购价款依协议约定应为：华工公司投资额2200万元+（华工公司投资额2200万元×8%×投资到公司实际月份数42.4个月/12）－扬锻集团累计对华工公司进行的分红3019530.86元，计25199135.81元。因扬锻公司未在约定期限内履行股份回购义务，还应按照《补充协议》的约定按华工公司应得回购股权价款每日的0.5‰比率支付罚息，结合华工公司一审诉讼请求范围，该逾期付款利息应以2200万元为本金按每日0.5‰自2015年1月31日起计算。根据《公司法》关于股份有限公司股份回购所涉召开董事会、股东大会、通知公司债权人及办理回购股份的注销事宜、办理工商登记变更等事项的规定，扬锻公司确需一定的期限完成法定程序，以确保该公司在履行义务过程中不发生违反法律规定进而损害公司股东及其他债权人利益的事项发生。但案涉对赌协议约定的股份回购条款已于2014年12月31日激活，扬锻公司及潘云虎等有充分时间按约完成与股份回购有关的作出股东会决议、制定回购方案、完成工商登记变更等事项，但时逾数年仍未履行。基于扬锻公司的违约情形，本院确定上述款项支付时间为判决生效后10日内。扬锻公司还应依《公司法》的规定履行完成工商登记变更等相应法定程序。

《补充协议》第三条约定：扬锻集团公司的违约行为导致华工公司发生任何损失，扬锻集团公司及其股东承担连带责任。该协议经扬锻集团公司原全体股东签字。故扬锻集团公司原全体股东潘云虎等对上述扬锻公司应承担的义务承担连带清偿责任。

综上所述，江苏省高级人民法院判决撤销一、二审判决，扬锻公司于判决生效之日起10日内支付华工公司股份回购款25199135.81元及以2200万元为本金按每日0.5‰计算的逾期付款利息，自2015年1月31日起计算至本判决生效之日止；潘云虎等股东承担连带清偿责任；驳回江苏华工创业投资有限公司的其他诉讼请求。

可见，按照这种司法观点，对导致减资的股份回购义务事由的文义表达方式要求被大幅度放松，任何符合其他合法要件的回购约定均可以在减少资本的结果性事由下得到解释。

但由于公司回购减资的过程并非一个简单动作，不便由法院强制执行，所以判决未直接涉及。尽管法院承认公司需要有一定的时间作出股东大会决议、制定回购方案、完成工商登记变更等才能实现回购，可因为这是公司自行违约所致，故而法院在计算违约责任赔偿金额时也不再给公司的这些准备活动以时间。

案例使用说明

一、教学对象及目标

本案例供法律硕士案例教学使用，法学本科大四学生、法学硕士生（民商法、经济法）、法学博士生均可参酌使用。

本案例希望令学生对对赌协议以及司法者应当如何认知对赌协议有所认知，在此基础上深化对公司债权人保护以及如何平衡公司相关各利益方的动态认识。

具体需要学生掌握法律适用问题包括：对赌协议的分类、对赌协议的作用、判定对赌协议效力的相关法律规范、公司治理机制对对赌协议的影响、对赌协议与债权人保护的关系。

可以拓展思考的深层次和前瞻性的法律问题包括：对赌协议与新型金融工具、新型金融法律范畴的对比；债权人保护中的资本信用原则与资产信用原则适用；如何借鉴美国等发达国家的司法经验，推进以溢余概念为中心的、对公司清偿能力的精细化的财务分析，将公司对股东的支付义务之履行，放置在一个动态的环境中；如何既鼓励投资方对实体企业特别是科技创新企业投资，缓解企业融资难，又贯彻资本维持原则和保护债权人合法权益原则，平衡好投资方、公司股东、公司以及公司债权人之间的利益。

二、教学内容

结合案情，具体需要完成的教学知识点和要解决的法律问题包括：

（一）法律适用问题

1. 对赌协议的基本内容：

（1）对赌目标：公司未来业绩达标或实现上市。

（2）对赌方式：股权回购或现金补偿。

2. 认定对赌协议无效的法律依据。

3. 认定对赌协议有效的法律依据。

（二）法理基础问题

1. 认定对赌协议无效的基本法理：债权人保护。

2. 认定对赌协议有效的基本法理：股东自治。

3. 对赌协议“钱进钱出”的整体性。

4. 对赌协议与新型金融工具、新型金融法律范畴的对比。

5. 公司治理与对赌协议正当性的关系。

三、教学预期效果

1. 令学生掌握对赌协议的实务和司法实践，深入分析相关法律规范适用的理由与限度。

2. 令学生反思公司债权人保护的法理与路径。

3. 令学生学会综合考量公司治理等相关制度与公司合同的有效性的关系，学会思考如何平衡公司各相关主体的利益。

四、教学计划

（一）“与公司对赌”协议的基本分类与产生背景

【教学法条】2019年11月《全国法院民商事审判工作会议纪要》第二（一）部分

【教学内容】

1. 主体分类：公司直接参与对赌型，老股东参与对赌、公司为老股东担保型。

2. 目标分类。

3. 方式分类。

4. 对赌协议的产生背景：一股一权体制、投资资金大部分进入公积金而非资本金、财务造假盛行的问题等。

【需回答的本案争点】

相关案例的归属分类。

（二）认定“与公司对赌”协议无效的传统法理反思

【教学法条】《公司法》第二十条、第三十五条，《合同法》第五十二条

【教学案例】苏州海富诉甘肃世恒案，（2012）民提字第11号

【教学内容】

1. 对赌协议是否属于收取固定利益。

2. 对赌协议是否属于抽逃出资、是否损害了债权人利益。

3. 合同无效认定规范的正确适用。

【需回答的本案争点】

1. 签订对赌协议的投资者的收益是可变的，还是固定的？例如，若目标公司实现对赌目标时，投资者的收益为何？

2. 若认定对赌合同无效，是应该仅将股东要求回购或补偿的请求认定为无效，还是将合同关系整体重新定性（如认定为借贷）？

（三）认定“公司为老股东担保对赌”协议有效的法理

【教学法条】《公司法》第十六条

【教学案例】通联资本管理有限公司诉成都新方向科技发展有限公司案，（2017）最高法民再258号

【教学内容】

1. 实质理由：对对赌的整体价值的考察。

2. 程序理由：对公司合法决策程序的考察。

【需回答的本案争点】

1. 新方向案判决和瀚霖案判决结论不同的原因何在？

2. 尽管本案事实层面中，瀚霖公司确实未能反证未通过担保决议，但公司若如新方向案那般未有效通过担保协议，法院还可能认定担保有效吗？

3. 公司为老股东担保后，公司是单纯减少了部分财产，还是这部分财产变换为了其他形式？

（四）认定“公司直接对赌”协议有效的法理

【教学法条】《公司法》第一百四十二条、2019年11月《全国法院民商事审判工作会议纪要》第5点

【教学案例】强静延诉曹务波、翰霖公司等案，（2016）最高法民再128号

【教学内容】

1. 意思自治原则的适用。

2. 公司减资规则对公司履行回购义务的意义。

【需回答的本案争点】

扬州锻压案判决的法理创新体现为何处？

（五）公司清偿能力规则的提炼

【教学法条】《公司法》第二十条

【教学案例】华工公司诉扬州锻压公司案，（2017）苏 10 民终 2380 号 \ （2019）苏民再 62 号

【教学内容】

1. 公司履行对赌义务对债权人利益的可能影响。

2. 股东利益与债权人利益冲突时的应对规则。

3. 资本信用原则与资产信用原则。

4. 公司清偿能力规则的提炼。

5. 对比：美国《修订示范商事公司法》与 Thought Works 案判决。

【需回答的本案争点】

扬州锻压案的判决书分析公司分红历史的意义何在？若要更为细化的说理，应如何着手？

五、课堂教学安排

本课程内容曾经在中央财经大学法学院法律硕士《经济法疑难案例》课程中试行，可安排 4 个课时。如果教师希望对对赌协议的司法认知原理作更深入的阐述，可以安排 6 个课时。

1. 课前准备。本案涉及复杂商事交易和前沿学术理论，教师和学生都需要具有一定的公司法律知识，才能理解法律关系中的疑难点，推荐安排学生事前阅读判决书和参考文献。

2. 课中组织。建议由教师首先阐述基本交易结构，再提出问题，引导学生对交易的法律结构予以思考。若学生中出现不同意见，可由教师对争点和意见进行归纳。

学生回答出现错讹时，教师可以予以启发。学生回答在正确的路径上时，教师可以施加压力，展开辩驳，以令学生增进正反理解。

六、思考题和实践题

1. 法律适用的思考题

（1）若对赌协议可能损害公司或债权人利益，公司其他股东或债权人有哪些事后的法律救济手段？这种事后的损害赔偿救济和宣告合同无效的方式，哪个方式更优？

（2）新方向案、瀚霖案、扬锻案的特定类型事实只涉及如期上市承诺和回购股权，若他们约定的是业绩达标承诺或现金补偿，则被法院认定有效的可能性为何？

（3）能否认为翰霖案判决体现了一种“整体性”的思维？

（4）2019年11月《全国法院民商事审判工作会议纪要》相关规定对上述判决是存在延续性，还是有所不同？

2. 制度延伸性思考题

（1）如果否认对赌协议的合法性，会对投融资行业产生怎么样的影响？

（2）如果肯认对赌协议作为新法律范畴的性质，可以如何认定相关权利的法律特性？

（3）对具有股债混合性质的权利，法律应当在多大程度内承认其合法性？

（4）本课程讨论的相关判决，对于其他类型的合同效力争议，是否存在启示？翰霖案判决强调“合同无效的判定严格遵循法定主义”，其法理是否可能具有外溢适用力？

3. 实践题

阅读一份对赌协议的实例，并分别就协议双方的立场，阐述应当在事前缔约时注意的问题，或在诉讼中可以强调或新提出的论证理由？

参考文献

[1] 最高人民法院民二庭第5次法官会议纪要．最高人民法院民事审判庭第二庭法官会议纪要，人民法院出版社，2018.

[2] 张巍．资本的规则［M］．北京：中国法制出版社，2017.

[3] 唐英．甘肃“对赌协议案”判决之评析：以法律方法的运用为视角［J］．法学论坛，2015（1）.

[4] 彭冰．“对赌协议”第一案分析．北京仲裁，2012（81）.

[5] 符望．对PE估值调整协议效力的再思考．证券法苑（第八卷）［M］．北京：法律出版社，2013：348.

[6] 季境．私募股权投资中股权价格调整条款法律问题探究［J］．法学杂志，2014（4）.

[7] 许德风．公司融资语境下股与债的界分［J］．法学研究，2019（2）.

[8] 刘燕．对赌协议与公司法资本管制：美国的实践及启示［J］．环球法律评论，2016（3）.

[9] 黄辉．公司资本制度改革的正当性：基于债权人保护功能的法经济学分析［J］．中国法学，2015（6）.

[10] 邹海林，陈洁．公司资本制度的现代化［M］．北京：社会科学文献出版社，2014.

相关司法文书

海富诉世恒案判决书，最高法院（2012）民提字第 11 号判决书

通联资本管理有限公司诉成都新方向科技发展有限公司案判决书，（2017）最高法民再 258 号

强静延诉瀚霖公司、曹务波等案判决书，（2016）最高法民再 128 号

华工公司诉扬州锻压公司等案判决书，扬州市邗江区法院（2016）苏 1003 民初 9455 号、扬州市中级人民法院（2017）苏 10 民终 2380 号、江苏省高级人民法院（2019）苏民再 62 号

案例 2

陈发树诉云南红塔股权转让纠纷案

——国有股转让审批要求对合同效力的影响*

（民事诉讼实务）

本案例以轰动我国资本市场的一起真实的巨额国有股转让纠纷为蓝本。

2009 年 1 月，中国烟草总公司批复同意云南红塔集团公司转让所持云南白药公司 12% 的国有法人流通股。2009 年 9 月，云南红塔与陈发树签订股份转让协议，陈发树支付了转让款 22 亿元后，相关股份却一直未能过户。

2011 年 12 月陈发树向云南省高级人民法院起诉云南红塔，请求确认合同有效和云南红塔的违约责任。2012 年 1 月，中国烟草总公司批复称“为确保国有资产保值增值，防止国有资产流失”，否决了此次转让。2012 年 12 月，陈发树一审败诉；2014 年 7 月最高人民法院二审判决认定该协议“属于应当办理批准手续的合同，但未能得到有权机关批准，故应依法认定为不生效合同”，撤销一审判决，判令云南红塔向陈发树返回本金，并按同期人民银行贷款利率计算利息，驳回陈发树的其他诉讼请求。2015 年 5 月原告再审请求被驳回。

此案不仅涉及了几十亿元的资金，相应股权在争议期间的市值最高时（2013 年 10 月底）更是接近 80 亿元，两审诉讼费用将近 3400 万元，一时被媒体称为“史上最大股权纠纷”。

---

* 本案例由中央财经大学法学院副教授缪因知编写。

本案例围绕国有股出让的各环节展开，涉及的实体知识点包括对国有股转让协议的效力认定、国有股出让审批主体的认定等，涉及的程序知识点包括行政救济程序和民事救济程序的关系处理、不同阶段诉讼请求的调整等。本案例涵盖民商事合同的缔结、审批，民事诉讼一审、二审、再审，兼及行政复议、行政诉讼。

案例正文

2009 年 1 月，中国烟草总公司（以下简称中烟）批复同意云南红塔集团有限公司（以下简称云南红塔）以公开征集受让方之方式整体协议转让所持深圳证券交易所上市公司云南白药集团股份有限公司全部 12% 的非控制性、无限售国有法人流通股，要求云南中烟工业有限责任公司（以下简称云南中烟）依该批复指导云南红塔按《国有股东转让所持上市公司股份管理暂行办法》和《上市公司解除限售存量股份转让指导意见》的规定进行股份转让。2009 年 8 月，云南白药先后发布了《关于云南红塔集团有限公司拟整体协议转让所持云南白药股权的提示性公告》《公开征集受让方的公告》。

2009 年 9 月，云南红塔与陈发树签订股份转让协议，前者将其持有的全部云南白药股份转让给陈发树个人。根据协议约定，陈发树于 5 个工作日内一次性支付了转让款 22 亿元，但相关股权却一直未能过户。因反复催促无效，2011 年 12 月陈发树向云南省高级人民法院起诉云南红塔，请求确认合同有效和云南红塔的违约责任。

2012 年 1 月，中烟《关于不同意云南红塔集团有限公司转让所持云南白药集团股份有限公司股份事项的批复》（中烟办〔2012〕7 号）称，“为确保国有资产保值增值，防止国有资产流失”，否决了此次转让。云南中烟等据此逐级作出了不同意批复。

2012 年 12 月，陈发树一审败诉，法院确认合同有效，但由于转让协议“未获得有权国有资产监督管理机构批准”，而驳回原告要求的继续履行合同请求和其他全部诉讼请求。陈发树上诉。2013 年 4 月二审开庭，12 月最后一次开庭。2014 年 7 月最高人民法院经审判委员会讨论决定，作出（2013）民二终字第 42 号民事判决书[①]，认定该协议“属于应当办理批准手续的合同，但未能得到有权机关批准，故应依法认定为不生效合同”，撤销一审判决，判令云南红塔向陈发树返回本金，并按同期人民银行贷款利率计算利息，驳回陈发树的其他诉讼请求。

① 二审判决书全文于 2014 年 12 月 26 日被上传至最高人民法院中国裁判文书网。其他诉讼相关文件似未正式公开。案情进展相关公告可见深圳证券交易所网站信息披露栏目云南白药公司部分 http：//disclosure. szse. cn/m/drgg. htm。

案例使用说明

一、教学对象及目标

本案例供法律硕士案例教学使用，法学本科大四学生、法学硕士生（民商法、经济法、行政法、民事诉讼法）、法学博士生均可参酌使用。

本案例希望令学生充分认识国有股转让的行政审批要求对合同效力的影响，以及思考原被告代理律师应当如何为本方寻找有利的争点和诉讼策略。

具体需要学生掌握法律适用问题包括：什么类型的国有股转让协议需要审批方能生效？哪些行政主体具有对国有股转让协议的审批权？我国当前实行国有股转让审批的逐级向上报告体制，上级国有企业主体是否有中途否决审批请求的权利/权力？

诉讼策略问题包括：由于第三人不履行导致的合同纠纷中，第三人在诉讼中可能的地位，合同当事人可以就此展开的抗辩和反抗辩，合同不能履行时受害方对救济方式的选择，民行交叉案件中，民事和行政诉讼提起的先后顺序考量。

二、教学内容

结合案情，具体需要完成的教学知识点和要解决的法律问题包括：

（一）法律适用问题

1. 什么类型的国有股转让协议需要审批？什么类型的国有股转让协议需要审批后，合同才会生效？

2. 哪些行政主体具有对国有股转让协议的审批权？各级政府、各级国资委、财政部等的分权。

3. 我国当前实行国有股转让审批的逐级向上报告体制，上级国有企业主体是否有中途否决审批请求的权利/权力？上级国企和国资监督管理机构的功能区分。

4. 上级国有企业主体中途否决审批请求的法律后果为何？

5. 在法律法规未对审批及审批报送时效作出明确时限规定的情况下，相关主体长期拖延是否会产生法律责任？

（二）诉讼策略问题

1. 由于第三人不履行导致的合同纠纷中，第三人在诉讼中可能的地位。

2. 由于第三人/上级单位不履行导致的合同纠纷中，合同当事人可以就此展开的抗辩和反抗辩。

3. 合同不能履行时，受害方对救济方式的选择（继续履行、违约赔偿、缔约过失责任等）。

4. 民行交叉案件中，民事和行政诉讼提起的先后顺序考量。

三、教学预期效果

1. 令学生掌握合同生效与前置审批效果的关系。

2. 令学生理解当前的国有股转让审批体制，及司法机关对之的认识。

3. 令学生学会从复杂的法律关系中辨析民事和行政关系。

4. 令学生增强与国有企业进行商事谈判之法律风险的感性认识。

四、教学计划

1. 什么类型的国有股转让协议需要审批？什么类型的国有股转让协议需要审批后，合同才会生效？

【教学法条】《合同法》第四十四条、《企业国有资产法》、《企业国有资产监督管理暂行条例》（第二十三、第二十四条为重点）、《企业国有产权转让管理暂行办法》、《国有股东转让所持上市公司股份管理暂行办法》（第十四条为重点）。

【教学内容】

（1）令学生熟知国有资产转让领域的法律法规规章。

（2）令学生对《合同法》的一般性规定和法规规章的特殊性之关联产生理性认识，对《合同法》第四十四条第二款规定的“法律、行政法规规定应当办理批准、登记等手续生效的，依照其规定”产生具体的认知。

【需回答的本案争点】系争合同是否已经生效？

2. 哪些行政主体具有对国有股转让协议的审批权？各级政府、各级国资委、财政部等的分权。

【教学法条】《企业国有资产法》、《企业国有资产监督管理暂行条例》（第二十

三、第二十四条为重点)、《企业国有产权转让管理暂行办法》、《国有股东转让所持上市公司股份管理暂行办法》(第十四条为重点)、《财政部关于烟草行业国有资产管理若干问题的意见》、《金融企业国有资产转让管理办法》。

【教学内容】

(1) 令学生理解不同行业的国有资产监督管理主管机构的区别(一般行业、金融行业、烟草行业)。

(2) 令学生理解国有资产管理中中央和地方之间的纵向分权、中央部委之间的横向分权、国有监督管理机构的代理人和分委托人的双重角色。

【需回答的本案争点】系争合同应报送哪个机构审批?

3. 我国当前实行国有股转让审批的逐级向上报告体制,上级国有企业主体是否有中途否决审批请求的权利/权力?上级国企和国资监督管理机构的功能区分。

【教学法条】《公司法》、《企业国有资产监督管理暂行条例》第四条、第六条、第二十三条、第二十四条,《国有股东转让所持上市公司股份管理暂行办法》第十四条。

【教学内容】

(1) 令学生学会比较普通公司股东和国企出资人权利的不同。

(2) 令学生理解国有资产出资人职责,所谓“权利、义务和责任相统一,管资产和管人、管事相结合”的内涵。

(3) 令学生学会区分出资人权利和国有资产监督管理权的区别和联系。

【需回答的本案争点】中烟是否有权否决本案合同?

4. 国有企业上级主体中途否决审批请求的法律后果为何?

【教学法条】《合同法》第六十五条、第一百二十一条,《民法通则》第一百一十六条。

【教学内容】

(1) 令学生掌握第三人履行合同的法律后果。

(2) 令学生对上级政府部门/股东/实际控制人与合同当事人、合同的关系产生清楚的认识。

【需回答的本案争点】

(1) 被告提出,中烟否决审批请求,可视为合同解除。此说法是否成立?

(2) 中烟否决审批请求,是否导致红塔承担违约责任?

5. 在法律法规未对审批及审批报送时效作出明确时限规定的情况下,相关主体长期拖延是否会产生法律责任(公法责任、私法责任)?

【教学法条】《国有股东转让所持上市公司股份管理暂行办法》第十四条、第十六条、第二十七条、《行政许可法》第四十二条。

【教学内容】

（1）令学生学会区分对合同的不履行和不适当履行，在定性思维之外培养定量思维。

（2）令学生能区分“明显不适当的行为”和“违法行为”，有效判定相关行为的性质和责任。

（3）令学生增强对附随义务、从给付义务的认识。

【需回答的本案争点】中烟在28个月后才对审批请求作出处理，是否令红塔产生缔约过失责任？

6. 由于第三人不履行导致的合同纠纷中，第三人在诉讼中可能的地位。

【教学法条】最高法院2009年《关于适用〈合同法〉若干问题的解释（二）》第十六条。

【教学内容】

（1）令学生理解第三人的分类、第三人加入诉讼的作用和局限性。

（2）令学生明白第三人加入诉讼的程序性因素和第三人是否承担责任的实体性因素的区分。

【需回答的本案争点】

（1）原告申请把中烟加入诉讼，在诉讼策略上如何评价？

（2）法院否决把中烟作为第三人的理由是否成立？

7. 由于第三人/上级单位不履行导致的合同纠纷中，合同当事人可以就此展开的抗辩和反抗辩。

【教学内容】

原告：应强调第三人与被告的特殊关系、自身对被告及第三人的信赖、被告与第三人如何分工属于其内部事项。

被告：应强调自身与第三人是不同的主体、自身不能控制第三人行为；第三人的行为是符合法律法规的。

【需回答的本案争点】

（1）原告提出揭开法人面纱，是否有法律依据？

（2）本案合同签订前，中烟对股权出让的同意性批复应作何等认识？

（3）本案合同签订前，中烟对股权出让作出同意性批复后，红塔才开始征集受让方，而中烟后来的否定性批复中并未提及对陈发树个人的质疑。此等事实哪些有利于原告，哪些有利于被告？

8. 合同不能履行时，受害方对救济方式的选择（继续履行、违约赔偿、缔约过失责任等）。

【教学内容】令学生学会兼顾法律关系定性与实现当事人利益最大化。

【需回答的本案争点】

（1）原告为何一边主张合同有效，一边却仍然同意经受具有不确定性的审批？

（2）原告在诉讼提出可以只获得标的股份的升值金额，而不再坚持获得股份，这种权利请求在合同法中如何定性？

（3）如果原告或被告一开始就主张合同不生效，则原告就此主张缔约过失责任是否可能比主张违约责任更有利？

9. 民行交叉案件中，民事和行政诉讼提起的先后顺序考量。

【教学内容】令学生掌握现实中行政行为介入民事交易后可能引发的多重法律关系及解决方式，包括政企合一的机构的定性；行政复议、行政诉讼与民事诉讼之间可能的牵连。

【需回答的本案争点】

（1）原告为何暂停民事诉讼进程而提起对中烟批复行为的行政复议和行政诉讼？如果无此举措，将可能产生何种影响？

（2）如果国家烟草局或北京市第一中级人民法院认为批复属于合法行政行为，将会对民事判决产生何等影响？

（3）原告方是否有可能先行起诉中烟？

五、课堂教学安排

本课程内容曾经在中央财经大学法学院2014级法律硕士（法本）《经济法疑难案例》课程中试行，可安排6个课时。上述9大部分，酌情每个部分安排1—2个学时。如果学生能够充分参与讨论，则可以安排更多的课时。

1. 课前准备。本案例案情虽不复杂，但涉及法律关系的疑难点，推荐安排学生事前阅读判决书、相关法条和文献。

2. 课中组织。建议由教师提出问题，令学生回答，最好在学生中出现不同意见，然后由教师对争点和意见进行归纳。

学生回答出现偏差时，教师应当予以引导。学生回答在正确的路径上时，教师可以施加压力，增加辩驳，以令学生增进正反理解。

六、思考题和实践题

1. 本案综合思考题

（1）本案合同陈发树方的代理人唐骏在事后广受谴责，被认为签合同时过于草率，对此应如何认识？

（2）如果本案双方约定在批准获得后，再支付股份转让款，则对本案合同定性是否会有影响？对本案责任承担是否会有影响？

（3）本案虽然只有原告上诉，但一审判决是否有对其有利之处？如有，代理人应当如何抓住此有利之处？

（4）本案一审判决原告承担全部诉讼费用，二审判决原告承担40%，此中可能的考量因素何在？

（5）本案判决合同不生效后，由被告按照贷款利率标准返还原告的股份价款，此中可能的考量因素何在？如果按照存款利率返还，是否合理？这与法院判决中对原被告行为的定性是否有关？

2. 制度性思考题（多角色转换分析）

（1）国有股出让和非国有股出让的不同。律师在起草相关协议时，应当额外注意哪些事项？

（2）国有企业的法务及代理律师应当如何减少股权出让方的法律风险？

（3）非国有企业的法务及代理律师应当如何减少股权受让方的法律风险？

（4）证券交易场所的法务应当如何减少国有上市公司股份转让协议长期搁置造成的法律风险？

3. 扩展思考题（类似情境比较分析）

双方约定或法定合同需要报批时，会遭遇应负报批义务的一方拖延不报批的问题，对此最高人民法院2009年《关于适用〈合同法〉若干问题的解释（二）》第八条、最高人民法院《关于审理外商投资企业纠纷案件若干问题的规定（一）》第五条和第六条，作了规定。请阅读相关规定，回答如下问题：

（1）此些规定的主旨何在，对传统合同理论作了何等突破？

（2）此些规定中对拖延不报批方的责任设定属于何种责任性质？

（3）此些规定对国有股转让协议报批活动有何启示？是否有可比性？

4. 实践题

（1）请单独或2人小组为本案原告撰写起诉书。

（2）请单独或 2 人小组为本案原告撰写上诉书，并指出上诉书和起诉书是否有重心上的不同。

（3）单独或 2 人小组为本案被告撰写答辩书。

（4）如果你不赞同本案判决，请尝试撰写再审申请书。

（5）如果你不赞同本案判决，请根据你的立场尝试撰写判决书。

5. 课程延伸技能培养

（1）利用证券交易所的网站平台，查询上市公司相关公告的能力。

（2）本案中最高人民法院的判决引发了一些争议，例如著名学者刘凯湘教授曾作为复审申请代理人参与此案，并组织多名权威专家（包括王保树、崔建远、杨立新、赵旭东、李永军、钱明星、王轶、张广兴等）参与的研讨会对本案提出了不同看法。对此案予以实事求是的分析，可以培养学生对最高人民法院的祛魅感，减少机械记忆最高人民法院判决要旨的被动学习方式，也能对我国司法现实中大量的再审申请之必要性有感性认识。

参考文献

［1］缪因知．国有股转让协议审批要求对合同效力之影响［J］．中外法学，2015（5）．

［2］蔡立东．行政审批与权利转让合同的效力［J］．中国法学，2013（1）．

［3］汤文平．批准生效合同报批义务之违反、请求权方法与评价法学［J］．法学研究，2014（1）．

［4］吴光荣．行政审批对合同效力的影响：理论与实践［J］．法学家，2013（1）．

［5］汤文平．批准（登记）生效合同、申请义务与缔约过失：合同法解释（二）第 8 条评注［J］．中外法学，2011（2）．

附　件

最高人民法院民事判决书（2013）民二终字第 42 号

案例 3

环保科技公司与大拇指公司股东出资纠纷案*

（民事诉讼实务）

本案例以一起真实的外商独资企业出资纠纷为蓝本，围绕外资企业的董事长和法定代表人的变更展开。通过对本案一审、二审的分析，首先从国际私法角度出发，适用冲突规范确定准据法，进而适用外国法的查明确定具体的法律规范；其次，根据外商投资企业的法律特点，分析外资审批的效力，确定本案应如何适用外商投资企业法与公司法；最后，根据公司法的原则与具体规定，解决股东委派的法定代表人与工商登记的法定代表人应如何认定的问题。本案例不仅能够帮助学生了解涉外民商事案件的特点，还帮助学生理解外商投资企业法与公司法的异同，对涉外民商事案件的处理具有典型意义。

* 本案例由中央财经大学法学院教师沈健编写。

案例正文

一、本案事实

（一）本案的当事人

原告：大拇指环保科技集团（福建）有限公司（以下简称大拇指公司），系 2004 年在中国设立的外商独资企业，企业类型为外国法人独资的有限责任公司，该公司股东为中华环保科技集团有限公司。

被告：中华环保科技集团有限公司（SINO – ENVIRONMENT TECHNOLOGY GROUP LIMITED）（以下简称环保科技公司）。环保科技公司于 2001 年在新加坡注册成立，公司类别为有限股份上市公司，系大拇指公司的唯一股东。

（二）大拇指公司的增资过程

2008 年 6 月，大拇指公司经福建省对外贸易经济合作厅批准，投资总额由 2.3 亿元人民币（以下币种同）增至 5 亿元，注册资本由 1.3 亿元增至 3.8 亿元。增资部分全部由环保科技公司以等值外汇现金投入，首期缴付不低于 20% 的新增注册资本，增资部分分期至 2010 年 8 月 3 日缴清。

2008 年 7 月，环保科技公司向大拇指公司缴纳了首期增资款 5000 万余元；2009 年 5 月，环保科技公司缴纳了第二期增资款 466 万余元。至此，大拇指公司实收注册资本为 1.85 亿余元。

2010 年 8 月，大拇指公司向福州市中级人民法院（以下简称福州中院）提起诉讼，请求判令环保科技公司先行支付增资款 4900 万元。后此案一审和二审均判决支持了大拇指公司的诉讼请求，环保科技公司履行了判决，支付了 4900 万元增资款。

2012 年 3 月大拇指公司办理了营业执照变更登记，变更后，大拇指公司的注册资本为 3.8 亿元，实收资本 2.34 亿余元。据此，大拇指公司向福建省高级人民法院（以下简称福建高院）提起诉讼，请求判令环保科技公司履行股东出资义务，缴付增资款 4500 万元。

（三）大拇指公司董事、法定代表人的变更

环保科技公司于2001年在新加坡注册成立，系大拇指公司的唯一股东。2010年6月，新加坡高等法院作出法庭命令，裁定环保科技公司进入司法管理程序，委任Simon先生和余明缘女士为环保科技公司的共同及个别司法管理人，主管公司的日常事务、业务及财产，以便对公司进行整顿或者保留其全部或部分业务以便公司可持续经营，及（或）取得比解散企业更有利的企业资产变现等。此后，司法管理人先后两次对大拇指公司的法定代表人作出调整：2011年1月，环保科技公司的司法管理人作出书面决议，将大拇指公司的法定代表人田垣变更为何昱均，将董事田垣、潘成土、陈斌变更为Simon、余明缘、何昱均。2012年3月，环保科技公司的司法管理人再次作出书面决议和任免书，免去何昱均大拇指公司董事长及法定代表人职务，委派保国武为大拇指公司董事长和法定代表人，免去Simon、余明缘、何昱均3人大拇指公司董事职务，委派保国武、徐丽雯、宋宽3人为大拇指公司董事，任期均为3年。

2012年12月18日，大拇指公司将法定代表人变更登记为洪臻。

（四）环保科技公司提起的4起关联诉讼

环保科技公司在福建高院受理此案1个月后，接连提起了4起关联诉讼：

1. 2012年5月，环保科技公司向福州中院起诉大拇指公司、田垣、陈斌和潘成土与公司有关的纠纷，提出了确认环保科技公司任免大拇指公司董事、监事、法定代表人的决议合法有效等诉讼请求（以下简称268号案）。法院于同年9月作出一审判决：确认环保科技公司作出的《书面决议》和《任免书》有效；大拇指公司应于判决生效之日起10日内办理法定代表人、董事长、董事的变更登记和备案手续，将大拇指公司的法定代表人、董事长变更为保国武，董事变更为保国武、徐丽雯、宋宽；驳回环保科技公司的其他诉讼请求。

2. 2013年5月，环保科技公司向福州市鼓楼区人民法院起诉福建省工商行政管理局和大拇指公司，请求撤销大拇指公司法定代表人由田垣变更为洪臻的行为及相关行政登记（以下简称167号案）。该院于2014年3月裁定中止诉讼。

3. 2013年6月，环保科技公司向福州中院起诉孙江榕、洪臻，请求判令两人就擅自将大拇指公司法定代表人由田垣变更为洪臻等行为停止侵权、赔礼道歉、消除影响和赔偿损失（以下简称753号案）。

4. 2013年12月，环保科技公司向鼓楼区人民法院起诉福州市鼓楼区对外贸易经济合作局不履行行政批准法定职责，该案已由鼓楼区人民法院受理。

二、本案一审情况

福建高院受理大拇指公司与环保科技公司股东出资纠纷案，原告大拇指公司请求判令被告环保科技公司履行股东出资义务，缴付增资款4500万元。

（一）大拇指公司认为

1. 按照约定缴纳增资款

2008年6月，福建省对外贸易经济合作厅批准了大拇指公司的增资方案，并约定增资部分分期至2010年8月3日缴清。且2012年3月大拇指公司办理了营业执照变更登记，变更后，大拇指公司的注册资本为3.8亿元。但由于其唯一的股东环保科技公司未履行股东出资义务，导致大拇指公司的实收资本为2.34亿余元，仍有4500万元增资款未缴纳，因此请求判令环保科技公司履行股东出资义务。

2. 环保科技公司任命的法定代表人不合法

环保科技公司新任命的法定代表人未按照中国法律规定进行法人变更登记就要行使法人权利是违法的，大拇指公司要求增资的诉求合乎中国的法律。

（二）环保科技公司认为

1. 大拇指公司起诉的意思表示不能代表公司的真实意思

大拇指公司系中国法人，其起诉状及其委托律师参加诉讼的授权委托书均加盖了该公司的公章，环保科技公司对大拇指公司公章的真实性没有提出异议。环保科技公司作为唯一股东已经就大拇指公司包括法定代表人、董事在内的管理层进行更换，新任的大拇指公司“法定代表人”向法庭作出撤诉的意思表示，因大拇指公司实际控制人拒不交出公章，导致新“法定代表人”无法就撤诉申请盖章等为由，否定大拇指公司提起本案诉讼的意思表示。

2. 本案应中止审理

环保科技公司主张本案应中止诉讼，主要理由是本案的审理需要以前述268号案、167号案、753号案的审理结果为依据，环保科技公司还主张本案审理应等待环保科技公司以大拇指公司名义申请减资的结果。

（三）福建高院认为

1. 法律适用

本案的法律适用，主要涉及两个方面，一是环保科技公司的民事权利能力及民事行为能力事项，环保科技公司系在新加坡登记的法人，根据《中华人民共和国涉外民事关系法律适用法》第十四条第一款“法人及其分支机构的民事权利能力、民事行为能力、组织机构、股东权利义务等事项，适用登记地法律”的规定，应适用新加坡法律；二是大拇指公司系在中国注册的外商独资企业，属于中国法人，环保科技公司作为大拇指公司的唯一股东，对大拇指公司行使包含出资在内的相关权利义务应适用中国法律。

2. 大拇指公司起诉的意思表示是真实意思表示

在适用中国法律的前提下，工商登记的信息具有公示公信的效力。认定大拇指公司的法定代表人仍应以工商登记为准，在无证据证明保国武被登记为大拇指公司的法定代表人前，其代表大拇指公司作出撤诉的意思表示不具有法律效力，故不予认可。

3. 本案不应中止审理

环保科技公司在上述四个案件中的诉讼请求，前三案请求指向的是大拇指公司董事、监事、法定代表人委派、变更登记及是否有侵权行为等事项，与环保科技公司的减资请求无直接、实质的关联；第四个案件是环保科技公司起诉减资审批机关不作为的行政诉讼，请求是责令行政机关立即履行减资的行政初审法定职责，并非要求行政机关履行减资审批手续。因此，环保科技公司提出的四个诉讼案件，其结果如何并不当然影响本案环保科技公司的出资义务，亦不影响本案出资纠纷的审理。本案的审理也无须等待环保科技公司通过大拇指公司名义申请减资的结果。

4. 环保科技公司应缴纳增资款

大拇指公司于2008年经报外商投资企业审批机关福建省对外贸易经济合作厅批准增资，增资的程序合法有效，环保科技公司应遵守中国法律按时、足额履行对大拇指公司的出资义务。而环保科技公司未履行股东足额缴纳出资的法定义务，侵害了大拇指公司的法人财产权，大拇指公司有权要求环保科技公司履行出资义务，补足出资。

福建高院就本案于2013年12月作出（2013）闽民初字第43号民事判决，环保科技公司应于判决生效之日起10日内向大拇指公司缴纳出资款4500万元。

三、本案二审情况

环保科技公司不服福建高院的判决，向最高人民法院提起上诉。最高人民法院受理本案，并依法组成合议庭于2014年6月11日公开开庭对本案进行了审理。

（一）环保科技公司认为

请求撤销原判，驳回大拇指公司的起诉或准许保国武代表大拇指公司撤回起诉；如不能支持前述请求，则中止审理本案或驳回大拇指公司的全部诉讼请求。理由如下：

1. 撤诉申请是大拇指公司的真实意思

保国武为大拇指公司合法的现任董事长。大拇指公司的起诉状和授权委托书是无权人员盗用公司公章而为，未经合法的法定代表人同意，不能代表大拇指公司的真实意思，起诉无效。保国武签署的撤诉申请是大拇指公司的真实意思。

2. 本案应中止审理

本案处理需要以其他案件的审理结果和减资申请的结果为依据，故本案应当中止审理，在查明相关事实后再恢复审理。

3. 股东的合法权利受损

大拇指公司的实际控制人恶意阻挠，导致减资申请未获准许，但减资是环保科技公司的真实意思，大拇指公司作为环保科技公司的全资子公司应服从母公司的减资决议，其阻挠行为侵犯了中国公司法赋予股东的相关权利。

（二）大拇指公司认为

请求驳回上诉，维持原判。理由如下：

1. 环保科技公司任命的法定代表人无权申请撤诉

工商登记载明的大拇指公司法定代表人洪臻有权代表大拇指公司提起本案诉讼。按照中国现行法律规定，大拇指公司新任的法定代表人须经合法登记后，方可行使法定代表人职权，环保科技公司司法管理人任命的所谓法定代表人保国武未依法进行变更登记，故不能行使法定代表人职权，亦无权申请撤诉。

2. 本案不应中止审理

环保科技公司提出的中止诉讼的理由不能成立，本案不应中止审理，反而应尽快审理以保护大拇指公司的合法财产权。

3. 环保科技公司应履行出资义务

环保科技公司的减资申请应履行相应的核准程序，在未获得核准前，环保科技公司仍应履行其法定的出资义务。

（三）最高人民法院认为

1. 大拇指公司提起诉讼的意思表示并非真实意思表示

大拇指公司是环保科技公司在中国境内设立的外商独资企业，按照《中华人民共和国公司法》和《中华人民共和国外资企业法》及其实施细则的有关规定，大拇指公司属于一人公司，其内部组织机构包括董事和法定代表人的任免权均由其唯一股东——环保科技公司享有。

环保科技公司进入司法管理程序后，司法管理人作出了变更大拇指公司董事及法定代表人的任免决议。根据新加坡公司法 227G 的相关规定，在司法管理期间，公司董事基于公司法及公司章程而获得的权力及职责均由司法管理人行使及履行。

根据《中华人民共和国公司法》第四十七条第二项的规定，大拇指公司董事会应当根据其唯一股东——环保科技公司的决议，办理董事及法定代表人的变更登记。由于大拇指公司董事会未执行股东决议，造成了工商登记的法定代表人与股东任命的法定代表人不一致的情形，进而引发了争议。

根据《中华人民共和国公司法》第十三条规定，公司法定代表人变更应当办理变更登记。法律规定对法定代表人变更事项进行登记，其意义在于向社会公示公司意志代表权的基本状态。工商登记的法定代表人对外具有公示效力，如果涉及公司以外的第三人因公司代表权而产生的外部争议，应以工商登记为准。而对于公司与股东之间因法定代表人任免产生的内部争议，则应以有效的股东会任免决议为准，并在公司内部产生法定代表人变更的法律效果。因此，环保科技公司作为大拇指公司的唯一股东，其作出的任命大拇指公司法定代表人的决议对大拇指公司具有拘束力。

本案起诉时，环保科技公司已经对大拇指公司的法定代表人进行了更换，其新任命的大拇指公司法定代表人明确表示反对大拇指公司提起本案诉讼。因此，本案起诉不能代表大拇指公司的真实意思，

2. 本案不应中止审理

环保科技公司在本案一审受理后另行提起了数个关联诉讼，虽然部分案件涉及大拇指公司法定代表人是否适格的问题，但本案的争议焦点之一就是工商登记的法定代表人与股东任命的法定代表人谁能代表大拇指公司意志的问题。鉴于环保科技公司在本案中已经就该问题提出了实质性抗辩，本案审理范围当然包括大拇指公司法定代表

人是否适格的问题，本案应当对该问题作出认定，无须以其他案件的审理结果为依据。因此，本案不存在中国民事诉讼法规定的中止审理的情形，环保科技公司关于本案应中止审理的上诉理由不能成立，对其该项主张不予支持。

最高人民法院就本案作出（2014）民四终字第20号民事裁定书，裁定：撤销福建省高级人民法院（2013）闽民初字第43号民事判决；驳回大拇指公司的起诉。

案例使用说明

一、教学对象及目标

由于本案例属于涉外民商事案件，既具有涉外民商事案件的特点，又涉及外商投资企业法的内容，因此，本案例教学应着重让学生把握以下4个方面的内容：（1）根据涉外民商事案件的特点，从整体结构上掌握分析涉外民商事案件的方法；（2）通过冲突规范的适用和外国法的查明确定案件所需的法律规范；（3）掌握外商投资企业法的特点，尤其是审批制及其与公司法的适用问题；（4）掌握股东委派的法定代表人与工商登记的法定代表人应如何认定的问题。

二、教学内容

1. 什么是冲突规范，本案中冲突规范是如何适用的？

冲突规范，又称法律适用规范、法律选择规范，它是指出某种涉外民事关系应该适用何国法律来调整的规范。冲突规范本身并不直接规定涉外民事关系当事人之间的具体权利和义务，而只是指明应该适用哪一国法律来确定这种权利和义务，因而通过这一指引使有关国家的实体法最终得到适用。

根据《中华人民共和国涉外民事关系法律适用法》第十四条第一款的规定："法人及其分支机构的民事权利能力、民事行为能力、组织机构、股东权利义务等事项，适用登记地法律。"本案中，环保科技公司是在新加坡注册登记的法人，因此，关于环保科技公司的民事行为能力问题应当适用新加坡法律。

2. 什么是外国法的查明？

外国法的查明是指一国法院根据本国冲突规范指引应适用外国法时，如何查明该外国法的存在和内容。这是法院按照冲突规范适用外国法时首先面对的问题，只有确定了应适用的外国法的内容，才能将该外国法具体适用于涉外民商事关系，才能最终确定当事人的权利义务。

对于外国法的查明，一般会采取以下4种不同的做法：

第一，把外国法看作事实，当事人主张和证明。英美等普通法系国家采用这种做法。

第二，把外国法看作事实，原则上由当事人负责举证，但法官也可直接认定。法国采用这种方法。

第三，把外国法看作法律，由法官依职权查明。意大利等欧洲国家采用这种做法。

第四，把外国法看作法律，原则上由法官负责查明，必要时也可要求当事人予以协助。德国、奥地利、瑞士等国采用这种方法。

3. 本案中，外国法的查明是如何进行的？

首先，本案中谁是进行外国法的查明的主体？依据《中华人民共和国涉外民事关系法律适用法》第十条第一款的规定："涉外民事关系适用的外国法律，由人民法院、仲裁机构或者行政机关查明。当事人选择适用外国法律的，应当提供该国法律。"因此，本案应当由人民法院查明此节所应予适用的新加坡法律的相关规定。

其次，人民法院通过何种途径查明新加坡法律？根据法（办）发〔1988〕6号《最高人民法院关于贯彻执行〈中华人民共和国民法通则〉若干问题的意见（试行）》第一百九十三条的规定，有5种查明外国法律的途径，包括：（1）由当事人提供；（2）由与我国订立司法协助协定的缔约对方的中央机关提供；（3）由我国驻该国使领馆提供；（4）由该国驻我国使馆提供；（5）由中外法律专家提供。要求当事人提供相应的外国法律的规定本身也是法院查明外国法律的途径之一。然而，司法实践中并不局限于上述途径，而是鼓励法官通过其他行之有效的途径查明外国法律。实践中，外国法院作出的相关判决中关于外国法律的意见，也可以作为法院理解和适用外国法律的参考。

4. 本案中，外国法的查明起到了什么作用？

本案中，根据查明的事实，环保科技公司已经于2010年6月4日经新加坡高等法院作出法庭命令，进入司法管理程序，并委任了司法管理人，明确司法管理人的职责是：主管公司的日常事务、业务及财产，以便对公司进行整顿或者保留其全部或部分业务以便公司可持续经营，及（或）取得比解散企业更有利的企业资产变现等。新加坡高等法院于2012年3月1日再次作出法庭命令，将2010年6月4日作出的司法管理命令延期至2012年5月2日，并委任了新的司法管理人，明确新司法管理人继续进行由前司法管理人提起的任何诉讼或法律程序等。环保科技公司的司法管理人分别于

2011年1月20日、2012年3月30日作出决议，将环保科技公司作为唯一股东在中国设立的独资企业——大拇指公司的法定代表人和董事进行了变更，法定代表人变更为保国武。新加坡公司法227G（2）规定，在司法管理命令生效期间内，由本法或公司组织章程大纲或组织章程细则赋予董事的所有权力及赋予董事的所有职责，均由司法管理人而非董事行使及履行。2013年1月11日，新加坡高等法院作出清盘令，环保科技公司进入清盘程序，并委任了清盘人，清盘人被授权行使新加坡公司法272（1）（a）至272（1）（e）中规定的任何权力。新加坡公司法272（2）（a）还规定，清盘人可以公司名义代表公司提起或抗辩任何诉讼或其他法律程序。

根据上述新加坡法院裁决及新加坡公司法的规定，环保科技公司的司法管理人和之后的清盘人有权作出变更大拇指公司法定代表人和董事的决议；在环保科技公司被诉的情况下，有权代表环保科技公司参加本案诉讼，也有权委托诉讼代理人参加本案诉讼。

5. 本案中，最高法院如何认定新加坡法院的判决？

根据《民事诉讼法》第二百八十一条的规定，中国境内法院所认可的境外法院的判决和裁定，必须是已经发生法律效力的，且两国之间已存在国际条约或者互惠原则。因此，认可境外法院的判决要满足以下条件：首先，任何外国法院司法文书的认可和执行都需要中国法院的确认；其次，为中国法院认可和执行的司法文书均需要是终局的，临时性的司法文书无法得到承认；最后，我国必须与作出判决和裁定的国家签订了条约或者存在互惠原则。

本案中，最高人民法院采取了与上述不同的方式对新加坡法院的裁决进行了认定。环保科技公司已经被新加坡法院裁决进入司法管理程序，之后被裁决进入清盘程序。该情节应当被作为事实在本案中得到确认。虽然有观点认为，未经我国法院对新加坡法院作出的判决应否得到承认和执行进行司法审查的程序，不能将新加坡法院的裁决作为事实直接在案件中确认。但是最高人民法院认为，新加坡法院根据新加坡公司法的规定作出命令，导致环保科技公司的存续状态发生变化，这本身就是事实，无须经过我国法院对新加坡法院判决的承认程序即可以在本案中直接作出认定。

6. 什么是外商独资企业，其有哪些法律特征？

外商独资企业又称外资企业，是由外商拥有全部资本并独立经营的企业，属于外商投资企业的一种。根据《中华人民共和国外资企业法》（1986年4月通过，2000年10月修正）第二条的规定，中国的外商独资企业，“是指依照中国有关法律在中国境内设立的全部资本由外国投资者投资的企业，不包括外国的企业和其他经济组织在中国境内的分支机构”。同时，第八条规定，“外资企业符合中国法律关于法人条件的规定，依法取得中国法人资格”。所谓“符合中国法律关于法人条件的规定”，主要是指符合我国《民法通则》第三十七条关于法人资格的4个基本条件。这类企业是按照东道国的法律注册登记而成立的，属于投资东道国的法人或经济实体。外资企业的历史较为悠久，是国际上广泛采用的一种直接投资方式。

外商独资企业在法律上具有以下特征：

第一，投资主体只有外方，全部资本都由外国投资者投入。投资主体只有外方是相对同为中外合资经营企业和中外合作经营企业而言的，即外商独资企业设立时不能包括中方的投资者而只能由外国的企业、其他经济组织或个人出资设立。这是外商独资企业的基本特征。目前，在我国已经设立的外商独资企业，既有由一个外国投资者设立的，也有由几个外国投资者共同投资设立的。

第二，外国投资者对外商独资企业的经营管理拥有绝对控制权。外商独资企业的投资主体只有外方，全部资本由外方投入的这一根本特征决定了外国投资者对其投资设立的外资企业拥有绝对的控制权，可以独立地对有关企业经营的任何重大事项作出决策。比如，章程的修改，企业的中止或解散，注册资本的增加、减少或转让及企业的合并、分离等。

第三，外商独资企业是按中国法律设立的企业。外商独资企业是外国投资者按照《外资企业法》《外资企业法实施细则》及与之有关的配套法律，经批准在中国境内注册成立的企业，因此具有中国的国籍，其合法权益受到中国法律的保护。凡符合我国法人资格的法定条件，均能取得中国法人的地位。外资企业作为中国的法人企业或非法人企业，它们与中国的其他公司、企业或经济组织之间在经济交往中处于平等的法律地位，因此它们所发生的各种经济关系只能适用中国的法律。

本案中的大拇指公司属于外商独资企业，并且是具有中国法人资格的有限责任公司。

7. 外商独资企业的投资总额是什么，其与注册资本有何区别？

投资总额是外商投资企业法的特有规定，根据《外资企业法》及其《外资企业法实施细则》的规定，外资企业的投资总额，是指开办外资企业所需资金总额，即按其生产规模需要投入的基本建设资金和生产流动资金的总和。从其来源分析，由外国投资者的投资额和以外资企业的名义的借款这两部分组成，它等于外资企业的自有资金及该企业的借贷资金之和。简言之，投资总额是指外国投资者所商定的投资项目所需要的全部资金的总额。

然而，外资企业的注册资本，是指为设立外资企业在工商行政管理机关登记的资本总额，即外国投资者认缴的全部出资额。注册资本只是构成投资总额的一部分，另一部分则是外资企业的借款。

一般而言，投资总额往往要高于注册资本。但是投资总额并非越多越好，如果借款与注册资本之比太高（即借款太多），就会直接影响对债权人和第三人的利益的保护以及整个社会经济秩序的稳定。因此，外资企业的注册资本要与其经营规模相适应，注册资本与投资总额的比例应当符合中国有关规定。

本案中，大拇指公司经福建省对外贸易经济合作厅批准，投资总额由2.3亿元增至5亿元，注册资本由1.3亿元增至3.8亿元。

8. 外商投资企业法的审批制是什么？

对外国资本的输入设置条件是大多数国家尤其是发展中国家的普遍做法，也是国家主权原则的体现，我国作为发展中国家也对外资准入进行了规定，在我国外资立法中主要体现为外商投资企业法的审批制度。审批即审查与批准，是指资本输入国政府依据一定的程序、标准，对进入本国的外国投资进行鉴定、甄别、评价，并决定是否给予许可的一种制度。对外商投资企业的审批制并不违反WTO的规则和原则，同时也符合外资准入的国际法律实践，即除非已对他国作出法律意义上的承诺，一个国家有权从投资者资格、投资领域、出资形式、投资方式等方面来自行确定外国资本进入本国市场的条件。外商投资企业法的审批制贯穿于企业的设立、管理、运行及其终止的所有阶段。审批机关一般为各地商务主管部门，在中央为商务部。

本案中，大拇指公司的投资总额和注册资本的增加需经福建省对外贸易经济合作厅批准；环保科技公司提起的第4起关联诉讼，即环保科技公司向鼓楼区人民法院起诉福州市鼓楼区对外贸易经济合作局不履行行政批准法定职责，其原因是环保科技公司变更大拇指公司的法定代表人需当地对外贸易经济合作局进行审批，而环保科技公司认为其怠于行使审批的职责。

9. 未经审批的补充协议是否有效？

外资审批包括设立审批与变更审批。设立审批是指，企业成立阶段的审批，包括立项审批与合同、协议及章程的审批；而变更审批是指企业成立之后的审批。

对于本案中所涉及的变更审批，即环保科技公司委派保国武为大拇指公司董事长和法定代表人，委派保国武、徐丽雯、宋宽3人为大拇指公司董事，这些变更需先经审批机关批准方可进行变更登记。但是当地对外贸易经济合作局并未对此进行审批，其变更是否发生效力。根据《第二次全国涉外商事海事审批工作会议纪要》第八十七条、《最高人民法院关于审理外商投资企业纠纷案件若干问题的规定（一）》第二条，当事人就外商投资企业相关事项达成的补充协议对已获批准的合同不构成重大或实质性变更的，人民法院不应以未经外商投资企业审批机关批准为由认定该补充协议未生效。所谓“重大或实质性变更”包括注册资本、公司类型、经营范围、营业期限、股东认缴的出资额、出资方式的变更以及公司合并、公司分立、股权转让等。因此，首先，本案所涉及的董事与法定代表人的变更并不属于“重大或实质性变更”。其次，不属于“重大或实质性变更”的变更审批属于事后监管而非行政确权。民事行为经审批后之所以发生效力以及发生何种效力，均源于当事人的约定而非审批机关的审批。既然审批只是对民事行为的认可，则当合同约定与批准不一致时，除非合同无效，否则就应根据合同约定而非批准证书来确权。综上，大拇指公司的董事与法定代表人变更虽并获得审批通过，但只要其反映了股东的真实意思表示，应当认定其有效。

10. 外商投资企业如何适用《公司法》?

《公司法》第一百一十七条对外商投资企业适用公司法问题作出了如下规定，外商投资的有限责任公司和股份有限公司适用本法；有关外商投资的法律另有规定的，适用其规定。根据该条的规定，外商投资企业在适用《公司法》上应遵循如下两条原则：

一是外商投资的有限责任公司和股份有限公司，应适用《公司法》。

第一，《公司法》是规范全国范围内所有公司的设立、管理、运行及其终止、解散等重要事宜的，它无疑是规范全国所有公司企业的最具权威的法律。外商投资企业是在中国境内投资设立的公司，属于中国的法人，应该遵守中国的法律，理应受《公司法》的管辖。

第二，外商投资企业适用《公司法》是国家主权的要求。法律作为行使国家主权的重要工具，对其境内的所有自然人和法人都具有管辖权，对于在中国境内注册登记的具有中国法人资格的外商投资企业，依据《公司法》进行管辖，这是理所当然、无可非议的。

第三，《外商投资企业法》是作为我国专门规范具有外商投资因素的企业的法规。但其基本上采取出现什么具体问题就解决什么具体问题的立法方式，因此，难免存在不够全面、不够系统之处。《公司法》则具有全面和系统的特点。《公司法》的颁布和实施，毫无疑问是对外商投资企业法的有益补充。外商投资企业适用《公司法》的规定，有利于其进一步法制化和规范化，有利于我国投资软环境的进一步完善。

二是有关外商投资的法律另有规定的，适用其规定。

第一，我国以《中外合资经营企业法》及《中外合资经营企业法实施条例》、《中外合作经营企业法》及其实施细则与《外资企业法》及其实施细则为基本内容的外商投资企业法，奠定了我国外商投资企业的法律基础，使我国外商投资企业基本上能做到有法可依。它们对鼓励、吸引以及规范外商来华投资起到了重要的作用。事实证明，这些法规是行之有效的，是基本符合我国外商投资企业的需要的，是应该而且可以继续实施的。

第二，外商投资企业是具有涉外因素的企业，在我国目前情况下具有一定的特殊性，而《外商投资企业法》则较有效地解决了这一特殊问题。在目前情况下，《公司法》还难以全部顾及这一点。

第三，《外商投资企业法》属于我国公司法规的一个组成部分，属于解决具有涉外因素的一种特别法。《公司法》则是管辖国内所有公司企业的一般法。根据公认的法律原则，即特别法优先一般法的原则，如果两法的规定发生不一致，外商投资企业应首先适用《外商投资企业法》的规定。

本案中涉及具有法人资格的外商独资企业如何适用《公司法》的问题。对于《外资企业法》及其实施细则的特别规定，应适用这些特别规定，如投资总额、审批制等；对于下面要讨论的股东对管理者的选择权、公司的代表权之争等则属于公司法的一般原则，应当适用《公司法》。

11. 环保科技公司是否有权选择大拇指公司的董事？

保护公司股东的基本权利，这是《公司法》的一项基本任务。没有了这一条，经济就会无序，社会就可能动荡。我国《公司法》第四条明确规定了股东的基本权利，“公司股东依法享有资产收益、参与重大决策和选择管理者等权利”。股东作为对公司的投资者，拥有对公司的收益权、决策权和管理者选择权。股东的这三种基本权利是相辅相成、互为条件的。其中，收益权是目的，决策权是手段，管理者选择权是措施。措施是实现目的和手段的具体路径。如果司法机关在审判活动中不保护股东为实现其投资最终目标而行使由法律赋予的管理者的选择权的话，股东的决策权就会形同虚设。因为公司决策是要由公司的管理者实施的；股东的收益权是要依靠公司的管理者实现的。因此，如果公司的股东无权选择管理者，或者股东选择管理者的权利受到外界的干扰，乃至不能按自己的意愿去选择管理者，这等于在实质上剥夺了投资者的所有其他法定权利，《公司法》的所有其他权利就会流于形式。由此可见，股东关于公司管理者的选择权是股东的基础权利，阻碍和破坏该权利的畅通无阻实际上是无视和违反《公司法》的基本原理和立法宗旨。

在本案中，在福建注册的大拇指公司是环保科技公司全资拥有的子公司。从公司法的角度，大拇指公司是一人公司，环保科技公司是大拇指公司的唯一股东。按照我国《公司法》第四条规定，环保科技公司对大拇指公司拥有无阻碍的管理者选择权，包括对大拇指公司法定代表及董事会成员的委派，任何机构、人员或不法行为都不得予以阻止。

12. 如何看待公司法人代表的变更登记？

从商法的角度分析，工商变更登记可以分为两种：

“设权性登记”，即只有登记才能取得权利，目前主要指不动产物权登记，《中华人民共和国物权法》第九条规定：“不动产物权的设立、变更、转让和消灭，经依法登记，发生效力；未经登记，不发生效力，但法律另有规定的除外。”

“公示性或宣示性登记”，即登记既不创设权利，也不改变权利，仅是将权利事实公之于众，使其具有一定的公信力，为交易安全提供保障。公司法人代表的变更登记即属于此种登记。我国《公司法》第十三条规定：“公司法定代表人发生变化，应当办理变更登记。”但《公司法》第三十二条又规定：“……公司应当将股东的姓名或者名称及其出资额向公司登记机关登记；登记事项发生变更的，应当办理变更登记。未经登记或者变更的，不得对抗第三人。”从这一点出发，股东注册登记本身主要是起向社会公示的作用，并不决定公司内部的法律关系。

公司办理法定代表人变更登记手续的法律效果是对既存的权利进行公示登记，方便工商行政管理部门的管理和第三人的查阅，使其产生公信力。公司法定代表人变更工商登记的目的就是使其影响力扩大到公司以外的第三人，使其产生对抗公司外部第三人的效力。工商登记本身并不授予股东及公司权利也不改变其权利，是否进行登记并不影响公司内部股东权利的变化，包括对法定代表人的选择。

13. 大拇指公司的代表权之争。

本案虽为股东出资纠纷，但是重要的焦点之一是“谁有权代表大拇指公司”。根据《公司法》第四十六条第二项的规定，公司董事会作为股东会的执行机关，有义务执行股东会或公司唯一股东的决议。大拇指公司董事会应当根据其唯一股东环保科技公司的决议，办理大拇指公司董事及法定代表人的变更登记。然而，大拇指公司董事会未予执行其唯一股东的决议，因此造成了大拇指公司在工商登记机关登记的法定代表人（洪臻）与其唯一股东环保科技公司任命的法定代表人（保国武）不一致的情形。

根据《公司法》第十三条的规定，公司法定代表人变更应当办理变更登记。法律规定对法定代表人变更事项进行登记，其意义在于向社会公示公司意志代表权的基本状态。工商登记的法定代表人对外具有公示效力，如果涉及公司与公司之外的第三人之间因公司代表权产生的外部争议，关于公司代表权的确定即应当以工商登记为准；而如果是类似本案公司与其股东之间因公司法定代表人任免产生的内部争议，则应以有效的股东会或唯一股东任免决议为准，并在公司内部产生法定代表人变更的法律效果。因此，环保科技公司作为大拇指公司的唯一股东，其作出的任命大拇指公司法定代表人的决议对大拇指公司具有拘束力。本案起诉时，环保科技公司已经对大拇指公司的法定代表人进行了更换，其新任命的大拇指公司法定代表人保国武明确表示反对大拇指公司提起本案诉讼。因此，以洪臻为法定代表人的大拇指公司提起本案诉讼不能代表大拇指公司的真实意思。

三、教学预期效果

通过对本案例的讲授及学生的学习，学生应从本案例中了解并学习到以下4个方面的内容：（1）从宏观上了解涉外民商事案例的分析方法，由于涉外案件的特殊性，首先要进行准据法的确定，然后再对具体问题进行分析；（2）了解并掌握如何适用冲突规范确定准据法，同时如何适用外国法的查明确定案件所应适用的外国法及其相关规定；（3）由于司法实践中涉及很多外商投资企业的案件，但是在法学院的教学中往往又忽略了《外商投资企业法》，所以导致很多学生对《外商投资企业法》知之甚少，本案例很大的作用就是通过鲜活的案例帮助学生了解并掌握《外商投资企业法》的相关知识；（4）掌握我国司法实践对股东委派的法定代表人与工商登记的法定代表人不同时的认定标准，并通过讨论的方式理解最高人民法院对此的法理分析。

四、教学计划

本案例可以作为专门的案例教学课来进行，整个案例课的课堂安排6个课时，每课时45分钟。

五、课堂教学安排

1. 课前计划。安排学生阅读案例及相关参考资料（以教科书、期刊文章为主），从本案例中的思考题出发，对案例涉及的问题进行思考。

2. 课中计划：（1）介绍教学目标，明确讨论主题；（2）按照教学目标的分类，就每个问题按顺序进行分析；（3）学生分组对每个问题进行深入讨论；（4）小组代表发言，教师引导其他学生一起讨论、分析；（5）教师进行归纳总结，并引导学生对实践题进行思考；（6）教师安排学生在线观看最高人民法院庭审视频（见附件）。

3. 课后计划。布置学生进一步思考外商投资企业与内资企业的异同及外商投资企业法的发展方向，并就学生讨论中出现的问题进行归纳和深度剖析。

六、思考题

1. 什么是冲突规范，为何本案需要适用冲突规范？
2. 本案中如何适用的外国法的查明？
3. 本案中，最高人民法院对涉案的新加坡法院的判决是如何认定的？
4. 外商投资企业有哪些法律特点？
5. 外商投资企业法中的投资总额是什么？
6. 外商投资企业法中的审批制在本案中的作用是什么？
7. 《外商投资企业法》与《公司法》的适用原则是什么？
8. 本案中，大拇指公司作为外资企业为何可以适用《公司法》？
9. 在本案中，股东委派的但未进行工商登记的法定代表人应当如何认定？
10. 你是否同意最高法院对本案的意见，并说明理由
11. 你认为我国外商投资企业法今后应如何发展？

七、实践题

1. 作为一名涉外律师，如果你认为在解决涉外民商事案件时，应当注意哪些问题？

2. 如果本案中的大拇指公司是一家中外合资经营企业，其中中方股东也同意环保科技公司的意见，其他案情不变，你认为该案件应如何处理。

3. 如果本案中的大拇指公司是一家中外合作经营企业，其中中方股东也同意环保科技公司的意见，其他案情不变，你认为该案件应如何处理。

4. 如果你是环保科技公司的法务律师，你认为事前可以采取哪些措施避免类似的诉讼发生。

5. 如果你是大拇指公司的法务律师，你认为事前可以采取哪些措施避免类似的诉讼发生。

参考文献

[1] 沈四宝，王军. 国际商法（第2版）[M]. 北京：对外经济贸易大学出版社，2010：151－168.

[2] 赵相林. 国际私法（第4版）[M]. 北京：中国政法大学出版社，2014：87－94，199－123.

[3] 范健. 商法（第4版）[M]. 北京：高等教育出版社，2011：65－77.

[4] 高晓力. 环保科技公司与大拇指公司股东出资纠纷案法律适用解读 [J]. 中国审判，2014 (7).

[5] 沈四宝. 股东对公司管理者的选择权应受法律保护 [J]. 中国审判，2014 (7).

[6] 沈健. 经济全球化背景下我国外资准入困境与出路——以外商投资企业审批制度为视角 [J]. 湖南商学院学报，2012 (2).

[7] 付荣，麻锦亮. 论外资审批的效力 [J]. 法律适用，2010 (1).

附　件

1. 网络资料

(1) 环保科技公司与大拇指公司股东出资纠纷案二审开庭在线视频回放：

http：//ts. chinacourt. org/61. html

(2) 环保科技公司与大拇指公司股东出资纠纷案二审庭审文字报道：

http：//www. chinacourt. org/article/subjectdetail/id/MzAwNEjON4ABAA = =. shtml

2. 本案涉及的相关法律、法规及司法解释

《中华人民共和国涉外民事关系法律适用法》

《关于贯彻执行〈中华人民共和国民法通则〉若干问题的意见（试行）》

《新加坡公司法》

《中华人民共和国民事诉讼法》

《中华人民共和国外资企业法》

《中华人民共和国外资企业法实施细则》

《第二次全国涉外商事海事审批工作会议纪要》

《最高人民法院关于审理外商投资企业纠纷案件若干问题的规定（一）》

《中华人民共和国公司法》

《中华人民共和国中外合资经营企业法》

《中华人民共和国中外合资经营企业法实施条例》

案例 4

湖南新华茶林河水电开发有限公司与湖南湘慈——爱依斯水电有限公司合同纠纷案*

（民事诉讼实务）

本案例涉及合同纠纷，历经一审、二审和再审程序。不同法院总结的争议焦点和裁判思路各不相同。本案例主要涉及的知识点，是合同效力对当事人救济的影响，违反法律、行政法规的强制性规定的理解与判断，违反社会公共利益的理解与判断，以及两种无效事由之间的关系。本案中法院的说理和论证，值得深入思考与分析。通过本案例的讲授，有助于帮助学生深入理解《合同法》《民法总则》的相关规定，加深对相关知识点的理解，对处理类似案件颇具参考价值。

* 本案例由中央财经大学法学院副教授殷秋实编写。

案例正文

对合同当事人所能获得的保护和救济而言，合同的效力状态会导致截然不同的结果。有效合同之下，债务人可以主张实际履行、主张履行利益的损害赔偿；如果合同无效，债权人通常只能主张信赖利益的损害赔偿，且以履行利益为上限。因此，在合同纠纷中，合同效力的判断必不可少。在判断合同效力时，《合同法》第五十二条第四项“损害社会公共利益”和第五项“违反法律、行政法规的强制性规定”所确立的两种无效事由，在实践中应用广泛。同时，两者均为一般条款，适用时需要进行精细的考量和解释，以免误用、滥用。湖南新华茶林河水电开发有限公司（以下简称茶林河水电公司）与湖南湘慈—爱依斯水电有限公司（以下简称爱依斯水电公司）合同纠纷案历经一审、二审、再审等程序，争议焦点涉及合同解除、利息调整、合同效力等多个方面，尤以合同效力为中心。该案例有助于指导法律硕士理解合同效力的重要地位，以及合同无效事由的分析和判断。

一、基本案情

爱依斯水电公司与茶林河水电公司均属澧水流域慈利县境内的两个相邻 15 千米的梯级电站。爱依斯水电公司位于上游，始建于 1974 年。1995 年，湖南省计划委员会以湘水电计字（1995）第 45 号文件批复，同意兴建茶林河水电枢纽工程，省计委规划正常蓄水位核定为 81 米，2003 年，茶林河水电站在爱依斯公司下游 15 千米处开工兴建。

2007 年 5 月 25 日，爱依斯水电公司（甲方）与茶林河水电公司（乙方）签订《电量损失补偿合同》，约定甲方对乙方因尾水水位抬高导致发电量减少而损失电量电费予以据实全额补偿，双方约定了甲方蓄水水位首次达到▽ 80.3 米但不足▽ 81 米、以及超过▽ 81 米时的电费计算方式。

2009 年 11 月 20 日，茶林河水电公司首次蓄水达到▽ 80.3 米。自 2009 年 12 月 25 日开始，爱依斯水电公司依据合同要求茶林河水电公司支付电量电费损失，但均遭到茶林河水电公司的拒绝。2010 年 6 月 23 日，爱依斯水电公司诉至法院，要求茶林河水电公司支付截至 2010 年 6 月 1 日的电量损失和逾期利息。

二、一审法院观点

湖南省慈利县人民法院认为，爱依斯水电公司与茶林河水电公司签订的《电量损失补偿合同》系当事人的真实意思表示，合法有效，对各方具有约束力，当事人均应依约继续履行。虽然相关规划文件批复茶林河水电公司正常蓄水位为81米，但茶林河水电公司作为合同平等主体的一方，同意自蓄水达80.3米开始给爱依斯水电公司补偿电量电费损失，不违反国家相关法律、行政法规的强制性法律规定。爱依斯水电公司要求茶林河水电公司赔偿电费电量损失的请求，应予支持。

三、二审争议焦点与法院判决

一审宣判后，上诉人茶林河水电公司上诉，主要理由为：(1) 茶林河水电公司所属茶林河水电站的修建依法取得审批，水电站严格按照澧水流域规划、上级批复批文兴建，各项指标均符合相关法律法规，合同约定上诉人应给予被上诉人电量电费补偿显失公平；(2) 原判对协议约定的过高逾期利息予以支持，违反《合同法》及相关司法解释的规定。

被上诉人爱依斯水电公司答辩称：(1) 茶林河水电站取得兴建的行政审批与对外承担民事责任是两个不同的法律关系，不能因取得水电站兴建的行政批复而免除因该水电站的修建导致上游水电站发电量损失的民事赔偿责任；(2) 逾期利息系双方当事人约定，且逾期利息实质上具备违约金性质，不存在显示公平。

湖南省张家界市中级人民法院认定的争议焦点有两个：(1) 上诉人茶林河水电公司与被上诉人爱依斯水电公司之间签订的《电量损失补偿合同》有无可解除的法定理由问题；(2) 电量电费损失的逾期利息约定是否过高的问题。

对第一个焦点，二审法院从两方面论证：

一方面，茶林河水电公司所属茶林河电站修建蓄水，致使被上诉人爱依斯水电公司所属城关电站的尾水水位抬高，导致爱依斯水电公司的发电量受损是客观事实。《中华人民共和国水法》第二十八条规定："任何单位和个人引水、截（蓄）水、排水，不得损害公共利益和他人的合法权益。"水电站获得准许兴建行政审批与上下游水电站之间存在民事权益争议属于不同的法律关系，二者并存，并非绝对冲突。上诉人茶林河水电公司以该公司所属茶林河电站系合法兴建为由，主张被上诉人爱依斯水电公司合法权益未受到损害，依据不足。本案所涉《电量损失补偿合同》的签订未违反相关法律禁止性规定，依法应当予以保护。该合同系一份电量损失补偿合同，并非一般买卖合同，故不存在权利义务对等的问题。因此，对于上诉人茶林河水电公司认为《电量损失补偿合同》应当予以解除的上诉请求，缺乏事实与法律依据。

另一方面，双方当事人预定的电费计算公式，系由年度损失电量总额除以年度总天数得来，已经排除爱依斯水电公司水电站全部发电机组开机与否、入库流量多寡、洪水日等因素的影响，所以，合同约定的日均电量损失额对双方当事人而言是公平的。

对第二个争议焦点，二审法院认为：当事人双方在《电量损失补偿合同》中约定，对上诉人茶林河水电公司未按期支付补偿电量电费的，以应付补偿电量电费的1%按日支付逾期利息。本案所涉电量电费补偿量化为货币支付，上诉人茶林河水电公司逾期支付损失电量电费给被上诉人爱依斯水电公司造成的损失直接体现为银行利息损失。《电量损失补偿合同》中约定的逾期利息确属过高，应依据《中华人民共和国合同法》第一百二十四条及《最高人民法院关于人民法院审理借贷案件的若干意见》第六条的规定调减利息，按照银行同类贷款利率的4倍予以计付。

四、再审争议焦点与法院判决

湖南省人民检察院抗诉认为，原二审判决适用法律错误。理由主要有：(1) 合同部分无效。依据《中华人民共和国水法》（以下简称《水法》）第十八条规定，茶林河水电站水位保持81米是按规划执行，自身不存在过错，无须给爱依斯公司补偿。上述约定促使茶林河水电公司为减少赔偿而将水位常年保持在81米甚至是80.3米以下，对居民生产生活用水、采砂、船舶通行等社会公共利益造成损害，妨害了他人合理利用水资源的权利，违反社会公共利益。(2) 本案不是借贷案件，二审法院直接适用《最高人民法院关于人民法院审理借贷案件的若干意见》第六条将逾期付款利息调整为银行同类贷款利率的4倍不当。

茶林河水电公司称：(1)《电量损失补偿合同》约定的蓄水水位系变相改变澧水流域规划的正常蓄水位，因违反《水法》的强制性规定以及损害社会公共利益而无效，上述事实已经张家界市永定区人民法院（2016）湘0802行初40号行政判决书依法确认。(2) 合同系恶意串通损害国家、集体或第三人利益，依法应当认定无效。

爱依斯水电公司答辩称：(1)《电量损失补偿合同》系双方平等自愿协商签订的，内容不违反法律、行政法规的强制性规定，也没有损害社会公共利益。从合同签订过程、约定内容及履行情况来看，都是建立在双方自愿、协商一致的基础上，没有欺诈胁迫的情形，内容上也不显失公平。(2) 爱依斯水电公司得到补偿的权益于法有据，合法利益应予保护。根据《水法》第二十八条、第七十六条的规定，茶林河水电站获得准许兴建的行政审批不能排除该兴建行为对爱依斯水电公司权益的不利影响。

湖南省高级人民法院认为，本案的争议焦点有两个：（1）涉案合同是否有效；（2）原审判决的逾期付款违约金是否应当予以调整。

对第一个焦点，再审法院认为涉案合同无效，理由为涉案合同存在违反法律、行政法规的强制性规定和损害社会公共利益两方面的情形。

违反法律、行政法规的强制性规定，是指《水法》第十四条规定，国家制定全国水资源战略规划，规划分为流域规划和区域规划；第十八条规定，规划一经批准，必须严格执行。经批准的规划需要修改时，必须按照规划编制程序经原批准机关批准。由此可见，水资源作为国家的战略资源，是由国家直接管理和审核的重要公共资源，水资源的有效使用必须严格遵循国家法律和行政法规的相关规定。《关于茶林河水电枢纽工程可行性研究报告的批复》已同意茶林河水电枢纽工程正常蓄水位 81 米，而目前并无相应的流域规划变更了 81 米的正常蓄水位。因此，整个澧水流域的电站的建设和运行都必须遵循该文件的有关规定，茶林河水电公司和爱依斯水电公司所属水电站均系澧水流域的梯级开发水电站，必须按澧水流域规划建设和核定的蓄水位运行。爱依斯水电公司和茶林河水电公司所签涉案合同虽未直接约定对规划水位进行变更，但约定茶林河水电公司所属茶林河水电站的蓄水位达 80.3 米以上必须给予爱依斯公司补偿及按何种标准补偿，可见合同订立的目的是要求茶林河水电站在 80.3 米以下运行，不得超过 80.3 米，也即涉案合同赋予双方选择在 81 米以外水位运行的权利，实际上通过合意就国家核定的 81 米蓄水位进行了事实上的变更。然而，流域规划中的蓄水位系国家行政职能部门管理的对象，也是《水法》强制调整的对象，不能成为平等民事主体签订合同的标的。

损害社会公共利益，是湖南省张家界市永定区人民法院（2016）湘 0802 行初 40 号生效行政判决书所认定的事实：（1）2016 年 4 月 3 日至 5 月 17 日期间，蓄水水位在 79 米至 80.5 米之间；（2）由于水位降低，造成挖沙船搁浅，无法正常采砂，砂石无法运到岸上；（3）由于水位降低，造成船舶搁浅，船舶底板油漆脱落、钢板不同程度的损坏，船舶不能正常通航；（4）生活码头是按照正常水位标准，根据库区居民生产、生活需要修建的，由于水位降低，导致生活码头不能发挥作用，影响了库区居民的生产、生活用水；（5）造成小型山体滑坡，水土流失。

对第二个焦点，再审法院认为，根据《合同法》第五十六条的规定，无效的合同自始没有法律约束力。涉案合同无效，则爱依斯水电公司的诉讼请求丧失了合同依据，违约金的计算已没有前提。

综上，撤销一审、二审判决，驳回爱依斯水电公司的诉讼请求。

案例使用说明

一、教学对象及目标

本案例供法律硕士案例教学使用，法学本科生、民商法专业硕士研究生也可以参酌使用。

本案例旨在让学生系统了解合同效力对当事人救济的重要地位，以及会导致合同无效的事由。具体要解决的问题包括：(1) 合同效力对当事人权利的影响；(2) 违反法律、行政法规的判断；(3) 违反公共利益的判断；(4) 两种无效事由的联系。通过对这些内容的系统阐释，帮助学生系统、深入理解法律行为的效力。

二、教学计划

1. 课前计划：安排学生阅读案例及相关文献资料，对不同审级的人民法院所概括的争议焦点、裁判思路及相关问题进行思考

2. 课中计划：(1) 介绍教学目的，明确讨论主题；(2) 分组讨论相关问题；(3) 小组代表回答问题，各组学生进行讨论；(4) 教师对整个案例教学过程进行归纳总结。

3. 课后计划：布置学生进一步思考引申性的思考题，引导、鼓励学生深入阅读相关文献。

三、教学内容

1. 合同效力对当事人权利的影响

在合同关系中，当事人能够得到的救济多少和充足程度，与合同效力密切相关。在《合同法》第七章规定的违约责任中，包含了实际履行（第 109 – 110 条）、减价（第 111 条）、损害赔偿（第 112 条）等救济，除此之外，合同解除（第 94 条）也可纳入违约救济的范畴。这些违约救济，均以合同有效为前提，没有无效、可撤销、效力未定等瑕疵。在合同无效、被撤销等场合，受损害一方当事人除了要求返还给付外，

只能够主张缔约过失（第42条）的损害赔偿责任。就无论是有效还是无效都可以主张的损害赔偿责任而言，合同有效时债务人要赔偿履行利益，合同无效时债务人要赔偿信赖利益，前者是使被害人处于如同债务人履行合同时他会处于的状态，后者是使被害人处于如同他未曾闻知该行为时所会处于的状态[①]。信赖利益主要包括当事人支出的费用和代价，往往低于履行利益。此外，理论上也通常认为，信赖利益的赔偿原则上以履行利益为先，不能超出履行利益[②]。两相对比，可以发现合同有效的情况中，债权人能够得到更加充足有效的救济。

由于合同效力对当事人的权利有重大影响，因此，在判断请求权基础是否发生时，需要明确相应的构成要件。原给付请求权、违约损害赔偿请求权、基于合同解除而发生的返还原状请求权[③]均需要以合同有效为前提。基于《合同法》第五十八条而生的损害赔偿请求权，则以合同无效、被撤销为构成要件。基于《合同法》第四十二条而生的缔约过失请求权，并没有限定合同效力。虽然该请求权通常适用于合同无效、被撤销或不成立的情况，但理论和实务中均有将其适用于合同有效的情况。另外，在判断合同是否因违反法律或者违反公序良俗而无效时，不同效力状态下当事人能够得到的救济，也是重要的考虑因素。

在本案中，可以注意到，一审法院支持《电量损失补偿合同》的继续履行，同时支持茶林河水电公司赔偿爱依斯水电公司相关损失和违约金。二审法院同样支持《电量损失补偿合同》的继续履行和相关损害赔偿，只是调整了违约金的数额。这都是以合同有效为前提，正如二审法院说理中明确的，“合同签订未违反相关法律禁止性规定，依法予以保护”，以及“不存在权利义务对等的问题”，这其实是要排除合同的无效和可撤销。而在终审法院的判决中，由于判定合同无效，（作为约定损害赔偿的）违约金也就无须考虑。

2. 违反法律、行政法规的强制性规定的判断

依据《合同法》第五十二条第五项，“违反法律、行政法规的强制性规定”的合同无效。《民法总则》第一百五十三条第一款前半段的表达类似，“违反法律、行政法规的强制性规定的民事法律行为无效”。依据法条文义，要判定合同无效，需要合同违反的规范具有两个特征：位阶是法律或者行政法规，规范是强制性的。

限定规范的位阶为全国人大及其常委会制定的法律，以及国务院制定的行政法

① 韩世远．合同法总论［M］．北京：法律出版社，2018：784.

② 王利明．合同法研究（第2卷）［M］．北京：中国人民大学出版社，2011：646.

③ 该请求权的产生，以解除效果的清算关系说为前提；如果采用直接效果说，则没有单独的合同解除后返还请求权，而替代以解除后的损害赔偿请求权，但同样以合同有效为前提。

规，是为了排除地方性法规与行政规章，以避免合同无效的泛滥。强制性规范，则是强调当事人不能依据意思自治排除、变更的规范。在实践中，强制性规范被进一步限制为效力性强制性规范。这体现在《最高人民法院关于适用〈中华人民共和国合同法〉若干问题的解释（二）》第十四条："合同法第五十二条第（五）项规定的'强制性规定'，是指效力性强制性规定。"《关于当前形势下审理民商事合同纠纷案件若干问题的指导意见》第十五条也明确强调："正确理解、识别和适用《合同法》第五十二条第（五）项中的'违反法律、行政法规的强制性规定'，关系到民商事合同的效力维护以及市场交易的安全和稳定。人民法院应当注意根据《合同法解释（二）》第十四条之规定，注意区分效力性强制规定和管理性强制规定。违反效力性强制规定的，人民法院应当认定合同无效；违反管理性强制规定的，人民法院应当根据具体情形认定其效力。"

因此，理论界和实务界的通行观点认为，合同违反法律、行政法规中的效力性强制性规范时，会因而无效；违反管理性强制规定时，合同效力则需要进一步斟酌。

在本案中，再审法院判定《电量损失补偿合同》无效的依据之一，即为该合同违反了《水法》第十八条的规定。《水法》由全国人大常委会制定，符合位阶要求。《水法》第十八条第一款规定，"规划一经批准，必须严格执行"，看起来也排除当事人自己或者与他人合意变更规划的可能，符合强制性规定的要求。

问题的关键，在于《水法》第十八条第一款是否为效力性强制性规定。这需要寻求规范目的才可确定。确定规范目的后，再探讨违反强制性规定的合同如果有效，是否会导致规范目的的落空①。在进行解释操作时，应注意这里并非先抽象认定某规范的性质为效力性抑或管理性规范，然后再判断合同是否有效。这样的思维方式，仍然容易导致无效的泛滥，而不能在公共利益和私人利益之间划定合理界限。事实上，法院在司法实务中也常常考量个案的具体情况，例如合同的履行情况、主张合同无效的一方当事人是否本身违法或者明知对方违法②。这显然不是事先抽象界定规范性质所能完成的。因此，在判断违反强制性规定的效力时，需要依据案件所涉利益的具体情况，考察为了实现公共利益保护，使得合同无效是否妥当、必要、合乎比例。

判定规范目的的要求，已经体现在《民法总则》第一百五十三条第一款的后半段中，"但是该强制性规定不导致该民事法律行为无效的除外"。本条没有使用效力性强制性规定与管理性强制性规定的用语，其实更为精确——因为依据《关于当前形势下

① 朱庆育.《合同法》[J]. 第52条第5项评注，法学家，2016（3）.

② 姚明斌."效力性"强制规范裁判之考察与检讨——以《合同法解释二》第14条的实务进展为中心[J]. 中外法学，2016（5）.

审理民商事合同纠纷案件若干问题的指导意见》第十五条，违反管理性强制规定也可能导致合同无效。需要仔细判断规范目的的要求，也体现在《第九次全国法院民商事审判工作会议纪要》中，该纪要第三十条规定：“合同法施行后，针对一些人民法院动辄以违反法律、行政法规的强制性规定为由认定合同无效，不当扩大无效合同范围的情形，《合同法司法解释（二）》第十四条将《合同法》第五十二条第五项规定的‘强制性规定’明确限于‘效力性强制性规定’。此后，《最高人民法院关于当前形势下审理民商事合同纠纷案件若干问题的指导意见》进一步提出了‘管理性强制性规定’的概念，指出违反管理性强制性规定的，人民法院应当根据具体情形认定合同效力。随着这一概念的提出，审判实践中又出现了另一种倾向，有的人民法院认为凡是行政管理性质的强制性规定都属于“管理性强制性规定”，不影响合同效力。这种望文生义的认定方法，应予纠正。人民法院在审理合同纠纷案件时，要依据《民法总则》第一百五十三条第一款和《合同法司法解释（二）》第十四条的规定慎重判断‘强制性规定’的性质，特别是要在考量强制性规定所保护的法益类型、违法行为的法律后果以及交易安全保护等因素的基础上认定其性质，并在裁判文书中充分说明理由。”虽然该纪要看起来仍然囿于先判定规范性质的思路，但其注重考量法益类型、违法后果等要求，值得赞同。

该纪要同条还作了例示，认为下列强制性规定，应当认定为“效力性强制性规定”：强制性规定涉及金融安全、市场秩序、国家宏观政策等公序良俗的；交易标的禁止买卖的，如禁止人体器官、毒品、枪支等买卖；违反特许经营规定的，如场外配资合同；交易方式严重违法的，如违反招投标等竞争性缔约方式订立的合同；交易场所违法的，如在批准的交易场所之外进行期货交易。关于经营范围、交易时间、交易数量等行政管理性质的强制性规定，一般应当认定为“管理性强制性规定”。

本案的《电量损失补偿合同》并不直接符合以上任何一种情况，因而需要法院的进一步论证。这也是再审法院第一个焦点所要解决的问题。对此，再审法院分两步来论证：首先，确定水资源的公共利益属性，强调水资源是战略资源、重要公共资源，水资源的有效使用必须严格遵循国家法律和行政法规的相关规定，蓄水位的确定属于水资源的管理；其次，确定当事人的行为属性，是通过合意间接变更蓄水位。因此，当事人的行为违反了公共利益，应该判定无效。

这种论证也有待完善。本案中，爱依斯水电公司与茶林河水电公司并非直接约定变更蓄水位，而是约定补偿协议，让补偿协议直接无效，是否满足比例性的要求，值得进一步说明。《水法》第十八条第二款规定，“经批准的规划需要修改时，必须按照规划编制程序经原批准机关批准”。如果取得原批准机关批准，即使爱依斯水电公司与茶林河水电公司直接约定变更蓄水位，也并不无效。因此，不考虑是否能够获得新的批准就直接判定合同无效，可能操之过急。

3. 违反公共利益的判断

违反公共利益和违反公序良俗，在我国理论和实务中基本同义。在《民法通则》第五十八条第一款第五项、《合同法》第五十二条第四项中，使用“社会公共利益”的表达，《民法总则》第一百四十三条第三项、第一百五十二条第二款则使用“公序良俗”的表达。

公共秩序，是指国家、社会的一般秩序，善良风俗是指社会的一般道德观念。公序良俗条款是否定违反法律本身价值体系或者违反伦理的法律行为。公序良俗条款富有弹性，理论往往通过类型化的方式来加以明确。有学者认为，违反公序良俗的行为类型，包含危害国家公序的行为、危害家庭公序的行为、违反道德的行为、射幸行为、违反人权和人格尊重的行为、限制经济自由的行为、违反公平竞争的行为、违反消费者保护的行为、违反劳动者保护的行为、暴利行为等[①]。也有学者类型化为基本权利保护类型、危害国家公序行为类型、危害家庭关系行为类型、违反道德行为类型、射幸行为类型、限制经济自由行为类型、暴利行为类型与违反消费者保护行为类型等[②]。

和违反法律、行政法规的强制性规定的判断类似，本案中的《电量损失补偿合同》也不直接符合以上任意一种类型，因而需要法院的实质论证。在本案中，再审法院主要是依据已生效的行政判决认定该补偿合同违反公共利益。不过，这并不能完全免除法院的说理义务。行政判决认定的为事实，而违反公序良俗则是价值判断的结果，两者不能直接等同。例如，无法采砂涉及的是特定主体的利益，而且，无法采砂还可能会带来环境保护方面的收益，是否认定为违反公共利益，需要更细致的说理。再如，若爱依斯水电公司愿意修缮生活码头，保障库区居民的生产、生活用水，是否可能阻却违法，也值得思考。

4. 违反法律、行政法规的强制性规定与违反公序良俗的关系

违反法律、行政法规的强制性规定的合同之所以无效，是因为强制性规定承载了公共利益。在《最高人民法院关于适用〈中华人民共和国合同法〉若干问题的解释（二）》颁布之前，最高人民法院的法官就已经指出：“效力性规范是指法律及行政法规明确规定违反该类规定将导致合同无效的规范，或者虽未明确规定违反之后将导致合同无效，但若使合同继续有效将损害国家利益和社会公共利益的规范。”[③] 虽然这种

① 梁慧星．民法总论［J］．北京：法律出版社，2017：208.

② 于飞．公序良俗原则研究——以基本原则的具体化为中心［M］．北京：北京大学出版社，2006：19.

③ 奚晓明．当前民商事审判应注意的几个法律适用问题［J］．法律适用，2007（7）.

论述对效力性规范的理解并不准确，但仍然指出了违反无效和公共利益之间的关联。

另外，如上所述，违反公序良俗的行为，即违反社会公共利益的行为，而且，公序良俗中的公序是国家、社会的一般秩序，在文义上也可以包括法律、行政法规中的强制性规定。但是，这样解释会导致违反法律、行政法规的强制性规定这一无效事由丧失独立性。为了尽量保持法律明确规定的各无效事由的彼此独立，避免不必要的竞合，违反公序良俗或违反社会公共利益这一无效事由中，不应该包括违法无效的情况。

一个可能的疑问在于违反行政规章的合同效力。违反行政规章的合同，并不落入《合同法》第五十二条第五项的范围之中。为此，有判决认为，在法律、行政法规没有规定，而相关行政主管部门制定的行政规章涉及社会公共利益保护的情形下，可以参照适用其规定①。《第九次全国法院民商事审判工作会议纪要》第三十一条也规定："违反规章一般情况下不影响合同效力，但该规章的内容涉及金融安全、市场秩序、国家宏观政策等公序良俗的，应当认定合同无效。"但是，这不可避免地带来两种无效事由之间的交叉，以及《合同法》第五十二条第五项的目的在一定程度上被架空。为此，有学者指出，"公序良俗"的准确含义，应该是单纯的"善良风俗"，而不包括任何位阶的强制性规定在内②。

在本案中，再审法院同时依据两个无效事由，判定案涉《电量损失补偿合同》无效。这可能是为了论证上的保险起见，但这会带来法解释学上的疑问。能够依据违反法律、行政法规的强制性规定而判定无效的合同，并不需要再次援引"违反公共利益"的无效事由，否则会导致前者被不必要的纳入后者之中。

四、课堂教学安排

本案例可以作为专门的案例教学课和模拟法庭课来进行，整个案例课的课堂安排6个课时，每课时45分钟。教学形式包括分组讨论、开展模拟法庭、观摩视频、文献研读、教师归纳总结等形式。

五、思考与实践题

1. 效力性强制性规定和管理性强制性规定应该如何区分？

---

① 最高人民法院（2008）民提字第61号民事判决书。

② 章程．从基本权理论看法律行为之阻却生效要件——一个跨法域释义学的尝试［J］．法学研究，2019（2）．

2. 合同违反法律、行政法规的强制性规定时，如何寻找规范目的？如何依据规范目的认定行为无效？

3. 在新类型出现时，如何论证合同因违反公序良俗而无效？

4. 违反公序良俗无效和违法无效之间的关系？

5. 违反行政规章的合同效力，应该如何判断和论证？

6. 民事判决和既有行政、刑事判决的关系如何？

7. 作为原告爱依斯水电公司的律师，请为其撰写起诉状。

8. 作为被告茶林河水电公司的律师，请为其撰写答辩状。

9. 试模拟本案的庭审现场。每位同学从原告、原告代理律师、被告、被告代理人、法官等角色中，选取一个角色，开展模拟法庭活动。

参考文献

[1] 韩世远. 合同法总论 [M]. 北京：法律出版社，2018：784.

[2] 王利明. 合同法研究》（第2卷）[M]. 北京：中国人民大学出版社，2011：646.

[3] 朱庆育.《合同法》第52条第5项评注 [J]. 法学家，2016（3）.

[4] 姚明斌. “效力性”强制规范裁判之考察与检讨——以《合同法解释二》第14条的实务进展为中心 [J]. 中外法学，2016（5）.

[5] 梁慧星. 民法总论 [M]. 北京：法律出版社，2017：208.

[6] 于飞. 公序良俗原则研究——以基本原则的具体化为中心 [M]. 北京：北京大学出版社，2006：19.

[7] 奚晓明. 当前民商事审判应注意的几个法律适用问题 [J]. 法律适用，2007（7）.

[8] 章程. 从基本权理论看法律行为之阻却生效要件——一个跨法域释义学的尝试 [J]. 法学研究，2019（2）.

案例 5

南海救助局与阿昌格罗斯投资公司海难救助合同纠纷案*

（民事诉讼实务）

本案例以 2016 年 6 月最高人民法院审理的一起具有涉外性质的海难救助合同纠纷为蓝本，围绕备受争议的雇佣救助合同的性质及其适用法律展开，是最高人民法院首次通过司法实践的方式对此类合同予以明确。通过对本案一审、二审和再审的分析，首先从法律适用的角度出发，根据国际条约与国内法的适用原则，明确《1989 年国际救助公约》和我国《海商法》的适用；其次，根据《1989 年国际救助公约》和我国《海商法》的规定，确定雇佣救助合同的性质；最后，结合以上的分析，明确案例中的雇佣救助合同的法律适用及其他相关法律制度的适用。本案例不仅能够帮助学生了解海商法案件的特点，还帮助学生理解海难救助的相关法律概念与司法实践，更重要的是通过对本案例的分析明晰我国在司法实践中对雇佣救助合同性质和法律适用的规定，对海商法案件的处理具有典型意义。

* 本案例由中央财经大学法学院教师沈健编写。

案例正文

一、本案事实

（一）本案的当事人

原告（一审原告、二审被上诉人、再审申请人）：中华人民共和国交通运输部南海救助局（以下简称南海救助局）。

被告（一审被告、二审上诉人、被申请人）：阿昌格罗斯投资公司（Archangelos Investments E. N. E.）（以下简称投资公司），其为希腊公司。

（二）海难的发生

投资公司所属“加百利”轮系油轮，船籍国为希腊，登记港为比雷埃夫斯，总吨为40682。“加百利”轮载有卡宾达原油54580吨，自香港开往广西钦州，船上船员26人。2011年8月12日0500时左右，该轮在琼州海峡北水道6#灯浮附近搁浅，左侧上有3度倾斜，船首尖舱在水位线下已出现裂痕且已有海水进舱，船舶及船载货物处于危险状态，严重威胁海域环境安全。

（三）请求南海救助局救助

事故发生后，投资公司立即授权香港安达欧森有限公司上海代表处（以下简称上海代表处）就“加百利”轮搁浅事宜向南海救助局发出紧急邮件请求救助。于是，8月12日2040时，上海代表处通过电子邮件向南海救助局提交委托书，委托南海救助局派出“南海救116”轮和“南海救101”轮到现场协助“加百利”轮出浅，承诺无论能否成功协助出浅，均同意按每马力小时3.2元的费率付费，计费周期为拖轮自其各自的值班待命点备车开始起算至上海代表处通知任务结束、拖轮回到原值班待命点为止。“南海救116”轮和“南海救101”轮只负责拖带作业，“加百利”轮脱浅作业过程中如发生任何意外，南海救助局无须负责。另外，请南海救助局派遣一组潜水队员前往“加百利”轮探摸，费用为：陆地调遣费10000元；水上交通费55000元；作业费每8小时40000元，计费周期为潜水员登上交通船开始起算，到作业完毕离开交通船上岸为止。该委托书的部分原文如下，“……，无论是否能成功协助‘加百利’

轮出浅，我司同意按每马力小时3.2元的费率付费给贵局，计费周期为……。”

（四）南海救助局实施救助

南海救助局按照委托书的约定，对“加百利”轮实施救助，具体的救助过程如下：

1.“南海救116”轮的工作情况

南海救助局所属“南海救116”轮为救助船，总吨为3681，总功率为9000千瓦（12240马力）。“南海救116”轮到达事故现场后，因湛江海事局决定采取过驳减载脱浅方案，“南海救116”轮并未对“加百利”轮实施拖带救助，自8月12日0745时至18日1920时，该轮根据投资公司的指示，一直在事故现场对“加百利”轮进行守护，共工作155.58小时。

2.“南海救101”轮的工作情况

南海救助局所属“南海救101”轮为救助船，总吨为4091，总功率为13860千瓦（18850马力）。8月12日0930时，“南海救101”轮前往事发海域救助“加百利”轮。该轮驶往事发海域途中，南海救助局于1519时发邮件至上海代表处，称鉴于“加百利”轮船长坚持根据湛江海事局的意见，选择通过减载方式进行脱浅，建议只留“南海救116”轮在现场作业，“南海救101”轮返航回锚地。1544时，上海代表处回复邮件称，继之前确认，只留“南海救116”轮在现场，取消“南海救101”轮。1550时，该轮开始返航，未到达事发现场；2305时，该轮回到锚地；该轮工作时间共计13.58小时。

3.“南海救201”轮的工作情况

南海救助局所属“南海救201”轮为救助船，总吨为552，总功率为4480千瓦（6093马力）。8月13日，投资公司提出租用“南海救201”轮将其两名代表从海口运送至“加百利”轮。南海救助局向上海代表处发邮件称，“南海救201”轮费率为每马力小时1.5元，根据租用时间计算总费用。上海代表处回复确认同意。“南海救201”轮于13日、16日、17日、18日运送相关人员及设备，工作时间共计24.41小时。

4.潜水队员的工作情况

根据约定，南海救助局安排潜水队员探摸，以确认“加百利”轮受损情况及搁浅状况。8月12日1500时，潜水队员登上交通船，离开交通船的时间为12日2300时，潜水队员作业时间为8小时。

为预防危险局面进一步恶化造成海上污染，中华人民共和国湛江海事局（以下简称湛江海事局）决定对“加百利”轮采取强制过驳减载脱浅措施。经湛江海事局组织安排，8月17日，中海发展股份有限公司油轮公司所属“丹池”轮对“加百利”轮上的原油进行了驳卸。18日，“加百利”轮利用高潮乘潮成功脱浅，之后安全到达目的港广西钦州港，驳卸的原油由“丹池”轮运抵目的港。

（五）有关救助费率的事实

8月15日1452时，上海代表处向南海救助局发出邮件协商相关费用问题，请求：（1）由于雇用“南海救116”轮及约定每马力小时3.2元费率的目的是由该轮进行拖带作业，但事实上该轮仅在现场待命、守候，未参与具体救助工作，不能按原约定费率计算救助费用，故将“南海救116”轮的救助费率降低为每马力小时2.9元。（2）由于“南海救101”轮在驶往事故现场途中即已根据南海救助局的指示返回，更未实际进行任何拖带作业或其他作业，按原约定费率计算显失公平且极不合理，故取消租用“南海救101”轮，稍微降低收费并报最低价。（3）潜水作业费用降低为100000元。（4）13日租用“南海救201”轮的费用为55000元。（5）欲租用“南海救201”轮于16日运送潜水员、港口船长及检验师登轮，能否把费率定为每马力小时1.3元。

1600时，南海救助局回复称：“南海救201”轮费率仍为每马力小时1.5元，其他因救助“加百利”轮所产生的费用，稍后再作讨论。

二、本案一审情况

广州海事法院受理南海救助局与阿昌格罗斯投资公司海难救助合同纠纷案，原告南海救助局请求法院判令投资公司向南海救助局支付救助费用7240998.24元及其迟延付款利息。

广州海事法院认为：

1. 救助合同的成立及效力

搁浅事故发生后，投资公司的代理人上海代表处向南海救助局发出邮件，要求南海救助局安排两艘拖轮进行救助并称同意南海救助局的报价。此外，上海代表处通过邮件向南海救助局提交委托书，约定了救助所使用的船舶、人力（潜水员）及报酬计付标准等。从往来邮件来看，投资公司与上海代表处对“加百利”轮当时的危险状况是清楚的，上海代表处与南海救助局对相关费率等问题经过了充分的讨论，本案不存在重大误解及乘人之危情形。依照《中华人民共和国海商法》（以下简称《海商法》）

第一百七十五条第一款关于“救助方与被救助方就海难救助达成协议，救助合同成立”之规定，南海救助局与投资公司之间救助合同成立，该合同并未违反现行法律、法规的强制性规定，合法有效，当事人双方应依约履行。

2. 是否应当追加货主中国联合石油有限公司作为第三人参加诉讼

投资公司申请中国联合石油有限公司参加诉讼的理由是本案系船货遭遇共同危险，依据《海商法》第一百八十三条的规定，救助报酬的金额应由获救的船舶和其他财产的各所有人按照船舶和其他财产各自的获救价值占全部获救价值的比例承担。一审法院认为，南海救助局系以救助合同为依据诉请投资公司依约定的费率支付救助费用，本案所涉法律关系与投资公司主张的共同海损费用分摊属不同的法律关系，投资公司追加货主作为第三人参加诉讼的主张不能成立。

3. 南海救助局实施的救助是否符合海难救助的构成要件

“加百利”轮是《海商法》第三条所称的船舶，是《海商法》所承认的救助标的；“加百利”轮搁浅后，船舶及船载货物处于危险状态，可能发生海洋污染事故，严重威胁海域环境安全，情况紧急，投资公司与上海代表处知悉“加百利”轮处于海上危险的事实；南海救助局派出了“南海救 116”轮、“南海救 101”轮、“南海救 201”轮以及一组潜水队员前往事故现场提供交通、守护等，上述作业是成功救助“加百利”轮的重要组成部分。虽然“南海救 116”轮并没有按原约定从事拖带作业，但其根据船东的安排一直在现场守护至“加百利”轮成功脱险，且《海商法》并未明确规定救助行为的具体形式。因此，南海救助局实施的上述行为属于救助行为。在救助过程中，南海救助局与投资公司的作为或不作为完全出于自愿，不存在《海商法》第一百八十六条规定的无权获得救助款项的情形。从整个救助过程来看，“加百利”轮成功脱浅，船上全部船员及货物最终安全抵达钦州港。据此，南海救助局实施的救助符合海难救助的构成要件，其有权依据《海商法》第一百七十九条的规定获得相应救助报酬。

4. 救助报酬的数额及利息的确定

（1）“南海救 201”轮的救助费用。“南海救 201”轮每马力小时 1.5 元的费率系南海救助局、投资公司充分协商而达成，一审法院予以确认；该轮 3 次作业时间共 24.41 小时；因该轮总功率为 6093 马力，依此计算，投资公司就该轮应支付的费用为 223095.20 元。

（2）潜水队员的费用。依投资公司发给南海救助局的委托书，潜水队员作业费的计费周期为潜水员登上交通船开始起算，到作业完毕离开交通船上岸为止。依据该约定，即便潜水员未下水作业，只要其登上交通船，投资公司即应向南海救助局支付潜水队员作业费用40000元，加上约定应付的陆地调遣费10000元、水上交通费55000元，三项费用共计105000元。

（3）“南海救116”轮及“南海救101”轮的救助费用。投资公司对“南海救116”轮和“南海救101”轮的总功率及工作时间未提出异议，但认为因两轮未实施实际拖带作业，故原约定的费率应予以调低，可参照《中华人民共和国交通部国际航线海上救助打捞收费办法》《中华人民共和国交通部港口收费规则》《广东省港口收费规则》3个费率标准予以确定。一审法院认为，投资公司所提出的上述标准，第一个标准已废止，其他两个标准仅适用于港口拖航，故上述标准均不适用于本案。

根据《海商法》第一百八十条的规定，确定报酬时应综合考虑救助方所用的时间、支出的费用和遭受的损失，救助方或者救助设备所冒的责任风险和其他风险等。在实际救助工作中，救助方守护作业的成本消耗、技术要求及责任风险等与拖带作业相比均有一定的差距。根据《海商法》第一百七十六条第二项规定，按照合同支付的救助款项明显过高或者过低于实际提供的救助服务的，诉讼或仲裁过程中法院或仲裁机构可以判决或者裁决变更救助合同。由于“南海救116”轮和“南海救101”轮均未按原约定实施拖带作业，南海救助局主张两轮的救助费率仍按约定的每马力小时3.2元计算，投资公司认为过高，提出异议，一审法院认为应予以调整。一方面，在往来邮件中，投资公司一直要求南海救助局调低该费率，南海救助局邮件回复称：其他因救助“加百利”轮所产生的费用，稍后再作讨论。可见当时南海救助局就该救助费率仍留有可调整的余地。另一方面，投资公司将救助方案变更为过驳减载脱浅并将这一变更告知南海救助局后，仍于15日的邮件中询问南海救助局可否将该轮的救助费率调整为每马力小时2.9元。可见投资公司在变更救助方案后仍愿意以每马力小时2.9元的费率付费，该费率的确定符合《海商法》鼓励救助的原则。据此，一审法院将“南海救116”轮和“南海救101”轮的救助费率调整至每马力小时2.9元。“南海救116”轮、“南海救101”轮的救助费用相应确定为5522467.68元和742350.70元。

上述“南海救116”轮、“南海救101”轮、“南海救201”轮及潜水队员的救助费用合计6592913.58元。

关于南海救助局请求的救助报酬的利息。南海救助局与投资公司未约定救助报酬的支付期限，事后未达成补充协议，也无法按照合同有关条款和交易习惯确定，依照《中华人民共和国合同法》（以下简称《合同法》）第六十二条关于“履行期限不明确的，债务人可以随时履行，债权人也可以随时要求履行，但应当给对方必要的准备时间”的规定，一审法院酌情认定完成救助作业后的两个月为准备时间，确定本案救助报酬的利息应从2011年10月19日起，按中国人民银行同期流动资金贷款利率计至判决确定应当支付之日止。

综上，广州海事法院作出（2012）广海法初字第898号民事判决：投资公司向南海救助局支付救助报酬6592913.58元，及自2011年10月19日起至判决确定支付之日止按中国人民银行同期流动资金贷款利率计算的利息。

三、本案二审情况

投资公司不服广州海事法院的一审判决，向广东省高级人民法院提起上诉，请求二审法院撤销一审判决，依调整后的费率，按38.85%的比例改判投资公司承担相应的责任。

二审法院另查明：

“加百利”轮搁浅后，该轮船长即向湛江海事局进行了汇报，湛江海事局责令该轮船长、船东尽快制定并实施脱浅方案。经研究，该轮船东/船长于事故当日决定选择过驳减载脱浅方案。为此，“加百利”轮船东先后从新加坡、荷兰、中国等地派遣了多名造船师、救助专家、检验师等登轮进行协助和指导。虽然湛江海事局的《“加百利”轮应急过驳脱浅综合保障预案》系于2011年8月17日发布，但过驳减载脱浅方案却是由“加百利”轮船方在8月12日1425时之前即已明确并被湛江海事局认可。

涉案船舶的获救价值为30531856美元，货物的获救价值为48053870美元，船舶的获救价值占全部获救价值的比例为38.85%。

二审法院认为：

1. 关于涉案海难救助合同的效力

投资公司委托南海救助局派遣“南海救116”轮和“南海救101”轮到现场协助“加百利”轮出浅，并约定无论能否成功协助该轮出浅，投资公司均同意按照每马力小时3.2元的费率付费；“南海救116”轮和“南海救101”轮只负责拖带作业，“加百利”轮脱浅作业过程中如发生任何意外无须南海救助局负责。本案救助过程也显示，南海救助局在参与救助的过程中，实际服从于船方指示。故本案救助系合同救助，救助方按照被救助方的指挥进行救助，不论救助是否有效果，被救助方都应该按照《海商法》第一百七十九条的规定，根据救助方使用的人力和设备，按约定支付报酬。一审判决以“加百利”轮成功脱浅、救助效果良好作为本案救助报酬的取得依据之一，属适用法律不当。

2. 关于南海救助局请求的救助报酬是否合理

涉案委托书记载投资公司委托南海救助局派遣拖轮到现场协助“加百利”轮出

浅，同时记载“南海救116”轮和“南海救101”轮只负责拖带作业。拖带出浅和过驳脱浅是两种不同的、独立的救助方式，过驳脱浅救助并不必然需要拖轮的守护。此外，投资公司请求南海救助局派遣“南海救116”轮和“南海救101”轮进行救助时尚未确定使用过驳减载脱浅方案，结合委托书的文义，应认定投资公司请求派遣拖轮到现场的目的是以拖轮合适的作业方式救助“加百利”轮脱浅，而非待命协助出浅。因拖轮抵达现场之后，投资公司救助方案发生变化，导致拖轮及潜水人员都未实际从事合同约定的救助作业，投资公司以南海救助局未实际实施合同约定的救助事项为由请求变更救助合同，于法有据。鉴于一审已根据投资公司的诉请，综合考虑《海商法》第一百八十条规定的因素对涉案救助报酬进行了调整，二审法院不再另行调整。各方当事人对依据一审判决认定的救助报酬基数6592913.58元无异议，予以确认。

3. 投资公司是否可以仅按船舶获救价值占全部获救价值的比例承担涉案救助报酬

《海商法》第一百七十五条规定：“遇险船舶的船长有权代表船舶所有人订立救助合同。遇险船舶的船长或者船舶所有人有权代表船上财产所有人订立救助合同。”《海商法》第一百八十三条规定：“救助报酬的金额，应当由获救的船舶和其他财产的各所有人，按照船舶和其他各项财产各自的获救价值占全部获救价值的比例承担。”在上述规定的适用上，《海商法》并未对不同类型的救助作出区分，故本案合同救助亦应适用。船舶在海上遇险，要求船舶所有人或船长亲自签订救助合同，不利于及时展开救助，也不符合海运实践。《海商法》第一百七十五条规定的两个法定代表权，与代理制度并不相悖，故南海救助局关于本案救助合同并非由“加百利”轮船长或船东签订、上海代表处从未向南海救助局披露其代表货主、本案不适用《海商法》第一百七十五条的理由均不能成立。

根据《海商法》第一百七十二条、第一百七十九条的规定，救助报酬是救助款项的一种形式，在合同救助中，救助方与被救助方可以对包括救助报酬形式在内的救助款项作出约定，南海救助局关于救助报酬仅适用于“无效果无报酬”救助合同的主张缺乏依据。双方约定的是被救助方对救助方的履约行为给予的经济回报，该约定费用应属于救助报酬，依法应适用《海商法》第一百八十三条的规定。故投资公司可仅按照船舶获救价值占全部获救价值的比例38.85%向南海救助局承担救助报酬，投资公司应负担的救助报酬为2561346.93元。投资公司未向南海救助局支付救助报酬，构成违约，南海救助局请求其支付迟延付款利息于法有据，应予支持。

广东省高级人民法院作出（2014）粤高法民四终字第117号民事判决，撤销一审判决；投资公司向南海救助局支付救助报酬2561346.93元及其自2011年10月19日起至判决确定的支付之日止按中国人民银行同期流动资金贷款利率计算的利息。

四、本案再审情况

南海救助局不服广东省高级人民法院的二审判决，向最高法院申请再审，请求撤销二审判决，判令投资公司向其支付救助合同项下费用 6592913.58 元并支付相应利息。

（一）南海救助局认为

1. 按比例支付救助费用不符合《合同法》规定

投资公司委托书载明：无论是否能成功协助“加百利”轮出浅，投资公司同意按每马力小时 3.2 元的费率付费，表明双方已提前就费率计算等作出了约定，而南海救助局亦依约提供了救助、守护、交通等服务，双方合同已依法成立并履行。二审法院仅判令投资公司支付 38.85% 的救助费用，违反了合同的相对性，也与合同义务应全面履行之基本原则不符。

2. 申请再审提交的新证据可以证明投资公司应付全部救助费用

南海救助局申请再审时提交的《海损担保函》可以证明，货物的保险人已于 2011 年 8 月 18 日就承担货物所有人应分担的救助费用作出保证，但二审判决未查明这一事实，仅判令投资公司支付部分合同费用，使得船方和货方最终应承担的救助费用减少，也不利于实现《1989 年国际救助公约》（以下简称《救助公约》）鼓励海上救助作业的宗旨。该证据足以推翻二审判决。

3. 南海救助局理应获得全部救助费用

作为国家专业海上救助机构的南海救助局，既然参与了“加百利”轮的救助，就有权依据约定获得合同项下全部救助报酬。二审判决剥夺了南海救助局依约应得的合法权益，与鼓励海上救助之社会公共利益不符。

（二）投资公司认为

投资公司请求驳回南海救助局的再审申请，维持二审判决。理由如下：

1. 按比例承担救助报酬符合《救助公约》和《海商法》规定

二审法院判决投资公司按船舶获救价值占全部获救价值的比例承担救助报酬，恪守了合同相对性原则，适用法律正确。首先，《救助公约》第六条和《海商法》第一百七十五条赋予了船长和船舶所有人两个法定代表权。涉案救助合同是由投资公司代表货方一并与南海救助局订立，投资公司和货方均为合同甲方。其次，《海商法》第一百八十三条并未明确规定其所规范的报酬只适用于“无效果无报酬”救助合同而不适用于雇佣救助合同，南海救助局应获取的救助报酬属于《海商法》第一百八十三条调整范围。《海商法》第一百七十九条关于“或者合同另有约定外”之但书部分的规定，已对雇佣救助进行了制度设计和规范，救助人和被救助人可以通过约定使救助报酬的获得与否不与救助效果挂钩，无论救助成功与否，救助人均可按约定的固定费率主张救助款项（包括救助报酬、酬金或补偿）。本案救助为财产救助，南海救助局获得的应是、也只能是《海商法》所规定的救助报酬。

2. 南海救助局提交的新证据不属于新证据且无证明力

救助伊始或本案诉讼提起之前，至迟于本案二审庭审结束前，南海救助局应发现《海损担保函》的存在，但南海救助局直至二审结束后才发现该证据，系其主观过失而非客观原因所致，该证据不属于新证据。即使《海损担保函》属于新证据，南海救助局基于该证据要求投资公司全额支付救助报酬毫无依据。因为二审判决是基于船舶获救价值的比例判令投资公司支付其自身应分摊的部分，不涉及《海损担保函》所担保的应由货方分摊的部分。《海损担保函》和二审判决并未要求船方代货方垫付救助报酬，也没有剥夺南海救助局要求货方按比例支付救助报酬的权利，亦未免除货方的此项义务。

3. 共同海损与海难救助是两项独立的制度

共同海损与海难救助是两项独立的制度，不能依共同海损理算规则剥夺投资公司仅需按比例支付救助报酬的法定权利。

4. 变更救助方案属于情势变更

因湛江海事局指示将救助方案从拖带脱浅变更为过驳减载脱浅，若继续依原先约定的针对拖带作业的费率（每马力小时3.2元）计费，将显失公平。根据情势变更原则，该费率应予以变更或调整。

（三）最高人民法院认为

本案系海难救助合同纠纷。中华人民共和国加入了《救助公约》，《救助公约》所确立的宗旨，即鼓励对处于危险中的船舶和其他财产，以及对环境安全构成威胁的事件进行及时有效的救助，同时确保对实施救助作业的人员给予足够的鼓励，在本案中应予遵循。涉案事故发生后，投资公司及时寻求救助，南海救助局按照约定积极参与救助，对避免海洋污染事故的发生发挥了作用，值得倡导。

1. 南海救助局提交的证据材料不是法律规定的新的证据

南海救助局申请再审期间，向本院提交了中国人民财产保险股份有限公司北京市分公司（以下简称人保财险北京公司）出具的《海损担保函》，目的在于证明投资公司在向南海救助局支付报酬后，可以从人保财险北京公司处获得补偿，认为该证据足以推翻二审判决。投资公司和上海代表处庭审质证称，对该证据材料的真实性、合法性无异议，但认为该证据材料不是新的证据，对其证明效力不予认可。

本院认为，该证据材料系人保财险北京公司针对”加百利”轮船东和其他可能的航程利益相关方而出具，该证据材料虽对本院了解案涉救助款项承担的相关情况有所帮助，但与本案当事人争议的救助报酬问题并无直接关联，本院不予采纳。

2. 如何理解《救助公约》和《海商法》所规定的救助合同

海难救助是一项传统的国际海事法律制度，《救助公约》和《海商法》对此作了专门规定。《海商法》第九章关于海难救助的规定，借鉴吸收了《救助公约》的主要内容。《救助公约》第十二条、《海商法》第一百七十九条规定了“无效果无报酬”的救助报酬支付原则，《救助公约》第十三条、《海商法》第一百八十条及第一百八十三条在该原则基础上进一步规定了报酬的评定标准与具体承担。上述条款是对当事人基于“无效果无报酬”原则确定救助报酬的海难救助合同的具体规定。与此同时，《救助公约》和《海商法》均允许当事人对救助报酬的确定另行约定。因此，在《救助公约》和《海商法》规定的“无效果无报酬”救助合同之外，还可以依当事人的约定形成雇佣救助合同。

3. 本案所涉合同的性质及法律适用

根据本案查明的事实，投资公司与南海救助局经过充分磋商，明确约定无论救助是否成功，投资公司均应支付报酬，且“加百利”轮脱浅作业过程中如发生任何意外，南海救助局无须负责。依据该约定，南海救助局救助报酬的获得与否和救助是否有实际效果并无直接联系，而救助报酬的计算，是以救助船舶每马力小时，以及人工投入等事先约定的固定费率和费用作为依据，与获救财产的价值并无关联。因此，本案所涉救助合同不属于《救助公约》和《海商法》所规定的“无效果无报酬”救助合同，而属雇佣救助合同。

关于雇佣救助合同下的报酬支付条件及标准，《救助公约》和《海商法》并未作具体规定。一、二审法院依据《海商法》第一百八十条规定的相关因素对当事人在雇佣救助合同中约定的固定费率予以调整，属适用法律错误。本案应依据《合同法》的相关规定，对当事人的权利义务予以规范和确定。

4. 关于南海救助局诉请的救助报酬数额如何确定

对于南海救助局诉请的救助报酬数额，投资公司主张，其应依照《海商法》第一百八十三条的规定，按照船舶获救价值占全部获救价值的比例承担救助报酬。本院认为，《海商法》第一百八十三条应适用于“无效果无报酬”的救助合同，而案涉合同属雇佣救助合同，南海救助局以其与投资公司订立的合同为依据，要求投资公司全额支付约定的救助报酬并无不当。

投资公司还提出，本案救助方案由此前的拖带作业、探摸作业变更为过驳减载，符合情势变更的有关情形，此前约定的救助报酬费率应予调整。本院认为，《最高人民法院关于适用〈中华人民共和国合同法〉若干问题的解释（二）》第二十六条规定：“合同成立以后客观情况发生了当事人在订立合同时无法预见的、非不可抗力造成的不属于商业风险的重大变化，继续履行合同对于一方当事人明显不公平或者不能实现合同目的，当事人请求人民法院变更或者解除合同的，人民法院应当根据公平原则，并结合案件的实际情况确定是否变更或者解除。”本案救助方案的调整并非基于客观情况的重大变化，而是包括当事人在内的相关方协商讨论的结果，且合同的继续履行对于投资公司并非明显不公平或者不能实现合同目的，救助方案的调整并不属于法律意义上的情势变更。投资公司以此主张降低约定的费率和费用，缺乏事实和法律依据，本院不予支持。

案例使用说明

一、教学对象及目标

本案例是典型的具有涉外性质的海商法案件，也是最高人民法院首次在《1989年国际救助公约》和我国《海商法》的框架下明确雇佣救助合同的性质及其法律适用。因此，本案例教学应着重让学生把握以下四个方面的内容：（1）根据海商法案件的特点，从整体结构上掌握分析海商法案件的方法；（2）了解并掌握国际条约尤其是国际民商事条约与我国国内法的关系及其在我国的适用；（3）根据《1989年国际救助公约》和我国《海商法》的规定，确定雇佣救助合同的性质；（4）结合司法实践，明确雇佣救助合同的法律适用及其他相关法律制度的适用。

二、教学内容

1. 什么是海事诉讼管辖，本案中海事诉讼管辖是如何被适用的？

海事诉讼管辖是指海事法院与上级人民法院之间，以及各海事法院相互之间，受理第一审海事案件的分工和权限，也即确定哪些第一审海事案件由海事法院或者上级人民法院受理，哪些第一审海事案件由哪个地方的海事法院受理。海事诉讼管辖具有专门性、涉外性、不以行政区划分为依据的三个特点。

根据《最高人民法院关于海事诉讼管辖问题的规定》第七十二条的规定，海难救助纠纷案件应由海事法院受理，是故本案应由海事法院专门管辖。同时，涉案事故船舶“加百利”轮的被救助地属广州海事法院的管辖范围，依照《中华人民共和国民事诉讼法》第三十一条的规定，广州海事法院对本案有管辖权。

2.《1989 年救助公约》的特点有哪些？

1989 年国际海事组织于伦敦通过了《1989 年国际救助公约》。该公约是在《1910 年救助公约》的基础上修改并制定完成的。该公约最重要的目的是修改原公约关于救助作业的规定，以便更好地保护海洋环境和鼓励救助人对遇险油轮和其他海上财产进行救助。《救助公约》不仅保持了《1910 年救助公约》规定的海上救助人与被救助人的权利、义务和海上救助应遵循的基本原则，公约还扩大了其适用范围、增设了特别补偿条款、增设了船长有权代表船货双方签订救助合同的条款及被救方的义务条款等内容。我国《海商法》第九章就是我国现行有效的海上救助法。它采纳了《救助公约》“无效果无报酬”原则、“无效果无报酬”例外原则、救助海上人命原则和无偿救助人命例外原则等，除了极少数条款以及个别措辞上的差异，《海商法》的实质内容基本是《救助公约》的“翻版。”

3. 缔约国如何适用国际条约？

一国以何种方式适用条约，制定何种国内法加以保障，是该国依据主权而确定的，即便一国的国内法与其签订的已生效条约不一致，其国家机关也需按国内法执行，由该国为其国家机关作出的违反国际法的行为对外承担国际责任，因为国际法对此并无统一规定。因此，我们可以将国际条约并入一国法律体系的方式分为两类：一元论的方式和二元论的方式。（1）一元论的方式是整体纳入法，通过概况性的宪法、法律规定或习惯规则，将在国际法上对一国生效的条约全部并入该国的体系。采取此种方式的国家，其签署的条约按照国际法原则对其生效的时间与其在国内法上生效的时间是相同的，该条约缔约程序的完成与其国内法上的条约生效程序时间也是相似的，因此，一旦条约生效即对该国生效，同时，其国内不需要任何特别程序，该条约即成为其国内法的一部分。（2）二元论的方式是个别转化法，通过具体的立法或法令，将需要在国内实施的国际条约有选择地、个别地并入本国法律体系。采取此种方式的国家，通过国内立法机关颁布立法或命令有选择地将需要在国内执行的国际条约个别地并入该国法律体系，在性质上将国际条约转化为国内法。

我国的《宪法》和《缔结条约程序法》等法律法规都未对条约适用方式的原则性进行规定，但无论是从我国的宪法、法律、司法解释以及对外声明中的一致的规定或内容来看，还是从我国缔结和履行国际条约的实际情况来看，我国采取的是“混合适用”的模式，即在需要适用某一或某类国际条约时，直接进行适用，或者制定一项法律将该项条约转化为中国国内法律，间接地予以适用。

4. 国际民商事条约在我国的适用及本案的法律适用是怎样的？

由于国际民商事条约不同于公法性质的国际条约，对消除因各国民商法的歧义而给各国民商事活动造成的障碍起到了积极的作用，其在实践中的适用相对频繁，有效地解决了大量国际民商事纠纷。我国对国际民商事条约采取直接适用的方式，根据我国立法的要求和司法审判的实践，主要体现为三类方式：（1）我国法律以规定国际条约调整的事项不再适用国内法的方式表明条约的直接适用性。（2）我国法律以规定国际条约与中国法律冲突时优先适用国际条约的方式表明条约的直接适用性。（3）我国最高人民法院通过关于国际条约的多项司法解释以及适用案例表明在民商事审判中普遍支持条约的直接适用性。

本案中，由于各方当事人在庭审中均选择适用中华人民共和国法律，根据《涉外民事关系法律适用法》第三条的规定，应适用中华人民共和国法律作为处理该案实体争议的准据法。《海商法》作为调整海上运输关系、船舶关系的特别法，应优先适用。《海商法》没有规定的，适用《合同法》等相关法律的规定。同时，我国《宪法》没有对国际法和国内法的关系、国际条约在我国法律体系中的地位作出原则性规定。《涉外民事关系法律适用法》也没有对国际条约、国际惯例的适用作出规定。该案系一起典型的涉外海事案件，依据《最高人民法院关于适用〈中华人民共和国涉外民事关系法律适用法〉若干问题的解释（一）》第四条的规定，人民法院应当根据《海商法》第二百六十八条第一款的规定予以适用，即“中华人民共和国缔结或者参加的国际条约同本法有不同规定的，适用国际条约的规定；但是，中华人民共和国声明保留的条款除外”。我国和希腊均是《救助公约》的缔约国。因此，本案可适用《救助公约》和《海商法》。

5. 什么是海难救助，及海难救助的分类？

海难救助（Salvage at sea）是一项古老的国际海事法律制度，是指救助方对在海上或与海相通的可航水域遭受危险的船舶、货物以及其他财产自愿进行的救助。海难救助一般分为“纯救助”与“合同救助”两种基本形式。

（1）纯救助（Pure Salvage），是指救助人在没有法定义务和合同义务的前提下，主动地对海上遇险财产实施的救助。例如，在遇险船的船员弃船逃生，船舶处于无人控制的状态下，或者在遇险船船员依靠自身的努力无法脱险的情况下，由一艘偶然经过的船舶对其实施了救助。海难救助制度原本就是从这种自愿救助的形态上发展起来的。

（2）合同救助（Contractual Salvage），是指基于救助方和遇险财产的所有人之间订立的协议所进行的救助。从国际海难救助领域的实践来看，合同救助有“无效果无报酬”救助合同和雇佣救助合同两种基本的形式。

“无效果无报酬”（No Cure，No Pay）救助合同，是指以救助取得的实际效果确定救助报酬的协议。在国际海难救助领域，无效果无报酬的合同是被业界普遍使用的一种合同格式。由“无效果无报酬”的原则所决定，即使救助方和遇险方事先约定了救助报酬的数额，该数额也不能绝对地约束合同的当事方，换言之，法院有权依据救助效果的有无和大小，对报酬的数额加以调整甚至取消。

雇佣救助合同（Contract of Employment Salvage），又称实际费用救助合同，是指由救助方与海上遇险财产的所有人签订的，由救助方提供救助服务，并由遇险财产的所有人根据救助方所投入的人力和设备，按照救助所用的时间支付报酬的救助协议。有时，当事方还约定，如果救助成功，或者在约定的期限内成功，可按比例增加报酬。此种救助合同的根本特征是：不论救助有无效果，获救方均应按照约定支付报酬。从传统海商法意义来讲，雇佣救助也是合同救助的一种。

6. 雇佣救助合同的特点有哪些？

雇佣救助合同与“无效果无报酬”的海难救助合同有着显著的区别，就其本质属性而言，虽然体现了海上雇佣劳务合同的性质，但作为一种特殊的海难救助方式，其具备着以下4个特点：（1）以救助方提供的一般性救助劳务为合同标的；（2）关于救助报酬的具体数额或计算救助报酬的方法有着明确的约定，通常按照救助方所提供的人力、物力与时间，采用“日租式”或“一揽子”的计算方式；（3）在实施救助时，救助指挥权在遇险的一方，而非救助方；（4）无论救助活动是否取得效果，被救助方都必须根据合同约定向救助方支付报酬。由于雇佣救助合同有着以上的特点，对其是否属于海难救助合同存在极大的争议，本案的核心争议点即雇佣救助合同的性质究竟为何。

7. 雇佣救助合同是否属于海难救助合同？

“无效果无报酬”原则是海难救助法律制度中一项历史悠久的原则，是当今海难救助活动中应用最为普遍的形式，无论是《救助公约》还是《海商法》都体现了这一原则。然而，雇佣救助合同不以效果为依据，只要实施了救助就必须根据合同约定支付报酬，这点与“无效果无报酬”原则泾渭分明，因此，在理论界和实务界对雇佣救助合同的性质问题一直莫衷一是，有的观点认为其属于海难救助合同，有的观点认为其属于海上服务，不属于海难救助合同。最高人民法院通过对本案的审理，明确了雇佣救助合同属于海商法下海难救助合同的一种。

首先，从具体的法律条文进行判断。《救助公约》第六条“救助合同”第一款“除合同另有明示或默示的规定外，本公约适用于任何救助作业”明确了合同优先适用。《海商法》第一百七十一条规定了第九章“海难救助”的适用范围：“本章规定适用于在海上或者与海相通的可航水域，对遇险的船舶和其他财产进行的救助。”雇佣救助合同即是救助方依据被救助方的请求实施救助，以通过救助解除海上危险为目的，本案中投资公司与南海救助局订立的雇佣救助合同完全符合海难救助的适用范围。此外，《海商法》第一百七十九条规定：“救助方对遇险的船舶和其他财产的救助，取得效果的，有权获得救助报酬；救助未取得效果的，除本法第一百八十二条或者其他法律另有规定或者合同另有约定外，无权获得救助款项。”其中，“合同另有约定外”的措辞表明法律已经确认“无效果无报酬”的原则可以通过合同约定予以排除。《救助公约》和《海商法》均为雇佣救助的存在提供了空间。

其次，既然《救助公约》和《海商法》都已经确认“无效果无报酬”的原则可以通过合同约定予以排除，那么《救助公约》所提到的“本公约适用于任何救助作业”中的“救助作业”是否属于雇佣救助范畴。根据《救助公约》中为“救助作业”确立的定义：在“可航水域或其他水域中援救处于危险中的船舶或任何其他财产的行为或活动”。在这一条款中包含了三个构成要件：其一，救助活动须发生于海上或与海相通的可航水域；其二，被救财产须处于危险当中；其三，救助标的物是船舶或其他财产。如果当事方订立了雇佣救助合同，则应按照救助方投入的人力、设备和使用的时间收取报酬，而不论救助有无效果，条件是该项雇佣救助必须是对处于危险中的财产所进行的。我国作为《救助公约》的缔约国，在《海商法》中虽然未对“救助作业”确立定义，但界定了海难救助制度的适用范围。此种规定虽然在语言表述上与公约的规定有所差别，但在实际上与公约中关于“海难救助”的定义条款具有殊途同归的效果。本案中，针对以上三个要件衡量南海救助局对“加百利”轮的救助，可以认为，该项救助作业符合海难救助的法定条件，理由有三：第一，救助发生在琼州海峡，符合海难救助法适用的地理范围；第二，船舶遭遇的是搁浅事故，彼时船上有船员 26 人，并载有 5 万余吨原油，无论是船舶、船员、船上的货物抑或是海洋环境，均处于危险当中，符合海难救助的前提条件；第三，在救助作业中，救助人救助的船舶及其所载的原油，属于法律认可的救助标的。

再次，雇佣救助仍是由通过救助解除海上危险为目的，且赋予救助人与被救助人之间衡平的结果、效益的保证。当签订合同的当事人中不包括货物所有人时，货物所有人与受雇人之间根据服务的性质构成了纯救助的形态，因此雇佣救助是海难救助领域的一种特别形态。即便为特别形态，其仍然属于一种合同救助，具有契约的性质，只不过这种合同采取的不是通常的“无效果无报酬”的救助合同形式。如果说其具有雇佣劳动的性质，主要是因为雇佣救助作业的指挥权在被救助方且所有风险均由被救助人承担，因此也可以说雇佣救助合同属于合同中的一种即劳务合同。

最后，根据《救助公约》所确立的宗旨，即鼓励对处于危险中的船舶和其他财产，以及对环境安全构成威胁的事件进行及时有效的救助，同时确保对实施救助作业的人员给予足够的鼓励。同时，国际海事组织为海事立法确立的目标是“让海洋更清洁，让航行更安全，维护公平、合理、安全的海上经济秩序”。无论是《救助公约》的宗旨还是海事立法的目标都与雇佣救助相契合，如果把雇佣救助排除在海难救助之外，将割裂海难救助体系的完整性，对救助方和被救助方都将是一种打击，以上的宗旨和目标都将无法实现。

因此，无论是在理论上还是在法律上，均没有理由将雇佣救助合同下的救助排除在海难救助的范畴之外。

8. 投资公司与南海救助局的所签订的雇佣救助合同是否应适用《救助公约》和《海商法》?

在我国《海商法》的框架体系之内，关于雇佣救助合同的法律适用存在一对基本的矛盾：一方面，就制度的总体设计而言，由于雇佣救助符合海难救助的基本概念，故没有理由将其排除在海难救助法的适用范围之外；另一方面，从具体的制度设计来看，由于立法中将救助合同局限在“无效果无报酬”合同这种单一的形式，使雇佣救助在适用海难救助法时遇到了不易克服的障碍。针对目前这种制度架构，在司法中只能采取分段适用的方法，即在合同性质的认定上适用《海商法》的规定，但在报酬的确定和支付方式上，可适用《合同法》的规定。具体而言，对于雇佣救助合同，首先，在不与强制性法律规范冲突的情形下，雇佣救助合同约定的条款将取代《救助公约》和《海商法》的相关规定，这也是合同自由原则和海难救助自愿原则的体现；其次，如果需要适用相关法律对合同内容进行调整或解释时，此时应适用《合同法》的规定，而非《救助公约》和《海商法》。

本案中，投资公司与南海救助局经过充分磋商，明确约定无论救助是否成功，投资公司均应支付报酬，且“加百利”轮脱浅作业过程中如发生任何意外，南海救助局无须负责。依据该约定，南海救助局救助报酬的获得与否和救助是否有实际效果并无直接联系，而救助报酬的计算，是以救助船舶每马力小时以及人工投入等事先约定的固定费率和费用作为依据，与获救财产的价值并无关联。因此，本案所涉救助合同不属于《救助公约》和《海商法》所规定的“无效果无报酬”救助合同，而属雇佣救助合同，应依据《合同法》的相关规定，对当事人的权利义务予以规范和确定。

9.《海商法》第一百七十九条在一审、二审中是如何被适用的？

一审法院在确定南海救助局实施的救助是否符合海难救助的构成要件时，认为南海救助局实施的救助符合海难救助的构成要件，其有权依据《海商法》第一百七十九条的规定获得相应救助报酬。但是二审法院在认定涉案海难救助合同的效力时，认为本案救助系合同救助，救助方按照被救助方的指挥进行救助，不论救助是否有效果，被救助方都应该按照《海商法》第一百七十九条的规定，根据救助方使用的人力和设备，按约定支付报酬。虽然一审与二审法院都认定了涉案合同为海难救助合同，而且同时适用了《海商法》第一百七十九条，但二审法院认为一审法院适用该条属适用法律不当。

《海商法》第一百七十九条规定：“救助方对遇险的船舶和其他财产的救助，取得效果的，有权获得救助报酬：救助未取得效果的，除本法第一百八十二条或者其他法律另有规定或者合同另有约定外，无权获得救助款项。”本条款吸收借鉴了《救助公约》的内容，主要对救助报酬的支付原则进行了规定。二审法院之所以认为一审法院适用不当，是因为本条实则包含两类情况：第一种为“无效果无报酬”的海难救助合同下的报酬，如有效果则获得报酬，如无效果且除第一百八十二条规定的特别补偿外，则无权获得；第二种为非“无效果无报酬”的海难救助合同下的报酬，不以救助效果为依据，根据合同的约定或其他法律的规定获得救助报酬。由于一审法院错误地认为涉案合同是“无效果无报酬”的海难救助合同，南海救助局又成功地实施了救助，获得了效果，因此应根据《海商法》第一百七十九条关于“无效果无报酬”的海难救助合同的规定确定救助报酬。可见，一审法院首先对合同性质的认定出现了错误，进而将救助报酬按照“无效果无报酬”的海难救助合同进行确定。二审法院虽然仍适用了《海商法》第一百七十九条，但是其对本条的理解与适用并未发生错误，因为其认为应涉案合同属于本条规定的非“无效果无报酬”的海难救助合同，不必考虑救助是否有效果，应按约定支付报酬。

10. 海难救助报酬应如何确定？

海难救助报酬不仅是对救助方的救助服务的补偿，而且是基于公共政策的考虑，赋予海难救助成功者的一笔丰厚“奖励”。确定救助报酬应当遵循鼓励海难救助的原则，鼓励保护海洋环境的原则，适当兼顾被救助方的原则。在考量救助报酬的具体因素时，根据《救助公约》第十三条第一款和《海商法》第一百八十条第一款的规定，综合考虑下列各项因素：（1）船舶和其他财产的获救的价值；（2）救助方在防止或者减少环境污染损害方面的技能和努力；（3）救助方的救助成效；（4）危险的性质和程度；（5）救助方在救助船舶、其他财产和人命方面的技能和努力；（6）救助方所用的时间、支出的费用和遭受的损失；（7）救助方或者救助设备所冒的责任风险和其他风险；（8）救助方提供救助服务的及时性；（9）用于救助作业的船舶和其他设备的可用性和使用情况；（10）救助设备的备用状况、效能和设备的价值。除了成文法的规定外，在司法实践中确定报酬数额时，还会采取以下两种不同的方法：（1）参照国际上相关海难救助仲裁案件的结果，按照获救财产价值的一定比例来确定；（2）在救助方成本费用的基础上酌情提高。需要指出的是本题所指的救助报酬是“无效果无报酬”的合同救助下的救助报酬，不包括雇佣救助合同下的救助报酬。

11. 雇佣救助合同下的救助报酬应如何确定？

由于《救助公约》和《海商法》均是建立在“无效果无报酬”的救助合同项下的，所以该规则并不适用于雇佣救助合同。虽然根据《救助公约》和《海商法》的规定可以明确雇佣救助合同仍然属于合同救助的一种，但在确定雇佣救助合同下的报酬时，《救助公约》和《海商法》均未作具体规定，因此应依据《合同法》的相关规定，对当事人的权利义务予以规范和确定。

再审中，投资公司曾请求依据《海商法》第一百七十六条的规定对救助款项予以调整。《海商法》第一百七十六条规定了受理争议的法院或者仲裁机构可以判决或者裁决变更救助合同的两种情形。第一种情形是合同在不正当的或者危险情况的影响下订立，合同条款显失公平的。这一条件比我国《合同法》第五十四条规定的条件更为严格。本案中显然不应适用。第二种情形是根据合同支付的救助款项明显过高或者过低于实际提供的救助服务的。然而，支付的救助款项是否明显过高或过低于实际提供的救助服务，不应仅仅与救助活动所支付的成本费用进行比较，而应当综合考虑《海商法》第一百八十条规定的确定救助报酬所需要考虑的10项因素，同时，本条也参照了《救助公约》第七条的规定。从立法本意看，《救助公约》和《海商法》所规定的救助款项变更，针对的均是“无效果无报酬”合同。雇佣救助合同下的救助报酬，往往低于“无效果无报酬”合同下的救助报酬。因此，即使能够适用《海商法》第一百七十六条的规定，也很难得出救助款项明显过高于实际提供的救助服务。

12. 本案再审中，投资公司认为变更救助方案属于情势变更是否成立？

情势变更原则是指合同有效成立后，因不可归责于双方当事人的事由发生情势变更而使合同的基础动摇或者丧失，若继续维持合同会显失公平，因此允许当事人通过协商或者司法程序变更合同内容或解除合同的原则。最高人民法院《关于适用〈中华人民共和国合同法〉若干问题的解释（二）》第二十六条对情势变更原则进行了规定，“合同成立以后客观情况发生了当事人在订立合同时无法预见的、非不可抗力造成的不属于商业风险的重大变化，继续履行合同对于一方当事人明显不公平或者不能实现合同目的，当事人请求人民法院变更或者解除合同的，人民法院应当根据公平原则，并结合案件的实际情况确定是否变更或者解除”。情势变更原则实质上就是在法律的框架下，由双方当事人来分担由于异常损害所造成的风险，以求公平。引用情势变更条款应当把握的条件如下：第一，现实性上，应有情势变更的事实，也就是合同赖以存在的客观情况确实发生变化。第二，突发性上，情势变更，须为当事人所不能预见的。第三，原因上，情势变更的发生不可归责于双方当事人。也就是由不可抗力、正常商业风险以外的其他意外事故所引起。第四，时间上，情势变更的事实发生于合同成立之后，履行完毕之前。第五，后果上，继续维持合同效力，则会对一方当事人显失公平。

本案中，救助方案的调整不是因为客观情况发生了重大变化，而是包括当事人在内的相关方协商讨论的结果，同时湛江海事局决定对“加百利”轮采取强制过驳减载脱浅措施，其目的是预防危险局面进一步恶化造成海上污染。南海救助局一直在事故现场对“加百利”轮进行守护。合同的继续履行对于投资公司并非明显不公平或者不能实现合同目的，救助方案的调整并不属于法律意义上的情势变更。投资公司以此主张降低约定的费率和费用，缺乏事实和法律依据。

13. 最高法院为何不同意二审法院依据海难救助报酬的分摊作出的按比例承担救助报酬？

《救助公约》第十三条第二款规定：“按照第一款确定的报酬应由所有的船舶和其他财产利益方按其获救船舶和其他财产的价值比例进行支付，但是缔约国可在其国内法中作出规定，报酬须由这些利益方中的一方先行支付，该利益方有权向其他利益方按其分摊比例进行追偿。本条中的任何规定均不影响抗辩权。”当同一救助具有两个或多个被救助方时，各被救助方对应向救助方支付的救助报酬不承担连带支付责任，各被救助方按照各自的获救财产价值的比例向救助方支付救助报酬，除非国内法另有规定。我国《海商法》根据《救助公约》的内容，制定了我国的救助报酬分摊规则，即《海商法》第一百八十三条，“救助报酬的金额，应当由获救的船舶和其他财产的各所有人，按照船舶和其他各项财产各自的获救价值占全部获救价值的比例承担”。

本案中，二审法院认为依涉案合同约定的是被救助方对救助方的履约行为给予的经济回报，该约定费用应属于救助报酬，依法应适用《海商法》第一百八十三条的规定。故投资公司可仅按照船舶获救价值占全部获救价值的比例38.85%向南海救助局承担救助报酬。最高人民法院认为二审法院适用法律错误，虽然《救助公约》第十三条及《海商法》第一百八十三条在《救助公约》第十二条和《海商法》第一百七十九条的基础上进一步规定了报酬的评定标准与具体承担。但这些条款是对当事人基于“无效果无报酬”原则确定救助报酬的海难救助合同的具体规定，而案涉合同属雇佣救助合同，南海救助局以其与投资公司订立的合同为依据，要求投资公司全额支付约定的救助报酬并无不当，而不应适用《海商法》第一百八十三条按比例支付救助报酬。

14. 什么是共同海损，其与海难救助的关系如何？

共同海损是指在海洋运输中，船舶和货物等遭受自然灾害、意外事故和其他特殊情况，为了解决共同的危险，采取合理的人为的措施所引起的特殊牺牲和合理的额外费用。我国《海商法》第十章对共同海损作了专门规定，其中第一百九十三条对共同海损的概念进行了定义，“共同海损，是指在同一海上航程中，船舶、货物和其他财产遭遇共同危险，为了共同安全，有意地合理地采取措施所直接造成的特殊牺牲、支付的特殊费用”。这一定义与由国际海事委员会制定的《2004 约克—安特卫普规则》对共同海损所作的规定相同。

海难救助制度和共同海损制度作为海商法中较为古老的两种制度，虽然都是在航海贸易时期平衡海上特殊风险给海上运输中各方利益而制定的，但是在调整海上货物运输关系和各方利益关系等方面各有其调整范围和目标宗旨，在制度设计和具体规则上也有所区别。从我国《海商法》条文中也看出两者的不同，在第九章对海难救助作出了规定，其中包含对相关救助费用及报酬等规定，而在第十章对共同海损作出了规定。传统上，救助报酬属于典型的共同海损费用，应由航程中的各受益方按受益财产的比例予以分摊。

15. 雇佣救助合同下的报酬可否被列作共同海损？

自共同海损制度产生以来，为解除船舶和货物的共同危险而产生的救助报酬，一直被视为共同海损费用，应由同一航程中的各个受益方按照受益财产的比例参加分摊。在《2004 约克—安特卫普规则》中，为了简化共同海损理算程序，虽然将大部分救助报酬排除在共同海损之外，并由获救财产的所有人向救助人单独支付，但是，此种修改在实践中并未得到业界的普遍认可，故在《2016 约克—安特卫普规则》中的“规则 6”当中又回归了先前的规定，即：航程中各有关方支付的救助费用，不论此种救助是否根据合同进行，均可认作共同海损。由此可见，将救助报酬认作共同海损符合国际航运界的普遍要求。在司法实践中，将“无效果无报酬”的救助列入共同海损已不存在任何疑问，然而，就雇佣救助而言，若不承认此种合同具有海难救助合同的性质，则不仅会影响救助人请求救助报酬的权利，还会妨碍被救船舶的所有人针对救助报酬请求货方分摊共同海损损失的权利。

在本案中，最高人民法院将雇佣救助合同认定为海难救助合同，在客观上为被救船的所有人请求分摊共同海损提供了司法上的依据，也为以后在相同案件中适用共同海损制度预留了空间。如果将雇佣救助合同彻底排除在海商法的适用范围之外，就只能导致一种结果，即所有的雇佣救助都将失去请求分摊共同海损的机会，那么船方就不会采取这种既简便又经济的救助方式，这种结果对于国际贸易和海运事业的发展有百害而无一利。因此，雇佣救助合同下的报酬可列作共同海损费用。

16. 再审中，南海救助局提出的《海损担保函》有何作用？

船舶发生共同海损事故后，在航程终止时，各损失方与各受益方之间的共同海损债权债务关系即以确定，但由于共同海损的各项金额须经理算才能最终确定，之后各分摊方才能就损失费用支付分摊金额。而共同海损理算需要花费较长时间。因而，为了确保各分摊方将来履行其债务，在航程终止时，船方通常宣布共同海损，并要求各受益方提供分摊共同海损的担保。海损担保函和海损协议书，就是共同海损担保的形式，并且两者常常被合并适用。海损担保函一般由共同海损受益人之外的其他人向船方出具担保函，保证履行被担保人的共同海损分摊责任的担保方式。海损担保函一般由货物保险人向船方提供。在我国，海损担保函属于我国《担保法》所规定的保证。海损协议书，是指在船方向收货人交货之前，由货方向船方出具一份由其签署的保证书，保证按照将来共同海损理算结果承担共同海损分摊责任。海损协议书在性质上是一种“自己保证”，不构成我国《担保法》所规定的保证，其履行依赖于货方本身的信誉。

本案中，南海救助局申请再审期间，向最高人民法院提交了人保财险北京公司出具的《海损担保函》，目的在于证明投资公司在向南海救助局支付报酬后，可以从人保财险北京公司处获得补偿，认为该证据足以推翻二审判决。由于二审法院适用《海商法》第一百八十三条关于海难救助报酬的分摊的规定，判决投资公司可仅按照船舶获救价值占全部获救价值的比例38.85%向南海救助局承担救助报酬。因此，二审适用的海难救助报酬的分摊与南海救助局提出的共同海损是两种不同的法律关系，简言之，海难救助与共同海损是两项独立的海事制度。从法律文本角度分析，虽然《救助公约》和《海商法》均未对海难救助进行定义，但《海商法》第一百七十一条规定了该法第九章“海难救助”的适用范围，第一百八十一条规定了获救价值的计算方法，第一百八十三条规定了救助报酬的分担机制。《海商法》第一百九十三条对共同海损进行了界定，第一百九十九条第一款规定了共同海损的分摊机制，第一百九十九条第二款分摊价值的确定方法。可见，共同海损和海难救助具有不同的构成要件，获救价值和分摊价值的确定方式也不相同。因此，《海损担保函》与海难救助分摊所代表的是两种不同的法律关系，不应将两者混为一谈。同时，又由于该证据材料不是新的证据，最高法院对其的证明效力不予认可。

三、教学预期效果

通过对本案例的讲授及学生的学习，学生应从本案例中了解并学习到以下四个方面的内容：（1）从宏观上了解具有较强涉外性质的海商法案例的分析方法，由于涉外案件的特殊性，首先要进行准据法的确定，然后再对具体问题进行分析；（2）了解并掌握国际海事条约与我国海商法的适用，同时掌握海事案件的特点诸如海事诉讼管辖；（3）由于《救助公约》和《海商法》对海难救助的规定是以“无效果无报酬”的救助合同为主的，雇佣救助合同的性质在学术界和司法实务中都未统一，本案例的主要作用之一就是通过鲜活的案例，帮助学生分析和掌握最高法院对雇佣救助合同的定性，不仅帮助学生了解最新的司法实践，而且对把握我国《海商法》的发展有着积极的作用；（4）掌握我国对雇佣救助合同的法律适用，同时分析和明确其与其他相关制度的适用。

四、教学计划

本案例可以作为专门的案例教学课来进行，整个案例课的课堂安排 6 个课时，每课时 45 分钟。

五、课堂教学安排

1. 课前计划：安排学生阅读案例及相关参考资料（以教科书、期刊文章为主），从本案例中的思考题出发，对案例涉及的问题进行思考。

2. 课中计划：（1）介绍教学目标，明确讨论主题；（2）按照教学目标的分类，就每个问题按顺序进行分析；（3）学生分组对每个问题进行深入讨论；（4）小组代表发言，教师引导其他学生一起讨论、分析；（5）教师进行归纳总结，并引导学生对实践题进行思考；（6）教师安排学生在线观看最高法院庭审视频（见附件）。

3. 课后计划。布置学生进一步思考雇佣救助合同和其他相关法律、法规衔接的问题，并就学生讨论中出现的问题进行归纳和深度剖析。

六、思考题

1. 本案是如何确定广州海事法院为一审法院的？

2. 我国的涉外民商事审判中是如何适用国际民商事条约的？

3. 《救助公约》和我国《海商法》第九章是什么关系？

4. 什么是海难救助及其分类？

5. 涉案的雇佣救助合同是否属于海难救助合同？

6. 雇佣救助合同应适用何种法律？

7. 为何一审法院和二审法院都适用《海商法》第一百七十九条以确定雇佣救助合同的性质，但二审法院认为一审法院适用法律不当？

8. 一审法院对雇佣救助合同的适用法律不当，为何最高法院仍维持一审法院作出的判决？

9. “无效果无报酬”的海难救助合同与雇佣救助合同在确定救助报酬时有何不同？

10. 本案中，变更救助方案是否属于情势变更？

11. 海难救助与共同海损有何关系？

12. 再审中，南海救助局提出的《海损担保函》有何作用？

13. 你是否同意最高法院对本案的意见，并说明理由？

14. 你认为本案对我国《海商法》的发展有何作用？

七、实践题

1. 如果你作为一名涉外律师，你认为在解决海商法案件时，应当注意哪些问题。

2. 如果你是投资公司的代理人，你认为修改哪些条件可以使投资公司胜诉。

3. 假设本案中南海救助局实施的救助不成功，如果你是南海救助局的代理人，你有什么理由帮助南海救助局获得救助报酬。

4. 本案中，如果南海救助局只是实施了拖带服务，而未提供其他有效的救助，此种合同是否仍属于雇佣救助合同，请说明理由。

5. 如果你是船公司的法务律师，当公司的船发生海难时，你会建议公司签订“无效果无报酬”的救助合同还是雇佣救助合同，请说明理由。

参考文献

[1] 胡正良. 海事法（修订本）[M]. 北京：北京大学出版社，2012：104－153，243－369.

[2] 司玉琢. 海商法专论（第三版）[M]. 北京：中国人民大学出版社，2015：262－273，294－305.

[3] 刘刚仿. 海难救助法初论 [M]. 北京：对外经济贸易大学出版社，2014：29－40.

[4] 司玉琢，吴煦. 雇佣救助的法律属性及法律适用 [J]. 中国海商法研究，2016（3）.

[5] 傅廷中. 雇佣救助合同的性质及其法律适用 [J]. 中国海商法研究，2016（3）.

[6] 沈木珠. 海上救助公约的重大发展及其影响 [J]. 现代法学，2004（26）.

[7] 张文广. "加百利"轮海难救助合同纠纷再审案评析 [J]. 法律适用，2016（8）.

[8] 王彦君，张永坚. 雇佣救助合同的属性认定和对《中华人民共和国海商法》第九章的理解 [J]. 中国海商法研究，2016（3）.

[9] 赵建文. 国际条约在中国法律体系中的地位 [J]. 法学研究，2010（6）.

附　件

1. 网络资料

（1）南海救助局与阿昌格罗斯投资公司海难救助合同纠纷案再审开庭在线视频回放：http：//tingshen. court. gov. cn/live/117665

（2）南海救助局与阿昌格罗斯投资公司海难救助合同纠纷案再审庭审文字报道：http：//www. live. chinacourt. org/chat/chat/2016/07/id/44951. shtml

2. 本案涉及的相关法律、法规及司法解释

《1989 年国际救助公约》

《中华人民共和国海商法》

《中华人民共和国涉外民事关系法律适用法》

《最高人民法院关于海事法院受理案件范围的若干规定》（已被《最高人民法院关

于海事诉讼管辖问题的规定》代替）

《中华人民共和国民事诉讼法》

《最高人民法院关于适用〈中华人民共和国民事诉讼法〉的解释》

《中华人民共和国合同法》

《最高人民法院关于适用〈中华人民共和国合同法〉若干问题的解释（二）》

案例 6

刘冠华与陈玉秀、丁月琴等执行异议、复议案*

（民事诉讼实务、强制执行实务）

本案例是一起真实的强制执行纠纷案件，其争议的焦点围绕生效民事调解书的强制执行程序展开。该案所涉及的知识点包括诉前及诉讼财产保全、强制执行的申请及实施、执行和解与执行担保、执行行为异议与案外人异议及异议之诉、执行监督、追加被执行人以及终结本次执行等强制执行法中重要知识点；所涉及的执业技能包括证据收集、事实认定、法律适用等。本案例涵盖强制执行的请与审查、暂缓执行、执行救济、执行中止与终结等基本制度，对于学生理解和掌握强制执行法规、熟悉程序操作规范具有现实意义。

* 本案例由中央财经大学法学院讲师刘君博编写。本案例基本案情根据江阴市川江酒业有限公司不服无锡市江阴质量技术监督局要求办理生产许可证案一审判决书、二审裁定书以及媒体报道综合编写。参见江苏省江阴市人民法院（2010）澄行初字第 0012 号行政判决书；江苏省无锡市中级人民法院（2010）锡行终字第 0072 号行政裁定书；“江苏一许可证办 3 年无果 质监局称有自由裁量权”，《现代快报》2009 年 9 月 17 日。

案例正文

一、案例背景

在经济形势下行的背景下，各种民间借贷纠纷、金融借贷纠纷频发。此类案件在诉讼过程中往往因为事实清楚、法律适用简单，法院很容易作出裁判或通过诉讼调解结案。不过，受制于债务人的履行能力和意愿，此类案件往往大量进入强制执行程序，成为引发“执行难”“执行乱”的重要诱因之一。“刘冠华与陈玉秀、丁月琴等执行异议、复议案”是一起简单的民间借贷纠纷，因债务人拒绝自动履行调解书所确定的义务，债权人选择向法院申请强制执行。由于执行当事人间达成执行和解协议、利害关系人提供执行担保以及利害关系人两次申请执行异议、一次申请执行监督，整个强制执行程序历时一年半时间方宣告结束。该案涉及强制执行法总论部分多项重要制度与程序，对指导法律硕士系统学习强制执行法具有重要意义。

二、基本案情

（一）财产保全与法院调解

丁月琴与陈玉秀、刘冠华、常州光明轴承有限公司（以下简称光明公司）、常州市杰文办公用品有限公司（以下简称杰文公司）民间借贷纠纷诉至江苏省常州市中级人民院（以下简称常州中院）。2012 年 10 月 25 日，常州中院立案受理。根据丁月琴提出的诉前、诉中财产保全申请，常州中院分别作出诉前和诉中财产保全裁定：冻结被申请人陈玉秀、刘冠华、光明公司和杰文公司银行存款、股份 2600 万元或查封、扣押其相应价值的财产。依据两份财产保全裁定，常州中院在执行诉前财产保全裁定过程中，查封刘冠华名下 5 套房屋，查封陈玉秀名下 1 套房屋、汽车 3 辆、中国人寿保险股份有限公司的保单 10 张，查封陈玉秀、刘冠华名下股份各 300 万元，冻结光明公司 3 个账户、杰文公司 1 个账户，实际冻结款项 170338.37 元。随后，常州中院在执行诉中财产保全裁定过程中，又查封了刘冠华名下 7 套房屋，另冻结光明公司、杰文公司各两个账户。

2013 年 5 月 10 日，常州中院组织各方当事人调解并制作了调解笔录。在法院调解中，陈玉秀、刘冠华（陈玉秀系刘冠华母亲）同意以刘冠华名下的房产（除常州万博国际广场3号楼3403房、常州市武进天安别墅35－3号房外）对陈玉秀的欠款予以保证，但不同意写入调解书。同日，常州中院作出（2012）常商初字第230号民事调解书："一、陈玉秀于2013年6月10日前向丁月琴归还借款本金1950万元，并偿付借款利息（按照年利率15%从2012年7月1日计算至本金付清之日）；二、光明公司、杰文公司对陈玉秀上述第一项债务承担连带清偿责任；三、案件受理费……；四、鉴定费……；五、本调解协议经双方当事人同意并签字后生效。"

（二）申请强制执行、达成执行和解及执行担保

因陈玉秀等未履行调解书确定的义务，丁月琴向法院申请强制执行。2013年6月19日，常州中院立案为（2013）常执字第0387号。

2013年9月11日，丁月琴与陈玉秀、光明公司、杰文公司及第三人刘冠华签订《执行和解协议》，载明："1. 协议各方同意按以下原则执行常州中院（2012）常商初字第230号民事调解书：（1）由刘冠华将其名下的常州市泰和之春37幢甲单元301室办理退房手续，并将所退款项全部用于偿付所欠丁月琴的款项。（2）由法院执行被执行人陈玉秀在常州市新北区人民法院对执行潘小明享有的到期债权可执行部分及其他被申请人可执行财产，用于偿付本案所欠丁月琴欠款。（3）由法院将被执行人陈玉秀拥有所有权的枝江农商行300万股股权依法处置用于偿付所欠丁月琴欠款。（4）在按上述约定执行相应资产后仍无法偿付所欠丁月琴欠款的，第三人刘冠华作为本案被执行人的一般保证人用在2013年5月10日常州中院调解笔录承诺提供保证的资产范围由法院依法执行处置用于偿付所欠丁月琴欠款。2. 因刘冠华名下的常州市武进区天安别墅35－3－101室、常州市新北区万达广场2－67与2－68商铺抵押贷款到期需转贷，故刘冠华在2013年5月10日调解笔录承诺提供保证的资产范围外，再用其拥有的枝江农商行300万股股权提供担保，在此基础上丁月琴同意暂解除前述两处房产的查封，待被申请人和第三人完成转贷且在不增加现有贷款抵押额度且不被其他人查封的情况下，由法院重新查封该两处房产，同时申请人也应解除对第三人刘冠华的枝江农商行300万股股权的查封，刘冠华以其枝江农商行300万股股权提供的担保所负之担保责任亦解除，否则刘冠华该300万元股权的保证责任不予解除。"

同日，刘冠华向常州中院出具《担保书》，表明以其所有的枝江农商行300万股股权以及位于常州市泰和之春37幢甲单元301室的房屋对被执行人陈玉秀所负担的债务提供担保，承担一般保证责任。同日，常州中院依照丁月琴提交《解除查封申请》对常州市武进区天安别墅35－3－101室、常州万达广场施工编号D1幢45室、46室

店面房以及常州市万博国际广场3－3403室的房屋进行解封，随后，前述房屋又被其他债权人查封。

2013年12月2日，常州中院作出（2013）常执字第0387－2号民事裁定：强制执行刘冠华在保证责任范围内的财产。

（三）第一次执行异议

刘冠华不服常州中院（2013）常执字第0387－2号民事裁定，提出执行异议，主张其并非本案执行依据（2012）常商民初字第230号民事调解书所确定的被执行人，且已经明确表示不同意对涉案欠款承担连带保证责任；在法院已对被执行人陈玉秀的财产采取了保全措施且尚未执行完毕的情况下，执行刘的财产无事实依据。常州中院于2014年3月26日作出（2013）常执异字第59号民事裁定，认为：刘冠华在2013年5月10日的《调解笔录》以及2013年9月13日的《执行和解协议》中均表示若被执行人陈玉秀不能偿还涉案债务，则同意以自己名下的部分房产提供保证；本案中对被执行人财产采取了保全措施，但并不能足以清偿涉案债务。故依照《中华人民共和国民事诉讼法》第一百五十四条第一款第十一项、第二百二十七条的规定，裁定：驳回刘冠华提出的执行异议。如不服本裁定，可在本裁定书送达之日起15日内，向该院提起诉讼。

（四）案外人异议之诉

刘冠华以丁月琴为被告向常州中院提起案外人执行异议之诉，请求判令：（1）确认刘冠华、丁月琴没有债权债务关系；（2）撤销常州中院（2013）常执字第0387－2号民事裁定；（3）撤销常州中院（2013）常执异字第59号民事裁定；（4）解除常州中院（2013）常执字第0387－2号民事裁定项下对刘冠华财产的查封，停止执行刘冠华常州中院（2012）常商初字第230号案件中被查封的财产；（5）诉讼费由丁月琴承担。常州中院于2014年8月4日作出（2014）常商初字第115号执行裁定，认为：本案争议不属于案外人执行异议之诉的审理范围，驳回原告刘冠华的起诉。

刘冠华不服，向江苏省高级人民法院（以下简称江苏高院）提起上诉。江苏高院认为，本案中当事人各方对执行标的归刘冠华所有并无争议，刘冠华基于享有执行标的所有权而提出异议的理由不成立，刘冠华不能基于该理由提起案外人执行异议之诉。刘冠华对法院执行行为提出的异议，应按照《中华人民共和国民事诉讼法》第二百二十五条之规定主张权利，而非提起案外人执行异议之诉。刘冠华请求确认与丁月琴之间不存在债权债务关系，该请求与案外人执行异议之诉可合并审理的确权之诉性质不同，不应在案外人执行异议之诉中提出。同时，案外人执行异议之诉系审理程序，不能对执行程序中的裁决直接予以处理，故刘冠华请求撤销（2013）常执字第0387－2号和（2013）常执异字第59号两个执行程序中的裁定，非案外人执行异议之诉程序所能理涉。故作出（2014）苏民终字第00368号民事裁定：驳回上诉，维持原裁定。

（五）执行监督程序

刘冠华认为常州中院（2013）常执字第0387－2号、（2013）常执异字第59号民事裁定错误，其并非案件被执行人，向常州中院申请执行监督，请求撤销上述两民事裁定。

常州中院认为：该院（2013）常执字第0387－2号、（2013）常执异字第59号民事裁定，以诉讼中调解笔录及执行中的和解协议为依据，裁定强制执行刘冠华调解笔录、和解协议中承诺的保证责任范围内的财产，法律依据不足，且对于执行行为的异议应适用《中华人民共和国民事诉讼法》第二百二十五条的规定，（2013）常执异字第59号民事裁定书适用《中华人民共和国民事诉讼法》第二百二十七条，适用法律不当。刘冠华申请撤销上述二个裁定的理由成立，该院予以采纳。据此，常州中院依照《中华人民共和国民事诉讼法》第一百五十四条第一款第十一项之规定，作出（2015）常执监字第00001号执行裁定：撤销常州中院（2013）常执字第0387－2号民事裁定书；撤销常州中院（2013）常执异字第59号民事裁定书。

（六）终结本次执行

2014年12月10日，常州中院作出（2013）常执字第0387－8号执行裁定，丁月琴依本院（2012）常商初字第230号民事调解书申请执行陈玉秀、刘冠华、光明公司、杰文公司民间借贷纠纷一案，本院已立案受理。执行过程中，本院强制拍卖了被执行人陈玉秀所有的枝江农商行股权330万股，以及车牌号为苏D××××的梅赛德斯－奔驰WDDNG8GB轿车一辆。共拨付申请执行人丁月琴执行款6942371.35元。执行调查查明，被执行人陈玉秀、光明公司、杰文公司无其他财产可供执行。被执行人刘冠华名下财产可否执行，尚在依法定程序确定过程中，暂无方便执行的财产。申请执行人丁月琴对本院查明的情况予以认可，并同意终结本案的本次执行程序。本院认为，在查明被执行人无财产或无方便执行的财产可供执行，且申请执行人同意终结本次执行程序的情况下，本案根据有关规定可以裁定终结本次执行程序。依照《中华人民共和国民事诉讼法》第一百五十四条第一款第十一项的规定，终结本院（2012）常商初字第230号民事调解书的本次执行程序。待今后发现被执行人其他可供执行财产后，申请执行人可向本院申请恢复执行。

（七）申请恢复执行及第二次执行异议

常州中院根据申请人丁月琴的恢复执行申请，于2015年3月2日作出（2013）常执恢字第0006号民事裁定，裁定执行刘冠华向本院提供的担保财产，即湖北枝江农村商业银行300万股股权以及本市泰和之春37幢甲单元301室房屋。

刘冠华主张其以第三人身份与丁月琴、陈玉秀等签署了两份执行和解协议，提供的是附条件担保，由于和解协议未发生效力，故不应当担保责任；请求撤销常州中院（2015）常执恢字第0006号执行裁定。常州中院认为，刘冠华提供担保的意思表示明确，应就陈玉秀所欠债务承担一般担保责任，担保书既未写明为和解协议附件，也未约定生效和解除条件，因此担保书是独立的，裁定驳回其异议。

（八）申请复议及追加被执行人

刘冠华不服常州中院（2015）常执异字第11号执行裁定，向江苏高院申请复议。江苏高院认为：刘冠华向常州中院出具的《担保书》符合执行担保的构成要件，构成执行担保。尽管《担保书》载明刘冠华仅承担一般保证责任，但向人民法院提供的执行担保有别于当事人自行达成的担保协议，在刘冠华向执行法院作出以其资产为案涉债务提供担保的意思表示的情况下，应当认定其提供的为承担连带保证责任的执行担保。况且，刘冠华出具《担保书》至今已逾两年，本案被执行人现均无其他财产可供执行，常州中院执行刘冠华担保财产有事实和法律依据。刘冠华关于《担保书》的真实意思表示真实有效、不存在无效或可撤销的情形。刘冠华于2013年9月11日即向常州中院提供执行担保，在被执行人均未履行完毕执行依据确定义务的情况下，常州中院尽管并未裁定暂缓执行，但已给了被执行人足够的履行义务时间，刘冠华应当依据《担保书》向申请执行人承担责任。本案应当依法追加刘冠华为被执行人。

案例使用说明

一、教学对象及目标

本案例供法律硕士案例教学使用，法学本科生，民事诉讼法专业、民商法专业硕士研究生也可以参酌使用。

本案例旨在使学生了解依据生效法律文书向法院申请强制执行的部分程序操作和流程，熟悉执行救济与执行监督程序的基本功能，掌握执行和解、执行担保等制度。为此，本案例重点涉及财产保全的申请与执行、执行异议与案外人异议的界定与区分、执行监督程序、执行和解、执行担保以及终结本次执行等基本制度的内涵。通过对这些教学内容系统阐释，帮助学生掌握基本的强制执行法知识和程序规范。

二、教学内容

1. 财产保全对于强制执行程序具有何种意义？财产保全的申请、审查以及执行需要满足哪些要件？

财产保全是指为了确保将来生效裁判文书的实现，由当事人或利害关系人向法院申请，或者由法院依职权对特定财产采取保全措施。财产保全是联结民事诉讼与强制执行的重要程序机制，其本身亦包括审查、执行以及救济等多个程序阶段。按照《民事诉讼法》第一百零一条和《最高人民法院关于执行〈中华人民共和国民事诉讼法〉的解释》第一百六十三条的规定，当事人或利害关系人可以在诉讼前，诉讼中和裁判后、执行前向有管辖权的法院提出财产保全申请。本案中，丁月琴在常州中院立案前提出诉前财产保全的申请；由于未能全部保全到位，在法院立案后，其又提出诉讼财产保全申请。

诉前财产保全，诉讼财产保全与裁判后、执行前财产保全的申请要件和审查标准并不完全相同。作为代理人和执业律师，在代理申请人申请财产保全时应当注意以下三点：第一，及时、准确地提交财产保全申请书、保全担保书及财产权利归属证明及证据材料复印件等材料供法官审查判断。财产保全是临时性救济程序，侧重对效率价值的追求，代理人应尽量将申请材料一次性提供齐备。第二，提供符合法院要求的保全担保。虽然《最高人民法院关于执行〈中华人民共和国民事诉讼法〉的解释》对保全担保，特别是在诉讼财产保全中提供担保的比例、形式要求均日益放宽，但司法实践中各地法院的审查标准仍存在一定差异，律师应当熟悉执业地法院对于提供担保的相关规定。例如，本案由常州中院管辖，江苏高院曾出台《江苏省高级人民法院关于财产保全担保审查、处置若干问题的暂行规定》。第三，提供准确的财产线索。申请财产保全应当向法院提供准确的财产线索，否则，法院一般不予受理。律师可通过向法院申请调查令的方式，协助当事人调查相关财产线索。

2. 申请强制执行及追加被执行人应当如何操作？

民事强制执行程序肇始于申请执行人（执行债权人）持执行依据（执行名义）向

法院请求强制执行被执行人（执行债务人）的责任财产，以期实现其执行债权。执行名义表明一定的实体权利，确定了该权利的范围与种类，并宣示可由执行机关予以强制执行。执行名义必须明确执行债权人与执行债务人、给付内容并已经实际发生法律效力；法院作出的具有的给付内容的判决书、裁定书和调解书都可以成为执行依据。在本案中，需要注意的是调解书的内容与调解笔录的记载并不一致。当事人据以向法院申请强制执行的执行依据是调解书，而非调解笔录。因为按照“审执分离”的原则，执行程序不能对案件争议作实质性裁判，调解笔录中可能存在的不确定或争议之处不符合强制执行法对执行依据确定性的要求。本案中，执行依据为（2012）常商初字第 230 号民事调解书，其中，丁月琴为申请执行人，陈玉秀、光明公司及杰文公司为被执行人；刘冠华并非执行依据所确定的被执行人。

强制执行法贯彻效率原则，当发生特定事由时，可以向执行机构申请变更或追加执行依据所确定的申请执行人或被执行人。追加被执行人属于执行当事人变更的一种情形，其本质是执行力在法定情形下向执行依据以外的第三人扩张，应当贯彻法定主义和外观主义原则。现行《民事诉讼法》虽未对追加被执行人作出直接规定，但最高人民法院部分相关司法解释通过对《民事诉讼法》第二百三十二条、第二百四十九条的扩张解释，形成了现行的变更、追加被执行人制度[①]。需要注意的是，按照《最高人民法院关于执行案件立案、结案若干问题的意见》第九条的规定，申请执行人申请追加、变更被执行人，人民法院应当按照执行异议案件予以立案。即法院通过执行异议程序审查追加被执行人的申请，相应地，倘若追加申请被驳回，申请执行人可以通过复议程序寻求救济。

3. 何谓“执行和解”？何谓“执行担保”？二者的区别是什么？

执行和解和执行担保分别规定在《民事诉讼法》第二百三十条与第二百三十一条，其中，执行和解是指，“在执行中，双方当事人自行和解达成协议的，执行员应当将协议内容记入笔录，由双方当事人签名或者盖章”。执行和解被认为是我国强制执行法上独具特色的一项制度。关于执行和解协议的性质在学理上存在实践合同说、附生效条件法律行为说、附解除条件法律行为说以及新债清偿等多种观点。一般认为，执行和解协议兼具私法、公法效力：一方面，执行当事人通过合意方式对生效法律文书所确定执行债权实现的方式、时间甚至内容重新进行安排；另一方面，一旦和解债权实现，则执行债权随之消灭，如果和解债权未得到履行或存在欺诈、胁迫等情形，则可以申请恢复执行。本案中，在强制执行程序已经启动后，丁月琴与陈玉秀、光明

① 肖建国．民事执行法［M］．北京：中国人民大学出版社，2014：88.

公司、杰文公司及第三人刘冠华于 2013 年 9 月 11 日签订的就是执行和解协议。执行和解协议达成和履行期间，法院一般会裁定中止执行程序。

所谓执行担保，是指在执行中，被执行人或第三人向法院提供担保或保证，并经申请执行人同意的，法院可以决定暂缓执行及暂缓执行的期限。被执行人逾期仍不履行的，法院有权执行被执行人的担保财产或者担保人的财产。执行担保与执行和解的区别在于，执行担保仅具有暂缓执行的效果，而和解债权实现后执行债权则视为消灭、执行程序随之终结。执行担保与抵押、质押等物上担保以及保证合同的区别在于，执行担保具有公法效力，被执行人逾期不履行执行债权，法院"可以直接执行担保财产，或者裁定执行担保人的财产"。具体到本案，丁月琴与陈玉秀、光明公司、杰文公司及第三人刘冠华于 2013 年 9 月 11 日达成执行和解协议中第一条第四款和第二条均有关于提供担保的约定并非是法律意义上的"执行担保"。执行担保须经申请执行人同意[①]，由被执行人或第三人提供向法院提供担保；执行和解协议中申请执行人与被执行人达成的担保条款仅为私法意义上的物上担保或保证合同，不具有执行担保的效力。因此，只有在刘冠华向常州中院出具《担保书》，表明以其所有的枝江农商行 300 万股股权以及位于常州市泰和之春 37 幢甲单元 301 室的房屋对被执行人陈玉秀所负担的债务提供担保后，本案中的执行担保才宣告成立。

4. 本案究竟应当采取何种执行救济程序进行审理？执行救济程序与执行监督之间是什么关系？

《民事诉讼法》第二百二十五条至第二百二十七条规定了执行救济程序，包括执行行为异议及复议、向上级法院申请执行以及案外人异议和异议之诉。其中，第二百二十五条规定的执行行为异议可以被称之为执行救济的基本程序，因为其适格主体范围覆盖了全部的执行当事人和利害关系人，而且由于缺少债务人异议之诉等执行救济程序，司法实践中第二百二十五条的适用对象亦经常会突破"执行行为"的限制。第二百二十七条规定的救济程序更为复杂，实际上包括了案外人异议、审判监督程序、案外人异议之诉以及许可执行之诉四种程序。

本案所关涉的主要为第二百二十五条的执行行为异议以及第二百二十七条的案外人异议及案外人异议之诉。执行行为异议的适用对象主要是违法的施行执行措施，如查封、扣押、冻结、拍卖、变卖、以物抵债、暂缓执行、中止执行、终结执行等，也包括未遵守法定程序以及损害当事人或利害关系人利益的其他行为[②]。案外人异议及

① 学理和司法实务上对"申请执行人同意"究竟系执行担保的成立要件还是暂缓执行的成立要件存在争议。

② 《最高人民法院关于人民法院办理执行异议和复议案件若干问题的规定》第七条。

案外人异议之诉程序主要解决执行力与案外人权利冲突问题，即案外人需对执行标的物享有所有权等足以阻止强制执行的权利。

刘冠华先以其非本案执行依据（2012）常商民初字第230号民事调解书所确定的被执行人、法院对其财产进行执行无依据为由，对常州中院（2013）常执字第0387－2号民事裁定提出执行异议；经裁定驳回后，刘冠华以丁月琴为被告向常州中院提起案外人执行异议之诉及上诉，常州中院和江苏高院均认为，本案争议不属于案外人执行异议之诉的审理范围，进而裁定驳回刘起诉并予以维持。后刘冠华又针对执行其担保财产的（2013）常执恢字第0006号民事裁定提起执行行为异议及复议，常州中院及江苏高院均认为执行担保成立且有效，裁定驳回其异议申请。刘冠华并非本案执行名义——（2012）常商初字第230号民事调解书所确定的被执行人，因此，其在执行救济程序中的主体地位应为“利害关系人”或“案外人”。本案应当适用《民事诉讼法》第二百二十五条抑或第二百二十七条的症结所在是刘冠华所主张的异议对象究竟为何？常州中院（2013）常执字第0387－2号民事裁定：强制执行刘冠华在保证责任范围内的财产；（2013）常执恢字第0006号民事裁定执行刘冠华向本院提供的担保财产，即湖北枝江农村商业银行300万股股权以及本市泰和之春37幢甲单元301室房屋。实际上，刘冠华是对实现执行担保的执行行为提出异议。执行担保不同于私法意义物上担保、保证合同之处在于它具有公法效力，法院可以直接赋予其强制执行力。当然，如果法院对执行担保的审查行为存在瑕疵或错误，当事人或利害关系人可以通过执行行为异议寻求救济。

本案中，刘冠华在提出执行异议及案外人异议之诉被驳回后，向常州中院申请执行监督，并成功撤销了（2013）常执字第0387－2号、（2013）常执异字第59号两份裁定书。执行监督可以理解为是审判监督程序在执行阶段的延伸。一直以来，执行监督制度主要表现为《最高人民法院关于人民法院执行工作若干问题的规定（试行）》《关于高级人民法院统一管理执行工作若干问题的规定》等司法解释所确立的法院内部监督机制。2012年修订的《民事诉讼法》第二百三十五条正式赋予检察机关对执行活动的法律监督权。常州中院启动的执行监督仍属于法院内部的自我约束机制，并不受到当事人权利制约，在此意义上其并不属于执行救济程序。

5. 何谓“终结本次执行”程序？为何“终结”之后仍可以申请恢复执行？

中央政法委和最高法院发布的《关于规范集中清理执行积案结案标准的通知》正式确立了“终结本次执行”程序，按其规定，无财产可供执行的案件，执行程序在一定期间无法继续进行，且有“被执行人确无财产可供执行，申请执行人书面同意人民法院终结本次执行程序”等七种情形的，经合议庭评议，可裁定终结本次执行程序后结案。本案中，经过执行调查查明，被执行人陈玉秀、光明公司、杰文公司无其他财产可供执行；申请执行人同意终结本案的本次执行程序。

需要注意的是，《民事诉讼法》第二百五十六条和第二百五十七条分别规定了执行中止和执行终结，终结本次执行程序究竟属于执行中止还是执行终结在理论上存在一定争议。故而，常州中院在作出终结本次执行裁定时有意回避了这一问题，“终本”裁定书既没有援引第二百五十六条，也没有援引第二百五十七条，而仅仅以规定民事裁定适用范围的兜底条款——《民事诉讼法》第一百五十四条第一款第十一项作为法律依据。不过，常州中院根据丁月琴的恢复执行申请，作出（2013）常执恢字第0006号民事裁定恢复执行，似可解释为参照适用第二百五十六条第二款“中止的情形消失后，恢复执行”。

三、教学计划

本案例可以作为专门的案例教学课来进行，整个案例课的课堂安排4个课时，每课时45分钟。如下课堂设计，仅供参考。

1. 课前计划：安排学生阅读案例及相关参考文献和资料，对案件争议的焦点及相关问题进行思考。

2. 课中计划：（1）介绍教学目的，明确讨论主题；（2）分组讨论相关问题；（3）小组代表回答问题，学生讨论和分析；（4）教师进行归纳总结。

3. 课后计划：布置学生进一步思考引申性的思考题。

四、思考题

1. 本案中，申请执行人在诉讼前和诉讼中分别申请了财产保全，查封、冻结了刘冠华的部分财产，刘冠华可否就财产保全行为寻求救济？在现行法律和司法解释中规定了哪些救济途径？

2. 本案中，江苏高院在（2015）苏执复字第00124号复议裁定中裁定追加刘冠华为被执行人是否妥当？执行担保的成立要件与一般担保物权设立、保证合同成立之间有何区别？本案中，刘冠华以“枝江农商行300万股股权以及位于常州市泰和之春37幢甲单元301室的房屋”等特定物对被执行人的债务提供担保、承担一般保证责任，是否符合《物权法》及《担保法》的相关规定？执行担保的程序法律效果是否必然表现为追加被执行人？

3. 追加被执行人是否均通过执行行为异议程序提出？执行行为异议及复议程序能否为被追加的被执行人提供充足的程序保障？追加被执行人有无可能涉及实体争议的审理和判断？倘若追加被执行人涉及实体争议判断，那么，在现行法律规范框架应当依照何种救济途径处理？

4. 执行行为异议与案外人异议之间可否存在竞合适用？在程序上应当如何协调？本案历经执行异议、案外人异议之诉、执行监督、执行异议及复议等多个程序环节，常州中院和江苏高院在相关法律适用上有何值得思考之处？

5. 终结本次执行程序的性质应当如何理解，是执行中止还是执行终结？倘若本案在执行了刘冠华提供的担保财产后仍未能全部满足执行债权，法院可否再次作出终结本次执行的裁定？现代强制执行法以对“财产”的执行为其基本功能指向，终结本次执行程序对建立合理的执行退出机制判断标准具有何种意义？

参考文献

［1］肖建国．民事执行法［M］．北京：中国人民大学出版社，2014.

［2］董少谋．民事强制执行法学［M］．北京：法律出版社，2011.

［3］谭秋桂．民事执行法学（第三版）［M］．北京：北京大学出版社，2015.

［4］李浩．强制执行法［M］．福建：厦门大学出版社，2005.

［5］江必新．强制执行法理论与实务［M］．北京：中国法制出版社，2014.

［6］高圣平．担保法论［M］．北京：法律出版社，2009.

［7］谭秋桂．论民事执行当事人变化的程序构建［J］．法学家，2011（2）.

［8］肖建国，黄忠顺．执行和解协议的类型化分析［J］．法律适用，2014（5）.

［9］百晓锋．程序变革视角下的终结本次执行程序制度——以《民诉法解释》第519条为中心［J］．华东政法大学学报，2015（6）.

案例 7

某建筑公司与某物业公司、某投资公司执行异议之诉案*

（民事诉讼实务或强制执行实务）

本案例以最高人民法院再审审理的第一例执行异议之诉为蓝本，涵盖了强制执行、执行异议、执行异议之诉的一审、二审和再审等环节，涉及的知识点包括申请执行、强制执行措施、执行异议、执行异议之诉、如何防止被执行人转移财产以及如何理解《最高人民法院关于人民法院民事执行中查封、扣押、冻结财产的规定》（以下简称《查封、扣押、冻结规定》）中的相关条款等内容。对于掌握民事诉讼和强制执行的实务操作均具有典型异议。通过对案例的分析和讲授，不仅可以使学生们对于上述的知识点有更深刻的认识和理解，而且可以让他们能够对于民事审判的一审程序、二审程序和再审程序，以及《公司法》《会计法》和相关财政政策的有关规定有所涉猎，并融会贯通。

---

* 本案例由中央财经大学讲师张晓冰编写。

案例正文

2005 年 1 月，某建筑公司以某投资公司拖欠金华大厦工程款为由，向某中级人民法院起诉，要求某投资公司支付拖久的建设工程款 1600 余万元。期间，法院查封了金华大厦的四层商铺，经查其确定没有任何权属交易的登记记录，亦没有任何抵押、出租或者以物抵债的备案登记。2008 年 8 月，经省高院终审判决，某投资公司应支付某建筑公司欠款及利息 1300 余万元。2008 年 9 月，某建筑公司向法院申请强制执行，并主张拍卖金华大厦四层商铺，以偿还欠款。另外，某投资公司 1995 年设立时，公司章程规定首期投资总额 1.46 亿元，注册资本 100 万元，林某出资额为 15 万元，占注册资本 15%。章程第十一条规定，各股东“应按工程进度及各方相应的出资额按期投入资金”。后来某投资公司股东及股权结构发生变更，现某投资公司注册资本 100 万元，林某出资 40 万元，占 40% 股份；另两个股东占 60% 股份。被告某物业注册资本 1000 万元，林某出资 975 万元，占 97.5% 股份。

一、执行异议

2008 年 11 月，某物业公司向法院提出执行异议，要求法院解除对金华大厦四层商铺的查封，其理由是被查封的房产不是某投资公司的财产，而是某物业公司的资产。某物业公司向法院提交了如下证据：

1. 2000 年 3 月 13 日某投资公司作出的《董事会决议 1》，决定：将股东林某和另一股东多投入的资金用于金华大厦的开发建设，多投入的本金作为投资款，按照 2% 计算利息。并约定金华大厦的销售收入先偿还银行借款和股东之外的对外借款后按照比例偿还股东的投资款本金及利息。

2. 2003 年 5 月 14 日某投资公司作出的《董事会决议 2》，决定：将金华大厦首层作价 1996 万元和四楼全层作价 1884 万元转让给股东林某，以抵偿其多投入的出资本息。

3. 2003 年 5 月 22 日林某向某投资公司出具委托书，要求将金华大厦首层和四层过户给某物业公司。

4. 2003 年 5 月 26 日某投资公司与某物业公司签订的《购买房屋协议书》，某物业购买金华大厦的首层和四层，房款从被告某投资公司欠某物业公司款项中冲减。

5. 2004 年 11 月 19 日某物业公司与他人签订的《租赁合同》，将四楼出租作为酒廊，租期 8 年。

6. 2004 年 12 月某物业公司对金华大厦首层房屋办理的《房地产权证》。

7. 2008 年 3 月 31 日某省高院的终审判决书。2005 年 10 月 31 日，某投资公司因金华大厦房产过户问题起诉合作开发方。因此，某物业公司对至今未取得金华大厦四层的《房地产权证》不存在过错。

2009 年 11 月，法院对某物业公司提出的执行异议进行了听证，并最终裁定异议成立，认为该房屋在查封前已经转让给某物业公司，而非某投资公司的财产，故应解除查封和停止拍卖程序。

二、执行异议之诉

（一）一审程序

2009 年 12 月 15 日，某建筑公司对裁定不服，向某中院提起申请执行人异议之诉，要求：（1）依法确认金华大厦四层的房产所有权不属于某物业公司所有；（2）某建筑公司依法享有拍卖上述房屋清偿部分债务的优先权。

2011 年 11 月，某中院判决：（1）金华大厦四层没有过户给某物业公司之前，某物业公司不享有上述房产的所有权；（2）驳回某建筑公司其他诉讼请求。

判决理由如下：本案的案由为申请执行人执行异议之诉。判断本案诉争标的是否属执行标的、是否可以许可执行的标准应是：案外人某物业公司对金华大厦四层是否享有所有权或者其他足以阻止执行标的转让、交付的实体权利。首先，在涉案房产产权登记转移之前，某物业公司对涉案的房产不享有所有权。其次，涉案房产是某投资公司的资产，根据其《董事会决议》将涉案房产抵顶给林某，并根据林某的委托于 2003 年 5 月 26 日与某物业公司签订《购买房屋协议书》，《购买房屋协议书》的性质为以物抵债，系双方当事真实意思表示且内容没有违反法律法规的禁止性规定，应当认定为合法有效。《购买房屋协议书》签订后，某投资公司就已经实际向某物业公司交付了金华大厦四层的房产，某物业公司已经实现了对上述房屋的合法占有，此时，某物业公司对某投资公司享有配合办理过户登记手续的请求权，具有一定的物权性质。某建筑公司与某投资公司之间的拖欠工程款纠纷，经人民法院生效判决，某建筑公司享有的是对某投资公司的金钱债权，而不是请求交付标的物的债权，某物业公司对某投资公司享有的债权请求权与某建筑公司享有的债权请求权属不同种类的债权，不同种类的债权不具有平等性。鉴于某物业公司享有的债权具有一定的物权属性，较之某建筑公司对某投资公司享有的一般金钱债权，在效力上享有优先性，加之其权利的形成早于某建筑公司申请法院查封执行的时间，故某物业公司享有的债权足以排除对涉案标的的强制执行。

（二）二审程序

某建筑公司不服一审判决，提出上诉。二审中，某建筑公司主张的事实和理由是：

1.《董事会决议》决定将某投资公司的资产作价抵顶给林某，实际是将公司财产抵顶给股东的非法转移财产的行为，不能对抗公司之外的债权人。公司股东如果多投入出资，则所有股东应按实际出资比例重新确定持有的公司股份份额。林某多投入的出资并不是借款，不应当由某投资公司承担返还责任，更不能在未合法评估的前提下，以物抵债。此外，林某多出资部分如果不增加公司持股比例，则公司的其他股东是受益者，承担返还责任的也应是其他股东，而不是公司。因此，《董事会决议》侵害了其他债权人的合法利益，转让行为无效。

2. 一审判决认为某物业公司对某投资公司享有的债权请求权，与某建筑公司享有的债权请求权是不同种类的债权不成立。《购买房屋协议书》是在诉争房屋被查封后形成的，而某物业公司当时对诉争房屋进行管理，如果某投资公司要逃避债务，随时都可虚构一份购买协议书。《购买房屋协议书》是否履行，要根据是否支付对价、办理相关手续等进行判断。本案特殊性在于某物业公司一直占有诉争房屋，且购买对价是他们之间所谓的以物抵债约定，从这些内容来看，购买协议并未真正履行，其目的只是为了某投资公司逃避债务，债权基础不存在。此外，《委托书》与《购买房屋协议书》自相矛盾，也没有任何证据证明某投资公司拖欠某物业公司款项的性质、数额，故一审法院以《购买房屋协议书》认定某物业公司享有债权请求权错误。

某物业公司与某投资公司共同答辩称：《董事会决议》于 2003 年，即工程款诉讼开始之前的两年就已形成，当时没有损害任何债权人的利益，包括某建筑公司。某物业公司当时也一直使用收益诉争房屋。某投资公司与股东之间是债权债务关系，跟某建筑公司与某投资公司的债权债务关系是一样的，不存在哪个优先的问题，故以物抵债协议合法有效。同时，两个公司还向二审法院提交了林某通过香港科埠公司向某投资公司投入资金的证据，其中有 53 张会计收款凭证中记载的原始科目为“资本公积”，后被更改为“长期借款”。另有一张手写书证载明：“某投资公司注册资本为一百万元，现将各股东多投入的资本转为资本公积。佛山三角洲公司：5473433.23；市外经贸易进出口公司：6073133.13；科埠有限公司：3885966.49；华联投资开发公司：558483.37。资本公积合计：15991016.22”。

2012 年 6 月，广东省高院判决驳回上诉，维持原判。

判决理由如下：二审争议的焦点为某物业公司对广东省江门市东华一路金华大厦四层 401、402、停车场及保安办公室等诉争房屋是否享有足以阻止某建筑公司申请执行的实体权利。这涉及以下几个具体问题：

1. 关于某物业公司购买金华大厦四层诉争房屋有无支付对价的问题。2003 年 5 月 14 日《董事会决议》及 2003 年 5 月 26 日《购买房屋协议书》均系各方当事人真实的意思表示，其内容没有违反我国法律的禁止性规定，应认定为合法有效。因此，某物业公司已实际购买了金华大厦四层诉争房产，并用林某的投资款本金及利息支付了全部对价。

2. 关于某物业公司是否对诉争房屋实际占有的问题。一审法院在执行某建筑公司与某投资公司拖欠工程款纠纷一案中，于 2005 年 1 月 31 日及 2 月 2 日查封了诉争房屋，而某物业公司早在 2004 年 11 月 19 日就与案外人签订《租赁合同》，将金华大厦四楼物业出租给案外人做 KTV 酒廊，因此，在一审法院封查之前，某物业公司对诉争房屋已经实际占有使用。

3. 关于某物业公司对于诉争房屋没有办理过户手续是否有过错的问题。根据某高院另案作出的（2006）粤高法民一终字第 375 号民事判决，诉争房屋办理过户手续，取决于某投资公司与合作开发公司的协调解决，某物业公司对诉争房屋在被查封前没有办理过户手续没有过错。

最高人民法院《查封、扣押、冻结规定》第十七条规定："被执行人将其所有的需要办理过户登记的财产出卖给第三人，第三人已经支付部分或者全部价款并实际占有该财产，但尚未办理产权过户登记手续的，人民法院可以查封、扣押、冻结；第三人已经支付全部价款并实际占有，但未办理过户登记手续的，如果第三人对此没有过错，人民法院不得查封、扣押、冻结。"该条款规定了在买卖合同中，第三人若对抗执行需满足三个要件，即"已经支付部分或者全部价款""实际占有"和"对未办理过户登记手续无过错"。本案某物业公司作为相关执行案的第三人购买诉争房屋，已经支付了全部价款并实际占有，且其对未能过户没有过错，满足上述法律条款规定的三个要件，因而某物业公司可以对抗申请执行人某建筑公司提出的执行申请。

（三）再审程序

某建筑公司不服二审民事判决，向最高人民法院申请再审，请求撤销某高院就本案的民事判决；对金华大厦四层的房产许可执行。其主要理由是：（1）某投资公司与林某之间不存在"借款"事实，林某的投入是履行股东的出资义务，性质上是不可抽回的项目投资款，而非借款。（2）某投资公司用诉争房屋折抵1884万元本息，没有合法依据。根据国发〔1996〕35号文规定，林某投入到项目中的资金是不应支付任何利息的。（3）某投资公司董事会恶意转移公司资产，抽逃资本公积的行为无效。（4）某物业公司对诉争执行标的没有支付对价，不享有诉争房产的实体权利。某物业公司不是以物抵债协议的受让人，某物业公司所取得的房屋是林某因债权关系抵自某投资公司，某物业公司与某投资公司虽有房屋买卖合同，但二者间根本不是房屋买卖关系，而是以物抵债关系。林某与某投资公司的这种恶意以物抵债侵害了债权人某建筑公司的合法权益，林某作为公司法定代表人和股东，明知公司存在巨额债务没有还清的情况下，与某投资公司协商以物抵债受让争议房屋，不属于善意受让人；在以物抵债协议没有履行前，物权没有发生变更，某建筑公司有权对房屋进行查封。

某投资公司和某物业公司答辩称：《查封、扣押、冻结规定》第十七条规定的是买卖，买卖的核心是一个有对价的交易，林某取得房产是一个有对价的交易，林某将房产交给某物业公司也是一个有对价的交易。本案中，林某的投资不属于资本公积的范围。某投资公司的董事会决议不违反法律规定，不损害第三人利益，合法有效。

最高人民法院经审理后认为，本案争议的焦点问题是，某物业公司是否合法拥有金华大厦四层的所有权，进而是否拥有阻却人民法院进行执行的事由。

根据《查封、扣押、冻结规定》第十七条的规定，判断某物业公司是否具有阻却人民法院执行的事由，主要审查某物业公司是否具备已经支付全部价款、实际占有案涉物业以及对未办理过户登记没有过错三个条件。对于某物业公司已经实际占有案涉物业以及在查封时未办理过户登记没有过错，二审法院已经作了认定，本院予以认可，不再赘述。因此，本案再审审理的重点是某物业公司受让本案的物业，是否已经支付了全部价款。

某物业公司系通过与某投资公司签订《购买房屋协议书》而受让本案物业，其主张购买房屋的对价就是林某对某投资公司额外出资形成的借款债权。因此，林某对某投资公司是否因额外出资而享有借款债权，即成为本案审理的关键。对此，最高人民法院认为：

1. 林某对某投资公司的额外出资不是借款，而属于资本公积金，林某对某投资公司所谓的借款债权并不成立。首先，某投资公司1995年设立时，公司章程规定首期投资总额1.46亿元，而公司注册资本只有100万元，故包括林某在内的各股东还需额外出资，公司章程第十一条也因此规定各股东“应按工程进度及各方相应的出资额按期投入资金”。但对于股东在注册资本之外的出资属于什么性质，章程并未明确规定。1993年1月7日财政部发布的《房地产开发企业会计制度》第311号科目“资本公积”部分规定：“一、本科目核算企业取得的资本公积，包括接受捐赠、资本溢价、法定资产重估增值、资本汇率折算差额等……。”对于资本溢价的范围，第二款明确规定“投资人交付的出资额大于注册资本而产生的差额，作为资本溢价。”《中华人民共和国公司法》（1994年7月1日起施行）第一百七十八条规定，国务院财政主管部门规定列入资本公积金的其他收入，应当列入公司资本公积金。据此可知，股东对公司的实际出资大于应缴注册资本部分的，应属于公司的资本公积金。某物业公司主张林某对某投资公司多缴的出资属于林某对某投资公司的借款，但未提供证据证明双方事先对该出资的性质为借款以及借款期限、借款利息等有特别约定，在此情形下，根据财政部的规定，林某多缴的出资应为资本公积金，而非借款。其次，《国务院关于固定资产投资项目试行资本金制度的通知》（国发〔1996〕35号）规定：从1996年开始，对各种经营性投资项目，包括国有单位的基本建设、技术改造、房地产开发项目和集体投资项目，试行资本金制度，投资项目必须首先落实资本金才能进行建设；在投资项目的总投资中，除项目法人从银行或资金市场筹措的债务性资金外，还必须拥有一定比例的资本金；投资项目资本金，是指在投资项目总投资中，由投资者认缴的出资额，对投资项目来说是非债务性资金，项目法人不承担这部分资金的任何利息和债务；投资者可按其出资的比例依法享有所有者权益，也可转让其出资，但不得以任何方式抽回；投资项目的资本金一次认缴，并根据批准建设的进度按比例逐年到位。本案中的金华大厦项目是某投资公司挂靠城建公司开发的，金华大厦于1996年1月开工建设，1999年完工，国务院上述通知对其具有规范效力。因此，认定林某对某投资公司的出资为资本公积金，符合国务院的相关规定，具有政策依据。再次，二审期间，被申请人提供的手写书证记载：“某投资公司注册资本为一百万元，现将各股东多投入的资本转为资本公积。佛山三角洲公司：5473433.23；市外经贸易进出口公司：6073133.13；科埠有限公司：3885966.49；华联投资开发公司：558483.37。资本公积合计：15991016.22”。由此证明，某投资公司各股东对多缴出资的性质为资本公积金也是明知并认可的。最后，二审期间，被申请人提供的林某通过香港科埠公司向某投资公司出资的53张会计凭证原始记录即为“资本公积”，虽后来被更改为“长期借款”，但根据会计法的规定，会计凭证不得变造，某投资公司变造上述会计凭证的行为违反会计法，应属无效。

2. 资本公积金属于公司的后备资金，股东可以按出资比例向公司主张所有者权益，但股东出资后不能抽回，也不得转变为公司的债务计算利息，变相抽逃。2003年5月14日，某投资公司董事会决议用本案的房产抵顶林某多投入的出资本息，实质是将林某本属于资本公积金的出资转变为公司对林某的借款，并采用以物抵债的形式予以返还，导致林某变相抽逃出资，违反了公司资本充实原则，与公司法和国务院上述通知的规定相抵触，故董事会决议对林某借款债权的确认及以物抵债决定均应认定为无效。

3. 某物业公司与某投资公司签订《房屋购买协议》时，系依据林某的指定而受让本案物业，并以林某对某投资公司额外出资形成的借款债权作为对价而以物抵债。但本院认为，林某根据以物抵债决议受让本案物业并不具有合法性基础，该借款债权也不成立，故某物业公司依据林某的指定而受让案涉物业不具备《查封、扣押、冻结规定》第十七条规定的阻却人民法院执行的条件，某物业公司也不应取得金华大厦四层的所有权。

据此，最高人民法院作出（2013）民提字第226号民事判决书，判决："一、撤销广东省江门市中级人民法院（2010）江中法民一初字第9号民事判决、广东省高级人民法院（2012）粤高法民一终字第3号民事判决；二、某物业公司对金华大厦四层不享有所有权。"

案例使用说明

一、教学对象及目标

本案例供法律硕士案例教学使用，法学本科（大四）、民商法学硕士、民事诉讼法学硕士也可以参酌使用。

本案应着重让学生学习和掌握以下知识技能：（1）财产保全与民事执行的关系；（2）申请执行的条件；（3）对金钱债权的执行措施；（4）执行救济的主要途径；（5）执行行为异议和案外人异议的主要区别；（6）执行异议之诉及相关程序规定；（7）如何防范被执行人转移财产逃避执行；（8）如何审查公司的财务账目；（9）《查封、扣押、冻结规定》第十七条的理解与适用等。

二、教学内容

1. 财产保全与执行程序如何衔接？

财产保全，是指人民法院根据利害关系人或者当事人的申请，或者由人民法院依职权对当事人的财产所采取的限制其处分或者转移的强制性措施。民事执行，又称为民事强制执行，是指人民法院的执行组织依照法律规定的程序和方式，运用国家的强制力量，在负有义务的一方当事人拒不履行义务时，强制其履行义务，从而实现生效法律文书内容的一种诉讼活动。二者虽处在不同的诉讼阶段，依据也并不相同，但却有着紧密的联系，前者能否有效实施对于后者有着举足轻重的作用。本案即是最好的例证。

保全裁定未经人民法院依法撤销或者解除，进入执行程序后，自动转为执行中的查封、扣押、冻结措施，期限连续计算，执行法院无须重新制作裁定书，但查封、扣押、冻结期限届满的除外。

2. 申请执行的条件有哪些？

债权人申请执行，应当同时具备以下条件：（1）有执行根据，即发生法律效力的民事判决、裁定；（2）义务人在执行根据所确定的期限内不履行义务；（3）申请执行人是执行根据所确定的权利人或者权利承受人。通常来讲，申请执行人应当是执行根据所确定的权利人。但如果作为权利人的公民死亡或者法人消灭，其权利承受人也可以作为申请执行人；（4）必须在法定期间内提出申请。申请执行的期间为二年，其时效的中止、中断适用法律有关诉讼时效中止、中断的规定。

债权人向人民法院申请执行是执行程序开始的最主要的方式。人民法院也可以依职权移送执行，但通常限于以下三类案件：（1）发生法律效力的，具有给付赡养费、抚养费、抚育费内容的法律文书；（2）民事制裁决定书；（3）刑事附带民事判决、裁定、调解书。

3. 对金钱债权的执行措施有哪些？

金钱债权，也称为金钱给付请求权，是指以给付一定数额的金钱为内容的请求权。对金钱债权的执行，是指为实现债权人的金钱债权而进行的执行，即强制被执行人给付金钱，从而满足权利人的金钱债权。金钱债权的执行在范围上很广。除了对金钱的执行以外，执行费用、第三人代为执行所发生的费用、债务人怠于履行义务所发生的迟延利息或者迟延履行金。都属于金钱债权的执行范围。

通常来讲，对金钱债权的执行，如果被执行人有现金的，执行其现金；没有现金或者现金不足的，执行其存款；没有存款或者存款不足的，执行其他动产；最后执行被执行人的其他财产。金钱债权的执行对象，既可以是被执行人的金钱，也可以是被执行人所有的具有金钱价值的非金钱财产。

（1）对金钱的执行措施，包括对义务人的现金、存款和收入的执行。对义务人的现金的执行，主要是采取义务人直接交付现金或者由法院转交的方式。

第一，对存款的执行。《民事诉讼法》第二百四十二条第一款规定，被执行人未按执行通知履行法律文书确定的义务，人民法院有权向银行、信用合作社和其他有储蓄业务的单位查询被执行人的存款情况，有权冻结、划拨被执行人的存款，但查询、冻结、划拨存款不得超出被执行人应当履行义务的范围。

《执行规定》第三十四条规定，被执行人为金融机构的，对其交存在中国人民银行的存款准备金和备付金不得冻结和扣划，但对其在本机构，其他金融机构的存款及其在中国人民银行的其他存款可以冻结、划拨，并可对被执行人的其他财产采取执行措施，但不得查封其营业场所。

人民法院决定冻结、划拨存款时，应当作出裁定，并发出协助执行通知书，银行、信用合作社和其他有储蓄业务的单位必须办理。

人民法院可以直接向银行及其营业所、储蓄所、信用合作社以及其他有储蓄业务的单位查询、冻结、划拨被执行人的存款。外地法院可以直接到被执行人住所地、被执行财产所在地银行及其营业所、储蓄所、信用合作社以及其他有储蓄业务的单位查询、冻结、划拨被执行人应当履行义务部分的存款，无须由当地人民法院出具手续。

另外，根据《民诉法司法解释》第四百八十六条、第四百八十七条的规定：

①对被执行的财产，人民法院非经查封、扣押、冻结不得处分。对银行存款等各类可以直接扣划的财产，人民法院的扣划裁定同时具有冻结的法律效力。

②人民法院冻结被执行人的银行存款的期限不得超过1年，查封、扣押动产的期限不得超过2年，查封不动产、冻结其他财产权的期限不得超过3年。申请执行人申请延长期限的，人民法院应当在查封、扣押、冻结期限届满前办理续行查封、扣押、冻结手续，续行期限不得超过前款规定的期限。人民法院也可以依职权办理续行查封、扣押、冻结手续。

第二，对收入的执行。《民事诉讼法》第二百四十三条第一款规定，被执行人未按执行通知履行法律文书确定的义务，人民法院有权扣留、提取被执行人应当履行义务部分的收入，但应当保留被执行人及其所扶养家属的生活必需费用。

《执行规定》第三十六条规定，被执行人在有关单位的收入尚未支取的，人民法院应当作出裁定，向该单位发出协助执行通知书，由其协助扣留或提取。

（2）对非金钱财产的执行，主要采取查封、扣押、冻结、拍卖、变卖等执行措施。非金钱财产不具有直接流通性，不能直接用于清偿债务，而只能通过一定的方式将其转换为可以流通的货币，再用于债务的清偿。从性质上看，对非金钱财产的执行，可以分为对动产、不动产的执行和对其他特殊财产的执行两类。两类执行对象所要求的执行措施有所不同。

第一，查封、扣押是一种临时性的执行措施，其目的在于禁止被执行人处分或者转移特定的财产。查封、扣押财产的价值应当与被执行人履行债务的价值相当。人民法院对被执行人所有的其他人享有抵押权、质押权或留置权的财产，可以采取查封、扣押措施。财产拍卖、变卖后所得价款，应当在抵押权人、质押权人或留置权人优先受偿后，其余额部分用于清偿申请执行人的债权。

①查封，是指人民法院对被执行人的有关财产进行封存，禁止其处分或者转移的执行措施。

《执行规定》第四十一条规定：对动产的查封，应当采取加贴封条的方式，不便加贴封条的，应当张贴公告。对有产权证照的动产或不动产的查封，应当向有关管理机关发出协助执行通知书，要求其不得办理查封财产的转移过户手续，同时可以责令被执行人将有关财产权证照交人民法院保管，必要时也可以采取加贴封条或张贴公告的方法查封。既未向有关管理机关发出协助执行通知书，也未采取加贴封条或张贴公告的办法查封的，不得对抗其他人民法院的查封。

《执行规定》第四十二条规定：被查封的财产，可以指令由被执行人负责保管。如继续使用被查封的财产对其价值无重大影响，可以允许被执行人继续使用。因被执行人保管或使用的过错造成的损失，由被执行人承担。

②扣押，是指人民法院通过将被执行人的财产运送到有关场所，而不准被执行人占有、使用和处分的执行措施。《执行规定》第四十三条规定，被扣押的财产，人民法院可以自行保管，也可以委托其他单位或个人保管。对扣押的财产，保管人不得使用。

人民法院采取查封、扣押措施时，应当制作裁定书。人民法院查封、扣押财产时，被执行人是公民的，府应通知被执行人或者他的成年家属到场；被执行人是法人或者其他组织的，应当通知其法定代表人或者主要负责人到场。拒不到场的，不影响执行。被执行人是公民的。其工作单位或者财产所在地的基层组织应当派人参加。对被查封、扣押的财产，执行员必须制作清单，由在场人签名或者盖章后，交被执行人一份。被执行人是公民的，也可以交他的成年家属一份。

被执行人或其他人擅自处分已被查封、扣押、冻结财产的人民法院有权责令责任人限期追回财产或承担相应的赔偿责任。

被执行人的财产被查封、扣押后，被执行人在人民法院指定的期间内履行义务的，人民法院应当及时解除查封、扣押措施。

第二，拍卖、变卖。根据《民事诉讼法》第二百四十七条的规定，财产被查封、扣押后，执行员应当责令被执行人在指定期间履行法律文书确定的义务。被执行人逾期不履行的，人民法院应当拍卖被查封、扣押的财产；不适于拍卖或者当事人双方同意不进行拍卖的，人民法院可以委托有关单位变卖或者自行变卖。国家禁止自由买卖的物品，交有关单位按照国家规定的价格收购。

①拍卖，是指人民法院将查封、扣押的财产以公开竞价方式卖给出价最高者，并将所有价款交给申请执行人的执行措施。拍卖采取的是公开竞价方式，既能保护被执行人的合法利益，又能最大限度地满足申请执行人的权利，因此已经为各国民事执行所采用。人民法院在采取拍卖措施时，应当作出裁定，并按照《拍卖法》的规定进行。

按照《民诉法司法解释》第四百八十八条、第四百八十九条的规定，人民法院在执行中需要拍卖被执行人财产的，可以由人民法院自行组织拍卖，也可以交由具备相应资质的拍卖机构拍卖。

交拍卖机构拍卖的，人民法院应当对拍卖活动进行监督。拍卖评估需要对现场进行检查、勘验的，人民法院应当责令被执行人、协助义务人予以配合，被执行人、协助义务人不予配合的，人民法院可以强制进行。

②变卖，是指人民法院将被执行人已经被查封、扣押的财产，不经过拍卖而直接以一定价格卖出。

适用变卖的财产，通常是无法拍卖或者双方当事人同意不进行拍卖的财产。人民法院在执行中需要变卖被执行人财产的，可以交有关单位变卖，也可以由人民法院直接变卖。由人民法院直接变卖的，变卖前应就价格问题征求物价等有关部门的意见，作价应当公平、合理。被执行人申请对人民法院查封的财产自行变卖的，人民法院可以准许，但应当监督其按照合理价格在指定的期限内变卖，并控制变卖的价款。

人民法院在执行中需要变卖被执行人财产的，可以交有关单位变卖，也可以由人民法院直接变卖。对变卖的财产，人民法院或者其工作人员不得买受。

拍卖、变卖被执行人的财产成交后，必须即时钱物两清。委托拍卖、组织变卖被执行人财产所发生的实际费用，从所得价款中优先扣除。所得价款超出执行标的数额和执行费用的部分，应当退还被执行人。人民法院对被执行人所有的其他人享有抵押权、质押权或留置权的财产拍卖、变卖后所得价款，应当在抵押权人、质押权人或留置权人优先受偿后，其余额部分用于清偿申请执行人的债权。

人民法院对拍卖、变卖被执行人的财产，应当委托依法成立的资产评估机构进行价格评估。

经申请执行人和被执行人同意，且不损害其他债权人合法权益和社会公共利益的，人民法院可以不经拍卖、变卖，直接将被执行人的财产作价交申请执行人抵偿债务。对剩余债务，被执行人应当继续清偿。

被执行人的财产无法拍卖或者变卖的，经申请执行人同意，且不损害其他债权人合法权益和社会公共利益的，人民法院可以将该项财产作价后交付申请执行人抵偿债务，或者交付申请执行人管理；申请执行人拒绝接收或者管理的，退回被执行人。

拍卖成交或者依法定程序裁定以物抵债的，标的物所有权自拍卖成交裁定或者抵债裁定送达买受人或者接受抵债物的债权人时转移。

4. 何为执行救济？主要包括几种途径？

执行救济，是指执行当事人、利害关系人或者案外人因为执行机构的执行行为而受到损害或有可能受到损害时，根据法律规定予以救济的制度。

根据《民事诉讼法》第二百二十五条、第二百二十七条、第二百三十三条以及《执行程序解释》的规定，我国民事执行程序中的执行救济方式主要包括执行异议、执行异议之诉和执行回转。

根据《民事诉讼法》，执行异议可分为三类：第一类是当事人、利害关系人对执行违法行为的异议；第二类是案外人对执行标的的全部或者部分主张权利，向法院提出的异议；第三类是对分配方案异议。

5. 执行行为异议与案外人异议的区别？

二者的主要区别在于：第一，提出的主体不同。前者为本案当事人或利害关系人；而后者仅限于案外人，即申请执行人和被执行人之外的第三人。

第二，依据的基础权利不同。前者的依据是其程序权利受到了侵害；而后者的依据是其实体权利受到了侵害，这种实体权利不是一般的权利，而是能够产生排除执行的效力。一般表现为所有权、地役权等物权性质的权利，也可能是特殊的债权，例如依照《查封、扣押、冻结规定》第十七条所规定的无过错买受人的物权期待权即是。当然，是否具有排除执行的效力，要结合具体的实体法规范来确定。

第三，异议指向的对象和目的不同。前者指向的是法院的执行程序，目的是纠正违法的执行行为，保证自己公法上的程序权力和利益不受非法侵害，并不以排除执行为必要；后者指向的是法院正在执行的标的物，目的是排除法院对某一执行标的物的执行，保护其私法上的实体权利不受侵害。

第四，程序的功能不同。前者的功能比较单一，仅在于纠正违法的执行行为，所以异议审查时要对执行行为进行合法性判断，审查的结果是撤销或者变更执行行为。而后者则有两大功能：一是确权或者代位确权；二是对法院应不应当停止对特定标的物的执行作出裁断。

第五，后续的救济途径不同。对于执行行为异议的裁定不服的，当事人、利害关系人可以向上一级人民法院申请复议，但不能提起异议之诉；而对于案外人异议的裁定不服的，认为原判决、裁定错误的，应当依照审判监督程序办理；与原判决、裁定无关的，可以自本裁定送达之日起15日内向人民法院提起诉讼。

注：实践中，二者容易混淆，甚至有人误以为只有案外人才能提出执行异议。

6. 何为执行异议之诉？相关的程序规定有哪些？

执行异议之诉是指根据《民事诉讼法》第二百二十七条的规定，案外人、当事人对执行异议裁定不服，自裁定送达之日起15日内向人民法院就此提起的诉讼。执行异议之诉又分为案外人提起执行异议之诉和申请执行人提起执行异议之诉。

注：容易忽视申请执行人也可以提起执行异议之诉。

（1）执行异议之诉的管辖：执行异议之诉由执行法院管辖。

（2）执行异议之诉的起诉条件：

案外人提起执行异议之诉，除符合民事诉讼法第一百一十九条规定外，还应当具备下列条件：①案外人的执行异议申请已经被人民法院裁定驳回；②有明确的排除对执行标的执行的诉讼请求，且诉讼请求与原判决、裁定无关；③自执行异议裁定送达之日起15日内提起。

申请执行人提起执行异议之诉，除符合民事诉讼法第一百一十九条规定外，还应当具备下列条件：①依案外人执行异议申请，人民法院裁定中止执行；②有明确的对执行标的继续执行的诉讼请求，且诉讼请求与原判决、裁定无关；③自执行异议裁定送达之日起15日内提起。

（3）执行异议之诉的当事人：

案外人提起执行异议之诉的，以申请执行人为被告。被执行人反对案外人异议的，被执行人为共同被告；被执行人不反对案外人异议的，可以列被执行人为第三人。

申请执行人提起执行异议之诉的，以案外人为被告。被执行人反对申请执行人主张的，以案外人和被执行人为共同被告；被执行人不反对申请执行人主张的，可以列被执行人为第三人。

（4）执行异议之诉的审理程序：适用普通程序。

（5）执行异议之诉的举证责任分配：案外人或者申请执行人提起执行异议之诉的，案外人应当就其对执行标的享有足以排除强制执行的民事权益承担举证证明责任。

（6）执行异议之诉的处理：

对案外人提起的执行异议之诉，人民法院经审理，按照下列情形分别处理：①案外人就执行标的享有足以排除强制执行的民事权益的，判决不得执行该执行标的，此时人民法院判决不得对执行标的执行的，执行异议裁定失效；②案外人就执行标的不享有足以排除强制执行的民事权益的，判决驳回诉讼请求。

对申请执行人提起的执行异议之诉，人民法院经审理，按照下列情形分别处理：①案外人就执行标的不享有足以排除强制执行的民事权益的，判决准许执行该执行标的，此时执行异议裁定失效，执行法院可以根据申请执行人的申请或者依职权恢复执行；②案外人就执行标的享有足以排除强制执行的民事权益的，判决驳回诉讼请求。案外人同时提出确认其权利的诉讼请求的，人民法院可以在判决中一并作出裁判。

（7）执行异议之诉对执行程序的影响：

案外人执行异议之诉审理期间，人民法院不得对执行标的进行处分。申请执行人请求人民法院继续执行并提供相应担保的，人民法院可以准许。

被执行人与案外人恶意串通，通过执行异议、执行异议之诉妨害执行的，人民法院应当依照《民事诉讼法》第一百一十三条规定处理。申请执行人因此受到损害的，可以提起诉讼要求被执行人、案外人赔偿。

人民法院对执行标的裁定中止执行后，申请执行人在法律规定的期间内未提起执行异议之诉的，人民法院应当自起诉期限届满之日起七日内解除对该执行标的采取的执行措施。

7.《查封、扣押、冻结规定》第十七条如何理解与适用？

根据《查封、扣押、冻结规定》第十七条的规定，当被执行人将其所有的需要办理过户登记的财产出卖给第三人时，判断第三人是否具有阻却人民法院执行的事由，主要是审查第三人是否具备已经支付全部价款、实际占有案涉财产以及对未办理过户登记没有过错三个条件。

三、教学预期效果

通过对本案例的讲授及研习，学生应能够总结归纳出本案的焦点问题，并基本理解和掌握了教学内容中关于申请执行的条件、对金钱债权的基本的执行措施、执行异议及执行异议之诉等若干重要问题。同时，澄清了申请执行人不能执行异议以及不能作为执行异议之诉原告的错误观念。此外，通过对本案以及相关问题的讲解，引导学生纠正过去在学习民事诉讼法中“重审判，轻执行”的观念。

四、课堂时间安排

本案例可以作为专门的案例教学课来进行，整个案例课的课堂安排 6 个课时，每课时 45 分钟。

如下课堂设计，仅供参考。

1. 课前计划：安排学生阅读案例及相关参考资料，对案例涉及问题进行思考，并分组撰写相关实践题答案，并由相关方制作相应的证据材料。

2. 课中计划：（1）介绍教学目的，明确讨论主题；（2）讲授教学内容，加深学生对相关问题的认识，并引导其展开思考；（3）分组讨论，回答各项思考题，讨论实践题的撰写要点；（4）小组代表提出撰写要点，学生讨论和分析；（5）教师归纳总结。

3. 课后计划：布置学生进一步思考强制执行、执行异议以及执行异议之诉的相关问题，并就该案提出延伸性思考。

五、思考题和实践题

（一）思考题

1. 被执行人可能会有哪些转移财产的方法或途径？

2. 债权人一方如何能最大限度降低被执行人转移资产的风险？

3. 本案中的关键性证据是什么？

4. 被告某投资公司和某物业公司是否可以不提交林某向某投资公司投入资金的证据？为什么？

5. 对于相关财务单据审查的重点在何处？

6. 资本公积金与股东对公司的借款的区别？二者在实践中如何进行区分？

7. 除案件中涉及的执行措施外，还有哪些执行措施可以使用？

（二）实践题

1. 假设你是某建筑公司的代理人，请撰写一份《强制执行申请书》，并备齐申请执行所需的手续。

2. 假设你是某物业公司的代理人，请撰写一份《执行异议申请书》，并备齐申请执行异议所需的手续。

3. 假设你是执行法院的承办该执行异议的法官，请草拟一份《裁定书》。

4. 假设你是某建筑公司的代理人，请撰写一份执行异议之诉的《民事起诉状》，并备齐起诉所需的手续。

参考文献

[1] 张卫平．民事诉讼法（第三版）[M]. 北京：中国人民大学出版社，2015.

[2] 董少谋．民事强制执行法学（第二版））[M]. 北京：法律出版社，2016.

[3] 沈志先．强制执行 [M]. 北京：法律出版社，2012.

[4] 王娣．强制执行法学 [M]. 福建：厦门大学出版社，2011.

[5] 陈娴灵．我国民事执行异议之诉研究 [M]. 湖北：湖北人民出版社，2009.

[6] 江必新，刘贵祥．最高人民法院关于人民法院办理执行异议和复议案件若干问题规定理解与适用 [M]. 北京：人民法院出版社，2015.

案例 8

李建国与孟凡生、长春圣祥建筑工程有限公司等案外人执行异议之诉案*

（民事诉讼实务、强制执行实务）

本案例是一起最高人民法院公报上刊登的强制执行案外人异议之诉案件，其争议的焦点围绕案外人异议之诉程序展开。该案所涉及的知识点包括案外人异议与案外人异议之诉的性质、主体要件、事由要件、程序要件、裁判效力以及与其他相关案外人救济程序的区别和联系等民事强制执行法中重要知识点；所涉及的执业技能包括证据收集、事实认定、法律适用等。通过对本案例的分析与讲授，使学生理解和掌握民事诉讼法、民事强制执行法、公司法等相关规定，对处理类似案件具有一定参考价值。

* 本案例由中央财经大学法学院副教授刘君博编写。本案例基本案情根据李建国与孟凡生、长春圣祥建筑工程有限公司等案外人执行异议之诉案（《最高人民法院公报》2017 年第 2 期）改编。本案例中长春圣祥建筑工程有限公司前身为东亚公司，故在案情介绍部分均统一使用“东亚公司”指代“圣祥公司”。

案例正文

一、案例背景

在经济形势下行的背景下，各种买卖合同纠纷、借贷纠纷频发。此类案件在诉讼过程中往往因为事实清楚、法律适用简单，法院很容易作出裁判或通过诉讼调解结案。不过，受制于债务人的履行能力和意愿，此类案件往往大量进入强制执行程序，成为引发“执行难”“执行乱”的重要诱因之一。“李建国与孟凡生、长春圣祥建筑工程有限公司等案外人执行异议之诉案”是最高人民法院公报发布的案例。因孟凡生、甘雨因与东亚公司、腾安公司、东亚公司祥泽分公司买卖合同纠纷，长春中院作出（2012）长民四初字第2号民事判决，随后，孟凡生据此向法院申请强制执行。案外人李建国申请执行异议被驳回后，向法院提出案外人异议之诉。长春中院一审认为“李建国就本案执行标的享有足以排除强制执行的民事权益”，判决停止执行；吉林高院二审予以维持。最高人民法院再审撤销了一审、二审判决，驳回了李建国的案外人异议之诉请求。该案涉及案外人异议之诉以及执行当事人追加、变更的部分重要知识点，对指导法律硕士系统学习民事强制执行法、民事诉讼法、公司法具有重要意义。

二、基本案情

（一）申请执行、财产保全与案外人异议

2012年1月9日，孟凡生、甘雨因与东亚公司、腾安公司、东亚公司祥泽分公司（以下简称祥泽分公司）买卖合同纠纷，起诉至长春中院。2012年9月28日，长春中院作出（2012）长民四初字第2号民事判决：“一、东亚公司于本判决生效之日起10日内给付孟凡生钢材款人民币7319306.20元并支付违约金（违约金按照中国人民银行同期同类贷款利率上浮30%，自2010年9月2日起计算至判决生效之日止）；二、腾安公司对东亚公司支付以上款项承担连带保证责任，腾安公司承担保证责任后，有权向债务人追偿；三、驳回孟凡生的其他诉讼请求。如果未按本判决指定的期间履行金钱给付义务，应当依照《中华人民共和国民事诉讼法》（以下简称《民事诉讼法》）第二百二十九条之规定，加倍支付迟延履行期间的债务利息。案件受理费110715元、

财产保全费5000元，合计115715元，由东亚公司承担。”

2012年12月18日，长春中院作出（2012）长民四初字第2－6号民事裁定，冻结建和分公司在九台农商银行长春大街支行0710××××××××××××0396账户存款850万元，实际冻结5850435.10元。因李国宾、李建国以其所有的两套房屋提供置换担保，长春中院作出（2012）长民四初字第2－8号民事裁定，解除对建和分公司账户存款人民币5850435.10元中80万元的冻结。

2013年6月5日，孟凡生向长春中院申请执行，案号为（2013）长执字第155号。在执行过程中，李建国提出异议，认为法院查封的5850435.10元款项是李建国承包建和分公司并承建蓝天佳苑二期工程所得收益，请求法院解除对该款项的冻结。长春中院于2014年5月14日作出（2014）长执异字第16号执行裁定，驳回李建国的异议。

（二）案外人异议之诉的一审程序

李建国向长春中院提起案外人异议之诉称：长春中院以（2012）长民四初字第2－6号民事裁定冻结了东亚公司建和分公司（以下简称建和分公司）银行账户存款5850435.10元。但建和分公司与东亚公司系承包关系，李建国作为建和分公司实际投资人，对被冻结的财产享有所有权，故依法提出了执行异议。长春中院作出（2014）长执异字第16号执行裁定，驳回了李建国的异议申请。为此，根据最高人民法院《关于人民法院执行工作若干问题的规定（试行）》（以下简称《执行规定》）第78条规定提起诉讼，请求在长春中院（2013）长执字第155号执行案件中停止对建和分公司5850435.10元银行存款的执行，解除对该款项的冻结。

孟凡生和东亚公司辩称：建和分公司系东亚公司的分支机构，分支机构的财产是总公司财产的组成部分。李建国只是建和分公司的负责人，虽然东亚公司和建和分公司签署过内部承包合同，但双方之间并非《执行规定》第78条规定的承包关系；李建国并不是建和分公司的承包人，请求驳回其诉讼请求。腾安公司提交书面答辩意见称：腾安公司不是本案适格被告。东亚公司的账户被查封及执行系孟凡生申请所致，是否应该解除查封、停止执行与腾安公司没有任何关系。腾安公司未反对任何人对此财产主张权利，应以东亚公司为被告，不应把腾安公司作为被告。

长春中院查明：东亚公司成立于1993年7月9日，公司类型为有限责任公司，经营范围为承揽国内外建筑工程。2006年3月17日，东亚公司向长春市工商行政管理局申请设立分支机构建和分公司。2006年3月24日，长春市工商行政管理局颁发了建和分公司营业执照，经营范围为在所隶属的公司经营范围内，从事工程承包经营，其民事责任由所属的公司承担。建和分公司的负责人为田万和，后于2013年5月29日变更为李建国。2011年3月4日，东亚公司与沈阳军区空军军官住房发展中心长春办事处签订《沈阳军区空军建筑安装工程承包合同书》，承建蓝天佳苑二期工程，合同价款为83561772元。建和分公司成立后，与东亚公司签订《长春东亚公司工程有限公司内部承包合同》，约定承包范围为《资质证书》中规定的工业与民用建筑承包范围；建和分公司每年向东亚公司缴纳3万元业务费用，每年向东亚公司缴纳10万元工程费用。

长春中院认为，（1）关于东亚公司与建和分公司的关系问题。李建国主张二者系承包关系，东亚公司、孟凡生主张二者系统一经营管理的总公司与分支机构关系。因建和分公司每年向东亚公司缴纳管理费，且东亚公司无法提供建和分公司办公场所、人员管理、具体业务开展、账目等公司基本情况，可以认定东亚公司与建和分公司并非普通总公司与分公司之间的关系，而是东亚公司将建和分公司发包出去，其不对建和分公司进行统一经营、管理，东亚公司对建和分公司的盈利方式通过收取管理费实现。（2）关于建和分公司的承包人问题。李建国虽未提供其与东亚公司签订的关于承包建和分公司的合同，但结合其提供的对建和分公司承建工程的投资、管理、组织建设的相关证据及田万和、杨殿福、孟德军、曾仲元的相关证言，可以认定李建国是建和分公司的实际承包人。（3）李建国作为建和分公司的实际承包人，其对建和分公司名下的财产享有权利。本案诉争的5850435.10元系沈阳军区长春办事处打到建和分公司账户上的蓝天佳苑二期工程款，属于李建国在承包建和分公司的过程中的投入及收益。

综上，在（2013）长执字第155号执行案件中不得对东亚公司建和分公司在九台农商行长春大街支行账号为0710××××××××××××3906账户内的存款5850435.10元执行。

（三）案外人异议之诉的二审程序

孟凡生不服一审判决，向吉林高院提起上诉称：请求撤销原判，驳回李建国的诉讼请求，一、二审诉讼费用均由李建国承担。理由是：李建国的证据不足以证明其所主张的诉讼请求。一审法院要求作为总公司的东亚公司承担举证责任，分配举证责任错误；认定事实明显错误且没有依据。一审法院错误的理解和适用法律，违背了《公司法》的基本原理和最高人民法院司法解释的立法本意。东亚公司亦不服一审判决，向吉林高院提起上诉称：请求撤销原判，驳回李建国的诉讼请求，一、二审诉讼费用均由李建国承担。理由是：一审判决认定事实不清，建和分公司与东亚公司签订承包合同只是公司内部管理的一种模式，并不改变总公司与分公司之间的关系，而且李建国不是实际承包人。案涉财产是东亚公司的资产，不是李建国的“投入及收益”，一审判决适用法律错误。

吉林高院二审认为，本案的争议焦点是，建和分公司是否已由他人承包，该分公司账户上的5850435.10元存款是否为该承包人的投入及收益。本案中，虽然签订《内部承包合同》的双方是东亚公司与建和分公司，但从该合同的内容上看，合同标的就是建和分公司本身，故建和分公司作为本合同的签订者不合逻辑。从东亚公司收取建和分公司的管理费及税金，东亚公司庭审中承认建和分公司所创造的利润去除各种费用后都分给建和分公司，东亚公司当庭无法说清建和分公司如何成立、如何管理等方面，可以认定东亚公司将建和分公司承包给了实际控制人。田万和的证言以及其他相关证据表明李建国系建和分公司的实际投资人和控制人。东亚公司在（2014）长执异字第16号案件听证会中，明确认可本案涉诉工程是李建国施工，构成自认。按照《民事证据规定》第七十四条，一审法院将推翻自认的举证责任分配给东亚公司是正确的。在李建国提供大量证据证明其为涉诉工程实际施工人，孟凡生未能提供关于涉诉工程实际施工人方面的证据，东亚公司未提供充分证据推翻其在（2014）长执异字第16号案件中陈述的情况下，一审判决认定李建国是涉诉工程的实际施工人并无不当。据此，可以认定沈阳军区长春办事处打到建和分公司0710××××××××××××××3906账户上的蓝天佳苑二期工程5850435.10元工程款属于李建国在承包建和分公司的过程中的投入及收益。根据《执行规定》第78条，一审法院判决在（2013）长执字第155号执行案件中不得对建和分公司在九台农商行长春大街支行账号为0710××××××××××××××3906账户内的存款5850435.10元执行并无不当。

（四）案外人异议之诉的再审程序

孟凡生、东亚公司向最高人民法院申请再审称：根据《民事诉讼法》第二百条第二项、第六项之规定申请再审，请求撤销原判决，依法改判驳回李建国的诉讼请求，本案全部诉讼费用由李建国承担。

最高人民法院对长春中院原一审认定的案件事实予以确认。最高人民法院认为，本案的争议焦点为李建国对建和分公司账户内的案涉争议款项提出的执行异议是否成立，是否足以阻却人民法院的强制执行。

第一，建和分公司系东亚公司的分支机构，其与东亚公司之间的关系应当受到《公司法》规定的调整。当被执行人为企业法人时，如果不能执行该企业法人分支机构的财产，将有违权利义务对等原则。建和分公司系东亚公司于2006年3月17日向长春市工商行政管理局申请设立的分支机构，并取得营业执照，其民事责任由所属的公司承担。东亚公司与建和分公司之间即形成法律上的公司与分公司之间的关系，应当受到《公司法》所确立的公司与分公司之间各项规则的调整，分公司的财产即为公司财产，分公司的民事责任由公司承担。本院同时注意到，本案再审申请人孟凡生申请执行一案的起因即是其与祥泽分公司之间的买卖合同纠纷，该判决因祥泽分公司系东亚公司的分公司，据此判令东亚公司承担债务责任并进而执行东亚公司的财产。李建国在庭审中陈述，东亚公司多个分公司经营模式基本相同，即以注册成立分公司的形式利用东亚公司资质承揽建筑工程。在此情形下，对于一个分公司的民事行为适用《公司法》关于公司与分公司之间的规则判令公司承担责任，而对于另一个分公司如不适用该规则而使其免除责任，将有违权利义务对等原则以及法律适用的统一性。

第二，李建国提出的其与东亚公司关于建和分公司经营模式的内部约定，不具有对抗第三人的法律效力。建和分公司作为东亚公司的分公司在工商行政管理机关依法注册登记，应当受到《公司法》既有规则的调整。无论当时东亚公司与建和分公司内部如何约定双方之间的权利义务关系及责任划分标准，该约定内容均不足以对抗其在工商行政管理机关依法注册登记的公示效力，进而不足以对抗第三人。建和分公司、李建国如认为其为东亚公司承担责任有违其与东亚公司之间的内部约定，可与东亚公司协商解决。既然建和分公司系东亚公司的分支机构，而案涉争议款项又在建和分公司银行账户内，故该笔款项在法律上就是东亚公司的财产。在对东亚公司强制执行时，如未出现法定的可以不予执行之情形，人民法院可以执行该笔款项。

第三，建和分公司与东亚公司之间的内部承包合同，不属于《执行规定》第78条规定的企业法人分支机构被承包的情形。首先，该内部承包合同载明的承包人是建和分公司，被承包人是东亚公司。从该合同的表现形式来看，被承包经营的是东亚公司，建和分公司作为企业法人的分支机构并没有被承包。无论是东亚公司还是建和分公司与李建国之间均没有签订相关承包合同。据此，原判决认定李建国是建和分公司的实际承包人缺乏合同依据。其次，该内部承包合同约定的承包范围为《资质证书》中规定的工业与民用建筑承包范围，也就是说，究其合同约定之实质，该合同名为内部承包，实为建设工程施工企业资质租赁或者有偿使用。换言之，该内部承包合同约定之实质并非承包法律关系。最后，《执行规定》第78条中规定以及予以保护的承包或者租赁经营，应当是法律所准许的承包、租赁形式。以承包或者租赁形式，掩盖其借用建筑施工企业资质进行施工的目的，由于借用资质进行施工是法律及司法解释所禁止的行为，故与之相关的承包或者租赁经营合同以及施工转分包合同亦为法律所不容。因此，即便能够认定李建国与建和分公司之间存在实际承包关系，因其承包经营形式为法律所不容，故亦不应包括在《执行规定》第78条规定的承包经营之列。

第四，法律作为一种约束人们各项行为之规范的总和，其中一项重要价值即在于保护合法权益。即便能够认定李建国系建和分公司的实际经营控制人，因其对外以建和分公司名义从事民事活动，案涉争议款项亦实际存至建和分公司账户，其就应当按照既有法律规则承担法律责任，即其对于案涉争议款项提出的执行异议，不足以阻却人民法院的强制执行。

第五，原判决认定李建国系蓝天佳苑二期工程的实际施工人，超出了本案的审理范围。实际施工人是最高人民法院《关于审理建设工程施工合同纠纷案件适用法律问题的解释》中规定的概念，旨在对于那些已实际施工诉争工程但无法因合同关系主张工程款的人予以限制性保护，因其规范情形之特定性，故亦应在该规范所涉之建设工程施工合同纠纷案件中，才适宜对实际施工人的身份作出认定。本案系案外人执行异议之诉，并非是实际施工人以发包人和承包人为被告提起的建设工程施工合同纠纷，原判决认定李建国为蓝天佳苑二期工程的实际施工人，一方面超出了本案的审理范围，另一方面，因一、二审法院并非针对建设工程施工合同纠纷进行审理，并未围绕该工程所涉各方之诉辩主张、举证质证情况进行庭审、判断及裁决，故作出该认定可能有失公正且可能对于该工程所涉各方之权利义务关系造成一定影响。因此，原判决作出的关于李建国为蓝天佳苑二期工程的实际施工人的认定欠妥，本院予以纠正。

综上所述，建和分公司系东亚公司的分支机构，建和分公司账户内的案涉争议款项在法律上即为东亚公司的财产。建和分公司与东亚公司之间的内部承包合同，不具有对抗第三人的法律效力，亦不应包括在《执行规定》第78条规定的承包经营之列。依照《中华人民共和国公司法》第十四条第一款，《中华人民共和国民事诉讼法》第二百零七条、第二百二十七条，最高人民法院《关于适用〈中华人民共和国民事诉讼法〉的解释》第三百一十二条第一款第二项、第四百零七条第二款之规定，判决如下："一、撤销吉林省高级人民法院（2015）吉民一终字第72号民事判决、吉林省长春市中级人民法院（2014）长民二初字第5号民事判决；二、驳回李建国的诉讼请求。一审案件受理费47153元，二审案件受理费94306元，均由李建国负担。"

案例使用说明

一、教学对象及目标

本案例供法律硕士案例教学使用，法学本科生，民事诉讼法专业、民商法专业硕士研究生也可以参酌使用。

本案例旨在使学生了解案外人异议和案外人异议之诉的基本功能，掌握案外人异议和案外人之诉的概念、性质、主体要件、程序要件和裁判效力等具体制度内容。为此，本案例重点涉及案外人异议的性质与审查标准、执行当事人的变更与追加、案外人异议之诉的适格主体、案外人异议之诉的实体理由等内容。通过对这些教学内容系统阐释，帮助学生掌握基本的民事强制执行法知识和程序规范。

二、教学内容

1. 案外人异议的概念和适用条件

与众多大陆法系国家和地区的立法例不同，我国《民事诉讼法》第二百二十七条将案外人异议规定为提起诉讼的前置程序。所谓案外人异议是指除执行当事人之外的主体，对执行标的主张所有权或者其他足以阻止执行标的转让、交付的实体权利并要求民事执行机关停止对该标的执行的声明。

（1）适用主体：“案外人”是指执行依据效力范围以外、对执行标的主张足以排除执行的实体权利的公民、法人和其他组织。一般来说，被执行人不能提出案外人异议，但在部分变更、追加被执行人的情况下，应当允许变更后被执行人提出案外人异议。

（2）异议事由：案外人异议系案外人对执行标的主张足以阻止强制执行的实体权利，一般包括所有权、保留所有权、担保物权、债权请求权、占有等。不过，案外人异议系案外人异议之诉的前置程序，因此，仅依案外人所主张的权利外观进行形式审查，不对异议事由进行实质审理。

（3）异议程序及法律效果：案外人异议必须以书面方式向执行法院提出，提起案外人异议应当在执行程序开始后、终结前。异议理由成立的，裁定中止对该标的的执行；异议理由不成立，裁定驳回申请。在案外人异议审查期间，执行法院可以对执行标的采取查封、扣押、冻结等控制性措施。在案外人提供充分、有效担保的前提下，执行法院可以根据案件具体情况解除对执行标的的控制性措施。不过，倘若申请人提供充分、有效担保请求继续执行的，执行法院应当对执行标的继续执行。

在（2013）长执字第155号执行案件中，孟凡生、东亚公司、腾安公司系执行当事人。李建国以案外人身份向长春中院针对查封的5850435.10元款项提出异议申请，符合案外人异议的法定要件。不过，李建国主张的异议事由是查封款项系其承包建和分公司并承建蓝天佳苑二期工程所得收益，因为在案外人异议审查过程中并不对异议事由进行实质判断，故长春中院作出（2014）长执异字第16号执行裁定，驳回了李建国的异议申请。

2. 案外人异议之诉的概念、特征与性质

案外人异议之诉，是指案外人基于对执行标的有足以排除强制执行的实体权利，向执行法院提起的不许对该标的实施强制执行的诉讼。

案外人异议之诉不同于一般的普通诉讼，主要具有如下特征：其一，案外人异议之诉以执行法院作出驳回案外人异议裁定为前提；案外人对驳回裁定不服，与原判决、裁定无关的，可以自裁定送达之日起15日内提起诉讼。其二，案外人异议之诉的目的在于阻碍、排除执行，而非确认实体权利。

关于案外人异议之诉性质的代表性学说，主要有以下4种：

（1）给付之诉说，该观点认为案外人（第三人）异议之诉的诉讼标的是案外人在实体法上的权利主张，即第三人对债权人的不作为给付请求权。

（2）确认之诉说，该观点又分为实体法上确认之诉和诉讼法上确认之诉两种，前者认为，案外人异议之诉系积极请求确认案外人对执行标的物有足以排除强制执行的权利存在；后者认为，案外人异议之诉系案外人请求法院确认现行强制执行行为不合法的诉讼。

（3）形成之诉说，该观点认为案外人异议之诉的目的在于请求法院宣告执行行为不合法，以直接排除强制执行，故其诉讼标的是诉讼法上的形成权，可以直接变更强制执行的法律效果。

（4）新形成之诉说，该观点以新诉讼标的理论和争点效理论为基础，认为案外人异议之诉的诉讼标的为案外人可排除执行名义执行力的法律地位。判决理由中认定的案外人主张的实体权利，应当作为先决问题，可以产生争点效力。

此外，还有救济诉讼说、命令诉讼说等比较小众的观点。

在本案中，最高人民法院再审判决将争议焦点归纳为“李建国对建和分公司账户内的案涉争议款项提出的执行异议是否成立，是否足以阻却人民法院的强制执行”，可见仍然采取了形成之诉的立场。此外，在裁判理由部分，最高人民法院进一步认定“建和分公司系东亚公司的分支机构，建和分公司账户内的案涉争议款项在法律上即为东亚公司的财产。建和分公司与东亚公司之间的内部承包合同，不具有对抗第三人的法律效力，亦不应包括在《执行规定》第78条规定的承包经营之列”。虽然我国司法实践中并未采取争点效理论，但基于《最高人民法院关于适用〈中华人民共和国民事诉讼法〉的解释》第93条将“已为人民法院发生法律效力的裁判所确认的事实”规定为免证事实，可以推断出我国司法实务对案外人异议之诉性质的理解更接近于“新形成之诉说”。

强制执行法贯彻效率原则，当发生特定事由时，可以向执行机构申请变更或追加执行依据所确定的申请执行人或被执行人。追加被执行人属于执行当事人变更的一种情形，其本质是执行力在法定情形下向执行依据以外的第三人扩张，应当贯彻法定主义和外观主义原则。现行《民事诉讼法》虽未对追加被执行人作出直接规定，但最高人民法院部分相关司法解释通过对《民事诉讼法》第二百三十二条、第二百四十九条的扩张解释，形成了现行的变更、追加被执行人制度①。需要注意的是，按照《最高人民法院关于执行案件立案、结案若干问题的意见》第九条的规定，申请执行人申请追加、变更被执行人，人民法院应当按照执行异议案件予以立案。即法院通过执行异议程序审查追加被执行人的申请，相应地，倘若追加申请被驳回，申请执行人可以通过复议程序寻求救济。

3. 案外人异议之诉的适格当事人

案外人异议之诉系案外人异议被驳回后，案外人对裁定不服提起的诉讼，其适格原告应与案外人异议的申请人作同一理解。案外人异议之诉指向排除对异议标的的执行，因此，应将申请执行人列为案外人异议之诉的被告②。此外，根据《最高人民法院关于适用〈中华人民共和国民事诉讼法〉的解释》第三百零七条、《最高人民法院关于适用〈中华人民共和国民事诉讼法〉执行程序若干问题的解释》第十七条规定，被执行人反对案外人异议的，被执行人为共同被告；被执行人不反对案外人异议的，可以列被执行人为第三人。当案外人以申请执行人和被执行人为共同被告时，此种共同诉讼究竟属于必要共同诉讼还是普通共同诉讼在理论上存在争议。

在本案中，案外人李建国以申请执行人孟凡生和被执行人东亚公司、腾安公司为共同被告提起案外人异议之诉，形成共同诉讼的诉讼形态。不过，腾安公司在一审中

---

① 肖建国．民事执行法［M］．北京：中国人民大学出版社，2014：88.

② 理论上一般认为“申请执行人”作广义理解，包括执行依据载明的债权人、继受人、采取轮候措施的债权人以及参与分配的债权人。

就提出并未反对任何人对执行财产主张权利，故不应把腾安公司作为被告。东亚公司则主张建和分公司为其分支机构，分支机构的财产是总公司财产的组成部分。因此，严格按照前述司法解释的理解，本案中应该以孟凡生和东亚公司作为共同被告，将腾安公司列为第三人。至于共同诉讼的性质问题，案外人对申请执行人提起异议之诉的诉讼标的是对执行标的的异议权，是一种形成之诉；对被执行人则是基于实体权利提起的确认之诉或给付之诉。二者的诉讼标的不同，所以，只能构成普通共同诉讼。只是这种普通共同诉讼以案外人所主张的实体权利作为共同的争议焦点或裁判基础，故也有统一审理、防止矛盾裁判的必要。

4. 案外人异议之诉的事由审查

案外人异议之诉的事由与案外人异议的事由完全相同，只不过，对于案外人异议之诉的事由要贯彻实质审理的原则。通常来说，案外人主张的事由往往是所有权、保留所有权、担保物权、债权请求权、占有等足以阻止执行的权利。不过，在司法实践中，由于物权公示公信等原则的贯彻并不是十分彻底，加之受到各种政策性因素影响，隐名持股、租赁机动车牌照等名义权利人与实际权利人分离的现象较为常见。最高人民法院在 2019 年 11 月 29 日公布的《关于审理执行异议之诉案件适用法律问题的解释（一）（向社会公开征求意见稿）》第 13 条对隐名权利人的问题亦未能形成统一意见，进而形成对隐名权利人完全保护（方案一）和完全不保护（方案二）两个截然相反的条文。

本案特殊性就在于案外人李建国主张自己对建和分公司在九台农商行长春大街支行账号为 0710××××××××××××3906 账户内的存款 5850435.10 元享有权利。按照权利外观判断，该银行账户以东亚公司建和分公司名义开立，所以，东亚公司建和分公司享有对银行的金钱债权。按照《最高人民法院关于人民法院执行工作若干问题的规定（试行）》第 78 条第二款，若必须执行已被承包或租赁的企业法人分支机构的财产时，对承包人或承租人投入及应得的收益应依法保护。长春中院、吉林高院在一审和二审程序中均认为，东亚公司将建和分公司发包出去，通过收取管理费的方式进行管理。李建国作为建和分公司的实际承包人，对建和分公司名下的财产享有权利，诉争的 5850435.10 元系沈阳军区长春办事处打到建和分公司账户上的蓝天佳苑二期工程款，属于李建国在承包建和分公司的过程中的投入及收益。因此，一审、二审判决均认为李建国有权利阻止对 5850435.10 元银行存款的执行。最高人民法院则认为建和分公司系东亚公司的分支机构，建和分公司与东亚公司之间的内部承包合同的主体并不包括李建国；而且这份承包合同的内容实际上是建设工程施工企业资质租赁或者有偿使用，违反了法律的强制性规定，不属于《最高人民法院关于人民法院执行工作若干问题的规定（试行）》第78条第二款所规定承包形式；李建国提出的其与东亚公司关于建和分公司经营模式的内部约定，不具有对抗第三人的法律效力。因此，最高人民法院认为争议款项并非李建国个人财产，不能阻止执行。

案外人异议之诉事由审查的核心是案外人所主张的实体权利能否对抗申请执行人的执行债权。坚持权利外观主义无疑更符合商事交往和市场交易的特征，有助于稳定合同当事人的预期；与此形成对照的是，如果坚持实质审查的标准，则有助于保护真实权利，却会增加诉讼成本、降低权利保护的稳定性。基于个案情况复杂性，最高人民法院公布的《关于审理执行异议之诉案件适用法律问题的解释（一）（向社会公开征求意见稿）》亦无法形成统一意见亦在预料之中。回到本案的基本事实，正如一审、二审法院所认定的事实展示，李建国确系建和分公司的实际控制人。考虑建设工程施工所形成法律关系不仅具有商事纠纷的特征，而且具有较高的行政管控要求，故而不宜按照对自然人的生存权、居住权保障等民事裁判思路认定实体权利的归属。综上所述，由案外人承担相应的不利风险更符合本案的实际情况。

5. 案外人异议之诉的审理与裁判

案外人异议之诉的提起、管辖和期限等审理程序问题，现行《民事诉讼法》第二百二十七条以及相关司法解释均有规定，故不再赘述。需要注意的是，案外人异议之诉是诉讼的一种，法院应当按照普通程序或者简易程序进行审理。

其一，案外人异议之诉的审理对象是异议权是否成立，案外人主张的实体权利虽然非诉讼标的，但系审理的先决法律关系。

其二，在证明责任的分配上，案外人应就其主张的排除强制执行的权利发生要件承担证明责任；被告方应就权利消灭、变更、妨碍事实承担证明责任。

其三，在裁判效果方面，如果认为案外人理由不成立，则应当判决驳回诉讼请求；如果认为案外人理由成立，则应当判决不许对特定执行标的强制执行，或者撤销对特定执行标的的执行措施。

在本案中，一审、二审判决均认定李建国系涉诉工程实际施工人，再审判决则直接指出，认定李建国为实际施工人超出了案外人异议之诉的审理范围。即便案外人异议之诉需要以实体法律关系的认定作为前提，但李建国是否为实际施工人与其是否为建和分公司承包人之间并无直接关联。此外，应当明确的是，证明责任分配的适用原则上仅针对要件事实或者主要事实。

6. 案外人异议之诉与其他诉讼关系

案外人异议之诉属于执行救济程序，在司法实践中，不可避免地会出现案外人异议之诉与案外人以执行债务人为被告提起确认、给付之诉关系的问题。一方面，案外人提起异议之诉后，另行就执行债务人提起确认、给付之诉，原则上应予否定。理论上，案外人异议之诉与针对执行债务人诉讼的诉讼标的不同，似乎并不会落入禁止重复起诉或既判力的遮断范围。不过，正如前文所述，案外人所主张实体法律关系往往是案外人异议之诉的先决法律关系，即便不产生既判力，也可以按照《最高人民法院关于适用〈中华人民共和国民事诉讼法〉的解释》第 93 条解释出“预决效力”。但在预决效力影响下，对于另行提起的确认之诉、给付之诉在程序处理上就存在多种选择方式，包括但不限于受理后判决驳回、诉讼中止，等等。另一方面，案外人直接以执行债务人为被告提起确认、给付之诉，后又提起异议之诉，亦可以遵循相同规则处理。只是，如果能明确案外人与执行债务人存在恶意串通情形，执行法院可以推翻在先判决的事实认定。

三、教学计划

本案例可以作为专门的案例教学课来进行，整个案例课的课堂安排 3 个课时，每课时 45 分钟。

如下课堂设计，仅供参考。

1. 课前计划：安排学生阅读案例及相关参考文献和资料，对案件争议的焦点及相关问题进行思考。

2. 课中计划：（1）介绍教学目的，明确讨论主题；（2）分组讨论相关问题；（3）小组代表回答问题，学生讨论和分析；（4）教师进行归纳总结。

3. 课后计划：布置学生进一步思考引申性的思考题。

四、思考题

1. 本案中，被执行人是东亚公司和腾安公司，申请执行人申请建和分公司财产是否需要申请追加或变更被执行人？在现行法律和司法解释对变更、追加执行当事人的要求是什么？

2. 本案中，东亚公司在（2014）长执异字第 16 号案件听证会中，明确认可本案涉诉工程是李建国施工是否成立自认？一审、二审法院将推翻自认的举证责任分配给东亚公司是否正确？2019 年《最高人民法院关于修改〈关于民事诉讼证据的若干规定〉的决定》对自认制度作了哪些修改？

3. 执行行为异议与案外人异议之间可否存在竞合适用？在程序上应当如何协调？

本案中，李建国曾就法院查封其提供担保的两套房屋行为提出异议（参见（2016）吉01执异447号执行行为异议执行裁定书），该异议可否与案外人异议合并处理？

4. 本案中，长春中院以（2012）长民四初字第2－6号民事裁定冻结了建和分公司银行账户存款5850435.10元，该裁定的性质是什么？李建国可以通过哪些途径对前述裁定和冻结措施寻求救济？2013年6月5日，孟凡生向长春中院申请强制执行后，前述冻结措施如何转换为强制执行程序的措施？

参考文献

[1] 肖建国．民事执行法［M］．北京：中国人民大学出版社，2014.

[2] 董少谋．民事强制执行法学［M］．北京：法律出版社，2011.

[3] 谭秋桂．民事执行法学（第三版）［M］．北京：北京大学出版社，2015.

[4] 李浩．强制执行法［M］．厦门：厦门大学出版社，2005.

[5] 江必新．强制执行法理论与实务［M］．北京：中国法制出版社，2014.

[6] 高圣平．担保法论［M］．北京：法律出版社，2009.

[7] 肖建国．执行标的实体权属的判断标准——以案外人异议的审查为中心的研究［J］．政法论坛，2010（3）.

[8] 谭秋桂．论民事执行当事人变化的程序构建［J］．法学家，2011（2）.

[9] 唐力．案外人执行异议之诉的完善［J］．法学，2014（7）.

附　件

1. 裁判文书

李建国与孟凡生、长春圣祥建筑工程有限公司等案外人执行异议之诉案（《最高人民法院公报》2017年第2期）

吉林省高级人民法院（2015）吉民一终字第72号民事判决书

吉林省长春市中级人民法院（2014）长民二初字第5号民事判决书

吉林省长春市中级人民法院（2016）吉01执异447号执行裁定书

吉林省长春市中级人民法院以（2012）长民四初字第2－6号民事裁定书

2. 法律及司法解释

《民事诉讼法》第二百二十五条－第二百五十八条

《最高人民法院关于适用〈中华人民共和国民事诉讼法〉的解释》第三百零四

条－第三百一十六条

《最高人民法院关于人民法院执行工作若干问题的规定（试行）》

《关于适用〈中华人民共和国民事诉讼法〉执行程序若干问题的解释》

《最高人民法院关于人民法院办理执行异议和复议案件若干问题的规定》

《最高人民法院关于民事执行中变更、追加当事人若干问题的规定》

《最高人民法院关于人民法院办理财产保全案件若干问题的规定》

《最高人民法院关于修改〈关于民事诉讼证据的若干规定〉的决定》

《最高人民法院关于执行案件立案、结案若干问题的意见》

案例 9

无锡湖美热能电力工程有限公司与新加坡星展银行信用证纠纷案*

（民事诉讼实务）

本案例以 2017 年最高人民法院审理的一起具有涉外性质的信用证付款纠纷为蓝本，同时本案为 2018 年最高人民法院公报案例。本案例以国际贸易中最为常见的信用证为主要分析对象，并通过信用证将贸易术语、原产地证书等一系列涉及国际贸易法的知识点打通。围绕对本案一审和二审的分析，首先从域外送达和法律适用的角度出发，明确信用证在适用 UCP600 及我国相关法律时的边界；其次，结合贸易术语和国际贸易实务对信用证的特点，尤其是审单标准进行深入分析，厘清绝对相符原则、严格相符原则和实质相符原则的关系及其在本案中的适用；最后，结合以上分析，明确信用证的审单标准，并对一审、二审法院的说理进行评述。本案不仅能够帮助学生了解信用证案件的特点，还可以帮助学生理解国际贸易的相关法律概念与司法实践，更重要的是通过对本案的分析明晰我国在司法实践中对信用证特点和法律适用的规定，对信用证案件的处理具有典型意义。

* 本案例由中央财经大学法学院讲师沈健编写。

案例正文

一、本案事实

（一）本案的当事人

原告（一审原告、被上诉人）：无锡湖美热能电力工程有限公司（以下简称湖美公司）。

被告（一审被告、上诉人）：新加坡星展银行（DBS BANK LTD.）（以下简称星展银行），其为新加坡公司。

（二）信用证的开立及其修改

2013年6月10日，星展银行以湖美公司为受益人开立了553－01－1165349号即期付款信用证。

其后，星展银行于2013年10月8日及2013年10月12日分别发出信用证修改通知，将最晚装船日期及信用证到期日分别修改为2013年11月30日和2013年12月16日。

（三）信用证的内容

31D规定：信用证到期日为2013年12月5日。

32B规定：信用证总金额为8938290.98美元。

40E规定：适用最新版UCP。

44A货物描述为：合同HWM12－002下用于PTDABIOLEO2X90T/H＋15MW电站的一套电厂设备，CIF印度尼西亚杜迈。

44E规定：装货港为中国上海。

44C规定：最晚装船日期为2013年11月20日。

46A单据要求规定：湖美公司交单时应当提交商业发票、原产地证明等单据。

（四）原产地证明的内容

第七栏包装件数及种类、产品名称（包括相应数量及进口方HS编码）除其他相关内容外，还填写有“合同 HWM12－002 下用于 PT DABI OLEO 2X90T/H＋15MW 电站的电厂设备，CIF 印度尼西亚杜迈”。

第九栏毛重或其他数量及价格（FOB）项下除其他相关内容外，还填写有“USD：8938290.98”。

（五）商业发票的信息

商业发票显示涉案交易的价格条件为 CIF 印度尼西亚杜迈，价值 8938290.98 美元。

（六）星展银行的拒付

2013 年 11 月 29 日，湖美公司经通知行中国建设银行无锡分行将信用证所要求的全套单据通过 DHL 快递寄送给星展银行。2013 年 12 月 5 日，星展银行通过通知行中国建设银行无锡分行发出拒付通知称：“原产地证明第九栏所列 FOB 价格为 8938290.98 美元，而发票显示 CIF 价格与之相同，即 8938290.98 美元，构成了冲突。前述的不符点我行无法接受，故我行拒绝支付信用证下款项。”

（七）湖美公司的异议[①]

2013 年 12 月 24 日，湖美公司向星展银行发出《对 553－01－1165349 号信用证拒付通知的异议》，其中指出：“信用证要求湖美公司提供的由江苏出入境检验检疫局出具的原产地证书能够满足原产地证明的功能，即证明原产地，且该原产地证明第九栏中填写的价格也与商业发票以及保险单中的价格完全一样。即使原产地证明第九栏要求的是 FOB 价格且为了确保保险单、发票和原产地证中显示的金额完全一样，将 CIF 价格填入了原产地证中，将此完全一样的数据视为不符点有违 UCP 第 14 条 d、f 款的规定。”

二、本案一审情况

江苏省高级人民法院受理了无锡湖美热能电力工程有限公司与新加坡星展银行信用证纠纷案，原告湖美公司请求判令星展银行支付 553－01－1165349 号信用证下全部

① 二审中，此项证据是星展银行认为一审判决遗漏的双方在一审过程中没有争议的部分事实，最高人民法院对此事实予以认定。

款项，并支付前述迟延支付款项利息。

（一）湖美公司认为

2013年6月10日，星展银行以湖美公司为受益人，开立了553－01－1165349号信用证，用以支付信用证中所描述货物的货款。2013年11月29日，湖美公司向星展银行提示付款。2013年12月5日，星展银行以原产地证明第九栏所列FOB价格与发票显示CIF价格相同，构成不符点为由拒付。星展银行提出的拒付信用证项下款项的理由不能成立。

（二）星展银行认为

湖美公司提交的商业发票上显示的货物CIF价格与原产地证明第九栏显示的同一货物FOB价格相同，系数据矛盾，违背UCP600第14条d款的规定，构成不符点，星展银行无义务向湖美公司支付信用证项下款项。

（三）文书送达

由于星展银行为新加坡公司，根据《关于向国外送达民事或商事司法文书和司法外文书公约》的规定，且因中国和新加坡共和国均为该公约的缔约国，江苏省高级人民法院向星展银行送达开庭传票。

（四）江苏省高级人民法院认为

1. 本案的法律适用

信用证第40E明确约定适用“最新版UCP”，即《跟单信用证统一惯例》（国际商会第600号出版物，以下简称UCP600）。根据《最高人民法院关于审理信用证纠纷案件若干问题的规定》第二条①的规定，本案应首先适用UCP600的相关规定。

由于信用证关系属于合同关系且当事人未协议选择信用证关系中UCP600未规定部分应适用的法律，同时，本案信用证关系属于涉外民事关系，根据《中华人民共和国涉外民事关系法律适用法》第四十一条②的规定，该部分应适用履行义务最能体现

① 《最高人民法院关于审理信用证纠纷案件若干问题的规定》第二条，人民法院审理信用证纠纷案件时，当事人约定适用相关国际惯例或者其他规定的，从其约定；当事人没有约定的，适用国际商会《跟单信用证统一惯例》或者其他相关国际惯例。

② 《中华人民共和国涉外民事关系法律适用法》第四十一条，当事人可以协议选择合同适用的法律。当事人没有选择的，适用履行义务最能体现该合同特征的一方当事人经常居所地法律或者其他与该合同有最密切联系的法律。

该合同特征一方当事人经常居所地法律或其他与该合同有最密切联系的法律。在信用证关系中，受益人的义务是提交相符单据，开证行的义务是在确定交单相符时承付，即受益人只要提交相符单据即可获得信用证项下的款项。因此，受益人履行交付相符单据的义务最能体现信用证关系的特征，故对涉案信用证关系中 UCP600 未规定的部分应适用湖美公司住所地法律，即中华人民共和国法律。

2. 信用证的不符点

星展银行主张的不符点不能成立。根据 UCP600 第 14 条 f 款、UCP600 第 14 条 d 款的规定，涉案原产地证明能够与涉案货物适当联系起来，并经有权签字人签署，该原产地证明的内容看似满足中国—东盟自由贸易区原产地证明的功能。星展银行对此并无异议。星展银行凭以拒付的不符点是原产地证明第九栏所列 FOB 价格与商业发票显示 CIF 价格相同，均为 8938290.98 美元，构成冲突，违背 UCP600 第 14 条 d 款的规定。

（1）违反比较同类数据的审单规则。星展银行将不同种类的数据进行比较违反 UCP600 第 14 条 d 款比较同类数据的审单规则。UCP600 第 14 条 d 款规定中的“等同一致”要求银行在审单时比较的数据必须是同一种类的数据，否则就不可能“等同一致”。“无须等同一致”并不意味着授权银行可以将不同种类的数据进行比较，而是要求银行在比较同一种类数据时不能过于机械以至于按照“镜像标准”去比较，应当允许同一种类的数据之间存在一些细微的差别，但这些细微的差别不得导致矛盾或歧义，其体现的仍然是比较同类数据的审单规则。国际标准银行实务（ISBP745）、国际商会银行委员会[①]及中华人民共和国司法实践[②]均持此观点。由此可见，银行在审单时必须遵循比较同类数据的审单规则，不仅是 UCP600 的内在要求，还是国际标准银行实务、国际银行委员会和司法判例的一致要求。因此，在本案中，如果要审查货物价格的话，星展银行应审查的是单证之间、单单之间的 CIF 价格是否存在矛盾，因为涉案信用证、商业发票和原产地证明中均出现了涉案货物的 CIF 价格，而不是将货物的 CIF 价格与 FOB 价格进行比较。星展银行将货物的 CIF 价格与 FOB 价格进行比较，显然违反 UCP600 第 14 条 d 款比较同类数据的审单规则。

（2）无权审查 FOB 价格的适当性。星展银行无权审查涉案货物 FOB 价格的适当性。原产地证明第九栏出现货物的 FOB 价格是原产地证明本身的要求，审查涉案货物

---

① ISBP745 第 A22 条规定：如果拼写或打字错误并不影响单词或其所在句子的含义，则不构成单据不符。例如，在货物描述中的“machine”显示为“mashine”，“fountain pen”显示为“fountan pen”，或“model”显示为“modle”均不视为 UCP600 第 14 条 d 款项下的矛盾数据。但是“model 321”显示为“model 123”将视为该款项下的矛盾数据。

② 中华人民共和国最高人民法院在韩国外换银行株式会社诉青岛银行股份有限公司信用证纠纷一案的（2010）民申字第 112 号民事裁定中认为，“非木质包装材料声明”中标注的信用证号码与案涉信用证号码不一致，构成 UCP600 第 14 条 d 款项下的矛盾数据。

的 FOB 价格是否适当是目的地国海关的职权。除原产地证明以外，信用证和其他单据中均未出现，亦不可能出现货物的 FOB 价格。这表明，涉案信用证的开证申请人和受益人均无意授权星展银行在审单时对货物的 FOB 价格进行审查。故本案不存在审查单证之间、单单之间的 FOB 价格是否一致或矛盾的基础，星展银行无权就涉案货物的 FOB 价格进行审查。星展银行擅自将货物的 FOB 价格与 CIF 价格进行比较，并以货物 FOB 价格与 CIF 价格相同构成不符点为由拒付信用证项下货款，系对货物 FOB 价格适当性的审查，是对基础交易的介入。星展银行的这一做法违背了 UCP600 关于银行审单不得介入基础交易的基本原则。

综上，星展银行在将货物的 CIF 价格与 FOB 价格两种不同类型的数据进行比较的基础上提出不符点，不符合 UCP600 第 14 条 d 款的规定，是无效的。

3. 星展银行的违约

根据 UCP600 第 14 条 b 款的规定，星展银行应当自其收到提示单据的翌日起算 5 个银行工作日内决定交单是否相符。湖美公司于 2013 年 11 月 29 日经通知行中国建设银行无锡分行将信用证所要求的全套单据通过 DHL 快递寄送给星展银行。2013 年 12 月 5 日，星展银行经通知行中国建设银行无锡分行发出拒付通知。这表明，星展银行至迟在 2013 年 12 月 5 日前已完成审单，符合上述规定。因涉案信用证为即期付款信用证，根据 UCP600 第 15 条 a 款的规定，交单相符时，银行必须即期付款。因此，星展银行履行付款义务的时间至迟为 2013 年 12 月 5 日。星展银行不当拒付，构成违约，应当承担相应的违约责任。因双方对违约责任的承担方式未作约定，故应当按照法定方式确定星展银行应承担的违约责任。湖美公司主张星展银行应向其支付自 2013 年 12 月 6 日起至实际支付之日止按中国人民银行人民币同期贷款基准利率计算的逾期付款损失赔偿金，符合《中华人民共和国合同法》的有关规定，予以支持。

三、本案二审情况

星展银行不服江苏省高级人民法院一审的判决，向最高人民法院提起上诉，请求撤销一审判决，改判驳回湖美公司的全部诉讼请求。

（一）湖美公司认为

一审法院认定事实准确，关于星展银行拒付理由不成立的说理清楚、全面并有充分的根据。请求驳回星展银行的上诉请求。理由如下：

本案所涉原产地证明属于信用证要求提交的运输单据、保险单据或商业发票单据以外的单据，且信用证未规定原产地证明的出单人或数据内容。一审法院认定，原产地证明只要满足两个条件，一是原产地证明的内容看似满足中国—东盟自由贸易区优惠关税原产地证明的功能，二是其他方面符合 UCP600 第 14 条 d 款的规定，银行必须予以接受，与 UCP600 第 14 条 f 款的规定完全一致，亦与 ISBP745 的规定一致。

1. 原产地证明的功能

涉案交易系 CIF 交易，原产地证明记载的发票编号及日期、货物名称、合同编号、CIF 价格与发票内容相符，且原产地证明签发人声明一栏中已明确表示“根据所实施的监管，兹证明出口商所做申报正确无误”。显然，该原产地证明看似满足中国—东盟自由贸易区优惠关税原产地证明的功能。原产地证明第八栏填写了“WO”即完全取得（wholly obtained），说明所涉货物100%产自出口国，因而无论在第九栏中填写什么数字均不会影响进口方所享受的关税待遇。本案所涉原产地证明所描述的货物与商业发票所描述的货物是同一货物。

2. “等同一致”的适用

UCP600 第 14 条 d 款规定的“等同一致”要求银行审单时比较的数据必须是同一种类的数据，否则不可能“等同一致”。除原产地证明第九栏出现 FOB 外，信用证及信用证所要求的提单、发票、保单等单据中均没有出现 FOB，星展银行没有比较的基础和前提。在信用证及信用证所约定的其他单据没有要求的情形下审核 FOB 价格，并将其与发票中 CIF 价格数据相比较，因数据相同推断出 FOB 价格与 CIF 价格矛盾，系对基础交易的干预，违背了 UCP600 的基本原则。

3. 原产地证明中 FOB 的性质

湖美公司在提起本案诉讼前就本案所涉争议取得了国际商会国际专家中心（DOCDEX）第 331 号决定，其结论是，星展银行的异议无效并必须向湖美公司支付信用证项下的款项。其认为，原产地证明中的贸易术语 CIF 印度尼西亚杜迈与信用证一致；原产地证明第九栏 FOB 这一词汇没有表明本次交易有 CIF 印度尼西亚杜迈以外的其他贸易术语；原产地证明第九栏数据（FOB）不是信用证及 UCP600 所要求的；星展银行的异议无效，因为其源于两类不同数据的比较即贸易术语 CIF 印度尼西亚杜迈的价格与毛重或其他数量和（FOB）价格比较，而不是与在 FOB 后面跟有装货港口名字的贸易术语 FOB 进行比较；在没有信用证要求的情形下，这些价格不同或相同均没有关系。此外，本案所涉原产地证明系中国和东盟国家通过国际条约和协定制定的标准格式。中国和东盟国家的条约和协定不会禁止交易双方使用其他贸易术语，更不会约定交易双方只能使用 FOB 贸易术语。因此，将本案所涉原产地证明第九栏中的“（FOB）”推断为贸易术语是错误的。星展银行提出的不符点不符合 UCP600 第 14 条 a 款、d 款的规定，湖美公司提供的原产地证明和其他单据满足了 UCP600 第 14 条 f 款规定，星展银行必须兑付该信用证项下款项。

（二）星展银行认为

一审判决认定事实不清，适用法律错误。请求撤销一审判决，改判驳回湖美公司的全部诉讼请求。理由如下：

1. 一审判决遗漏的事实

一审判决遗漏了重要事实。2013 年 12 月 24 日，湖美公司向星展银行发出《对553 - 01 - 1165349 号信用证拒付通知的异议》，该函中认可原产地证明上 FOB 价格处填写的是 CIF 价格，目的是让该 FOB 价格的金额与保险单和发票上 CIF 价格的金额完全一样，以确保交单相符。该事实证明湖美公司基于对 UCP600 单据相符原则的错误理解而主动造成了单据上的不符点。

2. 一审判决限制了审查单据的核心权利

一审判决限制开证行根据其开立的信用证条款本身对单据和单据内容的要求审查单据的核心权利，是错误的。根据 UCP600 第 14 条 a 款、d 款和 f 款的相关规定，开证行仅仅基于单据本身确定是否在表面上构成相符交单，单据中的数据不得与该单据本身、其他要求的单据以及信用证中的数据矛盾。

（1）对原产地证明的审查。本案信用证要求受益人提交的单据在信用证条款第46A 行作出了清晰规定，原产地证明是信用证所要求的主要单据，其主要功能除了要证实货物的原产地外，就是要通过显示详细的货物 FOB 价格来显示和证实该货物及/或服务来源及原产地的认定依据以及作为货物及/或服务通关纳税的计算依据。开证行有权依照信用证条款第 45A 行显示的“货物及/或服务”描述的 CIF 价格条款审查所有要求的单据以及单据的内容，也有权根据信用证条款第 32B 行的金额以及第 39A 行是否在允许的金额浮动范围内审查单据以及单据的内容。开证行有权对原产地证明第九栏内容进行审查，因为该栏位标明的货物描述以及货物的价值特别是和信用证项下受益人所能提取的金额、信用证金额允许浮动的百分比范围密切相关。

（2）FOB 价格与 CIF 价格的不同。从原产地证明第九栏显示的货物的 FOB 价格仅仅包括在中国的装运港货物越过船舷的货物价格，而信用证要求的以及商业发票、保险单显示的 CIF 价格是货物运送到到货港的货物价格。这两个价格后面的数字丝毫不差，均为 8938290. 98 美元，明显构成单据之间内容的矛盾，这是商业常识。本案不是有关单据中出现打字错误的情形。开证行仅仅根据信用证条款第 45A 行、第 32B 行以及第 39A 行的要求对单据及其内容进行表面审查并据此作出单据不符的结论，进而拒付，并未对FOB价格在基础合同项下的适当性进行审查。

一审法院所谓审单只能“比较同类数据”而不能将不同种类的数据进行对比的观点是错误的。本案原产地证明中的FOB价格并非信用证要求受益人提供的内容，是受益人额外提交内容，当然属于开证行审查的内容。开证行基于该单据中有关货物价格信息出现的商业上不合理的不一致，认定构成不符点并无不当。

（三）最高人民法院认为

开证行星展银行主张的不符点不能成立。在受益人湖美公司交单相符的情况下，星展银行应当向湖美公司付款。星展银行关于一审判决就不符点的认定错误、其有权拒付信用证项下款项的上诉理由不能成立。

1. 明确审单标准

根据本案所涉信用证对单据的要求，受益人湖美公司应当提交“原产地证明正本一份，副本三份”。UCP600第14条规定了单据审核标准，其中根据f款和d款的规定，UCP600关于审单标准虽然确立了“表面上”相符的严格相符标准，但并未要求丝毫不差，只要单据与信用证要求以及单据与单据之间并不矛盾，即应当认定交单相符，开证行即应予付款。《最高人民法院关于审理信用证纠纷案件若干问题的规定》第六条第一款规定：“人民法院在审理信用证纠纷案件中涉及单证审查的，应当根据当事人约定适用的相关国际惯例或者其他规定进行；当事人没有约定的，应当按照国际商会《跟单信用证统一惯例》以及国际商会确定的相关标准，认定单据与信用证条款、单据与单据之间是否在表面上相符。”第二款规定：“信用证项下单据与信用证条款之间、单据与单据之间在表面上不完全一致，但并不导致相互之间产生歧义的，不应认定为不符点。”该条规定与UCP600第14条规定就审单标准而言体现的精神是一致的。

2. 符合相符交单

本案中，受益人湖美公司向开证行星展银行提交了原产地证明，该原产地证明系“中国—东盟自由贸易区优惠关税原产地证明（申报与证书合一）表格E”格式文本，其中第七栏“包装件数及种类、产品名称（包括相应数量及进口方HS编码）”下填写有“合同HWM12－002下用于PT DABI OLEO 2X90T/H＋15MW电站的一套电厂设备，CIF印度尼西亚杜迈”等信息；第八栏“原产地标准”下填写有“WO”（指出口国完全生产的产品）；第九栏“毛重或其他数量及价格（FOB）”下填写有“USD：8938290.98”等信息；第十二栏“证明”下由发证人签署“根据所实施的监管，兹证明出口商所做申报正确无误”。根据上述UCP600第14条f款和d款的规定，只要该原产地证明的内容看似满足其功能，且其中的数据与信用证要求的数据以及信用证要求的其他单据的数据不矛盾，即应当认为构成相符交单。

3. 原产地证明中 FOB 的性质

由于上述原产地证明系格式文本，当事人无法就其中的栏目名称进行修订。第九栏中的“(FOB)”是栏目名称自带内容，该“(FOB)”表述不应被理解为国际贸易术语项下货物的 FOB 价格，具体理由如下：首先，该表述不符合国际贸易术语的基本格式。国际贸易术语主要描述货物从卖方到买方运输过程中涉及的义务、费用和风险的分配。根据 2011 年 1 月 1 日起实施的《国际贸易术语解释通则（2010）》的规定，FOB 是“船上交货（……指定装运港）”的简称，是指“卖方在指定的装运港，将货物交至买方指定的船只上，或者指（中间销售商）设法获取这样交付的货物。一旦装船，买方将承担货物灭失或损坏造成的所有风险”；CIF 是“成本、保险加运费付至（……指定目的港）”的简称，是指“卖方将货物装上船或指（中间销售商）设法获取这样交付的商品。货物灭失或损坏的风险在货物于装运港装船时转移向买方。卖方须自行订立运输合同，支付将货物装运至指定目的港所需的运费和费用”。本案中的“(FOB)”表述后缺乏“(……指定装运港)”，明显不符合国际贸易术语的格式要求。其次，从上述《国际贸易术语解释通则（2010）》规定可以看出，国际贸易术语项下的 FOB 价格与 CIF 价格构成明显不同，且无法简单套用某种公式或者以其他形式相互转化。上述原产地证明格式表格服务于中国—东盟自由贸易区内的国际贸易，中国—东盟自由贸易区内的国际贸易不可能仅仅允许当事人使用 FOB 价格而排除其他价格。如果将表格第九栏中的“(FOB)”理解为国际贸易术语项下货物的 FOB 价格，明显不符合市场需求。综上，将上述原产地证明表格第九栏中的“(FOB)”理解为国际贸易术语项下的 FOB 价格，不符合常理。对该“(FOB)”的合理理解应当是指引性的，即指引当事人在此栏中填入相应的货物价格。

4. 不构成不符点

本案基础合同约定的货物价格是“CIF 印度尼西亚杜迈”，信用证金额为 8938290.98 美元，受益人湖美公司为符合信用证要求，在原产地证书第九栏中直接填写了 8938290.98 美元。本案所涉原产地证明第七栏中已经填写有“合同 HWM12-002 下用于 PT DABI OLEO 2X90T/H + 15MW 电站的一套电厂设备，CIF 印度尼西亚杜迈”等信息，加上第九栏填写的“USD：8938290.98”，能够相互印证，且能够与信用证以及信用证要求的其他单据商业发票记载的货物价格相互印证。更重要的是，第八栏“原产地标准”填写有“WO”（指出口国完全生产的产品），足以表达该单据的功能。也就是说，尽管本案所涉原产地证明上第九栏数据与信用证及其单据要求的 CIF 价格数据一致，但单据之间并不矛盾，不会导致对该单据的理解产生歧义。因此，不应以此认定构成不符点。综上，开证行星展银行主张的不符点不能成立。在受益人湖美公司交单相符的情况下，星展银行应当向湖美公司付款。星展银行关于一审判决就不符点的认定错误、其有权拒付信用证项下款项的上诉理由不能成立。

案例使用说明

一、教学对象及目标

本案例教学应着重让学生把握以下6个方面的内容：（1）根据国际贸易中信用证的特点，从整体结构上掌握分析信用证案件的方法；（2）了解并掌握信用证独立原则，明确信用证交易中的各种法律关系；（3）根据UCP600和我国《关于审理信用证纠纷案件若干问题的规定》及其相关案例，确定信用证的审单标准；（4）结合国际贸易实务，掌握贸易术语的内容及其实务；（5）了解国际经济法中原产地证明的目的和用途；（6）通过对案例的分析，让学生了解法官做出判决的法律思维及其对国际贸易实践的指导作用。

二、教学实施计划

本案例可以作为专门的案例教学课来进行，整个案例课的课堂安排6个学时，每学时45分钟。

三、教学内容

1. 域外送达

现代国际社会，外国人在民事诉讼地位方面一般都享有国民待遇，即一国赋予本国境内的外国人在民事诉讼地位方面享有与本国公民同等的权利。同时，在国际民事诉讼领域，各国一般遵循“程序规则适用法院地法”的原则，因此，既要确保外国人的权利又要遵守一国的诉讼规则，司法协助便是重要的实现途径。在本案中所适用的就是司法协助的方式之一——域外送达。

域外送达是指在国际民事诉讼中，请求国依据其参加的国际条约或其本国法律规定的方式，将司法文书和司法外文书交由居住在被请求国的诉讼当事人或诉讼参与人的制度。域外送达在国际民事诉讼中的作用举足轻重，对法院而言，只有合法而有效地送达了文书，才能保证诉讼活动的进行，法院才能就案件作出判决；对于受送达人而言，受送达人只有收到诉讼文书并获悉诉讼文书的内容，才能确定自己如何行使诉讼权利和承担诉讼义务。国际上通行的域外送达方式为：外交代表或领事送达、邮寄送达、个人送达、公告送达、中央机关送达和法院送达。

为了简化请求国与被请求国间对文书的传递方式，确保须予送达到国外的文书在足够的时间内为收件人所知悉，以便其有足够的时间为自己辩护，以统一规格的证明书方式便利对已完成送达的证明程序，1965 年 11 月 15 日在海牙签订了《关于向国外送达民事或商事司法文书和司法外文书公约》，我国于 1991 年加入了该公约，并于 1992 年 1 月 1 日对我国生效。该公约规定了以下几种送达途径：中央机关送达、外交代表或领事送达、邮寄送达、个人送达及其他途径送达。

本案作为典型的国际民商事诉讼案件，星展银行为在新加坡登记注册的法人，故本案属于涉外民事关系，只能采取域外送达的方式以保护其正当的权利。中国和新加坡又同为《关于向国外送达民事或商事司法文书和司法外文书公约》的缔约国，应当按照该公约的规定对相关文书进行域外送达。受理本案的法院均按照该公约的规定，对相关文书进行了有效的域外送达，保护了星展银行作为外国人的民事诉讼地位。

2. 本案中涉及的国际惯例

国际惯例是指“作为通例之证明而经接受为法律者”。国际惯例的形成必须具备两个因素：一是有一般的实践和通例存在，二是一般的实践和通例被各国接受为法律。国际商业惯例是商人们在长期的实践中形成的习惯做法，不具有普遍法律约束力，通常供商人们在实践中选择适用，但一经选择，即对他们具有约束力。此外，国际商业惯例在适用的时间效力上并不存在“新法取代旧法”的情况，即便新版本的惯例公布，并不代表之前的版本作废而失效，其仍与新版本的惯例同样有效，当事人仍然可以选择适用。

本案中主要涉及两个国际惯例，一个是《跟单信用证统一惯例》（Uniform Customs and Practice for Documentary Credits），其是由国际商会出版的，主要对跟单信用证进行规定的国际商事管理；另一个是《国际贸易术语解释通则》（International Commercial Terms），也是由国际商会出版的，对国际贸易合同中的主要术语提供一套具有国际性的通用解释。

3. 本案的法律适用

本案中，由于被告星展银行是在新加坡登记注册的法人，原告是中国法人，因此本案具有涉外性，首先应明确案件的法律适用。但是，信用证未明确约定应适用的法律，只是在信用证第 40E 约定了适用“最新版 UCP”。目前，最新版 UCP 即 UCP600。按照 UCP600 第 1 条的规定，“跟单信用证统一惯例，2007 年修订本，国际商会第 600 号出版物，适用于所有在正文中标明按本惯例办理的跟单信用证（包括本惯例适用范围内的备用信用证）。除非信用证中另有规定，本惯例对一切有关当事人均具有约束力”。因此，虽然 UCP600 本身为惯例而非公约，不自动具有强制力，但当事人已经在信用证上明确规定了适用最新版 UCP，自愿适用 UCP600 的规定，本案受该惯例的规定和解释的约束。

此外，由于 UCP600 仅是对信用证及其相关内容的规定，本案的争议虽因信用证而起，但仍有很多内容超越了 UCP600 的规定，对于此类当事人未协议选择信用证关系中 UCP600 未规定部分应适用的法律，根据《中华人民共和国涉外民事关系法律适用法》第四十一条，“当事人可以协议选择合同适用的法律。当事人没有选择的，适用履行义务最能体现该合同特征的一方当事人经常居所地法律或者其他与该合同有最密切联系的法律”。对于本案中信用证这一合同关系，应适用履行义务最能体现该合同特征一方当事人经常居所地法律或其他与该合同有最密切联系的法律。受益人的义务是提交相符单据，开证行的义务是在确定交单相符时承付，即受益人只要提交相符单据即可获得信用证项下的款项。因此，受益人履行交付相符单据的义务最能体现信用证关系的特征，故对涉案信用证关系中 UCP600 未规定的部分应适用湖美公司住所地法律，即中华人民共和国法律。

4. UCP600 的特点及在我国的适用

信用证（Letter of Credit）是国际贸易最常使用的支付方式，它不仅以银行信用代替了商业信用，确保了收汇安全，而且以打包放款、进出口押汇等形式为买卖双方提供了短期融资可能，极大地便利了国际贸易，被誉为“国际贸易的血液”。信用证是商业习惯的产物而不是法律的创设物，因此各国基本上没有专门调整信用证的法律，而在国际上有着一套全世界公认的、到目前为止最为成功的非官方规定——《跟单信用证统一惯例》（Uniform Customs and Practice for Documentary Credits，简称 UCP）。国际商会于 1933 年第一次公布至今，已经进行了 6 次修订，UCP600（国际商会第 600 号出版物）是于 2007 年正式生效的最新的跟单信用证规则，共有 39 个条款，比 UCP500 更准确、清晰，更易读、易掌握、易操作；其形成了一套比较系统、缜密和完整的规则，绝大多数金融机构都在其开立的信用证中明确规定适用该规则，UCP 也因此被誉为“最为成功和最被广泛接受的国际银行和商业统一惯例”。

我国最高人民法院在“瑞士纽科货物有限公司诉中国建设银行吉林省珲春市支行拒付信用证项下货款纠纷上诉案”中首次明确尊重当事人在信用证中适用统一惯例的约定：“双方当事人同意本案的信用证适用UCP500，该约定有效，故本案应以该惯例为依据调整当事人的权利义务关系。”2005年最高人民法院发布了《关于审理信用证纠纷案件若干问题的规定》，根据此规定，在确定调整信用证法律关系的规则时，如果当事人明确约定适用的法律和惯例，人民法院应充分尊重当事人的选择，适用当事人选择的国内法或包括统一惯例在内的相关国际惯例；而且，即使当事人在信用证中没有约定适用统一惯例，它和其他相关国际惯例也可被我国法院作为确定各方当事人权利义务的依据。

5. 本案中的信用证法律关系

根据UCP600的规定，无论如何对其进行描述或者命名，信用证都是指一项不可撤销的安排，且该项安排构成开证行对于相符交单予以承付的确定承诺。根据这一界定，一项约定或者安排只要同时具备了以下3个要素就构成了信用证：（1）应当是开证行开出的确定承诺的文件；（2）开证行的承诺属于不可撤销的承诺；（3）相符交单是开证行承付的条件，即如果提交的单据与信用证条款、UCP600的相关适用条款以及国际标准银行实务相一致，开证行就应当根据信用证的不同类型而选择即期付款或者承诺延期付款。简言之，信用证交易的特点是：开证行受开证申请人的委托以自己的名义向卖方付款，开证行对受益人履行付款义务的后果由开证申请人转承。

本案中，信用证开证申请人为买方，信用证开证行为星展银行，开证行以湖美公司为受益人开立了553－01－1165349号信用证，用以支付信用证中所描述货物的货款，其中，开证申请人与开证行是一种委托关系，开证行与受益人之间存在合同关系，是一种特殊的付款和收款关系，并非担保和被担保的关系。中国建设银行无锡分行作为通知行，受开证行委托，将信用证转给受益人，因此开证行和通知行是委托关系，而通知行与受益人不存在任何法律关系。

6. 信用证独立原则及在本案中的体现

信用证与买卖合同或其他基础交易是相脱离和独立的。根据UCP600第4条的规定，信用证，“就性质而言，信用证与可能作为其依据的销售合同或其他合同，是相互独立的交易。即使信用证中提及该合同，银行亦与该合同完全无关，且不受其约束”。因此，信用证独立原则的包括以下3点：（1）信用证独立于其基础合同。开证行不能利用买方根据买卖合同对卖方所拥有的抗辩对抗受益人，受益人也不能以买卖合同为依据要求开证行接受不符合信用证规定的单据。（2）信用证独立原则适用于开证申请人，开证申请人不能以其对开证行或受益人的请求或抗辩限制或阻止银行付款。(3) 信用证独立原则也适用于受益人，受益人只能依据信用证条款享有信用证项下的权利。受益人不得利用银行间的合同关系而获益，也不得利用开证申请人与开证行之间的合同关系。

本案中，信用证开证申请人为买方，星展银行以湖美公司为受益人开立了553－01－1165349号即期付款信用证。虽然争议是由于买方通过信用证进行支付而引起的，买方作为信用证开证申请人却从未在本案中出现，既不是本案的被告也不是第三人，这种情形就是信用证独立原则的体现。虽然信用证是当事人选用的支付方式，属于交易的一部分，但是信用证关系一旦成立，就已经独立于货物贸易的基础合同关系而存在，换句话说，除一些特殊情况外，信用证的法律关系已经与买方无关，无论是议付行为还是审单行为都与基础合同无关。在开证行作出拒付的意思表示时，卖方也不能通过联系买方而迫使开证行撤回拒付通知书而进行付款。因此，本案中虽然买方在基础交易中负有付款的义务，但是由于信用证的独立原则，卖方只能将开证行作为被告，原则上，买方与本案无关。

7. 议付信用证及本案中的信用证特点

议付（Negotiation）在UCP600中，将其定义为："指定银行在相符交单下，在其应获偿付的银行工作日当天或之前向受益人预付或者同意预付款项，从而购买汇票（其付款人为指定银行以外的其他银行）及/或单据的行为。"议付信用证可以要求汇票，也可以不要汇票；可以是即期的，也可以是远期的。在议付信用证项下，开证行可以授权指定银行或任何银行买入受益人的相符交单，再由开证行对其进行偿付。如果授权指定银行议付，则是限制议付信用证；授权任何银行议付，就是自由议付信用证。

本案由星展银行开立的信用证即为自由议付信用证，星展银行在信用证中未指明某一家银行议付，而是允许任何银行为信用证项下议付行为。根据本案事实，没有一家银行接受开证行的议付指示同意议付或已经议付，因此，在本案中中国建设银行无锡分行并未进行议付，只是通知行和交单行。

8. 信用证的审单标准

严格相符原则是跟单信用证法律制度的两个最基本的原则之一。这一审单标准因其过于抽象化加之信用证的广泛使用，导致各国立法和司法实践派生出了绝对相符原则、严格相符原则和实质相符原则3种不同的审单标准。

绝对相符原则是指，单据的内容表面上应如同信用证规定的镜像一样，与信用证规定完全一致，即使是任何细微的差别也是不可接受的。

严格相符原则是指，单据的内容表面上应严格符合信用证的规定，但可以接受单据上明显的打字或拼写错误。1926年英国的Summer法官在Equitable Trust Co. of New York v. Dawso Partners Ltd. 一案中对此原则进行了经典的论述。Summer法官认为，银行只有严格遵照对其授权中规定的各项条件审核单据，才有权请求偿付，不存在几乎一样或作用差不多的余地，但严格一致并不延伸至信用证或单据中类如"i"上一点、"t"中一横，或明显的打字错误。严格相符原则得到了绝大多数国家法院的确认和沿用，甚至被写入了成文法中。比如《美国统一商法典》就规定，提示的单据在表面上与信用证规定的条款和条件严格相符，则开证行必须兑付交单。

实质相符原则是指，如果单据内容表面上不符合信用证的要求，但实际上信用证的要求已经得到满足，银行也应将单据视为相符，并接受该单据。比如，信用证规定的货物描述是"LMEREGISTERED GRADE A COPPER CATHODE"（伦敦金属交易所注册的A级阴极铜），而提交的发票显示的货物描述为"COPPER CATHODE, BRAND：CCC－P"（阴极铜，品牌：CCC－P），两者虽然不一致，但因为事实上品牌为CCC－P的阴极铜就是伦敦金属交易所注册的A级阴极铜的一种，所以依据实质相符原则，单据不存在不符点。

不难看出，严格相符原则，吸收了绝对相符原则和实质相符原则的优点，规避了二者的缺陷，既不过于严苛，也不过于宽松，在要求单据严格符合信用证要求的同时，也给予了银行一定的自由裁量空间。各国法院都接受这一原则，UCP600虽然沿用了严格相符原则，但是其与UCP500相比，在一些条款上做了软化处理，放宽了标准。具体说来，UCP500规定，单据之间表面互不一致（to be inconsistent），即视为表面与信用证的条款和条件不符；而UCP600则放松了要求，规定单据中的数据内容无须与该单据本身中的数据内容、其他要求的单据或信用证中的数据内容等同一致（need not be identical），但不得矛盾（must not conflict）。例如，UCP600允许除商业发票外要求的其他单据可以不显示货物描述，而且如果实际显示了的话，也允许使用与信用证中货描不相矛盾的统称。

9. 本案中信用证审单标准的适用及其评述

（1）一审法院的观点。一审法院根据UCP600第14条d款关于"单据中的数据，在与信用证、单据本身以及国际标准银行实务参照解读时，无须与该单据本身中的数据、其他要求的单据或信用证中的数据等同一致，但不得矛盾"的规定，并将"数据等同一致"的概念解释为审单时所比较的数据必须是同一种类的数据，以本案中的FOB价格与CIF价格非同类数据，故不能进行比对审核的判定不予认同。在认定FOB价格与CIF价格非同类数据的理论基础上，进一步指出星展银行擅自将货物的FOB价格与 CIF 价格进行比较，并以货物 FOB 价格与 CIF 价格相同构成不符点为由拒付信用证项下货款，已构成对货物 FOB 价格适当性的审查，是对基础交易的介入，并据此作出星展银行这一做法违背了 UCP600 关于银行审单不得介入基础交易的基本原则的认定。

（2）二审法院的观点。二审法院认为，原产地证明第九栏中的“（FOB）”是栏目名称自带内容，该“（FOB）”表述不应被理解为国际贸易术语项下货物的 FOB 价格，具体理由如下：首先，该表述不符合国际贸易术语的基本格式。根据 2011 年 1 月 1 日起实施的《国际贸易术语解释通则（2010）》的规定，FOB 是“船上交货（……指定装运港）”的简称；CIF 是“成本、保险加运费付至（……指定目的港）”的简称。本案中的“（FOB）”表述后缺乏“（……指定装运港）”，明显不符合国际贸易术语的格式要求。其次，从上述《国际贸易术语解释通则（2010）》规定可以看出，国际贸易术语项下的 FOB 价格与 CIF 价格构成明显不同，且无法简单套用某种公式或者以其他形式相互转化。上述原产地证明格式表格服务于中国—东盟自由贸易区内的国际贸易，中国—东盟自由贸易区内的国际贸易不可能仅仅允许当事人使用 FOB 价格而排除其他价格。如果将表格第九栏中的“（FOB）”理解为国际贸易术语项下货物的 FOB 价格，明显不符合市场需求。综上，将上述原产地证明表格第九栏中的“（FOB）”理解为国际贸易术语项下的 FOB 价格，不符合常理。对该“（FOB）”的合理理解应当是指引性的，即指引当事人在此栏中填入相应的货物价格。尽管本案所涉原产地证明上第九栏数据与信用证及其单据要求的 CIF 价格数据一致，但单据之间并不矛盾，不会导致对该单据的理解产生歧义。因此，不应以此认定构成不符点。

（3）对本案中审查标准的评述。一审、二审法院虽然都作出了相同的判决，但是理由完全不一样，同时两级法院均未对贸易术语的审查是否属于信用证的审查范围这一问题进行正面回答。因为，如果贸易术语对于审单银行而言属于常识性的知识或者是国际标准银行实务的一部分，那么审单银行就有权利对贸易术语进行审查；反之，则应认为审单银行介入了基础交易的审查。

在国际商会评述的一个案例中，信用证中规定了贸易术语 FOB 新加坡，同时要求提交空运单。受益人提交了空运单，但发票将贸易术语显示为 FCA 新加坡樟宜机场，而不是 FOB 新加坡，开证行据此拒付。议付行反驳不符点，辩称 FOB 不适用于空运，而且订货单中没有约定贸易术语。国际商会认为，银行仅基于单据表面审核单据内容，无须确定单据内容是否准确，是否与基础交易相符。因此，国际商会认为银行在审核单据时无须考虑贸易术语规则的内容，不应将贸易术语规则视作信用证审单国际标准银行实务的一部分。

第一，这是由信用证独立性原则、单据交易原则、表面相符原则所决定的，这些原则决定了信用证独立于基础合同，交易对象是单据，银行仅基于单据表面确定相符性。一般而言，贸易术语与基础合同联系紧密，和信用证的关联度相对小，审单银行没有必要考虑基础合同，无须在考虑基础交易背景的前提下审核单据。

第二，这是信用证制度迅捷、高效特点所要求的。信用证制度要求银行付款迅捷、操作高效，期望或要求审单银行知晓并掌握各行各业的特殊惯例和术语很不现实，也必将延长审单银行审核单据的时间，累及处理效率。此外，贸易术语规则版本众多、内容复杂，排除其适用有利于保护信用证迅捷、高效的核心价值。

虽然国际商会也与本案的判决结果一致，但是其直接对这一问题进行了解答，针对这一问题，三种不同的解决方案，各有其理论基础作为支撑，孰优孰劣仁者见仁智者见智。

10. 信用证与其他主要支付方式的区别

（1）信用证方式与托收方式的区别：信用证方式中，由开证行以自己的信用作出付款保证，即只要受益人提供的单据符合信用证的规定，开证行就要向受益人或其指定人付款或承兑，而且，开证行负第一位的付款责任，即开证行是首要付款人，受益人可凭信用证直接向开证行凭单取款，无须联系买方。因此，在信用证下，银行有条件地承担了支付货款的责任，卖方能否收到货款是以银行信用为基础，而不是依赖于买方的商业信用，而一般来说，银行信用比商业信用要可靠很多，所以卖方更有保证收到货款。

在托收方式中，银行只接受卖方的委托，作为卖方的代理人向买方代收货款，他们对货款的支付与否不承担任何责任；买方拒付时，只能由卖方自己向买方追索。在此种方式下，卖方只能以买方的商业信用作为其货款的基础，所以卖方所承担的风险较大，尤其在承兑交单方式下。

（2）信用证与保理的区别：国际保理是指卖方、供应商或出口商与保理商间存在一种契约关系。它是保理商无追索权的购买出口商赊销或承兑交单项下通常以发票表示的应收账款，并负责催收账款、信用担保等，以期通过向债务人追收而获取利益且承担风险的一种综合性金融业务。与信用证相比，保理手续简便，利于促销。保理方式使进口商不占用银行的授信额度就可扩大其购买力，无须在银行占用开证保证资金；同时，出口商办理保理后就可依照合同主动发货，而不必担心单据不符而遭拒付。

信用证是银行应进口商的要求，开出以出口商为受益人、凭提交符合信用证要求的单据兑付的一项书面付款承诺。信用证方式下，无论是进口商还是出口商资金负担都更高。进口商开证时，需要支付一定的开证押金即开证费用，在一定时期内占用了进口商的资金。对出口商而言，银行可提供货物出运前的打包放款，以信用证作抵押，放款金额一般为信用证金额的80%左右，期限一般不会超过信用证的有效期。

11. INCOTERMS® 2010的适用以及本案中FOB与CIF的关系

《2010年国际贸易术语解释通则》（International Commercial Terms 2010，简称“INCOTERMS® 2010”）是国际商会以国际贸易中应用最为广泛的国际惯例为基础，对国际贸易合同中使用的主要术语提供一套具有国际性的通用性解释。从1936年第一次公布该解释通则至今，已经进行了9次修改，最新的版本即为INCOTERMS® 2010。INCOTERMS® 2010中规定了11种贸易术语并根据运输方式的不同将贸易术语分为两类，其使用范围也扩大至国内贸易合同。

FOB（Free on Board），即装运港船上交货。该术语是指当货物在指定装运港装上船时，卖方即履行了交货义务，买方必须自该时起承担一切费用和货物灭失或损害的一切风险。

CIF（Cost，Insurance and Freight），即成本加保险费、运费。该术语是指卖方必须支付将货物运至指定目的港所必需的费用和运费，并订立保险合同，支付保险费，为货物在运输中灭失或损坏的买方风险取得海上保险。

本案中，星展银行的拒付理由是，提交的商业发票上显示的货物CIF价格和原产地证明上的FOB价格相同。参照我国报关的要求，若交易以CIF条款成交，对于出口报关，FOB价格必须单独显示（因为FOB价格是出口退税的计算依据）；对于进口报关，海关关注的是到岸总成本，即CIF价格。本案中，基础交易以CIF价格成交，发票显示了正确的CIF价格，且其他单据均未出现不同的CIF价格。按照上述海关要求进行推断，原产地证明中的FOB价格并不是进口国海关关注的数据。即使是受益人失误导致录入错误，并不会对进口方造成实质损害。因此，可参照ISBP745第A23条对不影响单词或句子理解的拼写或打字错误的原则来处理。

12. 原产地证明及其体现的原产地规则的特点

原产地证明（Certificate of Origin）是出口国的特定机构出具的证明某出口货物为该国（或地区）原产的一种证明文件，是货物的来源地“护照”和“国籍”凭证。由于它往往是被进口国用来实行差别关税待遇和实施国别贸易政策管理的重要依据，因此，它就具有了特定的法律效力和经济效用。

原产地规则，也称“货物原产地规则”。指一国根据国家法令或国际协定确定的原则制定并实施的，以确定生产或制造货物的国家或地区的具体规定。为了实施关税的优惠或差别待遇、数量限制或与贸易有关的其他措施，海关必须根据原产地规则的标准来确定进口货物的原产国，给以相应的海关待遇。货物的原产地被形象地称为商品的“经济国籍”，原产地规则在国际贸易中具有重要作用。原产地标准把原产品分为两大类：完全原产产品和含有进口成分的原产产品。

本案中所涉的原产地证明为《中国—东盟自由贸易协定》原产地证明，该证明目前适用于对印度尼西亚、泰国、马来西亚、越南、菲律宾、新加坡、文莱、柬埔寨、缅甸、老挝等国出口并符合相关规定的产品。

13. 本案中原产地证明是否从表面上满足了其功能需要

本案中，一方认为，原产地证明是进口方用以办理商品进口报关和纳税的依据。FOB 价格栏位关系到原产地标准栏位的填写，而原产地标准影响到关税优惠的适用，也就是会影响到原产地证明的功能。按照 UCP600 第 14 条 f 款，单据的内容看起来要能满足其功能需要。印度尼西亚进口商之所以要求原产地证明，就是为了享受中国—东盟自由贸易区关税减免的优惠。而产地证上以实际 CIF 价格替代了 FOB 价格，相当于提高了货物的 FOB 价格，将会影响到进口方缴纳进口关税的计税基数，甚至由于发票与原产地证明上自相矛盾的数据导致无法清关，最终给进口方造成损失。显然，该原产地证明无法满足其应有的功能，根据 UCP600 第 14 条 f 款，受益人提交的区域性优惠原产地证明从表面上看没有满足其功能需要，系交单不符。

法院认为，原产地证明中 FOB 价格的显示未造成其单据功能的丧失及改变交易的表面情况。首先，本案中原产地证明第七栏显示了价格条款为 CIF，并记载了正确的发票号码、日期、货物名称、合同号码，均与发票内容相符。这表明了原产地证明与发票的关联性，且显示了原产地。同时，在原产地证明第十二栏“证明”下由发证人签署“根据所实施的监管，兹证明出口商所做申报正确无误”，足以显示该原产地证明已得到了官方的认可。因此其各方面均符合 UCP600 第 14 条 f 款及 ISBP745 的规定，满足了原产地证明的功能。其次，发票和原产地证明均显示基础交易是以 CIF 价格条款成交，并没有因为原产地证明第九栏额外显示了 FOB 价格造成交易表面情况的混淆。因此，该原产地证明能够与涉案货物适当联系起来，并经有权签字人签署，涉案原产地证明的内容看似满足中国—东盟自由贸易区原产地证明的功能。

14. 针对本案核心焦点问题的评述

首先，无论是信用证条款、UCP600、ISBP745，还是 Incoterms，均未对 FOB 和 CIF 在数值上的关联性和一致性作出明确解释，因此星展银行把两个价格条款不同但数值相同的价格体系作为拒付的理由，缺乏理论依据。本案原产地证明以外的其他单据中均未出现 FOB 价格（包括发票也没有将价格分割成 FOB 价格加运费和保费），故无须与发票中显示的 CIF 价格作比较。事实上，只要受益人发票上引用正确的 CIF + 指定目的港 + Incoterms 版本，即满足了信用证的要求，或者说已经清楚表明了价格条款背后买卖双方的权利与义务，而与这两种价格条款下数值的大小无关。

其次，按照原产地证明出具机构要求填写的FOB价格与CIF价格，在数值上的大小并无必然联系。实务中运费或保费存在采用按年收费的方式而并不指向某一具体交易，或者运输公司和保险公司因历史交易产生了折扣或抵销，出现零保费零运费的情况也不是不可能的。更为重要的是，信用证单据化和独立性的特征也未要求审单人员去审核保险合同或者运输合同，并以此对保费或运费的支付情况作进一步判断。根据UCP600第14条a款的规定，银行仅基于单据本身确定单据是否在表面上构成相符交单。审单人员需要做的仅是按照单单一致、单证一致、单内一致的原则，对单据表面进行独立性审核，而不是凭审单经验对单单之间的要素进行主观臆断。

四、教学预期效果

通过对本案例的讲授及学生的学习，学生应从本案例中了解并学习到以下4个方面的内容：(1) 从宏观上了解国际贸易尤其是信用证案件的分析方法，由于涉外案件的特殊性，首先要进行准据法的确定，然后再对具体问题进行分析；(2) 了解并掌握信用证的特点及其在本案中的体现；(3) 掌握信用证的审单标准，明确UCP600和我国《关于审理信用证纠纷案件若干问题的规定》中对审单标准的规定，结合国内外相关案例，帮助学生自主地分析本案中审单标准的适用；(4) 将国际贸易实务与本案的具体相结合，了解原产地证明的目的和用途，掌握贸易术语的实务。

五、课堂教学安排

1. 课前计划。安排学生阅读案例及相关参考资料（以教科书、期刊文章为主），从本案例中的思考题出发，对案例涉及的问题进行思考。

2. 课中计划：(1) 介绍教学目标，明确讨论主题；(2) 按照教学目标的分类，就每个问题按顺序进行分析；(3) 学生分组对每个问题进行深入讨论；(4) 小组代表发言，教师引导其他学生一起讨论、分析；(5) 将学生分成原告与被告两组，进行模拟现场法庭辩论；(6) 教师进行归纳总结，并引导学生对实践题进行思考。

3. 课后计划。布置学生进一步思考信用证的审单标准还有哪些方面需要改进及新时代我国的国际贸易中适用哪些支付方式更有利，并就学生讨论中出现的问题进行归纳和深度剖析。

六、思考与实践题

1. 思考题

（1）中国境内也有星展银行，为何受理本案的法院不直接向位于中国境内的星展银行送达开庭传票？

（2）为什么在国际贸易领域商事惯例的适用更为频繁？

（3）本案适用了UCP600，但为何还适用了《合同法》？

（4）本案中基础合同中的买方为何不是该案的被告或者是诉讼参与人，甚至在整个案件中均未出现买方？

（5）本案中中国建设银行无锡分行为何不是原告，而受益人（卖方）湖美公司为本案的原告？

（6）《国际贸易术语解释通则》与本案是什么关系？

（7）根据UCP600，信用证的审单标准是什么，在本案中是如何体现的？

（8）本案中，为什么信用证规定了要提交原产地证明？

（9）最高人民法院认定“一审判决除遗漏部分事实外，认定基本事实清楚，适用法律正确，应予维持”，两级法院的审判结果一致，但是最高人民法院与一审法院采取了不同的方式进行说理，你认为哪种方式更为合理？

（10）信用证是中国对外贸易中最为常见的支付方式，请结合信用证的特点，谈谈你对这一现象的看法。

2. 实践题

（1）如果你作为一名涉外律师，你认为在解决信用证案件时，应当注意哪些问题？

（2）如果本案不是通过诉讼方式进行解决的，你认为哪些方式可以有效的解决本案？

（3）如果你是原告的法务律师，当收到拒付通知书后，你会建议原告采取哪些方式进行补救？

（4）如果你是被告的法务律师，当审单员向你咨询法律意见时，你会给出怎样的法律意见？

（5）从最高人民法院的法官角度出发，你对最高人民法院作出的判决如何评价？

（6）从实务角度出发，你认为如何才能避免类似本案争议的发生？

参考文献

[1]《国际经济法学》编写组．国际经济法学（第二版）[M]．北京：高等教育出版社，2019.

[2] 余劲松，吴志攀．国际经济法（第四版）[M]．北京：北京大学出版社，2014.

[3] 王传丽．国际经济法（第六版）[M]．北京：中国政法大学出版社，2018.

[4] 陈安．国际经济法学（第七版）[M]．北京：北京大学出版社，2017.

[5] 高晓力．信用证审单标准问题研究 [J]．人民司法，2002（4）.

[6] 徐冬根．银行信用证审单标准的法哲学思考：精确性、模糊性还是原则性 [J]．现代法学，2004（5）.

[7] 徐捷．探讨星展银行信用证拒付案 [J]．中国外汇，2017（7）.

[8] 陈卫华．新加坡 XZ 银行信用证拒付案分析 [J]．对外经贸实务，2017（10）.

[9] 张梦漪．信用证兑用方式的选择 [J]．中国外汇，2016（4）.

[10] 倪飞．UCP600 下信用证审单法律原则 [J]．中国外汇，2017（30）.

[11] 蒋琪．信用证国际贸易融资法律问题研究．博士论文．

[12] 金赛波．跟单信用证严格相符原则．博士论文．

附件

1. 网络资料

中国—东盟自由贸易区原产地证明图片：https://gss2.bdstatic.com/9fo3dSag_xI4khGkpoWK1HF6hhy/baike/c0%3Dbaike150%2C5%2C5%2C150%2C50/sign=acc708895443fbf2d121ae71d117a1e5/d4628535e5dde711fa746e77a0efce1b9c166188.jpg

2. 本案适用的国际公约、国际商事惯例及中国法律

- 《关于向国外送达民事或商事司法文书和司法外文书公约》
- 《2010 年国际贸易术语解释通则》(International Commercial Terms 2010)
- 《跟单信用证统一惯例》(Uniform Customs and Practice for Documentary Credits)
- 《中华人民共和国涉外民事关系法律适用法》
- 《中华人民共和国合同法》
- 《最高人民法院关于审理信用证纠纷案件若干问题的规定》

2. 行政法案例

案例 10

陈某诉J市客运管理中心行政处罚案

——过罚相当原则和比例原则的适用

（行政诉讼实务）

本案例为我国“专车第一案”，历经三级人民法院审理。涉及的知识点与职业技能主要包括过罚相当原则的规范内涵、如何运用比例原则分析行政处罚是否违反过罚相当原则、法院对行政处罚的审查强度、如何处理数字经济新业态和传统法律的关系等方面。本案中法院对行政处罚违反过罚相当原则的分析方法、对新商业模式法治保障的认知，都有独到之处，具有重要的教学价值、研究价值，以及审判参照价值。

案例正文

本案例为网约车兴起初期的真实案例，被称为“专车第一案”。案件的基本事实为陈某非法营运，被 J 市客运管理中心实施行政处罚。主要涉及过罚相当原则的法律适用，以及如何以法治保障数字经济新业态的发展。本案历时约四年（2015—2018年），历经三级法院审理。

一、法院认定的事实

2015 年 1 月 7 日，两名乘客通过网络召车软件与陈某取得联系，约定上下车地点，由乘客支付车费。当日 11 时许，陈某驾驶私人小汽车行至 J 市火车西站时，被 J 市客运管理中心的工作人员查明其未取得出租汽车客运资格证，驾驶的车辆未取得车辆运营证。J 市客运管理中心认为陈某涉嫌未经许可擅自从事出租汽车客运经营，对其下达《行政强制措施决定书》，暂扣其车辆。1 月 26 日，向陈某送达《违法行为通知书》，认为其未经许可擅自从事出租汽车客运经营，拟决定处 2 万元罚款，没收违法所得。

随后陈某要求听证。在听证过程中，J 市客运管理中心办案人员陈述了陈某的违法事实、有关证据、处理意见等，陈某对事实认定、法律适用和执法程序均提出异议。2 月 13 日，J 市客运管理中心作出《行政处罚决定书》并送达陈某，以其非法经营客运出租汽车，违反本省相关规定为由，责令其停止违法行为，处 2 万元罚款并没收非法所得。陈某不服，在法定期限内提起诉讼。

二、一审争议焦点与法院判决

2016 年 12 月 30 日，J 市市中区人民法院作出一审判决，认定本案系针对网约车运输经营行为予以行政处罚的案件，争议焦点主要有两个方面：（1）陈某的行为是否构成未经许可擅自从事出租汽车客运经营；（2）被诉行政处罚决定的处罚幅度是否畸重。

（一）陈某的行为是否构成非法经营

一审法院认为，陈某的行为是否属于“未经许可擅自从事出租汽车客运经营”，有两种不同观点：一种观点认为，此种行为属于违法，陈某的车辆未取得运营证，且向乘客收取了费用，完全符合本地相关规定的法定事实要件；另一种观点认为，网约车进入出租车市场具有必然性，符合社会发展规律，因此，不宜以上述规定来否定新业态的经营模式。

在本案当中，既要依据现行有效的法律规定审查被诉行政行为的合法性，以体现法律的权威性和严肃性，同时也要充分考虑科技进步激发的社会需求、市场创新等相关因素，作出既符合依法行政的当下要求，又为未来的社会发展和法律变化留有适度空间的司法判断。综上，陈某的行为构成未经许可擅自从事出租汽车客运经营，违反了现行法律的规定。

（二）对陈某的行政处罚是否畸重

一审法院认为，行政处罚应当遵循比例原则，做到罚当其过。处罚结果应当与违法行为的事实、性质、情节以及社会危害程度相当，以达到制止违法行为再次发生的目的。网约车这种客运服务的新业态，作为共享经济产物，其运营有助于提高闲置资源的利用效率，缓解运输服务供需时空匹配的冲突，有助于在更大程度上满足人民群众的实际需求，社会危害性较小。

本案中，虽然被告对未经许可擅自从事出租汽车客运的行为可以依法进行处罚，但原告在本案所涉道路运输经营行为中仅具体实施了其中的部分行为，在现有证据下，被告将本案行政处罚所针对的违法行为及其后果全部归责于原告，并对其个人作出了较重的行政处罚，处罚幅度和数额畸重，存在明显不当，依法应当予以撤销。此外，被告作出的行政处罚决定书，没有载明原告违法事实的时间、地点、经过以及相关道路运输经营行为的具体情节等事项，据此也应当予以撤销。

综上所述，判决撤销J市客运管理中心作出的《行政处罚决定书》，案件受理费50元，由被告负担。

三、二审争议焦点与法院判决

上诉人J市客运管理中心不服原判上诉称：（1）原审判决认为被诉行政处罚决定存在明显不当，应予以撤销的理由不成立。陈某非法经营行为的社会危害性并非原审法院认为的“较小”，原审法院也未就该问题进行过调查。陈某与乘客的结算证据不是查处非法经营的必要证据，陈某与“网络约车平台”的关系不影响对陈某的处罚幅度。（2）上诉人在其他法律文书中已经将陈某行为的性质、情节程度以及拟处罚的理由和依据依法告知了陈某，并未侵犯陈某的任何权益。

2017 年 2 月 17 日，J 市中级人民法院作出二审判决，认为各方当事人对于非法经营的事实均未提出异议，案件争议的焦点集中在两个方面：（1）被诉行政处罚决定是否构成明显不当；（2）行政处罚决定书记载事项是否符合法律规定。

（一）被诉行政处罚是否明显不当

二审法院认为，比例原则是行政法的重要原则，行政处罚应当遵循比例原则。一方面，网约车作为客运服务的新业态和分享经济的产物，有助于缓解客运服务的供需矛盾，满足公众多样化出行需求，符合社会发展趋势和创新需求，对其应当保持适度宽容。另一方面，这种新业态又给既有客运管理秩序带来负面影响，甚至存有安全隐患等问题，确需加强规范引导。当一种新生事物在满足社会需求、促进创新创业方面起到积极推动作用时，对其所带来的社会危害的评判不仅要遵从现行法律法规的规定，亦应充分考虑是否符合社会公众感受。本案被上诉人通过网络约车软件进行道路运输经营的行为，社会危害性较小符合一般社会认知。另外，该行为中有几方主体受益、最终产生的车费是否已经实际支付或结算完毕，上诉人未提供证据予以证明。在上述事实尚不明确以及该行为社会危害性较小的情况下，将该行为的后果全部归于被上诉人，并对其个人作出较重处罚，有违比例原则，构成明显不当。

（二）行政处罚决定书记载事项是否符合法律规定

二审法院认为，《行政处罚法》规定行政处罚决定书应当载明违反法律、法规或者规章的事实和证据，虽未对其中的“事实”记载应达到何种程度作出明确规定，但行政处罚决定书作为行政机关对当事人作出处罚的书面证明，记载的事实应当明确具体，包含认定的违法事实的时间、地点、经过、情节等事项，让当事人清楚知晓被处罚的事实依据，以达到警示违法行为再次发生的目的。

本案中，行政处罚决定书载明的被上诉人违法事实为“非法经营客运出租汽车”，但未载明被上诉人的具体违法事实，即：违法事实的时间、地点、经过以及相关运输经营行为的具体情节等事项，不符合法律规定，应予撤销。此外，行政处罚决定书中记载的事实是行政机关最终认定的违法事实，其他法律文书中对具体违法事实的记载不能代替行政处罚决定书中对事实的记载。

综上，驳回上诉，维持原判。

四、再审争议焦点与法院判决

J 市客运管理中心不服二审判决申请再审称：（1）原审法院认定陈某的行为构成未经许可擅自从事出租客运经营，却又作出撤销行政处罚的判决，显然是错误的；（2）原审法院完全因为虑及“网约车”是新业态而作出判决，一审审理时法庭并未就陈某的非法营运是否即是所谓的“网约车”“网约车的社会危害性大小”进行任何调查，程序违法。

2018 年 12 月 12 日，J 市所在地高级人民法院作出再审裁定。争议焦点集中于原审法院判决是否认定事实主要证据不足和审判程序是否违法两方面。

再审法院认为，首先，尽管原审法院判决对于被申请人行为的违法性予以了认定，但是根据过罚相当原则，人民法院对行政处罚进行合法性审查，应审查其是否符合比例原则，处罚与涉案行为的社会危害性是否相当。申请人在并未查清几方主体受益、最终产生的车费是否已经实际支付或结算完毕等案件重要事实的情况下，将本案行政处罚所针对的违法行为及其后果全部归责于陈某，并对其个人作出了较重的行政处罚，显然对其个人在违法行为中应当承担的具体责任未予正确认定，处罚幅度和数额畸重，不符合罚当其过的原则，应属明显不当，原审法院判决撤销符合行政诉讼法规定。

其次，行政处罚是否与社会危害程度相当，应当属于行政机关在作出行政处罚行为时考量的内容，也应在行政诉讼中作为证明行政行为合法的证据主动提交。人民法院经审查认为被申请人陈某的违法行为社会危害性较小，没有超越人民法院审判职权，不属于审判程序违法。

综上，驳回 J 市客运管理中心的再审申请。

案例使用说明

一、教学对象及目标

本案例旨在使学生系统深入掌握什么是过罚相当原则、如何运用比例原则分析行政处罚是否违反过罚相当原则、法院对行政处罚的审查强度、法院如何处理数字经济新业态和传统法律的关系等理论知识与实务技能。具体要解决的问题主要包括：

（1）过罚相当原则的内涵和判断标准；（2）过罚相当原则和比例原则的关系；（3）法院对违反过罚相当原则的处罚的审查强度；（4）优化数字经济新业态营商法治环境的建议。

本案例教学的最终目标是：为未来潜在的行政执法人员、法官、律师、行政诉讼当事人等提供知识与技能上的储备。本案例供法律硕士案例教学使用，宪法学与行政法学、诉讼法学等专业研究生、法学本科生也可以参酌使用。

二、教学实施计划

1. 课前计划：安排学生阅读案例及相关参考文献和资料，对案件争议的焦点及相关问题进行思考。

2. 课中计划：（1）介绍教学目的，明确讨论主题；（2）分组讨论相关问题；（3）小组代表回答问题，学生讨论和分析；（4）组织学生挑选角色，开展模拟法庭活动；（5）教师对整个案例教学过程进行归纳总结。

3. 课后计划：布置学生进一步思考引申性的思考题，鼓励学生进一步深入阅读相关文献。

三、重点难点问题

1. 过罚相当原则的界定及考量因素

行政机关实施行政处罚，既应做到主体、职权、程序等形式合法，也应做到处罚种类、幅度等实质合理。对于行政处罚的合理性，《行政处罚法》第四条第二款规定："设定和实施行政处罚必须以事实为依据，与违法行为的事实、性质、情节以及社会危害程度相当。"该条款被称为是行政处罚的过罚相当原则，类似于刑法中的罪行相适应原则①。过罚相当原则是设定和实施行政处罚的基本原则。行政法的精髓在于裁量。凡是有权设定行政处罚的机关，在制定规则时都应当综合考量违法行为的性质、社会危害程度，合理设定行政处罚。在实施行政处罚过程中，为了避免处罚裁量畸轻畸重，行政处罚应受过罚相当原则的实体约束。具体而言，过罚相当原则要求行政处罚与违法行为的事实、性质、情节以及社会危害程度相当。

---

① 全国人大常委会法制工作委员会国家法、行政法室．《中华人民共和国行政处罚法》释义［M］．北京：法律出版社，1996：8－9.

选择何种处罚、处罚幅度如何，应综合考量违法行为的事实、性质、情节、社会危害程度等多种因素，禁止裁量恣意。对于本案的事实而言，陈某的行为构成非法营运的违法事实不存在争议，但违法行为的实施者还包括网约车平台。网约车平台提供出行信息撮合交易、进行支付结算、分取收益，毫无疑问是共同违法行为人。将行政处罚所针对的违法行为及其后果全部归责于陈某，并对其个人作出了较重的行政处罚，处罚幅度和数额畸重，存在明显不当。对于事实认定，人民法院作出裁判所根据的事实应当包括与全部案件有关的事实，即在认定基本事实的同时，还应了解和把握与案件有关的社会背景、前因后果、传统文化、民情风俗等相关事实。正如再审法院所认为，“涉案被处罚的违法行为、被诉行政处罚决定的背景、前因后果和社会环境因素，应当属于案件相关事实，人民法院在审理和裁判中予以考虑”。对于社会危害程度相当而言，法院考虑了网约车新业态的特殊背景，兼顾维护法律规范权威和社会创新发展需求，认为陈某通过网络约车软件进行道路运输经营的行为，社会危害性较小。因此，对陈某处 2 万元罚款并没收非法所得，违反了过罚相当原则。

2. 过罚相当原则和比例原则的关系

三级法院判决都同时提到了比例原则。一审法院认为，“行政处罚应当遵循比例原则，做到罚当其过”。二审法院认为，“比例原则是行政法的重要原则，行政处罚应当遵循比例原则”。再审法院认为，“根据过罚相当原则，人民法院对行政处罚进行合法性审查，应审查其是否符合比例原则”。那么，究竟该如何判断行政处罚是否符合过罚相当原则呢？过罚相当原则和比例原则是什么关系？

通过分析相关立法，可以得知关于过罚相当原则和比例原则的规定，主要分为 4 种情形：一是仅规定过罚相当原则，不规定比例原则；二是仅规定比例原则的相关内容，不规定过罚相当原则；三是把过罚相当原则与比例原则相并列；四是规定过罚相当原则是比例原则适用的结果。在司法实践中，二者的关系并不清晰，有的案件将过罚相当原则等同于比例原则，有的案件则将过罚相当原则作为比例原则的法定依据，还有的案件将过罚相当原则中提及的违法行为考量因素作为比例原则适用时应当考虑的因素①。我国《行政处罚法》只规定了过罚相当原则，并没有明确规定比例原则，大部分司法案例认为二者区别不大。本案中法院似乎就认为过罚相当原则是比例原则的体现，在判决说理中并没有明确区分二者。

过罚相当原则和比例原则都是控制裁量的原则，可以有效规范公权力，但二者存在不同。第一，适用范围不同。比例原则不仅适用于行政处罚，还广泛适用于行政强

① 杨登峰，李晴．行政处罚中比例原则与过罚相当原则的关系之辨［J］．交大法学，2017（4）：10－11.

制、行政征收、信息公开、行政许可、行政协议、行政裁决、行政不作为等多种行政行为类型[①]。此外，比例原则在很多民主法治国家属于宪法原则，约束一切国家公权力，被称为是公法的“帝王原则”。而过罚相当原则只约束行政处罚行为。第二，适用方法不同。比例原则包含“四阶”规范结构，通过依次分析目的正当性和手段的适当性、最小损害性、狭义比例性，判断某一公权力行为是否具有正当性，而过罚相当原则相对较为抽象，缺乏具体的逻辑分析框架。

因此，比例原则可以为行政处罚的设定和实施是否违反过罚相当原则提供有效的分析工具：在可以同样有效实现正当目的的情形，行政机关选择的行政处罚种类和幅度，应当造成最小损害，并且损害与公共利益的促进应成比例，否则就是违反了过罚相当原则。正如二审法院所认为，行政机关在依据现行法律法规对其进行处罚时，“应当尽可能将对当事人的不利影响控制在最小范围和限度内，以达到实现行政管理目标和保护新生事物之间的平衡”。本案中，J 市客运管理中心对陈某处 2 万元罚款并没收非法所得，对陈某造成了过度损害，而且由于网约车非法营运的社会危害性较小，所以对陈某的损害同公共利益的促进不成比例，处罚畸重，明显不当。

3. 法院对违反过罚相当原则的处罚的审查强度

法院审查行政处罚的正当性，涉及行政诉讼的审查强度或审查标准问题，涉及司法权与行政权的关系。J 市客运管理中心认为，“法院审理行政诉讼案件应奉行‘合法性审查’的原则”，无权基于网约车作为新生事物的特殊背景作出特殊的判决，“社会危害性较小”是法院凭主观臆断径行作出的结论。那么，法院的判决是否越权呢？

我国 1989 年颁布的《行政诉讼法》及相关司法解释确立了合法性审查原则，法院可以对显失公正的行政处罚进行合理性审查。2014 年、2017 年修改的《行政诉讼法》仍然保留了合法性审查原则，但确立了行政行为“明显不当”审查标准，实际上扩大了合理性审查的范围。总体而言，一般认为我国行政诉讼以合法性审查为原则，以合理性审查为例外。出于尊重行政机关的专业判断权、保障行政效率等因素，我国法院对于“一般不当”或非“明显不当”的行政行为，往往不作实质合理性评判。正如法官所认为，“应保持相应的司法谦抑，尊重行政机关的判断”[②]，如果法院对程度轻微的“一般不当”行为进行司法审查，就可能被认为极大地损害行政效率[③]。但是，对于“明显不当”或明显不合理的行政行为，出于有效保障公民权利不被过度侵犯、监督行政机关的需要，法院可能就不会再继续坚持司法尊让、保障行政效率等观念，

① 刘权．行政判决中比例原则的适用［J］．中国法学，2019（3）：86.

② 深圳沃尔玛西安骡马市分店诉西安市碑林区食品药品监督管理局案，（2018）陕 7102 行初 407 号。

③ 周红耕，王振宇．比例原则在司法审查中的应用［M］．人民法院报，2001 年 4 月 22 日第 3 版．

而会对行政行为进行合理性审查。换言之，如果行政机关的行为是如此的明显不当或不合理，以至于法官再也不能袖手旁观，就有责任进行合理性审查。

本案中，法院对行政处罚进行了合法性审查和合理性审查。一审法院认为“对被告未经许可擅自从事出租汽车客运的行为可以依法进行处罚”，主体和职权合法，因为J市客运管理中心系J市交通运输局下属具有独立法人资格的自收自支事业单位，负责城市公共客运行业营运指导和技术服务，协助有关部门制定公共交通、客运出租服务标准，并承担监督检查工作。同时，法院也进行了合理性审查。我国行政诉讼实行举证责任倒置规则，所以对于行政处罚是否符合过罚相当原则，应由行政机关举证。原告可以质疑行政处罚明显不当，但不负举证责任。正如再审法院所认为，行政处罚是否与社会危害程度相当，应当属于行政机关在作出行政处罚行为时考量的内容，其应在行政诉讼中作为证明行政行为合法的证据主动提交。人民法院也可依职权审查行政处罚是否与社会危害程度相当，依法作出判断。法院经合理性审查后认为，J市客运管理中心实施的行政处罚明显不当，与陈某违法行为的事实、性质、情节以及社会危害程度不相当，“处罚幅度和数额畸重，存在明显不当”。

至于再审法院认为，被诉行政行为是否具备合理性或者适当性，属于人民法院合法性审查的范围，行政处罚是否恰当尤为重要，是判断行政行为合法性的重要标准，“人民法院审查被诉处罚决定的合理性，属于合法性审查的范围”，实际上从广义角度理解了“合法性”，即包括形式合法性和实质合理性两方面。法院对违反过罚相当原则的行政处罚应进行有效的司法审查，但应把握适度的度。正如何海波教授所言：“法院不可能给予行政机关的裁量百分之百的尊重，否则就没有必要建立司法审查了；但法院也不可能时时处处以自己的观点代替行政机关的判断，否则就没有必要设立行政机关了。”① 为了更好地保障人权，为了更好地实现实质正义，或许需要逐步确立行政诉讼类型化的多元审查强度体系。

4. 优化数字经济新业态营商法治环境

近些年来，数字经济在世界范围内得到了蓬勃发展。数字经济新业态层出不穷、日新月异，但相关法治环境可能并没有随之改变。各国在发展数字经济过程中，“普遍面临的最大障碍是传统法律不适应，政府传统管理体制与方式滞后于技术进步与商业模式创新的步伐”②。既有的一些法律无法有效解决新业态准入门槛、从业人员社会保障、数字经济税收、信息安全、信用体系建设等具体问题，“既不能鼓励创新，甚

① 何海波．论行政行为“明显不当”［J］．法学研究，2016（3）：84.

② 周汉华．网络法治的强度、灰度与维度［J］．法制与社会发展，2019（6）：69.

至阻碍了创新，也无法继续发挥有效的监管作用”[①]。本案正是发生在网约车刚兴起时，相关法律规定匮乏，法院判决对其发展会产生很大的影响。由于《网络预约出租汽车经营服务管理暂行办法》案发时还没颁布，所以陈某的行为在当时确实属于非法营运，那么法院究竟应如何处理呢？

作为数字经济新业态，相比于传统的出租车，网约车的服务更优质、更高端、更人性化，很少出现传统出租车存在的诸如拒载、议价、宰客、绕路等问题，更能满足现在的市场需求，同时也得到了消费者的高度认同。寄望于市场放开、引入“鲶鱼”来促进行业升级、提高出行质量，是很多人对网约车持正面态度的根本原因[②]。正如一审法院所认为，当一项新技术或新商业模式出现时，基于竞争理念和公共政策的考虑，不能一概将其排斥于市场之外，否则经济发展就会渐渐缓慢直至最后停滞不前。然而，网约车这种客运行为与传统出租汽车客运经营一样，同样关系到公众的生命财产安全，关系到政府对公共服务领域的有序管理，所以网约车的运营同样需要有效监管。行政机关应当全面、恰当地判断违法行为的情节和社会危害性，增强监督管理的科学性和合理性，更加有效地保护公民合法权益，保障公共安全。再审法院最终认为，《网络预约出租汽车经营服务管理暂行办法》的出台，正是兼顾了社会创新发展需求和依法监督管理需要。原审法院的判断符合被诉处罚决定作出时客运服务业态发展的客观情况，以及社会公众的普遍认知。

本案判决对于未来高质量解决数字经济新业态纠纷，无疑具有重要示范意义。优化数字经济新业态的营商法治环境，需要立法机关、行政机关、司法机关等多个部门协同合作。对于立法者而言，一方面应及时修改、废止不适应数字经济发展的行政法规、规章、行政规范性文件，避免用老办法管理新业态；另一方面，应及时制定新法律，对数字经济新兴权利和法益予以及时确认，对新业态发展过程中出现的突出新问题及时进行专门立法。对于行政机关而言，对于新业态应进行包容审慎监管，“包容”要求政府不轻易实施监管，应给予新事物一定的发展时间与空间，能够容忍“差异”和允许“试错”，以最大程度地保障市场创新；“审慎”要求政府在必要时，根据公共风险的大小进行不同强度的适度监管。对于法院而言，既要依据现行有效的法律规定审查被诉行政行为的合法性，同时也要充分考虑科技进步激发的社会需求、市场创新等相关因素，作出既符合依法行政的当下要求，又为未来的社会发展和法律变化留有

① 分享经济发展报告课题组．中国分享经济发展报告：现状、问题与挑战、发展趋势［J］．电子政务，2016（4）：18.

② 周人杰．期待“专车第一案”力破打车难［N］．人民日报，2015 年 3 月 24 日第 5 版；苑广阔．全国“专车第一案”的意义［N］．检察日报，2015 年 3 月 18 日第 6 版．

适度空间的司法判决。

四、教学预期效果

预计学生将熟练掌握过罚相当原则的内涵和判断标准、如何运用比例原则分析行政处罚是否违反过罚相当原则、法院对违反过罚相当原则的处罚的审查强度、优化数字经济新业态营商法治环境的路径等理论知识，全面提升实践能力和执业技巧。

五、课堂教学安排

本案例可以作为专门的案例教学课和模拟法庭课来进行，整个案例课的课堂安排6个课时，每课时45分钟。教学形式包括分组讨论、开展模拟法庭、观摩视频、文献研读、教师归纳总结等形式。

六、思考与实践题

1. 过罚相当原则和罪行相适应原则有什么区别与联系？

2. 如何防止过罚相当原则被行政机关滥用？

3. 法院应如何审查违反过罚相当原则的行政处罚？如何保持适度的司法尊让？

4. 如何更好地运用比例原则判断行政处罚是否过度？

5. 面对数字经济新业态，如果法律规定滞后或存在漏洞，行政机关如何行使行政裁量权？

6. 法院如何判决以更好地平衡权利保障和数字经济发展的关系？

7. 作为原告陈某的代理律师，请为其撰写行政起诉状。

8. 作为被告J市客运管理中心的诉讼代理人，请为其撰写行政诉讼答辩状。

9. 邀请法官、律师等曾经办过类似案件的实务界人士，开展法律实务论坛。

10. 试模拟本案的庭审现场。每位同学从原告、原告代理律师、被告、被告代理人、法官、书记员、法警等角色中，选取一个角色，开展模拟法庭活动。

参考文献

[1] 应松年，刘莘．行政处罚法理论与实务［M］．北京：中国社会出版社，

1996：31.

［2］梁凤云．行政诉讼法司法解释讲义［M］．北京：人民法院出版社，2018：132.

［3］杨登峰，李晴．行政处罚中比例原则与过罚相当原则的关系之辨［J］．交大法学，2017（4）．

［4］周汉华．网络法治的强度、灰度与维度［J］．法制与社会发展，2019（6）．

［5］何海波．论行政行为“明显不当”［J］．法学研究，2016（3）．

［6］熊樟林．论《行政处罚法》修改的基本立场［J］．当代法学，2019（1）．

［7］刘权．行政判决中比例原则的适用［J］．中国法学，2019（3）．

［8］周红耕，王振宇．比例原则在司法审查中的应用［J］．人民法院报，2001－4－22.

［9］周人杰．期待“专车第一案”力破打车难［J］．人民日报，2015－3－24.

案例 11

谢风华诉中国证监会行政处罚案

——利用信息优势操纵市场行为的认定*

（民事诉讼实务）

利用信息优势操纵市场的行为是2017年以来中国证监会的一项执法重点，但相应的法律依据较为原则化，执法机关的说理论证也仍然处于探索成形中。谢风华、蝶彩公司案罚没金额过亿元，又属于“有信息发布，无配合交易”的非典型形态的第一起案例，分析价值较大。

本案例分析围绕利用信息优势操纵市场行为的各要素展开，涉及的实体知识点包括利用信息优势操纵市场的基本分类、核心构成行为、不同参与主体的责任分配等，涉及的程序知识点包括行政处罚认定操纵行为时的证明标准、行政复议和行政诉讼对行政处罚的审查标准。

---

* 本案例由中央财经大学法学院副教授缪因知编写。

案例正文

一、行政处罚阶段

证监会2017年认定谢风华及其控制的蝶彩资管公司和上市公司恒康医疗实际控制人阙文彬“合谋，利用作为上市公司控股股东及实际控制人具有的信息优势，控制恒康医疗密集发布利好信息，人为操纵信息披露的内容和时点，未及时、真实、准确、完整披露对恒康医疗不利的信息，夸大恒康医疗研发能力，选择时点披露恒康医疗已有的重大利好信息，借市值管理名义，行操纵股价之实”。

该案中，当事人约定，阙文彬在证券公司委托2000万股股份设立定向资管产品，由蝶彩公司担任投资顾问，帮助阙文彬在20元/股以上的价位减持。最后阙文彬成功在此价位于2日内通过大宗交易如数减持，并向蝶彩支付了报酬。

处罚书称，蝶彩提供的市值管理方案包括：“建议恒康医疗加快战略转型；建议采取收购医院、安排行业研究员调研、安排财经公关和证券媒体采访等方式改善恒康医疗资本市场形象；建议恒康医疗‘加强’信息披露，将恒康医疗正在做的对股价有提升的项目向市场披露来进行‘市值管理’”。这些建议的确未必导致公司硬实力的提升。证监会也因此称市值管理方案“本质即是提升恒康医疗股价，而非系统全面地提升恒康医疗价值”。

证监会决定：“一、没收蝶彩资产违法所得48580000元，并处以97160000元罚款；二、对谢风华给予警告，并处以60万元罚款；三、没收阙文彬违法所得3041068元，并处以3041068元罚款。对谢风华采取终身证券市场禁入措施，即不得从事证券业务或者担任上市公司董事、监事、高级管理人员职务。”

二、行政复议阶段

蝶彩和谢风华申请行政复议、请求撤销本案行政处罚，主要理由为：

一是行政处罚认定事实不清、证据不足。从客观方面分析，本案将申请人的市值管理建议认定为操纵股价行为，缺乏法律依据和事实依据。从客体方面分析，申请人的市值管理服务未破坏证券管理制度或侵犯投资者合法权益。从主观方面分析，本案认定申请人、谢风华、阙文彬具有操纵恒康医疗股价的主观故意事实不清、证据不足。

二是行政处罚适用法律和事实依据错误。本案关于主次责任的认定错误，恒康医疗和阙文彬作为信息披露义务人及其实际控制人，应当负主要责任。此外，本案仅以阙文斌减持的2200万股股票作为认定其违法所得的基数，而非以其持有的全部股票的获利来计算违法所得，导致其违法所得数额认定错误。

三是行政处罚违反法定程序。被申请人未全面、客观、公正地调查，收集证据，有关操纵股价的主体方面、主观方面、客观方面的证据不足或存在矛盾。被申请人滥用推定原则，在证明申请人提出市值管理建议的目的、操纵股价的手段、股价变动的原因等方面未提供具体证明。此外，本案违反处罚时效的规定，本案违法行为终了之日为2013年7月4日，被申请人在2015年7月4日前未发现申请人涉嫌违法，不得再给予其行政处罚。

被申请人答复认为，行政处罚认定事实清楚，证据确凿，适用法律正确，程序合法，处罚适当，主要理由为：

一是对申请人违法行为的认定事实清楚，证据充分。申请人“市值管理”建议的本质是把恒康医疗股价拉升到20元/股的价位，属于典型的操纵股价行为。恒康医疗按照“市值管理”建议进行信息披露，导致股价异常上涨。从涉案期间恒康医疗股价涨跌幅等各方面来看，恒康医疗一系列利好消息影响了投资者预期，造成股价异常波动，破坏了证券管理制度。从协议由来、协议内容和相关各方具体行为三个角度判断，《研究顾问协议》的本质是提升恒康医疗股价，是以市值管理为名行操纵市场之实。

二是行政处罚适用依据正确。申请人、谢风华提出“市值管理”的各种建议和操纵股价的各种手段，在操纵过程中起主要作用，情节严重、影响恶劣，违法所得金额巨大。本案按照相关当事人约定的成本价格确定方式，认定的违法所得计算起止日及获利金额无误。

三是行政处罚程序合法。本案是合谋进行的信息型操纵案，申请人没有具体实施信息披露并不影响对其是操纵主体的认定。本案关于申请人提出市值管理建议的目的、通过操纵信息披露以操纵股价的手段、股价变动的原因等的证明明确，并未滥用推定。此外，本案违法行为终了之日为2013年7月4日，被申请人发现违法行为时间为2015年4月，立案调查时间为2015年5月18日，未超过2年处罚时效。

复议人证监会经查明，申请人、谢风华与阙文彬合谋，利用阙文彬作为上市公司控股股东及实际控制人的特殊身份，控制恒康医疗密集发布利好信息，人为操纵信息披露的内容和时点，未及时、真实、准确、完整披露对恒康医疗不利的信息，夸大恒康医疗研发能力，选择时点披露恒康医疗已有的重大利好信息，导致恒康医疗股票价格出现异常。阙文彬在恒康医疗股票被拉抬后，卖出恒康医疗股票获利。

故证监会认为，根据申请人与阙文彬签署的《研究顾问协议》等材料，申请人提出“市值管理”建议的最终目的是把恒康医疗的股价拉升到20元/股的价位，以便阙文彬在该价位减持恒康医疗股票。申请人提出的“市值管理”措施主要包括采取收购医院、安排行业研究员调研、安排财经公关和证券媒体采访等方式改善恒康医疗资本市场形象；加强信息披露，将恒康医疗正在做的对股价有提升的项目向市场披露来进行市值管理。从恒康医疗在涉案期间披露的收购三家医院、“DYW101”项目和“独一味”牙膏等事项来看，阙文彬采纳了申请人提出的“市值管理”建议，相关信息披露时点与阙文彬的减持操作相匹配，且存在未完整、准确披露信息的情况。从相关信息披露的影响结果来看，相关利好信息的披露对股价产生明显有利的即时影响。因此，申请人提出“市值管理”建议并由阙文彬、上市公司具体实施的行为，在主观目的、客观行为、影响后果等方面构成利用信息优势操纵股价的情况，认定申请人操纵市场并无不当。在申请人与阙文彬主次责任的认定问题上，申请人通过向阙文彬提出“市值管理”的各种建议以及操纵市场的各种手段，在操纵恒康医疗的整个过程中发挥了出谋划策、统筹布局的主要作用，且其获利巨大，影响恶劣，认定申请人发挥主导作用、承担主要责任并无不当，同时本案关于申请人与阙文彬各自违法所得的计算准确。此外，本案处罚决定较为全面地就申请人与阙文彬共同实施操纵市场违法行为的主观和客观方面进行了论证，提出了相关证据，认定事实清楚，证据充分，决定维持行政处罚。

三、行政诉讼一审

谢风华又对此提起行政诉讼，要求撤销行政处罚。

北京市第一中级人民法院一审认为：根据《证券法》第七十七条第一款之规定可知，操纵证券市场的行为主要是通过对相关信息进行积极的“虚构”或消极的“隐瞒”，非正常影响到证券的价格和量，阻碍价格真实形成，进而侵犯证券交易市场的正常运行机制和投资者的合法权益。一般而言，操纵证券市场行为的认定可从以下两点予以把握：一是行为人客观上实施了可能影响证券交易价格或者证券交易量的行为；二是行为人主观上具有操纵证券交易价格或者证券交易量的意图。

关于行为对证券交易价格或者证券交易量产生影响的可能性，一审判决认为：考虑到证券市场的价格形成往往是多个因素促成的结果，且各个因素作用在各个价格形成阶段的比重各有不同，精确判断要素作用发挥程度及大小几无可能。一审法院允许处罚机构有高度的裁量权，认为这可由证券执法人员根据证券市场有关状况或证券市场发展规律，依据普遍的经验法则和证券市场常识予以判断。需要指出的是，客观性的价量变动并非必要条件，而仅仅是判断行为本身具有影响的佐证。而关于操纵意图，一方面可以通过当事人的陈述、证人证言或是相关书证直接予以证明，另一方面也可以通过其实施的违法、异常行为进行推定。

关于客观影响方面，本案中，中国证监会认定恒康医疗在操纵期间实施了三则信息披露行为。从内容来看，上述信息均属于重大利好消息，披露时点较为密集。一审判决认为：从普遍的经验法则和证券市场常识可以判断，上述信息披露行为会影响到恒康医疗的股价，促进其股价的提升。从客观效果来看，在涉案期间，恒康医疗的股价涨幅明显优于同期中小板综指和同期深证医药行业指数。由此可以认定，恒康医疗的信息披露行为具有影响证券交易价格的可能性，而且事实上也产生了实际影响。

在主观意图方面，行为人是否具有操纵证券交易价格或者证券交易量的意图，这一点需结合有关证据和行为来予以考量。

在证据上，一审判决认为主要应考量其中是否存在能够直接反映操纵意图的内容，在本案中，中国证监会提供了询问笔录、《研究顾问协议》《资产管理合同》等证据材料。值得注意的是，行政诉讼判决书比行政处罚书和复议书提供了更多的证言等信息材料的细节。

其中，阙文彬在其询问笔录中陈述，其因为需要卖一部分股票获取资金，通过中间人林世喜找到谢风华帮忙做大宗减持，股票减持的具体操作都由蝶彩资产负责，费用是按照减持总价的一定比例收取的。林世喜在其询问笔录中陈述，阙文彬想卖一部分恒康医疗的股票，让其帮忙把把关，看谢风华是否可以做这个项目。当时公司的股票价格是十几块钱，谢风华表示可以做股票减持的项目，通过合法合理的市值管理展示公司的价值，其手上也有一些并购资源，可以推荐给上市公司通过运行收购、向机构投资者沟通推荐股票等形式体现公司价值，实现较高价格减持股票。最后其和谢风华确定一定要把股价达到 20 元/股，管理费的比例确定为股票减持总金额的 12.5%。其认为谢风华在 2013 年 5 月至阙文彬 7 月减持股票的过程中对于恒康医疗股票上涨起到很大的促进作用。饶进在其询问笔录中陈述，谢风华向其介绍了市值管理的方式、理念，即投行驱动价值、事件驱动价值，表示他以及他的社会资源可以通过收购等事项驱动，做好公司股价，实现市值管理目标，便于阙文彬减持股份。期间，谢风华与林世喜谈过后，对恒康医疗进行了研究，给其写了一封信，大意是恒康医疗负面信息较多，外界普遍认为阙文彬不做实事，要高价减持股票难度较大，公司应当采取提升企业价值的事项把股价提升起来。其认为，谢风华和蝶彩资产在顾问协议的事项中主要发挥了两方面的作用：一是“出主意”，为公司股价提升提出建议和活动，比如介绍收购标的给公司；二是向投资机构推荐公司股票。此外，根据《研究顾问协议》的记载可知，阙文彬将其 2000 万份股票作为委托资产进行减持管理，并聘请蝶彩资产为投资顾问机构，其中约定委托资产的股价在不低于 20 元/股的前提下进行减持。若委托期间，上市公司出现利润分配、配股、增发或者资本公积金转增股本时，需要在除权公告后的 3 个交易日内相应调整最低减持价格，委托人和管理人及研究顾问另行约定减持的基准股价。该《研究顾问协议》还约定，若委托资产符合本合同约定的减持条件的，而阙文彬不减持或者部分减持的，则视为研究顾问完成了全部顾问服务。而顾问服务期限同定向计划的委托管理期限。根据《资产管理合同》的记载可知，该定向资产管理业务委托期限为 1 年，从资产委托起始日计算。研究顾问费 = 每日减持成交金额 ×12.5% - 管理费 - 托管费 - 证券交易费用。一审判决认为，综合上述证据可知，阙文彬因投资产生资金需求，需要在短期内通过减持股票获得资金，最终选择了蝶彩资产提供的研究顾问服务，以此来实现在较高价位上减持股票的目标。

在行为上，其操纵意图主要体现在信息披露的内容与时点两个方面，即通过控制信息披露的内容与时点来误导投资者形成错误的市场判断。因此，在考量信息披露行为背后是否具有操纵意图时，可从其信息披露内容与时点的异常性、违法性来判断，即考量该行为是否有人为控制的情形。

具体而言，中国证监会认定恒康医疗在操纵期间实施了三则信息披露行为，一审判决书指出第一项披露涉及上市公司在收购资产时未披露对项目介绍人支付 3000 万元补偿款，由于处罚书给出的证据不足，一审判决认为不构成操纵市场的情节。

第二项是 2013 年 6 月恒康医疗公告称其全资子公司上海独一味协作研发完成了“DYW101”项目第一阶段研究。证监会认为，“DYW101”项目实际由四川恒康发展公司子公司上海津曼特生物科技公司进行。上海独一味不具备产品研发的条件和能力，其仅为名义参与方。该公告夸大了上海独一味的研发能力，误导投资者，有利于提升恒康医疗股价。

然而，真正的研发方津曼特若还是属于上市公司的旗下公司或关联公司，则对投资者的误导极为有限。所以，这些市值管理建议即便不能有效改善公司形象以外的内在价值，也不必然等于构成违法。和证监会一样，法院高度关注蝶彩和阙文彬约定的 20 元/股的减持目标价位，这背后潜在的法理可能涉及反操纵法对升降、固定特定股价的敏感，但着眼点仍然应该是相关一系列行为，而非价格设定本身。和行政处罚书一样，行政诉讼判决书指出了提出市值管理方案到减持期间，公司股价上涨幅度明显高于板块指数和行业指数，但这也可能是公司外部形象合法正面改善的结果，不能作为认定违法的独立证据，而只能在已经认定存在违法影响价格的行为的前提下，作为认定其影响力的证据。

值得称道的是，一审判决书改变了该案处罚书中对不当信息发布行为的表面化罗列，抓住了信息型操纵中的配合交易情形的关键地位，以较大篇幅论证了处罚书列举的第三项研发信息的迟延披露的具体情形，指出披露时间应该以公司获得实质的实验结果，而非获得实验报告定稿（两个时点相差两个月）为准，实际披露时间与上市公司大股东的密集减持时间存在配合，并由此认定“人为操纵信息披露的内容和时点，密集发布利好信息”，可推定操纵意图。

一审判决认为，中国证监会依法调取了相关证据。在作出处罚决定之前，预先告知了拟作出处罚决定的事实、理由、依据及蝶彩资产享有的陈述、申辩权利，并依据蝶彩资产的申请举行听证会，听取了蝶彩资产的陈述申辩意见，处罚程序合法。中国证监会在受理蝶彩资产提出的行政复议申请后，依法要求蝶彩资产补正申请材料，并在法定期限内作出复议决定，复议程序合法，且蝶彩资产亦明确表示对于被诉处罚决定和被诉复议决定作出程序的合法性不持异议，一审法院对此依法予以确认。

综上，一审判决驳回蝶彩资产要求撤销处罚的诉讼请求。

四、行政诉讼二审

蝶彩资产不服一审判决，提起上诉。诉称：（1）一审法院认定“本案客观上存在操纵证券市场的违法行为”事实不清，证据不足。从信息型操纵证券交易价格的违法行为构成来看，主观方面要求行为人的主观状态只能是“故意”，“过失”不能构成，一审判决认定本案存在明显的操纵意图，证据不足。（2）一审法院认定上诉人参与了涉案操纵证券市场的行为事实不清。信息披露是市值管理中价值创造的重要一环，上市公司通过真实、准确、完整和及时的信息披露，可以提高公司透明度，降低投资者的风险预期，提高公司价值。上诉人为恒康医疗提供服务，不是短期帮助其高价减持，而是长期提供咨询服务。且上诉人不具有信息优势，没有参与涉嫌违法信息的披露，更没有指使他人实施违法信息披露行为。因此，请求撤销一审判决，依法改判，支持上诉人的全部诉讼请求。

中国证监会答辩认为：蝶彩资产、谢风华与他人谋划利用作为上市公司股东及实际控制人的信息优势，密集发布利好信息，人为操纵信息披露的内容和时点，借“市值管理”之名行操纵股价之实，通过一系列信息披露的综合起效，客观上误导了投资者，影响了恒康医疗的股价，实现了阙文彬高价减持恒康医疗的目的。在主观方面，蝶彩资产、谢风华与阙文彬签订《研究顾问协议》确定高价减持股票合作关系，并约定顾问费用按照减持金额的12.5%计提，存在拉抬股价并减持获利的动机和利益基础。在客观行为方面，蝶彩资产、谢风华向阙文彬提出“市值管理”建议，阙文彬采纳了建议并实施了相应的行为，共同完成了操纵行为。在结果方面，操纵期间恒康医疗股价累计上涨 24.86%，明显异常，阙文彬成功以 20 元/股均价减持并支付蝶彩资产研究顾问费 4858 万元。请求驳回上诉，维持一审判决。

北京市高级人民法院二审认为，经审理查明的事实与一审判决认定的事实一致。根据《行政诉讼法》第八十七条的规定，法院审理上诉案件，应当对原审法院的判决和被诉行政行为进行全面审查。本案被诉处罚决定和复议决定涉及证券监管行为的合法性，法院理当通过裁判文书阐明事理、释明法理、讲明情理，展示对被诉行政行为合法性的审查情况，提升裁判过程和结论的合法性、正当性和可接受性。同时，根据不同审级的特点和规律，裁判文书说理也应当繁简分流，一审裁判文书应强化释法说理，以提升在定分止争方面的有效性，二审裁判文书既要体现对被诉行政行为和一审判决的全面审查，也要避免与一审裁判文书在说理上不必要的重复，针对一审判决已经全面回应当事人诉讼意见、详尽阐述裁判理由，且理由并无不当，诉讼双方又无新证据、新理由的，可以简化释法说理。

本案中，被诉处罚决定认为蝶彩资产违反了《证券法》的规定，构成操纵证券市场行为。一审法院在梳理本案涉及的法律规范并总结当事人争议焦点的基础上，围绕本案是否存在操纵市场的违法行为以及上诉人是否应当承担责任两个方面展开说理，其中对上诉人参与实施操纵市场违法行为的分析，遵从主客观相结合的原则进行了认定，并结合上诉人的一审诉讼请求和主张进行了详尽说理。这些方面，涵盖了法院对被诉行政处罚进行合法性审查的方面，也回应了上诉人所提出的诉讼请求和理由，既有实体方面，也有程序方面，既有事实认定方面，也有法律适用方面，以法理和情理相结合的方式对被诉行政处罚合法性进行了评价。法院经审查认为，一审判决对被诉行政行为合法性的审查和评价，说理充分、结论正确，予以确认。上诉人提出的上诉主张和理由，没有超出一审程序中提出的主张和理由，一审判决对这些主张和理由均已作了详尽的分析和回应，且释法说理并无不当，二审不再进行重复说理。

综上，判决驳回上诉，维持一审判决。

案例使用说明

一、教学对象及目标

本案例供法律硕士案例教学使用，法学本科大四学生、法学硕士生（民商法、经济法、行政法）、法学博士生均可参酌使用。

本案例希望令学生充分了解利用信息优势操纵市场的行政责任的认定。

具体需要学生掌握的法律适用问题包括：操纵市场行为的违法本质与作用机理、利用信息优势操纵市场的分类方式、利用信息优势操纵市场的核心构成行为、上市公司及其实际控制人和外部人在此类操纵市场行为中的作用和责任分配，特别是市值管理与操纵市场可能的关联。

可以拓展思考的深层次和一般性的法律问题包括：操纵市场的行政处罚中的主观证据和客观证据的运用，行政诉讼中应当如何依法评价执法者对一项违法行为的认定。

二、教学内容

结合案情，具体需要完成的教学知识点和要解决的法律问题包括：

（一）法律适用问题

1. 操纵市场行为的违法本质是什么？是欺诈，还是不当控制市场？
2. 操纵市场的作用机理是什么？
3. 信息型操纵和真实交易型操纵、虚假交易型操纵的异同。
4. 利用信息优势操纵市场和编造虚假信息操纵市场的异同。
5. 结合信息发布和配合交易的关系，如何对利用信息优势操纵市场予以分类？
6. 利用信息优势操纵市场的核心构成行为是不当的信息发布行为吗？
7. 上市公司及其实际控制人和外部人在此类操纵市场行为中的作用和责任分配为何，谁应该承担主要责任？
8. 上市公司市值管理与操纵市场的异同与关联。

（二）拓展思考的法律问题

1. 操纵市场的行政处罚中的主观证据如何运用？主观证据除了当事人获利的意图、动机外，是否应当包括当事人故意通过实施涉案行为来操纵证券交易价格或交易量的计划、方案等？

2. 操纵市场的行政处罚中的客观证据如何运用？涉案证券的价量变化走势或幅度与可比指数或其他证券不同，本身是否足以作为认定操纵存在的独立证据？

3. 行政诉讼中应当如何依法评价执法者对一项违法行为的认定，特别是执法者对证据使用的裁量权应当在多大程度上接受或不接受司法审查？

三、教学预期效果

1. 令学生对一项具体的操纵市场行为产生感性认识，对操纵市场的行为与操纵后果之间应有的变化产生理性认识。

2. 令学生掌握上市公司信息披露的模式以及利用信息优势实施操纵的可能性与事实认定。

3. 令学生思考合法合理的证券行政处罚应当如何结合主客观证据来判定一项违法行为。

四、教学计划

1. 操纵市场行为的认定和分类

【教学法条】《证券法》第七十七条（新《证券法》第五十五条）、证监会《证券市场操纵行为认定指引（试行）》

【教学内容】

（1）操纵市场行为的认定与分类。

（2）信息型操纵市场行为的认定与分类。

（3）利用信息优势操纵市场行为的认定与分类。

延伸阅读：对比 2019 年 7 月起施行的最高人民法院、最高人民检察院《关于办理操纵证券、期货市场刑事案件适用法律若干问题的解释》对信息型操纵的分类。

【需回答的本案争点】

本案应当被界定为何种操纵行为，其构成要件为何？

2. 利用信息优势操纵市场行为认定中的客观证据

【教学法条】《证券法》第七十七条（新《证券法》第五十五条）、证监会《证券市场操纵行为认定指引（试行）》

【教学内容】

（1）认定不正当的信息发布行为的标准。

（2）信息型操纵中的不正当的信息发布行为与虚假陈述行为的异同。

【需回答的本案争点】

（1）本案处罚书认定的三项不正当信息发布行为，有一项在行政诉讼中被法院认为不成立，其认定的法律标准为何？

（2）本案行政诉讼一审判决书重点指出蝶彩2013年5月时曾要求7月底前落实一个收购项目，请分析这与认定蝶彩构成操纵市场行为的关联。

3. 利用信息优势操纵市场行为认定中的主观证据

【教学法条】《证券法》第七十七条（新《证券法》第五十五条）、证监会《证券市场操纵行为认定指引（试行）》

【教学内容】

（1）认定一般性的操纵市场行为或认定利用信息优势操纵市场行为必须结合主观证据。

（2）认定一般性的操纵市场行为或认定利用信息优势操纵市场行为的主观证据不只当事人希望获利的动机。

（3）能否以当事人刻意密集发布信息作为认定具有操纵意图的证据？

【需回答的本案争点】

认定本案当事人构成操纵行为的主观证据是否充分？

4. 利用信息优势操纵市场行为中的责任分担

【教学法条】《证券法》第七十七条（新《证券法》第五十五条）、证监会《证券市场操纵行为认定指引（试行）》

【教学内容】

（1）“内外勾结”型信息操纵行为的主体。

（2）作为法定披露义务人的上市公司的责任。

（3）上市公司实际控制人的责任。

（4）外部交易者和外部市值管理人的责任：

①“出谋划策、统筹布局”者与“认可、吸收并实际采纳”者的行为责任分担。

②外部主体能否被认为是上市公司雇佣、委托的代理人，从而必然是非主要主体？

③当事人获利的多寡能否作为责任主次分担的依据？

（5）类似处罚案例对比：安硕信息案、宏达新材案、鲜言案、阜兴等案。

【需回答的本案争点】

（1）上市公司及实控人“把蝶彩资产提出的‘市值管理’建议内化为切实可行的具体方案”，则责任应当如何承担？

（2）本案行政诉讼一审判决书称蝶彩“客观上确实参与了”操纵，这一认知与处罚书的认知是否一致？

五、课堂教学安排

本课程内容曾经在中央财经大学法学院法律硕士经济法疑难案例课程中试行，可安排 3 个课时。如果教师希望对操纵市场和行政处罚诉讼的原理作更多阐述，可以安排 6 个课时。

1. 课前准备。本案涉及复杂证券交易和前沿学术理论，教师和学生都需要具有一定的证券法律知识，才能理解法律关系中的疑难点，推荐安排学生事前阅读判决书和参考文献。

2. 课中组织。建议由教师首先阐述基本案情，再提出问题，引导学生对案情结构予以思考。若学生中出现不同意见，可由教师对争点和意见进行归纳。

学生回答出现错讹时，教师可以予以启发。学生回答在正确的路径上时，教师可以施加压力，增加辩驳，以令学生增进正反理解。

六、思考题和实践题

1. 上市公司合规方面的思考题

（1）本案当事人为何认为其约定的方式能实现高位减持大量股票的作用，其方案的作用原理为何？

（2）市值管理人在提出加快转型、收购资产、改善形象、加强披露等一般性建议时，避免被认定为操纵市场者的合法性边界为何？

2. 行政处罚执法方面的思考题

（1）本案当事人顺利实现了高位减持大量股票的目的，这完全是操纵市场的误导性结果吗？

（2）行政处罚书和行政诉讼判决书均强调涉案市值管理建议的本质是提升股价，

而非系统全面地提升恒康医疗的价值。然而证券市场常年、普遍存在着价格和价值的背离。若通过公关手段改善企业的形象，从而提高证券的价格，一定是违法或欺诈性的吗？

3. 行政诉讼司法方面的思考题

（1）本案行政复议决定书是否只是简单重复了行政处罚书的内容与论证思路？若否，其从哪些角度提供了新的事实、提出了新的论证？

（2）本案行政诉讼判决书是否只是简单重复了行政处罚书的内容与论证思路？若否，其从哪些角度提供了新的事实、提出了新的论证？

（3）本案二审判决书提出“根据不同审级的特点和规律，裁判文书说理也应当繁简分流”，其对此是如何体现的？你对此如何评价？

（4）如果你是原告或被告的代理人，你能否提出新的论证理由？

4. 实践题

（1）阅读涉案上市公司恒康医疗在涉案期间的相关信息披露文件。

（2）查询涉案上市公司恒康医疗在涉案期间的股价变化，分析在不同时段的涉案信息披露与股价变化之间可能的关联。

参考文献

[1] 汤欣．操纵市场行为的界定与《证券法》的修改建议［J］．中国金融，2004（19）．

[2] 汤欣，高海涛．操纵市场行政处罚案例全景观察［M］//黄红元．证券法苑（第十八卷）．北京：法律出版社，2016.

[3] 汤欣，高海涛．证券市场操纵行为认定研究［J］．当代法学，2016（4）．

[4] 缪因知．期货操纵和欺诈致损计算规则研究［M］//黄红元．证券法苑（第十五卷）．北京：法律出版社，2015.

[5] 蔡奕．证券市场短线操纵的界定与规制法律难点分析［M］//郭锋．金融服务法评论（第二卷）．北京：法律出版社，2011.

[6] 缪因知．信息型操纵市场行为执法标准研究［J］．清华法学，2019（6）．

[7] 陈煜．证券信息操纵行为法律规制之比较研究［M］//黄红元．证券法苑（第十一卷）．北京：法律出版社，2014.

[8] 蔡奕．信息型操纵基本法律范畴分析［M］//黄红元．证券法苑（第十八卷）．北京：法律出版社，2016.

[9] 徐瑶．信息型市场操纵的内涵与外延 [M]//黄红元．证券法苑（第二十一卷）．北京：法律出版社，2017.

[10] 高海涛．试论信息型操纵的违法性及防控对策 [M]//黄红元．证券法苑（第二十二卷）．北京：法律出版社，2017.

[11] 陈晨．证券市场信息型操纵认定难点及监管对策研究 [J]．证券市场导报，2017（8）．

[12] 马婧妤．"伪市值管理专家"谢风华落马记 [J]．上海证券报，2017-9-8.

相关司法执法文书

中国证监会处罚决定书（蝶彩资产管理（上海）有限公司、谢风华、阙文斌）〔2017〕80号

中国证监会市场禁入决定书（谢风华）〔2017〕20号

中国证监会行政复议决定书（蝶彩资产管理（上海）有限公司）〔2017〕167号

中国证监会行政复议决定书（谢风华）〔2017〕168号

谢风华诉中国证监会案判决书，（2018）京01行初77号，（2019）京行终2328号

同类案例

中国证监会处罚书（何思模）〔2018〕36号

案例 12

城东公司与定安县政府土地纠纷案*

（行政诉讼实务）

本案例是一起真实的行政诉讼案件，涵盖一审、二审、再审三种行政诉讼程序。其涉及的知识点与职业技能主要包括正当程序原则、行政诉讼原告及其代理人如何提起诉讼、行政诉讼被告及其代理人如何应诉、行政诉讼举证责任倒置规则、确认违法判决的适用条件、确认违法判决与撤销判决的关系、责令采取补救措施判决的正确运用、申请再审人及其代理人如何申请再审等方面。作为一起历经三级法院审理的典型土地纠纷行政案件，本案例具有重要的教学价值、研究价值与参照价值。

* 本案例由中央财经大学法学院讲师刘权编写。

案例正文

申请再审人：定安城东建筑装修工程公司（以下简称城东公司），被申请人：海南省定安县人民政府（以下简称定安县政府），原审第三人：中国农业银行定安支行。

城东公司不服定安县政府收回国有土地使用权及撤销土地证，向人民法院提起行政诉讼。2008 年，原海南中级人民法院（现为海南省第一中级人民法院）作出（2008）海南行初字第 69 号一审行政判决，城东公司不服上诉。同年，海南省高级人民法院作出的（2008）琼行终字第 159 号二审行政判决，城东公司仍不服，遂申请再审。2011 年，最高人民法院作出（2011）行监字第 91 号行政裁定，决定提审。2014 年 3 月 10 日，最高人民法院作出再审判决。

一、本案一审情况

（一）一审认定的事实

原海南中级人民法院经审理查明认定以下事实：

1994 年 9 月 10 日，定安县建设委员会（以下简称县建委）就定城人民北路东横街排水和路面建设工程与城东公司签订《工程承包合同》。后因县建委拖欠城东公司工程款 80.472 万元，县政府同意在该县塔岭工业开发区划出 10 亩土地作为补偿。1995 年 10 月 27 日，县政府根据城东公司递交的《关于给人民北路东横街续建工程重新调整补偿用地问题的请示》，作出定府函（1995）117 号《关于重新调整城东建筑装修工程公司补偿用地的批复》，决定在见龙路旁以每亩 8 万元的价格重新调整 10 亩土地给城东公司。

1995 年 12 月 8 日，定安县土地管理局（以下简称县土地局）给城东公司颁发第 14 号《建设用地规划许可证》。同月 27 日，县政府作出定府（1995）299 号《关于出让国有土地使用权给定安城东建筑装修工程公司的决定》，将位于塔岭开发区东北侧的 6706 平方米土地，以总价款 80.472 万元，出让给城东公司作为建设用地。随后城东公司与县土地局签订《国有土地使用权出让合同》。

1995 年 12 月 28 日，城东公司就出让所得 6706 平方米土地申请登记发证，但其填报申请土地登记时未写明土地用途，县土地局在审核过程中亦未在《地籍调查表》《土地登记审批表》等文书上载明土地用途。1996 年 1 月 22 日，县政府根据城东公司的申请和县土地局的审核，在城东公司缴纳土地登记费后，给该公司颁发了定安国用（96）字第6号《国有土地使用证》（以下简称第6号国土证）。此后，城东公司在该宗土地上开办了水泥预制厂。2001年11月9日，城东公司以该宗土地作为抵押物向定安支行贷款，并在定安县建设与国土环境资源局（原县土地局）办理抵押登记。

2004年1月4日，县政府以城东公司土地闲置为由，在《海南日报》发布公告，拟无偿收回城东公司第6号国土证项下的土地使用权，但县政府并未实施无偿收地行为。2007年11月5日，县政府为落实塔岭规划新区城市规划用地的需要，作出定府（2007）112号《关于有偿收回国有土地使用权的通知》（以下简称112号通知），决定按原登记成本价80.6072万元有偿收回城东公司第6号国土证项下的土地使用权，并于11月8日送达城东公司。同年12月6日，县建设局（原定安县建设与国土环境资源局拆分为建设局、国土环境资源局）以海南省政府2007年1月27日已批准将城东公司受让的6706平方米综合公建用地调整为行政办公用地为由，决定撤销第14号《建设用地规划许可证》。同年12月7日，定安县国土环境资源局（以下简称县国土资源局）就有偿收回城东公司国有土地使用权事宜通知该公司和定安支行于12月11日举行听证会，城东公司没有参加听证。

2007年12月14日，县政府以城东公司申请土地登记发证未填写土地用途、县土地局在审核过程中亦未在《地籍调查登记表》《土地登记审批表》等有关文书上载明土地用途导致错误登记发证为由，告知城东公司拟撤销第6号国土证。同年12月29日，县政府作出定府（2007）150号《关于撤销定安国用（96）字第6号〈国有土地使用证〉的决定》（以下简称150号撤证决定），撤销第6号国土证。城东公司不服该决定，向原海南中级人民法院提起行政诉讼。

（二）一审判决

一审判决认为：涉讼土地是县政府1996年为抵偿工程款而补偿给城东公司并颁证的土地。县政府为公共利益的需要，可以有偿收回涉案土地使用权。但县政府112号通知决定按原抵偿价有偿收回其土地使用权，未考虑土地增值的因素，其收地行为显然是不适当的。

县政府在作出112号通知前，没有提出有偿收回国有土地使用权的方案，并存在先决定收回后举行听证的情形，违反法定程序。鉴于本案涉讼土地现已由县政府作为行政办公用地使用，撤销112号通知将会给国家利益造成损失，故不宜判决撤销而应确认违法。

申请土地登记时应在土地登记申请书上载明土地用途，但土地登记申请书未载明土地用途并不是注销土地登记的法定事由。因此，县政府以城东公司申请土地登记时未填写土地用途为由撤销第 6 号国土证没有法律依据。但撤销该行为无实际意义，故应确认 150 号撤证决定违法。

因此，一审法院作出判决：(1) 确认县政府作出的 112 号通知违法；(2) 确认县政府作出的 150 号撤证决定违法；(3) 责令县政府对收回城东公司国有土地使用权的损失采取补救措施。

定安县政府不服一审判决，提起上诉。

二、本案二审情况

海南省高级人民法院二审判决对一审判决认定事实予以确认，但认为城东公司自 1996 年 1 月取得争议土地后，未对该土地进行实质性的开发，只是在该土地上办了简易的水泥预制厂。2004 年 1 月，县政府根据争议土地闲置两年以上的事实，拟无偿收回争议土地。但为使城东公司合法权益不受损害，结合本案讼争土地已经海南省人民政府批准作为县政府行政办公用地的实际情况，县政府根据相关法律，作出有偿收回涉案土地的决定，其做法已经充分维护了城东公司的合法权益。

因此，县政府作出的 112 号通知认定事实清楚，适用法律正确，应予维持。县政府作出的 150 号撤证决定是对 112 号通知有关事宜的完善，撤销第 6 号国土证并不意味着城东公司的合法权益无法得到保护，其可依据 112 号通知就有偿收地具体方案与县政府协商。

据此，二审法院作出判决：(1) 撤销 (2008) 海南行初字第 69 号行政判决；(2) 驳回城东公司的诉讼请求。

三、本案再审情况

(一) 申请再审人诉称

申请再审人称，海南省高级人民法院判决的认定有悖法律与事实：(1) 涉案土地在 1996 年是一片尚未开发的土地，属工业商业住宅综合性建设用地。申诉人进行土地平整建水泥预制厂符合规划，已进行了实质性开发和利用。(2) 土地闲置两年以上不是事实。该土地抵偿给申诉人后就建了水泥预制厂从未闲置，不适用闲置土地法律规定，更不适用无偿收回，这也是被申诉人公告无偿收回后，又以公共利益为由有偿收回的原因所在。(3) 县政府为自己建设办公大楼，不能认定是“公共利益”。(4) “适当补偿”要根据市场评估定价。因此，海南高院（2008）琼行终字第159号行政判决适用法律错误，请求予以撤销。

（二）再审被申请人辩称

被申请人答辩称：(1) 城东公司闲置土地事实明确。按照县国土部门与城东公司签订的《国有土地出让合同》约定，城东公司应当在1997年12月20日前完成项目建设，而城东公司建设与规划不相符的水泥预制厂项目，明显违反《中华人民共和国城市规划法》第二十九条的规定，构成闲置土地。(2) 行政办公用地可以界定为“公共利益”。参照《国有土地上房屋征收与补偿条例》第八条规定，政府组织的市政公用等公共事业需要属于公共利益范畴。(3) 有偿收回土地的补偿标准并无不当。县政府以80.6万元的价格有偿收回涉案土地使用权，此价格与当时土地价格差距不大。城东公司在长达10年的时间里未对涉案土地进行实质开发建设，属于严重闲置土地行为，本可无偿收回土地，但考虑社会和谐，选择了有偿收回。闲置土地的增值部分不应由县政府承担，城东公司这种意图通过囤积土地待价而沽的行为也是不值得提倡的。

（三）原审第三人辩称

原审第三人答辩称：(1) 涉案土地已经办理抵押登记手续，取得他项权利证书，抵押权合法有效，抵押优先受偿权应受法律保护。(2) 定安支行是善意抵押权人，没有过错，若涉案土地使用权被收回，将导致抵押权消灭，显失公平，也对交易安全造成巨大风险。县政府应当基于公平原则维护银行抵押权。(3) 即使县政府112号通知和150号撤证决定合法，依照《中华人民共和国担保法》第五十八条、《最高人民法院关于适用〈中华人民共和国担保法〉若干问题的解释》第八十条，以及《中华人民共和国物权法》第一百七十四条之规定，定安支行也有从城东公司的土地补偿金中优先受偿的权利。(4) 县政府112号通知和150号撤证决定存在违法，且严重损害抵押权人的合法权益，依法应予撤销。请求支持城东公司的诉讼请求，维护定安支行的主债权和抵押权。

（四）事实异议与争议焦点

除以下三项事实外，各方当事人对原审判决认定主要事实均无异议，最高人民法院予以确认。

(1) 城东公司对原审判决认定其“申请土地登记发证时未填报土地用途”提出异

议，认为涉案土地是县政府因欠工程款抵债而来，应当由县政府办理，未填写土地用途不是该公司的错误。县政府辩称，涉案土地当时应当属于工业用地，但确实没有申报项目、没有规划，土地证上也未注明用途，未注明用途的原因不清楚。定安支行表示，对颁证过程不清楚。

最高人民法院认为，原审判决认定“申请土地登记发证时未填报土地用途”仅仅是一个事实陈述，各方当事人对此事实并无异议，未填写的过错责任不属于本案事实认定问题。因此，对原审判决认定的该项事实予以确认。

（2）城东公司对原审判决认定其未参加听证会的事实提出异议，称其代表提前10分钟到会场，但因会议室门未开，等了约一小时离开，并认为一审县政府提交的听证会记录是伪造的。县政府辩称：举证有听证会通知书、送达回证、会议记录等证据证明，已书面通知城东公司、定安支行参加听证会。定安支行到会，城东公司未到会。定安支行表示，参加听证会的人确是该行工作人员，但对听证会记录的真实性不予表态。

最高人民法院认为，根据一审县政府所举听证会通知书、送达回证及城东公司的陈述，可以认定事先通知城东公司和定安支行参加听证会；根据听证会会议记录和听证会签到单及定安支行对到会人员身份的认可，可以证明2007年12月11日就收回土地事宜举行听证会。城东公司认为听证会记录系伪造，没有提供相应证据证明，其抗辩理由不能成立。本院对原审判决认定的该项事实予以确认。

（3）县政府对原审判决认定城东公司取得土地证后在该宗土地上办了水泥预制厂的事实提出异议，认为没有证据证明该公司在涉案土地上建了水泥预制厂。城东公司辩称，公司营业执照及拆除前的现场照片可以证明建水泥预制厂的事实。定安支行认可城东公司的意见。

最高人民法院认为，城东公司2007年营业执照经营范围主营项目栏中有“室内外装修工程”和“建筑材料销售”的内容，现场照片可见与涉案土地相邻的楼房及空地堆放大量预制水泥管，两者与城东公司及定安支行的陈述相互印证，可以认定涉案土地上建有水泥预制厂的事实。县政府否定该项事实，没有提供充分证据，本院不予支持。

本案争议焦点主要有：一是被诉112号通知中收回土地使用权决定的合法性问题；二是被诉112号通知中行政补偿决定的合法性问题；三是150号撤证决定的合法性问题。

（五）再审判决

1. 112号通知中收回土地使用权决定的合法性问题

最高人民法院认为，县政府有偿收回涉案土地使用权，具有法定职权。但县政府在作出被诉112号通知之前，未听取当事人的陈述和申辩意见，事后通知城东公司和定安支行举行听证，违反“先听取意见后作决定”的基本程序规则。国务院《全面推进依法行政实施纲要》（国发〔2004〕10号）明确要求，行政机关实施行政管理要“程序正当”，“除涉及国家秘密和依法受到保护的商业秘密、个人隐私的外，应当公开，注意听取公民、法人和其他组织的意见；要严格遵循法定程序，依法保障行政管理相对人、利害关系人的知情权、参与权和救济权”。县政府作出112号通知前，未听取当事人意见，违反正当程序原则，本应依法撤销，但考虑到县政府办公楼已经建成并投入使用，撤销112号通知中有偿收回涉案土地使用权决定已无实际意义，且可能会损害公共利益，所以应当依法判决确认该行政行为违法。

2. 112号通知中行政补偿内容的合法性问题

最高人民法院认为，因公共利益需要使用土地收回国有土地使用权的，对土地使用权人应当给予适当补偿。县政府根据省政府批准的总体规划要求为建设县政府办公楼需要使用涉案土地，收回城东公司的土地使用权，应当依法给予“适当补偿”。所谓“适当补偿”应当是公平合理的补偿，即按照被收回土地的性质、用途、区位等，以作出收地决定之日的市场评估价予以补偿。

县政府按土地原成本价予以补偿于法无据。城东公司以收地决定违法，涉案土地使用权至今仍属于其享有为由，主张应以最终判决时的市场评估价予以补偿，其理由不能成立。本案收地决定属于违反程序，判决确认收地决定违法并未否定其法律效力。根据《中华人民共和国物权法》第二十八条规定，涉案土地使用权自收地决定生效之日已经发生物权转移的效力。考虑到涉案土地登记资料中“土地用途”栏系空白，结合当地土地交易市场情况，对涉案土地以使用年限最长、市场价值最高的“住宅用地”用途进行评估，有利于维护行政相对人的合法权益。鉴于县政府收回土地使用权行为违法，补偿价格明显不公，且收地决定作出后涉案土地升值较大，而当事人因不能以转让土地使用权方式及时偿还银行贷款，存在贷款利息损失，县政府在支付补偿款的同时，还应当支付自决定收回土地使用权之日起至实际支付全部补偿款之日的同期银行贷款利息。

3. 150号撤证决定的合法性问题

管理部门申请注销土地登记，而是以该公司持有的《国有土地使用证》未按《土地登记规则》第十一条规定载明土地用途，土地管理部门也未按《土地登记规则》第十四条规定全面审核并填写土地登记审批表，造成错误登记发证为由，作出 150 号撤证决定。当初未填写土地用途，并非城东公司的原因所致，本可以补正方式解决，县政府却以此为由撤销城东公司合法持有的《国有土地使用证》，属于滥用行政职权，依法应予撤销。考虑到涉案土地已经收回并建成办公楼投入使用，亦应依法确认该行政行为违法。

综上，112 号通知中收地决定行为违反法定程序，被诉 150 号撤证决定滥用职权，应当依法判决确认违法；112 号通知中行政补偿决定适用法律错误、违反法定程序，并显失公正，依法应予纠正。二审判决驳回原告诉讼请求错误，依法应予撤销。一审判决确认 112 号通知中行政补偿决定违法，并责令县政府对城东公司的损失采取补救措施，判决内容不具体，依法应予撤销和改判。城东公司申请再审理由部分成立，依法应予支持。原审定安支行对抵押物享有优先受偿权的主张成立，县政府在支付补偿款时应依法予以保护。

因此，经开庭审理，2014 年 3 月 10 日，最高人民法院最终作出如下再审裁判结果：

（1）撤销海南省高级人民法院（2008）琼行终字第 159 号行政判决。

（2）维持原海南中级人民法院（2008）海南行初字第 69 号行政判决第一项对定安县人民政府 2007 年 11 月 5 日作出的定府（2007）112 号《关于有偿收回国有土地使用权的通知》确认违法中有关收回国有土地使用权部分的内容；维持该判决第二项对定安县人民政府 2007 年 12 月 29 日作出的定府（2007）150 号《关于撤销定国用（96）字第 6 号〈国有土地使用证〉的决定》确认违法的内容。

（3）撤销原海南中级人民法院（2008）海南行初字第 69 号行政判决第一项确认定安县人民政府 2007 年 11 月 5 日作出的定府（2007）112 号《关于有偿收回国有土地使用权的通知》中有关“按成本价 80.6072 万元”对定安城东建筑装修工程公司进行行政补偿部分的内容。

（4）撤销原海南中级人民法院（2008）海南行初字第 69 号行政判决第三项责令定安县人民政府对收回定安城东建筑装修工程公司国有土地使用权的损失采取补救措施的判决；责令定安县人民政府自本判决送达之日起 15 日内一次性向定安城东建筑装修工程公司支付收回土地使用权补偿款 135 万元及同期银行贷款利息（贷款利息自 2007 年 11 月 5 日起计算，至本息实际支付完毕止）。

案例使用说明

一、教学对象及目标

本案例供法律硕士案例教学使用，法学本科生、宪法学与行政法学专业硕士研究生也可以参酌使用。

本案例不仅旨在使学生系统深入掌握正当程序原则的内容与价值、确认违法判决的适用条件等重要的知识点，还旨在使学生熟练掌握书写行政起诉状、提起行政诉讼、撰写代理词与答辩状、调查收集行政诉讼证据、申请再审等实务技能。具体要解决的问题主要包括：（1）正当程序原则的内容与价值；（2）行政诉讼原告及其代理人如何提起诉讼；（3）行政诉讼被告及其代理人如何应诉；（4）行政诉讼当事人及其代理人如何举证；（5）确认违法判决的适用条件；（6）责令采取补救措施判决的正确运用；（7）申请再审人及其代理人如何申请再审。

本案例教学的最终目标是：为未来潜在的行政诉讼当事人、律师、法官、代理人等提供知识与技能上的储备。

二、教学内容

1. 什么是正当程序原则？

正当程序原则起源于英国法中古老的“自然正义”（Nature Justice）原则。其核心内容包括两个方面：（1）任何人不能做自己案件的法官。行政机关工作人员处理涉及与自己有利害关系的事务时，应主动回避或应当事人的申请回避。（2）对他人作出不利决定时，应当说明理由、听取陈述和申辩。正当程序原则不仅可以避免滥用职权、遏制腐败现象，从而可以有效保护公民的合法权益，而且能够克服官僚主义、避免无效行政，从而可以有效提高行政效率。

我国国务院颁布的《全面推进依法行政实施纲要》《国有土地上房屋征收与补偿条例》等法规已明文规定了正当程序原则，但在法律层面还缺乏明确的规定。在司法实践中，田永诉北京科技大学案①、彭淑华诉浙江省宁波市北仑区人民政府工伤行政

① 北京市海淀区人民法院（1998）海行初字第142号。

复议案[①]、陈刚不服句容市规划局等城建行政命令案[②]等多个案例运用正当程序原则进行了裁判。可以预见，未来会有越来越多的法院运用正当程序原则判案。

在本案中，定安县政府明显违背了正当程序原则。定安县政府作出了 112 号通知，决定收回城东公司 6706 平方米的土地使用权，可以说对城东公司的权益造成了重大影响。然而，县政府在作出如此不利决定之前，并未听取当事人的陈述和申辩意见，事后才通知城东公司和定安支行举行听证，明显违反了正当程序原则的第二项内容。因此，最高人民法院在再审判决中，明确提出定安县政府“违反正当程序原则”。

2. 行政诉讼原告及其代理人如何提起诉讼？

立案登记制被认为有效解决了长期困扰行政诉讼的“立案难”问题。但是，要想快速顺利立案，并获得理想的行政裁判结果，掌握一定的起诉技巧是至关重要的。因此，在提起行政诉讼时，行政诉讼原告及其代理人应当注意以下几个方面：

（1）提出切实可行的符合规定的诉讼请求。如果诉讼请求提出不当，就可能面临败诉的后果。虽然我国没有像德国、法国等国家那样确立行政诉讼类型，但 2015 年最高人民法院发布的《关于适用〈中华人民共和国行政诉讼法〉若干问题的解释》第二条明确了九大类具体的诉讼请求，所以行政诉讼原告及其代理人应当依据此司法解释，结合本案件的具体情况，并且参照同类案件之前的裁判结果，提出准确有效的诉讼请求。

（2）在起诉期限内及时起诉。除非法律另有规定，自知道或者应当知道行政行为作出之日起 6 个月内应起诉。但不知道或应当不知道行政行为内容的，因不动产提起诉讼的案件，自行政行为作出之日起不得超过 20 年，其他案件不得超过 5 年。对于行政不作为案件，2 个月内（履行期限另有规定的除外）不履行法定职责的，应当在 6 个月内向人民法院提起诉讼。对于行政复议案件，不服复议决定或复议机关逾期不作决定，应当在 15 日内起诉（法律另有规定的除外）。

（3）必要时可投诉或飞跃起诉。行政诉讼原告及其代理人可以参照 2015 年最高人民法院发布的《行政诉讼文书样式》，书写并递交行政起诉状。对于不接收起诉状、接收起诉状后不出具书面凭证，以及不一次性告知当事人需要补正的起诉状内容的，可以向上级人民法院投诉；对于既不立案，又不作出不予立案裁定的，可以向上一级人民法院直接起诉。

---

① 浙江省宁波市镇海区人民法院（2006）甬镇行初字第 3 号。

② 江苏省句容市人民法院（2010）句行初字第 14 号。

3. 行政诉讼被告及其代理人如何有效应诉？

长期以来，行政诉讼中“民告官不见官”现象较为普遍。行政首长不出庭应诉，可能导致矛盾激化、不利于行政诉讼调解、不利于行政裁判的顺利执行，而且也可能无法提高本行政机关的依法行政水平。2015 年 5 月 1 日生效的新《行政诉讼法》第三条第三款明确规定：“被诉行政机关负责人应当出庭应诉。”同日生效的最高人民法院发布的《关于适用〈中华人民共和国行政诉讼法〉若干问题的解释》第五条规定，“行政机关负责人”包括行政机关的正职和副职负责人。因此，行政机关负责人应当尽最大可能地出庭参加应诉。为了达到应有的效果，行政机关负责人在应诉前应进行充分而有效的准备：应当详细了解整个案件的前后过程、具体案情，特别是对原告在起诉时所提出的异议部分；要对作出行政行为的依据、程序等进行客观分析；要熟悉掌握一些诉讼知识及有关法律法规。在庭审过程中，为了能起到出庭应诉应有的积极效果，行政机关负责人应当积极参与到法庭调查、法庭辩论等整个庭审过程中，而不仅仅是“只出庭不应诉”。

然而，由于受诉讼专业性的限制、工作繁忙等现实因素的掣肘，要求行政机关负责人出庭每一个行政案件，实际上很难做到。因此，明确哪些种类的行政案件，行政机关负责人必须出庭应诉就显得至关重要，对此需要进行认真研究。

对于行政机关负责人不能出庭应诉的，应当委托行政机关相应的工作人员出庭。为了达到应有的应诉效果，充分化解矛盾，无论行政机关负责人是否可以出庭应诉，都可以另行委托一至二名诉讼代理人。作为行政机关诉讼代理人，应当根据所掌握的材料找出法律争点、全面搜集相关法律规定、多搜集同类案例、认真准备抗辩意见等，以使行政纠纷最终能得到实质化解。

4. 行政诉讼当事人及其代理人如何举证？

行政诉讼实行的是举证责任倒置规则，即在行政诉讼中，一般由被告承担举证责任。之所以实行举证责任倒置，一方面是由于行政行为的作出应当符合“先取证、后裁决”的基本法理，另一方面是为了发挥行政主体的举证优势。行政诉讼被告及其代理人在举证时应当注意以下几方面的问题：（1）应当在收到起诉状副本之日起 15 日内，向人民法院提交作出行政行为的证据和所依据的规范性文件。（2）经复议的案件，复议维持的，作出原行政行为的行政机关和复议机关对原行政行为合法性共同承担举证责任，可以由其中一个机关实施举证行为；复议机关对复议程序的合法性承担举证责任。（3）在诉讼过程中，被告及其诉讼代理人不得自行收集证据。原告或者第三人提出了其在行政处理程序中没有提出的理由或者证据的，经人民法院准许，被告可以补充证据。（4）被告在作出行政行为时已经收集了证据，但因不可抗力等正当事由不能提供的，经人民法院准许，可以延期提供。

对于行政诉讼原告及其代理人来说，可以提供证明行政行为违法的证据，但原告提供的证据不成立的，不免除被告的举证责任。需要注意的是，在下列两大类案件中，原告及其代理人应当提供相应的证据：（1）在行政不作为案件中，原告应当提供其向被告提出申请的证据。但被告应当依职权主动履行法定职责的，或原告因正当理由不能提供证据的除外。（2）在行政赔偿、补偿案件中，原告应当对行政行为造成的损害提供证据。但因被告的原因导致原告无法举证的，由被告承担举证责任。

在本案中，被申请人定安县政府认为城东公司没有在涉案土地上建水泥预制厂，却没有提供相应的证据，最高人民法院根据现场照片（书证）和城东公司及定安支行的陈述（当事人陈述），认定了涉案土地上建有水泥预制厂的事实。对于是否通知了城东公司参加听证会，以及听证会是否举行，依据行政诉讼举证责任倒置规则，应由被申请人即定安县政府承担举证责任。因此，最高人民法院认为根据县政府所提供的举听证会通知书、送达回证（书证）及城东公司的陈述（当事人陈述），认定事先通知了城东公司和定安支行参加听证会；根据听证会会议记录和听证会签到单（书证）及定安支行对到会人员身份的认可（证人证言），认定 2007 年 12 月 11 日就收回土地事宜举行了听证会。申请再审人城东公司认为听证会记录系伪造，但却没有提供相应证据，所以最高人民法院对其抗辩不予认可。

5. 如何公正适用确认违法判决？

确认违法判决是一项非常复杂的行政判决类型。既然行政行为违法，为什么不直接撤销而是作出确认违法判决呢？这可分为两种情形：（1）不撤销类。行政行为依法应当撤销，但撤销会给国家利益、社会公共利益造成重大损害的，所以不撤销。如武汉市中山医药集团股份有限公司与武汉市住房保障和房屋管理局房屋行政登记纠纷上诉案。或者行政行为程序轻微违法，但对原告权利不产生实际影响的，也不撤销。（2）不需要撤销或判决履行类。这又可分为三种情形：① 行政行为违法，但不具有可撤销内容的，如贾春旺等诉范县民政局行政纠纷案[①]；② 被告改变原违法行政行为，原告仍要求确认原行政行为违法的，如张玉中诉荥阳市公安交通警察大队道路交通事故处罚决定[②]；③ 被告不履行或者拖延履行法定职责，判决履行没有意义的，如周重汝与东莞市公安局不履行政府信息公开法定职责案[③]。

在本案中，定安县政府在作出 112 号通知决定收回涉案土地使用权时，侵犯了城

---

① 河南省范县人民法院（2002）范法行初字第 3 号。

② 河南省郑州市中级人民法院（2003）郑行终字第 281 号。

③ 广东省东莞市中级人民法院（2015）东中法行终字第 125 号。

东公司的陈述权、申辩权等重要程序性权利，已显然不属于程序轻微违法，“本应依法撤销，但考虑到县政府办公楼已经建成并投入使用，撤销112号通知中有偿收回涉案土地使用权决定已无实际意义，且可能会损害公共利益，所以应当依法判决确认该行政行为违法”。但是，最高人民法院认为撤销112号通知“已无实际意义”，理由似乎有点牵强。撤销并非没有实际意义，如果撤销就可以有效保护城东公司的财产权利，但因为违法收回的土地已经被建成县政府办公楼并被投入使用，所以最高人民法院紧接着认为，如果撤销“可能会损害公共利益”，此理由才是正当的。据此，收回土地使用权的112号通知没有被撤销，而是被确认为违法。同理，对于定安县政府150号撤证决定，最高人民法院认为，虽然“属于滥用行政职权，依法应予撤销。考虑到涉案土地已经收回并建成办公楼投入使用”，所以也作出了确认违法的判决。

值得注意的是，并非只要可能会给国家利益、社会公共利益造成损害，就必然不撤销违法行政行为，这种损害必须是“重大损害”。因此，最高人民法院如果对撤销112号通知、150号撤证决定，如何会造成“重大损害”进行进一步详细论证，就可以达到完美。在具体行政诉讼实务中，行政诉讼原告及其代理人在选择决定是提出撤销请求还是确认违法等诉讼请求时，在二审上诉或再审时，可以结合相关事实与法律，认真研究论证撤销违法的行政行为，究竟是否真会对国家利益、社会公共利益造成“重大损害”。

毫无疑问，确认违法判决的公正适用，可以起到有效维护国家利益、社会公共利益，保障行政管理秩序的作用。但与此同时，确认违法判决可能会被滥用，特别是对第一种情形的不撤销类确认违法判决。本来应当依法撤销的行政行为，少数法官在个别案件中可能会以撤销会给国家利益、社会公共利益造成重大损害为由而不予撤销。由于违法状态的继续存在，公民权利就可能仍然会受到侵害。因此，对于究竟什么是“重大损害”、如何判断“重大损害”、如何公正权衡“公民权利与国家利益、社会公共利益”，则需要进一步的司法解释，需要更多的案例积累，需要更深入的理论研究。

对于行政行为程序轻微违法，但对原告权利不产生实际影响的，也不撤销，可能纵容行政机关程序违法。因为此类情形的不撤销，实际上是将行政程序视为达到实体目的的手段，虽然有利于提高行政效率，但在我国至今仍然没有制定统一的《行政程序法》的背景下，可能不利于克服我国长期以来“重实体、轻程序”的陋习，可能不利于树立程序正义的理念。而且，对于究竟什么是程序轻微违法，则不甚明确，需要进一步探究。

6. 如何正确适用责令采取补救措施判决？

责令采取补救措施判决并不是一种独立的行政判决。人民法院只有在判决确认行政行为违法或者无效时，才可以同时判决责令被告采取补救措施。对于被确认为违法的行政行为，虽然其违法但却并未被撤销，这种违法状态仍然在持续，所以人民法院可以责令被告采取补救措施；对于被确认为无效的行政行为，自始不发生法律效力，但如果之前给当事人造成了损害，人民法院也可以责令被告采取补救措施。毫无疑问，责令被告采取补救措施判决的公正适用，可以扭转违法或无效行政行为对当事人造成的不利后果，还当事人以正义，实现行政审判公正。

但与此同时，不甚明确的责令采取补救措施判决，可能成为身处困境中的法院，当作消解当事人怨气而又不得罪行政机关的挡箭牌。因为没有具体内容的责令采取补救措施判决，对当事人来说，会觉得法院没有“官官相护”，站在了自己的立场上，所以在某种程度上会觉得裁判公正；而对于法院来说，由于司法地方化还很严重，法院经常会受到行政机关的干预甚至报复，如果法院直接明确要求行政机关采取某种或某些补救措施，则可能会触怒行政机关。因而，不甚明确的责令采取补救措施判决，可能成为法院的“金蝉脱壳”之举。

在本案中，一审判决确认112号通知中行政补偿决定违法，并责令县政府对城东公司的损失采取补救措施。但最高人民法院在再审中认为，该责令采取补救措施判决“内容不具体”，所以依法撤销了该判决，并明确了补救措施的内容：“责令定安县人民政府自本判决送达之日起15日内一次性向定安城东建筑装修工程公司支付收回土地使用权补偿款135万元及同期银行贷款利息（贷款利息自2007年11月5日起计算，至本息实际支付完毕止）。”

可以肯定的是，明确责令采取补救措施的方式、种类等具体内容，既可以防止被告采取一些无关紧要的或不公平的补救措施，也可以促使法院积极作出有实效的判决，从而有力保障当事人的合法权益。然而，由于权力分工不同，法院和行政机关各自承担着不同的公共职能。如果在每一个被确认为违法或无效的行政案件中，法院在责令被告采取补救措施时，都直接明确补救措施的具体方式、种类等内容，则可能会侵犯行政机关的专业判断权，从而可能会造成司法权僭越行政权。因此，在作出确认违法或无效的判决后，何种情形应当作出责令采取补救措施判决、何种情形应当作出抽象的责令采取补救措施判决、何种情形又应当作出明确具体的责令采取补救措施判决……值得认真思考。

7. 申请再审人及其代理人如何申请再审？

为了保障社会正义，充分保障当事人权利，对于已经生效的裁判书、调解书，当事人不服可以申请再审。在申请再审时，申请再审人及其代理人应当注意以下几个方面：（1）在申请时间上，当事人应当在判决、裁定或者调解书发生法律效力后6个月内提出；有法定情形的，自知道或者应当知道之日起6个月内提出[①]。相比于之前的两年内提出，最高人民法院2015年发布的司法解释，大大缩短了申请再审的期限，所以申请再审人及其代理人应当及时申请再审。申请再审期限的缩短，在某种程度上或许有利于维护现行的两审终审的审级制，提高终审裁判的权威性，但在我国目前司法行政化、司法地方化还比较严重的背景下，大大缩短申请再审的期限，恐怕不利于保障当事人的合法权益。（2）在再审管辖上，当事人应当向上一级人民法院申请再审。需要注意的是，如果已经生效的裁判书、调解书的上一级人民法院是最高人民法院，在设立巡回法庭的地区，申请再审人及其代理人不应到最高人民法院申请再审，而是应当到最高人民法院巡回法庭申请再审[②]。（3）对于人民法院驳回再审申请的、人民法院逾期未对再审申请作出裁定的、再审判决、裁定有明显错误的，当事人可以向人民检察院申请抗诉或者检察建议。

三、教学预期效果

预计学生将熟练掌握正当程序原则的内容与价值、行政诉讼举证责任倒置规则、确认违法判决与撤销判决的关系、确认违法判决的公正适用等知识点；能够熟练掌握提起行政诉讼、有效应诉与举证、有效申请再审等技巧。

四、课堂计划

本案例可以作为专门的案例教学课和模拟法庭课来进行，整个案例课的课堂安排6个课时，每课时45分钟。

如下课堂设计，仅供参考。

1. 课前计划：安排学生阅读案例及相关参考文献和资料，对案件争议的焦点及相关问题进行思考。

---

① 最高人民法院发布的2015年5月1日生效的《关于适用〈中华人民共和国行政诉讼法〉若干问题的解释》第二十四条："当事人向上一级人民法院申请再审，应当在判决、裁定或者调解书发生法律效力后六个月内提出。有下列情形之一的，自知道或者应当知道之日起六个月内提出：（一）有新的证据，足以推翻原判决、裁定的；（二）原判决、裁定认定事实的主要证据是伪造的；（三）据以作出原判决、裁定的法律文书被撤销或者变更的；（四）审判人员审理该案件时有贪污受贿、徇私舞弊、枉法裁判行为的。"

② 最高人民法院第一巡回法庭设在广东省深圳市，主要将审理广东、广西和海南范围内重大行政和民商事案件，于2015年1月28日正式挂牌成立。最高人民法院第二巡回法庭设在辽宁省沈阳市，主要将审理辽宁、吉林、黑龙江三省范围内重大行政和民商事案件，于2015年1月31日正式挂牌成立，2月1日开始受理和审理案件。

2. 课中计划：（1）介绍教学目的，明确讨论主题；（2）分组讨论相关问题；（3）小组代表回答问题，学生讨论和分析；（4）组织学生挑选角色，开展模拟法庭活动；（5）教师对整个案例教学过程进行归纳总结。

3. 课后计划：布置学生进一步思考引申性的思考题，鼓励学生进一步深入阅读相关文献。

五、思考题和实践题

1. 思考题

（1）本案中，中国农业银行定安支行为第三人。2015 年 5 月 1 日生效的新《行政诉讼法》第二十九条规定："公民、法人或者其他组织同被诉行政行为有利害关系但没有提起诉讼，或者同案件处理结果有利害关系的，可以作为第三人申请参加诉讼，或者由人民法院通知参加诉讼。"同被诉行政行为有利害关系，与同案件处理结果有利害关系，两种类型的第三人有什么区别与联系？本案中第三人中国农业银行定安支行是何种类型的第三人？

（2）在本案再审中，城东公司诉称县政府为自己建设办公大楼，不能认定是"公共利益"，而被申请人则认为，行政办公用地可以界定为"公共利益"，政府组织的市政公用等公共事业需要属于公共利益范畴。您有何看法？什么是公共利益？究竟该如何界定公共利益？

（3）对国有土地上房屋进行征收，补偿方式和标准是什么？

（4）本案中，城东公司对评估主体、程序等无异议，但对评估结果有异议。那么，依据《国有土地上征收与补偿条例》，该如何处理这种异议？

（5）本案中，最高人民法院在再审中提出了行政征收的"适当补偿"标准："所谓'适当补偿'应当是公平合理的补偿，即按照被收回土地的性质、用途、区位等，以作出收地决定之日的市场评估价予以补偿。"请您对这种"适当补偿"标准进行评价。

（6）在本案再审中，城东公司认为听证会记录系伪造，但没有提供相应证据证明，所以最高人民法院认为其抗辩理由不能成立。那么，在行政诉讼中，原告对哪些事项负有举证责任？什么是行政诉讼举证责任倒置规则？为什么行政诉讼不实行"谁主张，谁举证"的举证规制？

（7）试述行政诉讼证据的质证、认证规则。

（8）最高人民法院最终作出了确认 112 号通知收地决定、150 号撤证决定违法的判决。确认违法判决有哪些适用情形？确认违法判决和撤销判决有何区别与联系？

（9）最高人民法院在再审判决书中认为："一审判决确认112号通知中行政补偿决定违法，并责令县政府对城东公司的损失采取补救措施，判决内容不具体，依法应予撤销和改判。"您如何看待此观点？请问责令采取补救措施判决的适用条件是什么？该如何正确适用此判决？

（10）最高人民法院在再审判决书中认为："当初未填写土地用途，并非城东公司的原因所致，本可以补正方式解决，县政府却以此为由撤销城东公司合法持有的《国有土地使用证》，属于滥用行政职权，依法应予撤销。"什么是滥用职权？滥用职权和超越职权有何区别？

2. 实践题

（1）作为一审原告城东公司的代理律师，请为其撰写行政起诉状。

（2）如果您是定安县政府诉讼代理人，请为其撰写行政诉讼答辩状。

（3）定安县政府不服一审判决提出上诉，作为其诉讼代理人，请为其撰写行政上诉状。

（4）在24家烟花爆竹生产企业联名状告安徽省政府案中，合肥市中级人民法院最终作出了确认安徽省人民政府作出皖政办（2013）45号《安徽省人民政府办公厅转发安徽省安全监管局等部门关于烟花爆竹生产企业整体退出意见的通知》行为违法，并责令安徽省人民政府采取相应的补救措施的判决。有观点认为，此确认违法并责令采取补救措施判决，是法院的"金蝉脱壳"之举。试分析此判决。

（5）作为申请再审人城东公司的代理人，请为其撰写行政再审申请书。

（6）请模拟本案再审的庭审现场。每位同学从申请再审人、申请再审人代理律师、被申请人、被申请人代理人、第三人、法官、书记员、法警等角色中，选取一个角色，开展模拟法庭活动。

参考文献

［1］应松年．中国行政程序法立法展望［J］．中国法学，2010（2）．

［2］何海波．司法判决中的正当程序原则［J］．法学研究，2009（1）．

［3］章剑生．论利益衡量方法在行政诉讼确认违法判决中的适用［J］．法学，2004（6）．

［4］陈思融．论行政诉讼补救判决的适用——基于104份行政裁判文书的统计分析［J］．中国法学，2015（2）．

[5] 余凌云．对行政机关滥用职权的司法审查——从若干判案看法院审理的偏好与问题［J］．中国法学，2008（1）．

[6] 最高人民法院行政审判庭．行政诉讼文书样式［M］．北京：人民法院出版社，2015．

案例 13

王剑平操纵股票价格案*

（行政诉讼实务）

本案例以一起由行政处罚引起的行政诉讼为蓝本，围绕行政诉讼一审的诸环节，涉及律师代理当事人参与行政诉讼各阶段的活动。涉及的程序问题包括起诉、应诉、举证等，涉及的实体问题包括操纵股票价格的认定与处罚，涉及的证据问题包括证据的收集、举证、质证、证明标准等。本案例对于掌握行政诉讼的实务操作具有典型意义。

* 本案例由中央财经大学法学院讲师赵真编写。

案例正文

2012 年 9 月 17 日，中国证券监督管理委员会（以下简称证监会）对王剑平作出行政处罚决定。证监会认定，2010 年 4 月 2 日至 7 月 28 日期间，王剑平在自己的账户和自己实际控制的账户之间连续交易“中天动力”股票，使该股票的价格从每股 14.09 元（收盘价）上升至 19.54 元。2010 年 6 月 10 日，“中天动力”的股价达到每股 20.51 元。证监会认为，王剑平的行为已经违反了《中华人民共和国证券法》（以下简称《证券法》）第七十七条禁止操纵股票价格的规定。证监会根据王剑平违法行为的事实、性质、情节和社会危害程度，依据《证券法》第二百零三条，对王剑平作出了没收违法所得 168584294 元，并处 168584294 元罚款的行政处罚。

一、证监会在行政处罚决定中认定的事实

证监会认定，王剑平等 19 个账户在 2010 年 4 月 2 日至 7 月 28 日频繁地同时段共用电脑下单，所用 MAC 地址①、IP 地址②高度重合。王剑平等 19 个账户绝大部分在同一证券公司营业部开户，交易股票品种高度一致，交易“中天动力”股票所用 MAC 地址、IP 地址具有较高的重合率。王剑平等 19 个账户进行股票交易的资金来源或去向多与原告存在关联。王剑平等 19 个账户于 2010 年 4 月 2 日至 6 月 10 日期间多次连续申报买入“中天动力”股票，委托价高于前一刻申买的第一档价格，部分账户于 2010 年 6 月 11 日至 7 月 28 日期间多次在同一日内以相同价格幅度交易“中天动力”，交易“中天动力”的行动具有高度一致性。证监会据此认定，王剑平等 19 个账户在上述期间为同一人实际控制。

证监会还认定，2010 年 4 月 2 日至 12 月 23 日，王剑平等 19 个账户买入中天动力股票 60204340 股，卖出 60204340 股。2010 年 4 月 2 日至 7 月 28 日共 72 个交易日，王剑平等 19 个账户在 70 个交易日内交易“中天动力”，交易量名列第一的有 52 个交易日。王剑平等 19 个账户下“中天动力”的交易量占市场成交量的比例超过 20% 的有

---

① MAC 地址，即 Media Access Control 或 Medium Access Control 地址，通常译为媒体访问控制、物理地址、硬件地址，用来定义网络设备的位置。在 OSI 模型中，第二层数据链路层则负责 MAC 地址。因此，一个主机会有一个 MAC 地址。MAC 地址是网卡决定的，是固定的。

② IP 地址，即 Internet Protocol 地址，通常译为互联网协议地址或网际协议地址。它是 IP 协议提供的一种统一的地址格式，它为互联网上的每一个网络和每一台主机分配一个逻辑地址，以此来屏蔽物理地址的差异。在 OSI 模型中，第三层网络层负责 IP 地址。每个网络位置会有一个专属于它的 IP 地址。

10 个交易日，超过 30% 的有 6 个交易日，超过 40% 的有 3 个交易日。王剑平等 19 个账户买入“中天动力”的数量占市场买入量的比例超过 20% 的有 29 个交易日，超过 30% 的有 10 个交易日，超过 40% 的有 4 个交易日。王剑平等 19 个账户卖出“中天动力”的数量占市场卖出量的比例超过 20% 的有 19 个交易日，超过 30% 的有 9 个交易日，超过 50% 的有 2 个交易日。王剑平从 2010 年 4 月 2 日开始持有“中天动力”股票，至 2010 年 6 月 10 日，王剑平等 19 个账户持有“中天动力”的股票占已发行股份的比例达到 16.44%。2010 年 6 月 11 日至 7 月 28 日，王剑平等 19 个账户持有“中天动力”的比例在 16.72% 至 18.24% 之间。2010 年 6 月 11 日至 7 月 28 日的 25 个交易日中，王剑平有 16 个交易日在自己实际控制的证券账户之间交易“中天动力”，总量达到 6573185 股。王剑平在自己实际控制的证券账户之间交易“中天动力”的数量占市场成交量的比例超过 10% 的有 9 个交易日，超过 20% 的有 3 个交易日。证监会据此认定，王剑平实施了操纵“中天动力”股票价格的行为。

王剑平对处罚决定不服，向证监会提起行政复议，被告经复议后维持了被诉处罚决定。原告仍不服，于 2013 年 4 月 27 日向北京市第 × 中级人民法院提起行政诉讼。

二、原告王剑平在行政诉讼中的主张

王剑平诉称，证监会的处罚决定认定事实不清、证据不足、处罚错误，请求法院撤销被诉处罚决定或减少罚没金额。其主要理由如下：

第一，处罚决定认定原告自 2010 年 4 月 2 日至 7 月 28 日控制王剑平等 19 个账户证据不足，严重错误。从交易记录的 MAC 地址看，其余 18 个账户无任何或仅有极少部分交易记录的 MAC 地址与原告账户重叠，有重叠部分的交易可能系该账户户主委托原告下单所致；从资金往来情况看，其余 18 个账户无任何或仅有极少笔与原告账户之间的资金往来，资金往来涉及的款项与本案无关；从资产管理协议的签订情况看，其余 18 个账户户主绝大部分和原告之间并未签订任何形式的资产管理协议；原告与其余 18 个账户部分户主的亲属关系并不足以认定这些账户为原告控制；被告过于相信并依赖交易记录的 IP 地址和 MAC 地址认定账户控制关系不符合明显优势证明标准，必须结合对证券公司人员和账户持有人的询问笔录、证券公司提供的材料、资产管理协议、账户持有人之间的亲属关系等其他证据相互结合、互相印证。

第二，从原告王剑平的账户在 2009 年至 2011 年的“中天动力”交易记录来看，原告对“中天动力”的关注和投资是长期、持续的过程，原告的交易记录根本不符合操纵行为的特征。原告从 2009 年开始持有“中天动力”，到 2011 年第三季度，原告仍为“中天动力”的前十大流通股股东。原告对“中天动力”的投资是因为原告长期关注军工股，原告投资“中天动力”，是完全正常的投资行为，没有任何操纵股票价格的意图和行为。被告大量使用超出被诉处罚决定确定的调查期间的交易记录、非“中天动力”的其他股票的交易数据、资金往来记录等证据，且无视部分账户在 2010 年 7 月 28 日之后大量买入“中天动力”的事实，存在有意剪裁证据，自相矛盾之处。证券市场上股民之间存在的资金往来、互相借贷以及股民之间的互相委托下单不能作为一方控制他人账户的证据。股民之间因正常的交流讨论而形成的对某些个股、类股的共识和类似操作，以及因个别股民在证券市场的名声，出现其他股民跟风操作的现象也不是操纵行为。“中天动力”的上涨系基本面向好的正常反映，也是市场热捧航天题材的反映，相较同类股票，涨幅在合理范围，并未异常偏离。

第三，被告在计算原告违法所得数额上存在明显错误，应减少违法所得数额。鉴于除原告名下账户外，其余账户并非由原告控制，与原告无关，因此，在计算违法所得数额时，应将其余账户在调查期间买卖“中天动力”的所得扣除。被告认定“中天动力”股价上涨的唯一原因系原告的操纵行为，未将市场大势以及“中天动力”2010 年业绩大幅增长导致的股价上涨因素排除在外。

三、原告王剑平在行政诉讼中提交的证据

原告在法定举证期限内向法院提交了下列证据：（1）《公证书》；（2）“中天动力”和“中国卫星”在 2010 年的 K 线图；（3）侯葆平于 2012 年 1 月 9 日向被告出具的《中国证监会处罚委员会关于侯宝平买卖股票情况说明材料》；（4）董圭莘于 2011 年 12 月 23 日向被告出具的《关于我们购买股票情况的说明》；（5）康辉律师事务所律师于 2012 年 5 月 29 日对董圭莘的谈话笔录；（6）“中天动力”2011 年十大流通股东网页；（7）《情况说明》及邮寄凭证；（8）和讯网显示的“中天动力”2008 年十大流通股东；（9）侯葆平证人证言；（10）董圭莘证人证言；（11）北京市方圆公证处《公证书》。原告以上述证据证明“中天动力”在 2010 年的股价上升是因当年的市场大势和其自身的基本面向好导致的正常范围的升高，并非原告操纵导致。

四、被告证监会在行政诉讼中的答辩

被告辩称，被诉处罚决定认定事实清楚，证据充分，适用法律正确，程序合法，内容适当。原告提出的事实和理由错误，诉讼请求不能成立。请求法院维持被诉处罚

决定，驳回原告的诉讼请求。其主要理由如下：

第一，被告分析了王剑平等 19 个账户进行网上委托交易所使用的 MAC 地址、IP 地址，交易股票的共同性，交易行为的一致性，资金联系等证据认定王剑平等 19 个账户为原告控制，该认定事实清楚，具有说服力。

第二，被告认定 2010 年 7 月 28 日之后，原告将其持有的“中天动力”股票卖出，依据的是王剑平等 19 个账户对“中天动力”的持有情况，不是其中某个证券账户对“中天动力”的持有情况。某个证券账户对“中天动力”的买入不影响被告的前述认定，原告 2010 年 7 月 28 日之后买卖“中天动力”不影响被告对原告操纵“中天动力”价格的认定及盈利计算。

第三，原告强调宏观层面因素对“中天动力”价格的间接影响，却回避原告控制王剑平等 19 个账户的交易行为对“中天动力”价格造成的直接影响。原告具有操纵故意，实施了操纵行为，导致“中天动力”价格的异常波动。2010 年 6 月 11 日至 7 月 28 日期间，原告在自己实际控制的证券账户之间交易“中天动力”的交易量占市场成交量比例较高，多次于同日内在自己实际控制的账户间以固定价格幅度连续交易“中天动力”，上述显著的交易特征足以说明原告操纵其实际控制的账户并在上述账户间交易“中天动力”。根据上海证券交易所市场监察部向被告提供的数据显示，“中天动力”在 2010 年 6 月 23 日、6 月 24 日、7 月 2 日、7 月 6 日、7 月 7 日、7 月 8 日、7 月 9 日、7 月 27 日、7 月 28 日的收盘价涨跌幅与大盘的偏离度分别为：43.67%、43.70%、33.04%、34.06%、38.27%、40.56%、39.07%、38.91%、36.42%。故同期“中天动力”股票价格与大盘涨跌幅指数出现了较高的偏离度，据此能够认定，原告于上述期间内在自己实际控制的账户间交易“中天动力”股票的行为，致使“中天动力”价格呈现上述特征。

第四，上海证券交易所市场监察部向被告提供的数据，在 2010 年 4 月 2 日至 7 月 28 日期间，原告等 19 个账户账面收益为 168584294 元。具体计算公式为：账面盈亏 = 期末市值 + 期间卖出金额 - 期初市值 - 期间买入金额 - 配股金额 - 印花税 - 过户费 - 交易佣金估算，其中印花税按实际发生金额计算，其余税费按 3‰计算，2010 年 7 月 28 日余股以当日收盘价作为卖出价计算盈利。被告认定原告操纵“中天动力”价格实现的盈利数额，事实清楚，证据充分。

五、被告证监会在行政诉讼中提交的证据

为支持上述答辩，被告在答辩期内向法院提交如下证据：（1）原告操纵“中天动

力”股价的相关数据及协查结果；（2）王剑平的开户、交易及资金流转资料；（3）侯葆平等12人的开户、交易及资金流转资料；（4）窦效冲等4人的开户、交易及资金流转资料、询问笔录和资产管理协议；（5）霍克海等2人的开户、交易及资金流转资料、询问笔录。被告以上述证据证明原告实际控制王剑平、侯葆平、窦效冲、霍克海等共计19个股东账户，实施了操纵“中天动力”股票价格的行为。

案例使用说明

一、教学对象及目标

本案例主要供法律硕士案例教学使用，围绕律师在行政诉讼中从事的法律活动以及操纵股票价格的认定问题进行讲授。具体要解决的问题包括：（1）律师在行政诉讼中如何协助当事人起诉、应诉；（2）律师在行政诉讼中如何协助当事人取证、举证、质证；（3）操纵股票价格的认定。

二、教学内容

1. 律师如何起草行政起诉状？

撰写行政起诉状应满足以下功能：（1）法院根据行政起诉状，可以受理案件。起诉状中所列的事项应符合法定的起诉事项，所提出的诉讼请求应当与法定的一审判决种类一致，所列的事实和理由应该与诉讼请求事项紧密相关。（2）法官能够通过阅读行政起诉状掌握基本的事实情况、争议的焦点问题与相关的主要法律规定。律师应紧紧围绕这两个方面撰写起诉状，做到内容准确、文字易读、叙述简练、结构完整。一般来说，行政起诉状必须包括题目、当事人、诉讼请求、事实和理由、结尾五个部分的内容。

2. 律师如何帮助原告提供证据？

在行政诉讼中，被告对其作出的行政行为承担举证责任，但是这并不绝对地排除原告提供证据的责任。原告应当为一些程序性事项和基础性事实提供证据，以推动诉讼程序的顺利进行。原告需要提供证据的情形包括：（1）原告证明起诉符合法定条件，但被告认为原告超过起诉期限的除外；（2）在起诉被告不履行法定职责的案件中，原告应当提供其向被告提出申请的证据，但被告应当依职权主动履行法定职责的或原告因正当理由不能提供证据的除外；（3）在行政赔偿、补偿的案件中，原告应当对行政行为造成的损害提供证据。

当然，虽然《行政诉讼法》规定被告对被诉行政行为负举证责任，但是原告也可以提供证据证明被诉行政行为违法。原告的代理律师不能只是处于消极的防守姿态，即仅仅是查找被告证据中的缺陷，他更应该主动出击，对有争议的主要事实进行取证，为胜诉增加筹码。《行政诉讼法》规定，原告可以提供证明行政行为违法的证据。当然，原告提供的证据不成立的，不免除被告的举证责任。

在多数情况下，证据由律师自行收集。但在某些情况下，证据为案件所必需但律师无法收集的，可以申请人民法院取证。根据《行政诉讼法》的规定，与案件有关的下列证据，原告或者第三人不能自行收集的，可以申请人民法院调取：（1）由国家机关保存而须由人民法院调取的证据；（2）涉及国家秘密、商业秘密和个人隐私的证据；（3）确因客观原因不能自行收集的其他证据。

律师取证后，应及时对证据进行整理和分析，编制证据目录。这能使律师的思路更清楚、证明目的更明确。编制证据目录，可以参照《〈关于民事诉讼法证据的若干规定〉文书样式（试行）》样式之三十一，包括证据编号、证据名称、页数、证明目的、证据来源、页码等六项内容（见表 13－1）。

表 13－1　　　　证据目录

编号	证据名称	页数	证明目的	证据来源	页码

作为原告的代理人，律师应当提示原告注意举证期限，防止原告错过举证时机。一般而言，原告应当在开庭审理前提供证据。如果法院组织当事人交换证据，原告应当在法院指定的交换证据之日提供证据。因正当事由申请延期提供证据的，经法院准许，可以在法庭调查中提供。

3. 律师如何撰写答辩状？

被告的代理律师首先应该认真阅读原告的起诉状，了解被诉的行政行为以及原告的诉讼请求。在撰写答辩状时，律师应该针对不同的情形确定不同的答辩思路。在实践中，一般分为两类：对原告起诉作为的答辩和对原告起诉不作为的答辩。由于本案涉及的是对原告起诉作为（行政处罚）的答辩，因此这里仅说明第一种情形。

答辩既要考虑程序问题，又要考虑实体问题。对程序问题的答辩主要考虑：（1）被诉行政行为是否属于行政诉讼的受案范围；（2）起诉人是否有原告资格；（3）原告是否在法定期限内提起诉讼；（4）被告是否适格；（5）是否属于复议前置、尚未经过复议的情形；（6）是否属于重复起诉；（7）是否属于已经撤回起诉无正当理由又另行起诉的，等等。对实体问题的答辩主要考虑：（1）被告具有作出行政行为的法定职权；（2）被诉行政行为认定事实清楚，主要证据确凿、充分；（3）被诉行政行为适用法律正确；（4）被诉行政行为符合法定程序；（5）被诉行政行为无明显不当；（6）原告起诉状提出的理由是否成立，等等。

4. 律师如何帮助被告举证？

在行政诉讼中，被告对作出的行政行为负有举证责任，应当提供作出该行政行为的证据和所依据的规范性文件。在进入行政诉讼时，行政行为所依据的证据已经形成行政案卷。因此，律师帮助被告举证的重点不是重新收集证据，而是对现有证据材料进行有效的梳理和总结。针对不同的行政行为，已经形成行政案卷的证据、听证程序中经过质证的证据以及听证笔录等所形成的听证案卷是证据的主要来源。

被告提出证据主要围绕以下方面展开：（1）提供判断作出被诉行政行为主体的证据；（2）提供行政执法程序方面的证据；（3）提供被诉行政行为所认定事实的证据；（4）提供有关适用法律规范的证据；（5）提供作出行政行为所依据的规范性文件。（6）提供有关处理结果的证据。

在向法院提交证据之前，律师要按照法院的要求填写证据清单。被告向法院提交的证据必须符合《行政诉讼法》规定的类型和《证据规定》对不同形式的证据的要求。

作为被告的代理人，律师应该提示被告关注行政诉讼的举证期限。根据《行政诉讼法》的规定，法院应当在立案之日起 5 日内，将起诉状副本发送被告。被告应当在收到起诉状副本之日起 15 日内向人民法院提交作出行政行为的证据和所依据的规范性文件，并提出答辩状。被告在作出行政行为时已经收集了证据，但因不可抗力等正当事由不能提供的，经人民法院准许，可以延期提供。

5. 律师如何取证？

为了保证质证、认证的顺利进行，使自己的主张能够获得证据的有力支持，律师在帮助当事人收集证据时，要严格遵守法律、司法解释对各类证据的具体要求。

（1）书证。书证是指以文字、符号、图形所记载或表示的内容、含义来证明案件事实的证据。律师可以通过政府信息公开手段，积极申请政府信息公开，通过这种方式获取以其他取证手段不易取得的证据。注意获取政府网站信息和网上书证。注意通过公证的方式提高书证的效力。在取得书证时注意证据的合法性问题，主要指取得程序和方式上的合法性以及内容上的合法性。

（2）物证。物证是指以自己的存在、形状、质量等外部特征和物质属性，证明案件事实的物品。注意物证的取得与拍照、录像等视听资料证据、电子数据证据的相互结合，使物证证据的效力更加充分。注意物证证据的易变质、易灭失、易变化的特点，在收集证据时注意所收集物证证据的保全，必要时可以与公证手段相结合，从而保证所收集的物证证据效力的充分。注意取得物证证据的手段、方式、方法的合法性。

（3）视听资料。视听资料是利用现代科技手段记载法律事件和法律行为的证据。当事人向人民法院所提供的计算机数据或者录音、录像等视听资料。注意取得视听资料证据的手段、方式、方法的合法性。不得侵犯他人的基本权利、不得违反善良风俗或采用其他违法手段。另外，当事人与他人恶意串通形成的虚假的视听资料不具有证据效力。

（4）电子数据。取得电子数据尤其要注意“及时”和“无损”两个基本要求。不能直接对原始电子证据进行分析和检验鉴定。复制电子证据时，要使用空置的存储设备实施精确复制，同时制作多个备份并进行校验，确保每个复制件与原件一致。以防篡改技术保障电子数据证据的原始性。分析数据的计算机系统、辅助软件和分析方法必须安全可信。整个取证过程，包括检验鉴定过程，都必须详细记录并受到监督。注意取得电子数据证据的手段、方式、方法的合法性。

（5）证人证言。证人证言是指证人就自己了解的案件事实向法院所作的口头的或书面的陈述。证人必须同时具备两个条件：一是证人必须是直接或间接知道案件情况的自然人；二是证人必须具有辨别是非和正确表达的能力。当出现多个证人时，为了保证证人证言的证明效力，律师应对证人进行遴选，需要考虑下列因素：对于案件事实感知的条件的优越度；证人年龄符合法定作证年龄；证人的智力程度及对作证的影响；证人的一般道德水准以及该种因素对证据效力的影响；专业证人与专业因素；其他应当考虑的因素。

（6）当事人陈述。当事人陈述是当事人就行政争议的有关问题向法院所作的说明，具体包括起诉理由陈述、行政案件经过陈述及法律适用陈述等内容。当事人是行政诉讼案件的利害关系人，容易作出有利于自己的不客观的叙述。在取得这种证据时尤为要注意把握对这种证据的客观性分析和客观性取得手段的注意。在收集这种证据时，要注意其主观片面性，注意与其他类型的证据进行比对分析。实践中，律师在当事人陈述时，也应当对其予以适当的引导，以使其能够全面详细地叙述案情。律师需要制作谈话记录，并将其内容条理化。

(7) 鉴定结论。鉴定结论是指鉴定人运用自己的专业知识，利用专门的设备和材料，对某些专门问题所作的结论性意见。律师协助当事人向法院提供的鉴定结论应当具备以下内容：鉴定的内容；鉴定时提交的相关材料；鉴定的依据和使用的科学技术手段；鉴定的过程；明确的鉴定结论；鉴定部门和鉴定人鉴定资格的说明；鉴定人及鉴定部门签名盖章。

(8) 现场笔录、勘验笔录。现场笔录是行政机关工作人员在执行职务过程中对有关管理活动的现场情况所作的书面记录。被告提供的现场笔录应当载明时间、地点和事件内容。如果行政机关向法院提供其制作的现场笔录中没有记载案件的内容和过程，则这一笔录不能作为有效的证据对待。被告提供的现场笔录应当有执法人员、当事人或者其他在场人的签名。当事人拒绝签名或者不能签名的，应当注明原因。有其他人在场的，可由其他人签名。对被告提供的勘验笔录的要求应当与对其提供的现场笔录的要求基本相同。

6. 律师如何进行质证?

在质证过程中，律师应该帮助当事人紧紧围绕证据的真实性、合法性、关联性以及证明效力等方面展开。

第一，证据的真实性。真实性所要求的并不是绝对的真实，而是法律上的真实。对于证据的真实性，当事人可以从以下方面进行质证：(1) 证据形成的原因；(2) 发现证据时的客观环境；(3) 证据是否为原件、原物，复制件、复制品与原件、原物是否相符；(4) 提供证据的人或者证人与当事人是否具有利害关系等。

第二，证据的合法性。《行政诉讼法》规定，以非法手段取得的证据，不得作为认定案件事实的根据。对于证据的合法性，当事人可以从以下方面进行质证：(1) 证据的主体是否符合有关法律的规定；(2) 证据是否符合法定形式；(3) 证据的取得是否符合法律、法规、司法解释和规章的要求等。

第三，证据的关联性。证据的关联性要求每一个具体的证据必须对于证明案件事实具有实质性意义。在质证中，对于关联性的把握，可以从三个方面分析：这个证据能够证明什么事实；这个事实对于解决案件中的争议问题有没有实质性意义；法律对这种关联性有没有具体的要求。

第四，证据的证明效力。各种证据的可靠程度及证明作用的大小决定了它是否可以作为定案的依据。在关联性、真实性、合法性方面不存在严重问题的证据具有证明效力。对于具有证明效力的证据判断其证明效力大小主要是根据有关认定证据真实性的规则来确定。

三、教学预期效果

通过本案例教程的研习，使学生了解行政诉讼的基本流程，认识行政诉讼案件中律师代理活动的基本规律和基本规则。尤其是，掌握基本法律文书的制作和撰写以及取证、举证、质证的基本规则。

四、教学计划

1. 课前：安排学生阅读案例及相关参考资料，对案例涉及问题进行思考，撰写实践题答案。

2. 课中：（1）介绍教学目的，明确讨论主题；（2）分组讨论，回答各项思考题，讨论实践题的撰写要点；（3）小组代表提出撰写要点，学生讨论和分析；（4）教师归纳总结。

3. 课后：要求学生进一步思考操纵股票价格的相关问题，提出该案的裁判方案。

五、课堂教学安排

1. 律师在行政诉讼中协助当事人起诉、应诉（2 课时）。
2. 律师在行政诉讼中协助当事人取证、举证、质证（3 课时）。
3. 操纵股票价格的认定（1 课时）。

六、思考题和实践题

1. 思考题

（1）王剑平向法院起诉时，应提供哪些材料？

（2）法院在接到王剑平的起诉时，应如何处理？

（3）原告提供证据的责任和被告的举证责任有何区别？

（4）在本案中，原告提供了哪几种类型的证据？

（5）在什么条件下，原告可以向法院申请保全证据？应该在哪个阶段提出申请？

（6）如果当事人申请证人出庭作证，应在哪个阶段提出？当事人是否可以在庭审过程中要求证人出庭作证？

（7）原告能否申请重新鉴定被告提供的关于 19 个账户的 MAC 地址、IP 地址的一致情况的鉴定结论？

（8）被告能否在一审程序中补充证据？

（9）什么是“明显优势证明标准”？本案是否应该适用这种证明标准？

（10）对于证明同一事实的不同证据，如何确定其证明效力？

2. 实践题

（1）如果你是王剑平的代理律师，请为王剑平撰写行政起诉状。

（2）如果你是证监会的代理律师，请为证监会撰写行政答辩状。

（3）如果你是王剑平的代理律师，请为王剑平编制证据目录。

（4）结合原告的主张和证据，分析原告代理律师的代理策略的得失。

（5）根据案情，王剑平的行为是否构成操纵股票价格？证监会对王剑平的罚款数额是否恰当？

参考文献

[1] 吕立秋．行政诉讼律师基础实务［M］．北京：中国人民大学出版社，2014.

[2] 国家法官学院，德国国际合作机构．法律适用方法：行政法案例分析［M］．北京：中国法制出版社，2012.

附　件

一、真实案件来源

唐建平诉中国证券监督管理委员会案

二、相关法律、规章、司法解释

《行政诉讼法》

《最高人民法院关于执行〈中华人民共和国行政诉讼法〉若干问题的解释》

《最高人民法院关于行政诉讼证据若干问题的规定》

《行政处罚法》

《证券法》

《中国证券监督管理委员会证券市场操纵行为认定指引（试行）》

案例 14

陈爱华诉南京市江宁区住房和城乡建设局不履行房屋登记法定职责案*

（行政诉讼实务）

本案例以陈爱华诉南京市江宁区住房和城乡建设局不履行房屋登记法定职责案为范本，展示了原告由于房屋登记被拒一事依法向人民法院提起诉讼，由此引发对政府颁发的规范性文件实施司法审查之法律问题。结合我国《继承法》《公证法》规定，区住建局依据《联合通知》这一规范性文件，强制以遗嘱公证作为登记条件违反了相关法律法规，因此应当依法予以撤销。通过对这一案例的研习，可以帮助学生掌握案例分析的基本结构和技艺，认识对行政行为实施司法审查的性质及强度，为日后学生参与真实法律实践、从事司法活动打下稳固的基础，最终实现卓越法律人之理想。

---

* 本案例由中央财经大学法学院讲师郑玉双编写。参见“陈爱华诉南京市江宁区住房和城乡建设局不履行房屋登记法定职责案”，载《中华人民共和国最高人民法院公报》2014 年 8 期。

案例正文

一、案件涉及主体

1. 南京市江宁区住房和城乡建设局（以下简称区住建局）

机构代码：013053312；地址：江苏省南京市江宁区东山街道天元东路；联系电话：025－52135393。

2. 陈爱华

姓名：陈爱华；性别：女；年龄：55 岁；民族：汉族；住址：江苏省滨海县。

二、案情简介

南京市江宁区双龙大道 833 号南方花园 A 组团 23－201 室住房原为曹振林所有。2011 年 5 月 23 日，曹振林亲笔书写遗嘱，将该房产及一间储藏室（8 平方米）以及名下所有存款和全部用品无条件赠给陈爱华。后曹振林于 2011 年 6 月 22 日在医院去世。2011 年 7 月 22 日，原告经南京市公证处作出公证，声明接受曹振林的全部遗赠。2011 年 8 月 3 日，原告携带曹振林遗嘱、房产证、公证书等材料前往被告下设的房地产交易中心办理过户手续被拒绝。2011 年 10 月 10 日，原告向被告提出书面申请要求被告依法为其办理房屋所有权转移登记，被告于 2011 年 10 月 27 日书面回复，又以“遗嘱未经公证，又无遗嘱继承公证书”为由不予办理遗产转移登记。原告认为被告强制公证的做法，违背了我国现行的《继承法》《物权法》《公证法》等多部法律规定，故向南京市江宁区人民法院提起诉讼，要求法院撤销住建局回复，依法办理登记手续。

南京市江宁区人民法院一审作出判决，支持了原告的诉讼请求。区住建局不服一审判决，于是向南京市中级人民法院提起上诉。审理过程中，上诉人区住建局同意为被上诉人陈爱华办理涉案房屋登记手续并申请撤回上诉，南京市中级人民法院于 2013 年 10 月 8 日做出裁定，准予上诉人区住建局撤回上诉。

本案是典型的政府违法行政案例，其所依据的规范性文件与法律、行政法规相悖，所以作出的行政行为自然是违法的，限制了行政相对人的权利，应当予以纠正。

三、诉讼与审理经过

原告陈爱华为江苏省滨海县人，其在到区住建局依法变更房屋登记遭拒后，提起行政诉讼。她诉称：南京市江宁区双龙大道 833 号南方花园 A 组团 23－201 室住房原为曹振林所有。其与曹振林私交甚密，感情浓厚。后曹振林亲笔书写遗嘱，将该房产（包括一间储藏室）以及曹振林名下所有存款、曹振林住房中的全部用品无条件赠给陈爱华。2011 年 6 月 22 日，曹振林因病去世。于是，陈爱华经南京市公证处作出公证，接受了曹振林的全部遗赠。然而，当其于 8 月 3 日携带曹振林遗嘱、房产证、公证书等材料前往被告下设的房地产交易中心办理过户手续时，却遭到了拒绝。同年 10 月 10 日，原告向被告提出书面申请，要求被告为其办理房屋所有权转移登记，被告则于 10 月 27 日以“遗嘱未经公证，又无遗嘱继承公证书”为由不予办理遗产转移登记。因此，原告陈爱华认为被告这种强制公证的做法，与我国现行的《继承法》《物权法》《公证法》等多部法律相抵触。故提起行政诉讼，要求法院确认被告拒为原告办理房屋所有权转移登记的行为违法，责令被告就该涉案房屋为原告办理房屋所有权转移登记。

庭审中，原告陈爱华提交了如下证据：（1）曹振林所书《我的遗言》，证明曹振林将涉案房屋遗赠给原告；（2）曹振林身份证及户籍信息证明复印件各 1 份，证明曹振林的身份；（3）江宁房权证东山第 J00043260 号《房屋产权证》、宁江国用（2006）第 19372 号《国有土地使用权证》各 1 份，证明曹振林对遗言中所涉及房产有合法处置权；（4）编号为 0000974 号《证明》1 份，证明曹振林已过世并被安葬；（5）南京市南京公证处出具《公证书》1 份，证明原告已声明接受曹振林的遗赠；（6）房产分层分户平面图、取号单、发票各 1 份，证明原告前往被告处办理房屋所有权转移登记，并办理好配图手续及交纳费用，但是被告拒绝为其办理的事实；（7）《关于办理过户登记的申请》及国内特快专递邮件详情单各 1 份，证明原告向被告书面申请办理过户登记的事实；（8）区住建局作出的《关于陈爱华办理过户登记申请的回复》1 份，证明被告回复无法为原告办理房屋所有权转移登记；（9）南京师范大学司法鉴定中心出具的鉴定意见书 1 份，证明曹振林所书《我的遗言》确是其本人书写，是其真实意思表示；（10）曹振林的死亡医学证明书 1 份，证明曹振林于 2011 年 6 月 22 日在南京市第一医院肿瘤内科病房去世的事实。

被告区住建局则作出了辩称：根据司法部、建设部《关于房产登记管理中加强公证的联合通知》（以下简称《联合通知》）第二条之规定：“遗嘱人为处分房产而设立的遗嘱，应当办理公证。遗嘱人死亡后，遗嘱受益人须持公证机关出具的‘遗嘱公证书’和‘遗嘱继承权公证书’或‘接受遗赠公证书’，以及房产所有权证、契证到房地产管理机关办理房产所有权转移登记手续。处分房产的遗嘱未经公证，在遗嘱生效后其法定继承人或遗嘱受益人可根据遗嘱内容协商签订遗产分割协议，经公证证明后到房地产管理机关办理房产所有权转移登记手续。对遗嘱内容有争议，经协商不能达成遗产分割协议的，可向人民法院提起诉讼。房地产管理机关根据判决办理房产所有权转移登记手续。”而本案原告陈爱华仅依据曹振林所立书面遗嘱为依据提出房屋所有权转移登记申请，该遗嘱并未经过公证，且原告也未提供该遗嘱分割协议，故不符合《联合通知》的规定，不应为其办理房屋所有权转移登记。综上，被告不予办理房屋所有权转移登记的具体行政行为事实清楚、程序合法、适用法律正确，请求法院依法驳回原告的诉讼请求。

经南京市江宁区人民法院审理查明，上述原告的事实陈述和证据主张均成立，因此予以采纳。被告住建局的辩称，虽有部门规章作为行政依据，但是规章的效力却与上位法《继承法》《公证法》相抵触，故需要依法撤销其所实施的拒绝登记行为，判决原告胜诉。

四、案件争议焦点

从上述的分析和论辩来看，本案的争议焦点集中在如何认定司法部、建设部《联合通知》的效力。南京市江宁区人民法院一审认为：根据相关法律法规规定，房屋登记，由房屋所在地的房屋登记机构办理。被告区住建局作为房屋登记行政主管部门，负责其辖区内的房屋登记工作。本案中，曹振林书面遗嘱的真实性已进行司法鉴定，南京师范大学司法鉴定中心出具的鉴定结论为：曹振林该书面遗嘱中“曹振林”签名与提供的签名样本是同一人书写。

所以，根据《中华人民共和国行政诉讼法》第五十二条之规定：“人民法院审理行政案件，以法律和行政法规、地方性法规为依据。地方性法规适用于本行政区域内发生的行政案件。”及第五十三条之规定：“人民法院审理行政案件，参照国务院部、委根据法律和国务院的行政法规、决定、命令制定、发布的规章以及省、自治区、直辖市和省、自治区的人民政府所在地的市和经国务院批准的较大的市的人民政府根据法律和国务院的行政法规制定、发布的规章。”另《中华人民共和国物权法》第十条规定：“国家对不动产实行统一登记制度。统一登记的范围、登记机构和登记办法，由法律、行政法规规定。”《中华人民共和国继承法》第十六条第三款之规定：“公民可以立遗嘱将个人财产赠给国家、集体或者法定继承人以外的人。”以及第十七条第二款之规定：“自书遗嘱由遗嘱人亲笔书写，签名，注明年、月、日。”另《房屋登记办法》第三十二条规定：“发生下列情形之一的，当事人应当在有关法律文件生效或者事实发生后申请房屋所有权转移登记……（三）赠与……。”且《房屋登记办法》并无规定，要求遗嘱受益人须持公证机关出具的遗嘱公证书才能办理房屋转移登记。

本案中，《联合通知》是由司法部和建设部联合发布的政府性规范文件，不属于法律、行政法规、地方性法规或规章的范畴，其规范的内容不得与《物权法》《继承法》《房屋登记办法》等法律法规相抵触。行政机关行使行政职能时必须符合法律规定，行使法律赋予的行政权力，其不能在有关法律法规规定之外创设新的权力来限制或剥夺行政相对人的合法权利。行政机构以此为由干涉行政相对人的合法权利，要求其履行非依法赋予的责任义务，法院也不应当予以支持。因此，被告依据《联合通知》的规定要求原告必须出示遗嘱公证书才能办理房屋转移登记的行为与法律法规相抵触，对该涉案房屋不予办理房屋所有权转移登记的具体行政行为违法。也即住建局的这一具体行政行为因为失去了法律依据而归于无效。

五、判决结果

根据上述分析与论辩，南京市江宁区人民法院依照《中华人民共和国行政诉讼法》第五十四条第（二）项、第（三）项之规定，于 2013 年 7 月 24 日作出如下判决：“第一，撤销了被告区住建局于 2011 年 10 月 27 日作出的《关于陈爱华办理过户登记申请的回复》；第二，责令被告区住建局在法院判决书发生法律效力后 30 日内履行对原告陈爱华办理该涉案房屋所有权转移登记的法定职责。”

判决下达后，江宁区住建局并不信服，于是向南京市中级人民法院提起了上诉。后在审理过程中，上诉人区住建局同意为被上诉人陈爱华办理涉案房屋登记手续并申请撤回了上诉，南京市中级人民法院于 2013 年 10 月 8 日作出裁定：准予上诉人区住建局撤回上诉。案件因此完结。

案例使用说明

一、教学对象及目标

本案例供法律硕士案例教学使用，法学本科、宪法与行政法学硕士、行政诉讼法学硕士也可以参酌使用。

本案例作为对具体行政行为司法审查的典型案例，主要教学目标在于帮助学生认识行政行为的司法审查性质及其强度问题。展开而言，有三点：第一点，熟悉对行政机关之行为实施司法审查的原因和司法审查的本质；第二点，清楚行政机关颁发的规范性文件表现形式及其附审标准；第三点，懂得有秩序地审查规范性文件，以及审查适用的具体强度。

二、教学内容

1. 如何分析案例的逻辑结构？

案例教学的核心和关键在于分析和解决案件，实现法学是实践之学问的任务。学生由于都是在校生，因此对现实中的情况缺乏深刻了解，遇到案例时也就会经常陷入一头雾水。所以，教学过程中应当教会学生如何去分析、如何去解剖一个案例。结合本案而言，大致可以分为三个部分：第一，涉案的对象是什么？第二，核心的法律问题为何？第三，应当给出什么样的法律解决方案？

第一，涉案的对象在本案中体现为被诉的具体行政行为，即陈爱华携带曹振林遗嘱、房产证、公证书等材料前往被告下设的房地产交易中心办理过户手续时被拒绝，住建局以“遗嘱未经公证，又无遗嘱继承公证书”为由不予办理遗产转移登记。因此，本案的对象为住建局是否应当依法予以登记这一行为。

第二，核心的法律问题为案例涉及的真正法律争议，在本案中体现为规范性法律文件依据的地位，它与法律法规的关系什么？区住建局的具体行政行为依据的是两个部门颁发的《关于房产登记管理中加强公证的联合通知》。那么这种部门颁发的规范性文件地位显然低于法律法规的地位，一旦与法律法规相抵触，其并无优先效力。

第三，如何给出法律方案去解决前述的法律问题？经过审查可以得出，上述《联合通知》创设的程序与《物权法》《房屋登记法》等相抵触，限制或剥夺了行政相对人的合法权利，故该《联合通知》所涉争议条款不合法，应当不予适用。所以，法院自然应当判决对该涉案房屋不予办理房屋所有权转移登记的具体行政行为违法，区住建局强制公证的做法与我国现行的多部法律相抵触，依法当予以撤销，区住建局应当就该涉案房屋为陈爱华办理房屋所有权转移登记。

2. 司法机关审查具体行政行为之本质是什么？

新修改的《行政诉讼法》第五十三条开创了司法机关对具体行政行为所依据的规范性文件进行附带式审查的先河，同时也开创了对抽象行政行为进行审查的先河，意义重大①。前面案例中所提到的《联合通知》是规范性文件在实践中的名称。案例中反映出的情况证明规范性文件已经渗透到公民、法人和其他组织工作、生活的各个方面，而且为行政机关的行政行为在不同的方面提供了行为依据，甚至有些行政主体为了规避其自身行为有可能产生的法律风险，针对将要对特定主体作出的具体行为，以文件形式出现，由此产生了大量的违法侵权的规范性文件。鉴于现实中的大量事例，我们可以得出几点结论：（1）早在行政诉讼法修改之前，人民法院已在实践中对作出具体行政行为所依据的规范性文件进行审查，这一点在最高人民法院《关于审理行政案件适用法律规范问题的座谈会纪要》中得到了规定；（2）法院在审查不同的规范性文件时并没有统一的标准和强度；（3）新法虽然确立了规范性文件的附带审查制度，解决了附审权的合法性和正当性问题，但是对于统一审查标准和强度的问题并没有得以解决，反而更加凸显了这一问题的严重性。以往由于没有关于规范性文件司法审查的统一路径，法院在处理该类问题时，表现出退缩的谨慎态度，处理方式也较为混乱，或以缺乏相应法律规定为由驳回原告诉讼请求，或对行政规范性文件的合法性认定予以回避，直接适用高位价的法律法规判决，反映出法院在面临行政规范性文件司法审查时的困惑。

审查强度作为行政诉讼的核心问题，主要解决的根本问题便是司法权介入行政权的程度问题。司法对行政行为干预的纵向范围可称为司法审查的强度，同理，对于规范性文件审查强度的探究也是一种纵向的探究。如果说敞开附带审查之门，宣示了规范性文件司法审查从理念到制度的回归，回应了公众对规范性文件接受司法监督的期待，拓展了司法对行政的横向监督范围，那么法院对于规范性文件进行何种程度的审查以及如何设置审查方式则将问题进一步引向纵深层面。在长久以来的司法实践中，

① 其实，不仅行政机关的规范性文件可以纳入附带审查的范围，法律法规授权的具有管理公共事务职能的组织所依据的规范性文件也可以纳入附带审查的范围，参见田永诉北京科技大学拒绝颁发毕业证、学位证行政诉讼案，载《最高人民法院公报》1999 年第 4 期；何小强诉华中科技大学履行法定职责纠纷案，载《最高人民法院公报》2012 年第 2 期。

亦不乏对于范性文件的法律适用的经验积累。但是目前，全国各级法院对于规范性文件附带审查的强度有不同的理解和实践，缺乏统一的标准。

因此，教师应当在教学过程中重视带领学生去探寻“对行政机关之行为是否有必要审查，以及为什么”这样的基础性理论问题。

3. 如何区分和辨析政府部门的各类规范性文件及其能否被附审？

在行政法学中，行政规范性文件又具有广义和狭义之分。根据我国的传统行政法源通说可知，行政规范性文件又可以二分为“行政立法”与“其他规范性文件”。广义的行政规范性文件，既包括“行政立法”也包括“其他规范性文件”，“行政立法”俗称“黑头文件”。狭义的行政规范性文件，仅指（规章以下的）“其他规范性文件”，也就是俗称的“红头文件”。根据新修的《行政诉讼法》六十三条的规定可知，“黑头文件”具有法源地位，对于司法产生拘束力，而“红头文件”不具有法源地位，对于司法不产生拘束力，因此，结合《行政诉讼法》第五十三条的规定可知，法官只能对“红头文件”进行附带性审查，即只有“其他规范性文件”具有附审性。我们这个案例研究的“规范性文件”主要是狭义用法的行政规范性文件。

在审判实践中，并非所有的行政规范性文件都能够成为附带审查的对象。国家的不同机关管理不同的社会领域，制定各种各样的规范性文件是实现社会治理的主要方式之一，是国家各级机关各种治理行为的合法性依据。在我国，规范性文件的制定机关主要有具有立法权限的行政机关、司法机关和行政机关。所以根据制定机关的不同，规范性文件可以分为三大类：立法规范性文件、司法规范性文件和行政规范性文件。依据新修《行政诉讼法》第五十三条的规定可知，只有行政规范性文件能被法官作为附带审查的对象，具有附审性。

根据 2012 年实施的《党政机关公文处理工作条例》可知，规范性文件作为政府公文应当符合第九条列举的 13 种公文的形式要求，而且并非所有的公文种类都具有附审性，所以需要进行鉴别。通过考察我国行政审判相关案例，可以将规范性文件的主要标新形式列举见表 14－1。

表 14－1　　狭义规范性文件的主要表现形式以及附审性总结

种类	用途	举例	附审性
决定	一般用于具体行政行为	《大庆市人民政府关于聘任市政府法律顾问的决定》 靖政发〔1999〕172 号《关于撤销对县服装刺绣厂破产后西街厂区财产处理批复的决定》	不具有
命令（令）	属于规章层级的文件	《国务院关于严格保护珍贵稀有野生动物的通令》	不具有

续表

种类	用途	举例	附审性
报告、请示	属于行政机关向上级机关发送的“上行文”	《北京市国土资源局2008年依法行政工作报告》 《关于申请收回秦孟财占用分配给牧民的牧草料地的报告》 《关于设立市人民政府法律顾问团的请示》（银府法〔2014〕20号） 《关于给人民北路东横街续建工程重新调整补偿用地问题的请示》	不具有
议案	属于各级政府向同级人大或人大常委会提请审议事项	《关于制定聊城市报废汽车回收管理规定，明确查扣违法车辆处置办法的议案》	不具有
公告	适用于公布重要决定或者重大事项	《广东省人民政府办公厅2015年公开遴选公务员面试公告》 《采石古镇旧城改造项目房屋征收公告》	不具有
通告	适用于在一定范围内公布应当遵守或者周知的事项	《广东省经济和信息化委关于2015年广东省重点工业行业淘汰落后和过剩产能验收合格企业名单的通告》	不具有
通报	适用于表彰先进、批评错误、传达重要精神和告知重要情况	《关于对陕西省礼泉县政府在礼泉海螺水泥有限责任公司2×4500吨/天熟料水泥生产线项目环保验收工作中出具虚假证明的通报》（环办环监函〔2016〕224）	不具有
意见	对重要问题提出见解和解决办法	《关于实施〈工伤保险条例〉若干问题的处理意见》	具有
通知	需要下级机关办理和需要有关单位周知或执行的事项	《关于房地产登记管理中加强公证的联合通知》	具有
批复	答复下级机关的请示事项	《关于认定虚假广告问题的批复》①	具有
函	不相隶属机关之间询问和答复问题	《关于对上海市盐务管理局〈关于请求解释“盐的批发业务由各级盐业公司统一经营”的请示〉函复函》	具有
会议纪要	适用于记载会议主要情况和议定事项	盐城市人民政府第13号《专题会议纪要》	具有

根据表14－1的总结可知，决定、命令（令）、请示、报告、议案、公告、通告、通报这8类公文形式一般不能作为行政行为的依据加以适用，自然也是不具有附审性的规范性文件的种类。反之，意见、通知、批复、函、纪要这5类公文形式则可以作为行政行为的依据加以适用，自然是具有附审性的规范性文件的种类，能够被法官进行审查以判断被诉行政行为的合法性。

① 参见联合利华（中国）有限公司不服上海市工商行政管理局卢湾分局行政处罚案，载《中国审判案例要览（2009年行政审判案例卷）》。亦可参见魏永高、陈守志诉来安县人民政府收回土地使用权批复案（最高人民法院指导案例22号），最高人民法院2013年11月8日发布。

所以，教学中教师应当让学生去观察和思考行政机关的规范性文件表现形态，并去分析如何对这些规范性文件进行司法审查。

4. 具有附审性规范性文件的标准是什么？

首先，“附审性”不同于“可诉性”。规范性文件的“附审性”并不是指规范性文件自身可以作为行政机关的抽象行政行为纳入法院的受案范围进而对其进行“主动诉”和主动审查，而是指规范性文件可以作为行政行为的依据进而可以被法官进行“附带诉”和附带审查，以判断被诉行政行为的合法性。规范性文件的司法审查的强度与法律适用过程密切相关，规范性文件是否能够成为行政行为的合法依据，在何种情况下获得法院的认可，乃是法律规范选择适用命题下的应有之义。在行政法和行政诉讼法学理论中，对于“行政规范性文件”的概念并没有形成共识，存在着不同的理论学说；而在附带审查的实践中，并不是所有的“规范性文件”都可以被法官进行审查以判断被诉行政行为的合法性。

借助前面对“规范性文件”的剖析，能够帮助学生大致确定具有附审性的“规范性文件”的范围。虽然不能穷尽规范性文件在行政执法活动中的全部表现形式，但可以确定的是，各级法院早在确立附带审查制度之前，便通过多种途径将规范性文件效力的判定作为法律适用的环节，甚至将部分规范性文件或其所包含的某些特定条款转化为具体行政行为，进而纳入司法审查的范围。

当然，上述实证分析只是一般经验的总结，实践中法院对于规范性文件的审查，并非以规范性文件的名称、具体表现形式作为司法审查介入与否的区分标准。总体而言，具有附审性的规范性文件必须具备两个标准：一是要看该规范性文件所确立的规则能否作为行政行为的依据；二是要看该规范性文件是否能够作为行政行为的依据且对行政相对人的权利义务产生实际影响，即产生效力外部化的效果。只有能够作为行政行为依据而且又对行政相对人的权利义务产生实际影响的规范性文件才具有附审性，即可以作为附带审查的对象以判断行政行为的合法性。因此，我们常常看到某些行政机关以属于“内部规范性文件”而拒绝接受法院审查，其实这样的抗辩理由是不能成立的。

所以，在教学的讨论环节，教师可以组织学生对这个问题研讨，让学生们去总结和思考到底什么是规范性文件附审的标准，以此也加深了对行政行为与司法审查性质之认识。

5. 如何审查规范性文件？审查强度又在哪里？

对规范性文件进行附带审查只是“手段”，据此判断被诉行政行为的合法性才是“目的”。当一个法律、法规或者规章生效时，下级行政主体及其公务员往往不会积极主动地去实施，而总是等待上级行政主体对实施该法律、法规或规章的安排或指示，只有在上级行政主体作出一个贯彻实施某某法律、法规或者规章的通知后，下级行政主体及其公务员才会行政起来。当规范性文件发布以后，在其效力范围内的组织和个人都必须予以遵守，且制定机关也自觉地以该规范性文件为其实施相关行政行为的依据。因此，几乎所有行政行为都有相应的规范性文件作为行为的直接或者间接依据，而相应的规范性文件中也必须有具体的法律规则作为行政行为的指导。在一般的行诉案件中，对行政行为的审查是单向度的审查，只需要审查行政行为是否合“法”；而在附带审查的案件中，则需要进行“行为－依据－规则”三阶层的递进审查：欲审查行政行为的合法性，必先审查作为依据的规范性文件的合法性；而欲审查规范性文件的合法性，必先审查具体法律规则的合法性。这里至为重要的一环便是审查作为行为依据的规范性文件的合法性，从而以依据的合法性为基础来判断行为的合法性。

教学讨论和总结中，教师应当告诉学生审查规范性文件的步骤和程序。因为只知道应当审查行政机关的行政行为，以及审查哪些行为还不足以解决问题，必须知道如何审查才是解决行政诉讼案件的重中之重。具体而言，可以从以下三个方面展开：

一是程序处理依据。程序处理依据，是指在一些尚无明确的法律规定的特别事项的办理中，规范性文件可以做出具体的程序规定作为行政机关遵守的依据。在行政程序立法领域，尽管统一的行政程序法典尚未制定，但是行政程序的单行立法和地方立法不断推进，对于提高行政机关的程序法治意识发挥了重要作用，比如单行立法《行政处罚法》《行政许可法》中有关处罚和听证程序的规定和地方立法如《湖南省行政程序规定》。对于一些特别细致事项的办理必须由规范性文件进行规定，可以起到弥补法律漏洞的作用。当然，行政程序也有内部和外部行政程序的区分，由于外部行政程序经常涉及公民的权力减损与义务增加，所以本案例主要研究的是作为外部程序处理的规范性文件。

在陈爱华诉江宁区住建局不履行房屋登记法定职责案中，江宁区住建局依据的《联合通知》因规定了原告必须出示遗嘱公证书才能办理房屋转移登记的程序可被视为程序处理依据。

二是补充性规则。司法审查强度关切司法权和行政权的关系处理问题。法官适度把握司法权干涉行政权的关键，在于认识到法院主要审查焦点在法律问题而非事实问题。具体到审查实践中，则要求法官应该坚持有限审查原则，对于受审规范性文件的具体争议条款进行审查而非对规范性文件进行全面的审查。行政诉讼中，人民法院既审查事实问题，也审查法律问题，行政机关对于规范性文件的理解、解释和适用，在行政诉讼中需要接受人民法院的司法审查，构成行政诉讼中的法律问题。因为信息不对称，法官很难掌握规范性文件制定的专业背景及其他相关的情况，这是事实问题，属于行政机关的任务所在。那么，法官主要是对行政行为所依据的条款进行有针对性的审查，检验规范性文件的一般规则能否在具体案件中转化为行政行为的相应准则，完成从一般到特殊的规则指引，这种法律涵摄问题的审查才是属于法官的任务所在。如果不坚持对争议条款进行审查，则会导致审查重心的偏离，逾越司法权和行政权的边界。在审查实践中，法院也仅对规范性文件的相关条款在本案中是否作为认定行政行为合法的依据作出评判，而不是直接宣告撤销该规范性文件，也并不发生规范性文件自始无效的法律后果。由此可知，要想实现司法权和行政权的动态平衡，仅仅在宏观上对行政行为所依据的规范性文件进行类型划分是不够的，还必须要对所依据规范性文件中的具体争议条款所表达的法律规则进行类型划分①。

补充性规则针对的是法律规范规定阙如的事项，即使通过相关解释，仍不能在特定情形中得到圆满解决，行政主体给予填补法律的漏洞而制定的规定，主要是为了应对现实生活中大量行政程序缺失或者不规范的问题，发挥着为行政行为提供程序处理依据的作用。

在陈爱华诉江宁区住建局不履行房屋登记法定职责案中，江宁区住建局依据《联合通知》中规定“要求原告必须出示遗嘱公证书才能办理房屋转移登记”，违法向原告增设了不必要的程序环节，该条款可视为补充性规则。

三是审查强度标准。在对规范性文件及其蕴含的行政规则完成类型化建构之后，借下来便是要针对不同类型的行政规则确立相应的审查强度标准。从理论上看，司法审查强度要解决的根本问题便是司法权介入行政权的程度问题，行政权是执行权，司法权是裁判权，解释和运用法律以判断行政行为的合法性乃是法官的天职，所以对行政行为甚至其所依据规范性文件必须进行高强度的司法审查。但是在实践中，受制于各国行政法治的发达程度及司法行政两权的互动关系，针对不同的情况采取不同的审查强度也就具有了现实正当性。因此对审查程度进行强弱划分也就有了现实需要。不同的司法审查强度体现着法律对行政机关的不同要求，体现着法院对行政机关不同程度的尊重。

根据现有的研究成果可知，规范性文件的受尊重程度可划分为三个“梯度”：弱尊重、一般尊重与强尊重。同时，法院对于规范性文件的尊重程度也体现了法院对于规范性文件的审查程度，受尊重强度越强，表示规范性文件审查强度越弱，要求法院

---

① 参见陈伏云、李庆云、张凯诉湘潭县人力资源和社会保障局、湘潭县人民政府案中的法官裁判理由也表达了类似的理由，参见湖南省湘潭市中级人民法院（2015）潭中行初字第 10 号。

越谦抑；反之，越强，要求法院越能动。所以，法官对规范性文件的审查强度一般也可以确定三个标准：最小司法审查（弱审查）、中等司法审查（一般审查）、严格司法审查（强审查）。梳理我国的审判实践也可以发现，这三个类型的司法审查强度在司法实践中也大致存在，也对应着不同的审查方法。针对规范性文件的不同规则，设定从强尊重——一般尊重—弱尊重三种不同梯度的审查强度。然而，这三种标准并不是泾渭分明的，如果把审查强度比作一把“刻度尺”的话，那么，这三个标准便是“尺度”上分别位于最左端、中端和最右端的三个最重要的刻度，法官在对规范性文件司法审查时，要用这把“刻度尺”针对不同类型的行政规则确定不同的强度“刻度”，从而适度把握司法权和行政权的边界，保持司法能动与司法谦抑之间合理的张力，从而实现能动与谦抑的共济。

由于立法程序的复杂性和有限性以及法的安定性的要求，导致不可避免地出现了很多的法律漏洞，这样所造成的规范空缺危机，是行政权泛滥的一个重大缺口。基于行政自律的要求，行政机关可以利用自己的专业能力制定补充性规则来填补法律漏洞。由于法律漏洞的填补赋予行政主体较大的自由裁量权力，因此，法院在审查补充性规则时，需要行政主体对于补充事项进行充分的理由说明，理由的说明应当达到足以使法官确信补充性规则是在穷尽所有法律解释方法之后的最后选择，否则，法官应当用自己的判断来填补法律漏洞。因此，法院对补充性行政规则既要进行合法性审查（由于存在法律漏洞，这里主要根据正当法律程序原则进行合法性审查），也要对其进行合理性审查，防止越权滥权。正如有的学者所言，“在行政程序的司法领域，人民法院在体制的夹缝和有限的个案中不断努力，对于正当法律程序理念的宣扬居功至伟。”

在陈爱华诉江宁区住建局不履行房屋登记法定职责案中，江宁区住建局依据《联合通知》中规定“要求原告必须出示遗嘱公证书才能办理房屋转移登记”，违法向原告增设了不必要的程序环节，法院审查认为创设的程序与《物权法》《房屋登记法》等相抵触，限制或剥夺行政相对人的合法权利，故对《联合通知》不予适用，进而判决该涉案房屋不予办理房屋所有权转移登记的具体行政行为违法。

综上所述，在司法审查的强度方面，法院应对补充性规则应给予弱尊重，进行严格的司法审查。所以，实践教学中，一定要让学生意识到对规范性文件的审查不是“一刀切”或一概而论的，要注意区分不同规范性文件的不同审查强度，这样才能合理平衡行政权和司法权的界限，实现两者的良性互动。

三、课堂时间安排

本案例可以作为政府违法行政的典型案例，可以用于教学与研讨。合适的课时安排为 6 个，每个课时 45 分钟。如下的课时设计与筹划，可以参考：

1. 课前计划：安排班级学生对案例做初步预习，并阅读相关参考资料，为课堂讨论做准备。

2. 课中安排：（1）课时 1：介绍教学目的，对整个案情做介绍与分析，并引导学生分组，对案件涉及问题做初步思考；（2）课时 2—4：分组展开讨论，对案件的实践问题和理论问题展开研讨，并组织学生撰写报告与书面文字，形成稳固的学习成果；（3）课时 5：学生做总结展示，以 presentation 的方式汇报学习心得；（4）课时 6：教师做总结和点评，并提供进一步的思考方向和深入研究的资料。

3. 课后安排：可以建议和鼓励学生到法院或者律所进行实习，亲身接触诉讼案例，并利用所学知识和理论解决遇到的案例，实现学以致用。

四、思考题

1. 行政部门的颁发各种规范性有哪些具体形式？案例中属于何种形式？各自的审查强度是一样的吗？

2. 学界对行政机关颁布的规范性文件及其具体行政行为有哪几种审查强度理论？你认为何种理论最合理？

3. 行政诉讼和行政复议的关系是什么？行政复议是行政诉讼的前置环节吗？本案如果需要提起行政复议，应该向哪个机关提起？

4. 行政行为的分类有哪些？我国的新行政诉讼法是如何规定对行政行为的司法审查方式和强度的？

5. 如果本案住建局不予登记依据的是部门规章，那么该如何判决？

五、实践题

1. 假如你就是本案原告陈爱华的诉讼代理人，请你结合具体案情，为她起草一份合格的诉状。

2. 作为本案原告的诉讼代理人，请你组织和罗列本案涉及的证据和法律法规，以供庭审辩论作用。

3. 请结合案情，对被告南京市江宁区住房和城乡建设局的答复及举证做质疑和质证。

4. 如果你是南京市江宁区住房和城乡建设局的委托诉讼代理人，你觉得可以从哪几个方面对他们的行政行为做出合理解释？

5. 请再查找出与本案类似的真实案例，按照一定的理论标准将他们分类归纳。

参考文献

[1]《中华人民共和国最高人民法院公报》.2014 年 8 期.

[2] 王名扬. 美国行政法 [M]. 北京：中国法制出版社，1995.

[3] 姜明安. 行政法与行政诉讼法（第 6 版）[M]. 北京：北京大学出版社，2015.

[4] 章志远. 行政法学总论 [M]. 北京：北京大学出版社，2014.

[5] 周汉华. 行政复议司法化：理论、实践与改革 [M]. 北京：北京大学出版社，2005.

[6] 余军，张文. 行政规范性文件司法审查权的实效性考察 [J]. 法学研究，2016（2）.

[7] 王贵松. 论行政裁量的司法审查强度 [J]. 法商研究，2012（4）.

[8] 沈岿. 解析行政规则对司法的约束力——以行政诉讼为论域 [J]. 中外法学，2016（2）.

[9] 朱芒. 论行政规定的性质 [J]. 中国法学，2003（1）.

[10] 江必新. 司法审查强度问题研究 [J]. 法治研究，2012（10）.

案例 15

阮某某诉中国证监会安徽监管局、中国证监会行政处罚及行政复议案*

（行政诉讼实务）

本案例以一起真实的行政诉讼案件为蓝本编写。该案因一起证券行政处罚而起，在行政复议后，历经一审和二审，其一审判决书 2019 年 12 月被最高人民法院评为第二届全国法院“百篇优秀裁判文书”。本案例涉及的知识点涵盖了行政组织法、行政行为法和行政救济法等行政法的三大层面。在组织法层面，需要懂得被授权组织的认定；在行为法层面，主要是行政处罚程序的合法性、处罚听证程序、规范性文件的适用问题；在救济法层面，问题主要有行政复议与行政诉讼的衔接、行政诉讼的审查标准等。本案例有助于学生综合学习行政法与行政诉讼法的若干核心知识，把握行政复议和行政诉讼案件的程序问题、实体问题，尤其是深刻理解制度背后的法理问题和现实审判逻辑。

---

* 本案例由中央财经大学法学院副教授于文豪编写。

案例正文

一、案件基本情况

（一）当事人

当事人	行政处罚	行政复议	行政诉讼一审	行政诉讼二审
阮某某	被处罚人	申请人	原告	上诉人
中国证监会安徽监管局	处罚实施机关	被申请人	被告	被上诉人
中国证监会	—	受理和决定机关	被告	被上诉人

（二）涉案事实

2015 年 9 月 21 日，阮某某在极短的时间内连续申报买入和卖出“益民集团”和“市北高新”两支股票，当日两支股票的股价产生波动。

阮某某交易“益民集团”股票的情况：当日 09：31：24 至 10：01：41，累计申报买入“益民集团”18 笔，合计 6955000 股，申报买入量占市场同时段该股申报买入量的 19.35%。申报前后该股委比数值出现较大正向变化。18 笔买入申报后，在极短的时间内全部或部分撤单，申报买入到撤单的时间间隔最短为 7 秒，平均间隔时间为 26 秒。该时段内“益民集团”的股价由 8.75 元上涨至 9.02 元。10：02：53、10：03：23、10：03：31，阮某某进行了 3 笔反向卖出[①]申报，累计申报卖出 720000 股，未成交。

阮某某交易“市北高新”股票情况：当日 13：30：01 至 13：43：00，累计申报买入“市北高新”14 笔，合计 1844000 股，申报买入量占市场同时段该股票申报买入量的 26.94%。申报前后该股委比数值出现较大正向变化。14 笔买入申报中，除 2 笔即时成交外，其他 12 笔均撤单，申报买入与撤单时间间隔极短。该时段内，“市北高新”股价由 18.03 元上涨至 19.25 元。当日 13：58：50 阮某某申报卖出 58600 股，占

① 该“反向卖出”属于证券交易中的反向交易的形式。所谓反向交易，即同一证券买卖交替操作，买入了又卖出，或者卖出了又买进。由此，买卖之间形成差价。如果持股量大、资金雄厚，这种“倒差价”有可能导致不公平交易和利益输送，也有可能造成股市巨幅波动。

当日该账户可卖出“市北高新”数量的100%，成交53600股。

（三）案件时间线

涉案事实发生后，阮某某所在地的证券市场监管机构中国证监会安徽监管局（以下简称安徽证监局）对其作出行政处罚。阮某某不服该处罚，向中国证监会提出行政复议。对复议决定又不服，向北京市西城区人民法院提出行政诉讼。一审判决后，阮某某上诉至北京市第二中级人民法院，后者作出终审判决。

现将案件各环节以时间线形式呈现如图15－1所示，具体情况如后所述。

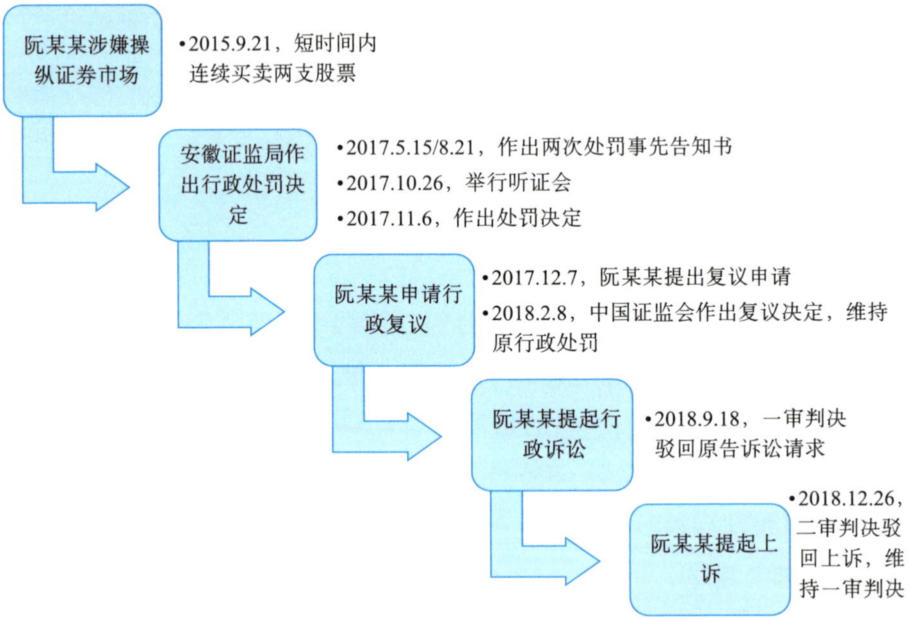

图15－1　案件时间线

二、安徽证监局作出行政处罚决定

2017年5月15日，安徽证监局以涉嫌操纵证券市场为由，向阮某某作出《行政处罚事先告知书》（处罚字〔2017〕3号）。阮某某于2017年5月24日签收了上述告知书，并于2017年5月26日提出了《申辩书》。结合阮某某的申辩意见及相关证据材料，安徽证监局对阮某某涉嫌操纵证券市场的违法事实进行了修改，减轻了拟对阮某某的行政处罚，并于2017年8月21日重新作出《行政处罚事先告知书》（处罚字〔2017〕3号），告知了阮某某所认定的违法事实及理由、适用的法律、拟作出的处罚决定以及其所享有的陈述申辩及听证等权利。

2017 年 8 月 23 日，阮某某签收了安徽证监局重新作出的《行政处罚事先告知书》后提出了书面陈述和申辩意见，并要求进行听证。

2017 年 10 月 26 日，安徽证监局针对阮某某案举行听证会。阮某某的两名委托人参加听证会，提交了相关材料并陈述了己方观点。

2017 年 11 月 6 日，安徽证监局作出《行政处罚决定书》〔2017〕5 号。安徽证监局认为，阮某某使用其个人账户大量申报买入“益民集团”“市北高新”股票并非以成交为目的，而是为了通过短时间内频繁申报、大量申报向市场传递不真实的买入信息，误导其他投资者对该股交易价格和市场供求关系的判断，诱导其他投资者跟进买入，推高股价，进而进行后续反向卖出，其涉案行为已经对市场产生了较为明显的影响。上述行为违反了《证券法》第七十七条第一款第（四）项的规定，构成《证券法》第二百零三条所述的操纵证券市场行为。根据当事人违法行为的事实、性质、情节与社会危害程度，依据《证券法》第二百零三条的规定，决定对阮某某处以 30 万元罚款。

2017 年 11 月 15 日，阮某某签收处罚决定书。

三、中国证监会作出行政复议决定

2017 年 12 月 7 日，阮某某向中国证监会申请行政复议。因申请材料不齐全，2017 年 12 月 8 日，中国证监会向其发出《补正行政复议申请通知书》。收到补正材料后，2018 年 2 月 8 日，中国证监会作出行政复议决定。

中国证监会认为，申请人不以成交为目的，使用其个人账户大量、频繁虚假申报行为导致“益民集团”“市北高新”股票的委托数据失真，误导其他投资者的投资决策，影响“益民集团”“市北高新”的交易价格，扰乱了证券市场秩序，构成《证券法》第七十七条第一款第（四）项规定的操纵证券市场行为。根据申请人违法行为的事实、性质、情节与社会危害程度，依据《证券法》第二百零三条规定，对其处以 30 万元的罚款，并无不当。此外，在被申请人作出处罚决定之前，依法告知了申请人作出行政处罚决定的事实、理由及依据，并告知了其依法享有的权利。《处罚决定书》认定事实清楚，适用法律正确，程序合法。根据《行政复议法》第二十八条第一款第（一）项的规定，决定维持《行政处罚决定书》〔2017〕5 号对申请人作出的行政处罚。

四、行政诉讼一审

（一）原告的诉讼请求

原告阮某某不服上述被诉处罚决定及复议决定，以安徽证监局、中国证监会为共同被告，向北京市西城区人民法院提起行政诉讼，请求依法撤销被诉处罚决定及复议决定。

原告阮某某诉称：

1. 安徽证监局分别于2017年5月15日和2017年8月21日两次作出案号相同的《行政处罚事先告知书》，违反法定程序。

2. 安徽证监局作出被诉处罚决定缺乏事实和法律依据。《证券法》第七十七条第一款第（四）项规定的“其他手段操纵证券市场”，具体包括什么手段，安徽证监局未向原告予以解释。被告在无明确法律依据的情况下，认定原告行为系“操纵证券市场”的行为，明显违法。安徽证监局认定原告买入涉案股票“非以成交为目的”，“诱导其他投资者跟进买入，推高股价，进而后续反向卖出，涉案行为对市场产生了较为明显的影响”，缺乏相应的事实依据。原告股票交易的一贯风格是“追逐热点股票，快速建仓，满仓操作”。鉴于原告涉案当日的资金量，以频繁申买、快速撤单为达到成交目的追涨买入的操作方式，是为了尽可能控制成本快速完成对看中股票的建仓甚至满仓，该交易方式并无不当。

3. 安徽证监局认定原告2015年9月21日卖出“市北高新”股票获利66885.06元属于事实认定错误。原告于2015年9月18日买入“市北高新”股票，购入成本共计5062057.12元，合计258600股，每股最低成本为19.41元。原告涉案当日卖出“市北高新”股票，最高成交价格为每股19.41元，卖出前述股票收入为4733630.78元，亏损30余万元。被告认定原告卖出股票获利66885.06元属于认定事实错误。

4. 鉴于被诉处罚决定违反法定程序，缺乏事实依据，且存在事实认定不清及事实认定错误的情形，依法应当予以撤销。被告中国证监会作出维持的复议决定显然错误，依法应当一并撤销。

（二）被告答辩意见

被告安徽证监局辩称：

1. 行政处罚事先告知程序合法。两次送达事先告知书是为了更好履行行政执法程序，切实保护行政相对人权利，不存在程序违法。在第一次告知后，安徽证监局发现个别数据有误，在结合阮某某的陈述申辩意见后，对交易数据进行了进一步核实，充分论证后，对处罚认定和量罚进行了相应调整，将原定的三个时段操纵减少为两个时段，获利由原来的 1068497.15 元减少为 66885.06 元。拟作出的罚款数额由原来的“没收阮某某违法所得 1140724.25 元，处以罚款 1140724.25 元”改为“对阮某某处以 30 万元罚款”。为保障当事人的权利，安徽证监局再次向阮某某告知拟处罚的内容及其享有的权利。第二次行政处罚告知书相较于第一次有着较大的变化，若不进行第二次告知，阮某某无法了解拟对其进行的处罚，从而无法进行有针对性的陈述、申辩。进行第二次告知，恰好能保障阮某某后续权利的行使。

2. 被诉处罚决定法律依据充分。根据《证券法》第七十七条和第二百零三条的规定，操纵证券市场行为是法律明确禁止的违法行为。《证券法》不可能用列举的方式穷尽所有操纵市场的手法，因此其在第七十七条列举了操纵市场的典型手段后，又赋予证券监管部门查处以其他手段操纵证券市场的法律依据。中国证监会系统一直将市场操纵行为列为打击的重点，近年来，包括虚假申报等新型操纵市场行为已经严重影响了证券市场的正常交易秩序，中国证监会系统对此操纵行为已有多个行政处罚案例，因此，安徽证监局有权根据法律的授权认定该案为操纵市场行为并进行处罚。

3. 被诉处罚决定事实清楚。经调查，阮某某的操纵行为有多项交易数据予以证明，其试图通过虚假申报的方式影响短时股票走势，从反向卖出交易中获利的意图明显。阮某某进行的是以影响个股短时走势而获利的虚假申报操纵行为，分析其操纵手法可以看出，阮某某是利用个股短时波动来获利的，其获利不需个股当日交易明显异常或者价格走势严重偏离上证指数。同时，这种操纵手法本身的影响力也很难达到全天。因此，个股当日交易量等无明显异常情况，不能证明其无操纵行为。同理，涉案股票的整体走势以及国家政策等因素不影响本案的认定。安徽证监局通过对大量数据和事实的论证认定阮某某进行了虚假申报的操纵行为，涉案时段内涉案股票呈现上涨形式，阮某某的行为对市场的影响力已经显现，事实依据明显，其虚假申报的行为已经影响到了个股短时交易情况。

4. 涉案股票获利计算方式符合案件实际。本案的获利计算是以涉案时段为计算基础，充分考虑了本案操纵手法后得出的计算结果，符合惩戒操纵市场行为的要求和逻辑。盈利计算公式为：卖出交易的证券数量乘以（实际卖出成交价格减涉案时段前最后一笔成交价格）减去税费。安徽证监局处罚的是阮某某在特定时段的市场操纵行为，并以此为基础计算其市场操纵获取的非法收益，因此与阮某某前期买入成本无关，与其全天卖出该股是否获利无关。

综上，安徽证监局对阮某某作出的被诉处罚决定事实清楚，程序合法，证据充分。阮某某提出的诉讼请求及理由没有事实和法律依据，请求法院依法判决驳回诉讼请求。

被告中国证监会辩称：

1. 阮某某不以成交为目的，使用其个人账户大量、频繁虚假申报行为导致“益民集团”“市北高新”股票的委托数据失真，误导其他投资者的投资决策，影响“益民集团”“市北高新”的交易价格，扰乱了证券市场秩序，构成《证券法》第七十七条第一款第（四）项规定的操纵证券市场行为。根据阮某某的违法行为的事实、性质、情节与社会危害程度，依据《证券法》第二百零三条规定，对其处以30万元的罚款，于法有据。此外，本案中，在安徽证监局向阮某某作出处罚事先告知书后，因对处罚认定和量罚进行了调整，重新向阮某某作出事先告知，告知拟对其作出行政处罚所根据的违法事实、理由、依据及其享有的相关权利，并重新计算了阮某某提出陈述、申辩及听证的时限，且最终处罚决定以第二次告知书为基础，保障了阮某某的陈述申辩等权利。因此，中国证监会复议维持被诉处罚决定，并无不当。

2. 中国证监会行政复议程序合法。2017年12月7日中国证监会收到阮某某的行政复议申请。因申请材料不齐全，12月8日中国证监会向阮某某发出《补正行政复议申请通知书》，12月11日收到阮某某的补正材料。受理后，中国证监会按照法定程序进行了审理，2018年2月8日作出被诉复议决定，次日邮寄送达阮某某。

综上，中国证监会在法定期限内作出行政复议决定，行政复议决定于法有据，程序合法。请求法院驳回诉讼请求。

（三）一审法院对争议焦点的分析

一审法院认为，被告中国证监会作出被诉复议决定所履行的程序符合法律规定，不存在违法之处，原告对此亦无异议。

庭审中各方当事人主要围绕被诉处罚决定是否合法展开辩论，争议的焦点集中在：（1）安徽证监局作出两次《行政处罚事先告知书》是否违反法定程序；（2）安徽证监局适用《证券法》第七十七条第一款第（四）项作出被诉处罚决定，法律适用是否正确；（3）操纵证券市场的认定问题；（4）违法所得的计算方法问题。

1. 安徽证监局作出两次《行政处罚事先告知书》是否违反法定程序

一审法院认为，《行政处罚事先告知书》的主要内容是告知行政相对人拟作出行政处罚所依据的违法事实、理由、依据及其依法享有的陈述、申辩、听证等权利，主要目的在于让行政相对人对拟作出的行政处罚陈述意见、进行合理申辩，以便行政机关在充分听取行政相对人的意见，掌握更全面的相关材料后，对拟作出的行政处罚决定进行合理修正，最终达到防止行政权力滥用及保障行政相对人合法权益的目的。本案中，原告阮某某在收到被告安徽证监局作出的第一次《行政处罚事先告知书》后，对拟作出的处罚决定陈述了意见并提供了书面的申辩材料，安徽证监局在听取陈述意见后，结合原告提供的申辩材料，对相关数据进一步核实，对认定的事实及拟作出的罚款金额进行了相应调整，由原来的“没收阮某某违法所得 1140724. 25 元，处以罚款 1140724. 25 元”改为“对阮某某处以 30 万元罚款”，实质上大幅减轻了对原告处罚。因拟作出的行政处罚决定作出了修改，为保障行政相对人的合法权益，安徽证监局再次作出《行政处罚事先告知书》，告知原告修改后拟作出的行政处罚决定所依据的违法事实、理由、依据及享有的陈述、申辩、听证等权利。原告亦就修改后的《行政处罚事先告知书》再次提交了陈述和申辩意见并提出了听证的请求。可见安徽证监局作出两次《行政处罚事先告知书》，并未侵害原告所享有的陈述、申辩、要求听证等程序权利，因减轻了对原告拟作出的处罚，故亦未对原告的实体权益产生损害。原告仅因安徽证监局作出了两次行政处罚事先告知而提出行政程序违法的主张，缺乏法律依据。

《行政处罚事先告知书》是行政机关听取当事人意见的方式之一。行政机关在作出对当事人不利的行政决定前应当充分听取当事人的意见。《中华人民共和国行政处罚法》第三十二条规定，当事人有权进行陈述和申辩。行政机关必须充分听取当事人的意见，对当事人提出的事实、理由和证据，应当进行复核；当事人提出的事实、理由或者证据成立的，行政机关应当采纳。行政机关不得因当事人申辩而加重处罚。可见，判断行政处罚事先告知程序是否违法，需要考察的因素包括：（1）是否给予了当事人陈述和申辩的权利；（2）是否对当事人提出的正当理由及证据予以采纳；（3）是否因当事人的申辩而加重处罚。结合本案，安徽证监局作出两次《行政处罚事先告知书》均给予了原告陈述和申辩的权利，在充分听取原告意见后，对其提出的事实、理由和证据进行复核，并最终作出了一个更有利于原告的行政处罚决定，程序上并无违法之处。

2. 安徽证监局适用《证券法》第七十七条第一款第（四）项作出被诉处罚决定，法律适用是否正确

《证券法》第七十七条规定，禁止任何人以下列手段操纵证券市场：（1）单独或者通过合谋，集中资金优势、持股优势或者利用信息优势联合或者连续买卖，操纵证券交易价格或者证券交易量；（2）与他人串通，以事先约定的时间、价格和方式相互进行证券交易，影响证券交易价格或者证券交易量；（3）在自己实际控制的账户之间进行证券交易，影响证券交易价格或者证券交易量；（4）以其他手段操纵证券市场。

操纵证券市场行为给投资者造成损失的，行为人应当依法承担赔偿责任。

《证券法》第七十七条分为两款，第一款分为四项，前三项用列举的形式规定了三种常见的操纵证券市场的情形，第四项为兜底条款，规定了除前三项常见的情形外的“以其他手段操纵证券市场”的亦属于本条所指的“操纵证券市场”。兜底条款是法律文本中常见的法律表述，主要是为了弥补列举式立法模式之不足，防止法律的不周严性，使执法者可以依据法律的精神和原则，适应社会发展需要，将列举以外的新情形通过兜底条款来适用解决，而无须修改法律。我国证券市场发展历程较短，证券监管体制尚在逐步完善过程中。近年来随着证券市场迅速发展，证券违法行为层出不穷，形式各异，为了有效维护证券市场正常秩序，及时打击证券违法行为，《证券法》在立法技术上普遍采用了兜底条款，以便将证券市场中出现的新形式的违法行为，在遵循法律的基本原则和精神的前提下，纳入到监管的范围内。本案中，被告安徽证监局认为原告阮某某的行为方式属于《证券法》第七十七条第一款前三项所列举的情形之外的，新的操纵证券市场的情形，故援引第四项兜底条款作为认定原告操纵证券市场的法律依据，此做法符合《证券法》关于操纵证券市场的立法本意，并无违法之处。原告认为《证券法》第七十七条第一款第（四）项规定的是“以其他手段操纵证券市场”，并没有明确说明“其他手段”的具体内容以及适用条件，进而主张被告适用上述兜底条款作为认定操纵证券市场的法律依据属于“没有法律依据”，实为对法律条款的误读。当然，兜底条款亦不能滥用，否则有损法之尊严与安定性。兜底条款的适用具有特定的条件，应当符合立法本意，遵循法律的原则与精神，使得法律条款之间具有内在统一性。本案中，原告名为对被告适用《证券法》第七十七条第一款第（四）项兜底条款提出异议，实则是对被告认定其行为构成操纵证券市场的不予认可。因此，本案原被告争议的核心问题为原告的行为是否构成操纵证券市场，即本案的第三个争议焦点。

3. 操纵证券市场的认定问题

何谓“操纵证券市场”，《证券法》并没有明确定义。《证券法》关于操纵证券市场的规定，主要体现在该法第七十七条，采用列举加兜底条款的立法模式。立法的模糊性给司法审查带来了一定困难，但正如前文有关兜底条款适用的论述，对“操纵证券市场”的解释也应符合立法本意，遵循法的基本原则，并使得法律条款之间精神一致，逻辑自洽，完整统一。《证券法》第七十七条第一款前三项列举的三种典型操纵证券市场行为，不论是利用资金优势、信息优势或者持股优势，其实质均是人为地以各种不正常手段制造证券行情，使得证券市场供需关系无法正常发挥自动调节作用，最终影响证券交易价格或者证券交易量，扰乱证券市场秩序。因此，在界定“操纵证券市场”定义以及适用《证券法》第七十七条第一款第（四）项兜底条款时，都应当把握住该法条的精神实质，不能随意解释。

中国证监会是证券市场的主要监督执法机关，亦是查处证券违法行为的专门机构，因此，在查处新型证券违法行为，界定何谓《证券法》第七十七条所规定的“操纵证券市场”行为方面具有丰富的专业知识和执法经验。为了明确“操纵证券市场”的具体内容，统一执法尺度，中国证监会制定的《中国证券监督管理委员会证券市场操纵行为认定指引（试行）》（以下简称《指引》）。该《指引》虽处试行阶段，中国证监会亦称其未在官方网站公布，应属内部文件。但一审法院认为该《指引》在互联网上已经全文公开并被广泛知晓，且实质上已经成为中国证监会认定“操纵证券市场”行为，查处新型证券违法行为的操作规范，对证券投资者产生了外部拘束力，失去了其内部属性，应属中国证监会的规范性文件，亦是法院审理本案的参考文件。

《指引》第三十条规定，本指引所称其他手段，是指《证券法》第七十七条第一款第（四）项所指的其他操纵证券市场的手段，主要指下列类型：（1）蛊惑交易操纵；（2）抢帽子交易操纵；（3）虚假申报操纵；（4）特定时间的价格或价值操纵；（5）尾市交易操纵；（6）中国证监会认定的其他操纵证券市场的行为。第三十八条规定，本指引所称虚假申报操纵，是指行为人作出不以成交为目的的频繁申报和撤销申报，误导其他投资者，影响交易价格或交易量。《指引》的上述规定对操纵证券市场行为进行了细化分类，尤其对《证券法》第七十七条第一款第（四）项兜底条款的具体内容及如何认定均予以明确，符合《证券法》关于操纵证券市场行为的立法精神。综合《证券法》第七十七条及《指引》的相关规定，一审法院认为虚假申报操纵行为应当具有三个构成要件：（1）不以成交为目的；（2）频繁申报和撤销；（3）影响证券交易价格或者证券交易量。

本案中，依据审理查明的事实，可以概括出原告阮某某交易股票的方式具有以下特点：一是在较短的时段内（数十分钟）频繁申报买入和撤销；二是申报买入和撤销之间间隔时间极短；三是涉案时段内，涉案的股票价格均有较大幅度的上涨；四是当日均有反向卖出涉案股票的行为。

原告阮某某交易股票的方式是否满足虚假申报操纵的三个构成要件，一审法院予以逐项分析。

首先，判断是否以成交为目的。该要件属于行为人主观思想要件。基于趋利避害的人之本能，行为人一般不会自认其在交易股票时具有“不以成交为目的”之主观思想。因此，判断行为人是否具有此主观思想，应当结合其客观行为予以推断认定。本案中，原告阮某某在交易“益民集团”股票时，涉案时段内的18笔买入申报，在平均间隔26秒后均全部或部分撤销。原告在交易“市北高新”股票时，在涉案的13分钟内，14笔买入申报，亦均在极短时间内全部或部分撤销。同时，原告在当天均有反向卖出前期所买涉案股票的行为。结合原告频繁申报买入和迅速撤销以及拉高股价后反向卖出的客观行为，推定原告具有“不以成交为目的”的主观思想符合一般交易习惯和普通金融常识。

其次，关于频繁申报和撤销。该要件属于客观行为要件。参照《指引》第三十九条，频繁申报和撤销是指行为人在同一交易日内，在同一证券的有效竞价范围内，按照同一买卖方向，连续、交替进行3次以上的申报和撤销申报。本案中，原告阮某某在交易涉案的两支股票时，均在几十分钟内连续进行了十次以上的申报和撤销申报，完全符合关于频繁申报和撤销申报的构成要件。

最后，关于影响证券交易价格或者证券交易量。该要件属于行为后果要件。依据审理查明的事实，2015年9月21日9：31：24至10：01：41时段内，原告阮某某申报买入“益民集团”18笔，其中有16笔在前五档，有17笔的单笔申报量占申报时市场前十档申报量的比例超过20%。每笔申报前后该股委比数值出现正向大幅变化，该时段内股票价格上涨4.32%。2015年9月21日13：30：01至13：43：00时段内，原告阮某某累计申报买入“市北高新”14笔，买入申报量占市场同期（当日）申报量的26.94%。14笔买入申报中有13笔在前5档，申报前后该股委比数值出现较大正向变化，股票价格上涨6.63%。虽然，诚如原告所言，股票本身价值、国家政策、市场情绪等多种因素均有可能对短期内股票的价格和交易量产生重要影响，一审法院或许无法排除掉原告的一切合理怀疑，无法认定原告的行为是导致涉案股票的价格或交易量的变化的充要条件，但从原告买入股票申报量占市场同期申报量的比值及涉案股票委比数值与股票价格的正向变化关系综合分析，一审法院认为可以认定原告的行为对涉案股票涉案时段内的交易价格产生了重要影响。

综上所述，一审法院认为原告的行为符合虚假申报操纵行为构成要件，被告认定其属于《证券法》第七十七条第一款第《四》项规定的“以其他手段操纵证券市场”并无不当。

4. 违法所得的计算方法问题

《证券法》对证券违法行为的违法所得如何计算问题没有作出明确规定。实践中，因证券违法行为的性质不同，手段差异，导致违法所得的计算方式亦有所不同。具体到操纵证券违法行为的计算公式，《指引》第五十一条规定，在计算违法所得的数额时，可参考下列公式或专家委员会认定的其他公式：违法所得 = 终点日持有证券的市值 + 累计卖出的金额 + 累计派现金额 - 累计买入金额 - 配股金额 - 交易费用。可见，即便在操纵证券违法行为范围内，计算违法所得亦无固定的公式。《证券法》第七十七条列举的几种常见的操纵证券市场的行为，时间跨度一般较长，多则数年，少则数月，而本案最大的特点在于被告认定原告操纵证券市场的时间段极短，其中认定操纵“益民集团”股票的时间为 30 分钟，“市北高新”为 13 分钟。在如此短的时间段内，无法适用《指引》第五十一条所列的计算违法所得的参考公式。基于此类虚假申报操纵行为的特点，证券监管部门适用了与之相适应的违法所得计算公式，具体为：违法所得 = 卖出交易的证券数量 ×（实际卖出成交价格 - 涉案时段前最后一笔成交价格）- 税费。一审法院认为，被告安徽证监局依据违法行为的特性适用与之相匹配的违法所得计算公式，并无违法之处。

关于本案违法所得的计算问题，一审法院对两点作出说明。第一，一审法院认定本案中所适用的违法所得计算公式并无违法之处，一方面是因为《证券法》对此类问题没有规定，且实践中违法行为种类不同，方式各异，适用同一种固定的计算公式不符合客观规律亦很难反映出新型违法行为的真实“违法所得”；另一方面是中国证监会作为证券监管领域的专门机构，在查处证券违法行为方面经验丰富且具有专业性，在不与法律规定相违背且无明显不当的前提下，法院对其行政执法中的专业判断应予尊重。违法所得计算公式因涉及违法金额的认定，关系到行政相对人的实体权益，因此，一审法院建议中国证监会在《指引》中对此予以明确规定，并随《指引》一同公布。第二，依据被告所适用的违法所得计算公式，经一审法院审查核实，原告操纵“市北高新”股票获利数额应为 66867.06 元，而非 66885.06 元。被告认定的违法所得数额有细微错误，但依据《证券法》第二百零三条规定，没有违法所得或者违法所得不足 30 万元的，处以 30 万元以上 300 万元以下的罚款。因被告认定的原告的违法所得不足 30 万元，即使违法所得计算金额有细微错误，亦不会对本案的处罚造成影响，不会侵害到原告的实体权益，故一审法院仅在此予以指出纠正，希望被告在以后工作中更加细致认真，杜绝此类错误的再次发生。

（四）一审判决

2018 年 9 月 18 日，一审法院作出一审行政判决书。判决书指出，被诉处罚决定认定事实清楚，程序合法，并无不当之处；中国证监会作出的复议决定程序合法，结论正确；原告阮某某请求撤销被诉处罚决定及被诉复议决定的诉讼请求不能成立，不予支持；依照《行政诉讼法》第六十九条、第七十九条之规定，判决驳回原告阮某某的诉讼请求。

五、行政诉讼二审

阮某某不服一审判决，向北京市第二中级人民法院提起上诉，请求撤销一审判决，支持其一审诉求。主要上诉理由为：安徽证监局出具了两份《行政处罚事先告知书》，侵犯了上诉人的知情权，使上诉人的陈述、申辩权无法得到充分完整的保障；《指引》不具有法律效力，一审判决将《指引》作为本案认定行政处罚的主要依据属于适用法律错误；上诉人交易涉案股票的行为不符合虚假申报及操纵证券市场的构成要件，一审法院认定事实错误。

安徽证监局、中国证监会均同意一审判决，请求予以维持。

二审法院认定一审法院审理查明的事实成立。

二审法院认为，根据当事人提供的账户交易记录、询问笔录等合法有效的证据可知，阮某某在两个涉案时段内分别累计申报买入 18 笔“益民集团”股票和 14 笔“市北高新”股票，且均在极短时间内全部或部分撤单。同时，阮某某在当天均有反向卖出前期所买涉案股票的行为。结合阮某某申报量的市场占比、所处档位、引起的委比数值变化等多项指标，以及该股涉案时段内的涨幅、阮某某获利等情况，可以认定阮可荣的行为属于不以成交为目的频繁申报和撤销申报的行为，该行为误导了其他投资者，对涉案股票涉案时段内的交易价格交易量和市场产生了较为明显的影响。据此，安徽证监局根据阮某某实施违法行为的事实、性质、情节以及社会危害程度，认定阮某某构成《证券法》规定的操纵证券市场行为，并在上述法定处罚种类和幅度范围内，对阮某某作出处以 30 万元罚款的处罚决定，认定事实清楚，适用法律正确，不存在显失公正的情形。安徽证监局对阮某某作出被诉处罚决定，履行了立案、调查、告知、听证等程序，程序符合法律规定，二审法院予以支持。中国证监会接到阮某某的复议申请后，作出被诉复议决定，复议程序符合法律规定。

关于阮某某主张安徽证监局作出两次《行政处罚事先告知书》违法的问题，二审法院认为，行政机关在作出行政处罚决定前应当充分听取当事人的意见。《行政处罚法》第三十二条规定，当事人有权进行陈述和申辩。行政机关必须充分听取当事人的意见，对当事人提出的事实、理由和证据，应当进行复核；当事人提出的事实、理由或者证据成立的，行政机关应当采纳。行政机关不得因当事人申辩而加重处罚。本案中，安徽证监局在作出第一次《行政处罚事先告知书》后，充分听取并结合阮某某的陈述申辩意见，对涉案行为操纵时段及最终处罚数额进行了调整，并将调整后拟处罚的内容和当事人享有的权利进行了第二次告知，最终作出了一个更有利于阮某某的处罚决定。安徽证监局在案件处理中作出了两次告知，充分保障了当事人的陈述、申辩权，没有因为当事人的申辩而加重处罚，程序上并无违法之处。因此，阮某某的上述主张没有法律依据，二审法院不予支持。

关于阮某某主张一审判决将《指引》作为本案认定行政处罚的主要依据属于适用法律错误的问题，二审法院认为，《指引》是证监会根据《证券法》的立法宗旨，结合实践中已经达成的共识制定的。一审法院在论述操纵证券市场行为的具体含义时参考了《指引》的相关规定。一审法院在论述中明确表示《指引》是“审理本案的参考文件”。安徽证监局作出行政处罚决定的依据是《证券法》相关规定，一审法院在充分论述操纵证券市场行为含义的基础上支持了安徽证监局作出行政处罚的法律依据。因此，阮某某认为一审判决将《指引》作为认定行政处罚主要依据的主张，缺乏相关依据，二审法院不予支持。

2018 年 12 月 26 日，二审法院作出终审行政判决书。判决书指出，一审法院依照《行政诉讼法》相关规定判决驳回阮某某的诉讼请求是正确的，应予维持；阮某某的上诉理由，没有事实和法律依据，不予支持；依照《行政诉讼法》第八十九条第一款第（一）项的规定，判决驳回上诉，维持一审判决。

案例使用说明

一、教学对象及目标

作为一个以证券行政处罚为纽带而串联起来的行政处罚与行政复议案件，本案例教学需要对相关问题予以全面讲授。在此基础上，使学生在以下方面有所收获：（1）熟悉中国证监会的行政法地位及其管理体制，了解证券行政处罚的基本情况；（2）熟悉行政诉讼中程序合法性的审查；（3）了解行政处罚的听证程序；（4）熟悉行政复议与行政诉讼的关系与衔接；（5）能够对行政复议机关作共同被告制度予以评价分析，提升法理思辨能力。

二、教学实施计划

教学计划可参考如下：

1. 课前准备：安排学生阅读案例及相关参考资料，事先准备思考题所涉及的法条及法理问题，撰写实践题答案。

2. 课中实施：（1）介绍教学目的，明确讨论主题；（2）分组讨论，回答各项思考题，讨论实践题的撰写要点；（3）分组撰写要点、模拟练习，进行课堂展示；（4）教师归纳总结，点评分析。

3. 课后任务：每位学生都要从实践题中选择一项撰写书面法律文书，教师进行批改，并反馈意见。

三、重点难点问题

（一）证监会的行政诉讼被告资格

1. 被告资格的取得方式。在行政诉讼法上，以自己的名义行使行政职权并承担法律责任，是一个组织能够成为行政诉讼被告的基本条件。这有两种情形。一是该组织为国家行政机关，即由宪法和组织法所规定。二是该组织通过法律、法规或者规章的授权而获得特定行政职权，在行使该职权时具备行政诉讼被告资格。如果不能满足被授权的条件，则该组织属于受委托组织，应以委托它的行政主体为被告。

行政机关和被授权组织作为行政诉讼被告没有争议，但问题在于，何种位阶的立法能够创设被授权组织？《行政诉讼法》2014 年修改后，规定“法律、法规、规章授权的组织作出的行政行为”属于行政诉讼受案范围。在此之前，《行政诉讼法》规定法律、法规授权的组织能够成为被告。但在 2000 年《最高人民法院关于执行〈中华人民共和国行政诉讼法〉若干问题的解释》中，已经将规章授权作为判断被告资格的依据。这一规定的合理性在于，实践中，规章特别是部门规章的授权行为普遍存在，承认规章授权的组织具有行政诉讼被告资格，能够使实际行使职权的组织承担法律责任，也避免法律适用上的技术困难。在规范衔接上，1999 年颁布的《行政复议法》在规定复议被申请人时，除行政机关外，法律、法规或者规章授权的组织也可以成为被申请人。《行政复议法》认可了规章授权的正当性，行政诉讼中承认规章授权，能够与行政复议制度保持一致，避免法律制度的冲突。2014 年修法，最终将 2000 年司法解释中的规则上升为法律规范，主要理由是，“规章属于‘法’的范畴，……往往是法律、法规的先导”，“法律、法规、规章的授权实际上给予了组织一个行使行政管理职能的权利，赋予了其在法律上的行为能力”①。

---

① 梁凤云．新行政诉讼法逐条注释（第 2 版）［M］．北京：中国法制出版社，2017：11.

2. 证监会的行政法地位。证监会为国务院直属正部级事业单位。《证券法》第七条第一款规定："国务院证券监督管理机构依法对全国证券市场实行集中统一监督管理。"该款授予中国证监会行政管理职权，使之成为法律授权的组织，具备行政主体资格，能够成为行政诉讼被告。《证券法》第一百六十九条还规定，国务院证券监督管理机构有权制定有关证券市场监督管理的规章、规则，由此中国证监会具有行政规章和规范性文件的制定权。

《证券法》第七条第一款规定："国务院证券监督管理机构根据需要可以设立派出机构，按照授权履行监督管理职责。"据此，中国证监会在省、自治区、直辖市和计划单列市设立 36 个证券监管局，以及上海、深圳证券监管专员办事处。这些派出机构根据《证券法》和中国证监会的授权行使行政管理职权，亦具有行政主体资格，能够成为行政诉讼被告。它们受中国证监会垂直领导。

对于地方证监局的行政行为不服的，其复议申请机关为其上一级主管部门，即中国证监会。对于中国证监会的行政行为不服的，其复议申请机关为中国证监会本身。

3. 证监会的行政诉讼管辖法院。《行政诉讼法》第十四条至第十六条规定了行政诉讼的管辖法院：①基层人民法院管辖一审行政案件；②中级人民法院管辖下列一审行政案件：对国务院部门或者县级以上地方人民政府所作的行政行为提起诉讼的案件，海关处理的案件，本辖区内重大、复杂的案件，其他法律规定由中级人民法院管辖的案件；③高级人民法院管辖本辖区内重大、复杂的一审行政案件。

据此，地方证监局单独作被告时，通常由基层人民法院管辖；中国证监会单独作被告时，通常由所在地中级人民法院管辖，实践中为北京市第二中级人民法院。如果当事人对地方证监局的行政行为向中国证监会申请行政复议，复议机关决定维持原行政行为的，《行政诉讼法》第二十六条规定"作出原行政行为的行政机关和复议机关是共同被告"，因此地方证监局和中国证监会为共同被告。在管辖法院的判断上，2018 年《最高人民法院关于适用〈中华人民共和国行政诉讼法〉的解释》（以下简称《适用解释》）第一百三十四条第三款规定："复议机关作共同被告的案件，以作出原行政行为的行政机关确定案件的级别管辖。"

（二）行政处罚程序合法性的审查

本案的争议焦点之一在于安徽证监局作出两次《行政处罚事先告知书》是否违反法定程序。这涉及行政处罚程序合法性的判断问题。

1. 程序违法的裁判类型。行政行为是否符合法定程序，是判断该行为是否具有合法性的重要标准。对于程序违法，《行政诉讼法》区分违法程度予以分类处理。①对于“行政行为程序轻微违法，但对原告权利不产生实际影响的”，法院判决确认违法，但不撤销行政行为。这维护了行政行为的确定性。《适用解释》明确，所谓“程序轻微违法”包含三种情形：处理期限轻微违法；通知、送达等程序轻微违法；其他情形。②对于不属于轻微的程序违法，则构成“违反法定程序”，法院判决撤销或者部分撤销，并可以判决被告重新作出行政行为。

2. 行政处罚中的程序要求。程序法定是行政处罚行为的基本原则之一。作出行政处罚，应当遵守《行政处罚法》规定的程序。如果有其他专门法律或者法规、规章对行政处罚程序作出具体规定的，还应遵守这些具体规定。《行政处罚法》第三条第二款规定：“没有法定依据或者不遵守法定程序的，行政处罚无效。”该法规定了三种处罚程序：简易程序、一般程序、听证程序。其中，简易程序属于当场处罚程序，适用于违法事实确凿并有法定依据的警告和小额罚款的行政处罚。听证程序属于一般程序中的特殊情形，适用于“出责令停产停业、吊销许可证或者执照、较大数额罚款等行政处罚”。

3. 行政处罚听证程序的适用问题。《行政处罚法》第四十二条规定：“行政机关作出责令停产停业、吊销许可证或者执照、较大数额罚款等行政处罚决定之前，应当告知当事人有要求举行听证的权利；当事人要求听证的，行政机关应当组织听证。”该条在适用中存在两个问题。一是何为较大数额罚款？二是如何理解“等”字，即是否限于法条列举的三类处罚类型？

对于第一个问题，较大数额通常在单行法律或者法规、规章中作具体规定。如《治安管理处罚法》第九十八条规定，2000 元以上罚款的治安管理处罚适用听证程序。2015 年《中国证券监督管理委员会行政处罚听证规则》第五条规定，对个人没收业务收入、没收违法所得、罚款单独或者合计 5 万元以上，对单位没收业务收入、没收违法所得、罚款单独或者合计 30 万元以上，适用听证。

对于第二个问题，适用听证的处罚类型应当不仅包括法条列举的三类。在立法实践中，有的单行法律或者法规、规章扩大了适用听证的处罚类型，以更好保护相对人权益。例如，按照《中国证券监督管理委员会行政处罚听证规则》第七条的规定，适用听证程序的处罚类型除前述没收及罚款外，还包括：责令停止发行证券；责令停业整顿；暂停、撤销或者吊销证券、期货、基金相关业务许可；暂停或者撤销任职资格、从业资格；法律、行政法规和规章规定或者中国证监会及其派出机构认为可以听证的其他情形。其中，没收业务收入或违法所得、暂停业务许可或资格以及证监会及其派出机构认为可听证的情形，都是对三类列举事项的扩大。

在司法裁判中，这种对“等”字扩张适用的思路也得到认可。在最高人民法院指导案例 6 号“黄泽富、何伯琼、何熠诉四川省成都市金堂工商行政管理局行政处罚案”中，法院生效裁判认为，《行政处罚法》第四十二条虽然没有明确列举“没收财产”，但是该条中的“等”系不完全列举，应当包括与明文列举的“责令停产停业、吊销许可证或者执照、较大数额罚款”类似的其他对相对人权益产生较大影响的行政处罚。为了保证行政相对人充分行使陈述权和申辩权，保障行政处罚决定的合法性和合理性，对没收较大数额财产的行政处罚也应当适用听证程序。该案中，金堂工商局没收黄泽富等 3 人 32 台电脑主机的行政处罚决定，应属没收较大数额的财产，对黄泽富等 3 人的利益产生重大影响的行为，金堂工商局在作出行政处罚前应当告知被处罚人有要求听证的权利。金堂工商局在作出处罚决定前只按照行政处罚一般程序告知黄泽富等三人有陈述、申辩的权利，而没有告知听证权利，违反了法定程序，依法应予撤销。

4. 行政处罚听证程序的不足。《行政处罚法》规定的听证程序有相当的进步性，有助于保护当事人的程序权利。也有学者认为还有不足。比如，它只规定了事前听证，无有关事后听证的规定；行政机关应当主动履行听证义务，不应以当事人要求为前提；听证程序的适用范围应当适当放宽，限制人身自由的行政处罚未纳入听证范围，而且“较大数额”的界定不明确等①。对此，可以展开讨论。

（三）行政规范性文件的审查适用

本案一审法院在裁判说理部分，参考适用了《中国证券监督管理委员会证券市场操纵行为认定指引（试行）》。在性质上，该文件属于规章之下的行政规范性文件。行政诉讼中，对该种文件应该如何审查适用？

1. 法院对规范性文件的审查权。在行政活动中，制定、实施规范性文件是非常常见的现象。这些规范性文件的效力位居规章之下，有的是对法律、法规或规章如何应用作出的解释性说明，有的体现为决定、命令，行政机关往往将其作为行政行为的直接依据。《行政诉讼法》规定，行政机关制定、发布具有普遍约束力的决定、命令的行为，不属于行政诉讼的受案范围。所谓“具有普遍约束力的决定、命令”，是指行政机关针对不特定对象发布的能反复适用的规范性文件。

规范性文件能否成为行政诉讼的裁判依据？2004 年《最高人民法院关于审理行政案件适用法律规范问题的座谈会纪要》明确表示：“这些具体应用解释和规范性文件

① 湛中乐，王敏．行政程序法的功能及其制度——兼评《行政处罚法》中程序性规定［J］．中外法学，1996（6）：20－21.

不是正式的法律渊源，对人民法院不具有法律规范意义上的约束力。但是，人民法院经审查认为被诉具体行政行为依据的具体应用解释和其他规范性文件合法、有效并合理、适当的，在认定被诉具体行政行为合法性时应承认其效力；人民法院可以在裁判理由中对具体应用解释和其他规范性文件是否合法、有效、合理或适当进行评述。”这表明，法院对规范性文件有审查适用的权力，可以在审查后承认其效力，也可以对其合法性、合理性予以评价。

2014 年修改后的《行政诉讼法》及《适用解释》进一步完善了规范性文件的审查适用规则。法院经审查认为规范性文件合法的，应当作为认定行政行为合法的依据，并可在裁判文书中引用。认为规范性文件不合法的，不作为认定行政行为合法的依据，在裁判理由中予以阐明，并向制定机关提出处理建议。处理建议可以抄送制定机关的同级人民政府、上一级行政机关、监察机关以及规范性文件的备案机关。此外，规范性文件不合法的，法院可以在裁判生效之日起 3 个月内，向规范性文件制定机关提出修改或者废止该规范性文件的司法建议。法院认为规范性文件不合法的，应当在裁判生效后报送上一级法院备案；涉及国务院部门、省级行政机关制定的规范性文件，司法建议还应当分别层报最高人民法院、高级人民法院备案。

关于法院对规范性文件的审查权，需要注意以下几点：第一，法院认为规范性文件不合法的，不能撤销、变更或者要求有关机关予以废止、修改，而只能在裁判文书中予以评述，或者建议有权机关处理。第二，法院认为规范性文件不合法的，不能决定立即停止执行该文件，或者要求有权机关立即停止执行。这是因为，法院对规范性文件合法性的认定未必完全准确，一旦有误而立即停止执行，会带来公共利益的损失，也会面临司法赔偿的风险。第三，法院对规范性文件的审查结论，对于其他类似案件具有一定的预决效力。“如果今后当事人根据其他法院的生效判决，提出该规范性文件已被认定为不合法，人民法院应当认定该生效判决对本案具有拘束力”[①]。

2. 规范性文件的合法性标准。《行政诉讼法》第六十四条规定，法院审查认为规范性文件不合法的，不作为认定行政行为合法的依据。如何认定“规范性文件不合法”？《适用解释》第一百四十八条提出，法院审查规范性文件可以从规范性文件制定机关是否超越权限或者违反法定程序、作出行政行为所依据的条款以及相关条款等方面进行。“规范性文件不合法”的情形包括：①超越制定机关的法定职权或者超越法律、法规、规章的授权范围的；②与法律、法规、规章等上位法的规定相抵触的；③没有法律、法规、规章依据，违法增加公民、法人和其他组织义务或者减损公民、

① 梁凤云．行政诉讼法司法解释讲义［M］．北京：人民法院出版社，2018：412.

法人和其他组织合法权益的；④未履行法定批准程序、公开发布程序，严重违反制定程序的；⑤其他违反法律、法规以及规章规定的情形。概括来说，法院审查重点审查三方面内容：一是制定机关有无职权制定，二是制定机关是否按照法定程序制定，三是规范性文件是否与上位法相抵触、与同位法相矛盾。这里面，有两点需要指出。

第一，如何审查规范性文件的制定程序？对制定程序进行审查，意味着法院不仅审查涉案条款，还要审查整部规范性文件的制定过程。违反制定程序必须达到"严重"程度，才会被法院认定为不合法。所谓严重，应当根据规范性文件违反程序的类型来判断，具有依法应批准而未批准、应公开而未公开、应公开征求意见而未征求等情形的，可以视为达到严重程度。

第二，如何判断规范性文件违反上位法？实践中主要包括以下情形：一是减少、变更或者增加制裁条件、制裁手段、制裁幅度，扩大或者缩小特定机关的制裁权限等；二是增加或者减少特定对象的义务，或者改变义务承担者的条件，或者扩大或者缩小承担义务者的义务范围、性质或者数量；三是增加、减少或者变更利害关系人的范围或者权利，或者改变享受权利的条件，或者扩大、缩小或者改变权利的范围、行政或者数量；四是扩大或者改变行政机关的职权或者范围；五是扩大或者缩小特定术语的内涵和外延，以致引起不同的法律后果[①]。

3. 规范性文件审查的附带性。按照《行政诉讼法》的规定，原告在对行政行为提起诉讼时"可以一并请求"对行政行为所依据的规范性文件进行审查。这表明，提起规范性文件的审查需符合附带性原则。

规范性文件审查的附带性体现为以下方面：第一，在审查对象上，法院对规范性文件的审查不是任意的，需要满足规范性文件属于"行政行为所依据的"这一条件，并且是"国务院部门和地方人民政府及其部门制定的"。法院不能审查国务院制定的规范性文件。第二，在审查启动上，原告提出规范性文件的审查请求，只能在对行政行为合法性审查中一并提出。直接就规范性文件向法院起诉不属于行政诉讼受案范围，行政诉讼对规范性文件的审查依附于案涉行政行为的审理而进行。但是，如果一部规范性文件中包含具体行政行为内容的，该部分内容具有可诉性[②]。第三，在审查结果上，法院审查规范性文件合法性的目的在于确认案涉行政行为的合法性，如果认为规范性文件不合法的，处理方式是不作为认定行政行为合法性的依据，并向有关制定机关提出处理建议、司法建议，而不能径行对规范性文件作出裁判。

---

① 梁凤云．行政诉讼法司法解释讲义［M］．北京：人民法院出版社，2018：409－410.

② 最高人民法院办公厅．《行政审判办案指南（一）》，2014 年 2 月 24 日，法办〔2014〕17 号．

对规范性文件的附带性审查体现了审判权对行政权监督的力度。除行政诉讼外，行政复议中也有附带性审查的规定，即《行政复议法》第七条第一款。该规定与《行政诉讼法》的理念是一致的。

（四）行政处罚中“违法所得”的计算

本案的一个争议焦点是违法所得的计算方法问题。违法所得的数额，决定了给予罚款的幅度。正如一审法院所指出的，违法行为和性质不同，违法所得的计算方式也有所不同。《行政处罚法》将“没收违法所得”作为处罚种类之一，但未规定违法所得的认定标准。由于不同的行政管理领域违法情形千差万别，法律对此未作统一规定有其客观合理性。实践中，违法所得的具体认定方式往往是通过规章甚至规范性文件的方式来规定的。如果不存在明显不合法、不合理或明显侵犯被处罚人权益的情形，法院基于对行政专业性、差异性的尊重，通常会认同并参考适用行政机关制定的认定标准。

通过对不同领域行政机关认定违法所得的文件梳理可以发现，实践中大致存在以下几种标准：一是将从事违法活动所取得的全部收入认定为违法所得；二是将违法从事生产、经营活动所取得的销售收入认定为违法所得；三是将违法收入扣除合理成本后的部分认定为违法所得；四是根据案情分别作出不同认定；五是将被指定的经营者通过销售质次价高商品或者滥收费用所获取的非法收益认定为违法所得[①]。这些标准适用领域有别，计算方法也存在明显差异。需要注意的是，是否应当将违法行为所产生的所有“收入”均认定为违法所得？如果全部“收入”都属于违法所得，其合理性不无问题。违法所得的核心特征在于收益的非法性，具有合理性的支出或成本应当从“收入”中扣除。在确定支出或成本的合理性方面，可以考虑适用处罚与教育相结合原则、过罚相当原则以及比例原则，综合考虑违法行为的性质、情节、后果以及违法行为人的主观状态，非法“收入”的范围既不能过度，也不宜过度。

本案中，一审法院认定被告安徽证监局适用的违法所得计算公式并无违法之处，理由有二：一是《证券法》对此类问题没有规定，且实践中违法行为种类不同，方式各异，适用同一种固定的计算公式不符合客观规律，亦很难反映出新型违法行为的真实“违法所得”；二是认为中国证监会在查处证券违法行为方面经验丰富且具有专业性，在不与法律规定相违背且无明显不当的前提下，法院对其专业判断予以尊重。总体上来讲，一审法院的这段陈述体现了对法院对行政权的一般尊重和司法审查的谦

① 耿宝建．行政处罚案件司法审查的数据变化与疑难问题［J］．行政法学研究，2017（3）：13－14.

抑性。

在学理上，对于“没收违法所得”作为处罚种类是否妥当的问题，有不同的观点。有学者认为，从行政处罚的功能是“惩戒”这一角度出发，没收违法所得不具有惩戒功能，因而不应认定为行政处罚，而是独立的具体行政行为类型，未来应当构建以罚款为主的行政处罚制度，而将没收违法所得作为行政处罚制度的补充①。应当说，这种观点具有一定的合理性，值得进一步讨论。

（五）行政复议与行政诉讼的关系与衔接

本案中，原告在行政处罚作出后，首先向中国证监会申请行政复议，复议机关决定维持原处罚决定后，原告将处罚机关和复议机关作为共同被告提起行政诉讼。对此，我们需要了解行政复议与行政诉讼的关系及其衔接问题。

1. 行政复议与行政诉讼的关系。行政复议与行政诉讼具有一些共性。在制度功能上，二者都是保护公民、法人和其他组织的合法权益，监督行政机关依法行使职权。在审查对象上，二者都要对案涉行政行为的合法性和一定范围的合理性进行审查，既可以审查具体行为，也可以附带审查特定的抽象行为。在启动方式上，二者都因相对人的发起而启动，适用不告不理原则，行政机关不能主动提起。在审查规则和程序上，二者也有许多相同或相似之处。

但是，二者也有本质的区别。在处理机关上，二者分别由行政机关和法院处理。在行为性质上，复议行为仍属行政行为，是行政权的内部层级监督，而行政诉讼属于司法行为，是审判权对行政权的外部监督。在救济方式上，相对人对复议决定不服可以提起行政诉讼，复议行为要接受司法的审查，而对行政裁判不服则需提起上诉或寻求抗诉，在审判系统内寻求救济。

2. 行政复议与行政诉讼的衔接。由于行政复议与行政诉讼都具有维护相对人权益的功能，法律对于两种制度如何衔接作了设计，体现为三种方式：复议选择、复议终裁和复议前置。

复议选择是指相对人可以在复议与诉讼中自行选择，可以先申请复议，对复议决定不服的，再向人民法院提起诉讼，也可以直接向人民法院提起诉讼。但是，相对人不能同时选择。复议选择是行政复议与行政诉讼衔接的一般规则，绝大多数行政行为都允许相对人选择救济途径。

复议终裁是指某些行政行为，相对人如果选择复议，则行政机关作出的决定是最

① 王青斌．行政法中的没收违法所得［J］．法学评论，2019（6）：160.

终裁决，不能再对其提起行政诉讼。目前，我国法律规定了三种终裁情形：一是对国务院部门或省级政府的具体行政行为不服，向作出该行为的机关申请复议后，对复议决定不服的，可以向国务院申请裁决，国务院作出的是最终裁决；二是根据国务院或省级政府对行政区划的勘定、调整或者征收土地的决定，省级政府确认土地、矿藏、水流、森林、山岭、草原、荒地、滩涂、海域等自然资源的所有权或者使用权的行政复议决定为最终裁决；三是外国人对依照《出境入境管理法》对其实施的继续盘问、拘留审查、限制活动范围、遣送出境措施不服，申请行政复议后作出的复议决定为最终决定。

复议前置是指法律明确规定，某些行政行为应当先申请行政复议，对复议决定不服再提起行政诉讼。这在一些法律和行政法规中有规定。比如《行政复议法》规定，对国务院部门或省级政府的具体行政行为不服的，要先向作出行为的机关申请复议；《海关法》规定，纳税义务人同海关发生纳税争议时，应缴纳税款，并可申请行政复议，对复议决定仍不服的可以提起行政诉讼。

（六）行政复议机关作共同被告

本案中，中国证监会作为复议机关，与安徽证监局作为行政诉讼的共同被告。复议机关作共同被告是《行政诉讼法》2014 年修改之后新增加的制度，实践中存在不同看法。

1. 复议机关作共同被告的情形。关于行政复议机关作行政诉讼被告的情形，2014 年修改前的《行政诉讼法》规定："经复议的案件，复议机关决定维持原具体行政行为的，作出原具体行政行为的行政机关是被告；复议机关改变原具体行政行为的，复议机关是被告。"可见，只有在改变原行为时，复议机关才成为被告。2014 年修改后的《行政诉讼法》第二十六条第二款规定："经复议的案件，复议机关决定维持原行政行为的，作出原行政行为的行政机关和复议机关是共同被告；复议机关改变原行政行为的，复议机关是被告。"与之前相比，复议维持的，复议机关将与原机关成为共同被告。在这种情况下，当事人不能单独起诉复议决定，复议机关也不单独承担相应的行政赔偿责任。对于这种共同被告的案件，法院应当对复议决定和原行政行为一并作出裁判。

那么，何为维持、何为改变？《适用解释》第一百三十三条规定，"复议机关决定维持原行政行为"包括复议机关驳回复议申请或者复议请求的情形，但以复议申请不符合受理条件为由驳回的除外。《适用解释》第二十二条规定，"复议机关改变原行政行为"是指复议机关改变原行政行为的处理结果。如果复议机关未改变原行政行为处理结果，只是改变原行政行为所认定的主要事实和证据、改变原行政行为所适用的规范依据，视为复议机关维持原行政行为。这一范围是《适用解释》的新变化，此前最高法院司法解释规定的“改变”范围包括“改变主要事实和证据、规范依据、处理结果”。《适用解释》将其限缩为“改变原行政行为的处理结果”，意味着复议机关可以对原行政行为的瑕疵进行补正，如补充事实认定、改变错误的法律适用等，这是对复议机关提升原行政行为合法性的潜在鼓励。另外，《适用解释》还规定，复议机关改变原行政行为还包括确认原行政行为无效和确认原行政行为违法，但以违反法定程序为由确认违法的除外。

2. 复议机关作共同被告的争议问题。复议机关维持原行政行为的，将成为共同被告，这是 2014 年《行政诉讼法》的一个重要修改。修法之后，无论复议机关决定维持还是决定改变，都有成为被告的可能。

与传统的共同被告类型相比，行政复议机关作共同被告既不是必要的共同诉讼，也不是普通的共同诉讼，而是一个独具特色的制度设计。从“复议机关维持不作被告”改为“复议机关维持作共同被告”，主要是希望以此改变行政复议维持率过高的情况，迫使复议机关真正起到解决行政纠纷的作用。在学理上，复议机关维持作共同被告的重要理由在于复议行为与原行政行为一体化原理，“统一性原则或者原处分主义之所以要将原行政行为与复议决定统一到原行政行为，而非复议决定，最为主要的理由在于，虽然复议决定本身是一个行政行为，但其效力依附于原行政行为而存在”①。“复议机关作出维持决定的情况下，复议机关事实上作出一个与原行政行为一样的行政行为，呈现出原行政行为与行政复议行为‘一体化’的现象”②。因此，法院要对原行政行为和复议行为的合法性进行审查。

对这种观点，不乏反对意见。有学者认为，“行政复议不同于一般的行政行为，其本质应当是一种司法性的活动，行政复议与行政诉讼并无本质上之区别”，“将行政复议决定作为行政诉讼的对象更是错误地将‘程序标的’误认为是行政诉讼标的的结果”③。有学者认为，“从长远来看，复议机关作共同被告的制度因背离处分权主义的诉讼法理与‘先取证，后裁决’的行政程序法原则，并可能助长复议机关不作为或不予受理复议申请的投机倾向，故其发展前景不容乐观，应逐渐退出历史的舞台”④。还

① 赵大光，李广宇，龙非．复议机关作共同被告案件中的审查对象问题研究［J］．法律适用，2015（8）：79－80.

② 梁凤云．行政复议机关作共同被告问题研究——基于立法和司法的考量［J］．中国政法大学学报，2016（6）：125.

③ 王青斌．反思行政复议机关作共同被告制度［J］．政治与法律，2019（7）：122.

④ 梁君瑜．复议机关作行政诉讼共同被告——现状反思与前景分析［J］．行政法学研究，2017（5）：30.

有学者明确表示，“鉴于复议机关共同被告制度在法理上的欠缺、在制度上的不合理、在实践中导致的行政资源和司法资源的巨大浪费以及对行政复议工作和行政机关正常工作的消极影响，按理应当适时取消这一制度”①。

对于复议机关作共同被告制度的未来发展，实务界和学术界存在不一致的看法。在《行政诉讼法》将其纳入法律规范的一段时间之内，这一制度应当仍会继续存在。那么，未来这一制度应该如何发展？在《行政复议法》已经进入修法日程的背景下，如何通过《行政复议法》的修改来完善这一制度？这些问题我们可以继续探讨。

四、教学预期效果

通过本案例的教学，学生能够准确理解行政处罚案件的程序合法性以及违法所得的计算方式、行政诉讼中规范性文件的审查适用、行政复议与行政诉讼的衔接、行政诉讼双被告制度以及证监会的行政法地位等重要问题，正确把握因行政复议引起的行政诉讼案件的审查过程，掌握相应的法理知识，具备从事行政复议和行政诉讼的基本技能。

五、课堂教学安排

本案例可以作为专门的案例教学课或者模拟法庭课来讲授。整个案例课的课堂安排6课时为宜，每课时45分钟。

六、思考与实践题

1. 思考题

（1）如何理解证监会的行政法律地位？

（2）法律规范中“兜底条款”应当如何适用？

（3）法院及有关机关如何审查行政规范性文件的合法性？

（4）如何判断内部行政行为的外部化？

（5）如何理解行政处罚中的正当程序原则？

（6）行政处罚听证程序存在什么问题？可以怎样改进？

---

① 沈福俊. 复议机关共同被告制度之检视［J］. 法学，2016（6）：117－118.

(7)“没收违法所得”是否具有行政处罚的性质?

(8) 行政复议与行政诉讼制度在保护相对人权益方面有何异同?

(9) 如何认识行政复议制度的司法性与行政性?

(10) 如何评价行政复议前置和终裁制度?

(11) 行政复议机关在何种情况下会成为行政诉讼的被告?

(12) 如何认识行政复议机关维持行为的可诉性?

(13) 行政复议机关作共同被告存在什么问题? 可以怎样改进?

(14) 近年来,各地方在行政复议制度改革中有哪些重要探索? 请简要评价。

2. 实践题

(1) 根据安徽证监局的行政处罚情况,分组模拟行政处罚听证程序。

(2) 根据案情,以被告工作人员或者公职律师的身份,为中国证监会撰写行政复议决定书。

(3) 根据案情,以原告代理律师的立场,为原告撰写二审上诉状。

(4) 根据案情,以被告工作人员或者公职律师的身份,为安徽证监局撰写二审答辩状。

(5) 根据案情,以中级人民法院行政审判庭法官的身份,撰写二审判决书。

(6) 就一审法院归纳的 4 个焦点问题,选择其中一个或多个,提出你的观点并论证。

参考文献

[1] 王青斌. 行政法中的没收违法所得 [J]. 法学评论, 2019 (6).

[2] 王青斌. 反思行政复议机关作共同被告制度 [J]. 政治与法律, 2019 (7).

[3] 熊樟林. 论《行政处罚法》修改的基本立场 [J]. 当代法学, 2019 (1).

[4] 梁君瑜. 复议机关作行政诉讼共同被告——现状反思与前景分析 [J]. 行政法学研究, 2017 (4).

[5] 耿宝建. 行政处罚案件司法审查的数据变化与疑难问题 [J]. 行政法学研究, 2017 (3).

[6] 梁凤云. 行政复议机关作共同被告问题研究——基于立法和司法的考量[J]. 中国政法大学学报, 2016 (6).

[7] 沈福俊. 复议机关共同被告制度之检视 [J]. 法学, 2016 (6).

[8] 童卫东. 进步与妥协:《行政诉讼法》修改回顾 [J]. 行政法学研究, 2015 (4).

[9] 赵大光，李广宇，龙非．复议机关作共同被告案件中的审查对象问题研究［J］．法律适用，2015（8）．

［10］王万华．以行政复议权集中行使为基础重构行政复议体制［J］．财经法学，2015（1）．

［11］石肖雪．行政处罚听证程序适用范围的发展——以法规范与案例的互动为中心［J］．华东政法大学学报，2013（6）．

［12］余凌云．论行政复议法的修改［J］．清华法学，2013（4）．

［13］黄玉寅．论地方行政机关对“行政一体”原则的摆脱——基于对《行政处罚法》第42条中“等”字的探究［J］．政治与法律，2013（4）．

［14］熊樟林．行政处罚上的空白要件及其补充规则［J］．法学研究，2012（6）．

［15］王万华．《行政复议法》修改的几个重大问题［J］．行政法学研究，2011（6）．

［16］叶必丰．行政规范法律地位的制度论证［J］．中国法学，2003（5）．

［17］朱芒．论行政规定的性质——从行政规范体系角度的定位［J］．中国法学，2003（1）．

［18］朱芒．行政处罚听证制度的功能——以上海听证制度的实施现状为例［J］．法学研究，2003（5）．

［19］王锡锌．正当法律程序与“最低限度的公正”——基于行政程序角度之考察［J］．法学评论，2002（2）．

［20］湛中乐，王敏．行政程序法的功能及其制度——兼评《行政处罚法》中程序性规定［J］．中外法学，1996（6）．

［21］梁凤云．行政诉讼法司法解释讲义［M］．北京：人民法院出版社，2018．

［22］梁凤云．新行政诉讼法逐条注释（第2版）［M］．北京：中国法制出版社，2017．

附　件

1．案例来源

本案例以下列两份行政判决书为基础编写，二者均可在“中国裁判文书网”检索下载：

（1）阮克荣与中国证券监督管理委员会等其他一审行政判决书，北京市西城区人民法院（2018）京0102行初262号。

（2）阮克荣与中国证券监督管理委员会等二审行政判决书，北京市第二中级人民法院（2018）京02行终1755号。

2. 思考与实践题参考答案

思考题的参考答案，在教学指导手册的“重点难点问题”以及案情介绍部分均有涉及，可查阅使用。

实践题不设参考答案，由教师根据学生的模拟练习和作业情况予以评阅。

3. 相关法律、行政法规

《中华人民共和国证券法》（1998年通过，2004年第一次修正，2005年第一次修订，2013年第二次修正，2014年第三次修正，2019年第二次修订）

《中华人民共和国行政处罚法》（1996年通过，2009年第一次修正，2017年第二次修正）

《中华人民共和国行政诉讼法》（1989年通过，2014年第一次修正，2017年第二次修正）

《中华人民共和国行政复议法》（1999年通过，2009年第一次修正，2017年第二次修正）

《中华人民共和国行政复议法实施条例》（2007年通过）

4. 司法解释

《最高人民法院关于适用〈中华人民共和国行政诉讼法〉的解释》（法释〔2018〕1号，2018年2月6日公布，自2018年2月8日起施行）

《最高人民法院关于执行〈中华人民共和国行政诉讼法〉若干问题的解释》（法释〔2000〕8号）虽已废止，但在介绍有关制度发展时可能会涉及

5. 指导性案例

最高人民法院指导案例6号：“黄泽富、何伯琼、何熠诉四川省成都市金堂工商行政管理局行政处罚案”。

3. 刑法案例

案例 16

黄裕泉骗取贷款案

——骗取贷款罪的适用与证人证言、书证的审查判断*

（刑事诉讼实务）

我国正处于经济社会转型期，金融领域的犯罪呈高发、多发态势，近年来涌现诸多骗取贷款罪，但如何认定、如何罚当其罪存在诸多分歧和争议。黄裕泉骗取贷款案，一、二审认定有罪、再审改判无罪，在营商环境法治化和保护民营企业、保护民营企业家的大背景下意义重大。本案例涵盖刑事案件的一审、上诉及二审、发回重审、申诉与再审等环节，涉及的实体问题包括骗取贷款罪的认定、刑民案件的界限，涉及的证据和事实问题包括证人证言、书证的审查判断，事实认定的逻辑，确实充分的标准等问题。

* 本案例由中央财经大学法学院副教授李伟编写。

案例正文

一、被告人基本情况

黄裕泉，男，1945 年 4 月 5 日出生于广东省新会市，汉族，初中文化，住广东省珠海市金湾区，系珠海市红旗管理区水电公司农业服务站负责人。

二、案件诉讼经过

2009 年 3 月，黄裕泉向金湾区人民法院提起民事诉讼，案号为（2009）金民二初字第 155 号，以其所持有并由粤侨公司开具，属于农业服务站所有的 22 套《平沙糖厂白砂糖调拨单》和《产品寄存提单》（包含已向金湾农信社提供用于质押的 16 套单据，总计 2500 吨白砂糖）为据，要求判令粤侨公司履行支付此 2500 吨白砂糖的义务。

2009 年 7 月 21 日，粤侨公司向公安机关报案，称黄裕泉的行为涉嫌贷款诈骗，请求立案侦查。

2009 年 8 月 20 日，公安机关立案侦查。

2009 年 9 月开始，聚群合作社除归还以上借款部分利息外，停止向金湾农信社还款。

2009 年 10 月 27 日，金湾区人民法院认为该案不属经济纠纷而有经济犯罪嫌疑，裁定驳回原告农业服务站的起诉，农业服务站不服，上诉至珠海市中级人民法院。珠海市中级人民法院于 2010 年 9 月 9 日作（2010）珠中法民二终字第 8 号民事裁定，驳回上诉，维持原裁定。

2010 年 12 月 14 日，公安机关对被告人黄裕泉予以传唤，当日对其取保候审。

广东省珠海市金湾区人民检察院指控被告人黄裕泉犯骗取贷款罪一案，于 2012 年 3 月 13 日以珠金检公诉〔2012〕0088 号起诉书向金湾区人民法院提起公诉。金湾区人民法院经 2012 年 4 月 13 日、2012 年 10 月 11 日、2012 年 11 月 5 日三次公开开庭审理，于 2012 年 11 月 19 日作出（2012）珠金法刑初字第 95 号刑事判决，认定指控被告人黄裕泉犯骗取贷款罪证据不足，宣告黄裕泉无罪。

宣判后，金湾区人民检察院提起抗诉，珠海市中级人民法院于 2013 年 12 月 18 日作出（2012）珠中法刑终字第 478 号刑事裁定，以原判认定事实的证据不足为由，发回金湾区人民法院重新审判。

2014年7月，金湾农信社起诉要求还本付息，金湾区人民法院于2014年9月1日作出（2014）珠金法民二初字第211号民事判决，判令被告聚群合作社向金湾农信社偿还借款本金500万元及利息，被告黄裕泉、黄群笑和郑斯龙承担连带清偿责任。

金湾区人民法院经2014年7月14日、2014年9月19日两次公开开庭审理，于2014年12月5日作出（2014）珠金法刑重字第2号刑事判决，认定被告人黄裕泉犯骗取贷款罪，判处有期徒刑二年，缓刑三年，并处罚金人民币20万元。

宣判后，黄裕泉不服，提出上诉。珠海市中级人民法院经2015年4月24日公开开庭审理，于2015年6月11日作出（2015）珠中法刑二终字第11号刑事裁定：驳回上诉，维持原判。

黄裕泉向珠海市中级人民法院提出申诉。珠海市中级人民法院于2015年11月16日作出（2015）珠中法立刑申字第19号驳回申诉通知书驳回其申诉。

之后，黄裕泉又向广东省高级人民法院提出申诉，广东省高级人民法院于2015年11月30日依法组成合议庭对本案调卷审查，经审判委员会讨论决定，于2016年9月12日作出（2015）粤高法刑申字第383号再审决定：由广东省高级人民法院组成合议庭提审本案。

广东省高级人民法院于2017年3月7日再审立案，送广东省人民检察院阅卷审查后，于2017年12月29日公开开庭审理本案，2018年5月10日作出判决，撤销广东省珠海市中级人民法院（2015）珠中法刑二终字第11号刑事裁定和广东省珠海市金湾区人民法院（2014）珠金法刑重字第2号刑事判决，原审被告人黄裕泉无罪。

三、案件证据材料

（一）举报人证言（郑哲、粤侨公司副总经理）

黄裕泉是我公司长期合作商户，主要业务是送甘蔗给粤侨公司加工成白糖，按每吨人民币535元的加工费付款，然后将糖提走出售。粤侨公司与黄裕泉的合作是按照榨季来签署的，一年只做一个榨季。

2008年12月10日至2009年2月23日为一个榨季，黄裕泉共向粤侨公司供应甘蔗11726.66吨，已从粤侨公司提糖923.995吨。加工2500吨白糖提单，就要有23000吨甘蔗。黄裕泉供应甘蔗一般先用船或车送到粤侨公司，过磅后会开出一式四联的磅码单，公司、船（车）家、黄裕泉、农户各持一联。黄裕泉会不定期到公司进行结算，先到公司甘蔗经营部开具收付款结算单，拿该结算单的财务联、客户联到公司市场部开具白砂糖调拨单，再拿收付款结算单和白砂糖调拨单的财务联、客户联到财务交纳加工费，开具加工费增值税专用发票，财务部在白砂糖调拨单的财务联、客户联上加盖印章，财务联留在财务部，客户联交给黄裕泉。最后，黄裕泉拿白砂糖调拨单客户联到公司仓库提货，客户联仍归黄裕泉保留。

2009 年 2 月 12 日，公司资金周转出现困难，黄裕泉主动提出借款给公司周转。粤侨公司财务总监卢暲、常务副总经理李志平同黄裕泉及其女儿黄群笑、女婿郑斯龙达成口头协议，由黄裕泉借给粤侨公司人民币 420 万元作资金周转用，期限一年，粤侨公司则开具 2500 吨的白糖提单用于抵押给黄裕泉。黄裕泉要求公司提供以下资料作为质押物：统计报表、产品寄存提单、白砂糖调拨单和证实这些单据不能挂失的证明。该 2500 吨提单时价近人民币 700 万元，与借款额并不对等，但公司因为缺资金就同意了。虽然当时公司没有 2500 吨白糖库存，但是因为粤侨公司是连续经营，下个榨季榨糖后就有了。同年 3 月 10 日，黄裕泉在未与粤侨公司签订书面借款合同的情况下，对卢暲说要办理 2500 吨的白糖提单资料，卢暲以为已经签署了借款协议，同意将 2500 吨白糖的调拨单及配套提单证明做好后交给了黄裕泉。后公司发现黄裕泉的借款人民币 420 万元并未到账，也未签订借款合同。3 月 20 日，其和李志平发现后同卢暲等 5 人找到黄裕泉要求签订借款合同，黄裕泉不同意，也不愿意退还公司提供的材料，称已将白糖提单和配套证明拿去质押给金湾农信社作为贷款人民币 500 万元的担保了。

（二）被告人供述和辩解

与粤侨公司商量过借款一事子虚乌有，我所持有的白糖提单等单据绝对是真实的。

2009 年 3 月 13 日以聚群合作社的名义在金湾农信社贷款人民币 500 万元，用了 2100 吨白糖提单做抵押，剩下的 400 吨提单其于 2009 年 3 月 21 日去粤侨公司提糖，他们不给，因为他们的糖已经卖完了。后其将贷款中的人民币 230 万元转入农业服务站的银行账户用来帮黄群笑还债，其余人民币 200 多万元已转给其手下管理甘蔗收购的冯润明、钟伟国、梁美娟、冯承建，作为支付上年所欠的甘蔗款。

我还在珠海、恩平市分别承包了 3600 多亩、8000 多亩耕地种植甘蔗，按片区分由钟伟国、张泽文负责高尔夫 2300 亩，冯润明负责红旗、小林 1600 亩，梁美娟、廖兵、黄群笑负责恩平等地 1600 亩，冯承建、张荣帮负责横琴、洪湾南 1000 亩土地。2008 年至 2009 年在珠海承包的土地一共提供了大概 23000 至 25000 吨的甘蔗，恩平提供大概 9000 多吨。送蔗后，粤侨公司向其开出磅码单，其凭该单和公司对数，公司再开具合计表或统计表，我就拿合计表交农业服务站的会计赖绍辉入账，账册里没有留下磅码单。如果加工成糖，我要提糖就会去交加工费给粤侨公司，他们开出增值税发票，再交回给会计入账。

我与粤侨公司从 2001 年开始至 2009 年一直有甘蔗业务往来，每年大约提供 3 万多吨甘蔗给粤侨公司，2008—2009 榨季向粤侨公司提供了 34726.66 吨甘蔗，这个数字是根据送蔗后公司提供的磅码单对账得出，相当于 3423 吨白糖，其已提 923.995 吨，还欠 2500 吨。另外还卖了 3000 多吨甘蔗给粤侨公司。每年榨季开始时糖价很便宜，都不出售，而是将提糖单据抵押在银行贷款以获得农业服务站流动资金，已经连续 3 年采取这样的经营方式。

2009 年 2 月，粤侨公司的张远想向我开出 2500 吨白砂糖调拨单和产品寄存单，开单前其已经知道粤侨公司的仓库没有白砂糖了，郑哲要求将白砂糖折算成甘蔗款按每吨 250 元支付，我不同意，因为白砂糖已经每吨上涨了 500 元且还有上涨趋势，我承诺 2009—2010 榨季前不提糖，他才答应了。开单后其下午拿去金湾农信社作抵押。

3 月 11 日，该农信社的崔秀旋要求其到粤侨公司开一张证明，证明提单只能提货不能挂失，其当天就让粤侨公司的张远想开好此证明交给崔秀旋。

3 月 13 日，其和黄群笑、郑斯龙一起去金湾农信社签了抵押合同和借款合同。

3 月 20 日，粤侨公司的陈光荣、张远想、郑哲、李志平、卢暲等先后两次到我家中，要求签订白砂糖换算成甘蔗的合同并将 2500 吨白砂糖调拨单和寄存单拿走，我不同意并说已经拿去抵押贷款了。后金湾农信社领导同我联系并见面，听说粤侨公司的人表示要我亲自去才能提糖。

2009 年 3 月 25 日，我向法院起诉粤侨公司。今年因为提不到糖，就没有交加工费，没有开出增值税发票、收付款结算单、农副产品收购发票，也没有抵扣税款，才出现有 23000 吨甘蔗数没有入农业服务站的账。

粤侨公司开的 22 套提单，是其真实加工形成的，我拿这些提单去银行贷款，粤侨公司开具证明说这些糖单只能提货、不能挂失，所贷款项人民币 500 万元均用于归还甘蔗款、化肥款及黄群笑借给农业服务站的借款，没有用于个人花销，不构成骗取贷款罪，公诉机关指控其犯罪的证据不足。

本案属民事纠纷，公安机关插手干预，是非法的。

（三）证人证言

1. 证人证言（李志平，粤侨公司常务副总经理）

我是常务副总经理，郑哲任副总经理、卢暲任财务总监，我们仨是公司领导班子核心成员。

2007年认识的黄裕泉，2008年12月4日双方签订了2008—2009榨季的甘蔗来料加工协议。

2009年2月，卢暲称黄裕泉提出借款给公司，但要求公司提供白砂糖的调拨单。同年2月12日，我在卢暲办公室，参与了黄裕泉和卢暲、郑哲、黄群笑、郑斯龙协商借款一事，但没有结果。

2009年3月20日，我听卢暲说白砂糖调拨单等资料已经给了黄裕泉，但是借款没有到账，也没有签订借款协议。公司马上起草了一份借款合同，后来我和卢暲、郑哲、陈光荣、张远想5人一起去红旗镇黄裕泉的住处，要求签订借款合同，黄裕泉不同意，也不归还单据，并称已拿去贷款了。随后，我们5个又到金湾农信社了解，知道贷款已划账转走。

黄裕泉在2008—2009榨季提供给其公司加工的甘蔗只有1万吨左右，因为当年甘蔗减产。2007—2008榨季加工了2万吨以上。

2. 证人证言（卢暲，粤侨公司前财务总监）

2009年2月，黄裕泉及其女儿、女婿与我、郑哲、李志平商谈融资一事，初步达成由黄裕泉借款人民币420万给粤侨公司，抵押物为粤侨公司提供的2500吨白砂糖提单。后黄裕泉要求提供统计报表、产品寄存提单、白砂糖调拨单和证明这些单据不能挂失的证明。我和郑哲、李志平沟通，一致同意。

2009年3月10日左右，黄裕泉来我办公室要求办理上述材料，我和当时在香港的郑哲沟通得到他的同意，于是协助黄裕泉办理了上述材料，单据如何开出是由林炳强和财务部经理张远想操作的，不能挂失的证明由张远想第二天提供给黄裕泉。

但过了一个星期，黄裕泉的资金仍然没有到账，郑哲和我发现黄裕泉没有同粤侨公司签订借款协议，于是我和郑哲、李志平等5人到黄裕泉家中要求签订借款合同并将款项转至公司账上，或者退还粤侨公司提供的上述材料，黄裕泉均不同意，并说单据已提供给农信社做了质押贷款。后我们5人又到农信社了解获知贷款已经发放给黄裕泉。

我承认，当时粤侨公司库存是没有糖的，该公司提供的22套单据是真实的，但是，反映的内容是不真实的。

3. 证人证言（林炳强，粤侨公司市场部业务员）

我负责销售和为客户填开白砂糖调拨单。2009年3月10日上午，郑哲从外地打电话来叫我找卢暲，卢暲告诉我公司决定先给黄裕泉开2500吨加工糖的调拨单，并让我和财务部经理张远想商量如何开。后张远想要求我以农业服务站的名义给黄裕泉开了2500吨加工糖的调拨单，日期控制在2009年2月1日至15日之间，开好后再到仓库找杨华珍开产品寄存单。我便按照要求开具了这22份调拨单，并由公司部门经理文恩和签名。

黄裕泉一般每年在粤侨公司加工2000吨至3000吨白砂糖，2008年因台风影响甘蔗减产，此榨季黄裕泉只加工了900吨白砂糖。

4. 证人证言（张远想，粤侨公司财务部经理）

2009年3月10日上午，卢暲把我叫到办公室，当时黄裕泉及黄群笑等人也在，卢暲说公司决定要给黄裕泉开2500吨白砂糖的调拨单和产品寄存单及证明，卢暲让我把公司对应的进蔗统计表也做好相应的修改，说市场部的老总郑哲已安排林炳强来找其。黄裕泉说开单日期最好在2月1日至15日之间。之后，我在公司考核组拷取了黄裕泉交甘蔗的电子表格，修改成3份表格，并在原来真实的统计表中“二类”项目原来数字加上了整数的百，比如将

95.46或者195.46改成了495.46，就是这样整体上在原来合计吨数上增加23000吨。不久，林炳强来找我，给我22套的白砂糖调拨单和产品寄存单，后被黄裕泉取走。

按卢暲的要求，我还打印了关于提单不能挂失的证明，是由卢暲拿到公司办公室盖的章。一星期后，我才从卢暲那里得知以上单据是为了向黄裕泉借款人民币400多万元用于抵押。

后来我和李志平、郑哲、卢暲一起去黄裕泉家里问借款的事情，郑哲说如果借款不行就将单据退还公司，黄裕泉说已经拿到金湾农信社抵押贷款了。

5. 证人证言（杨华珍，粤侨公司市场部仓库工作人员）

2009年3月，林炳强拿着白砂糖调拨单找我开具相应的产品寄存单，在经市场部主管仓库的副经理温育平同意后，我开具了22张对应的产品寄存单，因林炳强称这些产品寄存单是郑哲交代作其他用途的，故此22张单据的开具流程与正规流程是不同的，我也没有按正规操作让温育平和仓库保管员核查签名确认，只是在单底签了自己的名字。

6. 证人证言（金怀柱，粤侨公司办公室主任）

受公司委托，我自2010年7月19日开始负责与黄裕泉的案件相关事务。

7. 证人证言（林婉玲，粤侨公司财务部统计员）

我负责对公司进蔗进行统计并制定报表，公司电脑系统数据中的车号、船号、品种、扣杂比、蔗点号（客户号）可以改动，系统自动生成进蔗重量。2008—2009榨季期间，我对磅码系统的265条原始记录进行了267次修改，其中修改的蔗点号991201和991202是黄裕泉，且是有利于黄裕泉的。该榨季黄裕泉一共送来甘蔗11726.66吨。

8. 证人证言（郑伙新，粤侨公司工作人员）

我在2008年5月至2009年10月负责管理公司磅码系统。每个榨季前，都要先将数据备份再进行初始化，系统里只会有一个榨季的数据。2008—2009榨季前对数据初始化后再没有对该系统初始化，我不能对数据进行修改。

9. 证人证言（廖勇仔，广东奥达电子技术开发公司技术员）

我是粤侨公司地磅系统的开发者，该系统对于管理员的每个修改都有记录，哪怕只是增减了一个空格，管理员是无法消除的。毛重、实重是无法修改的，净重必须通过更改扣杂比才能修改。广东安证计算机司法鉴定所的司法鉴定报告内容是客观真实的，跟其所在公司设计的地磅系统实际情况相符。

10. 证人证言（崔秀旋，金湾区农信社信贷员、客户经理）

黄裕泉是我行老客户，在这贷款已有10年左右，我从2007年3月接手经办黄裕泉的贷款业务。黄裕泉于2007分别贷款人民币100万元、80万元；2008年分别贷款人民币440万元、60（或80）万元。

2009年2月20日，黄裕泉以聚群合作社的名义申请贷款人民币500万元，同来的还有其女儿黄群笑，当时只带了甘蔗加工协议和入厂甘蔗合计表等资料，其称等作为质押的白砂糖调拨单确认了就可以放款。

3 月 10 日，黄裕泉带来了白砂糖调拨单和产品寄存单共 22 套，3 月 11 日带来粤侨公司开具的此 22 套单据不能挂失的证明。我于 3 月 13 日下午与黄裕泉签订了借款合同，当天就放款人民币 500 万元转入聚群合作社的账户。3 月 16 日按黄裕泉和黄群笑的要求把人民币 245 万元划到农业服务站，用于支付化肥款和蔗农款，剩余款项由两人划走。

3 月 20 日，我听说粤侨公司称黄裕泉提供的质押物是假的，但黄裕泉说是真的。

后来我和同事欧健、张文生及黄裕泉的律师韩国元去过粤侨公司，粤侨公司说这些单据是公司开的，但内容是虚开的，不能提货。

11. 证人证言（欧健，金湾农信社营销部工作人员）

黄裕泉 2009 年 3 月贷款人民币 500 万元的业务是由崔秀旋和陈阳文经办。2009 年 8 月，该笔贷款第二季度利息没有按时归还，黄裕泉还向法院就贷款质押物起诉了粤侨公司，农信社让我负责跟踪调查。黄裕泉大约从 2006 年就一直以平沙糖厂白砂糖调拨单作为质押物以个人和农业服务站的名义向该农信社贷款，没有不良记录。2008 年他分几次贷款共计人民币 440 万元，2009 年这笔人民币 500 万元的贷款是这些年中数额最大的一笔。

12. 证人证言（陈阳文，金湾农信社工作人员）

黄裕泉于 2009 年 3 月以粤侨公司 2500 吨白糖调拨单作为质押物向我社贷款人民币 500 万元的业务是其和崔秀旋经办，崔秀旋是贷款第一责任人，负责收集、整理信贷资料，我是贷款第二责任人，负责复核、审核资料。

13. 证人证言（吴长风，金湾农信社工作人员）

黄裕泉于 2009 年 3 月在该社贷款人民币 500 万元。后粤侨公司的李志平到农信社说这些提单是粤侨公司和黄裕泉口头约定用来给黄裕泉向银行贷款后再借款给该公司的，实际并无货物可提取。

14. 证人证言（郑斯龙，被告人黄裕泉的女婿，农业服务站工作人员）

聚群合作社和农业服务站实际是两块牌子，一套人马。成立聚群合作社是为了享受贷款优惠政策，资金一向是黄裕泉管理。我负责了解和监管生产情况，根据黄裕泉给我的手写纸条数据输入电脑，记录“甘蔗入厂数”和“入厂结算表”。2008—2009 榨季该服务站共收甘蔗 34726.66 吨，包括冯润明的 8338.394 吨，钟伟国和张泽文的 12490.73 吨，张荣帮的 2421.71 吨，“阿健” 的 146.391 吨，恩平、新会、开平蔗农的 9602.982 吨，及其他散户的 1726.453 吨。我于 2008 年向彭卫扬借款人民币 30 万元，2009 年 4 月经黄裕泉汇款还清。2008 年 4 月，我老婆黄群笑跟廖春桃借款近人民币 10 万元。黄裕泉每年都替公司向粤侨公司借大约八九十万元来周转。

15. 证人证言（黄群笑，被告人黄裕泉之女，聚群合作社法定代表人）

该合作社实际是我爸决策和操作。我爸在恩平、台山、新会等地承包了 1 万多亩甘蔗地，由廖兵负责管理。红旗服务站收购甘蔗来源有：一是散户；二是长期合作的大户；三是自己土地种植的甘蔗。送蔗后的所有磅码单都是先和蔗农核对无误后拿给我老公电脑入账后销毁。钟伟国、张泽文、张荣帮、冯润明、“阿娟”、“肥仔” 是长期供蔗的大户。2008—2009 榨季向粤侨公司供应甘蔗 3 万多吨，其中钟伟国 8000 多吨，张泽文 4000 吨，张荣帮 1700 吨，冯润明 8980 吨，“肥仔” 1560 吨，恩平、新会共 9885 吨，散户 1700 吨。2009 年 3 月，我爸以聚群合作社名义贷款人民币 500 万元，其中几十万元用于支付肥料、工人工资等，给我人民币 40 万元用于偿还其向朱秀娟的借款，给我老公人民币 40 多万元用于偿还个人借款，我们这两笔借款都是用给农业服务站资金周转的。

16. 证人证言（赖绍辉，聚群合作社和农业服务站的兼职会计）

该合作社财务账里反映主要向钟伟国、冯润明两人收购甘蔗，其实是承包户和蔗农挂在他俩的名下记账的。2008—2009 榨季农业服务站共收 8604.747 吨甘蔗，会计账里有向粤侨公司支付人民币 494337.325 元的加工费，折合 923.995 吨白糖，但只有卖糖和提糖时才支付加工费。我没有农业服务站的磅单、核算表、提货单、调拨单等，这些单据均由黄裕泉保管，我只是根据黄裕泉提供的单据进行做账。

17. 证人证言（钟伟国，承包户）

（1）侦查阶段作证

2008—2009 榨季共向黄裕泉提供甘蔗 7039.082 吨，以黄裕泉的名字送到粤侨公司的有 6205.954 吨，送到乾务糖厂的有 833.8 吨。2009 年 12 月 19 日，黄裕泉打电话给我，让我在公安机关来了解情况时说一共提供了 12400 多吨甘蔗。

（2）再审出庭作证

名下有两个存折，并当庭出示存折原件，一个是黄裕泉向其个人支付甘蔗款用的，另一个是黄裕泉借其名义开的，存折上的钱与其无关，知道黄裕泉借其名义向税务局核税的事实。

18. 证人证言（冯润明，承包户）

我在金湾区红旗镇种植 370 亩甘蔗，2008—2009 榨季产甘蔗 2035 吨，全部运到了粤侨公司榨糖。我还租种了农业服务站在三板村的 200 亩甘蔗地种植，2008—2009 榨季产甘蔗 1200 吨，全部运到了粤侨公司。

19. 证人证言（冯承建，冯润明之子）

自 2008 年 3 月开始在洪湾帮黄裕泉管理甘蔗地，2008 年共产甘蔗 1700 多吨，这个数字是经黄群笑拿给他的磅码单和砍工的记录核对后确认的。加上一些散户，共有 1800 多吨。

20. 证人证言（张泽文，承包户）

我自 2000 年开始在斗门、金湾收购和种植甘蔗，然后卖给粤侨公司，2008—2009 榨季其以黄裕泉的账户卖了 1500 吨左右的甘蔗给粤侨公司。因天气不好，黄裕泉 2008—2009 榨季供应给粤侨公司的甘蔗大约在 1.2 万吨左右。

21. 证人证言（张荣帮，供货商）

（1）第一次证言（2009 年 12 月 24 日）

2008—2009 榨季共供应 2421.71 吨甘蔗给黄裕泉。

（2）第二次证言（2009 年 12 月 24 日）

2421.71 吨甘蔗是从 2006 年开始黄裕泉累积欠我的甘蔗数，2009 年六七月份黄裕泉打电话告诉我，叫我如果有人问到去年的产量和蔗款的事，就把之前所有年份的欠款数都一起算做 2008 至 2009 榨季的。

（3）第三次证言（2010年10月17日）

黄裕泉在2009年大约4月份给我打的电话，叫我如果有人问到去年的产量和蔗款的事，就把之前所有年份的欠款数都一起算做2008—2009榨季的。

（4）第四次证言（再审出庭作证）

在公安机关调查时所说的甘蔗数量是真实的，黄裕泉2007年至2009年一共欠我2400吨甘蔗款，997吨是2008至2009年的甘蔗数量，没包括之前黄裕泉还没有跟我结算的甘蔗数；黄裕泉打电话跟我说如税务局的人问甘蔗数量就说两年的合计数。

22. 证人证言（梁美娟）

我从2003年起在红旗镇鑫源大排档做洗碗工，从来没有在黄裕泉所在服务站种植甘蔗或自己种植过。

23. 证人证言（何卓华，恩平市鳌峰糖业公司财务经理）

2008—2009榨季黄裕泉向该糖厂提供大约1000吨左右的甘蔗。黄裕泉在恩平大约有6000亩甘蔗地，2008年因天气不好产量低，亩产1吨左右，总产量大约6000吨。

24. 证人证言（廖兵，被告人女婿）

我帮黄裕泉在恩平管理甘蔗种植，2008—2009榨季恩平约有1万吨左右甘蔗送到平沙糖厂，约6000吨送往恩平的糖厂。

（四）物证、书证

1. 金湾农信社出具的《关于珠海市金湾区聚群甘蔗专业合作社贷款500万元情况说明》

2009年3月20日，粤侨公司相关人员在其常务副总经理李志平带领下，到我社了解聚群合作社贷款之事，告知由于粤侨公司与黄裕泉之间有私下协议，内容是由粤侨公司开出白砂糖调拨单给聚群合作社向金湾农信社作质押借款使用，所借的款项和聚群合作社共同使用，该借款于2009年3月13日发放，18日已经全部支付使用完，由于贷款发放多日后，粤侨公司未收到应到账的资金，因此到我社咨询聚群合作社贷款的相关情况。 我社以第三方立场，约定粤侨公司、黄裕泉于2009年3月21日到我社办公室就22张调拨单和产品寄存提单进行当面核对，只有黄裕泉按时出席，而粤侨公司拒绝出席。 2009年3月23日，我社委派业务营销部经理张文生，客户经理崔秀旋、欧健和黄裕泉的委托律师带了1张《平沙糖厂白砂糖调拨单》和1张《产品寄存单》到粤侨公司提取白砂糖，被粤侨公司的李志平、卢暲等人员告知，该提糖调拨单和产品寄存单虽然是由粤侨公司开出的，调拨单上的内容及印章均是真实无疑的，但不能提糖。我社要求聚群合作社提前归还该笔借款，但聚群合作社称款项已经支付给蔗农，现无能力还款，只有变卖白砂糖才能有资金归还借款。由于民事案件未判决，借款人存放在粤侨公司的糖单无法按时提糖，由于借款人经营流动资金减少，2009年6月18日，聚群合作社为增加流动资金，以公司法人代表黄群笑身份向珠海农行红旗支行借款15万元，以自有位于红旗珠城花园的房产作为抵押，期限为1年。

自 2009 年 3 月 20 日接到粤侨公司告知后，我社立即对该笔贷款的操作流程进行检查，包括贷前调查、审查审批、办理质押手续、放款等环节进行重新核对，未发现存在操作环节上的漏洞。对借款人的信贷资金用途进行追查，反映贷款资金全部用于公司化肥及甘蔗结算款上，用途明确。委派营销人员崔秀旋、欧健到恩平、阳东县等地核实黄裕泉所承包耕地 9094 亩，全部种上经济作物，大部分种植甘蔗；山地 1400 亩已于 2006 年底种上桉树。鉴于该笔贷款出现异常，我社曾要求借款人提前还款，但由于借款人当时处于诉讼阶段，且无大额结算款回笼，因此无力还款。

2009 年 9 月中旬，黄裕泉到我社说明情况，因该案件在审理中，无法按时提糖出卖，其经营受到严重影响，导致无法归还我社贷款利息。我社曾要求借款人聚群合作社首先用 2009—2010 榨季的甘蔗收入回笼款结算付清该社贷款及利息，但黄裕泉以质押物处于经济纠纷，无法变现为由坚决不同意用甘蔗回笼款来归还贷款。

2. 金湾农信社《关于聚群贷款相关事宜的复函》

聚群合作社的贷款调查、上报、审批、发放均符合管理规定，在与聚群合作社签订质押担保合同前，粤侨公司出具的《证明》证实提糖单据是真实的，并明确注明该提单“只能凭单提货，不得挂失”，属于常规的借贷法律关系，至于黄裕泉是否定罪应由司法机关依法裁决，二者为相互独立的法律关系。

3. 金湾农信社贷款合同书及相关资料

证实黄裕泉从 2006—2008 年以其个人或农业服务站的名义多次向金湾农信社申请贷款用作资金周转的事实。

4. 粤侨公司报案时提供的材料

①《甘蔗来料加工协议》一份，证实 2008 年 12 月 4 日与黄裕泉签订的加工协议及其内容。

②《当日共入蔗量合计》表格 3 页，证实黄裕泉于 2008 年 12 月至 2009 年 2 月共向粤侨公司入蔗 34726.660 吨，并声称该表格数据不真实。

③《委托协议书》，证实粤侨公司在黄裕泉户头代扣 108.31 吨甘蔗归还海侨公司。

④发票 3 张，证实粤侨公司向黄裕泉收购 3121.913 吨甘蔗，并已支付蔗款。

⑤《产品寄存提单》《平沙糖厂白砂糖调拨单》22 套及《证明》1 份。证实本案 22 套白砂糖提单及证明的内容。

5. 证人钟伟国提供的书证

粤侨公司产品寄存单、白糖调配单、其本人记录的 2008—2009 榨季甘蔗数量、粤侨公司车运甘蔗过磅单，证实其以黄裕泉的名义送到粤侨公司的甘蔗为 6205.954 吨。

6. 证人张荣帮提供的书证

证实 2008—2009 榨季其甘蔗产量总数是 992.927 吨。2008 年黄裕泉欠其甘蔗款对应的数量为 2421 吨，系 2008 年以前所有的结算数。

7. 被告人黄裕泉提交的书证

①《甘蔗来料加工协议》《当日共入蔗量合计》表格3份和证明（均为复印件），与粤侨公司报案提供的材料相同。

②粤侨公司开具的加工糖明细表、甘蔗生产经营部（收、付）款结算单、白糖调拨单及增值税专用发票（复印件），证实农业服务站2008—2009榨季已提取的白砂糖数量与粤侨公司的统计相符，且应附带缴纳加工费和增值税费的单据。

8. 书证（被告人提供的存折）

黄裕泉持有的户名为钟伟国、账号为685850080000000034173165889的广东农村信用合作社存折，拟证明黄裕泉借钟伟国账户，以钟伟国名义向甘蔗散户收购甘蔗给粤侨公司的事实。

9. 书证（被告人提供，恩平市鳌峰糖业发展有限公司于2011年8月28日出具的《证明》）

兹有我公司廖兵蔗点于2007年跨2008年进厂甘蔗24331.68吨，2008年跨2009年进厂甘蔗4963.25吨。以证明黄裕泉在受台风影响总计减产17238.86吨的情况下往粤侨公司送甘蔗的数量不降反升的原因，即向鳌峰糖厂送的甘蔗数量较往年大幅度减少。

（五）鉴定意见

1. 广东安证计算机司法鉴定所出具的《司法鉴定检验报告书》

2010年1月3日，经珠海市公安局委托，广东安证计算机司法鉴定所对公安机关所扣押粤侨公司的2台电脑主机中的地磅农务结算管理系统数据进行了鉴定。

经鉴定，1号主机中检出2008年12月5日至2009年2月22日期间两套"地磅农务结算管理系统"的全部数据及修改记录，显示该管理系统曾有大量修改记录。

2. 珠海永安达会计师事务所出具的《审计报告》

2010年1月27日，珠海市永安达会计师事务所出具审计报告，证实：

（1）在2008年12月10日至2009年2月22日时间段内，粤侨公司的磅码单反映共收购甘蔗126073.7吨，甘蔗收购统计表和结算表反映共收购和结算甘蔗126210.301吨，实际耗用甘蔗126210.3吨。并说明由于粤侨公司行业的特殊性及公司的会计核算方法，公司账面记录的生产成本耗用甘蔗重量由已开发票数及估价入账数两部分组成，由于会计核算时只注重金额，根据入账金额除以平均单价求得估价重量，因此造成耗用甘蔗数量的多估。

（2）向农业服务站收取甘蔗11726.66吨，其中代加工甘蔗8496.437吨，收购甘蔗3121.913吨，代归还上年度甘蔗种108.31吨。粤侨公司在该榨季共生产白砂糖13628.684吨，代农业服务站加工白砂糖923.995吨。根据农业服务站提供的会计资料审计，该单位当季共收入甘蔗8604.747吨，收回白砂糖923.995吨。

四、诉讼各方的意见

（一）金湾区人民法院重审后的有罪意见

被告人黄裕泉系农业服务站负责人，多年来一直与粤侨公司存在业务往来，黄裕泉主要是在每年榨季将农业服务站收取的甘蔗送往粤侨公司榨取白砂糖，然后支付加工费、税费等，从而获得粤侨公司出具的《平沙糖厂白砂糖调拨单》和《产品寄存提单》，农业服务站再持此二类单据从粤侨公司提取白砂糖。黄裕泉之女黄群笑任聚群合作社负责人，该合作社与农业服务站主要均由黄裕泉和黄群笑负责经营管理。

2008年12月4日，黄裕泉代表农业服务站和粤侨公司签订《甘蔗来料加工协议》，约定2008—2009榨季粤侨公司为农业服务站加工白砂糖，每吨白砂糖收取加工费人民币535元，预计加工甘蔗入厂约23000吨。从2008年12月开始，农业服务站向粤侨公司供应甘蔗，事后，黄裕泉从粤侨公司提取白砂糖923.995吨（相当于8496吨甘蔗）。

2009年3月13日，黄群笑代表聚群合作社向金湾农信社申请贷款人民币500万元，用于资金周转。黄裕泉以农业服务站名义为此笔贷款提供质押担保，质押物为其持有的粤侨公司所开具的《平沙糖厂白砂糖调拨单》和《产品寄存提单》16套，内容为2100吨白砂糖，并附有粤侨公司出具的《证明》，证实以上质押所用调拨单和提单只能凭单提货，不得挂失。因黄裕泉系金湾农信社的老客户，金湾农信社在对聚群合作社的贷款申请及黄裕泉的质押材料进行书面审查后，经审批于2009年3月13日向聚群合作社发放了贷款人民币500万元。经农业服务站向金湾农信社申请和说明，由聚群合作社直接以支付甘蔗款名义向冯润明、钟伟国、冯承建、梁美娟划拨现金人民币2031060元；以支付化肥款名义向斗门区白蕉供销社、白蕉农业服务站划拨现金人民币464753.8元；并于2009年3月16日向农业服务站划入现金人民币245万元。同日，农业服务站又分两笔向黄群笑个人账户划入现金人民币228万元，并向金湾农信社说明是用于归还黄群笑的借款。金湾农信社的转账单据显示，2008年6月16日至20日，黄群笑确向农业服务站转入现金人民币2185300元。2009年3月20日，粤侨公司副总经理郑哲、李志平等人向金湾农信社称黄裕泉所持有的此部分白砂糖提单系虚假的。金湾农信社随即向黄裕泉核对，黄裕泉则声称是真实产生的。金湾农信社职员崔秀旋、张文生等人后又前往粤侨公司了解，粤侨公司答复称以上提单是该公司开具，但内容是虚开的，不能提货。

2009年3月，黄裕泉向金湾区人民法院提起民事诉讼，以其所持有并由粤侨公司开具、属于农业服务站所有的22套《平沙糖厂白砂糖调拨单》和《产品寄存提单》（包含已向金湾农信社提供用于质押的16套单据，总计2500吨白砂糖）为据，要求判令粤侨公司履行支付此2500吨白砂糖的义务。同年7月21日，粤侨公司向公安机关报案，称黄裕泉的行为涉嫌贷款诈骗，请求立案侦查。2009年8月20日，公安机关立案侦查，同年10月27日，金湾区人民法院认为该案不属经济纠纷而有经济犯罪嫌疑，裁定驳回原告农业服务站的起诉。农业服务站不服，上诉至珠海市中级人民法院。珠海市中级人民法院于2010年9月9日作出（2010）珠中法民二终字第8号民事裁定，驳回上诉，维持原裁定。2009年9月开始，聚群合作社除归还以上借款部分利息外，停止向金湾农信社还款，导致金湾农信社至今无法收回贷款本息。2010年12月14日，公安机关对被告人黄裕泉予以传唤，当日对其取保候审。2014年7月，金湾农信社起诉要求还本付息，金湾区人民法院于2014年9月1日作出（2014）珠金法民二初字第211号民事判决，判令聚群合作社向金湾农信社偿还借款本金500万元及利息，黄裕泉、黄群笑和郑斯龙承担连带清偿责任。

另认定，多年以来，黄裕泉即以个人名义或农业服务站名义多次向金湾农信社申请贷款，贷款额度不一，2008年多次申请贷款共计人民币400万余元。其中也有多次采用粤侨公司出具的《平沙糖厂白砂糖调拨单》《产品寄存提单》及《证明》进行质押的方式进行担保。金湾农信社曾对黄裕泉的经营状况、还贷能力进行过详细的调查，黄裕泉亦均能履行还款义务，尚未出现过逾期不予归还贷款的情况。

骗取贷款罪，是指以虚构事实或者隐瞒真相的欺骗手段，取得银行或者其他金融机构贷款，给银行或者其他金融机构造成重大损失或者有其他严重情节的行为。这里的“欺骗手段”是指行为人在申请贷款时，谎报贷款用途、夸大偿付能力、使用虚假的证明文件，或使用虚假的产权证明作担保等情形。就本案来看，要判断被告人黄裕泉的行为是否构成骗取贷款罪，关键是要分析其所持有的22套计2500吨的白砂糖提单是否系真实产生的问题。如果事实上并未真正提供相应的甘蔗数量，属虚开单据，被告人黄裕泉在明知的情况下向金融机构提供担保，就构成骗取贷款罪；反之则不构成骗取贷款罪。综合全案证据，足以证明被告人黄裕泉所持有的22套白砂糖提取单据并非真实产生，而是属于虚开。黄裕泉明知以上单据系虚假而予以隐瞒，并向金融机构提供担保，利用贷款人聚群合作社取得贷款人民币500万元，目前尚未归还，使巨额金融资金陷入巨大风险，属情节严重，构成骗取贷款罪。

（二）辩护方的无罪意见

（一）指控黄裕泉犯骗取贷款罪的证据不客观、不真实。

1. 粤侨公司内部人员的“证言”疑点重重，不能作为定案依据。

公诉机关指控认定黄裕泉持有的2500吨白糖提单并非委托加工的真实提单，而是粤侨公司根据其与黄裕泉的口头借款协议向黄裕泉提供的质押担保，以及为与2500吨白糖提单的数量相吻合，粤侨公司根据黄裕泉的要求修改了其实际交付的甘蔗数量，黄裕泉持有的当日共入厂甘蔗合计表虚假的事实，所依证据只有粤侨公司内部人员的“证言”，而这些人员与本案的判决结果具有直接利害关系，“证言”所反映的所谓事实明显是经不起质疑：

（1）粤侨公司作为一个大公司仅凭与黄裕泉的一个口头协议，便可以在没有履行任何手续的情况下，轻易地将价值近千万元的2500吨白糖提单交付给黄裕泉？并且从上层领导到下层工作人员都毫无异议地密切配合黄裕泉办理各种手续？就连甘蔗进厂合计表这样重要的结算凭证也可以毫无异议地任凭黄裕泉的要求进行修改？

（2）既然2500吨白糖提单是质押物，为何要开具成为不同日期和数量的22份单据？为什么要出具“配套”的入厂甘蔗合计表？两者有什么关系？

（3）为什么与2500吨白糖提单“配套”的入厂甘蔗合计表还要将黄裕泉已提取白糖的相应甘蔗、销售的甘蔗以及归还的蔗种的数量包含进去？

（4）既然粤侨公司认为34726.66吨的入厂甘蔗合计表不是真的，为何不能提供其认为是真实的入厂甘蔗合计表？上述任何一点疑问都足以表明粤侨公司人员的“证言”的虚假性。

2. 粤侨公司地磅管理系统中的数据已被修改，不能作为定案依据。

公诉机关认定黄裕泉在2008—2009榨季仅向粤侨公司提供了1172.66吨甘蔗的直接证据就是粤侨公司磅码系统中的数据。该数据系电子数据，最显著的特征就是易被修改，不存在不可修改的电子数据，粤侨公司财务统计员林婉玲、地磅系统开发人廖勇仔证称该系统中的重量等数据不可修改没有依据。该电子数据系由粤侨公司自行保管和控制，直至粤侨公司与黄裕泉发生争议9个多月后才由公安机关提取电脑主机送交鉴定检验，根本无法保证该数据的客观真实性。广东安证计算机司法鉴定所《司法鉴定检验报告书》已充分证实公安机关送检的磅码数据经过了大量的删改，并非真实的原始磅码记录。《司法鉴定检验报告书》证实：送检的2号电脑主机的硬盘已完全不能检出磅码数据。送检的1号电脑主机中磅码系统的数据库文件（FOXUSER. DBF）、“地磅农务结算管理系统”的数据库文件（FOXUSER. FPT）以及相关的数据库备份文件（包括：qw－server_ qw_ Data. MDF、0809yq. rar 和 0809yqxgh）的修改时间均在2009年4月28日至2009年8月10日之间，系在黄裕泉与粤侨公司发生争议之后对磅码系统所作的修改。另外，《司法鉴定检验报告书》补充打印稿中的甘蔗修改记录反映：粤侨公司磅码系统的电子数据总共被修改287次，涉及黄裕泉蔗点号（991201）的修改共14次，其中，黄裕泉起诉粤侨公司后的修改就有5次，修改后的记录都显示毛重、实重、净重为“0”，由于重量为“0”表示没有称重，称重系统不可能存在记录，既然存在记录，则说明称重过，只是该记录被删除了。此外，根据钟伟国、张泽文、张荣帮的证言证实，他们以黄裕泉的名义向粤侨公司交付的甘蔗，是通过海侨公司（即粤侨公司的分厂）磅码系统称重的，但《司法鉴定检验报告书》的结果表明：在海侨公司的码磅系统中，完全不能发现黄裕泉名下的甘蔗记录。还有，根据粤侨公司在与黄裕泉的民事诉讼中向金湾区人民法院提交并声称是海侨公司码磅系统中的电脑记录资料反映：张郁才、刘汝杰、李超荣、梁卫彬、黄望勤、梁寿洪分别供应甘蔗的数量为 31605.432 吨、47.805 吨、251.382 吨、238.071 吨、22.455 吨、0吨。但根据《司法鉴定检验报告书》的结果显示，在海侨公司磅码系统的电脑记录中，张郁才的户名及其名下的甘蔗数量均已被完全删除，而刘汝杰、李超荣、梁卫彬、黄望勤和梁寿洪的甘蔗数量却分别无故地变成了 4156.580吨、4489.962 吨、15361.760 吨、1513.095 吨和 6643.739 吨。

3. 永安达会计师事务所出具的《专项审计报告》所依据的财务资料不全，其结论不能作为定案依据。

（1）根据《专项审计报告》反映，按照粤侨公司提供的会计账册进行审计，粤侨公司收购甘蔗的总量有三个结果：①根据磅码单统计的结果为 126073.70 吨；②根据《甘蔗收购统计表》和《甘蔗收购结算表》反映的结果为126210.301 吨；③根据生产消耗的记录所反映的结果为 134160.97 吨，比收购的甘蔗多了 8000 多吨。这样相互矛盾的结果，在正常的会计统计中是绝对不可能发生的。特别是，其中生产消耗的甘蔗总量，是绝对不可能大于所收购的甘蔗总量的，审计人员以行业特殊和会计核算方法不同解释其中的差异，没有说服力。因为无论依据磅码单、生产耗用甘蔗的记录的统计及结果，还是该公司自己作出的《收购甘蔗统计表》和《甘蔗收购结算表》，都是对称重数据的直接合计，该合计与粤侨公司“行业特殊性”及采用的“会计核算方法”无关。另外，对黄裕泉所交付甘蔗的总量，在磅码单和统计表中所反映的结果也不一致。磅码单反映为 11721.54 吨，而统计表和结算表则凭空多给了 5.12 吨，变成了 11726.66 吨。由此表明，粤侨公司提供审计的资料不可能是真实、全面的会计账册。

（2）专项审计报告根据农业服务站财务账册认定黄裕泉 2008—2009 榨季共收入甘蔗 8604.747 吨，收回白砂糖923.995 吨。由于农业服务站财务账册中对于甘蔗数量的记账是根据所开具的《农产品收购发票》进行的。因为涉及农产品收购退税的问题，根据红旗镇国家税务分局的要求，只能根据农业服务站销售所加工白糖的数量以及支付甘蔗款的金额，由该税务局核准之后才能开具《农产品收购发票》。上述情况，有红旗镇国家税务分局核准的相关资料予以证实。由于农业服务站在 2008—2009 榨季所加工的白糖尚有 2500 吨未交付，故该榨季的收购发票一直无法开具，因此，农业服务站的财务账册对于该 2500 吨白糖所对应的甘蔗数量尚未反映出来。

4. 钟伟国证称其以黄裕泉名义向粤侨公司所提供甘蔗的数量与黄裕泉所主张的数量并不矛盾。

公诉机关认定黄裕泉所持有提单虚假的主要证据之一，是证人钟伟国证称：经钟伟国之手向粤侨公司交付的甘蔗实为 7039.082 吨，其余的数量是黄裕泉让他虚报的。但事实上，黄裕泉让钟伟国反映的其余数量并非虚报，而是黄裕泉通过钟伟国户名向甘蔗种植散户收购的数量，这些数量只是钟伟国不知道而已。根据红旗农业服务站的会计赖邵辉的证言，黄裕泉除了自己种植之外，还有一部分甘蔗是直接向蔗农购买的。在财务账册里反映是向钟伟国、冯润明两人收购，但实际是挂在钟伟国、冯润明名下来记账的。以上事实并有黄裕泉通过钟伟国的银行存折支付散户甘蔗款的汇款支票、存折等书证予以佐证，钟伟国证言所反映的数量并非是全部事实，不能据此认定黄裕泉让钟伟国谎报甘蔗数量。

（二）黄裕泉在 2008—2009 榨季向粤侨公司提供了 34726.66 吨甘蔗，所持的 2500 吨白砂糖提单是真实委托加工形成的基本事实清楚，证据确实、充分。

1. 黄裕泉所经营的农业服务站是一个专业种植甘蔗的企业单位，根据土地承包合同以及甘蔗种植发包合同等证据证实，黄裕泉从 2002 年以来在珠海、恩平、阳江等地租包了 1 万多亩土地用于种植甘蔗，所收获的甘蔗一直都是由粤侨公司和恩平鳌峰糖厂两个单位进行收购或加工白砂糖。据网络查询，糖蔗的全国平均亩产为 4.45 吨，广东省平均亩产量为 6.22 吨，黄裕泉反映自己种植的甘蔗产量每年都在 5 万吨以上。另据黄裕泉提供的 2007—2008 榨季的《收购、加工合计表》反映，其在 2007—2008 榨季提供给粤侨公司的甘蔗也有 32147.09 吨，与 2008—2009 榨季的 34726.66 吨相当。以上事实说明黄裕泉具有供应 34726.66 吨甘蔗的能力。

2. 黄裕泉持有粤侨公司出具并加盖公章确认的当日入厂甘蔗合计表是黄裕泉与粤侨公司进行结算的凭证，是对磅码单进行汇总统计形成的结果，属于原始证据和直接证据，能够证明黄裕泉向粤侨公司供应甘蔗的总量。粤侨公司声称该合计表是在原合计表的基础上进行修改的，并非真实的结算表，但其对该主张却无任何证据证明。

3. 黄裕泉持有的 2500 吨白砂糖提单，与其向粤侨公司所提供的甘蔗数量、双方签订的委托加工合同，以及其将部分甘蔗用于销售和归还蔗种的事实能够相互吻合、相互印证。根据 2008—2009 榨季的当日入厂甘蔗合计表，黄裕泉向粤侨公司供应甘蔗的总量为 34726.66 吨。其中，用作销售的数量 3121.93 吨、用作归还蔗种的数量 108.31 吨。

因此，用于加工白砂糖的甘蔗实为31496.42吨。根据《甘蔗来料加工协议》确定的比例（即一类甘蔗9.1吨或二类甘蔗9.2吨加工白砂糖1吨）折算，31496.42吨甘蔗折算白砂糖为3423.995吨，减除黄裕泉已提取923.995吨后，正好为2500吨。

（三）黄裕泉将本案2500吨白砂糖提单中的部分提单用作质押向金湾农信社贷款，不符合骗取贷款罪的构成要件。

1. 黄裕泉没有欺骗金湾农信社的行为。粤侨公司向金湾农信社出具的《证明》明确表示涉案提单“只能凭单提糖，不得挂失”，清楚表明粤侨公司对涉案提单真实性的确认。黄裕泉用粤侨公司确认为真实的提单质押贷款，金湾农信社基于对质押提单真实性的信赖而发放贷款，属于正常的借贷行为。金湾农信社自始至终都不认为自己被骗，不存在骗取贷款罪的犯罪对象。

2. 金湾农信社损失是公安机关违法办案所致。本案纯属粤侨公司与黄裕泉之间因履行《甘蔗来料加工协议》所产生的民事纠纷，公安、检察机关以民事纠纷一方当事人粤侨公司的争议主张对另一方当事人黄裕泉进行刑事立案、侦查和起诉是非法插手干预民事纠纷。在正常情况下，黄裕泉有足够的能力偿还该贷款，只是由于公安、检察机关违法插手、干预黄裕泉与粤侨公司之间的民事纠纷，才导致黄裕泉无法通过正常民事诉讼程序实现该2500吨白糖提单的权利，无法按期偿还向金湾农信社的贷款。

（三）广东省检察院再审出庭意见

1. 黄裕泉符合骗取贷款罪的主体资格条件。

经查，黄裕泉系聚群合作社总经理，其女黄群笑系该社法人代表。据黄裕泉的供述、证人黄群笑、郑斯龙的证言证实，聚群合作社是由黄裕泉实际经营管理和决策的，黄群笑仅仅挂名。本案的贷款、还息及参与民事诉讼，都是黄裕泉具体签名、操作的，所贷的人民币500万元也是按照黄裕泉的要求放贷到具体个人的。本案诉讼过程中，原审、重审及终审法院对黄裕泉的主体适格问题亦无异议。

2. 黄裕泉以欺骗手段取得贷款，符合骗取贷款罪的构成要件。

在案证据显示，黄裕泉证明22套提单并非虚开的证据不足，其辩解的理由没有充分证据证实：（1）黄裕泉尽管提供了22套白糖提单（含《平沙糖厂白砂糖调拨单》22份和《产品寄存提单》22份）、当日共入蔗量合计表（共3页）及粤侨公司出具的不得挂失的《证明》，并称上述书证都是真实的，但粤侨公司方面的证人证言及书证证实，该批书证确实是由该公司实际开具，但该批证明皆属虚开，反映的内容是虚假的，不能提糖。粤侨公司开具虚假证明的目的是为了向黄裕泉借款。该主张有审计报告和鉴定意见相互印证。（2）黄裕泉声称其2008—2009榨季共向粤侨公司提供了34726吨甘蔗。其中珠海本地约2.4万吨，江门恩平约1万吨。但其除了提供有争议的当日共入蔗量合计表之外，无法提供3.4万吨甘蔗的磅码单证据。作为结算的重要单据，黄裕泉声称做账后全部销毁，一张都没有保存，不合常理。而粤侨公司保存了该榨季有关黄裕泉的全部847张磅码单。此外，黄裕泉提供的珠海本地种蔗大户钟伟国、冯润明、张泽文、张荣帮、冯承建等人上缴的甘蔗总量是2.4万吨，但据钟伟国等人的证言证实，上述甘蔗大户当年实际提供的甘蔗（毛估）只有1.3万吨左右，考虑到当年台风对甘蔗产量的影响（约减产三成），该数量与粤侨公司主张的11726吨大致相当，且钟伟国、张荣帮都证实黄裕泉曾打电话要求虚报甘蔗量的事实。黄裕泉声称从江门恩平调运1万吨甘蔗提供给粤侨公司，但无法提供运输的具体情况（如时间、地点、运输司机、结算情况等），且在陈述中明显有说假话的情况，如先声称是由梁美娟负责从恩平调运甘蔗，后改称由廖兵负责，此类情况记错的可能性几乎不存在。上述证据证明，在向粤侨公司提供甘蔗数量的问题上，黄裕泉有明显的掩饰行为，其主张不真实、不可信。粤侨公司证实该榨季黄裕泉共提供了11726.66吨甘蔗，其中3121.913吨为卖给粤侨公司，108.31吨为归还粤侨公司的蔗种，黄裕泉实际在粤侨公司加工的甘蔗为8604.747吨，折合白糖923.995吨，黄裕泉事后已从粤侨公司提取了该批白糖，该事实由审计报告中粤侨公司和农业服务站会计审计结果及相关书证证实。黄裕泉声称的34726吨甘蔗数量减去粤侨公司声称的11726吨，正是本案争议的2.3万吨甘蔗（对应2500吨白糖）。该有争议的2.3万吨甘蔗，数量巨大，无论是粤侨公司还是黄裕泉方，要虚假证明该批甘蔗的有或无都不容易。本案在一审判黄裕泉无罪后，侦查机关补充侦查的重点，就放在调查黄裕泉提供的甘蔗数量上，通过走访大量人员，调查取证，只要黄裕泉提出甘蔗的出处，侦查人员都会前往调查核实。在案证据中，证明黄裕泉提供甘蔗数量的证据，基本都是补充侦查中获取的。最终证实，黄裕泉提供的甘蔗的总量就是毛估约 1.3 万吨。基于以上证据判断，黄裕泉声称共提供 3.4 万吨甘蔗的主张，证据明显不足，应当认定其实际提供甘蔗问题远未达到 3.4 万吨。涉案的粤侨公司开具的 22 套白糖提单属虚开的，该事实有充分的证据证实。黄裕泉明知粤侨公司虚开的 22 套白糖提单不能提糖，仍持其中的 16 套提单，骗取金湾农信社 500 万元贷款，至今未偿还贷款及大部分利息，给农信社造成重大损失，应当按照刑法第一百七十五条之一的规定以骗取贷款罪定罪处罚。

3. 原判对黄裕泉量刑适当。

从造成本案后果的原因看，虽然黄裕泉是实施犯罪的主体，是主要因素，但粤侨公司极其不负责任地虚开单据也为黄裕泉的犯罪提供了便利，结合黄裕泉系老年人犯罪（判决时已 70 岁），不宜对其判处实刑。法院据此判处其有期徒刑二年，缓刑三年，并处罚金人民币 20 万元合情合理合法。

案例使用说明

一、教学对象及目标

作为一个经过多次发回重审、涉及民事纠纷的金融犯罪刑事再审案件，本案例教学需要对骗取贷款罪相关问题予以全面讲授。在此基础上，使学生在以下方面有所收获：

1. 熟悉刑事诉讼一审、二审、再审的基本流程；
2. 熟悉事实认定的逻辑和路径；
3. 了解并掌握证人证言、书证的质证方法；
4. 掌握贷款诈骗罪的司法认定；
5. 思考民事纠纷与刑事诉讼的界限。

二、教学实施计划

1. 课前计划：安排学生阅读案例及相关参考资料，对案例涉及问题进行思考，回应思考题。

2. 课中计划：（1）介绍教学目的，明确讨论主题；（2）分组讨论，回答各项思考题，讨论实践题的撰写要点；（3）小组代表提出撰写要点，学生讨论和分析；（4）教师归纳总结。

3. 课后计划：布置学生进一步思考贷款诈骗罪的相关问题，并就该案提出延伸性思考。

三、重点难点问题

1. 证人证言如何审查判断？

(1) 审查证人作证的主观要意愿，这种可能性在于证人的品质、思想、政治态度等原因，主要包括四种情况：

一是证人与当事人有某种利害关系。如个人恩怨关系，证人通过提供虚假证言，故愿意陷害或包庇有亲属关系的当事人。

二是证人受当事人或当事人亲友的委托，而故意提供虚假证言。一般证人受他方请客送礼的约束，或者收受他方钱财而提供虚假证言。

三是证人与案件事实情节有牵连，或者与案件审理结果有某种利害关系为推脱责任或维护自身利益而提供虚假证言。

四是证人有不良动机，故意提供虚假证言、包庇陷害案件当事人。

(2) 审查证人的作证能力。作出证言经过三个阶段，即证人对案件事实的感受阶段、证人对感受事实的记忆阶段及要求证人作证的陈述阶段。证人的感受、记忆、陈述三个阶段，因证人的生理、心理、性格、习性、教育程度、形成证言当时的客观环境等因素的不同，影响着证人证言的真实性程度。

在感受阶段，证人的生理能力、脑、眼、鼻、舌、身体对外界刺激的反应能力，如近视、色盲、夜盲等都会造成错觉。心理能力，即证人在感受事实情况时的心理状态或精神状态，制约着证人的正确感受案件事实的程度，证人的兴趣也会影响证人的感受，一般地说，如果证人十分热衷于从事某项活动，则感觉较深。证言形成时的客观环境条件，如白天或黑夜、阴天或晴天、光线的明亮程度都会影响证人的判断力。在记忆阶段，证人的作证能力决定于证人对感受事件的记忆能力，即证人有无能力把感受到的案件事实，正确地记忆下来。

影响记忆的因素一般有三种：一是证人的主观能动因素，其对外界发生的事件刺激是主动地记忆还是被动地记忆，如果是被动地记忆，则可靠性较小些，而如果是主动地记忆可靠性较大点。二是证人的生理因素。证人的记忆功能与其年龄、职业因素有直接关系。一般而言，青年比老年人的记忆能力强，健康人比病人的记忆能力强。三是证人记忆的持续时间因素。记忆在经历较长的时间后，会发生遗忘，因此一般都要求司法行政机关及时地询问证人，以求得最完整的证言。在陈述阶段，证人证言的真实性取决于证人能否用准确的语言把案件的真实情况向司法行政机关作出正确地描述。

清楚、准确的描述一般亦取决于三个因素：一是生理因素，有无口吃或者其他语言障碍。二是证人的逻辑思维能力，能否抓住关键词。三是证人的语言文字能力，能否形象、生动地再现案件事实。

2. 书证如何审查判断？

主要通过以下途径：(1) 审查是否原物。(2) 审查内容。内容是否和案件事实相关，内容是否符合逻辑和清理。(3) 审查印章或签字。主要审查印证和签字是否伪造。(4) 审查来源和保管情况。是否存在明确来源，收集、保管、鉴定过程中是否受损或者改变。(5) 审查取证过程。经勘验、检查、搜查提取、扣押的书证，是否附有相关笔录、清单，笔录、清单是否经侦查人员、物品持有人、见证人签名，没有物品持有人签名的，是否注明原因。

3.《审计报告》如何审查判断？

主要通过以下途径：(1) 鉴定主体有没有侦查机关的委托授权；(2) 作为鉴定主体的机构，是否具备就委托事项进行司法鉴定的资质和条件；(3)《审计报告》作出的人员是否具备司法鉴定的资质和条件；(4)《审计报告》所依托的送检材料、样本是否充分、完整，是否存在送检材料来源不明的情形；(5)《审计报告》鉴定的方法和依据是否科学，得出的鉴定意见是否明确、合理；(6)《审计报告》与案件待证事实是否具备关联性。

4. 本案可以认定哪些事实没有争议？

原审被告人黄裕泉系农业服务站负责人和聚群合作社实际控制人，黄裕泉之女黄群笑任聚群合作社法定代表人。黄裕泉与粤侨公司多年来一直存在业务往来，主要是在每年榨季将农业服务站收取的甘蔗送往粤侨公司榨取白砂糖，然后支付加工费、税费等，从而获得粤侨公司出具的《平沙糖厂白砂糖调拨单》和《产品寄存提单》，农业服务站再持此二类单据从粤侨公司提取白砂糖。期间，黄裕泉即以个人名义或农业服务站名义多次向金湾农信社申请贷款，贷款额度不一，2008 年多次申请贷款共计人民币 400 万余元，其中有多次采用粤侨公司出具的《平沙糖厂白砂糖调拨单》《产品寄存提单》及证明进行质押的方式进行担保。

2008 年 12 月 4 日，黄裕泉代表农业服务站和粤侨公司签订《甘蔗来料加工协议》一份，约定 2008—2009 榨季粤侨公司为农业服务站加工白砂糖，每吨白砂糖收取加工费人民币 535 元，预计加工甘蔗入厂约 23000 吨。从 2008 年 12 月开始，农业服务站向粤侨公司供应甘蔗，事后，被告人黄裕泉从粤侨公司提取白砂糖 923.995 吨（相当于8496吨甘蔗)。

2009年3月13日，黄群笑代表聚群合作社向金湾农信社申请贷款人民币500万元，用于资金周转，贷款期限为1年，即从2009年3月13日起至2010年3月13日止，一次性偿还全部借款本金。黄裕泉以农业服务站名义为此笔贷款提供质押担保，质押物为其持有、粤侨公司所开具的《平沙糖厂白砂糖调拨单》和《产品寄存提单》16套，内容为2100吨白砂糖，并附有粤侨公司出具的《证明》，证实以上质押所用调拨单和提单只能凭单提货，不得挂失。同时，黄裕泉、黄群笑及其丈夫郑斯龙对该笔贷款提供保证担保。因黄裕泉系金湾农信社的老客户，金湾农信社曾对黄裕泉的经营状况、还贷能力进行过详细的调查，黄裕泉尚未出现过逾期不予归还贷款的情况，在对聚群合作社的贷款申请及黄裕泉的质押材料进行书面审查后，2009年3月13日向聚群合作社发放贷款人民币500万元。经农业服务站向金湾农信社申请和说明，由聚群合作社直接以支付甘蔗款名义向冯润明、钟伟国、冯承建、梁美娟划拨现金人民币2031060元；以支付化肥款名义向斗门区白蕉供销社、白蕉农业服务站划拨现金人民币464753.8元；于2009年3月16日向农业服务站划入现金人民币245万元。同日，农业服务站又分两笔向黄群笑个人账户划入现金人民币228万元，并向金湾农信社说明是用于归还黄群笑的借款。金湾农信社的转账单据显示，2008年6月16日至20日，黄群笑向农业服务站转入现金人民币2185300元。

2009年3月20日，粤侨公司副总经理郑哲、李志平等人向金湾农信社称黄裕泉所持有的此部分白砂糖提单系虚假的。金湾农信社随即向黄裕泉核对，黄裕泉则声称是真实产生的。金湾农信社职员崔秀旋、张文生等人后又前往粤侨公司了解，粤侨公司答复称以上提单是该公司开具，但内容是虚开的，不能提货。

5. 能否认定“黄裕泉答应借款人民币420万元给粤侨公司”?

第一，《刑诉法解释》第一百零九条规定，下列证据应当慎重使用，有其他证据印证的，可以采信：(1) 生理上、精神上有缺陷，对案件事实的认知和表达存在一定困难，但尚未丧失正确认知、表达能力的被害人、证人和被告人所作的陈述、证言和供述；(2) 与被告人有亲属关系或者其他密切关系的证人所作的有利被告人的证言，或者与被告人有利害冲突的证人所作的不利被告人的证言。粤侨公司是涉案提单的出具者，与本案具有直接利害关系，前述证人均系粤侨公司的主管人员和直接责任人员，代表粤侨公司利益，也与本案具有直接利害关系，因此，粤侨公司的报案报告及主管责任人员的证言必须有其他证据证明是真实的，才能作为定案依据。在不能排除上述人员存在相互串通可能性和有其他证据证明其陈述真实性的情况下，这些证人证言虽有相互印证之处，亦不足以采信。

第二，证人证言之间及与其他证据之间在重要事实情节方面存在无法排除的矛盾和无法作出合理解释的疑点。前者如：粤侨公司副总经理郑哲称，粤侨公司与黄裕泉在 2009 年 2 月 12 日达成口头借款协议；而该公司的常务副总经理李志平则证称，粤侨公司与黄裕泉在当天协商借款一事没有结果。后者如：金湾农信社于 2012 年 10 月 8 日出具的《关于珠海市金湾区聚群甘蔗专业合作社贷款 500 万元情况说明》和证人吴长风的证言证称，粤侨公司告知金湾农信社给黄裕泉开出的白砂糖调拨单给聚群合作社向金湾农信社作质押借款使用的原因是粤侨公司与黄裕泉之间有口头协议，向金湾农信社所借的款项和聚群合作社共同使用，而上述证人证言均未提及这一情节，无法相互印证。再如：郑哲和粤侨公司财务部经理张远想证称，应黄裕泉要求于 2009 年 3 月 10 日就为黄裕泉出具了提单不得挂失的《证明》，而根据该《证明》的落款时间及证人崔秀旋的证言和黄裕泉的供述，该《证明》是黄裕泉持提单贷款时，应金湾农信社的要求于次日补开的。

第三，证言主张粤侨公司为向黄裕泉借款而虚开提单作抵押担保的说法也不合法理和情理。其一，债务人虚开的提单对债务人自己所负债务不具有担保功能。其二，《产品寄存提单》《平沙糖厂白砂糖调拨单》载明的购货单位是农业服务站，并不是粤侨公司，根据提单的文义及功能，粤侨公司不是该单证及其指向的货物的权利人，粤侨公司主张用该提单为其向黄裕泉借款提供质押担保，无疑是债务人用债权人的财产作担保，不合常理。

6. 能否认定本案存在虚开提单的行为？

粤侨公司出具的提单是否虚开是认定原审被告人黄裕泉是否构成骗取贷款罪的关键事实，应当符合案件事实清楚、证据确实、充分的刑事证明标准。但现有证据尚未达到该要求，理由如下：

首先，从客观证据方面分析。

（1）粤侨公司报案时提供的《甘蔗来料加工协议》、当日共入蔗量合计表格、《产品寄存提单》和《平沙糖厂白砂糖调拨单》以及《证明》，原审被告人黄裕泉亦提供了上述证据材料，经查内容完全一致，粤侨公司承认是其开具的，从这些证据材料的形式和内容本身看，不能得出黄裕泉所持涉案提单是虚开的结论。

（2）粤侨公司报案时提供的《委托协议书》、发票，只能证明粤侨公司与黄裕泉之间存在代扣甘蔗和收购甘蔗的事实，不能证明粤侨公司与黄裕泉之间除此之外没有其他交易的事实，亦得不出涉案提单是虚开的结论。

（3）一审法院调取黄裕泉与粤侨公司加工承揽合同纠纷案中提交、粤侨公司开具的《加工糖明细表》《甘蔗生产经营部（收、付）款结算单》、白糖调拨单及增值税专用发票（复印件），能够证明黄裕泉2008—2009榨季已提取的白砂糖数量及相关手续，但不能得出黄裕泉在粤侨公司2008—2009榨季的白砂糖已经全部提取和涉案提单是虚开的结论。

（4）证人钟伟国、张荣帮提供的书证，只能证明钟伟国、张荣帮在2008—2009榨季以黄裕泉的名义直接送到粤侨公司甘蔗的数量，不能证明黄裕泉在该榨季共向粤侨公司供应甘蔗的总量。

（5）广东安证计算机司法鉴定所出具的《司法鉴定检验报告书》及补充打印稿，内容显示公安机关向粤侨公司调取的两部电脑主机储存2008—2009榨季的磅码数据进行过大量删改，其中2号主机记录完全删除，1号主机在粤侨公司与黄裕泉发生纠纷后仍然存在删改情况，其中对黄裕泉蔗点的磅码数据有14处疑似删改（显示毛重、实重、净重为0，而其他人均有数据），粤侨公司和原公诉机关对此不能作出合理解释和说明，据此可以认定粤侨公司的磅码系统显示数据的真实性、完整性不可靠，以该系统打印出的磅码单及运用该磅码统计出来的数据作为黄裕泉向粤侨公司供应甘蔗的全部数据也欠缺可靠性。根据电子数据的审查认定规则，该磅码系统的数据及其转化证据均不能作为定案依据。

（6）珠海永安达会计师事务所出具的《专项审计报告》，内容为：在2008年12月10日至2009年2月22日期间内，粤侨公司的磅码单反映共收购甘蔗126073.7吨，其中，黄裕泉11721.547吨；甘蔗收购统计表和结算表反映共收购和结算甘蔗126210.301吨，其中，黄裕泉为11726.66吨；账面生产耗用甘蔗134160.97吨，实际耗用甘蔗126210.3吨。向农业服务站收取甘蔗11726.66吨，其中代加工甘蔗8496.437吨，收购甘蔗3121.913吨，代归还上年度甘蔗种108.31吨。粤侨公司在该榨季共生产白砂糖13628.684吨，代农业服务站加工白砂糖923.995吨（已提取）。根据农业服务站提供的会计资料审计，该单位当季共收入甘蔗8604.747吨，收回白砂糖923.995吨。首先，根据磅码单统计的数据比粤侨公司在黄裕泉诉其加工承揽合同纠纷案件中提交的2008—2009榨季进蔗汇总表统计的数据158375.437吨少32301.737吨，对其存在的巨大误差，粤侨公司和原公诉机关没有作出合理解释。其次，甘蔗收购统计表的数据应来源于磅码单的汇总，而二者统计的总数相差136.601吨，黄裕泉供应甘蔗统计数量相差5.12吨（统计表11726.66吨－磅码单11721.54吨），粤侨公司和原公诉机关对二者出现的误差亦没有作出合理解释。再次，账面生产耗用甘蔗数量比收购甘蔗数量多出8087.27吨（消耗134160.97吨－收购甘蔗126073.7吨），相差如此之巨不合常理，仅用行业特殊及会计核算方法不同来解释这个差额说服力不足。综上，不能排除粤侨公司提交审计的财务资料存在不全、不实问题。最后，审计报告认定农业服务站记账的甘蔗只有8604.747吨，比粤侨公司所承认的11726.66吨还少，与侦查机关调查确认的蔗农证称以黄裕泉名义供应的甘蔗总量相差更大，不能排除侦查机关调取用于审计的农业服务站的财务资料存在不全面的可能性。根据鉴定意见的审查认定规则，由于该审计报告与其他证据存在矛盾无法解释和排除矛盾，故亦不能作为定案依据。

其次，从主观证据方面分析。

（1）证人郑哲、李志平、卢暲、林炳强、张远想、杨华珍的证言，证称涉案提单是虚开的。经查，上述证人证言的真实性存疑。首先，如前分析，这些证人均系粤侨公司的管理人员或业务人员，均与本案存在直接利害关系，其所作证言属于当事人陈述，需要补强并查证属实，才能作为定案依据。其次，这些证言虽有相互印证之处，但表述笼统、缺乏细节，不能排除存在相互串通的可能性。最后，这些证人证言缺乏客观证据予以印证或佐证，真实性存疑。如证人张远想证称其给黄裕泉的当日进厂入蔗合计表格是其在原“真实”表格基础上修改而成的，但不能提供原“真实”表格予以证明。经查，根据粤侨公司在黄裕泉诉其加工承揽合同纠纷一案中提交的证据材料，粤侨公司应持有送蔗户签名确认的统计表，黄裕泉要求粤侨公司提供，并申请一审法院调取，但一审法院没有调取到案，粤侨公司对此也没有作出合理解释，故二审对张想远所证称的这一事实也未予认定。

（2）证人林婉玲的证言证称：粤侨公司磅码系统中的“毛重”“实重”等重量数据无法修改，对数据所作修改均对黄裕泉有利。经查，该证言的真实性存疑。首先，该证人系粤侨公司财务部工作人员，与本案具有利害关系。其次，计算机应用系统中的数据能否修改取决于管理权限和管理制度，其称磅码系统的“毛重”“实重”等重量数据无法修改的说法没有科学依据。最后，其称磅码系统所做修改均有利于黄裕泉的证言与《司法鉴定检验报告书》及补充打印稿显示的结果不一致。

（3）证人廖勇仔的证言证称：其开发的地磅系统“毛重”“实重”是无法修改的，管理员所作的每个修改都有记录，无法消除。经查，该证言的真实性存疑。首先，如上所述，计算机应用系统的数据能否修改取决于管理权限和管理制度，其称磅码系统的“毛重”“实重”是无法修改和管理员对修改记录无法消除的证言没有科学和事实依据。其次，《司法鉴定检验报告书》显示该磅码系统的“毛重”“实重”已被修改多处，其所作证言与鉴定结论不符。

（4）证人郑伙新的证言，其系粤侨公司的负责管理磅码系统的工作人员，与本案具有利害关系，且其证言只能反映其对磅码系统数据的管理情况，且没有其他证据相印证，该证言的真实性存疑。

（5）证人金怀柱的证言，其系粤侨公司的工作人员，其证言内容与本案事实无关联，不具有证明效力。

（6）证人钟伟国、冯润明、冯承建、张泽文、张荣帮、廖兵的证言，只能证明各自向黄裕泉供应甘蔗的情况，不能证明黄裕泉共向粤侨公司供应甘蔗的总量。再审庭审中，证人钟伟国当庭承认借给黄裕泉银行账户使用的事实，没有否认黄裕泉借其名义向散户收购甘蔗的事实，结合黄裕泉当庭提交的存折等证据材料，不能排除黄裕泉除向上述证人外还向其他散户收购甘蔗的可能性。再审庭审中，证人张荣帮当庭对黄裕泉给其打电话的内容作了解释，结合张荣帮在侦查阶段出所作的证言，亦难以认定黄裕泉指使其向公安机关虚报甘蔗数量。证人张泽文只是向黄裕泉供应甘蔗的蔗户之一，并不掌握黄裕泉向粤侨公司供应甘蔗的总体情况，其证称黄裕泉2008—2009榨季给粤侨公司供应甘蔗在1.2万吨左右没有证据证明。证人梁美娟的证言内容与本案没有关联性，没有证据效力。证人何卓华的证言与其任职的恩平市鳌峰糖业发展有限公司出具的《证明》及廖兵的证言矛盾，没有其他证据相印证，其真实性存疑。综合上述证言，不能得出黄裕泉在2008—2009榨季仅向粤侨公司供应甘蔗11726.66吨、涉案提单系虚开的结论。

四、教学预期效果

1. 理解骗取贷款罪的构成要件。
2. 理解骗取贷款罪证明的难点。
3. 掌握证人证言、书证的审查判断要点。
4. 了解案件事实在具体程序中如何形成的。
5. 了解刑民交叉案件的程序处理。

五、课堂教学安排

本案例可以作为专门的案例教学课或者模拟法庭课来讲授。整个案例课的课堂安排6课时为宜，每课时45分钟。

六、思考与实践题

1. 思考题

（1）骗取贷款罪的保护法益为何？

（2）骗取贷款罪的骗取如何界定？

（3）骗取贷款罪的损失后果如何把握？和定罪关系如何认定？

（4）民刑交叉问题在类似案件如何处理？

（5）骗取贷款罪与违法发放贷款罪的关系？

2. 实践题

（1）根据案情，以再审出庭检察官的身份，撰写出庭意见。

（2）根据案情，以被告人再审辩护人的身份，撰写辩护意见。

（3）根据案情，以再审法官的身份，撰写本案再审判决书。

（4）模拟控辩双方对证人钟伟国法庭质证。

（5）模拟控辩双方就案件争点进行辩论。

参考文献

[1] 张明楷．骗取贷款罪的保护法益及其运用［J］．当代法学，2020（1）．

[2] 张明楷．骗取贷款罪的构造［J］．清华法学，2019（5）．

[3] 林静．骗取贷款罪的若干问题［J］．法学杂志，2017（2）．

[4] 周强，罗开卷．骗取贷款罪疑难问题探讨［J］．法律适用，2012（2）．

[5] 郝川，欧阳文星．骗取贷款罪：反思与限定［J］．西南大学学报（社会科学版），2018（3）．

[6] 陈洪兵．骗取贷款罪的准确适用探究［J］．湖南大学学报（社会科学版），2015（5）．

[7] 逄政．骗取贷款罪司法实务若干问题研究［J］．上海金融，2016（12）．

[8] 孙国祥．骗取贷款罪司法认定的误识与匡正［J］．法商研究，2016（5）．

[9] 王新．骗取贷款罪的适用问题和教义学解析［J］．政治与法律，2019（10）．

[10] 孙国祥．骗取贷款罪司法认定中的三个问题［J］．政治与法律，2012（5）．

[11] 周铭川．论骗取贷款罪的行为构造——兼与张明楷教授、孙国祥教授商榷［J］．中国刑事法杂志，2020（1）．

[12] 刘宪权，吴波．骗取小额贷款公司贷款行为的定性研究 [J]．中国刑事法杂志，2012 (9)．

[13] 钱叶六．担保贷款双重诈骗案刑民交叉实体问题研究 [J]．法商研究，2018 (5)．

[14] 顾肖荣，陈玲．必须防范金融刑事立法的过度扩张 [J]．法学，2011 (6)．

[15] 珠海市金湾区人民法院 (2012) 珠金法刑初字第 95 号刑事判决．

[16] 珠海市金湾区人民法院 (2014) 珠金法刑重字第 2 号刑事判决．

[17] 珠海市中级人民法院 (2015) 珠中法刑二终字第 11 号刑事裁定．

[18] 广东省高级人民法院 (2017) 粤刑再 6 号刑事判决书．

案例 17

马乐利用未公开信息交易案

——量刑辩护、刑事抗诉与《刑法》第 180 条的解释*

（刑事诉讼实务）

本案例以一起真实的利用未公开信息交易案件为蓝本，围绕利用未公开信息案件审理的一审、二审、再审环节，涉及的知识点和技能内容包括，辩护律师如何参与刑事诉讼各阶段的活动。内幕交易类犯罪案件的侦查，在被告人认罪的情况下如何进行量刑辩护，刑事审判监督程序的提起、案件审理过程中的职业伦理。本案例涵盖刑事案件的侦查、审查起诉、一审、二审、再审等环节，涉及的实体问题包括自首的认定、利用未公开信息交易罪的认定、“老鼠仓”行为与其他内幕交易行为的比较、刑法的体系解释，涉及的证据和事实问题包括口供的作用、量刑事实的界定，涉及的程序问题包括刑事审判监督程序的运作、检察机关的抗诉、最高人民法院巡回法庭的管辖。本案例对量刑辩护、刑事审判监督程序有典型意义。

---

* 本案例由中央财经大学法学院副教授李伟编写。

案例正文

马乐 1982 年 8 月出生于河南南阳农村，自小家境贫寒，凭借优秀的学习成绩考上了清华大学土木工程系。2004 年至 2006 年，在清华大学公共管理学院读研究生。2006 年，研究生毕业后进入博时基金工作。博时基金成立于 1998 年 7 月 13 日，是中国内地首批成立的五家基金管理公司之一，总部位于深圳。马乐历任研究员、研究部公用事业与金融地产研究组主管兼研究员、特定资产投资经理。由于表现优秀，2011 年 3 月起，不到 30 岁的马乐任博时精选基金经理。博时精选股票基金是股票型基金，基金规模 70 多亿元，基金股票配置比例 60%—95%。按照博时基金的规定，作为基金经理的马乐，有权在投委会许可范围内自主选取交易标的股票，决定交易时点和数量，因此也知悉博时精选交易标的股票的非公开信息。

马乐对于博时基金擢升其为基金经理相当开心，尚不足 30 岁就掌托近百亿资金，在外人看来，少年得志。马乐接手前，博时精选的运作并不理想，在同类基金中业绩排名垫底。马乐临危受命，兢兢业业，几无休假和周末，经常会因基金的操作辗转难眠，是个没人抽也连轴转的小陀螺，视基金业绩为生命，他掌舵期间，这只规模上百亿元的“大象”基金业绩改善明显，同类基金中排名提升至前 20%，同时他的高血压和颈椎病越发严重。

逆袭的马乐尚有另一面。2006 年，也就是马乐加入博时基金的当年，马乐妻子的舅舅严维进找到马乐，声称自己手中有一笔闲钱，想找马乐打理。马乐表示并不想牵扯其中，但可以找一个自己比较信任的第三方帮忙操作，于是马乐妻子找到她的同学金晶。马乐带着金晶就在博时基金所在的招商银行总行开户，随后去某券商营业部开设证券账户，两个账户留下联系人的邮件和电话均属于马乐妻子。随后，金晶再没有问津该账户，并和马乐及其妻子无经济往来。事实上，这个账户一直是马乐在管理。严维进先后给了两笔资金共计 25 万元，后得到分红 10 万元。

2009 年，严维进开立证券账户。2011 年 8 月，严维进跟马乐说他觉得金晶账户金额比较多，放在第三人的账户里不放心，而且当时严晓雯正好准备到香港旅游，于是马乐建议他让严晓雯到深圳再开一个证券账户，把金晶账户里的钱取一部分出来存到严晓雯账户。严晓雯趁来香港旅游的机会帮马乐在深圳办了银行卡并开立一个账户，随后把券商开户资料和银行卡密码等都交给马乐。此时，马乐已开始掌舵博时精选的基金经理，他对于这支基金的股票买卖了如指掌。

对于这三个股票账户，马乐都是自己亲自用手机电话操作，为此前后共使用十余个手机号码。利用三个证券账户交易的股票数量有七八十支，与其管理的基金相关，操作方式都是先用证券账户买入，基金账户再买，先用证券账户卖出，基金账户再卖。一般是在基金账户买入前5个交易日之内，用控制的证券账户先买，在控制的证券账户卖出的两个交易日之内，基金账户再卖。累计成交金额人民币10.5亿余元，从中获利人民币1883万余元。尽管获利颇丰，但马乐几乎没从涉案账户中提取过钱。他深感涉案账户收益率高，不舍得花，甚至把房子卖了来买股票。

2013年4月1日，上海证券交易所的监控系统显示，“严晓雯”等3个个人A股账户与博时精选股票证券投资基金账户的交易股票存在很高的趋同性，共涉及股票29支，马乐案因之浮出水面。马乐如惊弓之鸟，擅自离岗出境，通过香港飞往美国。

中国证券监督管理委员会于2013年4月11日启动对“严维进等账户异常交易案”的初查工作，确认当事人已出境后，调查组立即采取应急处置措施，赶赴马乐住所，积极做其家属的思想工作。调查人员与马乐配偶一起，多次与马乐越洋通话，详细介绍政策和已查处的案例，促使其放弃侥幸心理。整个说服工作合计长达近20个小时。在多方努力下，马乐于2013年6月1日主动返回国内，接受稽查部门的调查，交出护照，在将股票兑现以后，将股票账户告诉证监局。2013年6月21日，中国证券监督个管理委员会决定对马乐涉嫌利用未公开信息交易行为立案稽查，并交由深圳证监局承办；2013年7月11日、12日，证监会冻结涉案3个股票账户，共计3700万元。

2013年7月17日，马乐到深圳市公安局投案。深圳市公安局于同日对其立案侦查并对其刑事拘留。

2013年8月21日，马乐被深圳市人民检察院以涉嫌利用未公开信息交易罪批准逮捕。

马乐利用未公开信息交易一案，交易时间最长、涉及股票数量最多、交易金额最大和盈利金额最多，受到社会的极大关注。

一、本案一审情况

2014年2月21日，深圳市中级人民法院一审开庭审理马乐利用未公开信息交易罪一案。

庭审一开始，马乐就一直点头“认罪”，并表示对起诉书的所有内容“没有意见”。在交易过程中，马乐自己投入了约300万元本金，严某进则分两次投入本金25万元，自己曾分给严某进10万元分红，其他的都一直在3个账户里没有动过。根据检方出示的证据，案发时，司法机关冻结马乐所操控的3个账户，里面资金已有3700多万元。这些违法所得虽然放在控制的账户上，但心里总有“不属于自己”的感觉。在庭审过程中，马乐认罪态度良好。对于整个事件，马乐在法庭上说：我认识到自己犯了巨大的错误，也付出了惨重的代价，17 年苦读、7 年工作，都全部毁于一旦。

马乐的辩护人表示，这起案件从证监局开始调查到开庭只用了 8 个月，马乐的自首和配合大大缩短了调查周期，节省了司法资源。另外，辩护人强调，马乐没有挥霍赃款，积极表达愿意退还赃款，并且能够全部退赃，主观恶性和社会性不大。马乐对于案发违法所得从来没有归属感和安全感，没有动过 3 个账户里的资金，没有购置过名车豪宅，没有购买和使用过任何的奢侈品，也至今没有购置任何的房产，仍然住在出租屋中。马乐的辩护人提出了 7 份证据，其中 6 份有关慈善捐款。

公诉人同时表示，马乐主动从美国返回国内，向公安机关投案之后，如实供述自己所有的犯罪事实，表现出了悔意，如果在一审宣判前，依然保持目前的良好认罪态度，依法可以认定马乐具有自首情节，从轻或者减轻处罚。另外，马乐主动表示愿意退回所有的非法获利，属于刑事诉讼法上的酌定从轻情节。公诉人强调，法庭将客观的根据所有情节，作出公正判决。

2014 年 3 月 24 日，深圳市中级人民法院作出（2014）深中法刑二初字第 27 号刑事判决，以利用未公开信息交易罪判处马乐有期徒刑三年，缓刑五年，罚金 1884 万元。追缴违法所得 1883 万余元。马乐表示服从判决，不上诉。

二、本案二审情况

2014 年 4 月 4 日，深圳市人民检察院以适用法律错误、量刑不当为由提出抗诉，广东省人民检察院支持抗诉。

2014 年 5 月 26 日，广东省高级人民法院二审立案。

2014 年 9 月 22 日，广东省高级人民法院开庭审理此案。

二审中，双方对案件事实并无异议，围绕案件量刑展开了争论。

检方认为，内幕交易、泄露内幕信息罪有“情节严重”和“情节特别严重”两个量刑档次，本案马乐有自首情节，且积极退赃，一审对其作出判三缓五的处罚，基本符合法定的量刑幅度。但是，根据《刑法》第一百八十条第四款的规定，利用未公开信息交易，“情节严重”的依照第一款的规定处罚；从《刑法》设置上来说，同一法条的不同款项在处罚上应该有一个协调性，这种处罚的参照不可能只是部分参照，应该是全部参照；《刑法》第一百八十条第一款规定的内幕交易、泄露内幕信息罪存在“情节严重”和“情节特别严重”的不同情形和两个不同量刑档次，对利用未公开信息交易罪的处罚也应该存在两个不同情形和量刑档次，入罪标准应完全一致；本案马乐的证券交易成交额为10.5亿余元，获利1800多万元，应认定其“情节特别严重”，一审判决其“情节严重”，属认定情节错误，应予纠正。

原审被告人马乐及其辩护人提出：（1）根据《刑法》第一百八十条第四款，利用未公开信息交易罪只规定了“情节严重”这一量刑标准；在目前的司法实践及判例中，各级检察院及法院亦均认定利用未公开信息交易罪只有一个量刑情节，即“情节严重”，而无“情节特别严重”，包括已生效的郑拓、李旭利等非法获利达1000万元以上的案件亦均认定为“情节严重”，公诉机关指控马乐的行为应认定为“情节特别严重”违反了“罪刑法定”及“罪刑相适应”原则，不应采纳。（2）本案马乐有自首情节，且在证监局调查及自首后即向公安、检察、审判机关要求积极退赃，节省了宝贵的司法资源，对于实现司法公平和效率均衡起到了积极效果，一审法院依法对马乐从轻处罚，并适用缓刑，量刑也是适当的。请求二审法院依法裁定驳回抗诉，维持原判。

2014年10月20日，广东省高级人民法院作出编号为（2014）粤高法刑二终字第137号二审裁定书。广东省高级人民法院认为，关于检察机关的抗诉理由以及本案的情节认定，《刑法》条款并未对利用未公开信息交易罪规定有“情节特别严重”情形；而根据《刑法》第一百八十条第一款的规定，“情节严重的，处五年以下有期徒刑或者拘役，并处或者单处违法所得一倍以上五倍以下罚金”；故本案属“情节严重”，应在该量刑幅度内判处刑罚；抗诉机关提出马乐的行为应认定为“情节特别严重”缺乏法律依据，不予采纳。故作出二审裁定：驳回抗诉，维持原判。

三、本案再审情况

2014年11月27日，广东省人民检察院认为终审裁定确有错误，提请最高人民检察院抗诉。2014年12月8日，最高人民检察院检委会研究该案，认为本案终审裁定法律适用错误，导致量刑明显不当，决定按审判监督程序向最高人民法院提出抗诉。

2015年7月8日上午，最高人民法院在第一巡回法庭公开开庭审理了最高人民检察院向最高人民法院提出抗诉的原审被告人马乐利用未公开信息交易一案。部分全国人大代表、马乐的亲属及市民代表等近30人参加了旁听。最高人民检察院派出两名检察官出庭履行抗诉职责。因马乐再审期间没有委托辩护人，最高人民法院依法通知有关法律援助机构为其指派律师出庭进行辩护。检辩双方就本案的事实和法律适用、马乐的行为是否属于情节特别严重、原审量刑是否适当等问题充分发表了意见。

2015 年 9 月 23 日上午，最高人民检察院召开新闻发布会，通报全国检察机关去年以来查办金融领域刑事犯罪工作有关情况，并发布相关案例。发布会上，最高人民检察院对其抗诉的马乐利用未公开信息交易案新进展进行了披露。对于该案的典型意义，最高检称，《刑法》第一百八十条第四款中的“情节严重”是入罪标准，在处罚上应当依照本条第一款的全部罚则处罚，即区分情形依照第一款规定的“情节严重”和“情节特别严重”两个量刑档次处罚。本案终审裁定以《刑法》第一百八十条第四款并未对利用未公开信息交易罪有“情节特别严重”规定为由，对此情形不作认定，降格评价被告人的犯罪行为，属于适用法律确有错误，导致量刑不当。本案所涉法律问题的正确理解和适用，对明确同类案件的处理、同类从业人员犯罪的处罚具有重要指导作用，对于加大打击“老鼠仓”等严重破坏金融管理秩序的行为，维护社会主义市场经济秩序，保障资本市场健康发展具有重要意义。

本案目前尚未宣判。

案例使用说明

一、教学对象及目标

本案例供法律硕士案例教学使用，法学本科（大四）、刑法学硕士、诉讼法学硕士也可以参酌使用。

本案例主要就辩护律师在刑事诉讼中进行辩护活动、提出排除非法证据、刑事上诉程序和受贿罪的认定问题进行讲授。具体要解决的问题包括：（1）在侦查、起诉、一审、上诉阶段，辩护律师可以从事哪些法律活动；（2）辩护律师在一审、二审时如何辩护，如何撰写辩护词；（3）以本案为例，剖析中国刑事司法实践中的非法证据认定问题；（4）以受贿罪为例，如何解决受贿案件的辩护问题，尤其提出辩护此类案件的辩护思路、分析步骤、事实认定与法律分析之间的脉络。

二、教学内容

1. 如何进行量刑辩护？

面对我国刑事审判中高达 99% 以上的定罪率，积极地选择量刑辩护是大部分刑事辩护律师和被告人最现实的选择。量刑辩护作为量刑程序中的重要组成部分，是随着量刑制度改革逐渐从原有刑事辩护中独立出来的一种辩护形态。通常来讲，量刑辩护是指被告人或其委托的辩护人根据相关规定，通过收集和筛选有利于被告人的量刑信息，或对控诉方的重量刑情节进行反驳，或提出新的轻量刑情节并提出具体量刑意见，以说服法官对被告人判处较轻的刑罚或免除被告人刑罚的诉讼活动。一般来说，律师要成功地说服法官对被告人判处尽可能轻的刑罚种类和刑罚幅度，需要做以下四个方面的工作：一是对控辩双方已无争议的犯罪事实进行基本判断，确定量刑基准；二是对量刑信息进行充分调查，尽可能全面地向法庭提供有利于被告人的量刑信息，为说服法官从宽量刑奠定事实基础；三是从所收集的量刑信息中筛选出于法有据的量刑情节，并对每个情节对于从轻、减轻或免除处罚的意义进行评价；四是辩护律师在量刑答辩时应综合考虑全案的量刑情节，着重根据被告人有无法定从轻、减轻或酌定从轻的情节进行量刑辩护。

2. 人民检察院二审抗诉与再审抗诉的区别？

抗诉对象不同：二审抗诉是针对各级人民法院的第一审尚未生效的裁判；再审抗诉是针对已经生效的裁判。

抗诉的提起主体不同：二审抗诉是由第一审人民法院同级的人民检察院提起，限于地方各级人民检察院；再审抗诉是由上级人民检察院提起。

接受抗诉的审判机关不同：二审抗诉是上级人民法院接受；再审抗诉是同级人民法院接受。

抗诉期限不同：二审抗诉应在收到判决书 15 日提出；再审抗诉一般无期限限制，对于高级人民法院判处死刑缓期两年执行的案件，省级人民检察院认为确有错误提请抗诉的，一般应当在收到生效判决、裁定后 3 个月以内提出，至迟不得超过 6 个月，但要求无罪改为有罪的，应遵守《刑法》诉讼时效的规定。

抗诉途径不同：二审抗诉是一审检察院通过一审法院向上一级法院提交抗诉材料，上级人民检察院出庭；再审抗诉是抗诉机关向同级人民法院提交抗诉材料。

3. 人民检察院提起审判监督程序的理由？

（1）有新的证据证明原判决、裁定认定的事实确有错误，可能影响定罪量刑的；（2）据以定罪量刑的证据不确实、不充分的；（3）据以定罪量刑的证据依法应当予以排除的；（4）据以定罪量刑的主要证据之间存在矛盾的；（5）原判决、裁定的主要事实依据被依法变更或者撤销的；（6）认定罪名错误且明显影响量刑的；（7）违反法律关于追诉时效期限的规定的；（8）量刑明显不当的；（9）违反法律规定的诉讼程序，可能影响公正审判的；（10）审判人员在审理案件的时候有贪污受贿、徇私舞弊、枉法裁判行为的。

4. 利用未公开信息交易罪与内幕交易罪的区别？

一是从信息的内容上看，内幕信息主要是围绕上市公司本身的信息，如公司的重组计划、公司高管人员的变动、公司的重大合同、公司的盈利情况等对该公司证券、期货的市场价格有重大影响，按照有关规定应及时向社会公开但尚未公开的信息；而“老鼠仓”所利用的信息主要是所在资产管理机构准备将客户资金投资购买哪支证券、期货的投资交易信息，一般属于单位内部的商业秘密，法律并未要求此类信息应当公开，不属于内幕信息的范围，而属于“内幕信息以外的其他未公开的信息”；二是从犯罪行为损害的利益看，内幕交易更多是损害不特定的社会公众投资者和股民的合法权益，“老鼠仓”交易更多是损害资产管理机构的客户的利益。

5. 利用未公开信息交易罪与操纵证券、期货市场罪的区别？

“老鼠仓”行为主要是通过受托管理的客户资金来承担更多的市场风险从而减少行为人的自身风险，行为的目的是利用机构即将用客户资金购买证券、期货的信息来抢先建仓、提早撤仓从中获利，主观上并没有操纵证券期货交易价格的目的；而操纵证券期货市场主要是通过资金优势、信息优势或者对倒、对敲来影响证券、期货交易价格或者成交量，从而达到获利的目的。因此，“老鼠仓”无论从目的还是行为上，都无法构成操纵证券、期货市场罪。

6. 利用未公开信息交易罪与背信运用受托财产罪的区别？

“背信运用受托财产罪”是单位犯罪，犯罪主体是金融机构，未规定金融机构从业人员的刑事责任，主要是指金融机构擅自运用客户资金和受托财产的决策本身与受托义务相违背，因而有可能使管理的客户资产陷入极大的风险之中；而“老鼠仓”是一种个人犯罪，犯罪主体是从事资产管理机构的从业人员，资产管理机构作出的投资购买证券、期货的决策本身并不违背受托义务，不属于擅自运用受托财产，主要打击的是资产管理机构的从业人员利用机构内部信息提前建仓谋取非法利益的行为。

7. 最高人民法院第一巡回法庭是否有权管辖本案的再审？

最高人民法院第一巡回法庭是最高人民法院派出的常设审判机构，受理广东、广西、海南三省区内应当由最高人民法院审理的一审、二审、申请再审的民商事案件、行政诉讼案件，刑事申诉案件，以及涉港澳台民商事案件和司法协助案件等。此外，就地解决三省区的来信来访案件。第一巡回法庭作出的判决、裁定和决定是最高人民法院的判决、裁定和决定。

三、课堂时间安排

本案例可以作为专门的案例教学课来进行，整个案例课的课堂安排 6 个课时，每课时 45 分钟。如下课堂设计，仅供参考。

1. 课前计划：安排学生阅读案例及相关参考资料，对案例涉及问题进行思考，撰写实践题答案。

2. 课中计划：（1）介绍教学目的，明确讨论主题；（2）分组讨论，回答各项思考题，讨论实践题的撰写要点；（3）小组代表提出撰写要点，学生讨论和分析；（4）教师归纳总结。

3. 课后计划：布置学生进一步思考利用未公开信息交易罪的相关问题，并就该案提出延伸性思考。

四、思考题和实践题

1. 思考题

（1）如果马乐拒不回国，该案如何处理？

（2）如果马乐拒不认罪，该案如何处理？

（3）存疑有利被告人的界限？

（4）严维进是否构成犯罪？

（5）如何确定基金犯罪的管辖地？

（6）检察院就量刑提出抗诉是否适当？

（7）辩护律师以罪刑法定进行辩护是否合理？

（8）利用未公开信息交易罪与内幕交易罪的法定刑是否一样，既存在“情节严重”的量刑幅度，也存在“情节特别严重”的加重量刑幅度？

（9）2010 年最高人民检察院、公安部联合发布的《关于公安机关管辖的刑事案件立案追诉标准的规定（二）》为何没有规定利用未公开信息交易罪“情节特别严重的情形”？

（10）在再审案件判决作出前，最高人民检察院以召开新闻发布会的方式公开发表言论是否是不当影响舆论？

（11）基民是否可以就马乐的“老鼠仓”行为主张赔偿？向谁提出？

（12）我国历史上的比附援引是否违反罪刑法定原则？

2. 实践题

(1) 作为一名辩护律师，请根据本案相关情况，分析本案辩护人的辩护策略的得失之处。

(2) 结合本案案情，为马乐撰写一审辩护词、二审辩护词或再审辩护词。

(3) 假设马乐再审被判实刑，应如何救济其权利。

(4) 为最高人民检察院起草抗诉书。

参考文献

[1] 王欣元，康相鹏．利用未公开信息疑难问题探析 [J]. 法学，2014 (6).

[2] 古加锦．利用未公开信息交易罪的法定量刑幅度辨正 [J]. 江苏警官学院学报，2015 (2).

[3] 李耀杰．利用未公开信息交易罪的“情节特别严重”之辩 [J]. 法律适用，2015 (3).

[4] 谢杰．利用未公开信息交易罪量刑情节的刑法解释与实践适用 [J]. 政治与法律，2015 (7).

[5] 陈瑞华．论量刑辩护 [J]. 中国刑事法杂志，2010 (8).

案例 18

章菊芳非法转让土地使用权案*

（刑事诉讼实务）

随着立法的精细化发展，数个法领域很可能对同一行为作出了评价，同时涉及刑事法律关系和民事法律关系的“刑民交叉、行刑衔接”案件也在不断增多。当同一法律事实同时被刑法、民法评价时，在刑民实体法上需要考虑是否会产生相冲突的评价结论，在刑民程序法上需要考虑是否需要遵从一定的诉讼顺序。其中，前者涉及如何看待、解决规范冲突，并如何维护法秩序的统一，后者涉及如何看待判决之间的拘束力，如何维护判决的统一。以上是交叉案件研究的重要价值之所在。不同的违法判断立场背后是不同的刑民关系观，面向的则是针对个案不同的分析过程与结论。以具有代表性的章菊芳非法转让土地使用权案为例，就本案涉及的刑民交叉、行刑衔接问题进行逐一拆解，重点围绕本案违法合同效力、行政违法、刑事违法、刑法谦抑性等概念，梳理刑事违法的判断方法，进一步引申出针对交叉案件较为合理的诉讼处理模式。本案例对解决交叉案件的实体、程序疑难具有参考意义。

* 本案例由中央财经大学法学院讲师简爱编写。

案例正文

一、基本案情

公诉机关：安徽省芜湖县人民检察院

被告人：章菊芳

一审法院：安徽省芜湖县人民法院

一审判决书：安徽省芜湖县人民法院（2009）芜刑初字第 89 号

二审法院：安徽省芜湖市中级人民法院

二审判决书：安徽省芜湖市中级人民法院（2009）芜中刑终字第 178 号

2005 年 9 月，被告人章菊芳与叶和永（章菊芳前夫）在芜湖县投资成立芜湖天虹机械有限公司，叶和永任法定代表人（2007 年 3 月 21 日，芜湖天虹机械有限公司法定代表人变更为被告人章菊芳）。2006 年 8 月 14 日，芜湖天虹机械有限公司和台商曹文俊（挂名）发起成立了芜湖南湖国际大酒店有限公司（以下简称南湖大酒店，中外合资企业），被告人章菊芳任法定代表人。2007 年 1 月，南湖大酒店通过竞标以 2500 万元取得了位于芜湖县湾址镇芜湖南路（城南文教园区）100 亩国有土地的使用权，并与芜湖县国土资源局签订国有土地使用权出让合同。合同规定其中 45 亩用于宾馆建设，55 亩用于配套房地产开发，当时南湖大酒店缴纳土地出让金 1500 万元，余款 1000 万元在 2008 年 7 月 11 日之前付清。

2007 年 1 月 22 日，南湖大酒店（占 55%）和叶和永（占 45%）发起成立了芜湖天虹置业有限公司（以下简称天虹公司），叶和永任法定代表人。同年 1 月 23 日，将南湖大酒店 100 亩土地中的 55 亩土地使用权变更到天虹公司名下。2007 年 3 月 22 日，天虹公司法定代表人变更为被告人章菊芳。2007 年 4 月 26 日和 5 月 10 日，被告人章菊芳在资金链已断裂、没有对项目进行投资开发、没有完全支付土地出让金的情况下，采取转让股权、变更法定代表人等手段，将南湖大酒店和天虹公司的股权及所属的 100 亩土地使用权以 3020 万元转让给陈玉富，从中获利 520 万元。此外，南湖大酒店在公司转让前形成债务 1230 万元（债权人为陶某、谢某），债权人向芜湖市中级人民法院起诉，南湖大酒店在芜湖县所有土地使用权被法院依法查封[①]。

二、案件审理过程

芜湖县人民检察院指控：2007 年 4 月 26 日和 5 月 10 日，被告人章菊芳在资金链已断裂、没有对项目进行投资开发、没有完全支付土地出让金并取得土地使用权证书的情况下，以牟利为目的，采取股权转让、法人代表变更等手段，将芜湖南湖国际大酒店有限公司和芜湖天虹置业有限公司的股权及所属的 100 亩土地使用权以 3020 元转让给陈玉富，从中非法获利 520 万元。同时，故意隐瞒芜湖南湖大酒店及其个人的 1230 万元的债务，致债权人向芜湖市中级人民法院起诉，南湖大酒店在芜湖县所有土地使用权被法院依法查封。该院认为，被告人章菊芳的行为业已构成非法转让土地使用权罪和诈骗罪，提请芜湖县人民法院依法追究其刑事责任。

被告人章菊芳辩称：土地使用权是南湖大酒店和天虹公司的，其转让的是公司的股权而非土地使用权，而且其也没有非法获利。另外，在股权转让时，其没有隐瞒南湖大酒店债务，和陈玉富之间有口头协议。故认为其行为不构成犯罪。辩护人认为被告人章菊芳的行为不符合非法转让土地使用权罪的构成要件；被告人章菊芳没有隐瞒事实真相，没有非法占有的故意，故被告人的行为不构成非法转让土地使用权罪和诈骗罪。

芜湖县人民法院认为，被告人章菊芳以牟利为目的，违反土地管理法规，非法转让土地使用权，且面积达 100 亩，非法获利人民币 520 万元，情节特别严重，其行为已触犯《中华人民共和国刑法》第二百二十八条之规定，构成非法转让土地使用权罪，依法应予惩处。对章菊芳涉嫌的诈骗罪则以公诉机关提出的证据尚未达到“排除合理怀疑”且存在定性不准，并未支持。在本案审理过程中，被告人章菊芳虽对自己行为的性质作出辩解，但其认罪态度较好，可以酌情从轻处罚。被告人章菊芳及其辩护人关于该罪的辩护意见于法无据，不予采纳。但公诉机关关于被告人章菊芳的行为构成诈骗犯罪的指控证据不足，定性不准，法院不予支持。于 2009 年 8 月 24 日判决如下：“一、被告人章菊芳犯非法转让土地使用权罪，判处有期徒刑五年，并处罚金人民币 200 万元。二、违法所得人民币 520 万元予以追缴，上缴国库。”

一审宣判后，被告人章菊芳不服提出上诉，认为其不具有非法转让土地使用权的

① 丁玉能．章菊芳非法转让土地使用权案［M］//最高人民法院中国应用法学研究所．人民法院案例选（2010 年第 2 辑）．北京：人民法院出版社，2011：64 - 65.

主体资格，其没有实施违反土地管理法规的行为，没有非法转让土地使用权的主观故意，没有通过非法转让土地使用权来获取利益的目的，其行为不符合非法土地使用权的构成要件，不构成非法转让土地使用权罪。

二审查明的事实与一审相同。芜湖市中级人民法院认为，被告人章菊芳以牟利为目的，违反土地管理法规，非法转让土地使用权，且面积达100亩，非法获利人民币520万元，情节特别严重，其行为已构成非法转让土地使用权罪。对于被告人章菊芳及其辩护人的辩护意见，该院认为，依照我国国有土地使用权转让的相关规定，依法转让土地必须符合土地出让合同的约定，否则系非法转让土地使用权的行为。南湖大酒店以出让的方式取得国有土地使用权，其合同明确约定必须支付全部土地出让金并且要完成开发投资总额的25%以上的投资以后才能进行转让。南湖大酒店和天虹公司对该土地没有进行任何投资、没有完全支付土地出让金的情况下，将该宗土地使用权法非法转让给他人，并从中牟取巨额非法利益归被告人章菊芳个人所有，其行为违反了我国法律关于土地使用权转让的规定，故对被告人章菊芳的上诉理由及意见不予采纳。于2009年11月9日裁定驳回上诉，维持原判①。

三、本案涉及的实体法方面的问题

（一）案中涉罪合同的效力与刑事违法的判定

关于本案，首先需要讨论土地使用权的转让问题。法院认为被告人章菊芳表面上转让的是股权，但实际上将其持有的土地使用权进行了转让，根本原因在于本案不符合土地使用权转让的要件。根据《中华人民共和国城市房地产管理法》第三十九条规定：以出让方式取得土地使用权的，转让房地产时，应当符合下列条件：（1）按照出让合同约定已经支付全部土地使用权出让金，并取得土地使用权证书；（2）按照出让合同约定进行投资开发，属于房屋建设工程的，完成开发投资总额的25%以上，属于成片开发土地的，形成工业用地或者其他建设用地条件。转让房地产时房屋已经建成的，还应当持有房屋所有权证书。由于《合同法》第五十二条规定了“违反法律、行政法规的强制性规定”是合同无效的法定情形之一，在很长一段时间内，涉嫌违法、犯罪的合同均被认为是无效的。在合同效力与刑事犯罪之间，存在“无罪则合同有

① 丁玉能．章菊芳非法转让土地使用权案［M］//最高人民法院中国应用法学研究所．人民法院案例选．（2010年第2辑）．北京：人民法院出版社，2011：66－69.

效、合同有效则无罪”的对应关系。2014年最高人民法院司法解释也对《合同法》第五十二条作了进一步细化，将第五十二条第（五）中的“强制性规定”限定为“效力性强制规定”，也即是说合同即使违反了强制性规定，还要进一步审查该强制性规定到底属于效力性强制规定还是管理性强制规定。至此，合同效力与犯罪之间的对应性关系被切断。

在民事审判中，类似不符合《中华人民共和国城市房地产管理法》规定条件的转让行为仍被认定为转让合同有效并需要继续履行的。根据最高人民法院在“桂馨源公司诉全威公司等土地使用权转让合同纠纷案”“河南花园置业有限公司与河南鑫苑置业有限公司土地使用权转让合同纠纷上诉案”等一系列判决中，明确指出《城市房地产管理法》第三十八条（修订后的第三十九条）的规定不是认定土地使用权转让合同效力的法律强制性规定。因此退一步来看，章菊芳即使签订的是土地使用权转让合同，该合同也不会因违反该法规定的未达到25%投资开发条件等而被认定无效。由于有效性与刑事违法性的判断是区分进行的，所以行为是否构成犯罪还是需要回到刑法的规定以及对非法转让土地使用权罪的理解上。

（二）《刑法》第二百二十八条与土地管理法规的适用

《刑法》第二百二十八条规定，以牟利为目的，违反土地管理法规，非法转让、倒卖土地使用权，情节严重的，处3年以下有期徒刑或者拘役。根据司法解释规定，所谓的“土地管理法规”是指以《土地管理法》《森林法》《草原法》等法律以及有关行政法规中关于土地管理的规定。法院判决被告人章菊芳构成非法转让土地使用权罪整体上采取的思路是，先行判定股权转让的行为使得土地使用权实际上随同公司一并转让，属于《土地管理法》第七十四条规定的“以其他形式非法转让土地”，又因为行为人既没有完全支付土地出让金且也没有进行任何投资建设违反了《城市房地产管理法》第三十九条，因此构成犯罪。刑法理论研究者多指责法院判决忽视了法秩序的统一性，认为就公司股权转让而言，《公司法》上并未对本案中的股权转让行为作限制性规定，所以该行为属于《公司法》所允许的行为，此时基于法秩序统一性原理，在刑事司法上就不能无视民法立场和公司法律制度，进而主张不构成非法转让土地使用权罪。

但需要注意到的是，上述认定章菊芳构罪的逻辑也遵从了法秩序统一原理，只不过法院考量的是行政法规范与刑法之间的违法统一。其认为章菊芳行为首先违反土地管理法规构成行政不法，其次转让土地的数量、获利金额达到了刑事违法的量，才综合认定犯罪成立。因此，本案的症结并非是对法秩序统一性的忽视，而是不恰当地套用了“一般违法性 + 可罚的违法性”的公式判断刑事违法，将行政法规范所维护的社会管理秩序简单地等同于刑法所保护的法益，这种做法极易忽视刑法规范的目的而使得行政法规范在事实上直接决定了行政犯的成立。实际上即使仅在刑法范畴内对非法转让土地使用权罪的构成要件做实质理解，也未必一定得出章菊芳成立犯罪的结论。

非法转让土地使用权罪的主要法益为土地资源的保护、开发及合理利用，次要法益为土地管理制度，对土地管理制度的维护根本目的还是在于保护土地资源，这正是土地管理法规对土地使用权的取得、转让方式、相关资质作一系列规定的缘由所在。由于本案中土地使用权的所有者一直是同一公司，该公司在竞标土地使用权之时不仅满足相关行政法规范的形式要求，且土地开发规划方案也经过实质审查，公司股东的变动并不会使得该公司的相关资质发生变化，因此也就不存在危及土地资源的保护、开发及合理利用问题，本质上刑法所保护的主要法益并未受到损害，或者说该行为在实质上并不符合刑法所预设行为类型。退一步来看，即使行为违反了土地管理法规也不意味着刑事违法性的认定必须完全遵照行政不法的判断。

回归到司法实务对本罪的认定，可大致归纳出以下几种类型属于“非法转让、倒卖”土地使用权。一是将获批土地直接出售的；二是擅自改变土地使用用途出售的；三是将集体土地出租、出售的。

（三）商事权利外观与刑事违法

部分学者及辩护律师从商事权利——股权转让合法的角度对章菊芳之行为进行无罪论证，其主要理由在于股权和土地使用权分属两个相对独立的法律范畴。根据《公司法》第二十七条规定，股东可以用货币出资，也可以用实物、知识产权、土地使用权等可以用货币估价并可以依法转让的非货币财产作价出资。100亩土地使用权原本归属于南湖大酒店，其以其中55亩土地作为出资参投设立天虹公司，在依法办理土地使用权转移手续后，这55亩土地使用权归属于天虹公司。而作为天虹公司法定代表人的章菊芳先将南湖大酒店和天虹公司的股权及所属的100亩土地使用权以3020万元转让给陈玉富，后将法定代表人变更为陈玉富。

首先，因《公司法》并未对以土地使用权出资的股东转让股权进行限制，章菊芳行使股东权利转让股权在民商事法律上也被认为是正当合法的。其次，股权的转让并不等于归属于天虹公司名下的土地使用权发生了转让。股权转让的前后，100亩土地使用权仍旧在天虹公司与南湖大酒店。从不动产流转的角度来看，土地使用权主体没有发生变更就不涉及土地使用权的转让。最后，假使受让人陈玉富想要直接支配入股的土地使用权是否可能呢？按照《公司法》第三十五条规定，“公司成立后，股东不得抽逃出资”，成为新股东的陈玉富在不符合法定事由、履行法定程序的情况下，如公司减资、个人财产面临法律强制执行等，原则上是不能够收回这100亩的土地使用权的。因此，土地使用权的转让的风险也近乎为零。

以上均是从否定土地使用权转让的事实来否定构成要件结果的存在，从而论证章菊芳不构成犯罪。从学者们对此案的评析来看，还存在这样一种切入视角：一个在民商事法律上不违法的行为就不能够成刑事犯罪。此种观点实则是将刑法作为了“二次法”或者“保障法”，一定程度上否定了刑法自身的独立性。值得进一步思考的是，是否民商事法律上的合法就能够完全阻却刑事违法，即在本案中能否直接以股东权利行使作为不构成犯罪的依据。这就涉及对法秩序的统一性的理解，以及对刑事违法判断方法的选取。

（四）法秩序的统一与刑事违法判断的方法

1. 法秩序的统一

法律秩序应当保持在一定限度内没有矛盾，处于统一的状态，这被公认为是刑法解释学的当然前提，但是关于“统一”的理解尚存不小的差异。对法秩序统一的理解主要存在实然与应然两种概观。对法秩序的统一的理解一定程度上决定了刑事违法判断的方法。对于本案，法院所采取的即是建立在实然意义上的法秩序统一，因此先行判断章菊芳的行为属于行政不法，进而肯定了刑事违法。

从实然意义上的法秩序统一出发，若各法领域之间原本就是协调一致的，所谓的规范冲突仅是一种表象，只要为可能产生冲突的规范确定支配、从属关系，那么处于从属地位法律的违法判断遵从处于支配地位法律的违法判断也就能够完全避免规范冲突，因此各法领域之间及各法领域内部是一种静态的平衡。以实然意义上的法秩序统一为视角考虑刑法与民法、行政法的关系时，多将民法、行政法置于支配地位，将刑法置于从属地位。例如，有学者将刑法作为补充法、从属法，继而认为无论是犯罪圈的划定还是刑事责任的追究，既要在形式上受制于其保障的前置法之保护性规则的规定，更要在实质上受制于其与前置法之保护性规则共同保障的调整性规则的规定。这种观点虽然也认可刑法具有一定的独立性，但是总体上更倾向于刑法相关判断需遵从民法、行政法，所以也可以被归为刑法从属性阵营，只不过较极端从属性稍缓和一些而已。概括而言，实然意义上的法秩序统一立场多与刑法从属性配合来统筹各法领域的违法判断，即通过“违法一元论”解决规范冲突，维护整体法秩序。

与此相对的是应然意义上的法秩序统一，该视角的出发点是各法领域之间并不总是逻辑自恰和价值融贯的，而是原本就存在冲突。既然冲突是“先天性”的且难以消除，那么就不应期望彻底消除规范冲突，恰当的做法应是在各法领域间寻求动态平衡，竭力减小这种冲突对法秩序造成的冲击，从而最大限度地实现法秩序的统一。在此种观点看来，根据刑法的独立性和目的相对性可以否定章菊芳的行为危及土地资源的保护、开发及合理利用，则是采取了应然意义上的法秩序统一。

应然意义上的法秩序统一立场不刻意回避法领域之间的矛盾冲突的同时，更为关注刑法自身的独立性，认为在刑事违法判断中强调从刑法视角出发独立判断，并不会破坏全体法秩序的统一。法秩序的统一不是实体法间违法概念、违法判断的一致，而在于“合法”判断的一致。

2. 刑事违法判断的立场

关于刑事违法判断的立场主要分为三种：严格的违法一元论、缓和的违法一元论和违法相对论，三种立场均认为法秩序需要保持统一，但对法秩序统一的理解和方式有差异。这其中，严格的违法一元论通过统一违法的概念、判断来实现法秩序的统一。因而会得出结论：当一个行为在某一法领域被判定为违法时，其在其他法领域也都是违法的。但这明显不符合当代各国立法实际，例如，一个侵权行为未必就是刑事违法。因此，该种观点在我国并未被接受。主张或侧重于刑法从属性的观点认为刑法必须遵从民法、行政法的违法判断，并对严格的违法一元论进行了改造，认可部分情形下违反民法、行政法的行为不是刑事违法，由此衍生出缓和的违法一元论则在从属性的基础上肯定了不同法领域的违法具有一定差异性。

违法相对论的理论构建以刑法相对独立性为基础，主张刑法并非（作为二次规范）对违反民法、行政法的行为进行处罚，而是依据刑法本身来判定相关法益是否值得保护、是否受到侵害。如果承认刑法的独立性和目的相对性，那么在刑事违法的判断上就不能再以民事不法、行政不法为前提，也就推翻了刑事违法判断与其他法领域违法判断间的因果关联性。在进行刑事违法判断时完全不考虑民事不法、行政不法又势必走向另一个极端，有导致法秩序内部不统一之虞。如何平衡刑法独立性和法秩序统一性这二者的关系，违法相对论给出的方案为：刑事违法判断以刑法规范为主线，确保刑法自身目的的实现，以民事、行政相关规定为参考（而非参照），确保法秩序统一。

法院在认定章菊芳构成犯罪时其采取的即是缓和的违法一元论的判断思维。首先，判定章菊芳行为违反土地管理法规构成行政不法，其次，转让土地的数量、获利金额达到了刑事违法的量，才综合认定犯罪成立。由于缓和的一元论在总体上仍坚持刑法从属性，所以先行判断的行政违法是质的判断，而后续刑事违法的考察容易沦为单纯量的判断。尽管有学者提出该行为在其他法领域不违法因而不能构成犯罪，但是这是从违法阻却事由角度的考虑，仍旧是肯定了该行为具有形式的刑事违法。对于本案，若采取违法相对论则会在构成要件符合性的判断中，否定章菊芳的行为侵害了非法倒卖土地使用权罪的保护法益，直接否定犯罪成立。在判断效率和准确性上要高于缓和的违法一元论。

（五）财产犯罪中非法占有目的的认定

本案中，检方起诉章菊芳的行为应当构成诈骗罪（未遂）。在股权未转让前，章菊芳以南湖大酒店的名义向陶飞燕、谢能明借款1230万元，在转让南湖大酒店股权时并未告知陈玉富，后债权人向芜湖市中级人民法院起诉，南湖大酒店在芜湖县所有土地使用权被法院依法查封。因此，检方认为章菊芳故意隐瞒债务且并没有能力对项目开发建设的情况下，将南湖大酒店和天虹公司的股权及所属的100亩土地使用权以3020万元的价格转让给陈玉富，从中获利520万元（即支付全部土地出让金与转让价格的差价）。章菊芳辩称对受让人告知了此事，虽未写入合同，但双方存在“口头协议”。一审法院以“证据不足”否定了陈玉富不知此事，且提出即使章菊芳称公司对外没有债务，只是一种民事欺诈行为，其目的并非“非法占有这1230万元”，而只是转移债务。综合案情和双方陈述来看，“故意隐瞒债务”确实未达到排除合理怀疑的标准。

值得讨论的是，如何看待法院以不具有“非法占有目的”来区分民事欺诈和合同诈骗罪，以及以经济合同纠纷的定性否定犯罪成立。首先，就合同诈骗罪的成立而言确实需要行为人在主观上具有非法占有目的。而对于这一主观要素的确立在实践中通常是通过对行为时当事人的经济、经营情况等客观要素综合判断的。例如，章菊芳是将借款用于公司经营还是个人，在公司股权转让中是否有意对公司债务进行了特别回避，股权转让的价格是否与估价相差悬殊，等等。其次，所谓“民事欺诈”仅仅是指该行为发生的场合在民事活动中，并不意味民事欺诈不构成犯罪或不具有非法占有相对人财物的目的，因此就不能以民事欺诈、经济纠纷来否定犯罪成立。最后，至于陈玉富能够通过民事救济向章菊芳追偿也不能成为此部分仅受民事法律调整范畴的理由。受害人的财产损失能否挽回以及通过什么样的方式被挽回对行为人是否构成犯罪无决定性影响，刑法介入的必要性以法益是否受到实质侵害，法益能否得到有效保护为出发点，存在其他法律、社会救济手段不能成为阻却刑罚适用的理由。

四、本案涉及的程序法方面的问题

本案除了在非法占有土地使用权罪的分析中涉及刑民实体关系的讨论，由于债权人陶某、谢某还向芜湖市中级人民法院起诉，南湖大酒店在芜湖县所有土地使用权被法院依法查封，同时还涉及了刑民诉讼顺序的争议。

（一）交叉案件审理模式的规定与变革

在过去，“先刑后民”都被作为司法实践处理交叉案件的基本原则，这其中固然存在刑法学者一直批判的“重刑”观念的影响，但更多的缘故还在于“先刑后民”原则本身存在一定的规范基础。最高人民法院、最高人民检察院、公安部于 1985 年发布的《关于及时查处在经济纠纷案件中发现的经济犯罪的通知》（已于 2013 年 1 月 18 日失效）规定了在各级法院在审理经济纠纷中发现有经济犯罪的应当分别移送公安机关或检察机关侦查、起诉，于 1987 年发布的《关于审理经济纠纷案件中发现经济犯罪必须及时移送的通知》（已于 2013 年 1 月 18 日失效）规定了法院在审理经济纠纷中发现有经济犯罪的一般应将经济犯罪与经济纠纷全案移送，以上两个司法解释被认为是最早确立了“先刑后民”处理原则的规范文件。

继 1985 年、1987 年的两个司法解释后，最高人民法院等出台了一系列限制“先刑后民”的司法解释，如 1997 年最高人民法院颁布的《关于审理存单纠纷案件的若干规定》，1998 的《关于在审理经济纠纷案件中涉及经济犯罪嫌疑若干问题的规定》，2014 年最高人民法院、最高人民检察院、公安部联合发布的《关于办理非法集资刑事案件适用法律若干问题的意见》，2015 年最高人民法院颁布的《关于审理民间借贷案件适用法律若干问题的规定》等，同时也反映出了对交叉案件“刑民并行”审理的导向。

2019 年最高人民法院出台的《全国法院民商事审判工作会议纪要》中明确指出，同一当事人因不同事实分别发生民商事纠纷和涉嫌刑事犯罪，民商事案件与刑事案件应当分别审理。只有在民商事案件必须以相关刑事案件的审理结果为依据，而刑事案件尚未审结的，应当根据《民事诉讼法》第一百五十条第五项的规定裁定中止诉讼。至此，实务立场可以说是从交叉案件全部采用“先刑后民”模式完全走向了“刑民并行”模式。在本案中，章菊芳是否构成犯罪并不成为解决民事债务纠纷的前提。章菊芳欠陶飞燕、谢能明的债务是否转移至陈玉富，以及陈玉富最终如何追偿、能否追偿实质并不影响章菊芳是否“隐瞒债务”进而构成诈骗罪的认定，因而相关的民事诉讼也就不应当中止。

（二）刑事审判的独立性与裁判的预决力

在本案审理之前，还因债权人向芜湖市中级人民法院起诉章菊芳而致使南湖大酒店在芜湖县所有土地使用权被法院依法查封，因而章菊芳的行为同时面临着刑事审判和民事审判。上文已经论证过“刑民并行”审判的合理性，但仍需要就刑民裁决可能导致的不一致及如何解决作出说明。

在本案件中，刑事审判与民事审判均针对章菊芳的债务关系进行了审理，但所考察的法律关系、适用的法律也都不相同，原则上法律评价的不一致不会影响裁判的统一性。重点在于，对于事实的认定是否要保持一致，若认为需要保持完全一致则涉及是否认可不同裁判之间预决力。预决力本质上要解决的是刑事裁判、民事裁判效力优先的问题，表面上看认可裁判间的预决力能够最大限度地维护裁判的统一。由于刑事、民事证据认定标准的不一致，如果采取就高标准，那么原则上主张刑事判决对民事判决具有拘束力是更为合适的，但这种做法的合理性存在问题。第一，一定程度上否定了民事审判的独立性，即使保证民事审判者对案件的价值判断，但作为价值判断的基础——事实判断一旦被完全固定，就大致上决定了案件审理的走向。第二，如果完全采用刑事判断标准则可能对民事案件的当事人造成不公。例如，刑法以“无罪推定”为原则，在刑事审判中因检察机关提交的证据无法达到证据确实、充分，排除一切合理怀疑的标准而被告人没有被定罪，如果肯定刑事裁判对民事裁判的预决力，那么即使被害人掌握了符合“高度盖然性”的证据也无法在民事诉讼中获得侵权损害赔偿。从审判权的独立行使角度，事实认定的不一致是可以理解的，而裁判的统一是客观事实的最大限度统一而非客观事实和法律评价的完全一致。

案例使用说明

一、教学对象及目标

本案例供法律硕士案例教学使用，法学本科（四年级）、刑法学硕士也可参酌使用。案例主要就涉及的实体法与程序法，如刑法与民法、行政法的关系、法秩序的统一与刑事违法的判断的关系、规范竞合与冲突、交叉案件的诉讼处理模式进行讲授。要解决的具体问题如下：（1）交叉案件的概念及问题争议点。如何理解“刑民交叉、行刑衔接”；如何理解多个法律对同一事实作出了法律评价；如何看待规范竞合与规范冲突。（2）实体法方面的问题：对法秩序统一性的理解；刑事违法是否一定以民事不法、行政不法为前提；如何看待刑事违法与民事不法、行政不法的关系；如何理解涉罪合同效力；以股权转让的方式转让土地使用权是否构成非法转让土地使用权罪；诈骗罪中非法占有目的的理解。（3）程序法方面的问题：审判权的独立行使与裁判的预决力；对“先刑后民”诉讼原则的历史成因分析；交叉案件诉讼模式的基本原则及其例外。

二、教学实施计划

1. 课前计划：安排学生阅读案例及相关材料，了解本案例的实体与程序争议点。

2. 课中计划：预计安排 6 个课时（每节课 45 分钟）进行案例的全面讲授、解读，组织学生对关键问题进行讨论，并根据进度布置相应作业。

3. 课后计划：在第 3—4 课时后就本案涉及的实体问题组织学生分别采取不同的立场进行罪与非罪的案例分析（2000 字以内）；在第 5—6 课时后，在上次作业的基础上分别采取不同的立场进行公诉意见书与辩护意见书的法律文书写作（2000 字以内）。

三、重点难点问题

1. 重点问题：理解法秩序统一原理的内涵和应用场域。

2. 难点问题：对不同法领域间违法判断的方法、关联性进行甄别以及分别从立法论、解释论立场上看待“一般违法”之于刑事违法实质判断的意义。

四、教学预期效果

针对章菊芳案的细致分析，带领学生了解交叉案件中刑法与其他部门法的适用问题，并对焦点进行归纳，展开充分讨论。力图使学生在分析过程中掌握关于罪与非罪的甄别，对一般违法与刑事犯罪、民事违约、侵权与刑事犯罪的基本判断方法。对于案例中章菊芳是否构成非法转让土地使用权罪并不作唯一导向性讲解，而是让学生们在思考是否构成犯罪，刑法适用是否与商事股权转让不受限的规定产生冲突，引导学生从多重立场讨论建立起能够自圆其说的思维方式。对真实、典型案例的分析，一定程度上能够培养学生将刑法理论与司法实践对接，在对刑事司法实务运作了解的基础上再对理论进行反思，从实践中构筑分析、解决问题的框架。

五、课堂教学安排

本案例可作为专门的案例教学课程进行讲授，计划安排 6 个课时，每课时 45 分钟。

1. 第 1—2 课时全面梳理本案涉及的基础概念及刑事实体问题；

2. 第 3—4 课时系统讲解本案涉及的刑事理论争议及交叉案件的诉讼模式问题并组织学生讨论；

3. 第 5—6 课时主要就课后作业案例分析的写作规范、要点进行讲解、点评。

六、思考与实践题

1. 思考题

（1）法秩序统一的含义是什么？

（2）何谓刑法的独立性与从属性？

（3）如何理解《刑法》第二百二十八条中的“违反土地管理法规”？

（4）如何理解《土地管理法》第七十三条规定的“以其他形式非法转让土地”？

（5）如何看待刑事违法与行政不法之间的关系？

（6）《公司法》未对股权转让行为做限制性规定是否与《城市房地产管理法》第三十九条对转让土地使用权的规定存在冲突？

（7）如何看待刑事违法与民事不法之间的关系？

（8）试分析涉罪合同的效力判断。

（9）就刑事违法判断的立场/方法进行归纳总结。

（10）简述“一般违法性”与“可罚的违法性”含义。

（11）如何理解财产犯罪中的非法占有目的？

（12）审判权的独立行使与裁判的预决力是否相冲突？

（13）我国刑民交错的经济案件的处理是否有统一的诉讼模式？

（14）请你就“先刑后民”“先民后刑”诉讼模式各想出三个缺点。

（15）“刑民交叉、行刑衔接”案件的实体判断与诉讼程序之间是否能够完全独立讨论？

2. 实践题

（1）请根据本案案情，就被告人章菊芳是否成立非法转让土地使用权罪进行案例分析。

（2）假定你是检察院派出出庭支持公诉的检察官，请结合案情撰写公诉意见书。

（3）假定你接受了被告人章菊芳的委托，请结合案情撰写辩护意见书，可做罪轻或无罪的辩护意见。

参考文献

[1] 陈兴良．刑民交叉案件的刑法适用［J］．法律科学，2019（2）．

[2] 时延安．论刑事违法性判断与民事不法判断的关系［J］．法学杂志，2010（1）．

[3] 周光权．非法倒卖转让土地使用权罪研究［J］．法学论坛，2014（5）．

[4] 吴加明．“以股权转让方式转让土地使用权”行为的司法认定［J］．政治与法律，2018（12）．

[5] 邹清平．非法转让、倒卖土地使用权罪探析［J］．法学评论，2007（4）．

[6] 于改之．法域冲突的排除：立场、规则与适用［J］．中国法学，2018（4）．

[7] 王昭武．经济案件中民刑交错问题的解决逻辑［J］．法学，2019（4）．

[8] 杨兴培［J］．犯罪的二次性违法理论与实践——兼以刑民交叉类案例为实践对象［M］．北京：北京大学出版社，2018．

[9] 丁玉能．章菊芳非法转让土地使用权案［M］//最高人民法院中国应用法学研究所．人民法院案例选（2010 年第 2 辑）．人民法院出版社，2011．

[10] 最高人民法院（2004）民一终字第 46 号民事判决书．

[11] 最高人民法院（2006）民一终字第 26 号民事判决书．

案例 19

快播公司传播淫秽物品牟利案

——网络犯罪中电子证据证明力的审查与传播淫秽物品牟利罪的认定*

（刑事诉讼实务）

本案例以一起真实的网络空间传播淫秽物品牟利案为蓝本，围绕传播淫秽物品牟利案的刑事程序相关环节，涉及的知识点和执业技能内容包括：检察人员如何依据案件事实的撰写起诉书和变更起诉书、电子证据证明力的认定、传播淫秽物品牟利行为的事实认定与法律适用以及被告人认罪认罚对于量刑的影响等。本案例涵盖起诉阶段、审判阶段两个诉讼环节，涉及实体问题包括淫秽物品牟利罪的认定、网络空间中相关行为主体的法律义务违反与刑事责任的关系以及被告人认罪认罚对于量刑的影响，涉及证据和事实问题包括网络空间中传播淫秽物品牟利案件的证据收集、电子证据的证明标准和证明力等问题。本案例对于解决其他类型的网络犯罪案件具有参考意义。

* 本案例由中央财经大学法学院讲师商浩文编写。说明：本案例共分为四个板块：有关检察人员应当如何撰写起诉书和作出变更起诉、司法机关应当如何依法认定电子证据的证明力、如何认定网络空间中传播淫秽物品牟利罪、如何判定被告人是否认罪认罚进而决定对其从宽处罚。

案例正文

一、引　　言

（一）快播公司概况

深圳市快播科技有限公司（SHENZHEN QVOD TECHNOLOGY CO.，LTD.）（以下简称快播公司）正式成立于 2007 年 12 月，是一家以网络流媒体技术开发与应用为核心的高科技公司。快播公司拥有 QVOD 播放器及 QVOD 流媒体服务器，并与全国各地电视台、广播电台、节目制作中心的内容提供商合作，通过基于流媒体播放技术的客户端软件 QVOD，为全球用户提供影音节目。

快播公司盈利主要来源于广告费、游戏分成、会员费和电子硬件等，快播事业部是快播公司盈利的主要部门。根据账目显示，快播事业部的主要收入来源于网络营销服务，其中资讯快播和第三方软件捆绑是最为主要的盈利方式。具体而言，快播公司向欲发布广告的公司收取广告费，用户使用快播播放器时，会有快播资讯窗口弹出，该窗口内除部分新闻外即是广告内容；快播公司还向一些软件开发公司收取合作费用，使得用户安装快播播放器的同时捆绑安装一些合作公司软件。快播公司营业收入逐年增长，至 2013 年仅快播事业部即实现营业收入人民币 1.4 亿余元，其中资讯快播营业收入 7000 余万元，第三方软件捆绑营业收入 3000 余万元。

2012 年 8 月，深圳网监针对快播公司未建立信息安全保护管理制度、未落实安全保护技术措施的情况给予行政处罚警告，快播公司接受整改的主要内容就是审核和过滤淫秽视频。随后，快播公司成立了网络安全监控小组开展了不到一周的突击工作，于 8 月 8 日投入使用“110”不良信息管理平台，截至 9 月 26 日共报送“色情过滤”类别的不良信息 15836 个。但在深圳网监验收合格后，网络安全监控小组原有 4 名成员或离职或调到其他部门，“110”平台工作基本搁置，检查屏蔽工作未再有效进行。2013 年 8 月 5 日，深圳市南山区广播电视局执法人员对快播公司开展调查，执法人员登录快播网站很快便找到了可播放的淫秽视频，随后作出行政处罚决定。但快播公司随后仅提交了一份整改报告，其“110”平台工作依然搁置，检查屏蔽工作依然没有有效落实。南山广电局在 2013 年 8 月 5 日对快播公司作出的调查询问通知书、2013 年 9 月 25 日作出的行政处罚事先告知书及 2013 年 10 月作出的行政处罚决定书，均明确了调查和处罚快播公司的原因就是快播公司“提供的视听节目含有诱导未成年人违法犯罪和渲染暴力、色情、赌博、恐怖活动的内容”。

2013 年上半年，北京网联光通技术有限公司与快播公司开展合作。光通公司提供 4 台服务器，4 台服务器 IP 使用方人是深圳快播科技有限公司。快播公司提供内容数据源以及降低光通公司网络出口带宽，同时提升用户体验的数据传输技术解决方案，负责远程对软件系统及系统内容的维护。2013 年 8 月，光通公司提供 4 台服务器开始上线测试，快播公司为 4 台服务器安装了快播公司的缓存服务器系统软件，并通过账号和密码远程登录进行维护。光通公司并不知晓服务器的内容，也没有权限查看。服务器内容的维护由快播公司负责，光通公司只是从硬件上进行简单维护。

（二）快播软件运行基本原理

快播公司通过免费提供 QSI 软件（QVOD 资源服务器程序）和 QVODPlayer 软件（快播播放器程序）的方式，为网络用户提供网络视频服务。任何人（被快播公司称为“站长”）均可通过 QSI 发布自己所拥有的视频资源。快播公司的中心调度服务器在站长与用户、用户与用户之间搭建了一个视频文件传输的平台。

为提高热点视频下载速度，快播公司搭建了以缓存调度服务器为核心的平台，通过自有或与运营商合作的方式，在全国各地不同运营商处设置缓存服务器 1000 余台。在视频文件点播次数达到一定标准后，缓存调度服务器即指令处于适当位置的缓存服务器抓取、存储该视频文件。当用户再次点播该视频时，若下载速度慢，缓存调度服务器就会提供最佳路径，供用户建立链接，向缓存服务器调取该视频，提高用户下载速度。部分淫秽视频因用户的点播、下载次数较高而被缓存服务器自动存储。缓存服务器方便、加速了淫秽视频的下载、传播。视频信息的海量传播已经成为商业网络运营的重要特征，而缓存服务器技术的支持使得视频文件的传播速度更快、范围更广。快播公司免费发布快播资源服务器程序和播放器程序，使快播资源服务器、用户播放器、中心调度服务器、缓存调度服务器和上千台缓存服务器共同构建起了一个庞大的基于 P2P 技术提供视频信息服务的网络平台。用户使用快播播放器客户端点播视频，或者“站长”使用快播资源服务器程序发布视频，快播公司中心调度服务器均参与其中。中心调度服务器为使用资源服务器程序的“站长”提供视频文件转换、链接地址发布服务，为使用播放器程序的用户提供搜索、下载、上传服务，进而通过其缓存服务器提供视频存储和加速服务。快播公司缓存服务器内存储的视频文件，也是在中心调度服务器、缓存调度服务器控制下，根据视频被用户的点击量自动存储下来，只要在一定周期内点击量达到设定值，就能存储并随时提供用户使用。

2013 年年底，为了规避版权和淫秽视频等法律风险，张克东[①]领导的技术部门开始对快播缓存服务器的存储方式进行调整，将原有的完整视频文件存储变为多台服务器的碎片化存储，将一部视频改由多台服务器共同下载，每台服务器保存的均是 32M 大小的视频文件片段，用户点播时需通过多台服务器调取链接，集合为可完整播放的视频节目。

二、检察机关提起公诉并依据案件事实变更起诉书

（一）快播公司案发经过

2013 年 11 月 18 日，北京市海淀区文化委员会在行政执法检查时，从光通公司查获此 4 台服务器。后北京市公安局从上述 4 台服务器中 3 台里提取了 29841 个视频文件进行鉴定，认定其中属于淫秽视频文件为 21251 个。

2014 年 4 月，公安机关接到群众举报及相关部门移交的深圳快播科技有限公司涉嫌传播淫秽物品牟利犯罪线索后，公安部高度重视，实行挂牌督办。在前期深入侦查的基础上，公安部部署北京、广东等地公安机关统一行动，依法查扣了一批服务器、电脑等涉案工具，先后抓获 10 余名涉案人员。2014 年 4 月 11 日，北京市公安局海淀分局决定对王欣等人涉嫌传播淫秽物品牟利罪立案。

被告人吴铭[②]、张克东[③]、牛文举[④]于 2014 年 4 月 23 日在深圳被抓获，被告人王欣[⑤]于 2014 年 8 月 8 日从韩国济州岛被押解回京。

北京市公安局海淀分局于 2014 年 9 月 26 日侦查终结，于当日向北京市海淀区人民检察院提交《起诉意见书》。

（二）检察机关提起公诉

北京市海淀区人民检察院于 2015 年 2 月 6 日正式向北京市海淀区人民法院提交《起诉书》（京海检公诉刑诉〔2015〕1、2 号），向快播公司直接负责高管王欣、吴铭、张克东、牛文举等 4 人提起公诉。《起诉书》中指控的事实内容为：

---

① 张克东系快播公司快播事业部副总经理兼技术平台部总监。
② 吴铭系快播公司快播事业部总经理。
③ 张克东系快播公司快播事业部副总经理兼技术平台部总监。
④ 牛文举系快播公司快播事业部副总经理兼市场部总监。
⑤ 王欣系快播公司法定代表人、首席执行官。

被告单位深圳市快播科技有限公司（以下简称快播公司）自 2007 年 12 月成立以来，基于流媒体播放技术，通过向国际互联网发布免费的 QVOD 媒体服务器安装程序（简称 QSI）和快播播放器软件的方式，为网络用户提供网络视频服务。其间，被告单位快播公司及其直接负责的高管人员被告人王欣、吴铭、张克东、牛文举以牟利为目的，在明知上述 QVOD 媒体服务器安装程序及快播播放器被网络用户用于发布、搜索、下载、播放淫秽视频的情况下，仍予以放任，导致大量淫秽视频在国际互联网上传播。

2013 年 11 月 18 日，北京市海淀区文化委员会从位于本市海淀区的北京网联光通技术有限公司查获快播公司托管的服务器 4 台。后北京市公安局从上述 4 台服务器中提取了 25175 个视频文件进行鉴定，认定其中属于淫秽视频文件为 17022 个。

被告人吴铭、张克东、牛文举于 2014 年 4 月 23 日被抓获归案，被告人王欣于 2014 年 8 月 8 日被抓获归案。

针对上述指控，公诉机关提供的证据包括：（1）物证：涉案淫秽视频等；（2）书证：企业法人营业执照、行政处罚决定书、财务报表、到案经过等；（3）证人证言：钟琨、江少明、孙丹丹等证人证言；（4）被告人王欣、吴铭、张克东、牛文举的供述和辩解；（5）鉴定意见：北京市公安局淫秽物品审查鉴定书；（6）勘验、检查笔录，等等。公诉机关据此认为，被告单位快播公司及其直接负责的主管人员被告人王欣、吴铭、张克东、牛文举以牟利为目的，传播淫秽物品，情节特别严重，应当以传播淫秽物品牟利罪追究被告单位及被告人的刑事责任。

（三）检察机关变更起诉

由于在北京市海淀区人民法院审理过程中，发现案件事实与起诉书指控的事实不符，2015 年 11 月 30 日，北京市海淀区人民检察院在查明事实后向北京市海淀区人民法院提交了《变更起诉决定书》（京海检公诉刑变诉〔2015〕15 号）。《变更起诉决定书》中指控的事实内容：

被告单位深圳市快播科技有限公司（以下简称快播公司）自 2007 年 12 月成立以来，基于流媒体播放技术，通过向国际互联网发布免费的 QVOD 媒体服务器安装程序（简称 QSI）和快播播放器软件的方式，为网络用户提供网络视频服务。期间，被告单位快播公司及其直接负责的高管人员被告人王欣、吴铭、张克东、牛文举以牟利为目的，在明知上述 QVOD 媒体服务器安装程序及快播播放器被网络用户用于发布、搜索、下载、播放淫秽视频的情况下，仍予以放任，导致大量淫秽视频在国际互联网上传播。

2013 年 11 月 18 日，北京市海淀区文化委员会从位于本市海淀区的北京网联光通技术有限公司查获快播公司托管的服务器 4 台。后北京市公安局从上述 4 台服务器中 3 台里提取了 29841 个视频文件进行鉴定，认定其中属于淫秽视频文件为 21251 个。

被告人吴铭、张克东、牛文举于 2014 年 4 月 23 日被抓获归案，被告人王欣于 2014 年 8 月 8 日被抓获归案。

三、认定电子证据的证明力

（一）本案中电子证据的取得及其争议

2013 年 11 月 18 日 15 时海淀区文化委员会对北京市光通技术有限公司进行检查，对该公司网络服务器进行检查，发现北京光通技术有限公司涉嫌从事侵犯著作权违法活动，依照相关规定对涉嫌被用于通过信息网络擅自向公众提供他人作品、表演、录音录像制品的 4 台服务器采取了先行登记保存的强制措施。根据《著作权行政处罚实施办法》等相关规定，将涉案网络服务器等证据交版权局实施著作权鉴定。

2013 年 11 月 18 日北京市版权局接到海淀区文化委员会著作权鉴定申请，要求对依法采取行政强制措施的涉案证据 4 台网络服务器进行鉴定。后北京市版权局因工作设计计算机及网路视频专业技术问题，该局于当日委托北京某信息技术有限公司提供专业技术服务。

在庭审的过程中，辩护人对该电子证据的取得提出以下质证意见：

[张某辩护人]：程序上存在问题。一是案件涉案证据合法性存疑，保存、鉴定时间和被告人被捕时间相差很多。海淀文委的行政立案手续缺少，行政机关办理行政案件的合法性，立案手续缺失。二是鉴定内容缺失，鉴定针对著作权，但是著作权的鉴定并没有。三是当事人缺少。文化市场鉴定告知书，说明数据维护归快播，当事人是快播，行政执法并没有将快播列为当事人。四是侦查过程缺失。海淀文委如何侦查得知这 4 台服务器里有淫秽物品。行政决定书并没有将快播公司列为当事人，也没有告知权利义务。查获后如何保管也没有证实。有没有偷换的可能。五是法律手续不合法检查记录单，法律手续依旧不合法。由于行政案件的程序不合法，认为这些行政案件的证据不能用来作为刑事案件证据。查封告知书的送达日期说明查获日期是下午四点钟。工作说明中委托手续合法性存疑。

[吴某辩护人]：手续涉嫌事后补正，不合法，甚至伪造。

[快播公司辩护人]：保管、查封、鉴定程序都是后补，程序不合法。无法证实服

务器的文件来源快播。

［张某辩护人］：物证的提取过程不符合法律规定，提取的4台服务器，怎么证明它就是这个服务器，这个物证不能证明任何事情，必须提取电子数据，它的程序必须是执法人员提取和在场才行，并且是两个执法人员进行鉴定，而且要复制出来电子文件进行转码鉴定，这个公司是这个物件的开启人，没有任何法律手续证明有相关的行政人员、执法人员在场。最少有四五天在该公司保管。不仅是技术问题，不能证明它是唯一性的。公诉人不能仅仅用一种解释来弥补证据的缺失。重新鉴定问题，公诉人说是补充鉴定，补充鉴定是对鉴定本身的一种事项不全面，现在的鉴定内容完全推翻原来的鉴定结果。不能说明是补充鉴定。鉴定人高某是队长，高某不是做鉴定的人，程序上的问题严重违法相关法律规定。

［吴某辩护人］：行政机关扣押的证据能不能使用，首先公安机关调取以后要按照刑事的规则来决定。正常来讲，电子数据在本案中与其他相应的证据应委托网鉴部门进行检查，4台服务器的物理特征，电子数据的数量生成时间，要进行登记和封存，鉴定前，应对电子数据要进行复制，可以跟原始的数据对比。但是现在，原始数据已经被破坏了。

（二）本案中电子证据的鉴定及其争议

2014年4月10日，北京市公安局海淀分局以该4台网络服务器系刑事案件涉案物证为由，向市版局调取该物证，并提出因案件重大、情况紧急，请求先行办理涉案物品交接手续并当场提取4台网络服务器，调取物证的相关文件在3个工作日内送达北京市版权局。北京市版权局配合公安机关将4台服务器进行移交，且称在上述4台服务器由北京市版权局保管期间，该局未对该4台服务器进行过任何数据的增加、删除或修改操作。北京市公安局海淀分局并于当日将移交北京市公安局治安管理总队进行鉴定。

2014年4月10日北京市公安局治安管理总队接到海淀分局送审北京市某科技有限公司4台服务器，该队淫秽物品审验室在对4台服务器进行审验时，发现4台服务器内存储的文件为QVOD格式，视频软件无法读取。特委托北京某信息技术有限公司提供专业技术支持，在该公司的技术支持下，淫秽物品审验室提取服务器内视频进行鉴定。

2015年1月20日北京市公安局网安总队民警在见证人李某的见证下对扣押服务器进行了勘验，对服务器内存储内容的提取、解码、播放过程进行了记录。2015年11月6日北京市公安局治安管理总队鉴黄部门民警丁某、赵某出具的淫秽物品鉴定书证明从扣押在案的 3 台服务器内提取审验视频 29841 个，其中 21251 个为淫秽视频。29841 个视频文件内有 21251 个是淫秽视频，淫秽视频比例为 71.21%。对于该电子证据的证据属性，辩护人提出了以下质证意见：

[王某辩护人]：一是证据中委托书不合法，虽然形式合法，但是李某证言和委托时间有冲突。二是提取、开启、鉴定电子证据手续不合法。怀疑该公司鉴定资格欠缺，开启的是鉴定公司，不排除合理怀疑。我希望有原始的开启记录。三是鉴定书缺少委托手续。

[审判长]：公诉人，鉴定是由谁做的？

[公诉人]：公安去做的。4 月 10 号两份不同的委托书，实际是丁某鉴定。

[张某辩护人]：这就存在程序违法。实际鉴定人的重新鉴定不应有原鉴定人参加，而且检察院重新鉴定启动不合法。

[审判长]：公诉人有何意见？

[公诉人]：公诉人已经向公安机关核实，存在工作记录的瑕疵，才请求第三次鉴定。同时要求鉴定人员做了完整记录。第三份鉴定也是对第二份鉴定的补充。

[王某辩护人]：我们认为鉴定公司和服务器交接手续有瑕疵，失去鉴定价值。

[公诉人]：公安机关交给鉴定机构的服务器，已经对行政机关的些许瑕疵已经弥补。物证流转过程和鉴定不存在污染。

（三）本案中电子证据的审查及其争议

后北京信诺司法鉴定所接受委托，派员在治安管理总队淫秽物品审验室对扣押在案的 4 台服务器进行了鉴定，其中 IP 地址为 118. ××××的服务器已经损坏无法开启，其他 3 台服务器 2013 年 11 月 18 日至 2015 年 12 月 2 日期间没有任何 QDATA 格式的视频文件拷入服务器。其中 IP 地址为 118. ×××的服务器已经损坏无法开启，经鉴定 118. ×××服务器内视频文件共计 12094 个，2013 年 11 月 18 日至 2015 年 12 月 2 日期间创建文件 10 个，创建 qdata 文件 0 个、118.186.27.20 服务器内视频文件共计 18353 个，2013 年 11 月 18 日至 2015 年 12 月 2 日期间创建文件 12 个，创建 qdata 文件 0 个、×××. ×××服务器内视频文件共计 18446 个，2013 年 11 月 18 日至 2015 年 12 月 2 日期间创建文件 0 个，创建 qdata 文件 0 个。需要说明的是通过两份鉴定意见，可以得知，快播公司被行政处罚后至服务器扣押之前，这段时间共有 12001 个视频文件缓存进服务器。对此，辩护人在庭审中提出如下意见：

[吴某辩护人] 鉴定文书连详细的鉴定过程、方法、程序都没有。只是说提取了多少文件。这份鉴定为什么不明确说？共审计了多少，多少是假，多少是淫秽的。在

其中一个服务器损坏的情况下，还提取了更多的淫秽文件，是不符合常理的。

[快播公司辩护人]：本案的视频没有关联性。实际提交鉴定结论的时间比要求延长了7个月，超期鉴定的情况在法律允许的范围内可以说明理由。如果超出了就是非法的。

[牛某辩护人]：物证鉴定移转过程存在问题，我们不排除有被调包的问题。为什么7块服务器变成6块。

[王某辩护人]：电脑的IP地址是可以改的。硬盘是不可能改的。

[张某辩护人]：电脑的IP地址改起来是非常方便的。

北京市海淀区人民法院于2016年1月25日委托国家信息中心电子数据司法鉴定中心对在案扣押的4台服务器及存储内容进行检验。信息鉴定中心分析了4台服务器的系统日志，检索到服务器的管理者频繁远程登录使用的IP地址218.17.158.115。经法院进一步要求，公安机关和检察机关调取了快播公司与深圳高新区信息网有限公司的上网专线协议，确认该IP地址为快播公司专用IP地址。同时，鉴定人员经对4台服务器内现存快播独有视频格式文件qdata文件属性等各类信息的检验分析，没有发现2013年11月18日后从外部拷入或修改qdata文件的痕迹。

四、如何认定网络空间传播淫秽物品牟利罪?

2016年1月8日—9日，北京市海淀区人民法院第一次开庭审理本案。庭审过程中，公诉机关指控被告单位快播公司及其直接负责的高管人员被告人王欣、吴铭、张克东、牛文举以牟利为目的，在明知QVOD媒体服务器安装程序及快播播放器被网络用户用于发布、搜索、下载、播放淫秽视频的情况下，仍予以放任，导致大量淫秽视频在国际互联网上传播，快播公司构成传播淫秽物品牟利罪，4名直接责任人员应当承担刑事责任。理由为：(1) 缓存服务器的视频内容是用来提供给客户使用，传播者当然是快播公司。这是一种动态的，这和站长放在网上观看没有什么区别。(2) 公司监管义务的来源是有明确的法律法规的，广播公司、公安部都予以进行了规定，快播当然具有了监管和控制的义务。(3) 快播公司的技术问题。被告单位连基本的屏蔽网站都没有实际的有效完成，最基础的工作都没有完成。导致淫秽物品大肆传播在互联网。(4) 被告单位及被告人在明知上述QVOD媒体服务器安装程序及快播播放器被网络用户用于发布、搜索、下载、播放淫秽视频的情况下，仍予以放任，导致大量淫秽视频在国际互联网上传播。(5) 关于牟利的目的。使用软件免费，意味着来自捆绑软件和广告越来越多，收入也会增加，快播公司的收入也会每年大幅度增加，因而认定被告具有牟利的目的。

第一次庭审过程中，被告单位快播公司及其辩护人提出其不构成犯罪。理由为：(1) 快播公司 QSI 不能主动上传视频，也不具备搜索、发布功能，淫秽物品来自第三方，来自站长，来源与快播公司无关。淫秽物品存放在各个站长的服务器里，不在快播公司的网站也不在搜索服务器。有可能会短时间出现在缓存服务器，对于缓存服务器中的文件是一种临时文件，不同于视频播放文件。传播的主体、传播的行为者很明显不是快播公司，不是软件的开发者，因而快播公司不存在主动传播行为。(2) 快播播放器和 QSI 不是网站，不属于电信业务的经营者，也不是互联网信息服务的提供者，快播播放器和 QSI 仅仅是一种播放工具而已。QSI 和快播播放器也没有网络存储空间，缓存服务器只是 QSI 和快播播放器的一个工具而已，故而不适用 2010 年最高院出台的有关司法解释的规定。(3) 快播公司并没有收取任何的费用，不存在任何收费的情况，快播播放器是完全免费公开的。(4) 技术发展到今天，所带来的一些反面的效果是客观存在的，而这种效果没有必要一定要上升到刑事责任处理，快播公司无奈于现有技术的限制，他做不到屏蔽全部不良信息，其他互联网公司也做不到。

第一次庭审过程中，被告人王欣及其辩护人提出其不构成犯罪。理由为：第一，如果是竞争对手所发现的线索，涉及动机不纯。第二，北京市版权局所查处的 4 台服务器怎么锁定的事实不清。第三，北京市版权局所指定的海淀文委怎么受到的指派不清。第四，海淀文委怎么发现里面有淫秽物品的，怎么从侵权到刑事犯罪，版权鉴定的结果没有。第五，北京市版权局发现的淫秽物品怎么转交给北京市公安局的，这也没有法律的手续。涉案物品的扣押保管不符合法律。第一，查封没有通知权利人、相对人到场。第二，没有对服务器进行查封拍照及物理登记。行政服务期内提取的文件违法。这个服务器开启的过程没有任何行政人员在场，聘请的人没有司法鉴定的资质。三次鉴定的程序不合法。工作说明中显示的是应海淀检察院的要求进行的鉴定，已经进入法院审理的过程中又重新鉴定，而又委托了同样的鉴定人进行鉴定，这是不符合法律的。程序问题导致了证据根本就不能采信。言词证据不能作为定案的唯一依据。关于快播公司是否有传播的行为，认为不是快播公司上传的文件，而是站长们上传的。没有任何法律规定和行业标准证明快播公司有技术预判和防范的义务，不能从道德义务强制要求，技术上也做不到。快播公司无法杜绝使用其软件的人发布不良信息。辩护人认为快播公司已经进行了防范，嵌入了 110 系统，不能强人所难。

第一次庭审过程中，被告人吴铭及其辩护人提出其不构成犯罪。理由为：公诉方提供的直接证据不能证明存在明知并放任、传播淫秽物品牟利的行为。快播公司具有多项专利、商标。快播播放器是一款很好的播放软件。快播公司一直配合公安机关打击犯罪，屏蔽了4000多个不良网站。快播公司的营利模式和经营模式无关，不能做有罪推定。随案移送的证据无法证明本案的罪名。隐晦网站的取缔义务人是国家机关，不能归为快播公司。直接传播淫秽物品的人没有追究刑事责任，不能单方面追究开发软件人的责任。涉黄的3台服务器不能作为本案定罪的依据，不能排除通拷贝等方法拷入服务器的怀疑，不能作为定案的证据。本案应当由某技术公司承担法律责任，该公司应当负责删除。不能因为快播播放器能播放淫秽物品就认定快播公司传播淫秽物品，不能认定其具有传播的主观故意。不能认为缓存服务器存在淫秽物，就构成传播淫秽物品牟利罪。要正确严格区分明知和放任的区别，放任的前提是明知，公诉方的大量证据只能证明快播放任了软件的安装，而不能证明快播公司明知并传播淫秽物品。吴铭不存在传播淫秽物品的故意，没有传播的动机，吴铭只是普通员工，拿着普通工资。也不具备作案的时间。吴铭没有从事过公诉机关指控的任何犯罪行为。吴铭和指控刑事犯罪没有关联。如果认为吴铭构成犯罪，应当考虑吴铭系初犯，其不知情也没有参与犯罪行为，且如实供述了本案全部犯罪事实。综上，吴铭没有牟利的故意，没有参与软件的开发，没有获取任何非法收益，应该是：

第一次庭审过程中，被告人张克东及其辩护人提出其不构成犯罪。理由为：快播播放器不具备搜索、发布功能，只有下载和播放功能。快播的110系统有防范淫秽信息的功能。公安机关的侦查行为没有完全按照刑诉法的规定严格进行。公安机关调取的服务器的原始状态没有勘查记录。本案的4台服务器增加了数据。本案中4台服务器物证的特征、证人证言、第一份鉴定意见，对服务器的描述是相互矛盾的，有人进行了操作，留有痕迹。从物证的角度可能存在调换，从电子数据的角度可能增加或删除。4台服务器的原始状况我们无法获得。本案的鉴定意见程序有问题，不能作为定案的依据。本案的4台服务器没有鉴定的基础，不能够重新鉴定，其相关的数据也不能作为证据。根据刑法和司法解释的规定，被告快播公司不构成传播淫秽物品牟利罪，被告人张克东也无罪。

第一次庭审过程中，被告人牛文举及其辩护人被告快播公司不构成传播淫秽物品牟利犯罪，被告人牛文举也不应承担刑事责任。理由为：快播公司不提供任何违法视频，不同于网络内容的提供者，说快播传播淫秽物品，不符合事实。由于快播播放器流畅便捷，被犯罪分子所利用，这就损害了快播公司的形象。快播公司也是受害者，是最大的受害者。快播公司不是传播者，不是帮助犯，对上传的内容无法进行根本性的屏蔽，形成帮助犯必须有犯意的联络，快播不可能与其联络。快播公司嵌入了110系统。起诉书指控快播播放器被网络用户发布等淫秽物品，并予以放任，导致大量违法视频在国际互联网上传播。辩护人认为，这应当是个伪命题，囿于现有技术的限制，快播公司做不到，其他互联网公司也做不到。据某技术公司与快播公司签署的合同，负责删除淫秽信息的是某技术公司，对数据的安全性负责的也是某技术公司。快播公司提供P2P不是犯罪行为。牛文举已经履行了安监工作，其并不负责整个快播公司的网监工作。110系统是在牛文举领导下完成的，屏蔽的网站就有4000多家。深圳网监也得出了客观真实的结论。其次牛文举建立了举报平台。第三，牛文举对员工进行了专门的培训。及时上报了整改情况。开通了官方微博，设立警务室，与深圳网监建立了长期的联系，得到了深圳网监的认可。

五、被告人认罪认罚进而影响量刑

2016年9月13日，北京市海淀区人民法院第二次开庭审理本案。

公诉机关发表公诉意见，认为快播公司及被告人为追求经济利益，放任淫秽物品在网上传播，应当受到刑罚处罚；快播公司负有网络视频信息服务提供者应当承担的网络安全管理义务；快播公司具备承担网络安全管理义务的现实可能，但拒不履行网络安全管理义务；快播公司及各被告人均明知快播网络存在并介入了淫秽视频传播活动；快播公司及各被告人放任其网络服务系统大量传播淫秽视频属于间接故意；快播公司及各被告人的行为具有非法牟利目的；本案既不适用“技术中立”的责任豁免，也不属于“中立的帮助行为”；快播公司放任淫秽视频大量传播的行为构成传播淫秽物品牟利罪，必须受到刑事追究。

被告单位、各被告人及辩护人在第一次庭审中发表辩护意见认为，本案事实不清、证据不足、程序违法、适用法律错误，指控罪名不能成立。在第二次庭审过程中，被告单位、被告人王欣、张克东、牛文举对指控事实和罪名均表示无异议，其辩护人主要围绕量刑情节作了罪轻辩护，希望对被告单位和各被告人从宽处罚。被告人吴铭及其辩护人对快播公司构成传播淫秽物品牟利罪不持异议。吴铭及其辩护人认为本人工作分工与视频监管没有关系，不应对快播公司行为承担法律责任，如果法院认定有罪，亦应从宽处罚。

[快播公司]：我公司认罪认罚，对检察院指控的罪名和事实都没有意见。

[王欣]：我也认罪认罚，我对指控的事实和罪名没有意见。自己之前的认识存在片面性，快播软件被用来传播淫秽视频是不争的事实，而公司没有采取有效的监管手段，导致大量的色情内容广泛传播；在社会责任与公司利益的权衡中，快播公司选择了公司利益而忽视了社会责任；自己作为公司的CEO理应承担责任。

[吴铭]：对公司犯罪这块，我认为我和王欣的想法是一致的，公司犯罪是成立

的。从我个人的工作分工来说，我不认为我主观上有犯罪的故意，广电来查的具体内容我不清楚。

[张克东]：我认罪，我有新的认识，我认为我们公司在对淫秽网站利用快播软件传播淫秽物品视频的问题上，存在监管不力的问题。我认同检察院对我的起诉。自己作为公司的技术人员，虽然研发了110监管手段，但由于疏于管理导致淫秽视频的广泛传播，同时碎片化处理手段也增加了监管难度，公司存在监管责任；公司的盈利与用户使用量息息相关，色情视频的存在必然会导致用户量的增加，公司也因此而牟取利益。

[牛文举]：我认罪，我深刻反思之后醒悟了，大量淫秽视频给社会造成了影响，淫秽视频的存在客观上增加了用户群，增加了公司的盈利收入，我接受检察院对我指控的事实和罪名。

在庭审过程中，公诉机关提出：快播公司传播淫秽视频的方式与传统的传播方式不同，其服务器中大量淫秽视频的存在与用户上传淫秽视频有关，考虑到被告公司及除吴铭外的其他3名被告人认罪态度的转变，表示可以对被告公司及3名被告人从宽处罚，同时认为吴铭属于违法性认识不足，亦建议对吴铭从宽处罚。故建议对快播公司及4名被告人均予以从宽处罚。

在判决书中，审理法院考虑到被告单位和各被告人的认罪认罚情况，在量刑时进行相关考量：

（1）被告单位快播公司通过网络系统中的大量缓存服务器介入淫秽视频传播而拒不履行安全管理义务，间接获取巨额非法利益，社会危害性大，鉴于快播公司在第二次庭审中能自愿认罪，本院对其酌予从轻处罚。

（2）被告人王欣系快播公司法定代表人、股东、执行董事、经理，明知快播软件的技术特点和存在的法律风险，拒不履行网络安全管理义务，授意他人以作为的形式掩盖不作为的实质，在本案中起主要作用。考虑到王欣在第二次庭审过程中，能如实供述犯罪事实，自愿认罪，本院对其酌予从轻处罚。

（3）被告人张克东系快播公司股东、事业部副总经理兼技术平台部总监，主要负责快播公司的技术平台工作，其主观上明知快播网络服务系统被用于传播淫秽视频，仍然提供缓存加速、碎片化存储等方面的技术支持，应当认定为直接负责的主管人员。考虑到张克东在第二次庭审过程中，能如实供述犯罪事实，自愿认罪，本院对其酌予从轻处罚。

（4）被告人吴铭系事业部总经理，负责快播播放器等核心产品的营销工作，在快播事业部拥有管理权，应当认定为直接负责的主管人员……，参与时间较短，不是公司股东，听命于王欣，作用相对王欣、张克东较轻，本院对其酌予从轻处罚。

（5）被告人牛文举系事业部副总经理，主要负责市场部和网络信息安全小组的工作，对快播网络被用于传播淫秽视频负有监管责任，应当认定为直接负责的主管人员……，能如实供述犯罪事实，自愿认罪，本院对其酌予从轻处罚。

案例使用说明

一、教学对象及目标

本案例供法律硕士案例教学使用，法学本科（大四）、刑法学硕士、刑事诉讼法学硕士也可以参酌使用。本案例主要就检察机关如何根据犯罪事实的变化变更起诉书、网络犯罪中电子数据证明力和传播淫秽物品牟利罪的认定以及如何判定被告人认罪认罚进而从宽处理等相关问题进行讲授。具体要解决的问题包括：（1）在提起公诉阶段，检察人员应当如何撰写起诉书，如果发现查明的事实和起诉书中认定的事实不一致，如何变更起诉书的相关内容；（2）在起诉、审判阶段，为了保证定罪证据确实、充分，司法机关应当如何依法认定电子证据的证明力；（3）以传播淫秽物品牟利罪认定为例，如何解决网络犯罪的定性问题，尤其提出处理具体案件的思路、分析步骤、事实认定与法律分析之间的基本框架；（4）在刑事案件中，如何判定被告人是否认罪认罚进而决定对其从宽处罚。

二、教学内容

1. 在提起公诉阶段，检察人员如何依据查明的事实撰写起诉书？如果案件事实不一致，如何决定变更起诉？

起诉书是人民检察院依照法定的诉讼程序，代表国家向人民法院对被告人提起公诉的法律文书，这是刑事公诉案件进入审判阶段的必经程序，辩护方也将会在此基础上进行辩护，因而对于启动、推动案件程序的进展具有重要意义。检察院决定提起公诉的，应当制作起诉书。起诉书的主要内容包括：（1）首部。包括标题、被告人基本情况、案由和案件来源。（2）犯罪事实和证据。一般是起诉书的主体。对不同性质案件要写出法律规定的犯罪特征；有关犯罪事实必须写清时间、地点、手段、目的（动机）、经过、后果等要素。要注意前后事实、时间之间的一致性。叙述犯罪事实，要针对案件特点，详细得当，主次分明。公诉书要写明被告人的罪名、罪状、罪证以及认罪态度。(3) 结论。包括起诉的理由和法律依据。要写明检察院对被告人犯罪事实的分析、认定，反映检察院对被告人所犯罪行追究法律责任的具体意见。(4) 附项。包括：被告人的住址或者羁押处所；证据目录、主要证据复印件或者照片；证人名单及其住址或者单位地址；鉴定人住址或者单位地址；随案移送案卷的册数、页数；随卷移送的赃物、证物。

起诉变更是人民检察院提起公诉后对自己已经形成的起诉进行追加、变更和撤回的诉讼活动。起诉变更是关系到被告人及被害人切身利益的诉讼活动，是人民检察院公诉活动的重要组成部分。因此起诉变更必须依照一定的程序进行。《人民检察院刑事诉讼规则（试行）》（下称《规则》）第四百五十八条规定了变更起诉的条件，“人民检察院发现被告人的真实身份或者犯罪事实与起诉书中叙述的身份或者指控犯罪事实不符的，或者事实、证据没有变化，但罪名、适用法律与起诉书不一致的，可以变更起诉”。那么本案中，检察机关在法院审查决定受理立案后对起诉书中认定的相关事实进行变更起诉，是否符合相关法律的规定？需要履行哪些程序？检察机关变更起诉决定有无限制条件？

2. 检察人员如何针对案件争议问题撰写公诉意见书？

检察官在刑事诉讼活动中，最为核心的内容之一，就是撰写一份有分量的公诉意见书，这有助于向法官解释案件的争议问题和认定案件事实，对被告人正确地定罪量刑具有重要意义。撰写公诉意见书要注意态度鲜明，观点明确，立论有据，同时语言要口语化，通俗易懂。依据最高人民检察院相关文件的规定，撰写公诉意见书的具体内容应当包括：(1) 对法庭调查的简要概括；(2) 进行证据分析，认定被告人的罪行。证据的分析要全面、客观。(3) 进行案情分析，概括案情的全貌，揭露被告人犯罪的社会危害性；(4) 分析被告人犯罪的思想根源和社会根源。(5) 进行法律上的论证，指明被告人触犯的刑法条款，阐明被告人应负的法律责任。结尾提出的对被告人犯罪性质、罪责以及从重、从轻、减轻的结论意见要合情、合理、合法。

以上五项内容，应根据案件的特点及实际需要进行撰写。公诉意见书文一般分为内容分标题和正文。(1) 首部写明标题，即居中写文书的名称。(2) 正文。包括：第一，写明被告人情况、案由、出庭任务和法律依据等有关情况。第二，对于案件的具体意见，可以从以下方面进行分析论证：根据法庭调查的情况，概述法庭质证的情况、各证据的证明作用，并运用各证据之间的逻辑关系，以证明被告人的犯罪事实清楚，证据确实充分；根据被告人的犯罪事实，论证应适用的法律条款并提出定罪及从重、从轻、减轻处罚等意见；根据庭审情况，在揭露被告人犯罪行为的社会危害性的基础上，作必要的法制宣传和教育工作；结束语（小结全文）。

3. 在网络犯罪中，如何依法进行电子数据的收集、鉴定、举证和质证进而认定电子证据的证明力？

2012 年新《刑事诉讼法》第四十八条第二款规定，证据包括“视听资料、电子数据”。所谓“电子数据”即电子形式的数据信息。电子数据具有抽象性，不能为人所直接感知，不仅必须借助一定的介质或设备生成、发送、接收、存储，而且必须以一定媒介所展示、为人所识别和认知。因此，电子数据外在表现形式具有多样性和不确定性。电子证据作为证据类型的一种，必须遵循证据收集、审查、判断中的一般规则。但电子证据的某些特性又决定了电子取证、认证、质证的特点，需要采取不同于传统证据的运用方法。2016 年 9 月 20 日，最高人民法院、最高人民检察院、公安部印发了《关于办理刑事案件收集提取和审查判断电子数据若干问题的规定》，就如何收集和提取电子数据、如何保护电子数据的完整性、移送与展示问题等程序问题作了严格的界定。

针对电子数据的相关特点，在对电子数据证明力的认定中要注意以下几点：(1) 在刑事案件的电子证据的侦查过程中，应由有关专业技术人员和了解计算机技术的侦查人员专门负责电子证据的收集、相关设备的处理以及对计算机系统的解析，对于现场无法提取的电子证据，可以由专门人员负责相关设备的移送。在电子证据安全提取后，为了避免电子数据的破坏、丢失，应严格按照法律要求保障电子数据存储载体的安全。(2) 在电子取证中应更强调程序的合法性、取证对象的具体性以及取证范围的有限性。司法工作人员不仅需要保障进入诉讼的证据的全面性、完整性，还要甄别各种信息的关联性。(3) 由于电子数据具有高速流转性，因而对证据的认定应当建立在恢复完整证据链的基础上，即将证据从产生、发现、收集、保管、提交的全过程呈现在事实审理者面前，以保障其真实性和同一性。(4) 在电子证据的认证、质证问题上，如何证明利用电子技术所获取证据的真实性、可靠性，如何证明依托于电子技术的电子设备的稳定性、准确性，如何证明使用电子技术、操作电子设备的工作人员的专业性、客观性，也都是证据认定面临的重要问题。(5) 电子证据因人为或环境因素而易于损毁、修改、灭失，在运用电子证据的环节，电子证据的真实性和可靠性成为审查、判断的重中之重。考虑到电子证据具有易修改、易删除等脆弱性，对电子证据进行镜像拷贝应由专业技术人员进行搜查、鉴定。

在本案庭审中，涉案 4 台服务器以及其中 2 万多部色情视频的证据效力成为控辩双方的核心争议。辩方在第一场庭审中就服务器硬盘和色情视频来源、原始数据可能遭到破坏提出质疑；辩护方还提出以下质证意见：查封时的证据清单出现了多份且日期不一致，原鉴定书载明的服务器硬盘数量、容量与实际不符，有利害关系的公司保管硬盘不合理，涉案硬盘所显示的远程登录 IP 地址跟被告公司无关，远程登录 IP 地址可更改，系统盘之外的数据盘可以被替换，等等。针对辩护方的质疑，公诉机关采取了什么样的措施以保证电子数据的真实性、合法性和关联性？本案中北京市海淀区人民法院是如何审查电子证据并认定相关电子数据的证明力？

4. 如何正确认定网络空间中相关主体行为的定性问题？

网络空间往往涉及大量刑事法律问题。就本案而言，主要涉及网络空间服务者的法律义务规定，本案实体方面核心问题在于：（1）快播公司是否负有网络视频信息服务提供者应当承担的网络安全管理义务？快播公司是否具备承担网络安全管理义务的能力及其现实可能性？如果其具备网络安全管理义务的可能性而放任淫秽视频传播如何认定行为性质？（2）现有证据能否证明快播公司及各被告人明知或者放任快播网络系统内大量存在淫秽视频并介入了淫秽视频传播活动？（3）快播公司及各被告人的行为是否具有非法牟利目的？（4）本案是否适用技术提供者“技术中立”的责任豁免情形？（5）本案快播公司的行为是否属于“中立的帮助行为”？

对于网络空间中刑事案件的定性，很重要的一点是要明确网络空间主体的法律义务，以及违反义务的行为性质。

5. 在刑事案件中，如何判定被告人是否认罪认罚进而决定对其从宽处罚？

认罪认罚从宽制度是指犯罪嫌疑人、被告人自愿如实供述自己的犯罪，对于指控犯罪事实没有异议，同意检察机关的量刑意见并签署具结书的案件，可以依法从宽处理。党的十八届四中全会《中共中央关于全面推进依法治国若干重大问题的决定》提出“完善刑事诉讼中认罪认罚从宽制度”。最高人民法院出台的“四五改革纲要”也明确了这一要求。2016 年 9 月 3 日全国人大常委会也通过了《关于授权最高人民法院、最高人民检察院在部分地区开展刑事案件认罪认罚从宽制度试点工作的决定》。刑事诉讼中认罪认罚从宽制度贯彻了我国宽严相济刑事政策，有助于被追诉人早日回归社会，最大限度地减少了社会对立面，其亦满足了诉讼经济的价值取向，能够有效地实现程序分流，优化配置司法资源。但是，被告人认罪认罚制度在司法实践中如何认定被告人认罪认罚？该制度应当针对哪些案件适用？适用该制度进行从宽处罚应当注意那些关键问题？认罪认罚从宽在实体和程序上是如何体现的？本案中被告单位和被告人在第一次开庭审理中不认罪，在第二次庭审中自愿认罪悔罪，是否符合认罪认罚从宽制度的相关要求？在司法实践中，应当如何合理认定被告人认罪认罚进而对其从宽处理？这都需要引导、促进学生对此种新制度的了解和掌握。

此外，通过对该案例的分析，要培养学生分析案例的法律推理能力。

三、教学计划

如下课堂设计，仅供参考：

1. 课前计划：安排学生阅读案例及相关参考资料，并依据相关的法律和司法解释，对案例所涉及问题进行思考。

2. 课中计划：（1）介绍教学目的，明确讨论主题；（2）结合案件，系统讲解本案涉及的刑事实体问题、程序、证据问题；（3）讲解相关法律文书的写作规范、要点；（4）安排学生阅读案例及相关资料，就本案中涉及的思考题和实践题进行回答；（5）分组讨论，回答各项思考题，讨论实践题的撰写要点；（6）小组代表提出撰写要点，学生讨论和分析；（7）教师归纳总结。

3. 课后计划：布置学生进一步思考网络空间中电子数据的认定，以及如何认定网络空间中相关行为的法律性质。

四、课堂时间安排

本案例可以作为专门的案例教学课来进行，整个案例课的课堂安排 6 个课时，每课时 45 分钟。第 1—2 课时主要是系统讲解本案涉及的刑事实体问题、程序、证据问题；第 3—4 课时主要是讲解相关法律文书的写作规范、要点；第 5—6 课时主要就学生的思考题和实践题进行讨论和点评。

五、思考题和实践题

1. 思考题

（1）根据我国《刑事诉讼法》和相关司法解释的规定，该案是否应当由北京市公安机关立案侦查？如何确定网络犯罪的刑事管辖权？

（2）根据现行刑事诉讼法和《公安机关办理刑事案件程序规定》，公安机关在接到报案后，应如何处理？本案是否符合刑事立案的条件？

（3）公安机关应当如何依照法定程序搜集、保管、移交电子证据？

（4）对于辩护律师请求查阅卷宗材料的请求，检察机关是否允许？辩护律师会见被告人，是否需要得到检察机关的批准？

（5）根据现行刑事诉讼法和《人民检察院刑事诉讼规则（试行）》，检察机关改变起诉书，需要履行哪些程序？

（6）检察机关收到律师提供的证据材料，应如何处理？

（7）检察机关提起公诉应符合哪些条件？

（8）网络犯罪中如何认定电子数据的证明力？电子数据如何进行合法鉴定？

（9）刑事诉讼中，行政执法搜集的证据如何依法转化为刑事诉讼中的证据？

（10）本案中，审理法院几次延长审理期限？每次延长审理期限的法律依据何在？

（11）在审判阶段，法院能否主动委托相关的鉴定机构就电子数据的真实性进行鉴定？

（12）本案是否适用“技术中立”的责任豁免以及“中立的帮助行为”？

（13）如何认定网络空间中的“网络传播”行为？其与一般的传播行为存在哪些差异？

（14）快播公司是否具备网络安全管理义务？其是否具备履行这种义务的可能性？

（15）如何认定快播公司主观上具备传播淫秽物品进行牟利的主观故意？

（16）被告人王欣的行为是否构成自首？自愿归案的行为对量刑有什么影响？

（17）网络传播淫秽物品犯罪的量刑标是否应当区别于传统传播行为的量刑标准？你如何看待本案中对“情节严重”的认定？

2. 实践题

（1）请根据以上案情，以检察机关的名义撰写起诉书。

（2）如果你是检察机关公诉人员，由于案件事实与起诉书不一致，请根据以上案情，撰写变更起诉决定书。

（3）假如你是检察院派出出庭的支持公诉的检察官，请结合本案案情，撰写公诉意见书。

（4）请根据以上案件信息，分析快播公司的行为是否构成传播淫秽物品牟利罪。

参考文献

[1] 于志刚．虚拟空间中的刑法理论［M］．北京：中国方正出版社，2003.

[2] 刘品新．网络法学［M］．北京：中国人民大学出版社，2009.

[3] 于志刚．传统犯罪的网络异化研究［M］．北京：中国检察出版社，2010.

[4] 张明楷．刑法分则的解释原理（第2版）［M］．北京：中国人民大学出版社，2011.

[5] 张明楷．刑法学［M］．北京：法律出版社，2011.

[6] 高铭暄. 中华人民共和国刑法的孕育诞生与发展完善 [M]. 北京：北京大学出版社，2012.

[7] 周道鸾，张军，等. 刑法罪名精释（第 4 版）[M]. 北京：人民法院出版社，2013.

[8] 于志刚，郭旨龙. 信息时代犯罪定量标准的体系化构建 [M]. 北京：中国法制出版社，2013.

[9] 赵秉志. 当代刑法问题 [M]. 北京：中国人民大学出版社，2014.

[10] 戴长林. 网络犯罪司法实务研究及相关司法解释理解与适用 [M]. 北京：人民法院出版社，2014.

[11] 田刚. 中国网络法律规则的完善思路（刑诉法卷）[M]. 北京：中国法制出版社，2015.

[12] 廖根为. 电子数据真实性司法鉴定研究 [M]. 北京：法律出版社，2015.

[13] 刘显鹏. 电子证据认定规则研究 [M]. 北京：中国社会科学出版社，2016.

[14] 于志刚. 关于网络空间中刑事管辖权的思考 [J]. 中国法学，2003 (6).

[15] 郭洁. 网络犯罪的刑法制衡 [J]. 甘肃政法学院学报，2004 (2).

[16] 黄晓亮. 网络服务提供者的作为义务 [J]. 信息网络安全，2005 (12).

[17] 李伟东. 网络犯罪及犯罪地的确定 [J]. 政法学刊，2006 (2).

[18] 郑泽善. 网络犯罪与刑法的空间效力原则 [J]. 法学研究，2006 (5).

[19] 陈结淼. 关于我国网络犯罪刑事管辖权立法的思考 [J]. 现代法学，2008 (3).

[20] 黄惠婷. 中性行为之帮助性质 [J]. 台湾：法学杂志，2008 (114).

[21] 于志刚. 网络犯罪与中国刑法应对 [J]. 中国社会科学，2010 (3).

[22] 于志刚. 信息时代和中国法律、中国法学的转型 [J]. 法学论坛，2011 (2).

[23] 孙万怀. 刑法应当理性应对网络谣言——对网络造谣司法解释的实证评估 [J]. 法学，2013 (11).

[24] 于志刚. "双层社会"中传统刑法的适用空间——以"两高"《网络诽谤解释》的发布为背景 [J]. 法学，2013 (10).

[25] 于志刚. 网络思维的演变与网络犯罪的制裁思路 [J]. 中外法学，2014 (4).

[26] 罗文华，龙立名. 从"快播涉黄案"看电子数据取证关键技术 [J]. 中国刑警学院学报，2016 (3).

［27］王潜．“快播案”中的刑事法理分析［J］．北京政法职业学院学报，2016（5）．

［28］杨勖．论互联网服务提供者的刑事责任位阶——从“快播案”说起［J］．北京政法职业学院学报，2016（5）．

［29］张明楷．快播案定罪量刑的简要分析［J］．人民法院报，2016-9-14．

［30］孙道萃．网络片面共同犯罪的制裁边界：兼议“快播”案［J］．浙江工商大学学报，2016（4）．

［31］王志刚．从“快播案”看当前电子数据运用困境［J］．法治研究，2016（4）．

［32］毛玲玲．传播淫秽物品罪中“传播”行为的性质认定——“快播案”相关问题的刑事法理评析［J］．东方法学，2016（2）．

附　件

一、快播公司传播淫秽物品牟利罪涉案证据

第一组

1. 深圳市快播科技有限公司企业法人营业执照复印件及副本复印件、组织机构代码复印件，该份证据由公安机关依法调取。该份书证证明：快播公司成立于2007年12月26日，法定代表人为王某，公司性质为有限责任公司，注册资本1000万元，住所为深圳市南山区高新南一道009号。

2. 被告人吴某供述，该份供述于2014年5月9日在海淀区看守所由北京市公安局海淀分局预审大队民警提取。该份供述证明了快播公司组织结构，被告人王某、吴某、张某、牛某职务情况。

3. 证人何某的证言，该人系快播公司综合管理中心总经理，该份证言于2014年12月10日在深圳市公安局高新技术园区派出所由海淀分局民警提取。该份证言证明了快播事业部的吴某、张某、牛某职权范围。

4. 出示被告人王某的供述节录，该份供述于201年12月4日在海淀区看守所讯问室由海淀分局预审大队民警提取。该供述和辩解证明吴某在快播公司的职权及待遇情况。

第二组（证明快播播放器等产品的技术原理和播放方式）

1. 被告人张某于2014年5月25日在海淀区看守所提讯室由海淀分局民警提取的供述与辩解节录。该份供述和辩解证明了站长发布视频文件的途径、用户观看视频的

途径、快播软件在站长发布视频过程中所起到的作用及服务器自动缓存的标准。

2. 被告人张某于2014年5月28日在海淀区看守所提讯室所作供述和辩解节录，由北京市公安局网络安全保卫总队民警提取。该份供述和辩解证明了缓存服务器判断热门视频的方式。

3. 被告人张某于2014年7月9日在海淀区看守所提讯室所作的供述和辩解节录，由海淀分局民警提取。该份供述和辩解证明了快播公司使用的协议情况、实现途径、内容；缓存服务器的作用；热门视频的标记方式、保存方式、缓存服务器的设定途径；站长发布视频的方式及用户观看视频的途径及在此过程中快播软件所起到的作用；同时证明了视频碎片化存储的开发理由及技术原理。

4. 证人伍某的证言，该人系快播公司事业部移动产品部快读组负责人。该份证言证明了当用户观看视频而下载速度不足时，若缓存服务器中有相应资源则由服务器向用户提供的情况。

5. 证人江某的证言节录，该人系快播公司事业部P2P软件工程师。该份证言证明了站长利用媒体服务器安装程序（简称QSI）发布的视频只能由快播播放器播放的技术原理。

6. 证人唐某的证言，该人系快播公司事业部技术部程序员。该份证言证明了媒体服务器安装程序（简称QSI）及缓存服务器的工作原理，同时证明了快播缓存服务器只记录QSI发布视频的原因，及利用QSI发布的视频只能通过快播播放器播放的原因。另外，证明了当用户下载速度不足时，快播服务器会向用户提供视频资源的情况。

7. 证人伍某的证言，该人系快播公司事业部移动产品部快读组负责人。该份证言证明了当用户观看视频而下载速度不足时，若缓存服务器中有相应资源则由服务器向用户提供的情况。

8. 下面向法庭出示宣读钟某的证言，该人系快播公司技术平台部运维组组员网络工程师。该份证言证明服务器缓存视频的标准。

9. 远程勘验工作记录。证明公安机关通过勘验，调取了快播公司部分缓存服务器缓存视频的条件。需要说明不同服务器的缓存标准是不同的，但这份勘验可以印证张某关于服务器缓存标准设定的供述。

第三组（证明被告人王某等人及快播公司对于快播软件在网络上被用于播放淫秽视频均明知且放任，同时证明快播公司主要通过在用户安装播放器时捆绑其他公司软件和资讯窗口进行盈利）

1. 被告人王某的供述和辩解节录。证明王某主观上明知快播播放器被用于在线播放淫秽视频而故意加以放任，同时证明快播播放器的盈利方式。

2. 被告人张某的供述和辩解节录。证明张某主观上明知快播播放器可以在网上播放淫秽视频，其曾向王某汇报，王某怠于履行对淫秽视频等不良信息的监管职责，并指令张某负责开发视频碎片化存储程序，规避权力机关检查。快播的盈利方式及用户如何使用快播播放器播放淫秽视频。

3. 刘某的口供。证明快播公司没有说过删除淫秽视频的事情，相反，吴某、张某、牛某还告诫下属如何应对检查的口径问题。快播公司领导特别是王某对于快播播放器里有淫秽视频一事系明知。

4. 何某的证言，该人系快播公司综合管理中心总经理。该份证言证明了何某在知道快播存在淫秽视频后曾向王某汇报，同时深圳网监、扫黄办等部门来曾来快播公司检查过多次，由王某、牛某、吴某等人进行过接待，更足以证明快播公司高层管理者对于快播公司涉黄的主观明知。在使用快播时每次打开都弹出资讯窗口，软件捆绑会在安装快播播放器时出现。

5. 下面向法庭出示宣读证人吴某的证言节录，该人系快播事业部下属产品部产品总监。

6. 下面向法庭出示宣读证人孙某证言节录，该人系快播公司市场部员工。证明快播资讯窗口盈利模式系通过代理商出租资讯窗口上面的广告位。证明了吴某发现快播有淫秽视频后曾向王某汇报，但王某未传达任何指示。

7. 下面向法庭出示宣读证人王某的证言节录，该人系快播公司事业部产品部负责人。该份证言证明了通过快播在线观看淫秽视频的途径和快播的盈利方式。

8. 下面向法庭出示宣读证人沈某的证言节录，该人系快播公司平台部运维组经理。证明快播在安装时有软件捆绑，资讯窗一般在打开快播的状态下弹出，快播通过资讯快播盈利，以及公司里的人都知道快播能播放淫秽视频。

9. 证人刘某的证言，该人快播公司综合管理中心财务总监，该份证言证明了快播公司 2012 年至 2014 年以来的营业收入情况。

第四组（证明相关权力部门对快播的检查处理情况和快播公司所谓的 110 系统、安全小组的运行情况，证明快播公司除了应付检查外，怠于履行审查监管责任，进一步印证了放任心态）

1. 深圳公安局网警支队关于对深圳快播公司开展信息安全管理工作情况说明。该份情况证明：2012 年 8 月 1 日，深圳市公安局网警支队上门对快播公司进行公司信息安全管理情况检查，发现快播公司确实存在未建立安全保护管理制度，未落实安全保护技术措施等情况，深圳市公安局网警支队依据《计算机信息网络过激互联网安全保护管理办法》第二十一条，开具正式法律文书，对快播公司给予行政处罚警告，并责令快播公司立即整改。后快播公司进行整改，并成立信息安全组，通过110不良信息管理平台屏蔽大量不良网站1300余个，并将屏蔽结果于2012年8月6日至9月27日25次向深圳市公安局网警支队上报。

2. 深圳市公安局公安信息网络安全监察分局当场处罚决定书。证明2012年8月1日深圳市公安局公安信息网络安全监察分局因快播公司未建立安全保护管理制度，未落实安全保护技术措施，依据《计算机信息网络过激互联网安全保护管理办法》第二十一条第一、二款对快播公司作出当场处罚。

3. 深圳市公安局公安信息网络安全监察分局责令限期改正通知书。证明2012年8月1日深圳市公安局公安信息网络安全监察分局责令快播公司在2012年8月16日前整改完毕。

4. 快播不良信息管理平台的工作汇报。该份工作汇报证明快播公司2012年8月开始建立一系列的工作机制，通过信息安全组，成员有4名，分别是陈某等人，利用110不良信息管理平台对淫秽视频等不良信息进行过滤屏蔽。这组证据证明在2012年8月至9月深圳网警检查期间，快播公司采取了措施进行了对不良信息的过滤屏蔽。在验收合格后，未再报送任何检查屏蔽情况的文件。

5. 深圳市南山区广播电视局文化市场行政执法大队行政处罚决定书（由深圳市南山区广播电视局文化市场行政执法大队于2014年12月15日向公安机关提供）。

6. 被告人张某的供述和辩解节录，证明快播公司对于淫秽视频的监管措施是设置110管理平台。快播公司110监管系统的运行情况及2013年下半年由牛某负责。

7. 证人沈某证言，该人系快播公司平台部运维组经理。证明：监管淫秽视频的信息安全组归牛某管理，但该部门从公司通讯录里面看一直没有成员，公司领导没有提过从技术上对服务期内的文件进行监管。

8. 证人李某的证言节录，该人系快播公司人力资源部培训经理。证明：快播公司组织架构中没有信息安全组这个部门，但有信息安全员，由李某负责招聘，均为实习生，且其中的卢某过了实习期后即离开，彭某2013年离职。

9. 证人孙某证言节录，该人系快播公司市场部员工。证明：快播公司用户监管淫秽视频等不良信息的110平台运行情况，该平台于2013年下半年开始即没有人在负责开展淫秽视频等不良信息的屏蔽工作。快播公司110平台和信息安全组因公安提出整改要求而开始运行，在牛某接手后逐步弱化，并在2013年中下旬搁置的情况。

10. 证人卢某的证言，该人系原快播公司运营部信息安全组成员。该份证言证明了信息安全组的工作内容，及110系统的运行机制，其是兼职做信息安全工作，并于2013年5月离职。

11. 证人彭某的证言节录，该人系原快播公司运营部信息安全组成员。证明：110平台及信息安全组的工作内容，其在应付检查期间专职做信息安全大概两三个月时间，后期不再专职做，且公司领导不再过问，其于2013年4月离职，陈剑在此之前离职。

第五组（证明公安机关从某公司扣押的由快播公司维护和管理的4台服务器中提取并鉴定出21251部淫秽视频。证明相关部门从网联光通公司查处快播托管的服务器4台并从中查获了大量淫秽视频的事实，证明涉案服务器的扣押、流转、检验，没有对服务器内的视频造成污染，对淫秽视频的审验系依法规范进行，所得的鉴定意见足以采信）

1. 证人侯某的证言，该人系深圳市快播科技有限公司市场部员工。

2. 证人陈某的证言，该人系北京市某技术有限公司互联互通部员工。该份证言证明某公司被查扣的4台服务器归快播公司管理和维护。

3. 证人张某的证言节录，该人系北京市某技术有限公司行政经理。该份证言证明了某公司与快播公司的合作情况，某公司被查扣的4台服务器归快播公司管理和维护。

4. 某公司出具的情况说明及北京某技术有限公司与快播科技有限公司战略合作协议。证明：某公司向公安机关提供的协议约定，由某公司提供4台服务器，由快播公司提供该4台服务器数据及解决方案，该4台服务器由快播公司负责维护。

5. 书证调取证据清单，由北京市公安局海淀分局于2014年11月21日向北京市海淀区文化委员会出具。证明将要出示的一系列书证的来源。

（1）工作说明。证实2013年11月18日海淀区文化委员会执法二队在著作权行政法检查工作中发现，北京某技术有限公司涉嫌从事侵犯著作权违法活动，依照相关规定对该公司4台服务器IP进行了登记保存强制措施，并将4台服务器送市版权局实施著作权鉴定。

（2）一并出示北京市文化市场行政执法物品清单。证明：该清单所记录2013年11月18日执法网络服务器情况与北京市文化市场行政执法先行登记保存物品决定书一致。

（3）北京市文化市场行政执法检查记录。证明：2013年11月18日15时海淀区文化委员会对北京市某技术有限公司进行检查，并根据北京市版权局转办案线索，对该公司网络服务器进行检查。发现4台服务器涉嫌被用于通过信息网络擅自向公众提供他人作品、表演、录音录像制品。现场对涉嫌的4台服务器进行了先行登记保存，并送北京市版权局进行鉴定。

（4）北京市文化市场行政执法询问笔录。证明：经询问得知，北京某有限公司

2013年11月18日当天被海淀区文化委员会执法人员发现的4台服务器IP使用方人是深圳快播科技有限公司。北京市某技术有限公司与快播公司拟有战略合作合同，由某公司提供4台服务器，由快播公司提供内容数据，2013年8月，4台服务器开始启用。某公司并不知晓服务器的内容，也没有权限查看。当时是快播公司主动联系某公司，要求使用该公司服务器利用该公司的网络资源。将服务器中的资源向网内用户传播。对方联系人是侯某。服务器内容的维护由快播公司负责，某公司只是从硬件上简单维护。

(5) 著作权鉴定申请书。证明：2013年11月18日海淀区文化委员会向是版权局出具申请书，内容为2013年11月18日15时02分，海淀区文化委员会执法二队在著作权行政法检查工作中发现，北京某技术有限公司涉嫌从事侵犯著作权违法活动，依照相关规定对相关证据采取了先行登记保存的强制措施。根据《著作权行政处罚实施办法》等相关规定，将涉案网络服务器等证据交版权局实施著作权鉴定。

(6) 北京市文化市场行政执法鉴定告知书。证明：2013年11月18日海淀区文化委员会就北京网某技术有限公司于当日先行登记保存物品送北京市版权局进行鉴定一事告知了北京某技术有限公司。并告知鉴定期间不计入强制措施期限。

(7) 另出示北京市版权局工作说明一份。证明：2015年1月27日北京市版权局版权管理处出具工作说明证实2013年11月18日该局接到海淀区文化委员会著作权鉴定申请，要求对依法采取行政强制措施的涉案证据4台网络服务器进行鉴定。后北京市版权局因工作设计计算机及网路视频专业技术问题，该局于当日委托北京某信息技术有限公司提供专业技术服务。

6. 证明服务器移转的证据（证明涉案服务器移转给公安机关的过程）

(1) 调取证据清单，由北京市公安局海淀分局于2014年4月11日向北京市版权局版权管理处出具。证明：2014年4月11日北京市公安局海淀分局从北京市版权局版权管理处将从北京市某技术有限公司查扣的4台服务器进行调取。

(2) 书证接受证据清单，由北京市公安局海淀分局于2014年4月10日向北京市版权局版权管理处出具。证明：2014年4月10日北京市公安局海淀分局从北京市版权局版权管理处接受从北京市某技术有限公司查扣的4台服务器。

(3) 下面向法庭出示北京市版权局工作说明。2015年1月16日北京市版权局版权管理处出具。证明：2013年11月18日，该局接到海淀区文化委员会著作权鉴定申请，要求对依法采取行政强制措施的涉案证据4台网络服务器进行鉴定。2014年4月10日，北京市公安局海淀分局以该4台网络服务器系刑事案件涉案物证为由，向市版局调取该物证，并提出因案件重大、情况紧急，请求先行办理涉案物品交接手续并当场提取4台网络服务器，调取物证的相关文件在3个工作日内送达北京市版权局。北京市版权局配合公安机关将4台服务器进行移交，且称在上述4台服务器由北京市版权局保管期间，该局未对该4台服务器进行过任何数据的增加、删除或修改操作。

（4）下面出示海淀分局出具的工作说明。证明：海淀分局对接受证据材料清单的时间早于调取证据材料清单的时间的问题作出了解释。

（5）下面出示海淀分局田村派出所工作说明。证明：田村派出所出具工作说明证实该局2014年4月10日民警从北京市版权局调取了北京市某技术有限公司的4台涉案服务器，并于当日将移交北京市公安局治安管理总队进行鉴定，在此期间未对该4台服务器进行任何操作。

7. 证明鉴定情况的证据

（1）北京市公安局治安管理总队工作说明。证明：2014年4月10日治安管理总队接到海淀分局送审北京市某科技有限公司4台服务器，该队淫秽物品审验室在对4台服务器进行审验时，发现4台服务器内存储的文件为QVOD格式，视频软件无法读取。特委托北京某信息技术有限公司提供专业技术支持，在该公司的技术支持下，淫秽物品审验室提取服务器内视频进行鉴定。

（2）北京市公安局治安管理总队委托书。证明：治安管理总队委托某公司对快播服务器内的视频文件进行转码。

（3）证人李某的证言，该人系北京市某信息技术有限公司技术员。证明：2013年11月18日送某信息技术有限公司4台某公司服务器由该公司技术部进行提取，该技术部负责人为李某本人，2013年年底，接收到北京市版权局的服务器对里面的内容进行了解码，经过4天的研发解析出快播的文件，让其能够通过一般视频播放器进行播放。解码是因为由于服务器里的数字文件时快播持有的，一般播放器播放不了。为这4台服务器解码开发了QVODDECODE软件，该软件上技术原理是4台服务器是快播公司独有的，QVOD文件格式，通过对QVOD的内容进行分析，进行转码，转化成MP4格式。解码过程是这样的，通过QVOD文件的反编译，找出MP4的相关联关系，把快播文件转化成MP4格式。软件使用过程是这样的，从快播服务器中拷贝QVOD文件到硬盘在WIN7系统下通过研发的QVOD软件进行解码，自动生成MP4文件。这个过程不会对快播服务器文件有改变，原因是qvoddecode只会读取qvod文件的内容，不会更换文件的内容信息，会生成一个相应的MP4格式文件在整个操作过程中，只是从快播服务器中拷贝qvod文件，其操作环境是单机进行，不与互联及其他机器相关联，程序在运行过程中会读取qvod文件的内容到内存中，通过二进制的计算转换成MP4，格式数据流保存在硬盘上。服务器上的qvod视频文件不能用快播直接播放，因为qvod

只是服务器存储文件，需要转码后再客户端才能播放。

（4）现场勘验检查笔录，该份现场勘验检查笔录由北京市公安局网安总队民警于 2015 年 1 月 20 日制作。证明：2015 年 1 月 20 日北京市公安局网安总队民警在见证人李某的见证下对扣押服务器进行了勘验，对服务器内存储内容的提取、解码、播放过程进行了记录，该勘验过程证实了利用 qvoddecode 软件可以对从 IP 为 ×××.××× 服务器内的文件进行随机选取的文件进行解码，解码后文件可以通过暴风影音播放器进行播放。存在问题：见证人李某已经作为证人进行过作证，但是根据《公安机关办理刑事案件程序》规定第三章、第三十条、第三十八条之规定，见证人不属于担任过证人后需要回避的情形。上述证据证明服务器内的视频文件经过转换后才能读取，但转换未对视频造成任何更改的情况。

（5）下面向法庭出示北京市公安局淫秽物品审查鉴定书。证明：2015 年 11 月 6 日丁某、赵某出具的淫秽物品鉴定书证明从扣押在案的 3 台服务器内提取审验视频 29841 个，其中 21251 个为淫秽视频。需要说明的是 29841 个视频文件内有 21251 个是淫秽视频，淫秽视频比例为 71.21%。一并出示：淫秽视频清单（hash 码）。工作说明两份。证明：公安机关对第三次审验结果进行了文件重复查找工作，经查验，本次审验的 29841 个视频文件无重复。同时公安机关出具工作说明对本案 3 份鉴定意见出具的情况进行了说明。

（6）快播服务器审验操作记录。证明：公安机关对如何提取扣押服务器内的视频文件进行转码及审验的过程进行了详细记录。具体是针对 IP 地址为 ×××.××× 的服务器通过将服务器内的视频文件及转码程序 QVODDECODE 考入格式化过的外置空白硬盘内进行视频转码。编号 ××× 的两台服务器直接在服务器内使用转码程序 QVODDECODE 对视频文件进行转码，转码后的文件生成在已经格式化过的外置空白硬盘内。然后将上述外置空白硬盘再次搭建审验环境，该环境下可以读取硬盘内的视频，但无法写入任何数据。上述操作步骤由技术人员完成，并由两名民警进行全程监督。然后审验人员通过 printfolder 软件提取硬盘内所有视频文件文件名转换至 WPS 表格中，通过共享文件环境索引表格中的文件名称，查找视频进行审验。

（7）北京信诺司法鉴定所鉴定意见书。证明：北京信诺司法鉴定所在治安管理总队淫秽物品审验室对扣押在案的 4 台服务器进行了鉴定，其中 IP 地址为 118.××× 的服务器已经损坏无法开启，其他 3 台服务器 2013 年 11 月 18 日至 2015 年 12 月 2 日期间没有任何 QDATA 格式的视频文件拷入服务器。

（8）北京信诺司法鉴定所鉴定意见书二。证明：北京信诺司法鉴定所在治安管理总队淫秽物品审验室对扣押在案的 4 台服务器进行了鉴定，其中 IP 地址为 118.×××

的服务器已经损坏无法开启，经鉴定 118. ×××服务器内视频文件共计 12094 个，2013 年 11 月 18 日至 2015 年 12 月 2 日期间创建文件 10 个，创建 qdata 文件 0 个、118. 186. 27. 20 服务器内视频文件共计 18353 个，2013 年 11 月 18 日至 2015 年 12 月 2 日期间创建文件 12 个，创建 qdata 文件 0 个、×××. ×××服务器内视频文件共计 18446 个，2013 年 11 月 18 日至 2015 年 12 月 2 日期间创建文件 0 个，创建 qdata 文件 0 个，需要说明的是通过两份鉴定意见，可以得知，快播公司被行政处罚后至服务器扣押之前，这段时间共有 12001 个视频文件缓存进服务器。

第六组（证明在案 4 名被告人个人身份情况、抓获经过、到案经过及快播社会危害性

1. 被告人王某、吴某、张某、牛某的个人身份情况。

2. 在案被告人王某等 4 被告人的到案经过。

二、快播公司传播淫秽物品牟利案判决书要点摘录

北京市海淀区人民检察院指控被告单位深圳市快播科技有限公司和被告人王欣、吴铭、张克东、牛文举涉嫌犯传播淫秽物品牟利罪，向本院提起公诉。本院于 2015 年 2 月 10 日受理，依法组成合议庭，适用普通程序进行了审理。鉴于本案系取证困难的重大复杂单位犯罪案件，及被告单位、被告人王欣变更诉讼代理人或辩护人等原因，经本院报请，北京市第一中级人民法院于 2015 年 4 月 22 日批准同意延长审限一个月。2015 年 5 月 28 日，本院召开第一次庭前会议，听取控辩双方意见。北京市海淀区人民检察院根据庭前会议情况，于 2015 年 6 月 5 日、10 月 3 日先后两次以需要补充侦查为由提请延期审理，本院予以同意。2015 年 11 月 30 日，北京市海淀区人民检察院向本院提交了变更起诉决定书，并于 2015 年 12 月 11 日向本院移交了补充侦查的证据材料。本院于 2016 年 1 月 7 日至 8 日第一次公开开庭审理了本案。在庭审过程中，控辩双方对部分证据争议较大，本院决定检验核实相关证据。鉴于本案涉及面广，取证困难，经本院报请，北京市第一中级人民法院于 2016 年 1 月 15 日批准同意延长审限二个月，最高人民法院于 2016 年 3 月 26 日、2016 年 6 月 29 日分别批准同意延长审理期限三个月。经 2016 年 9 月 6 日第二次召开庭前会议，听取控辩双方意见，本院于 2016 年 9 月 9 日恢复法庭调查，再次公开开庭审理了本案。两次开庭审理过程中，北京市海淀区人民检察院指派检察员胡志强、闫莉、姜楠、代理检察员肖瑶出庭支持公诉，被告单位快播公司诉讼代表人黄勇及辩护人陈学军、刘立木，被告人王欣及辩护人赵志军、曾志俊，被告人吴铭及辩护人范伯松、崔欣，被告人张克东及辩护人于洪伟、张志勇，被告人牛文举及辩护人杜连军、朱岳等到庭参加诉讼，鉴定人北京市公安局治安总队行管支队淫秽物品审验员丁燕华、国家信息中心电子数据司法鉴定中心王笑

强先后出庭作证。现已审理终结。

北京市海淀区人民检察院起诉书指控，被告单位快播公司及被告人王欣、吴铭、张克东、牛文举以牟利为目的，传播淫秽物品，情节特别严重，其行为均已构成传播淫秽物品牟利罪，提请本院依据《中华人民共和国刑法》规定，对被告单位快播公司及被告人王欣、吴铭、张克东、牛文举分别定罪量刑。

被告单位、各被告人及辩护人在第一次庭审中发表辩护意见认为，本案事实不清、证据不足、程序违法、适用法律错误，指控罪名不能成立。在第二次庭审过程中，被告单位、被告人王欣、张克东、牛文举对指控事实和罪名均表示无异议，其辩护人主要围绕量刑情节做了罪轻辩护，希望对被告单位和各被告人从宽处罚。被告人吴铭及其辩护人对快播公司构成传播淫秽物品牟利罪不持异议。吴铭及其辩护人认为本人工作分工与视频监管没有关系，不应对快播公司行为承担法律责任，如果法院认定有罪，亦应从宽处罚。

公诉机关发表公诉意见，认为起诉书指控事实清楚，证据确实、充分，已证明被告单位及各被告人的行为构成传播淫秽物品牟利罪，具有严重的社会危害性，应当依法追究刑事责任。鉴于快播公司和 3 名被告人在庭审中均明确表示认识到快播公司和各自行为的性质，认罪悔罪且态度真诚，对其从宽处罚符合我国宽严相济的刑事司法政策。被告人吴铭对快播公司构成犯罪亦不持异议，仅就自身所起作用进行辩解，属于违法性认识不足，可以酌予从轻，故建议对快播公司及四名被告人均予以从宽处罚。

公诉机关提举了证明指控的证据，被告单位、被告人及辩护人提举了支持辩护观点的证据，双方在法庭上相互发表了质证意见。法庭充分保障双方举证、质证的权利，对争议证据依法进行检验核实，最终认定可予采信的证据。

本案关键证据能否采纳是必须首先明确的焦点问题。在案证据显示，海淀文委针对侵犯著作权违法活动行政执法检查时，于 2013 年 11 月 18 日从光通公司扣押了涉案 4 台服务器，随即移交给北京市版权局进行著作权鉴定。2014 年 4 月 10 日，海淀公安分局依法调取了该 4 台服务器，随即移交给北京市公安局治安管理总队进行淫秽物品审验鉴定。在该 4 台服务器的扣押、移交、鉴定过程中，执法机关只登记了服务器接入互联网的 IP 地址，没有记载服务器的其他特征，而公安机关的淫秽物品审验鉴定人员错误地记载了硬盘的数量和容量，由于接入互联网的 IP 地址不能充分证明服务器与快播公司的关联关系，前后鉴定意见所记载的服务器的硬盘数量和容量存在矛盾，可以让人对现有存储淫秽视频的服务器是否为原始扣押的服务器、是否由快播公司实际控制使用产生合理怀疑。

针对辩方关于该服务器及存储内容作为鉴定检材真实性提出的质疑，本院委托信息鉴定中心对在案扣押的4台服务器及存储内容进行检验，分析了4台服务器的系统日志，检索到服务器的管理者频繁远程登录使用的IP地址。经本院进一步要求，公安机关和检察机关调取了快播公司与深圳高新区信息网有限公司的上网专线协议，确认该IP地址为快播公司专用IP地址。同时，鉴定人员经对4台服务器内现存快播独有视频格式文件属性等各类信息的检验分析，没有发现2013年11月18日后从外部拷入或修改的痕迹。综合海淀文委、北京市版权局、北京市公安局等办案机关、办案人员出具的证据材料，结合对4台服务器的检验结果，本院认定，在办案机关扣押、移转、保存服务器的程序环节，文创动力公司为淫秽物品鉴定人提供转码服务等技术支持，没有破坏服务器及其所存储的视频文件的真实性，检材合法有效。基于该检材，公安机关所作淫秽物品鉴定，可以作为证据使用。

综合分析在案证据，本院查明事实如下：

被告单位深圳市快播科技有限公司成立于2007年12月26日，公司性质为有限责任公司，注册资本1000万元。快播公司持有网络文化经营许可证，至案发之日没有取得互联网视听节目服务许可。被告人王欣为快播公司的法定代表人、股东、执行董事、经理，负责快播公司经营和管理工作。快播公司快播事业部负责公司视频播放器的技术开发和市场推广。被告人吴铭于2013年担任快播事业部总经理，负责事业部全面工作。被告人张克东系快播公司股东，于2012年担任事业部副总经理兼技术平台部总监，最初开发了快播视频传输和播放的核心软件。被告人牛文举于2012年担任事业部副总经理兼运营部总监，2013年担任事业部市场部负责人，负责信息安全组工作。

快播公司通过免费提供快播资源服务器程序和快播播放器程序的方式，为网络用户提供网络视频服务。任何人均可通过快播资源服务器程序发布自己所拥有的视频资源。具体方法是，“站长”选择要发布的视频文件，使用资源服务器程序生成该视频文件的特征码，导出包含特征码等信息的链接。“站长”把链接放到自己或他人的网站上，即可通过快播公司中心调度服务器与点播用户分享该视频。这样，快播公司的中心调度服务器在站长与用户、用户与用户之间搭建了一个视频文件传输的平台。为提高热点视频下载速度，快播公司搭建了以缓存调度服务器为核心的平台，通过自有或与运营商合作的方式，在全国各地不同运营商处设置缓存服务器1000余台。在视频文件点播次数达到一定标准后，缓存调度服务器即指令处于适当位置的缓存服务器抓取、存储该视频文件。当用户再次点播该视频时，若下载速度慢，缓存调度服务器就会提供最佳路径，供用户建立链接，向缓存服务器调取该视频，提高用户下载速度。部分淫秽视频因用户的点播、下载次数较高而被缓存服务器自动存储。缓存服务器方便、加速了淫秽视频的下载、传播。

2012 年 8 月，深圳市公安局公安信息网络安全监察分局对快播公司进行检查，针对该公司未建立安全保护管理制度、未落实安全保护技术措施等问题，给予行政警告处罚，并责令整改。随后，深圳网监将违法关键词和违法视频网站链接发给快播公司，要求采取措施过滤屏蔽。快播公司于是成立了信息安全组，开展了不到一周的突击工作，于 8 月 8 日投入使用“110”不良信息管理平台，截至 9 月 26 日共报送“色情过滤”类别的不良信息 15836 个。但在深圳网监验收合格后，信息安全组原有 4 名成员或离职或调到其他部门，“110”平台工作基本搁置，检查屏蔽工作未再有效进行。2013 年 8 月 5 日，深圳市南山区广播电视局执法人员对快播公司开展调查，在牛文举在场的情况下，执法人员登录进入快播“超级雷达”，很快便找到了可播放的淫秽视频。牛文举现场对此予以签字确认。但快播公司随后仅提交了一份整改报告。10 月 11 日，南山广电局对快播公司予以行政处罚。此后，快播公司的“110”平台工作依然搁置，检查屏蔽工作依然没有有效落实。

快播公司直接负责的主管人员王欣、吴铭、张克东、牛文举，在明知快播公司擅自从事互联网视听节目服务、提供的视听节目含有色情等内容的情况下，未履行监管职责，放任淫秽视频在快播公司控制和管理的缓存服务器内存储并被下载，导致大量淫秽视频在网上传播。

2013 年上半年，北京网联光通技术有限公司为解决使用快播播放器访问快播视频资源不流畅的问题，与快播公司联系技术解决方法，双方开展战略合作。根据双方协商，由光通公司提供硬件设备即 4 台服务器，由快播公司提供内容数据源以及降低网络出口带宽、提升用户体验的数据传输技术解决方案，负责远程对软件系统及系统内容的维护。2013 年 8 月，光通公司提供 4 台服务器开始上线测试，快播公司为 4 台服务器安装了快播公司的缓存服务器系统软件，并通过账号和密码远程登录进行维护。2013 年 11 月 18 日，北京市海淀区文化委员会在行政执法检查时，从光通公司查获此 4 台服务器。2014 年 4 月 11 日，北京市公安局海淀分局决定对王欣等人涉嫌传播淫秽物品牟利罪立案。经查，该 4 台服务器从 2013 年下半年投入使用，至 2013 年 11 月 18 日被扣押，存储的均为点击请求量达到一定频次以上的视频文件。公安机关从服务器里提取了 29841 个视频文件进行鉴定，认定其中属于淫秽视频的文件为 21251 个。

2013 年年底，为了规避版权和淫秽视频等法律风险，在王欣的授意下，张克东领导的技术部门开始对快播缓存服务器的存储方式进行调整，将原有的完整视频文件存储变为多台服务器的碎片化存储，将一部视频改由多台服务器共同下载，每台服务器保存的均是 32M 大小的视频文件片段，用户点播时需通过多台服务器调取链接，集合为可完整播放的视频节目。

另查，快播公司盈利主要来源于广告费、游戏分成、会员费和电子硬件等，快播事业部是快播公司盈利的主要部门。根据账目显示，快播事业部的主要收入来源于网络营销服务，其中资讯快播和第三方软件捆绑是最为主要的盈利方式。具体而言，快播公司向欲发布广告的公司收取广告费，用户使用快播播放器时，会有快播资讯窗口弹出，该窗口内除部分新闻外即是广告内容；快播公司还向一些软件开发公司收取合作费用，使得用户安装快播播放器的同时捆绑安装一些合作公司软件。快播公司营业收入逐年增长，至2013年仅快播事业部即实现营业收入人民币1.4亿余元，其中资讯快播营业收入7000余万元，第三方软件捆绑营业收入3000余万元。

被告人吴铭、张克东、牛文举于2014年4月23日在深圳被抓获，被告人王欣于2014年8月8日从韩国济州岛被押解回京。

我国《刑法》第三百六十三条第一款规定："以牟利为目的，制作、复制、出版、贩卖、传播淫秽物品的，处三年以下有期徒刑、拘役或者管制，并处罚金；情节严重的，处三年以上十年以下有期徒刑，并处罚金；情节特别严重的，处十年以上有期徒刑或者无期徒刑，并处罚金或者没收财产。"公诉机关指控被告单位及各被告人犯该条规定之罪，根据已经查明的事实、证据和法律规定判定指控的犯罪是否成立是本案的核心问题。

就此，本院分析如下：

（一）快播公司负有网络视频信息服务提供者应当承担的网络安全管理义务

视频信息的海量传播已经成为商业网络运营的重要特征，P2P技术对于降低视频服务企业的带宽成本具有重要价值，而缓存服务器技术的支持使得视频文件的传播速度更快、范围更广。以P2P网络平台为依托的视频服务企业，在网络信息安全管理中扮演着重要角色。本案被告单位快播公司，是一家流媒体应用开发和服务供应企业，其免费发布快播资源服务器程序和播放器程序，使快播资源服务器、用户播放器、中心调度服务器、缓存调度服务器和上千台缓存服务器共同构建起了一个庞大的基于P2P技术提供视频信息服务的网络平台。用户使用快播播放器客户端点播视频，或者"站长"使用快播资源服务器程序发布视频，快播公司中心调度服务器均参与其中。中心调度服务器为使用资源服务器程序的"站长"提供视频文件转换、链接地址发布服务，为使用播放器程序的用户提供搜索、下载、上传服务，进而通过其缓存服务器提供视频存储和加速服务。快播公司缓存服务器内存储的视频文件，也是在中心调度服务器、缓存调度服务器控制下，根据视频被用户的点击量自动存储下来，只要在一定周期内点击量达到设定值，就能存储并随时提供用户使用。快播公司由此成为提供包括视频服务在内的网络信息服务提供者。

快播公司作为快播网络系统的建立者、管理者、经营者，应当依法承担网络安全管理义务。1997 年公安部发布的《计算机信息网络国际联网安全保护管理办法》明确，任何单位和个人不得利用互联网传播“宣扬淫秽、色情”内容的信息，并且应当履行建立健全安全保护管理制度、落实安全保护技术措施等职责。2000 年 9 月国务院发布的《互联网信息服务管理办法》规定，互联网信息服务提供者应当向上网用户提供良好的服务，并保证所提供的信息内容合法，不得复制、传播淫秽、色情信息。2000 年 12 月《全国人民代表大会常务委员会关于维护互联网安全的决定》规定，对于在互联网上建立淫秽网站、网页，提供淫秽站点链接服务，或者传播淫秽影片、音像，构成犯罪的，依照刑法有关规定追究刑事责任。2007 年国家广播电影电视总局、信息产业部发布的《互联网视听节目服务管理规定》进一步明确，互联网视听节目服务单位提供的、网络运营单位接入的视听节目应当符合法律、行政法规、部门规章的规定，视听节目不得含有诱导未成年人违法犯罪和渲染暴力、色情活动的内容。2012 年施行的《全国人民代表大会常务委员会关于加强网络信息保护的决定》第五条规定，网络服务提供者应当加强对其用户发布的信息的管理，发现法律、法规禁止发布或者传输的信息的，应当立即停止传输该信息，采取消除等处置措施，保存有关记录，并向有关主管部门报告。在互联网产业迅速发展的今天，法律没有苛责互联网企业在其经营管理的网站上不允许出现任何违法或不良信息，但要求其严格履行网络安全管理义务，设置必要的监管环节，及时处置违法或不良信息。快播公司作为互联网信息服务的提供者，作为视听节目的提供者，必须遵守相关法律法规的规定，对其网络信息服务内容履行网络安全管理义务。P2P 技术容易被利用于淫秽视频、盗版作品传播，这在行业内已经是众所周知的事实。监管淫秽视频以避免淫秽视频通过快播网络传播，不仅是快播公司作为网络视频信息服务提供者的法律义务，更是其应当积极承担的社会责任。

本案查扣的 4 台缓存服务器所存储的淫秽视频与快播公司未履行网络安全管理义务直接相关。在案证据证明，本案查扣的 4 台缓存服务器的所有者是光通公司，快播公司则是该服务器的远程控制者和日常维护者。快播公司与光通公司的合同签订者侯某某是快播公司事业部下市场部运营商合作组员工，负责与运营商签订缓存服务器托管等合作合同，其证明自己与光通公司进行了有关合同内容的沟通；快播公司的网络维护员钟某也证实其为涉案缓存服务器安装了快播系统软件，并通过账户和密码来远程控制和维护。上述证言与光通公司合同签订联系人、工程师陈某的证言，以及信息鉴定中心检验所证实的远程控制 IP 为快播公司所有等证据内容完全相符，印证了快播公司负责涉案 4 台缓存服务器的软件安装和远程控制这一事实。关于缓存服务器的内容，合同规定，光通公司提供机柜和接入带宽及系统所需的硬件设备（4台服务器），快播公司提供内容数据源以及技术解决方案，这说明涉案4台服务器的内容数据源由快播公司提供。证据表明，缓存服务器从网上获取并存储视频文件，系在快播公司调度服务器的支配下完成。侯某某与钟某是依岗位职责开展工作，他们的具体操作行为代表快播公司，快播公司应当对涉案合同及起获的4台服务器的内容负责。就违法内容的删除责任，合同规定光通公司的删除义务是以能够证明所存储的数据违反相关法规为前提。虽然经查缓存服务器内的视频并非不完整数据碎片，但是快播公司实际上是4台服务器的远程控制者和日常维护者，缓存的视频文件以快播公司特有的文件格式和特征码文件名的方式存储，光通公司不具备审查缓存服务器内存储内容合法性的能力。这种形式上的民事约定，不能否定快播公司对其控制、维护的缓存服务器依法要承担的网络信息安全责任。另外，关于缓存服务器内存储的淫秽视频是否为完整视频的问题，本院认为，涉案4台服务器的起获时间是2013年11月18日，快播公司尚未开始碎片化存储，鉴定意见也证实服务器内的视频文件均为完整存储方式。快播公司与光通公司合同中规定的“数据是……不完整数据碎片”与查明事实不符，现有证据能够确定涉案起获的服务器内的视频并非碎片化文件，而是完整视频文件，而且70%以上为淫秽视频。

（二）快播公司及各被告人均明知快播网络系统内大量存在淫秽视频并介入了淫秽视频传播活动

刑法上的“明知”，司法实践中一般可以从两个角度证明：一是直接证明行为人知道或者因他人告知而知道；二是基于行为人的特定身份、职业、经验等特点推定其知道。对于单位犯罪而言，要求直接责任人员对于单位传播淫秽物品行为具有明知，并不要求对于单位传播淫秽物品的具体方法、技术等完全知晓。具体到本案，并不要求各被告人对于快播公司缓存服务器在调度服务器的支配下传播淫秽视频的具体方法、技术具有认知，只要求各被告人对于快播公司传播淫秽视频这一基本事实具有明知即可。根据快播公司员工的证言，结合本案被告人的供述等众多言词证据均能证明，王欣、吴铭、张克东、牛文举不仅已经知道快播网络服务系统传播淫秽视频，而且已经知道快播公司的行为导致淫秽视频在互联网上大量传播的事实。证据还显示，王欣、张克东、牛文举对于缓存服务器实质上介入淫秽视频传播均已知晓，王欣、张克东对于介入传播的具体技术原理更有深入研究。作为一个自称“非常重视用户体验”的视频服务提供商，快播公司应当知道其网络用户搜索和点击的视频内容的统计特征。在案扣押的缓存服务器内存储的内容多达70%为淫秽视频，便是这一特征的客观表现。进一步的证据是，执法部门以各种方式开展了监管活动。2012年8月，深圳网监针对快播公司未建立信息安全保护管理制度、未落实安全保护技术措施的情况给予行政处罚警告，快播公司接受整改的主要内容就是审核和过滤淫秽视频，其在整改报告中称审核和过滤的信息类别也主要是“色情过滤”。2013年8月5日，南山广电局执法人员对快播公司现场执法检查，确认快播公司网站上的淫秽视频内容，随后作出行政处罚决定。王欣作为快播公司的法定代表人授权牛文举代理此事的授权委托书上，明确写了“涉嫌提供的视听节目含有渲染色情活动的内容”，证明王欣知道快播公司网络传播淫秽视频的事实。南山广电局在2013年8月5日对快播公司作出的调查询问通知书、2013年9月25日作出的行政处罚事先告知书及2013年10月作出的行政处罚决定书，均明确了调查和处罚快播公司的原因就是快播公司“提供的视听节目含有诱导未成年人违法犯罪和渲染暴力、色情、赌博、恐怖活动的内容”。如果说在第一次接受处罚并作出整改时，快播公司的决策者、经营者、管理者还有对快播网络服务系统介入淫秽视频传播活动且导致淫秽视频在互联网上大量传播并不知情的可能，那么在事隔一年之后，快播公司再次接受处罚并作出整改，而且先后两次整改的内容实际上都是针对快播公司传播淫秽视频这一事实，此时快播公司的经营者、管理者仍然坚称不知情，显然难以置信。上述证据表明，各被告人在主观上完全符合单位犯罪所要求的传播淫秽物品牟利罪的“明知”要件，应予认定。

吴铭作为快播事业部负责人，负责快播事业部的全面工作，张克东和牛文举均是其下属，王欣、牛文举、何某某等人均证实事业部的日常工作一般都要先向吴铭汇报，可见吴铭在快播事业部拥有决策权、管理权。快播事业部管理快播网络日常工作，全国上千台缓存服务器进入快播网络，快播公司均要与合作单位签订合同，因而吴铭应当明知缓存服务器在快播网络中的作用。牛文举称“其定期或不定期会向吴铭汇报淫秽视频的屏蔽情况，每次都是通过电子邮件的形式汇报，吴铭审批后其再安排孙丹丹通过电子邮件的方式给深圳网监部门发送淫秽视频屏蔽情况”。所以吴铭不仅知道快播网络服务系统传播淫秽视频，而且知道快播公司的行为已经导致淫秽视频在互联网上大量传播。本院对被告人吴铭及其辩护人所提吴铭对快播网络服务系统传播淫秽视频并不“明知”的意见，不予采纳。

（三）快播公司及各被告人放任其网络服务系统大量传播淫秽视频属于间接故意

传播淫秽物品牟利罪的传播，是指通过播放、陈列、建立网站、网页等方式使淫秽物品让不特定人感知，以及通过出借、赠送等方式散布、流传淫秽物品的行为。根据张克东的供述及江某某、伍某某、唐某、钟某等快播技术开发人员、服务器维护人员的证言，涉案起获的4台缓存服务器内的淫秽视频文件均是快播用户一周内请求点播达到一定次数以上后被缓存服务器下载存储下来，并处于提供给光通公司用户在其个人选定的时间和地点获取的状态。虽然没有证据直接显示涉案4台服务器内的淫秽视频被用户浏览或下载的频次，但快播公司放任其缓存服务器存储淫秽视频并使公众可以观看并随时得到加速服务的方式，属于通过互联网陈列等方式提供淫秽物品的传播行为。应当指出，缓存服务器介入视频传播中，快播公司在主观上并没有对视频内容进行选择，而只是根据视频热度提供加速服务。也就是说，缓存服务器介入传播何种内容的视频，不是快播公司主观意志选择的结果，而是对他人传播行为的放任，对他人利用自己技术服务传播淫秽视频的放任，对自己的缓存服务器介入到淫秽视频传播行为之中的放任，对自己的行为造成淫秽视频在网络上大量传播的放任。

同时，快播公司及各被告人面对深圳网监的行政处罚，在最初应付检查之后，信息安全组工作几乎停止，而且非但没有开展实质性的管理、阻止工作，还采取碎片化存储的方式企图规避法律风险。快播公司的张克东、伍某某、江某某等技术开发者均证实，2013年年底以前的视频文件采用加密的完整存储方式。2013年年底，为了规避版权和淫秽视频等法律风险，在王欣的授意下，张克东领导的技术部门开始对快播缓存服务器的存储方式进行调整，将原有的完整视频文件存储变为多台服务器的碎片化存储，将一部视频改由多台服务器共同下载，每台服务器保存的均是32M大小的视频片断，用户点播时需通过多台服务器调取链接，集合为完整视频播放。碎片化存储固然有效率较高的特点，但张克东等人供称："2011年年底，完美公司到其公司谈合作的时候，了解到公司文件存储的方式，提出这样的存储有法律风险，建议最好采用碎片化的存储方式。2013年年底，反盗版联盟说公司的视频文件有侵权的嫌疑，然后公安机关抱走了公司的几台服务器。王欣要求服务器内缓存的视频全部采用碎片化存储的方式。2014年2月，快播公司的所有缓存服务器都采取了碎片化的存储方式""做'碎片化'就是要规避法律风险，怕被人告说公司盗版，还有就是规避淫秽视频风险"这证明王欣对于快播网络传播淫秽视频的事实不但明知，而且还着手采取逃避检查的技术措施，消极对待其监管责任，放任大量淫秽视频经由其网络系统，特别是经由其缓存服务器任意传播。王欣的这种意志实际上就是快播公司的意志，而快播公司事业部的管理者吴铭、张克东、刘文举就是这一意志的执行者和执行监督者。根据我国刑法，犯罪的故意，是指明知自己的行为会发生危害社会的结果，并且希望或者放任这种结果发生的心理态度。快播公司及各被告人的行为足以表明其"放任"的间接故意，足以表明其放任的是正在发生或可能正在发生的危害后果。

（四）快播公司具备承担网络安全管理义务的现实可能但拒不履行网络安全管理义务

任何经营策略都应当计算自身承担法定义务的成本。作为自身技术规则的设定者，快播公司应当具备网络视频服务的信息安全管理能力，问题的关键是其愿不愿意把这种能力转变为现实的行动。具体而言，快播公司的 P2P 技术不仅使得用户在下载视频的同时提供了上传视频的服务，而且在用户与用户之间还介入了自己控制、管理的缓存服务器。快播用户点播视频过程中，在拥有视频的“站长”（或“客户端”）、缓存服务器、观看视频的客户端之间形成三角关系，快播调度服务器不仅拉拽淫秽视频文件存储在缓存服务器里，而且也向客户端提供缓存服务器里的淫秽视频文件。这让缓存服务器实际上起到了淫秽视频的下载、储存、分发的作用。快播公司根据某一视频被点播的次数来决定是否缓存，并且这个次数可能因为网络接入服务商的用户多少和提供缓存服务的服务器可用存储空间大小不断调整。快播公司并不制作或购买合法的视频资源产品，其以搜索点击数量决定“缓存”哪些视频的技术特点，决定了其缓存服务器中存储的视频文件必然包括被搜索点击频率较高的淫秽视频。正是快播公司提供的这种介入了缓存服务器的视频点播服务，以及设立的这种“缓存”技术规则，决定了其实质介入了淫秽视频的传播行为。技术是快播公司研发，技术服务是快播公司提供，技术服务规则是快播公司设定，快播公司介入视频传播的结果体现了快播公司的经营策略。“站长”的发布、用户的搜索、用户点对点的文件传输、快播缓存与加速服务，这些关键环节离开快播公司的调度服务器都不可能实现。用户搜索与点播的频次构成快播公司提供缓存服务的条件，调度服务器所记录的信息使快播公司在制定缓存规则的时候当然可以根据其主观意愿设定条件，在点播、缓存环节采取限制措施，是快播公司承担网络安全管理义务的基本路径。不论是通过专用程序自动审核还是通过专门人员人工审查，快播公司作为一家网络视频信息服务提供商，应当具备相应的安全管理能力，应当付出必需的经营成本。

一般来说，网络视频服务企业难以做到屏蔽所有非法视频，但证据表明，快播公司连行业内普遍能够实施的关键词屏蔽、截图审查等最基本的措施都没有认真落实。快播公司在 2012 年被深圳网监处罚后，确实设置了信息安全组，开展了一些工作。但一年后，南山广电局执法人员在快播公司牛文举面前当场取证，从快播官网可以非常“便利”地看到淫秽视频正在快播网络上传播。显然，如果快播公司的“110”不良信息管理平台有效发挥作用，检查屏蔽淫秽视频工作并不困难。正如牛文举的供述以及快播公司负责信息安全工作的员工证言所称，“110”不良信息管理平台，在深圳网监验收合格之后，就基本被搁置，原为应对检查设立的信息安全组名存实亡。从另一角度讲，快播公司控制着每一台缓存服务器，能够轻易调取所存储的视频进行随机审查，可以轻易判断和批量清除缓存服务器内的淫秽视频，但快播公司没有做这种后台审查工作，放任占存储量 70% 的淫秽视频在自己的缓存服务器中以供加速下载之用。快播公司及王欣等人在第一次庭审过程中反复强调自己对淫秽视频通过快播技术传播没有网络安全管理义务，既体现出其对法律法规规定义务的漠视，也体现出其逃避社会责任的主观态度。快播公司对于信息网络安全管理义务不是没有履行的现实能力，而是没有切实履行的意愿，其在本案中所表现出的行为属于拒不履行网络安全管理义务的行为。

（五）快播公司及各被告人的行为具有非法牟利目的

传播淫秽物品牟利罪要求“以牟利为目的”，即行为人主观上具有牟取非法利益的目的。这里的利益，既包括直接利益，也包括间接利益。司法实践中认定“以牟利为目的”，即包括通过制作、复制、出版、贩卖、传播淫秽物品直接获取对价的目的，也包括通过广告、流量、用户数量等获得间接收入的目的。淫秽视频被搜索、点播、下载的数量越多，淫秽视频的网络传播者所获取的间接利益可能就越大。所以，以获取广告费等间接利益为目的，为吸引网民、增加网站网页访问量、提高用户数量而在互联网上发布、陈列、播放淫秽视频的行为，应当认定为“以牟利为目的”传播淫秽物品的行为。

使用快播资源服务器程序发布、经由快播网络平台传播的淫秽视频的点击数量直接影响了播放器的用户数量，与快播公司的广告收益相互关联。快播公司综合管理中心财务总监刘某某的证言及其提供的财务报表显示，快播公司盈利主要来源于快播事业部，而快播事业部的主要收入来源于网络营销服务，其中资讯快播和第三方软件捆绑是最为主要的盈利方式，即来自快播播放器的安装和使用。2008 年至 2013 年，快播公司营业收入逐年快速增长，仅快播事业部 2013 年达到人民币 1.4 亿元。虽然快播公司自己并未上传淫秽视频，但任何网络用户均可以使用快播资源服务器程序发布淫秽视频。客观上，快播公司非但不加监管，反而通过有条件的存储、调取方式提供网络支持，为用户上传、搜索、点播淫秽视频提供便利，致使淫秽视频大量传播。快播播放器软件借此得到推广，快播公司也因此大量获利。快播资源服务器程序发布的视频经过快播技术手段加密，只能用快播播放器播放，快播公司因此对于使用快播软件播放快播视频过程中的第三方软件捆绑和广告资讯等盈利具有独占性。快播公司正是利用这种独占性特点，不断通过提供缓存技术支持等方法改善用户体验，增加用户数量和市场占有率，进而提升快播资讯广告或捆绑推广软件的盈利能力，增加收入。快播公司明知其快播软件和快播网络平台被利用于传播淫秽视频而不予监管，反而用缓存服务器加速传播，这一放任行为在客观上对淫秽视频在网络上传播起到了推波助澜的作用，也由此让快播播放器的下载和使用产生的利益随之迅速增加。快播公司明知其网络上淫秽视频传播和公司盈收增长之间的因果关系，仍放任其网络系统被继续用于传播淫秽视频，应当认定为具有非法牟利目的。

（六）本案既不适用“技术中立”的责任豁免也不属于“中立的帮助行为”

司法实践对于技术中立的肯定，意在鼓励技术创新和发展，但技术是人类利用自然规律的成果，一定程度上受到技术提供者和使用者意志的控制和影响，并体现技术提供者和使用者的目的和利益。技术本身的中立性与技术使用者的社会责任、法律责任的关系，实质上反映了技术使用方式对社会发展起到了推动进步还是阻碍进步的作用。以技术中立原则给予法律责任豁免的情形，通常限于技术提供者，对于实际使用技术的主体，则应视其具体行为是否符合法律规定进行判断。恶意使用技术危害社会或他人的行为，应受法律制裁。快播公司绝不单纯是技术的提供者，“站长”或用户发布或点播视频时，快播公司的调度服务器、缓存服务器参与其中，快播公司构建的 P2P 网络平台和缓存加速服务都让其成为技术的使用者，同时也是网络视频信息服务的提供者。快播公司在提供 P2P 视频技术服务和缓存技术服务时，虽然客观上没有对视频内容进行选择，但当其明知自己的 P2P 视频技术服务被他人利用传播淫秽视频，自己的缓存技术服务被利用成为大量淫秽视频的加速传播工具，自己有义务、有能力阻止而不阻止时，快播公司就不可能再获得技术中立的责任豁免。快播公司出于牟利目的，不履行安全管理义务，继续放任他人利用快播网络大量传播淫秽视频，且自己的缓存服务器也介入传播，在技术使用过程中明显存在恶意，应当承担相应的法律责任。

基于技术中立原则的要求，在信息网络传播权保护领域，技术的提供者需要尽到合理的注意义务，从而产生所谓“避风港”规则，行为人只要及时停止侵权便免除侵权责任。这一规则在《信息网络传播权保护条例》中规定为，当网络用户利用网络服务实施侵权行为时，被侵权人有权通知网络服务提供者采取删除、屏蔽、断开链接等必要措施，网络服务提供者如果并不明知作品、表演、录音录像制品系侵权时，接到通知后，未采取必要措施的，网络服务提供者应当承担责任；网络服务提供者接到通知后采取了必要措施的，则不需要承担责任。设立该项规则的目的在于保护单纯的网络服务提供者不因网络中海量的作品、表演、录音录像制品中存在侵权内容而被追究侵权赔偿责任，以促进网络服务的发展。辩护人认为基于“避风港”规则，快播公司作为网络服务提供者可适用《信息网络传播权保护条例》的规定免除责任。必须指出，《信息网络传播权保护条例》第三条明确规定，“依法禁止提供的作品、表演、录音录像制品，不受本条例保护。权利人行使信息网络传播权，不得违反宪法和法律、行政法规，不得损害公共利益”。也就是说，“避风港”规则保护的对象是合法的作品、表演、录音录像制品，而淫秽视频内容违法，严重危害青少年身心健康和社会管理秩序，属于依法禁止提供的对象，不属于信息网络传播权保护的范围，当然不适用著作权法意义上的“避风港”规则。

关于缓存服务器内存储视频的“缓存”状态问题是否应适用“避风港”规则免责问题，经查，知识产权法领域基于“避风港”规则免责的缓存是指“断电即被清除的临时存储”。而本案缓存服务器内存储的视频，均根据视频点击量自动存储下来，只要在设定的周期内点击量达到要求，就能长期存储并随时提供用户使用。故本案快播公司的缓存服务器或缓存技术中的“缓存”概念，并非计算机信息系统中通常意义上“断电即被清除的临时存储”，而是对符合设定条件内容的硬盘（服务器）存储，不属于知识产权法领域“避风港”规则免责的“缓存”类型。

本案另一个值得关注的问题是关于快播公司的行为是否属于“中立的帮助行为”。中立的帮助行为，是指外表上属于日常生活行为、业务行为等不追求非法目的的行为，客观上对他人的犯罪起到促进作用的情形。中立的帮助行为是以帮助犯为视角在共同犯罪中讨论中立性对于定罪量刑的影响，而实行行为不存在“中立性”问题。快播公司的缓存服务器下载、存储并提供淫秽视频传播，属于传播淫秽视频的实行行为，且具有非法牟利的目的，不适用于共同犯罪中的中立的帮助行为理论。辩方以行为的中立性来否定快播公司及各被告人责任的意见，不应采纳。

（七）快播公司以牟利为目的放任淫秽视频大量传播的行为构成传播淫秽物品牟利罪的单位犯罪

我国《刑法》第三十条规定：公司、企业、事业单位、机关、团体实施的危害社会的行为，法律规定为单位犯罪的，应当负刑事责任。从主体身份看，快播公司通过调度服务器为使用资源服务器程序的“站长”提供视频文件转码、链接地址发布服务，为使用快播播放器的用户提供搜索、下载、上传服务，进而通过其缓存服务器提供视频存储和下载加速服务，快播公司属于网络信息服务提供者，应当依法承担网络安全管理义务。从客观行为看，快播公司在明知快播网络服务系统被众多“站长”（用户）用于传播淫秽视频的情况下，有能力但拒不履行网络安全管理义务，甚至采取技术措施规避法律责任，放任他人利用自己的网络技术服务传播淫秽视频，放任自己的缓存服务器被他人利用介入淫秽视频的传播之中，导致淫秽视频大量传播的严重危害后果。从主观认知看，快播公司曾因传播淫秽视频等网络信息安全问题被采取行政处罚措施，王欣、张克东、牛文举等人亦曾多次供述知道快播传播淫秽视频的问题，足以认定快播公司明知其网络服务系统被用于传播淫秽视频。从犯罪目的来看，由于大量淫秽视频得以通过快播网络服务系统传播，快播播放器的用户数量和市场占有率得以提高，快播资讯和捆绑软件的盈利能力得以提升，快播公司拒不履行网络安全管理义务，具有非法牟利目的。快播公司的行为符合《刑法》第三百六十三条规定的传播淫秽物品牟利罪的构成要件。快播公司明知快播网络服务系统被用于传播淫秽视频，但出于扩大经营、非法牟利目的，拒不履行监管和阻止义务，放任其网络平台大量传播淫秽视频，具有明显的社会危害性和刑事违法性，应当依法追究刑事责任。

单位犯罪中直接负责的主管人员，是在单位实施犯罪中起决定、批准、授意、纵容、指挥等作用的人员，一般是单位的主管负责人。王欣在快播公司传播淫秽视频牟利犯罪行为中起到了决定、批准、授意、纵容、指挥等作用。张克东、牛文举则是快播公司和王欣意志的执行者，不仅明知快播公司传播淫秽视频牟利的行为，而且为了快播公司实现非法牟利目的，在管理过程中指挥和监督下属员工积极落实单位和王欣的决定，在快播公司传播淫秽视频牟利犯罪行为中起到了纵容、指挥等作用。吴铭系快播事业部的总经理，负责整个快播事业部的工作，具有领导、管理、监督职责。对于快播公司存在的传播淫秽视频问题，张克东称，在公司产品会上说起快播涉黄，吴铭的态度是“内容的事情找王欣做决策”，可见吴铭采取了推脱、回避的态度。同时，吴铭对于快播事业部审核过滤淫秽信息工作停滞一事，亦负有督促有效运转之责，但其放任不管，实际上体现了快播公司对传播淫秽视频的“放任”意志。王欣、张克东、吴铭、牛文举均应作为快播公司直接负责的主管人员承担相应的刑事责任。

我国《刑法》第三百六十六条规定：单位犯本节第三百六十三条……规定之罪的，对单位判处罚金，并对其直接负责的主管人员和其他直接责任人员，依照各该条的规定处罚。关于该罪的刑罚适用标准，最高人民法院、最高人民检察院先后于2004年和2010年发布了《关于办理利用互联网、移动通讯终端、声讯台制作、复制、出版、贩卖、传播淫秽电子信息刑事案件具体应用法律若干问题的解释》和《关于办理利用互联网、移动通讯终端、声讯台制作、复制、出版、贩卖、传播淫秽电子信息刑事案件具体应用法律若干问题的解释（二）》。前者，针对直接传播电子淫秽信息的犯罪行为规定了定罪量刑标准；后者，重点就网站建立者、直接负责的管理者、互联网信息服务提供者、广告主、第三方支付平台等涉及淫秽电子信息的犯罪补充规定了定罪量刑标准。本案公诉机关在起诉书中指控被告单位及各被告人犯传播淫秽物品牟利罪情节特别严重，本院认为，应当根据上述法律规定并结合本案情节就刑罚适用问题进行分析。

（一）快播公司的行为不属于司法解释规定的传播淫秽物品牟利罪“情节特别严重”的情形。

第一，快播公司对于特定视频是否淫秽视频缺乏事先的明知。“事先明确知道是淫秽电子信息”与“明知其网络平台上存在淫秽电子信息”所表达的主观明知内容完全不同，前者是针对特定视频文件，后者是针对网络平台所传播的内容包括哪类信息。本案中，快播公司在提供视频发布、点对点链接、缓存加速等服务时，并没有事先设置有效的内容审查技术环节或监管措施。快播公司主观方面虽然明知自己的网络平台上存在淫秽视频，但就本案缓存服务器内检验出的淫秽视频而言，没有证据表明快播公司事先明确知道其中不特定的任一视频是否淫秽视频（服务器目录中均以特征码作为文件名）。虽然本案能够认定快播公司控制下的缓存服务器参与了淫秽视频的传播，但无法认定快播公司有针对性地实施了上传、下载和存储、提供淫秽视频的行为。

第二，快播公司不具有传播淫秽视频的直接故意。从行为人的意志因素上说，现有证据并不能证明快播公司“希望”淫秽视频通过快播网络平台大量传播。实际上，缓存服务器提供加速服务符合淫秽网站“站长”的直接传播故意和点播用户的自主选择意愿，快播公司采取了听之任之的放任态度。另外，本案没有证据证明快播公司与淫秽网站的站长或其他发布淫秽视频的用户之间存在共谋。快播公司无论是提供快播视频客户端软件、服务器软件，抑或提供缓存服务器的储存、加速服务，无论是针对服务对象还是服务内容，都没有进行区分或选择，无法认定快播公司与淫秽网站等具有直接故意的淫秽视频传播者之间具有犯意联络。缓存服务器内大量淫秽视频的存在，是淫秽网站、用户（每一个用户既是下载者也是上传者）的直接故意和快播公司的间接故意交织在一起共同作用的结果。同时，本案没有快播网站“发布”缓存服务器内这些淫秽视频的直接证据，用户从缓存服务器下载淫秽视频的数量，特别是用户下载淫秽视频文件时由快播公司缓存服务器提供支持（加速服务）的比例亦无从知晓。在此情形下，要求被告人承担与淫秽网站等具有直接故意的传播者相同的刑事责任，有客观归责之弊，违背主客观相一致的原则。

第三，快播公司的放任传播与技术介入的非直观性是本案的重要特征。传统的传播行为，一般由淫秽网站站长或用户以直观陈列的方式实施，传播者直接将淫秽视频链接放到网上提供给他人点播，或直接展示播放，或直接提供下载服务。比较而言，在单纯的P2P传播模式下，快播公司提供的是在用户之间建立链接渠道的程序，难以认定快播公司是淫秽视频的内容提供者；但在运用缓存服务器提供加速服务的传播模式下，快播公司放任其缓存服务器参与淫秽视频的传播过程，却没有开展有效的事前审查或后台审查，刑法应当责难此种不履行法定义务的行为。但即便是缓存服务器介入到视频传播过程中，也不是直接提供缓存服务器的链接，而是用户点击淫秽网站上的链接后，快播公司的缓存服务器才因调度服务器的指挥提供加速服务，其实现方式更多地体现出网络技术的后台传输特点，技术介入的非直观性特征明显。考虑快播公司的放任传播方式的非直观性与传统直观陈列方式传播的区别以及技术介入性特点，单纯以缓存服务器内实际存储的淫秽视频数量来评价快播公司及各被告人的刑事责任，过于严苛。

第四，快播公司放任淫秽视频传播的直接获利数额难以认定。现有证据可以认定快播公司及各被告人之所以放任淫秽视频传播，目的是利用淫秽视频传播带动用户增加从而产生更多收入，且实际获利巨大。但应当看到，现有证据没有证明快播公司经营的网络平台通过传播淫秽视频直接收取费用，不能区分快播公司现有营业收入中具体有哪些属于传播淫秽视频所得，哪些是合法经营所得。实际上，快播公司及各被告人在经营视频点播业务过程中，主观上兼有合法经营目的和非法牟利目的，客观上难以即时区分合法视频点播服务和非法视频点播服务。快播公司获利方式的间接性决定了这种合法经营和非法经营的混同存在，所反映出的主观恶性和行为的社会危害性，比纯粹以淫秽物品传播为专营业务的淫秽网站要小。但需指出，间接获取非法利益的目的包含在刑法所规定的非法牟利目的范畴之内，只是间接获利与直接获利在刑罚适用标准方面有所区别。

第五，本案“犯罪情节”的认定应该充分考量网络信息平台传播特点。点对点视频传播技术更新速度快，传播能力迅速攀升，其所产生的正面或负面影响，均与传播淫秽物品牟利罪刑法条文和司法解释制定时的情形难以同日而语。缓存服务器参与下的 P2P 视频点播技术使淫秽物品传播产生了超高速率、超大范围的传播效果，缓存服务器提供存储服务的淫秽视频数量动辄数以万计。故不宜按照相关司法解释所规定的传播淫秽视频牟利罪的数量标准来确定刑罚。科学技术的应用必须符合法律规范，法律也应当鼓励优先运用技术措施解决技术问题，从而使科学技术具有更大的发展空间。本案应当充分考量科技发展的特殊性，将新类型网络传播淫秽物品犯罪的量刑方法区别于传统传播行为，体现谦抑性，实现罪责刑相统一。

（二）快播公司放任淫秽视频大量传播并获取巨额非法利益应当认定为“情节严重”

深圳网监和南山广电局先后两次针对快播公司存在的网络信息安全问题进行行政处罚，快播公司及各被告人明知这些执法活动的具体指向就是其网络上存在的涉嫌传播淫秽、侵权等网络违法犯罪行为，消极对待整改，以作为的形式掩盖不作为的实质，为获取巨额非法利益，继续放任自己控制的缓存服务器被他人利用而介入淫秽视频传播，放任其网络平台大量传播淫秽视频，其主观恶性和社会危害性，显然大于一般的传播淫秽物品牟利行为。淫秽视频污染网络环境，尤其对青少年身心健康带来巨大损害，因此我国法律法规明确规定了网络信息服务提供者的网络信息安全管理责任。综合考虑快播公司拒不履行视频信息服务企业的网络安全管理义务，放任其网络系统被用于传播淫秽信息，两次受到行政处罚后仍以作为的形式掩盖不作为的实质，造成淫秽视频大量传播，非法牟利数额巨大，北京市海淀区人民法院认为，应当依据《刑法》第三百六十三条第一款的规定，认定为“情节严重”。

综上所述，被告单位深圳市快播科技有限公司及被告人王欣、吴铭、张克东、牛文举以牟利为目的，在互联网上传播淫秽视频，其行为均已构成传播淫秽物品牟利罪，情节严重，应依法惩处。北京市海淀区人民检察院指控被告单位深圳市快播科技有限公司、被告人王欣、吴铭、张克东、牛文举犯传播淫秽物品牟利罪的事实清楚，证据确实、充分，指控罪名成立。被告单位、各被告人及辩护人在第一次庭审中所提之无罪辩护意见，没有事实及法律依据，海淀法院未予采纳。鉴于被告单位及被告人王欣、张克东、牛文举对于指控犯罪事实均予承认，认罪悔罪，可依法酌情从轻处罚；被告人吴铭在法庭上虽承认快播公司犯罪，但对其个人的刑事责任始终予以回避，应当根据其在犯罪中的实际作用依法判罚。法院经审理后判决如下：

“一、被告单位深圳市快播科技有限公司犯传播淫秽物品牟利罪，判处罚金人民币一千万元。

二、被告人王欣犯传播淫秽物品牟利罪，判处有期徒刑三年六个月，罚金人民币一百万元。

三、被告人张克东犯传播淫秽物品牟利罪，判处有期徒刑三年三个月，罚金人民币五十万元。

四、被告人吴铭犯传播淫秽物品牟利罪，判处有期徒刑三年三个月，罚金人民币三十万元。

五、被告人牛文举犯传播淫秽物品牟利罪，判处有期徒刑三年，罚金人民币二十万元。”

三、本案涉及的相关法律与司法解释

1.《中华人民共和国刑法》第三百六十三条第一款：以牟利为目的，制作、复制、出版、贩卖、传播淫秽物品的，处三年以下有期徒刑、拘役或者管制，并处罚金；情节严重的，处三年以上十年以下有期徒刑，并处罚金；情节特别严重的，处十年以上有期徒刑或者无期徒刑，并处罚金或者没收财产。

2.《中华人民共和国刑法》第三百六十六条：单位犯本节第三百六十三条、第三百六十四条、第三百六十五条规定之罪的，对单位判处罚金，并对其直接负责的主管人员和其他直接责任人员，依照各该条的规定处罚。

3.《中华人民共和国刑法》第三十条：公司、企业、事业单位、机关、团体实施的危害社会的行为，法律规定为单位犯罪的，应当负刑事责任。

4.《中华人民共和国刑法》第三十一条：单位犯罪的，对单位判处罚金，并对其直接负责的主管人员和其他直接责任人员判处刑罚。本法分则和其他法律另有规定的，依照规定。

5.《中华人民共和国刑法》第五十二条：判处罚金，应当根据犯罪情节决定罚金数额。

6.《中华人民共和国刑法》第五十三条：罚金在判决指定的期限内一次或者分期缴纳。期满不缴纳的，强制缴纳。对于不能全部缴纳罚金的，人民法院在任何时候发现被执行人有可以执行的财产，应当随时追缴。

由于遭遇不能抗拒的灾祸等原因缴纳确实有困难的，经人民法院裁定，可以延期缴纳、酌情减少或者免除。

7. 2004 年最高人民法院、最高人民检察院发布的《关于办理利用互联网、移动通讯终端、声讯台制作、复制、出版、贩卖、传播淫秽电子信息刑事案件具体应用法律若干问题的解释》

第一条：以牟利为目的，利用互联网、移动通讯终端制作、复制、出版、贩卖、传播淫秽电子信息，具有下列情形之一的，依照刑法第三百六十三条第一款的规定，以制作、复制、出版、贩卖、传播淫秽物品牟利罪定罪处罚。

（一）制作、复制、出版、贩卖、传播淫秽电影、表演、动画等视频文件二十个以上的；

（二）制作、复制、出版、贩卖、传播淫秽音频文件一百个以上的；

（三）制作、复制、出版、贩卖、传播淫秽电子刊物、图片、文章、短信息等二百件以上的；

（四）制作、复制、出版、贩卖、传播的淫秽电子信息，实际被点击数达到一万次以上的；

（五）以会员制方式出版、贩卖、传播淫秽电子信息，注册会员达二百人以上的；

（六）利用淫秽电子信息收取广告费、会员注册费或者其他费用，违法所得一万元以上的；

（七）数量或者数额虽未达到第（一）项至第（六）项规定标准，但分别达到其中两项以上标准一半以上的；

（八）造成严重后果的。

第二条：实施第一条规定的行为，数量或者数额达到第一条第一款第（一）项至第（六）项规定标准五倍以上的，应当认定为刑法第三百六十三条第一款规定的“情节严重”；达到规定标准二十五倍以上的，应当认定为“情节特别严重”。

8. 2010年最高人民法院、最高人民检察院发布的《关于办理利用互联网、移动通讯终端、声讯台制作、复制、出版、贩卖、传播淫秽电子信息刑事案件具体应用法律若干问题的解释（二）》

第一条：以牟利为目的，利用互联网、移动通讯终端制作、复制、出版、贩卖、传播淫秽电子信息的，依照《最高人民法院、最高人民检察院关于办理利用互联网、移动通讯终端、声讯台制作、复制、出版、贩卖、传播淫秽电子信息刑事案件具体应用法律若干问题的解释》第一条、第二条的规定定罪处罚。

第六条：电信业务经营者、互联网信息服务提供者明知是淫秽网站，为其提供互联网接入、服务器托管、网络存储空间、通讯传输通道、代收费等服务，并收取服务费，具有下列情形之一的，对直接负责的主管人员和其他直接责任人员，依照刑法第三百六十三条第一款的规定，以传播淫秽物品牟利罪定罪处罚：

（一）为五个以上淫秽网站提供上述服务的；

（二）为淫秽网站提供互联网接入、服务器托管、网络存储空间、通讯传输通道等服务，收取服务费数额在二万元以上的；

（三）为淫秽网站提供代收费服务，收取服务费数额在五万元以上的；

（四）造成严重后果的。

实施前款规定的行为，数量或者数额达到前款第（一）项至第（三）项规定标准五倍以上的，应当认定为刑法第三百六十三条第一款规定的“情节严重”；达到规定标准二十五倍以上的，应当认定为“情节特别严重”。

第八条：实施第四条至第七条规定的行为，具有下列情形之一的，应当认定行为人“明知”，但是有证据证明确实不知道的除外：

（一）行政主管机关书面告知后仍然实施上述行为的；

（二）接到举报后不履行法定管理职责的；

（三）为淫秽网站提供互联网接入、服务器托管、网络存储空间、通讯传输通道、代收费、费用结算等服务，收取服务费明显高于市场价格的；

（四）向淫秽网站投放广告，广告点击率明显异常的；

（五）其他能够认定行为人明知的情形。

第十条：单位实施制作、复制、出版、贩卖、传播淫秽电子信息犯罪的，依照《中华人民共和国刑法》《最高人民法院、最高人民检察院关于办理利用互联网、移动通讯终端、声讯台制作、复制、出版、贩卖、传播淫秽电子信息刑事案件具体应用法律若干问题的解释》和本解释规定的相应个人犯罪的定罪量刑标准，对直接负责的主管人员和其他直接责任人员定罪处罚，并对单位判处罚金。

第十一条：对于以牟利为目的，实施制作、复制、出版、贩卖、传播淫秽电子信息犯罪的，人民法院应当综合考虑犯罪的违法所得、社会危害性等情节，依法判处罚金或者没收财产。罚金数额一般在违法所得的一倍以上五倍以下。

案例 20

合慧伟业公司等虚开增值税专用发票案

——增值税专用发票相关犯罪与上诉不加刑*

（财税法学）

本案例所涉案例入选中国2019“年度影响力税务司法审判案例”，该案历经一审、二审，最终二审认定行为人的行为不构成虚开增值税专用发票罪。虚开增值税专用发票罪在司法实践中争议非常大，在刑法明确规定为行为犯的前提下，是否考虑目的及后果，又如何掌握司法审判的尺度，在实现保护企业家的司法政策目的同时，不致放弃罪刑法定原则。本案中，法院将无实际交易的融资性贸易排除在虚开增值税专用发票罪之外，以“主观上是否具有骗取国家税款的目的，客观上是否造成了国家损失”来区分“虚开增值税专用发票罪”与“非法购买增值税专用发票罪、非法出售增值税专用发票罪”的此罪与彼罪，同时明确了虽不构成犯罪，但构成行政违法，解决了行政违法和税收犯罪的关系问题。本案例涵盖刑事案件的一审、二审等环节，涉及的实体问题包括虚开增值税专用发票罪的认定、非法购买、销售增值税专用发票罪的认定等问题，涉及的程序问题包括罪名变更、上诉不加刑等问题。

* 本案例由中央财经大学法学院副教授李伟编写。

案例正文

一、诉讼参与人

（一）被告单位合慧伟业公司

被告单位合慧伟业商贸（北京）有限公司（以下简称合慧伟业公司），法定代表人邱某某，注册地为北京市西城区东经路 × 号 × 室，实际经营地为北京市朝阳区朝外大街 16 号中国人寿大厦 8 层。

诉讼代表人张某 1，女，32 岁，合慧伟业商贸（北京）有限公司职员。

（二）被告人赵伟

被告人赵伟，男，1968 年 11 月 28 日出生，公民身份号码 × × ×，汉族，大学文化，原合慧伟业商贸（北京）有限公司实际控制人、原北京城乡建设集团山东分公司负责人。

（三）被告单位天正博朗公司

被告单位北京天正博朗商贸有限公司（以下简称天正博朗公司），法定代表人刘会洋，注册地为北京市石景山区广宁村新立街 × × 房间，实际经营地为北京市大兴区新城北区 2 号地 × 号商业办公楼 × 层 × 号。

诉讼代表人陈某某，女，27 岁，北京天正博朗商贸有限公司职员。

（四）被告单位恩百泽公司

被告单位北京恩百泽商贸有限公司（以下简称恩百泽公司），法定代表人刘会洋，注册地为北京市石景山区广宁村新立街 × × 房间，实际经营地为北京市大兴区新城北区 2 号地 × 号商业办公楼 × 层 × 号。

诉讼代表人孙某波，女，32 岁，北京恩百泽商贸有限公司职员。

（五）被告人刘会洋

被告人刘会洋，男，1979 年 4 月 1 日出生，公民身份号码 × × ×，汉族，大专文化程度，北京天正博朗商贸有限公司、北京恩百泽商贸有限公司法定代表人。

（六）其他涉案单位

中国诚通公司，通过贸易方式为山东分公司融资；

山东黄金集团，与中国诚通公司签订合作开发协议。

二、案件基本事实

2007年1月，北京城乡建设集团有限责任公司山东分公司（以下简称山东分公司）成立，赵伟任经理。在赵伟任经理期间，赵伟负责自找业务、自我管理、自负盈亏。

2010年8月，山东分公司与山东黄金集团签订合作开发协议，合作开发山东黄金时代广场项目。约定各自承担50%的开发成本及费用，各自分得两个楼座；后又签订施工协议等，由山东分公司负责建设山东黄金时代广场。

为解决山东黄金时代广场的建设资金问题，赵伟与中国诚通公司的李学农、刘增辉，商议决定由中国诚通公司通过贸易方式为山东分公司融资。方式为：山东分公司向中国诚通公司购买钢材并以货款名义开具商业承兑汇票，利用中国诚通公司在银行的信用将汇票贴现，再由中国诚通公司向赵伟实际控制的合慧伟业公司购买钢材以货款名义将贴现款转给合慧伟业公司，合慧伟业公司收到款后再以往来款名义转给山东分公司或直接购买钢材交给山东分公司用于建设。汇票到期后由山东分公司将应到期归还的钱款还给中国诚通公司，中国诚通公司再归还给银行。

在上述贸易融资过程中，合慧伟业公司因给中国诚通公司开具了1.2亿余元的增值税专用（进项）发票，合慧伟业公司因此留下了相应金额的增值税专用（销项）发票，需要缴纳相应的增值税。

为此，合慧伟业公司找到刘会洋任法定代表人的天正博朗公司和恩百泽公司，由天正博朗公司于2012年8月至2013年3月，给合慧伟业公司开具增值税专用（进项）发票103份，税额合计16150052.28元，价税合计111150360.6元；恩百泽公司于2012年11月，给合慧伟业公司开具增值税专用（进项）发票52份，税额合计661797.47元，价税合计4554724.1元。合慧伟业公司将上述天正博朗公司和恩百泽公司开具的进项发票全部认证抵扣。

在此过程中，合慧伟业公司以支付货款名义转给天正博朗公司90241794.78元，经恩百泽公司后转回合慧伟业公司85491794.78元；2012年12月25日，合慧伟业公司支付恩百泽公司4554724.1元，当日全部转回合慧伟业公司。天正博朗公司、恩百泽公司在给合慧伟业公司虚开增值税专用（进项）发票交易过程中，获取非法利益共计475万元（90241794.78－85491794.78）。案件基本事实发展经过如图20－1、图20－2所示。

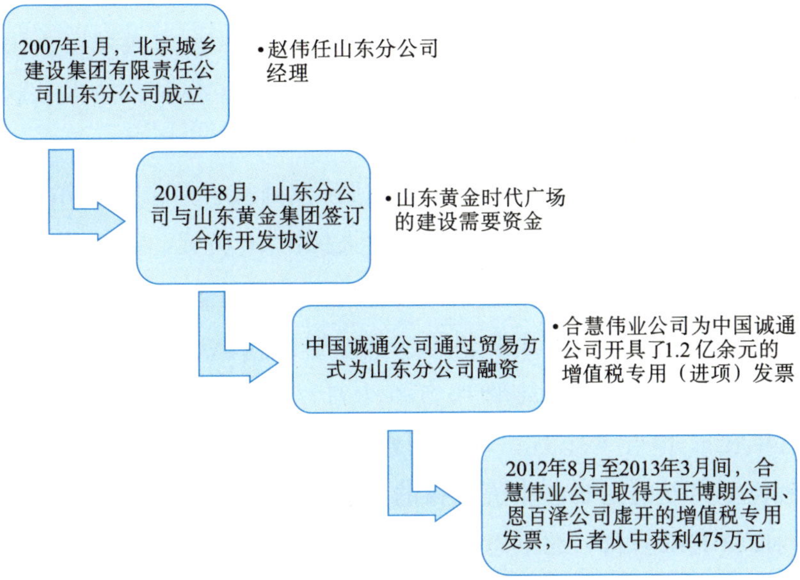

图20－1　案件基本事实发展经过

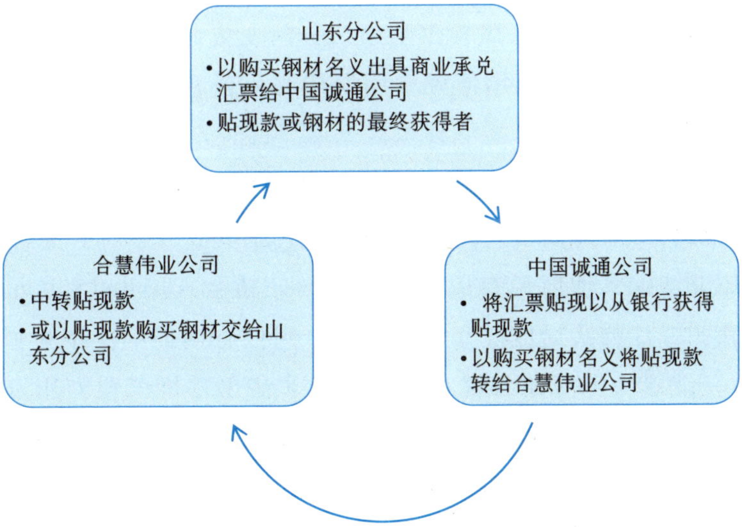

图20－2　中国诚通公司与山东分公司融资过程

三、诉讼过程概览

1. 被告人赵伟、刘会洋分别于2017年1月10日、2016年9月19日被北京市公安局丰台分局抓获归案。

2. 北京市西城区人民检察院于2018年1月10日向北京市西城区人民法院提起公诉，指控被告单位合慧伟业公司、天正博朗公司、恩百泽公司，被告人赵伟、刘会洋犯虚开增值税专用发票罪。

3. 2018年12月5日，北京市西城区人民法院判处被告单位合慧伟业商贸（北京）有限公司犯虚开增值税专用发票罪，判处罚金人民币30万元；被告单位北京天正博朗商贸有限公司犯虚开增值税专用发票罪，判处罚金人民币25万元；被告单位北京恩百泽商贸有限公司犯虚开增值税专用发票罪，判处罚金人民币8万元；被告人赵伟犯虚开增值税专用发票罪，判处有期徒刑10年6个月；被告人刘会洋犯虚开增值税专用发票罪，判处有期徒刑10年6个月；责令被告单位合慧伟业商贸（北京）有限公司退缴因虚开增值税专用发票犯罪已非法抵扣的税款，移交税务机关补缴税款；被告单位北京天正博朗商贸有限公司、北京恩百泽商贸有限公司对于因虚开增值税专用发票犯罪已非法抵扣的税款负连带退缴责任。

4. 上述被告单位及被告人均不服，提出上诉，北京市第二中级人民法院于2019年6月5日公开开庭进行了审理。

5. 二审审理期间，北京市人民检察院第二分院变更起诉罪名：天正博朗公司、恩百泽公司、刘会洋构成非法出售增值税专用发票罪；合慧伟业公司、赵伟构成非法购买增值税专用发票罪。

6. 2019年7月9日，北京市第二中级人民法院判决，撤销北京市西城区人民法院（2018）京0102刑初153号刑事判决；上诉单位（原审被告单位）合慧伟业商贸（北京）有限公司犯非法购买增值税专用发票罪，判处罚金人民币15万元；上诉人（原审被告人）赵伟犯非法购买增值税专用发票罪，判处有期徒刑2年6个月；上诉单位（原审被告单位）北京天正博朗商贸有限公司犯非法出售增值税专用发票罪，判处罚金人民币15万元；上诉单位（原审被告单位）北京恩百泽商贸有限公司犯非法出售增值税专用发票罪，判处罚金人民币5万元；上诉人（原审被告人）刘会洋犯非法出售增值税专用发票罪，判处有期徒刑3年；继续追缴北京天正博朗商贸有限公司、北京恩百泽商贸有限公司人民币475万元作为违法所得予以没收。

四、案件相关证据

（一）证人证言

1. 证人证言（余某，合慧伟业公司会计）

合慧伟业公司在陶然亭附近的富力摩根大厦6层办公，该公司的实际控制人是赵伟，法定代表人是马某，公司经理是韩某，出纳为是某，还有行政人员侯某。公司业务是赵伟、韩某负责，财务是余某、是某，余某直接听命于赵伟或者韩某。财务方面审批都是韩某签字，好像是赵伟授权他签字，也有马某签字的材料。公司主要是做螺纹钢销售，主要是从其他公司进货、往中铁物资、中国诚通等公司销售，公司没有库房。赵伟还是山东分公司的经理，在山东确实有楼盘建造，所以认为钢材贸易是真实的，账务按照正常做账。合慧伟业公司与山东分公司的贸易模式是山东分公司需要钢材，从中国诚通公司等央企进货，央企从合慧伟业公司进货，合慧伟业公司从其他供应商处进货。资金是中国诚通公司给合慧伟业公司，合慧伟业公司再把钱给供应商。货物往来余某听韩某说供货商直接送货，不经过合慧伟业公司。钢材供货商给合慧伟业公司开具进项票，合慧伟业公司给中国诚通公司等央企开具销项票，合慧伟业公司收到钱后，有的钱用于进货，有的钱用于借款给山东分公司。合慧伟业给中国诚通公司开具增值税专用发票，总金额有1亿多元。

合慧伟业公司自2012年8月至2013年3月间，合慧伟业公司从天正博朗公司购买钢材，陆续收到天正博朗公司开具的增值税专用发票共计103份，总税额1600余万元，这些进项票都核实抵扣了。赵伟既是合慧伟业公司负责人又是山东分公司负责人，合慧伟业公司以借款方式给了山东分公司大概1.2亿元。合慧伟业公司从天正博朗公司、恩百泽公司、其他两家公司取得增值税专用发票。

2012年8月29日，山东分公司转账存入合慧伟业公司400万元，当天合慧伟业公司支付400万元货款给天正博朗公司，当天恩百泽公司转账存入合慧伟业400万元。之后在同一天，又连续三次重复这种支付货款、转账存入的方式，最后合慧伟业公司取得了1600万元增值税专用发票，这不是真实的业务。

2. 证人证言（马某，合慧伟业公司原法定代表人）

2006年或者2007年，赵伟、何某合伙设立合慧伟业投资有限公司，我是挂名的股东，没参与过经营。2007年赵伟挂靠到北京城乡建设集团，用北京城乡建设集团资质成立了山东分公司，主要做建筑方面业务，山东分公司由赵伟经营，北京城乡建设集团不给山东分公司投资，山东分公司利用总公司的资质自主经营，自筹资金，给总公司上交管理费，我没参与过山东分公司的经营。

3. 证人证言（韩某，合慧伟业公司副总经理）

2012年4月份左右我到山东分公司工作，2012年6月份左右，赵伟安排我到合慧伟业公司负责公司接待，当时赵伟和马某说这家公司是他们两人的，法人是马某，二人各占50%的股份，但实际负责人是赵伟。山东分公司负责人也是赵伟，副经理陈某1、刘某2，财务经理王某1，马某负责办公室工作，负责日常费用审批。合慧伟业公司员工有是某、余某、侯某。我主要是和赵伟一起工作，赵伟去什么地方我就跟着，业务是由赵伟负责，我主要是出差安排住宿，接待业务客户，赵伟谈好业务后我有时会把他们之间的合同拿回公司交给侯某以及贴现业务中将银行承兑汇票拿回合慧伟业公司交给余某或侯某。

我没见过合慧伟业公司的库房，也没有人说公司有库房，合慧伟业公司向其他单位购买钢材，我也没有见到过采购合同，但见过合慧伟业公司同中国诚通公司、中铁物资集团、中铁物资新疆公司以及山东分公司之间有三方采购钢材合同，接受钢材方是山东分公司，应该是中国诚通公司出资从合慧伟业公司购买钢材，但工作期间没有见到过合慧伟业公司有真实的钢材交易发生。业务都是赵伟商谈，合同也是赵伟签订。

2012 年 9、10 月，山东黄金时代广场被人给堵住施工现场，赵伟让我找关系帮着送钢材，我联系同学王某 7 认识赵伟，王某 7 的公司是济南中海兴公司，之后两人怎么联系不清楚。事后我得知王某 7 送给赵伟工地价值 800 余万元的钢材，但钢材款一直没有支付，在送钢材过程中，赵伟让我联系王某 7 把发票开具给合慧伟业公司。天正博朗公司负责人叫刘会洋，2013 年初是某让我开车到刘会洋办公地拿东西，具体什么东西不清楚，合慧伟业公司的票据都由财务是某和余某负责。2012 年 6、7 月，李某 1 到合慧伟业公司让赵伟开发票不然没法做账，赵伟说没有，让李某 1 自己去联系，李某 1 就提出找刘会洋开发票，后来我才知道刘会洋是天正博朗公司的负责人，赵伟让韩某、余某听李某 1 的安排就行，事后刘会洋给我打电话说李某 1 让他联系我，因为我不懂财务上的事情，就让刘会洋找合慧伟业公司的财务人员。我在山东分公司、合慧伟业公司工作期间没有签收过钢材出入库单据及山东分公司施工的黄金时代广场项目的钢材验收单。

4. 证人证言（是某，合慧伟业公司出纳）

合慧伟业公司收款不需要审批，付款业务余某给我支出凭单，我去操作，支出凭单上有韩某、余某签字，赵伟事后补签，赵伟是公司的实际控制人。合慧伟业公司进项税票的来源有中铁新疆及山东的公司。2012 年 8 月 29 日，合慧伟业公司连续打款 400 万元 4 次给天正博朗公司，资金都是当天回流，从合慧伟业公司的记账上显示 1600 万元的货款，同时合慧伟业接受了天正博朗公司 1600 万元的增值税专用发票，这样连续打款 4 次，是为了取得 1600 万元的银行回单，是为了做账用，如果是资金回流了，相当于没有支付货款，肯定不是真实的业务。

5. 证人证言（乔某，内蒙古敕勒川科技发展有限公司财务经理）

合慧伟业公司之前的股东是赵伟和马某，法定代表人是马某，2015 年 8 月，邱某某注资 1.5 亿元，成为合慧伟业公司第一大股东，法定代表人变更为邱某某。

6. 证人证言（王某 2，原天正博朗公司员工）

2011 年我到天正博朗公司上班，天正博朗主要销售钢材，我主要联系购买钢材的客户，后来就开始在该公司做兼职，不去公司上班了。2012 年开始我给刘会洋卖增值税专用发票，是刘会洋让我卖的，当时刘会洋说现在公司有进项票，让我问问有没有需要的，因为我认识一些做加工的客户，所以刘会洋让我帮他卖发票，我卖发票的钱都交给刘会洋了，刘会洋给我的发票是天正博朗公司、恩百泽公司的增值税专用发票。

7. 证人证言（李某 2，天正博朗公司和恩百泽公司兼职会计）

天正博朗公司和恩百泽公司的法定代表人是刘会洋，两公司都经营钢材。每月月初两公司将资料送到我家里，我在家中做账报税，两公司的票据都是由该公司的出纳韩某 2 认证通过后再交给我做账，我不涉及合同，因为刘会洋说钢材生意都是口头协议，没有合同。2012 年到 2014 年，两家公司钢材销售比较大，大概几千万到一亿元左右。我听刘会洋说天正博朗公司的票不够用，所以要再成立一家公司，就成立了恩百泽公司。刘会洋的公司没有专门负责库房的人员，我不知道为什么天正博朗公司、恩百泽公司互相开增值税发票，刘会洋说这样两公司都可以挣钱。天正博朗公司给合慧伟业公司开具过发票，合慧伟业公司是一个大客户。

8. 证人（闫某，北京城乡建设集团副总经理）

山东分公司于 2007 年 1 月设立，总经理是赵伟，2011 年山东分公司与山东黄金地产旅游集团签订合同建设山东黄金时代广场项目，项目实际消耗钢材 1.55 万余吨，涉及总金额 7000 多万元，出入库单据反映有五家公司是钢材供应商，没有中国诚通公司。

9. 证人（王某 3，山东分公司经理）

2013 年 6 月我接管了山东分公司，2013 年 9 月赵伟山东分公司的职务被撤销。山东分公司于 2012 年至 2013 年之间所承包的项目只有黄金时代广场，该项目使用的钢材是山东分公司自行签订合同，不需要向工程承包总部汇报。山东分公司的黄金时代广场该项目从五家钢材供应商购买钢材，分别是济南龙大盛源物资有限公司、济南文冉商贸有限公司、北京莆京远达商贸有限公司、济南鲲鹏伟业经济发展有限公司、中海兴公司，另外还有山东分公司自购钢材 160 余吨，共计购买钢材 1.55 万余吨，金额为 7000 余万元。山东分公司与中国诚通公司于 2012 年 5 月至 8 月签订钢材销售合同，但通过查询山东分公司实际入库情况，没有该合同中涉及钢材的入库记录，没有实际业务发生。山东分公司与中国诚通公司、合慧伟业公司于 2012 年 4 月至 8 月签订的三方采购合同，但通过查询山东分公司实际入库情况，没有该合同中涉及钢材的入库记录，没有实际业务发生。

10. 证人证言（王某 1，山东分公司财务经理）

2007 年 4 月马某聘我到山东分公司担任财务经理，马某是山东分公司副总经理，负责办公室、人事部，赵伟、马某说合慧伟业公司也是他们的公司。山东分公司财务部都是按照赵伟、马某的安排收支、做账，即使是马某安排也要征求赵伟的意见，只有赵伟同意才可以做。山东分公司与中国诚通公司没有业务往来，没有真实的货物交易，也没有正常的资金往来，公司账目收料单上我的签字是假冒的，我没在收料单上签过字，正常的入库单据是由收料员李某 3 签收，项目经理王某 4 签字确认。赵伟掌控期间，山东分公司、合慧伟业公司、城乡润泽三家公司都是赵伟、马某实际控制，资金往来就像是赵伟从自己左兜掏出钱放在右兜一样，这三家业务都是赵伟安排的，之间的交易都应该是假的。山东黄金时代广场项目 2010 年底开始筹划，2011 年 3 月份开始施工，实际入库单据上的供应商有济南龙大盛源物资有限公司、北京莆京远达商贸有限公司、济南文冉商贸有限公司、济南鲲鹏伟业经济发展有限公司、济南中海兴经贸有限公司。经财务统计上述五家企业向山东分公司供应的钢材共计 1.55 万余吨，金额 7000 余万元，山东黄金时代广场项目合慧伟业公司没有供应过钢材。从公司的账目上看，山东分公司没有收到过中国诚通公司的货物，但中国诚通公司给山东分公司开具了 1.2 亿元的增值税普通发票（其中含广州诚通开具的 1902 万元），我问赵伟收到的增值税普通发票怎么办，赵伟说那些实际供应钢材的供应商没有发票，就用这些发票做账入成本。

11. 证人证言（张某 1，山东分公司材料部材料员）

山东分公司共有五家钢材供应商，分别是济南龙大盛源、文冉商贸、鲲鹏伟业、中海兴、莆京远达，还有其他零星采购的钢材。没有合慧伟业公司、天正博朗公司、恩百泽公司、中国诚通公司供应钢材。

12. 证人证言（陈某 1、王某 4）

中国诚通公司、合慧伟业公司、天正博朗公司、恩百泽公司没有给黄金广场项目供应过钢材。

13. 证人（何某，北京城乡建设集团工程承包总部总会计师）

2007 年 8 月，我和赵伟注册成立了合慧伟业投资有限公司，公司成立后一个项目都没有做成，2009 年 9 月我离开了合慧伟业，离开时股权免费转让给了赵伟的爱人马某。

14. 证人证言（范某，中国诚通公司纪委书记）

2012 年 4 月至 9 月间，中国诚通公司与山东分公司、合慧伟业公司以三方协议的形式向合慧伟业公司签订采购钢材合同，山东分公司签收钢材数量为 4.29 万余吨，中国诚通公司向合慧伟业公司付款 1.62 亿元。我不清楚中国诚通公司向合慧伟业公司采购钢材再卖到山东分公司是否有真实货物交易。

15. 证人（刘某）

中国诚通公司开具给天正博朗公司的商业承兑汇票，刘会洋从中获利 140 余万元。

16. 证人（李某 1，中国诚通公司国际贸易部业务副经理）

2012 年至 2013 年间中国诚通公司与赵伟所在的山东分公司有贸易往来，当时赵伟是山东分公司总经理，赵伟说合慧伟业公司是山东分公司下属公司，法人代表是马某（赵伟妻子），赵伟是合慧伟业公司实际控制人，公司经理是韩某。山东分公司有山东济南黄金时代广场工程项目，其中采购钢材的业务涉及中国诚通公司、山东分公司、合慧伟业公司、天正博朗公司。合慧伟业公司没有库房，是皮包公司，赵伟控制的两家公司没有足够资金购买大量钢材，需要找一家国企公司以贴现的方式前期垫资，用国企公司贴现出来的钱再去采购钢材，所以山东分公司与中国诚通公司、合慧伟业公司签订了三方合同，由山东分公司出具商业承兑汇票，中国诚通公司贴现，再通过银行承兑汇票和网银转账的方式将资金打给合慧伟业公司，由合慧伟业公司去采购钢材，之后再由合慧伟业公司将钢材送至山东分公司项目工地，山东分公司再把附有签字的收货单给中国诚通公司，中国诚通向山东分公司出具增值税普通发票，合慧伟业公司向中国诚通公司开具增值税专用发票。我不确定是否有真实的钢材交易，但是中国诚通公司收到了山东分公司的收货单，上面有山东分公司人员的签名和合慧伟业公司人员的签名。天正博朗公司的负责人是刘会洋，该人是中国诚通公司员工金某的老公，中国诚通公司先与山东分公司签订供货合同，2012 年又找天正博朗公司签订合同，由天正博朗公司向中国诚通公司供货，后天正博朗公司直接将钢材供给山东分公司。

17. 证人（金某，中国诚通公司员工、刘会洋的妻子）

刘会洋是天正博朗公司、恩百泽公司的法人及实际控制人，天正博朗公司与中国诚通公司有 1500 万元采购合同，其中天正博朗公司是供方，中国诚通公司是需方，中国诚通公司给天正博朗公司开具了 1500 万元商业承兑汇票，天正博朗公司贴现后将钱款打给了合慧伟业公司，由合慧伟业公司供货给山东分公司。

18. 证人（王某 5，济南中海兴经贸有限公司职员）

济南中海兴经贸有限公司与山东分公司和合慧伟业公司有过业务往来，该公司与山东分公司签订了钢材购销合同，由该公司向山东分公司位于济南高新区的黄金广场工地供应钢材，该公司按照实际供货量开出增值税专用发票，韩某让把票都开给了合慧伟业公司。

19. 证人（王某 6，济南鲲鹏伟业经济发展有限公司办公室主任）

大约 2012 年 4 月，济南鲲鹏伟业经济发展有限公司按照采购钢材合同给山东分公司的山东黄金广场工地供应过钢材，总共加起来大约有 1000 吨钢材，由合慧伟业公司付款。

20. 证人（赵伟，济南鲲鹏伟业经济发展有限公司会计）

2012 年 4 月份，济南鲲鹏伟业经济发展有限公司的业务经理郭广业与山东分公司签订了一份钢材供销合同。后来财务就陆续收到了几笔货款，大约是 1100 多万元，每次韩某都告诉我把货款对应金额的增值税专用发票开给合慧伟业公司。

21. 证人（黄某，北京蒲京远达商贸有限公司股东）

2012 年北京蒲京远达商贸有限公司为北京城乡建设集团有限责任公司的山东黄金时代广场的项目供应了 2000 多万元的钢材，大约 8000 吨。赵伟是山东分公司的法人代表，黄某与山东分公司签订了合同，钢材都是供应商直接拉过去到山东黄金时代广场的工地。2012 年、2013 年我公司给北京合慧伟业公司开过增值税专用发票，当时该公司供应给山东分公司的钢材货款没有给清，赵伟、韩某就跟我商定，后期我公司继续供货给合慧伟业公司，由合慧伟业公司付款，合慧伟业公司再供给山东分公司，赵伟说先开发票，货以后再进，所以我公司就给合慧伟业公司开了增值税专用发票，发票韩某拿回去后合慧伟业公司一直没有再付款，所以我公司也就没有给合慧伟业公司供应相应钢材。

22. 证人（陈某 2，济南文冉商贸公司法定代表人）

2011 年济南文冉商贸公司与赵伟代表的山东分公司签订了两份钢材销售合同，先后给山东分公司提供了价值 86 万余元的钢材，并运送到黄金广场工地，后山东分公司支付了货款。2012 年 5 月济南文冉商贸公司与赵伟代表的合慧伟业签订了 3 份钢材买卖合同，但赵伟一直没给钱，只给了一张面值 1000 余万的空头支票做抵押，该公司也没给供货，没有货物交易，2012 年 6 至 8 月该公司给合慧伟业开具了 3000 多万元的增值税专用发票。

23. 证人证言（证人张某，山东黄金地产旅游集团有限公司时代广场分公司负责人）

证实该公司与山东分公司签订协议的过程、账户管理、授权委托情况。

（二）书证

1. 营业执照、监管情况材料、经济损失情况说明、山东分公司的成立的相关资料、承包相关公司规定、用印审批表，赵某劳动合同书、授权委托书、建设工程施工合同、北京城乡集团出具的说明、合作协议书复印件、销售合同、商业承兑汇票及贴现手续、业务情况说明、供应采购合同

可证实，中国诚通公司与北京城乡建设集团、山东分公司签订建材销售合同，中国诚通公司为对方提供的承兑汇票贴现。中国诚通公司、山东分公司、合慧伟业公司三方签订钢材采购合同，对应的钢材共计4.7万余吨，货款1.9亿余元。天正博朗公司与中国诚通公司签订钢材采购合同，收到中国诚通公司1500万元商业承兑汇票后进行贴现并将资金转给合慧伟业公司，天正博朗公司给中国诚通公司开出增值税专用发票。

2. 记账凭证、账本

证实，天正博朗公司、恩百泽公司、合慧伟业公司之间资金往来及账目情况。

3. 银行账户查询信息

中国诚通公司接受汇票贴现后将钱款支付1.76亿元给合慧伟业公司。

4. 收货单（中国诚通公司提供）

证实山东分公司收到中国诚通公司交付的钢材共计4.29万余吨。

5. 钢材供应商采购合同、入库单、清算表、山东分公司出具的2012—2014年购买钢材说明、山东黄金集团出具的关于黄金时代广场合作开发项目钢筋使用量的说明

证实，山东分公司总承包的济南黄金广场项目，实际供应钢材公司为5家，分别为济南鲲鹏伟业经济发展有限公司、济南文冉商贸公司、济南中海兴经贸有限公司、济南龙大盛源物资有限公司、北京蒲京远达商贸有限公司。山东分公司在2012年至2014年间施工项目一共有两个，其中一个是济南市高新区孙村安置区14#楼工程，该工程开工日期为2010年10月1日，竣工验收日期为2012年5月14日，该工程钢筋总用量为800余吨，实际供货人为陈某2，供货时间为2010年，付款至陈某2共计398万元；另一工程项目为黄金时代广场，共有5家供应商，购进钢材总量为1.55万余吨，金额共计7000余万元。

6. 已证实虚开通知单、增值税发票认证明细表、增值税纳税申报表、调查报告、行政处罚决定及证明

证实，2012年8月至2013年3月，合慧伟业公司以购进钢材名义取得天正博朗公司开具103份增值税专用发票，金额合计9500余万元，税额合计1615万余元；恩百泽公司于2012年为合慧伟业公司开具52份增值税专用发票，金额合计389万余元，税额合计66万余元，上述增值税专用发票已认证抵扣。合慧伟业公司向中国诚通公司虚开增值税专用发票合计1419份，涉案发票金额合计1.37亿余元，上述增值税专用发票已认证抵扣。2012年1月至2014年12月济南文冉商贸公司、济南龙大盛源物资有限公司、济南中海兴经贸有限公司、济南鲲鹏伟业经济发展有限公司、北京蒲京远达商贸有限公司给合慧伟业公司开具增值税专用发票价税合计8300余万元，税额合计1200余万元，已经在国税局认证抵扣。

7. 户籍信息材料

证实二被告人自然情况

（三）鉴定意见（会计鉴定意见书）

自 2010 年 1 月至 2016 年 9 月期间，天正博朗公司取得合慧伟业公司的货款收入合计 9000 余万元，增值税销项税额 1600 余万元；天正博朗公司向合慧伟业公司采购螺纹产品取得增值税专用发票金额为 1196 万余元；自 2012 年 1 月至 2016 年 4 月期间，恩百泽公司取得合慧伟业的货款收入合计 389 万余元，增值税销项税额 66 万余元；合慧伟业公司与天正博朗公司、恩百泽公司之间资金往来情况。

（四）被告人供述与辩解

1. 赵伟供述与辩解

天正博朗公司、恩百泽公司是中国诚通公司指定的供货商，天正博朗公司、恩百泽公司给合慧伟业公司开具了增值税专用发票，合慧伟业公司已经抵扣了税款，我知道资金流转过程，合慧伟业公司、天正博朗公司、恩百泽公司、中国诚通公司、山东分公司之间都是合规操作，山东分公司从中国诚通公司采购钢材，合慧伟业公司是担保方，中国诚通公司指定天正博朗公司采购钢材，合慧伟业公司与天正博朗公司之间有真实的钢材交易，我无罪。

2. 刘会洋供述与辩解

我是天正博朗公司、恩百泽公司的法人、实际负责人，2012 年四五月份合慧伟业公司经理韩某打电话说他公司和中国诚通公司有一笔钢材业务，金额为 1500 万元左右，中国诚通公司李某 1 让他联系我。我联系李某 1 询问能否与韩某的公司做这笔业务，李某 1 在电话中说可以，钱由李某 1 公司出具商业承兑汇票，我的公司帮合慧伟业有限公司贴现，所进钢材也不用我出售，业务做完各公司之间开具增值税专用发票。我同意之后与合慧伟业公司、中国诚通公司签订的采购合同，签完合同后，我在拿到汇票之后将 1500 万元存入银行账户，之后将其中的 1400 万元转给合慧伟业公司，双方签订的合同只是帮着给合慧伟业公司贴出现金，为了业务真实性我的公司给中国诚通公司虚开增值税专用发票，合慧伟业公司再给我的公司虚开增值税专用发票。我使用这些增值税专用发票作为进项税做账，我的公司再开给中国诚通公司增值税销项税票，我从中获取的好处费 3 万至 5 万元，三方不存在真实业务，只是为了资金流转才签订的合同。2012 年 5 月至 12 月，韩某还从我手中购买过恩百泽公司的增值税专用发票，具体多少份记不清楚，韩某说他需要发票来增加他的进项，我会在每吨钢材加价 10 元好处费，双方签完合同之后，韩某将钢材全款打入我的公司，我扣除好处之后再将剩下的钱转给韩某提供的账户，收票公司是合慧伟业公司，天正博朗公司与合慧伟业公司之间没有真实业务发生，2012 年 8 月至 2013 年 3 月间，天正博朗公司、恩百泽公司给合慧伟业公司开具了大量增值税专用发票，这些业务不真实存在，只是提供增值税专用发票。

五、控辩双方意见

（一）西城区人民检察院意见（一审）

被告单位合慧伟业公司、天正博朗公司、恩百泽公司违反国家税收管理制度，在没有真实货物销售的情况下虚开增值税专用发票，且数额巨大，被告人赵伟、刘会洋作为公司实际控制人，决定、批准、授意犯罪活动，系对公司直接负责的主管人员。被告单位合慧伟业公司、天正博朗公司、恩百泽公司、被告人赵伟、刘会洋的行为均已触犯了《中华人民共和国刑法》第二百零五条、第三十一条之规定，犯罪事实清楚，证据确实、充分，应当以虚开增值税专用发票罪追究其刑事责任。

（二）北京市人民检察院第二分院意见（二审）

本案上诉单位及上诉人虽然表面上签订了钢材购销合同，但以融资托盘为最终目的，并不存在真实的货物购销等经营行为，缺乏向国家缴纳增值税款的事实基础，因此在案证据难以认定上诉单位及上诉人主观上具有骗取国家税款的目的，客观上造成了国家税款损失，认定构成虚开增值税专用发票罪证据不足。

2012年8月至2013年3月间，天正博朗公司、恩百泽公司给合慧伟业公司虚开增值税专用发票155份，税款合计1600余万元，因此收取了475万元的好处费，实质上是一种变相买卖增值税专用发票的行为。天正博朗公司、恩百泽公司、刘会洋构成非法出售增值税专用发票罪；合慧伟业公司、赵伟构成非法购买增值税专用发票罪。

（三）辩方意见

1. 合慧伟业公司与赵伟均不构成虚开增值税发票罪（一审）

（1）合慧伟业公司与赵伟均没有任何主观虚开增值税专用发票的故意，是以钢材贸易形式进行融资，这种情况在央企中普遍存在，直到2015年10月才有明确文件不允许，但只是违纪不违法。没有一张发票没有完税，没有任何一张发票偷逃税款，没有违反国家的规定，被告人赵伟不构成犯罪；

（2）全案证据只指向3家央企的钱融资到山东分公司的项目上，融资手段就是钢材贸易方式，没有任何企业负责人想骗税虚开，行为上都是自觉报税，发票全部真实，不存在虚开问题，没有税款流失，只以没有真实的钢材交货不能成为认定虚开增值税发票罪的依据。

2. 天正博朗公司、恩百泽公司与刘会洋不构成虚开增值税专用发票（一审）

（1）本案为托盘交易、贸易融资，没有实际交易发生，仅仅是为了银行发放信用贷款，增值税专用发票的开具方和受票方均不以抵扣增值税为目的，主观上没有骗取抵扣税款的故意，客观虚开行为没有造成增值税款流失；

（2）在案两份会计鉴定意见书不能证明被告人构成犯罪，税务机关出具的相关文字材料不应作为证据使用，不能证明被告人刘会洋构成犯罪。

3. 合慧伟业公司与赵伟均不构成虚开增值税发票罪与非法购买增值税发票罪（二审）

（1）主观上是为了贸易融资，以取得钱款进行项目建设为目的，没有骗取国家税款的目的，没有虚开增值税专用发票的犯罪故意，没有购买增值税专用发票的主观故意，这只是一个交易环节。认定合慧伟业公司为了虚开的增值税专用发票而与天正博朗公司等进行虚假贸易，是对本案真实法律关系的歪曲。

（2）没有证据证明因上诉人的行为给国家税款造成损失。

（3）本案所涉款项是贸易融资中的交易成本，是天正博朗公司、恩百泽公司参与贸易融资过程应得的费用，非出售、购买增值税专用发票的费用。故不构成虚开增值税专用发票罪，也不构成非法购买增值税专用发票罪。此外，辩护人还提出检察人员在二审审判过程中没有指证新罪的职权。综上，上诉人及上诉单位无罪。

4. 天正博朗公司、恩百泽公司与刘会洋不构成虚开增值税专用发票罪与非法出售增值税专用发票罪（二审）

（1）原判认定事实错误，天正博朗公司和恩百泽公司给合慧伟业公司开具发票的行为是应中国诚通公司的要求，为完成山东分公司向中国诚通公司融资而产生的开具发票行为，其真实目的是融资而非偷逃税款，主观上没有虚开也没有出售增值税专用发票的故意。

（2）行为人的行为没有给国家造成税款损失，行为不具有社会危害性，虽违反相应规定，但不应作为犯罪处罚。

（3）虚开增值税专用发票与非法出售增值税专用发票罪不存在犯罪竞合或非此即彼的混同问题。

（4）单纯出售发票不需要通过繁复的钢材贸易合同，也不可能联合到中国诚通公司这样的央企参与其中，为一项发生在天正博朗公司、恩百泽公司与合慧伟业公司之间的发票买卖关系进行掩盖。

（5）主观上天正博朗公司、恩百泽公司及刘会洋是应中国诚通公司、合慧伟业公司要求履行钢材贸易合同项下的发票开具义务，不以抵扣税款为目的，不存在任何牟取非法利益的目的；客观上非法出售增值税专用发票罪需给国家造成税款损失，但本案没有给国家造成税款损失。

（6）检察机关在二审期间变更罪名程序违法。建议宣告刘会洋无罪。

案例使用说明

一、教学目标

增值税专用发票相关犯罪企业生产经营过程中的常见罪名，本案例教学需要对相关问题予以全面讲授。在此基础上，使学生在以下方面有所收获：

1. 熟悉刑事诉讼一审、二审基本的诉讼流程；

2. 熟悉单位犯罪的诉讼程序；

3. 熟悉单位犯罪的归责方式；

4. 掌握虚开增值税专用发票罪的司法认定；

5. 了解增值税专用发票相关犯罪（虚开增值税专用发票、用于骗取出口退税、抵扣税款发票罪；伪造、出售伪造的增值税专用发票罪；非法出售增值税专用发票罪；非法购买增值税专用发票、购买伪造的增值税专用发票罪；虚开增值税专用发票罪、出售伪造的增值税专用发票罪、非法出售增值税专用发票罪；非法制造、出售非法制造的用于骗取出口退税、抵扣税款发票罪；非法制造、出售非法制造的发票罪；非法出售用于骗取出口退税、抵扣税款发票罪；非法出售发票罪）的区别与联系。

二、教学实施计划

1. 课前计划：安排学生阅读案例及相关参考资料，对案例涉及问题进行思考，回应思考题。

2. 课中计划：（1）介绍教学目的，明确讨论主题；（2）分组讨论，回答各项思考题，讨论实践题的撰写要点；（3）小组代表提出撰写要点，学生讨论和分析；（4）教师归纳总结。

3. 课后计划：布置学生进一步思考增值税专用发票相关犯罪问题，并就该案提出延伸性思考。

三、重点难点问题

1. 本案事实能否认定虚开增值税发票罪？

增值税是以商品或应税劳务在流转过程中产生的增值额为计税依据而征收的一种流转税，增值税的征收以有实际商品流转或应税劳务发生且有增值为事实基础，同样开具增值税专用发票也应以实际发生商品流转或应税劳务为事实基础，在没有真实贸易的情况下开具增值税专用发票，就是一种虚假开具的行为，本质上属于虚开增值税专用发票行为，此种行为严重扰乱了增值税专用发票的正常管理秩序，已构成行政违法。

但作为刑事犯罪的虚开增值税专用发票罪，不仅要从形式上把握是否存在虚假开具增值税专用发票的行为，还要从实质上把握行为人虚开增值税专用发票的主观心态以及客观后果。最高人民法院在2018年12月4日召开新闻发布会，公布了“人民法院充分发挥审判职能作用保护产权和企业家合法权益典型案例（第二批）”，其中第一个案例为“张某强虚开增值税专用发票案”，在该案例中，最高人民法院指出，“被告人张某强以其他单位名义对外签订销售合同，由该单位收取货款、开具增值税专用发票，不具有骗取国家税款的目的，未造成国家税款损失，其行为不构成虚开增值税专用发票罪”，这就意味着在认定构成虚开增值税专用发票罪时，需要行为人主观上具有骗取国家税款目的，客观上造成了国家税款损失。

本案中，从合慧伟业公司找天正博朗公司、恩百泽公司虚开增值税专用发票的起因看，是因为之前合慧伟业公司、山东分公司与中国诚通公司之间的贸易融资，合慧伟业公司给中国诚通公司虚开了大量的增值税专用（进项）发票，合慧伟业公司因此留下了相应的增值税专用（销项）发票，为避免因此缴纳相应的增值税，合慧伟业公司找到天正博朗公司、恩百泽公司获取了虚开的增值税专用（进项）发票，从事情的前因看，合慧伟业公司找天正博朗公司、恩百泽公司虚开增值税专用发票主观上并非出于骗取国家税款的目的。

上述虚开的增值税专用（进项）发票虽已全部认证抵扣，但考虑到之前合慧伟业公司因给中国诚通公司开具增值税专用发票而留下的大量销项发票，该部分发票因为没有实际发生商品流转，没有产生真实的商品增值，也就没有缴纳增值税的事实基础，不缴纳该部分税款也不会给国家造成实际的税款损失，现有证据不能排除合慧伟业公司获取的虚开增值税专用（进项）发票就是抵扣了上述虚开的增值税专用（销项）发票的可能，也不足以证实所抵扣的增值税专用（销项）发票中包含有因存在真实交易而应当缴纳增值税的情况，故而，认定合慧伟业公司将虚开的增值税专用（进项）发票进行认证抵扣造成国家税款损失的证据不足。

综上，合慧伟业公司及其实际控制人赵伟因主观上不具有骗取国家税款的目的，客观上认定造成国家税款损失的证据不足，因此，合慧伟业公司、赵伟的行为不构成虚开增值税专用发票罪。

2. 本案事实能否认定非法买售增值税发票罪?

合慧伟业公司、赵伟的行为构成非法购买增值税专用发票罪，天正博朗公司、恩百泽公司、刘会洋的行为构成非法出售增值税专用发票罪。

首先，从本案所涉事实看，合慧伟业公司与天正博朗公司、恩百泽公司之间的虚开增值税专用发票行为与贸易融资并无直接关系。在合慧伟业公司找天正博朗公司、恩百泽公司虚开增值税专用发票时，贸易融资行为已经完成。山东分公司、中国诚通公司和合慧伟业公司签订三方合作协议，资金已通过山东分公司与中国诚通公司、中国诚通公司与合慧伟业公司之间的虚假贸易，以支付货款名义到了合慧伟业公司，再经由合慧伟业公司到了山东分公司，山东分公司已因此获得了相应资金。合慧伟业公司找天正博朗公司、恩百泽公司虚开增值税专用发票的目的不过是为取得进项发票抵扣因给中国诚通公司开具增值税专用发票而产生的增值税销项发票，这里已无关融资。

其次，在整个交易过程中，天正博朗公司、恩百泽公司一不要提供资金，二不用联系客户，三无须进行购货、运输、交货等任何经营行为，其所谓交易成本只有虚开的增值税专用发票，因此，不论以何名义、采取何种形式，天正博朗公司、恩百泽公司在此过程中获取的“利润”本质上就是通过虚开增值税专用发票所得的好处，就是变相出售增值税专用发票的违法所得。而合慧伟业公司在此过程中，除了从天正博朗公司、恩百泽公司处得到了虚开的增值税专用发票外，一无所获，其所支出的费用本质上就是变相购买增值税专用发票所花费的对价。

最后，非法出售、购买增值税专用发票罪侵犯的是我国对增值税专用发票严格的领购制度，增值税专用发票只能由增值税一般纳税人到指定的税务机关凭相应凭证采取“以旧换新”方式进行领购，其他任何单位和个人都不得实施买卖增值税专用发票的行为。非法出售、购买增值税专用发票犯罪是一种行为犯，主观上行为人只要对非法买卖的行为有认知即可，无须附加其他主观目的；客观上只要实施了非法买卖的行为，无须造成一定的危害后果。行为人是否获利、出于何种目的买卖、是否造成了国家税款流失不是本罪与非罪的界限，只是在量刑时可以作为情节考量。

3. 购买伪造增值税专用发票又出售的行为如何定罪？

《刑法》第二百零八条第二款规定：“非法购买增值税专用发票或者购买伪造的增值税专用发票又虚开或者出售的，分别依照本法第二百零五条、第二百零六条、第二百零七条的规定定罪处罚。”非法购买增值税专用发票罪或者购买伪造的增值税专用发票罪与虚开增值税专用发票罪、非法出售增值税专用发票罪或者出售伪造的增值税专用发票罪的牵连犯的定罪处罚原则。其基本含义是，在行为人购买的手段行为与虚开、出售的目的行为均单独成立犯罪从而形成牵连犯罪的情况下，应以目的行为的罪名定罪处罚。因为相对于手段行为构成的犯罪来说，目的行为构成的犯罪处罚更重，这也是牵连犯从一重罪定罪处罚一般原则的要求。因此，对于行为人购买伪造的增值税专用发票又出售的行为，如果购买与出售伪造的增值税专用发票行为均成立犯罪，则应以出售伪造的增值税专用发票罪定罪处罚。只有购买伪造的增值税专用发票尚未出售或者出售行为尚未达到追究刑事责任的数额标准的情况下，才以购买伪造的增值税专用发票罪定罪处罚。

4. 检察官在二审程序的诉讼地位如何理解？

对于检察官在二审程序中的诉讼地位，主要有三种观点：第一种观点认为出席二审法庭的检察员就是公诉人，和一审公诉人并无区别；第二种观点认为是法律监督者，出席二审法庭的检察人员应当称为检察员而非公诉人，其出庭是为了履行法律监督职能；第三种观点是折中说，认为出席二审法庭的检察员具有公诉人和法律监督者的双重身份。

《人民检察院刑事诉讼规则》第四百四十五条规定，对提出抗诉的案件或者公诉案件中人民法院决定开庭审理的上诉案件，同级人民检察院应当指派检察官出席第二审法庭。检察官助理可以协助检察官出庭。根据需要可以配备书记员担任记录。《人民检察院刑事诉讼规则》第四百四十六条规定，检察官出席第二审法庭的任务是：（1）支持抗诉或者听取上诉意见，对原审人民法院作出的错误判决或者裁定提出纠正意见；（2）维护原审人民法院正确的判决或者裁定，建议法庭维持原判；（3）维护诉讼参与人的合法权利；（4）对法庭审理案件有无违反法律规定诉讼程序的情况记明笔录；（5）依法从事其他诉讼活动。从现有规定上理解，检察机关倾向于把在二审程序中出庭的检察官作为法律监督者而非公诉人。

5. 本案是否违反上诉不加刑原则？

改变罪名并不违反我国刑事诉讼法的上诉不加刑原则。《刑诉法解释》第三百二十五条规定，审理被告人或者其法定代理人、辩护人、近亲属提出上诉的案件，不得加重被告人的刑罚，并应当执行下列规定：（1）同案审理的案件，只有部分被告人上诉的，既不得加重上诉人的刑罚，也不得加重其他同案被告人的刑罚；（2）原判事实清楚，证据确实、充分，只是认定的罪名不当的，可以改变罪名，但不得加重刑罚；（3）原判对被告人实行数罪并罚的，不得加重决定执行的刑罚，也不得加重数罪中某罪的刑罚；（4）原判对被告人宣告缓刑的，不得撤销缓刑或者延长缓刑考验期；（5）原判没有宣告禁止令的，不得增加宣告；原判宣告禁止令的，不得增加内容、延长期限；（6）原判对被告人判处死刑缓期执行没有限制减刑的，不得限制减刑；（7）原判事实清楚，证据确实、充分，但判处的刑罚畸轻、应当适用附加刑而没有适用的，不得直接加重刑罚、适用附加刑，也不得以事实不清、证据不足为由发回第一审人民法院重新审判。必须依法改判的，应当在第二审判决、裁定生效后，依照审判监督程序重新审判。人民检察院抗诉或者自诉人上诉的案件，不受前款规定的限制。两审判决结果对比见表 20－1。

表 20－1　　两审判决结果对比

被告单位及被告人	一审判决结果		二审判决结果	
	罪名	刑罚	罪名	刑罚
合慧伟业公司	虚开增值税专用发票罪	罚金人民币三十万元	非法购买增值税专用发票罪	罚金人民币十五万元
赵伟	虚开增值税专用发票罪	有期徒刑十年六个月	非法购买增值税专用发票罪	有期徒刑两年六个月
天正博朗公司	虚开增值税专用发票罪	罚金人民币二十五万元	出售增值税专用发票罪	罚金人民币十五万元
恩百泽公司	虚开增值税专用发票罪	罚金人民币八万元	出售增值税专用发票罪	罚金人民币五万元
刘会洋	虚开增值税专用发票罪	有期徒刑十年六个月	出售增值税专用发票罪	有期徒刑三年

四、教学预期效果

1. 理解虚开增值税专用发票罪的构成要件。
2. 理解非法买售增值税专用发票罪的构成要件。

3. 理解增值税专用发票系列罪名保护的法益。

4. 理解上诉不加刑制度。

5. 了解刑事二审程序的运用方式。

五、课堂教学安排

本案例可以作为专门的案例教学课或者模拟法庭课来讲授。整个案例课的课堂安排6课时为宜，每课时45分钟。

六、思考与实践题

1. 思考题

（1）虚开增值税专用发票罪的保护法益为何？

（2）如何界定虚开增值税专用发票罪的“虚开”行为？

（3）虚开增值税专用发票罪的介绍人的行为如何定性？

（4）如何认定“如实代开”“货票分离”等涉增值税发票行为？

（5）行为人非法出售增值税专用发票时明知购买人购买增值税专用发票是用于虚开的，仍然向其出售的行为如何定性？

（6）第二审程序中变更罪名应履行什么程序？骗取贷款罪与违法发放贷款罪的关系？

（7）二审开庭审理的案件，由一审出庭公诉人继续出庭是否更为合适？

（8）如何理解行政处罚认定虚开增值税专用发票，刑事诉讼中认定非法买售增值税专用发票？

（9）刑事政策如何回应涉税类犯罪，才能更好维护市场经济秩序？

2. 实践题

（1）根据案情，以二审出庭检察官的身份，撰写出庭意见。

（2）根据案情，以被告人辩护人的身份，撰写辩护意见。

（3）根据案情，以二审法官的身份，撰写本案二审判决书。

（4）选择案件的一个争点，模拟控辩双方法庭辩论。

（5）模拟控辩双方就案件争点进行辩论。

参考文献

[1] 廖仕梅，屈震．论虚开增值税专用发票罪与真实交易 [J]．税务研究，2018 (1)．

[2] 刘荣，高苑丽．虚开增值税专用发票量刑规范化研究 [J]．税务研究，2018 (2)．

[3] 董飞武．虚开增值税专用发票罪目的犯观点之规范 [J]．税务与经济，2019 (3)．

[4] 马春晓．虚开增值税专用发票罪的抽象危险判断 [J]．政治与法律，2019 (6)．

[5] 李小文．虚开增值税专用发票罪中介绍人地位与处罚之探讨 [J]．政治与法律，2011 (6)．

[6] 北京市西城区人民法院（2018）京 0102 刑初 153 号刑事判决书．

[7] 北京市第二中级人民法院（2019）京 02 刑终 113 号刑事判决书．

4. 非诉案例

案例 21

某某股份有限责任公司并购某某有限责任公司法律尽职调查报告的编写

（非诉讼法律业务）

尽职调查又称为法律尽职调查，是指执业律师接受客户的委托，运用其专业法律知识再通过一定的方法和手段，对被调查对象的经营状况以及法律风险进行有针对性的收集、调查以及分析判断，并将该调查和分析的结果通过法律尽职调查报告的形式，向客户进行书面报告，揭示有关情况和风险。在并购交易中，法律尽职调查是为并购方挖掘并排除法律风险、为并购交易双方经济行为提供信息对称的重要手段。同时，尽职调查也律师是执业的一项基本技能。本案例主要希望通过对尽职调查报告进行研究，让同学们了解律师如何从事尽职调查、律师尽职调查的基本流程和法律风险以及相关法律文书如何撰写，尤其是尽职调查报告包括哪些内容及其如何获取。

案例正文

一、引　　言

尽职调查（Due Diligence）又称为“审慎性调查”，起源于英美法系国家中的普通法，随着入世不断地深入，中国企业收购海外企业已屡见不鲜，如联想收购IBM旗下的个人电脑业务，从而伴随着法律尽职调查引入中国，成为国内律师在从事公司并购项目中必不可少的业务。同时，律师的尽职调查报告也是客户作出商业判断和国家行政机关行政审批的必备法律文件。

因此，在我国公司并购中，尽职调查专指法律尽职调查，一般是律师事务所律师在接受委托方的委托，运用其专业法律知识再通过一定的方法和手段，对与被调查对象有关的法律事项进行有针对性的调查、收集以及分析判断，并将该调查和分析的结果通过书面法律尽职调查报告或其他特定形式向委托方进行报告。通常情况下，律师在并购交易中主要负责并购的目标公司存续及其业务经营之法律合规性的审核及法律风险的披露，内容主要包括：对目标公司的设立、沿革和变更情况、基本运营结构、土地使用权及其他无形资产情况、重大合同情况、重大债权债务、重大法律纠纷和行政处罚情况、内部员工基本情况以及其他事实情况，最终目的在于厘清目标公司存在哪些法律风险，为委托方出具法律意见书。

法律尽职调查是律师执业的一项基本功，也是为并购方挖掘并排除法律风险、为并购交易双方经济行为提供信息对称的重要手段，其重要性主要体现在以下几个方面：

首先，并购方通过聘请律师开展法律尽职调查可以帮助其知悉以及深入剖析目标公司的各方面信息，减少信息不对称所带来的法律风险，为客户商业分析、判断及决策提供可供依赖的法律专业性意见。

其次，通过开展法律尽职调查可以查清目标公司是否存在现实的或潜在的法律风险，是否存在法律瑕疵或法律障碍，分析该风险、瑕疵或障碍的法律性质和后果以及可能对并购交易造成的影响，提出相应的法律解决方案和建议，要求目标公司进行补正，必要时为促进并购交易的尽早实现帮助目标公司采取需要的补救措施。

再次，法律尽职调查报告为客户作出商业判断提供必要的前提，也是并购双方能否进行深入谈判的先决条件，以及如何进一步调整并购协议内容、条款和结构。

最后，在并购交易实务中，委托方经常会要求律师在尽职调查结束之后就该并购交易出具法律意见书，这种情况下法律尽职调查还是律师后续出具法律意见书的基础和依据。

谈到律师在并购业务中的尽职调查，不可避免地会涉及律师自身法律执业风险。笔者通过大量的调查研究后发现，近些年，律师在尽职调查过程中也引发了不少诉讼，一些律师及其律师事务所因此被客户投诉乃至起诉。究其主要原因乃是律师在尽职调查过程中未尽到勤勉尽责的义务，导致客户因收集信息不充分，受到欺诈产生重大损失，由此引发客户投诉律师及律师事务所、拒付律师费用乃至提起巨额索赔诉讼等。

其中以北京嘉华律师所因尽调不充分，与委托人河北三河燕化公司发生纠纷，最终被北京市第二中级人民法院判令赔偿客户 800 万元损失，并返还 100 万元律师费一案，最为引人关注。

通过上述案例，我们可以看到律师在尽职调查执业中的高风险性，为控制风险，律师尽调应做到有取有舍、有所为和有所不为。首先，律师尽调是受人之托依法完成代理事务，应当提供的仅仅是法律问题的建议，不宜过度介入客户的商业判断。其次，在复杂的法律业务中，律师应借鉴国际律师界的通行做法，即对不确定的事实出具有条件和有保留的法律意见，并尽可能完成信息披露义务。因此，在尽职调查的每一个环节中律师都应当勤勉尽责，作为专业的法律服务工作者，同时还应当具备比委托人更高的谨慎管理义务。

综上所述，法律尽职调查在并购中起着极其重要的作用，通过法律尽职调查尽可能地知悉调查对象的全部的、真实的情况，形成尽职调查报告呈现给并购方，使其得以深入了解目标公司的存在法律状况，补救并购双方信息不对称导致的法律风险。同时，也应当注意到律师尽职调查过程中的执业风险。

二、并购双方简介

（一）收购方简介

某某股份有限公司（以下简称甲公司），是一家专注于与全国各大通信运营商和通信设备制造商建立长期战略合作伙伴关系的生产性服务类企业，为通信运营商提供通信网络建设服务、外包服务的专业公司，主要从事通信工程设计和施工建设、通信网络规划及优化、软硬件开发、代营代维和网络系统集成等业务。

甲公司成立于 2000 年，注册资金 1 亿元人民币，法定代表人朱某，旗下有三家分公司，分别为：甲 A、甲 B、甲 C。

（二）被收购方简介

某某有限责任公司（以下简称乙公司），是一家专门从事基站、线塔、传输、数据、视频监控代理维护的服务类企业，主营业务包括咨询、通信工程、移动基站选址、室内覆盖系统工程、安防工程、办公自动化、系统开发和集成等，业务范围涉及通信领域的各个方面。

乙公司成立于2002年，注册资金100万元，先后经历了两次增次分别注册资金为1100万元、2400万元。法定代表人张三，主要股东有张三、李四和王五。

三、律师尽职调查报告

北京市××律师事务所
关于某某股份有限责任公司收购某某有限责任公司股权
律师尽职调查报告

致某某股份有限责任公司：

受贵司委托，本所律师按照贵司要求就拟收购的乙通信企业代理维护有限公司（以下简称乙公司）进行了尽职调查，现将初步调查情况汇报如下：

一、乙公司的历史沿革

（一）历史沿革

1. 乙公司名称核准

2002年1月1日，某市工商行政管理局核发编号为（京）企名预核（内）字［××××］第××××号《企业名称预先核准通知书》，对“乙通信有限公司”的公司名称予以预先核准。

2. 乙公司的设立

2002年1月2日，张三和李四共同投资设立了乙通信有限公司。张三认购51万元，以房屋和货币出资；李四认购49万元，仪器设备和货币出资，丙会计师事务所（有限公司）于2002年6月1日对乙公司股东的出资情况进行了审验，出具《验资报告》（京丙验〔2002〕111号），确认股东的出资全部落实到位。2002年8月1日，乙公司在某市工商行政管理局领取了《企业法人营业执照》（注册号为1234567890）。

企业名称	乙通信有限公司		
住　　所	××市××区××路××号		
企业类型	有限责任公司		
注册资本	人民币 100 万元		
股东情况	张三	51 万元	51%
	李四	49 万元	49%
经营范围	通信工程；通信电子技术咨询、技术转让；通信器材、电子产品、服装、办公用品、工艺美术品的批发。（法律法规禁止的不得经营，需经审批的未获批准前不得经营，许可经营项目在许可有效期限内经营）		
经营期限	2002 年 1 月 1 日至 2007 年 1 月 1 日		
法定代表人	张三		
执行董事及总经理	张三		

3. 第一次工商变更（名称变更、经营范围变更）

2004 年 1 月 2 日，乙通信有限公司召开 2004 年第一次股东会通过决议，同意将公司名称变更为乙通信企业代理维护有限公司；同意将公司经营范围变更为：通信工程；通信电子技术咨询、技术转让及代理维护；通信器材、电子产品、服装、办公用品、工艺美术品的批发（注：在经营范围中增加“代理维护”一项）；同意修改公司章程。

2004 年 2 月 1 日，乙通信有限公司在某市工商行政管理局办理了工商变更登记手续。

4. 第二次工商变更（增资、股东进入）

2007 年 1 月 3 日，乙通信企业代理维护有限公司召开 2007 年第一次股东会通过决议，同意吸收王五加入公司股东会。同日，公司召开第二次股东会通过决议，同意变更公司股东为张三、李四、王五；同意增加注册资本至 1100 万元，其中，增加的注册资本由原股东张三以货币形式出资 100 万元，原股东李四以货币形式出资人民币 600 万元，新股东王五以货币形式出资 300 万元；同意修改公司章程。

丁会计师事务所（有限公司）于 2007 年 1 月 10 日对乙通信企业代理维护有限公司股东的出资情况进行了审验，出具《验（审、评）报告书》（京丁验字（2007）第 222 号），确认截至 2007 年 2 月 1 日止，变更后的注册资本人民币 1100 万元，股东已缴纳新增的注册资本人民币 1100 万元。

2007 年 2 月 3 日，乙公司在某市工商行政管理局办理了工商变更登记手续。

本次增资及股东进入后，乙公司的股权结构为：

序号	股东姓名或名称	出资方式	认缴出资额（万元）	实缴出资额（万元）	出资比例（%）
1	李四	货币	649.00	649.00	59.00
2	王五	货币	300.00	300.00	35.00
3	张三	货币	151.00	151.00	13.73
合计			1100.00	1100.00	100.00

5. 第三次工商变更（经营范围变更、营业期限变更）

2009年1月4日，乙公司召开2009年第一次股东会通过决议，同意变更公司经营范围为通信电子技术咨询、技术转让及代理维护；通信器材、电子产品、服装、办公用品、工艺美术品的批发（注：在经营范围中去掉“通信工程”一项）；同意延长营业期限为2002年1月1日至2017年1月1日；同意修改公司章程。

2009年2月4日，乙公司在某市工商行政管理局办理了工商变更登记手续。

6. 第四次工商变更（增资扩股）

2013年1月5日，乙公司召开股东会作出决议，同意增加注册资本至2400万元；同意增加的注册资本由公司股东李四出资人民币1300万元；同意修改公司章程。

丁会计师事务所（有限公司）于2013年1月10日对乙通信企业代理维护有限公司股东的出资情况进行了审验，出具《验资报告》（京丁会（验）字〔2013〕第333号），确认截至2013年2月1日止，变更后的注册资本人民币2400万元，公司股东李四已缴纳新增的注册资本人民币1300万元。

2013年2月5日，乙公司在某市工商行政管理局办理了工商变更登记手续。

本次增资后，乙公司的股权结构为：

序号	股东姓名或名称	出资方式	认缴出资额（万元）	实缴出资额（万元）	出资比例（%）
1	李四	货币	1949.00	1949.00	81.21
2	王五	货币	300.00	300.00	12.5
3	张三	货币	151.00	151.00	6.29
合计			2400.00	2400.00	100.00

7. 第五次工商变更（营业期限变更）

2014年1月6日，乙公司召开2014年第一次股东会作出决议，同意延长营业期限为2002年1月1日至2022年1月1日。

2014年2月6日，乙公司在某市工商行政管理局办理了工商变更登记手续。

（二）主要问题及法律风险提示

1. 乙公司股东张三和李四各自认缴出资额，且都用实物和货币出资，各自实物作价多少以及是否存在出资物的瑕疵，同时货币出资以及后续的增资情况是否存在资金未到位情况，由于乙未提供《验资报告》（京丙验〔2002〕111 号）及《验资报告》（京丁会（验）字〔2013〕第 333 号）的原件，因此，乙公司可能存在出资瑕疵和未全面出资的法律风险。

2. 乙公司通过召开股东大会，先后经历两次增资和变更营业期限，从而稀释了张三的股权比例，从持股比例看，李四为大股东，因此，乙公司是否按照《公司法》规定股东会召集程序和表决方式，尚未提供相关证明文件，可能存在小股东张三提起撤销股东会决议之诉的法律风险。

3. 据调查得知李四为名义股东，其和隐名股东之间签订代持股协议，因此日后可能存在股权投资归属争议之诉的法律风险。

二、主营业务情况

（一）主营业务基本情况

目前资料显示，乙公司主营业务主要有通信代维和工程施工业务。据乙公司介绍，其主营业务具体包括：移动区域化基站综合代维业务，营业厅代维业务，电信区域化综合代维业务；基站设备安装施工业务，基站综合维护工程施工；联通、电信宽带合作业务。乙公司从事的业务不需要取得相关主管部门的批准，只需要按照发包方的要求提供相应资质即可。

（二）资质及证书

乙公司取得的资质及证书如下：

1. 通信信息网络系统集成企业资质证书

资质等级：乙级

颁发机关：中国通信企业协会

有效期至：2017 年 3 月 30 日

承担业务范围：可在全国范围内承担工程投资额 2000 万元以下通信业务网络系统集成和电信支撑网络系统集成业务；承担工程投资额 1000 万元以下电信基础网络系统集成业务。

2. 通信建设工程企业安全生产合格证

颁发机关：中国通信企业协会

有效期至：2018 年 2 月 26 日

业务范围：承担通信信息系统集成乙级资质业务范围。

3. 质量管理体系认证证书

发证单位：北京恒标质量认证有限公司

发证日期：2015 年 6 月 29 日

有效期：2015 年 6 月 29 日至 2018 年 6 月 28 日

认证标准：GB/T 19001－2008/ISO 9001：2008

4. 环境管理体系认证证书

发证单位：北京恒标质量认证有限公司

发证日期：2015 年 6 月 29 日

有效期：2015 年 6 月 29 日至 2018 年 6 月 28 日

认证标准：GB/T 24001－2004/ISO 14001：2004

5.《企业信用评价 A 级信用企业》证书

颁发机关：中国通信企业协会

有效期至：2017 年 8 月 13 日

（三）主要问题及法律风险提示

本所律师查阅了 2012 年至 2015 年的主营业务合同（参见“附件 1：2012 至 2015 年通信工程类合同汇总”（略）和附件 2：2012 至 2015 年通信工程类合同汇总（略），主要存在以下问题：

1. 主营业合同：2012 年有 17 份合同、2014 年有 4 份、2015 年有 6 份合同均为复印件，且尚未提供合作方的转账凭证以及增值税发票，因此这些合同的真实性无法核实。

2. 2014 年 4 月，乙公司与中国移动某分公司签署了一份《场地租赁合同》（合同编号：移集团 CDZL 合同（2014）444），有效期为 2014 年 4 月 1 日至 2018 年 3 月 31 日，据了解，该合同未发生真实交易，目的是为了走账。

3. 2014 年 12 月，乙公司与中国移动通信集团某省有限公司签署了一份《某省移动区域化代维合同》，有效期 2014 年 12 月 23 日至 2015 年 12 月 31 日。该合同是继 2013 年 12 月份签署《某省移动区域化代维合同》后续签的合同。该合同约定“本合同到期后，如甲乙双方无异议，可逐年续签，本合同最多可执行二年”。从该约定看，双方没有必须续签合同的义务，因此存在合同到期后无法续签的风险。

4. 2015 年 6 月，乙公司与电信某分公司签署了《光缆线路维护服务合同》《2015 年通信线路迁改抢修整治服务框架协议》《通信设备供电服务协议》，前述合同以“业务转移及公司名称变更”等为由，直接废止了戊公司与电信某分公司签订的有关未到期合同。但乙公司与戊公司是不同法律主体，乙公司以名称变更等为由与电信某分公司签订前述合同可能涉嫌欺诈，乙公司的前述合同存在被撤销的法律风险。

三、主要资产

（一）房屋情况

乙公司于2013年购买了××省××市××路××小区×号的房屋，尚未取得房屋产权证。

（二）车辆情况

经本所律师向某市公安局交警支队车管所查询并结合乙公司提供的固定资产统计表，乙公司名下一共10辆机动车，其中1辆奔驰SUV、1辆丰田凯美瑞，1辆奥迪A6，2辆别克商务车、5辆福田皮卡货运车。前述车辆中奔驰SUV和丰田凯美瑞作为向银行贷款而提供的担保，仅办理奔驰SUV抵押登记。其余车辆未办理抵押登记，也未被查封。

（三）其他主要生产经营设备

经乙公司介绍并结合乙公司提供的固定资产统计表，乙公司其他主要生产经营设备有：50台熔接机、5台驻波测试仪、8台OTDR、200余台汽油发电机和汽油发电机组、100台数码相机。

（四）其他资产

乙公司名下没有土地使用权、商标、专利、特许经营权等其他有形和无形资产。

（五）主要问题法律风险提示

1. 本所律师了解到，乙公司购买的房屋未办理房产证，该房屋权属无法确定；经调查发现购房合同于2012年1月1日签订，而约定交房时间为2010年1月1日，对此情况乙公司没有作出合理的解释，因此该不动产存在权属法律风险。

2. 乙公司名下10辆机动车中有2辆车处于“违法未处理”状态，1辆大众捷达轿车行驶证已过期。同时，乙公司称奔驰SUV车已经卖掉，但未提供买卖合同及收款凭证。而丰田凯美瑞赠送给某电信运营商分公司老总，同时，1辆福田皮卡火车已经报废，但其未履行报废注销手续。

3. 乙公司向银行贷款提供奔驰SUV和丰田凯美瑞作为担保，现奔驰SUV已经卖掉，凯美瑞已赠送，贷款合同到期后乙公司很可能面临被银行起诉的法律风险。

四、关联关系

（一）关联企业已科技有限公司的基本情况

本所律师在全国企业信用信息公示系统查询，乙公司与庚科技有限公司（以下简称庚公司）于2015年1月1日设立了已科技有限公司（以下简称已公司）。已公司情况如下：

企业名称	己科技有限公司		
住　　所	××市××区××路××号××大厦×××室		
企业类型	有限责任公司		
注册资本	人民币 200 万元		
股东情况	庚科技有限公司	102 万元	51%
	乙通信企业代理维护有限公司	98 万元	49%
经营范围	通信网络及计算机网络设计、工程施工、设备调试、代理维护，计算机软件开发、技术服务，电子产品、计算机、通信网络技术开发、技术转让、技术咨询、技术服务，计算机软硬件销售。（法律法规禁止的不得经营，需经审批的未获批准前不得经营，许可经营项目在许可有效期限内经营）		
经营期限	2015 年 1 月 1 日至 2035 年 1 月 2 日		
法定代表人	马六		
董事长	马六		

据乙公司介绍，移动分公司将代维业务发包给了辛公司，辛公司将代维项目的采购项目委托给乙公司。2014 年辛公司退出后，庚公司入围中标，并与乙公司共同设立项目公司己公司运营代维业务。

（二）关联企业庚公司的基本情况

本所律师在全国企业信用信息公示系统查询，戊通信科贸有限公司（以下简称戊公司）成立于 2005 年，戊公司情况如下：

企业名称	戊通信科贸有限公司		
住　　所	××市××区××号××大厦××室		
企业类型	有限责任公司		
注册资本	人民币 6600 万元		
股东情况	李四	6105 万元	92.5%
	王五	495 万元	7.5%
经营范围	安防工程、安防工程的设计、施工及维护；计算机信息工程的施工及技术服务；计算机软件的研发；计算机软件、电子产品、办公用品、通信设备的销售。戊公司的主营业务为：安全技术防范工程的施工；通信工程的设计、施工；通信网络的维护；通信设备的安装及技术服务；安防工程的设计、施工及维护；计算机信息工程的施工及技术服务；计算机软件的研发；计算机软件、电子产品、办公用品、通信设备的销售。		
经营期限	2005 年 1 月 5 日至 2020 年 1 月 4 日		
法定代表人	李四		
执行董事兼总经理	李四		

（三）关联交易

1. 资产出售

2015 年 8 月 1 日乙公司与己公司签署了《采购合同》，以协议价 100 万元将代维的相关资产转让给己。实际交货日是 2015 年 1 月 1 日。

2. 资金拆借

乙公司股东李四曾向乙公司借款，但乙公司未提供相关凭证。

3. 房屋租赁

2008 年 8 月 1 日，乙公司租赁股东李四名下的房产（××市××区×××路××号×座×幢×××）作为注册地址和办公地址，面积 200 平方米，租赁期限自 2008 年 1 月 1 日至 2018 年 12 月 31 日，租金 10 万元/年。

（四）主要问题及法律风险提示

1. 己公司与乙公司在经营业务上存在交叉，可能引发同业竞争的法律风险，同时，乙公司可能将盈利的业务转移到己公司，将亏损的业务项目留给自己，并购完成后可能导致相应的法律风险。

2. 目前资料显示庚公司为己公司控股股东。由于本所律师未能取得己公司的其他材料，无法判断己公司的其他交易及运营情况。

3. 李四与王五是夫妻关系，同为戊和乙公司的股东，且李四同为戊和乙公司控股股东，两公司可能存在竞争关系，在并购完成后可能存在相关法律风险。

4. 2015 年 6 月戊将未到期的光缆线路维护服务、通信线路迁改抢修整治服务、通信设备供电服务业务转移至乙公司，同时 50 位左右的员工随同项目转移至乙公司。但该部分员工与戊公司签署的劳动合同未被终止，戊公司继续为其缴纳社保，乙公司支付这些员工的工资，之后乙公司再与戊公司结算社保款，就目前材料显示，戊公司和乙公司之间可能存在业务上的转移及员工上的混同。

五、税务

（一）执行的税种和税率

据乙公司介绍，其不享受优惠政策、财政补贴等政策，华兴公司执行下列税种和税率：

序号	类别	税率
1	增值税专票	17%
2	增值税专票	6%
3	增值税普票	17%

续表

序号	类别	税率
4	增值税普票	6%
5	建安类	3.64%
6	所得税	25%
7	增附加税	13.50%
8	印花税	0.3‰
9	河道费	0.3‰

（二）主要问题以及法律风险提示

乙公司未提供其全部税收文件，但其作出书面说明，表明其在纳税方面不存在违法违规行为，未受到过税务部门的行政处罚。本所律师建议贵司在签订并购协议前对华兴公司的税务进行审核。

六、劳动用工情况

（一）劳动合同签署及社保缴纳情况

经本所律师询证并由乙公司出具书面确认，乙公司目前员工总人数644人：签订有劳动合同的员工有288名，占员工总人数的44.7%；参保人数为105人，占员工总人数的16.3%。

（二）主要问题

1. 乙公司未与55.3%的员工签订劳动合同，且尚未给83.7%的员工缴纳社保，同时，还发现乙公司未经过劳动行政部门的审批，对部分员工实行不定时工作制，违反了《劳动法》、《劳动合同法》等相关规定，存在从用工之日起的第二个月支付双倍工资和重大集体诉讼以及劳动行政部门的行政处罚的法律风险。

2. 乙公司与部分员工已经签订3次及以上的固定期限劳动合同，而未签订无固定期限的劳动合同，不仅存在支付双倍工资，而且存在劳动者要求乙公司与其续签无固定期限的劳动合同的法律风险。

3. 戊公司部分员工随业务转移至乙公司，但是戊公司并未终止与这些员工的劳动关系，继续为其缴纳社保，乙公司负责支付这些员工的薪资，事后再与戊公司结算社保款，乙公司违反劳动法规定用尚未解除劳动合同的员工，同时违反财经法律规定，存在被起诉承担赔偿的法律风险。

4. 乙公司辞退20位员工，尚未给予经济补偿，同时，这些员工都工作5年以上，而且时常在工作日、国家法定节假日加班加点，乙公司没有提供相关文件证明按照法律规定给员工几倍工资，可能存在劳动仲裁和诉讼法律风险。

5. 由于乙公司未提供其支付工资的凭证，对于是否存在拖欠工资的情形，目前本所律师无法作出判断。

七、其他

（一）对外债务情况

经本所律师询证并由乙公司出具书面确认，乙公司除存在下列应付账款之外，不存在潜在的债务：

公司应付账款表

序号	债务人名称	应付余额	支持文件	发生原因
1	北京××公司	50000	明细账	业务
2	上海××公司	600000	明细账	业务

公司其他应付账款表

序号	债权人名称	应付余额	支持文件	发生原因
1	李四	80000	明细账	业务
2	赵七	900000	明细账	业务
3	保险（个人养老）	300000	明细账	业务
4	保险（个人医疗）	－5000	明细账	业务
5	互助金	80000	明细账	业务

（二）重大诉讼、仲裁与行政措施

根据乙公司陈述，其近3年不存在任何诉讼、仲裁及行政处罚等情况。

（三）高管情况

据乙公司书面确认，其高管情况如下：

董事：李四；总经理：李一；财务总监：李二；办公室主任：张三；财务经理：张一；业务经理：张二。

据乙公司陈述，其公司高管近三年均未受到任何处罚，不存在任何诉讼、仲裁等情况。

（四）主要问题及其法律风险提示

1. 乙公司债务情况需要经过审计，本所律师建议贵司在签订并购协议之前要求乙公司股东作出相应的书面承诺。

2. 本所律师建议在签订并购协议前，再对乙公司及其高管就涉诉及行政处罚情况作进一步的调查并要求乙公司及其高管作出相应的书面承诺。

3. 全国企业信用信息公示系统显示，张三为乙公司的执行董事兼总经理，李四为监事，与乙公司确认的高管人员存在差异，公司治理结构不清。本所律师建议贵司在签订并购协议前要求华兴公司对公司治理结构进行梳理。

以上报告，请审阅。

（本页无正文，为本尽职调查报告签署页）

北京市××律师事务所

律师：×××

××××年×月××日

四、律师尽调所涉及的一些问题

（一）尽职调查的概念

尽职调查（Due Diligence）又称为法律尽职调查，是指在国有企业改制、公司拟公开发行证券、企业并购等过程中，执业律师接受客户的委托，运用其专业法律知识再通过一定的方法和手段，对被调查对象的经营状况以及法律风险进行有针对性的收集、调查以及分析判断，并将该调查和分析的结果通过法律尽职调查报告的形式，向客户进行书面报告，揭示有关情况和风险。

在国有企业改制、公司拟公开发行证券、企业并购、私募股权投资等活动中，律师尽职调查均得到广泛的应用。律师尽职调查是律师从事非诉讼业务的基本技能，也是律师从事各种非诉讼业务基础工作。因而，有关法律实务教学具有非常重要的意义。

（二）律师开展尽职调查应遵循的基本原则

律师尽职调查时，应当坚持以事实为根据，以法律为准绳，自觉遵守监管部门的有关规定，恪守律师职业道德和执业纪律规范，诚实守信，审慎严谨，勤勉尽责。律师开展尽职调查应当遵循以下四个基本原则：

第一，独立性原则。律师开展尽职调查，应当独立于委托人意志，独立于审计、评估等其他中介机构。

第二，审慎原则。在尽职调查过程中，律师应持审慎的态度，保持合理怀疑。

第三，专业性原则。在尽职调查过程中，律师应当结合自身优势从法律角度作出专业的判断。

第四，避免利益冲突原则。律师应履行利益冲突审查义务，在提供服务过程中或服务结束后不应利用获悉的相关信息获取任何利益，也不应在提供服务过程中，代理与产权持有单位或改制企业有直接或间接利益冲突关系的单位或个人的任何诉讼或非诉讼事务。

（三）尽职调查的目的

1. 摸清家底。通过律师尽职调查工作的展开，摸清目标公司家底，为委托方提供详尽的目标公司的资料。尤其是通过对目标公司非公开资料的了解，深挖可能存在的问题，为委托方的发行或收购行为提供有力的资料支撑。

2. 防范法律风险，防止欺诈案件的发生。尽职调查中最重要的一项就是为委托方提示目标公司可能存在的法律风险，并提出合理建议，发现对方可能存在的欺诈行为，避免委托方遭遇损失。

3. 方便委托方作出清晰的商业判断。通过律师对目标公司的尽职调查，让委托方对目标公司的资信状况、合规状况、法律风险等有清晰的认识，从而作出更准确的商业判断。

4. 防范法律工作者自身的法律风险。因为尽调而引发的案件时有发生，律师在进行尽职调查工作时，除了要为对方提示风险，也要避免自身可能产生的法律风险，尽职调查工作的每一个细节都要合法合规，并有相应的证明。最重要的是严谨，发现问题，并作出正确的法律风险提示。

（四）尽职调查材料的获取途径

律师开展尽职调查，应要求被调查对象在合理或约定时间内向律师提供真实、完整的资料原件或与原件审核一致的复印件。对于尽职调查中材料的获取，大致可以分为以下几种：

1. 由目标公司提供。目标公司根据尽职调查问卷，准备相应的材料，主动提交。

2. 律师主动收集。对于目标公司不能提供的材料或者律师认为有必要的，可以主动去收集，如工商部门、不动产登记部门等保管的资料。但是，需要目标公司提供介绍信。

3. 无法查清的材料。对于无法查清的材料，可以通过对相关被调查人进行口头询问（目标公司的董监高、经理和其他人员）或对被调查事项进行现场勘查等方式了解情况，制作谈话记录、现场勘查记录等文件材料。谈话记录需要当事人签字，承诺陈述属实，并加盖公司印章。律师制作的谈话记录、现场勘查记录等文件材料，除非有相关人员或部门的书面保证或书面证明，否则不能作为制作《尽职调查报告》的依据。

（五）尽职调查的程序

尽职调查的程序根据所涉及的具体事项的不同而略有所不同，而对于一般来说，法律尽职调查可以分为两个主要阶段，即准备阶段和具体执行阶段，其基本工作程序如下：

1. 准备阶段

（1）委托方与律师事务所签订委托进行尽职调查的委托合同。

（2）约定调查内容，双方当事人约定具体对哪些事项进行尽职调查。各方共同起草相关的调查项目的目录（尽调清单），以便目标公司提供有关的具体材料。同时约定尽职调查资料的存放地和保管规则（资料室规则），主要是对人员出入、资料存取等具体事项的规定，其目的主要是确保资料的安全与合理使用。

（3）组成尽职调查工作小组或确认负责律师。

（4）签署保密协议。在进行调查前，当事各方及中介机构最重要的工作就是签署保密协议，其主要目的就是保护各方公司的商业秘密。应当承担保密义务的人，除了具体执行尽职调查的专业人员如律师事务所、会计师事务所、投资银行及其工作人员，还有其他可以接触到这些信息的人，如委托方及其董、监、高、经理等，都需要签署保密协议或者保密承诺书。保密协议通常也可以在投资意向书中进行约定。

（5）目标公司管理层及相关人员对企业状况进行简要说明。在正式的尽调工作开始之前，由目标公司管理层及相关人员对该公司的情况进行简要说明。这样有助于尽职调查人员尽快上手，抓住尽调工作重点。

2. 具体执行阶段

执行阶段的主要工作包括：

（1）经委托方确认后，向目标公司递送尽职调查问卷。

（2）按主体、类别分别收集文件资料。主体主要是指法人主体，如果有独立性很强的分公司或者业务部门，也需要单独收集资料。原则上，应以书面问卷的方式向对方索要资料，取得的资料也应是书面形式的，且取得的资料均应加盖公司印章，以表明文件真实、有效、合法。对于对方不能提供的文件，可以通过对公司相关人员进行访谈并制作询问笔录的形式进行采集，同样应加盖公司印章。原则上所有取得的资料均应出自公司，但在必要的情况下，也需要向公司所在地政府、主管部门、债权人、债务人，或者其他利益相关者进行调查，这些资料都需要律师主动进行收集。

（3）整理、核对文件资料，编制文件目录。收到目标企业提供的资料后，核对复印件与原件，作好资料清单并编制文件目录，由双方代表签字。没有原件的，提交的复印件要求加盖公司印章。资料既包括纸质版的，也包括电子版的，均需分别归类，并在文件目录里注明。电子文档整理完之后应刻成光盘，附于纸质资料后面。

（4）阅读、研究资料，整理并起草工作底稿。律师对尽职调查过程中所获取的全部资料，应反复地研究判断，同时进行相应的核查验证，在核查验证的过程中，制作工作笔录。如果发现资料不全、情况不详，应要求对方作出声明和保证。

根据项目性质的不同，在阅读资料过程中，应根据相应的法律尽职调查要点进行一一核对，并找出问题。通过尽职调查找到其中的法律问题，并寻求解决途径，这对上市和并购等项目意义重大，也是律师价值的核心体现。在阅读资料的过程中，发现有欠缺的资料，应及时发放补充问卷。对于排查出来的法律问题应记录备忘录。对于备忘录的问题，需要公司和各中介机构协商解决。

（5）在资料收集完整、备忘录问题基本解决之后，完成工作底稿的最终整理工作。工作底稿的内容包括：承担项目的基本情况，包括委托单位名称、项目名称、制作项目的时间或期间、工作量统计；制定的工作方案、计划及其操作程序的记录；目标公司提供的所有文件的复印件，包括但不限于目标公司的设立批准证书、营业执照、合同、章程、协议及其他重要文件和会议记录的摘要或副本；与目标公司及相关人员相互沟通情况的记录，对其所提供资料的审查、调查访问记录、往来函件、现场勘察记录、查阅文件清单等相关的资料及详细说明；目标公司出具的书面保证或声明书的复印件；对保留意见及疑难问题所作的说明；其他相关的重要文件或资料。上述资料都要注明来源并加盖印章。

（6）在工作底稿的基础上起草《律师工作报告》，在《律师工作报告》的基础上形成《尽职调查报告》。《尽职调查报告》应保证准确、完整和翔实，工作组成员应签字并加盖律师事务所印章。

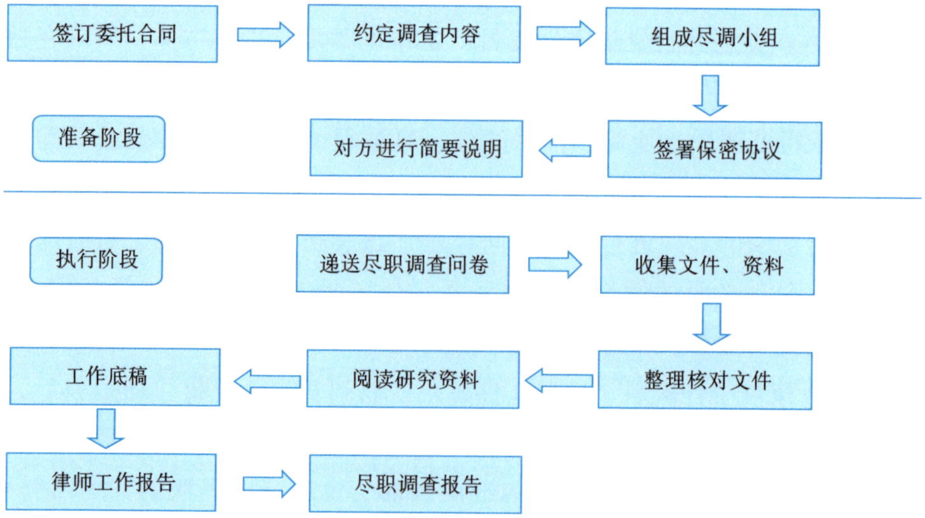

（六）律师尽职调查中应注意的问题

律师开展尽职调查，应当注意下列问题：

1. 律师应当保持与委托人以及被调查对象的良好沟通，以便将律师在调查过程中所发现的问题及解决问题的方法及时反馈给委托人。

2. 律师应当注意同其他中介机构的配合。律师在工作中应当同其他中介机构相互配合，确保改制项目顺利完成。

3. 律师开展尽职调查，应当认真审核、比对相关资料。如果发现相关资料存在矛盾或者不一致，应当要求委托人予以核实，也可以商请其他中介机构协助调查，或由律师再次调查，以保证尽职调查的准确性。

4. 律师开展尽职调查，应当注意收集完整的调查资料，对于因客观原因无法获得与改制或产权转让有重大关系的文件和证据的，应当在有关法律文件中明确说明。

5. 律师开展尽职调查，应当制作工作底稿以防范执业风险。工作底稿应当真实、完整、记录清晰并适宜长期保存。

6. 未经产权持有单位、改制企业、上市公司、并购公司同意，律师在提供服务过程中或服务结束后均不应将获悉的相关信息透露给任何第三方，履行保密义务。

五、律师尽职调查的主要内容及尽职调查报告的编写

（一）律师尽职调查的主要事项

律师开展尽职调查，一般应当涉及下列事项：

1. 对“设立、沿革和变更情况”的核查，应包括但不限于下列文件（必要时需要辅之以企业工商登记的查询资料）：

（1）企业的营业执照；

（2）企业历次变更的章程及目前有效的章程；

（3）与企业设立相关的政府有权部门的批文；

（4）与业务经营相关的批准、许可或授权；

（5）企业取得的资格认定证书，如业务经营许可证等；

（6）企业变更登记事项的申请与批准文件；

（7）审计、评估报告；

（8）股东会、董事会的会议记录和决议；

(9) 企业分支机构和企业对外投资证明;

(10) 税务登记证以及有关税收优惠情况说明及批文;

(11) 外汇登记证;

(12) 海关登记证明;

(13) 企业已经取得的优惠政策的相关证明文件;

(14) 其他相关证明文件。

2. 对“基本运营结构”的核查,应包括但不限于下列文件:

(1) 企业目前的股本结构或出资人出资情况的说明;

(2) 有关企业目前的管理结构、薪酬体系的文件;

(3) 有关企业内部管理制度与风险控制制度的文件。

3. 对“股权情况”的核查,应包括但不限于下列文件:

(1) 有关企业的股权结构及其演变过程的证明文件;

(2) 股权有无质押或其他形式权利行使障碍的证明文件;

(3) 有关股东出资方式、出资金额的证明文件;

(4) 股东以非货币财产出资的财产权属证明文件及权属变更登记文件。

4. 对“有形资产情况”的核查,应包括但不限于下列文件:

(1) 企业及其附属机构房屋产权及重要设备的清单;

(2) 企业及其附属机构有关房屋及重要设备租赁的文件;

(3) 企业及其附属机构有关海关免税的机械设备(车辆)的证明文件;

(4) 企业其他有形资产的清单及权属证明文件。

5. 对“土地使用权及其他无形资产情况”的核查,应包括但不限于下列文件:

(1) 企业及其附属机构对各项软件、产品等无形资产所拥有的知识产权清单,包括专利、商标、版权及其他知识产权;

(2) 所有与知识产权有关的注册登记证明及协议;

(3) 企业及其附属机构土地使用权证、租赁土地的协议;

(4) 企业及其附属机构签署的重大知识产权或专有技术相关协议。

6. 对改制企业所签署或者有关联关系的“重大合同情况”的核查,应包括但不限于下列文件:

(1) 任何与企业及其附属机构股权有关的合同;

(2) 任何在企业及其附属机构的动产或不动产设定的所有抵押、质押、留置权等担保权益或其他与权益限制相关的合同;

(3) 企业及其关联机构的兼并、分立、合并、歇业、清算、破产的相关合同;

（4）企业及其附属机构签署的所有重要服务协议；

（5）企业及其附属机构签署的所有重要许可协议、特许安排及附有条件的买卖合同；

（6）企业及其附属机构签署的所有重要能源与原材料或必需品的供应合同；

（7）企业及其附属机构签署的重大保险合同；

（8）企业及其附属机构改制前签署的任何与合并、联合、重组、收购或出售有关的重要文件；

（9）企业及其附属机构与主要客户签订的其他与其经营有重大影响的合同；

（10）其他重要合同，如联营合同、征用土地合同、大额贷款或拆借合同、重大承包经营、租赁经营合同或投资参/控股及利润共享的合同或协议等。

7. 对企业“重大债权债务”的核查，应包括但不限于下列文件：

（1）有关公司应收款、其他应收款的真实性及完整性；

（2）应付款项是否与业务相关，有无异常负债；

（3）有无其他或有事项；

（4）有无提供抵押担保的债权债务及具体情况；

（5）有无因债权债务事项而可能引发的纠纷等。

8. 律师需要调查企业所涉及的“重大法律纠纷、行政处罚等情况”的，应包括但不限于下列文件：

（1）企业未了结的诉讼、仲裁、行政处罚、索赔要求及政府部门之调查或质询的详细情况；

（2）企业违反或被告知违反卫生、防火、建筑、规划、安全、环保等方面之法律、法规、通知的情况；

（3）企业所知晓的将来可能涉及诉讼、仲裁、行政处罚、索赔要求、政府部门的调查或质询的事实。

9. 律师需要调查企业“人员基本情况”的，应包括但不限于下列文件：

（1）企业高级管理人员的基本情况；

（2）企业和职工签订的劳动合同样本；

（3）企业工会组织的情况和与工会签订的集体劳动合同或协议；

（4）企业职工福利政策；

（5）企业缴纳社会保险费的情况。

10. 律师还可以依据改制、上市、并购计划、特点与要求的不同，要求委托人以及被调查对象提供其他各类相关文件或信息。

（二）尽职调查报告的主要内容

《尽职调查报告》一般包括下列内容：

1. 范围与目的。明确律师开展尽职调查工作的范围，出具尽职调查报告的目的；

2. 律师的工作准则。律师是否根据有关法律、法规、规章和规范性政策文件，根据委托人的授权，按照律师行业公认的业务标准、道德规范和勤勉尽责精神，出具工作报告；

3. 律师的工作程序。律师在开展尽职调查过程中的主要工作方式、工作时间以及工作流程；

4. 相关依据。律师获取的各项书面材料和文件、谈话记录、现场勘查记录等；

5. 正文。正文内容应当与律师的工作程序以及律师出具的调查清单所涉及的范围保持一致，如公司概况、经营情况、资产状况、知识产权、诉讼以及处罚情况等，正文部分可以分别对每一个具体问题进行确认、分析与解释；

6. 结尾。律师对尽职调查的结果发表结论性意见。

（三）尽职调查中的相关文件

1. 投资意向书

投资意向书

本投资意向书（以下简称“本意向书”）由以下各方于201×年×月×日在北京签署：

甲方：

法定代表人：　　　　　　职务：

住所：

办公地址：

乙方：

法定代表人：　　　　　　职务：

住所：

丙方：

身份证号：

住所：

目标公司：

法定代表人： 职务：

住所：

鉴于：

乙方系目标公司的控股股东，丙方系目标公司的实际控制人；

目标公司是一家依照《公司法》及相关法律、法规设立的有限责任公司，成立于 年 月 日。本意向书签署之日，目标公司经登记的注册资本及实收资本均为人民币 万元（RMB ，000，000.00）整；股权结构如下：

序号	股东姓名或名称	出资方式	出资额（万元）	股权比例
1				
2				
3				
合计				100.00%

甲方拟向乙方收购乙方所持的目标公司合计100%股权。

有鉴于此，各方就目标公司的收购达成本投资意向：

投资方案框架

根据本协议约定的条款和条件，甲方将向乙方非公开发行股份及支付现金，收购乙方所持有的目标公司100%股权。

截至201×年×月×日，目标公司100%股权的评估值为________万元，经协商，各方一致同意本次交易标的资产的交易价格确定为________万元。

各方同意，甲方以新增对价股份及支付现金相结合的方式支付本次标的资产的全部收购价款共计________万元，其中股份对价金额占全部收购价款的50%，现金对价金额占全部收购价款的50%。

（1）本次新增对价股份的发行对象为________；本次新增对价股份的发行价格确定为________元/股——须经甲方股东大会审议通过；本次收购新增对价股份的发行数量不超过________股。发行对象中乙方通过本次交易获得的甲方新增对价股份，自本次发行股份上市之日起十二（12）个月内不得转让或交易。前述限售期限届满后，乙方所持甲方新增对价股份按36个月分三期解锁。

（2）甲方将向乙方支付________万元作为本次收购的现金对价。

各方同意并确认，目标公司2015年度经审计的扣除非经常性损益后归属于母公司所有者的净利润应不低于1000万元。乙方和丙方承诺：目标公司2016—2018年扣除非经常性损益后归属于母公司所有者的净利润如下表所示：

年度（万元）	2016 年	2017 年	2018 年
承诺税后净利润	1800	2200	2600

各方同意并确认，考核期内（2016—2018 年），如目标公司的当年审计净利润低于该年承诺净利润、但不低于 90% 时，乙方或其指定第三方应当在当年度审计报告出具后十五（15）个工作日内以现金方式向目标公司全额补足当年度审计净利润额与该年度承诺净利润额的差额（即：补偿金额 = 当年承诺净利润额 − 当年审计净利润额）。

各方同意，考核期内（2016—2018 年），如目标公司当年经审计净利润低于该年承诺净利润 90% 时，乙方应进行利润补偿。计算公式为：

当期应补偿金额 =（截至当期期末累计承诺净利润数 − 截至当期期末累计实际净利润数）÷ 承诺期内各年的承诺净利润总和 × 本次交易的交易对价 − 已补偿金额。

在各年计算的补偿金数额小于 0 时，按 0 取值，即已经补偿的股票或现金不冲回。

投资方案实施的安排

本意向书签订后，甲方委托财务顾问、会计师、律师等专业机构对目标公司进行业务、财务及法律的尽职调查；乙方、丙方应当组织目标公司各部门以及相关人员积极配合甲方及甲方所聘请的中介机构开展尽职调查工作。

甲方对目标公司尽职调查完成 30 天内，依据尽职调查报告，对本投资交易作出正式决定（继续进行投资交易商谈或放弃）。

排他性

本意向书签订后至 6 个月（以下简称“锁定期”）内，乙方、丙方或目标公司均不得就本意向书所涉投资交易事宜（包括但不限于目标公司股权转让、目标公司增资扩股或以其他方式进行投资合作等）与任何其他第三方进行接触、谈判、签订任何性质的法律文件等。但如果各方同意终止谈判、甲方根据本意向书上述第二条第 2 项就本意向书拟议投资交易作出正式决定（放弃）或者甲方决定终止本意向书拟议投资交易，即本次投资交易不再继续进行的，则前述锁定期自动终止并不再对乙方、丙方具有法律约束力。

如果乙方、丙方或目标公司违背本条所规定的任何上述义务，或在锁定期内取消与甲方就本次投资交易的谈判的，乙方、丙方须补偿甲方已发生的相关调查和谈判的成本和费用。

乙方保证和承诺

乙方、丙方向甲方介绍的目标公司情况及日后目标公司在尽职调查中提供的信息和资料均是真实的，无虚假陈述和重大隐瞒；

目标公司的管理团队、专业技术团队和销售团队保持稳定；

目标公司积极配合甲方进行尽职调查，根据专业机构的要求，充分披露和提供目标公司的真实信息和资料。

保密

各方均承诺，对本意向书的签订及意向书所涉内容予以严格保密，并对因本投资交易事宜而获得的对方任何非公开信息及任何其他与本投资交易相关的非公开信息予以保密，不得向第三方披露。但向为本投资交易提供专业服务的机构披露或根据法律法规或政府机构、法院的要求披露除外。

约束力

本意向书仅为各方拟议投资交易事宜的诚信意向，除本意向书第三条（排他性）、第五条（保密）、第七条（适用法律和争议解决）及本条（约束力）对双方具有约束力外，其他条款对双方均无约束力。本意向书所涉投资交易事宜的最终约定将体现在最终签署的投资交易相关法律文件中。

适用法律和争议解决

本意向书的订立、效力、履行、终止、解释及其项下产生的争议之解决均适用中华人民共和国法律。

本意向书在履行过程中发生争议或因本意向书所涉事项发生争议，应进行友好协商，协商不成，可向本意向书签订地的人民法院提起诉讼。

附则

本意向书一式________份，签字各方各执一份。

甲方：（盖章）

法定代表人/授权代表（签字）：

乙方：（盖章）

法定代表人/授权代表（签字）：

丙方：（盖章）

法定代表人/授权代表（签字）：

目标公司：（盖章）

法定代表人/授权代表（签字）：

2. 保密协议

企业收购保密协议

甲方名称（姓名）：

住所：

法定代表人姓名：

职务：

国籍：

乙方名称（姓名）：

住所：

法定代表人姓名：

职务：

国籍：

为了保护甲乙双方就股权转让事宜中涉及的专有信息不被泄露，经友好协商，甲乙双方达成如下协议：

1. 定义

1.1　专有信息的定义

1.1.1　本协议所称的“专有信息”是指甲方所有的商业信息，包括商业秘密、技术秘密、企业基本情况或与甲方相关的其他信息，无论是书面的、口头的、图形的、电磁的或其他任何形式的信息，包括（但不限于）数据、模型、样品、草案、技术、方法、仪器设备和其他信息。

1.2　“接收方”：本协议所称的“接收方”是指接收专有信息的一方。

1.3　“透露方”：本协议所称的“透露方”是指透露专有信息的一方。

2. 权利保证

“透露方”保证其向“接受方”透露的专有信息不侵犯任何第三方的知识产权及其他权益。

3. 保密义务

3.1　“接收方”同意严格控制“透露方”所透露的专有信息，保护的程度不能低于“接收方”保护自己的专有信息。但无论如何，“接收方”对该专有信息的保护程度不能低于一个管理良好的企业保护自己的专有信息的保护程度。

3.2 “接收方”保证采取所有必要的方法对“透露方”提供的专有信息进行保密，包括（但不限于）执行和坚持令人满意的作业程序来避免非授权透露、使用或复制专有信息。

3.3 “接收方”保证不向任何第三方透露本协议及乙方为甲方制作的报告的存在及任何内容。

4. 例外情况

4.1 “接收方”保密和不使用的义务不适用于下列专有信息：

4.1.1 有书面材料证明，“透露方”在未附加保密义务的情况下公开透露的信息；

4.1.2 有书面材料证明，在未进行任何透露之前，“接收方”在未受任何限制的情况下已经拥有的专有信息；

4.1.3 有书面材料证明，该专有信息已经被“接收方”之外的他方公开；

4.1.4 有书面材料证明，“接收方”通过合法手段从第三方在未受到任何限制的情况下获得该专有信息。

4.2 如果“接收方”的律师通过书面意见证明：“接收方”对专有信息的透露是由于法律、法规、判决、裁定（包括按照传票、法院或政府处理程序）的要求而发生的，“接收方”应当事先尽快通知“透露方”，同时，“接收方”应当尽最大的努力帮助“透露方”有效地防止或限制该专有信息的透露。

5. 否认许可

除非“透露方”明确地授权，“接收方”不能认为“透露方”授予其包含该专有信息的任何专利权、专利申请权、商标权、著作权、商业秘密或其他知识产权。

6. 补救方法

6.1 双方承认并同意如下内容：

6.1.1 “透露方”透露的专有信息是有价值的商业秘密；

6.1.2 遵守本协议的条款和条件对于保护专有信息的秘密是有必要的；

6.1.3 所有违约对该专有信息进行未被授权的透露或使用将对“透露方”造成不可挽回的和持续的损害。

6.2 如果发生“接收方”违约，双方同意如下内容：

6.2.1 “接收方”应当按照“透露方”的指示采取有效的方法对该专有信息进行保密，所需费用由“接收方”承担；

6.2.2 “接收方”向“透露方”支付违约金人民币______万元，同时还应当赔偿甲方的全部经济损失，包括（但不限于）：法院诉讼的费用、合理的律师酬金和费用、所有损失或损害等。

7. 保密期限

7.1 自本协议生效之日起，双方的合作交流都要符合本协议的条款。

7.2 除非“透露方”通过书面通知明确说明本协议所涉及的某项专有信息可以不用保密，接收方必须按照本协议所承担的保密义务对在结束协议前收到的专有信息进行保密，保密期限不受本协议有效期限的限制。

8. 适用法律

本协议受中华人民共和国法律管辖，并在所有方面依其进行解释。

9. 争议的解决

由本协议产生的一切争议由双方友好协商解决。协商不成，任何一方均有权向北京仲裁委员会申请仲裁。

10. 生效及其他事项：

10.1 本协议一式四份，甲乙双方各执两份。

10.2 本协议自签订之日起生效，任何于协议签订前经双方协商但未记载于本协议之事项，对双方皆无约束力。

10.3 本协议及其附件对双方具有同等法律约束力，但若附件与本协议相抵触时以本协议为准。

10.4 未尽事宜由双方友好协商解决。

甲方（盖章）：	乙方（盖章）：
签字：	签字：
日期：　年　月　日	日期：　年　月　日

3. 尽职调查问卷

××律师事务所

关于收购____________有限公司之

初步尽职调查问卷

致：____________公司

本所向贵司出具本尽职调查问卷旨在掌握拟收购的____________有限公司（以下简称“____________公司”）相关的单位的具体情况，为委托人A股份有限公司提供依据。

请贵司提供本尽职调查问卷的反馈资料。本尽职调查问卷主要分为两部分，书面说明部分需要贵司依据实际情况予以书面说明，证明资料部分需要贵司提供相关的文件资料，如相关文件对某些单位不适用，请说明原因。贵司应保证上述所有说明和资料应与在相关主管机关登记或备案的材料完全一致。如有必要，本所将向贵司发出补充尽职调查问卷。

本所将对贵司提供的文件资料予以保密。

如对本尽职调查问卷有疑问，请咨询本所________律师（联系电话：010－　）。

××律师事务所

二〇一×年×月×日

一、____________公司的设立以及历史沿革

1. 书面说明

____________公司设立和历史沿革的情况。

2. 证明资料

1）____________公司成立的批准文件；

2）____________公司的工商登记备案文件；

3）____________公司现行有效的营业执照；

4）____________公司的组织机构代码证；

5）____________公司的国家和地方税务登记证；

6）____________公司最近的审计报告。

二、拟纳入____________公司管理的各单位的设立及历史沿革情况

1. 书面说明

1）拟纳入____________公司管理的各单位的基本情况介绍（包括设立及历史沿革情况、单位性质、隶属关系、人员数量及性质）；

2）拟纳入____________公司管理的各单位的股权结构图（包括隶属关系、持股比例）。

2. 证明资料

1）拟纳入____________公司管理的企业单位的工商登记备案文件、事业单位历次变更的备案文件；

2）拟纳入____________公司管理的各单位的身份证明文件（企业单位现行有效的营业执照、事业单位的事业单位法人证书）；

3）拟纳入____________公司管理的各单位的组织机构代码证；

4）拟纳入____________公司管理的各单位的国家和地方税务登记证；

5）拟纳入____________公司管理的各单位近三年的审计报告。

三、业务

1. 书面说明

1）拟纳入____________公司管理的各单位的主营业务情况介绍；

2）拟纳入____________公司管理的各单位从事的业务是否需要取得相关主管部门的批准。

2. 证明资料

1）拟纳入____________公司管理的各单位从事相关业务的批准或许可文件；

2）拟纳入____________公司管理的各项主营业务合同。

四、关联交易

1. 书面说明

拟纳入____________公司管理的各单位之间是否存在关联交易，如存在，说明关联交易的内容，以及发生金额；

2. 证明资料

关联交易协议。

五、主要财产

1. 书面说明

1）拟纳入____________公司管理的各单位拥有房产的情况；

2）拟纳入____________公司管理的各单位拥有土地使用权、商标、专利、特许经营权等无形资产的情况，是否具有商标使用权和专利使用权，如有，说明具体情况；

3）拟纳入____________公司管理的各单位拥有主要生产经营设备的情况；

4）拟纳入____________公司管理的各单位拥有的特许经营权的情况；

5）拟纳入____________公司管理的各单位以何种方式取得上述财产的所有权或使用权，是否已取得完备的权属证书，若未取得，请说明具体情况；

6）拟纳入____________公司管理的各单位对上述财产的所有权或使用权的行使有无限制，是否存在担保或其他权利受到限制的情况，如有，请说明具体情况。

2. 证明资料

1）拟纳入＿＿＿＿＿＿公司管理的各单位现时所有的房屋的所有权证；

2）如上述房屋上设定有任何他项权利，请提供有关抵押或他项权利合同；

3）拟纳入＿＿＿＿＿＿公司管理的各单位现时拥有的国有土地使用权证；

4）如上述国有土地上设定有任何他项权利，则请提供有关抵押或他项权利合同；

5）拟纳入＿＿＿＿＿＿公司管理的各单位拥有的商标权、专利权、著作权（包括软件）等知识产权的有关证书；

6）拟纳入＿＿＿＿＿＿公司管理的特许经营权的批准文件。

六、税务

1. 书面说明

1）拟纳入＿＿＿＿＿＿公司管理的各单位现时执行的税种、税率情况；若公司享受优惠政策、财政补贴等政策，则说明具体情况，并提供政府批复；

2）拟纳入＿＿＿＿＿＿公司管理的各单位近三年是否依法纳税，是否存在被税务部门处罚的情形。

2. 证明资料

1）拟纳入＿＿＿＿＿＿公司管理的各单位享受税收优惠和财政补贴等政策的政府批准文件。

2）拟纳入＿＿＿＿＿＿公司管理的各单位近三年的纳税凭证。

七、涉诉情况

1. 书面说明

拟纳入＿＿＿＿＿＿公司管理的各单位近三年是否涉诉，是否存在违被执行完结的案件。

2. 证明资料

拟纳入＿＿＿＿＿＿公司管理的各单位近三年的涉诉法律文件。

八、对外的债务情况

1. 书面说明

拟纳入＿＿＿＿＿＿公司管理的对外债务情况和可能的潜在债务情况。

2. 证明资料

拟纳入＿＿＿＿＿＿公司管理的对外债务情况和可能的潜在债务情况的有关法律文件。

4. 拟任董事、监事、高级管理人员调查表

____________有限公司

拟任董事、监事、高级管理人员调查表

一、基本情况				
姓名		曾用名		近期照片 （一寸或二寸）
性别		民族		
籍贯		学历		
出生日期		年龄		
职务				
职称				
身份证号				
户籍地址				
经常居住地				
是否拥有外国国籍或境外居留权	是或否： 如有，请提供相关证明文件			
联系电话				

二、教育经历（自大学起）

期间	院校	专业	证明人及其联系方式

三、工作经历

1. 过去的任职和兼职情况

任职/兼职单位	期间	职务	证明人及其联系方式

2. 目前的任职和兼职情况

任职/兼职单位	任期	职务	是否领取报酬	任职/兼职单位与现公司关联关系

续表

<table>
<tr><td colspan="4">四、对外投资情况</td></tr>
<tr><td colspan="4">1. 持有本公司股权情况</td></tr>
<tr><td>是否持有本公司股权</td><td>是或否：</td><td>持有股份数额</td><td></td></tr>
<tr><td>是否代他人持有公司股权</td><td>是或否：</td><td>代持股份数额</td><td></td></tr>
<tr><td>是否委托他人持有公司股权</td><td>是或否：</td><td>委托持股数额</td><td></td></tr>
<tr><td>2. 其他投资情况</td><td></td><td></td><td></td></tr>
<tr><td>投资单位名称</td><td>投资金额</td><td>持股比例</td><td>主营业务</td></tr>
<tr><td></td><td></td><td></td><td></td></tr>
<tr><td></td><td></td><td></td><td></td></tr>
<tr><td></td><td></td><td></td><td></td></tr>
<tr><td></td><td></td><td></td><td></td></tr>
<tr><td></td><td></td><td></td><td></td></tr>
</table>

<table>
<tr><td colspan="3">五、与任职资格有关的事项</td></tr>
<tr><td>是否存在下列情况</td><td>是或否</td><td>具体情况说明</td></tr>
<tr><td>是否为无民事行为能力或者限制民事行为能力</td><td></td><td></td></tr>
<tr><td>是否因贪污、贿赂、侵占财产、挪用财产或者破坏社会主义市场经济秩序，被判处刑罚，执行期满未逾五年，或者因犯罪被剥夺政治权利，执行期满未逾五年</td><td></td><td></td></tr>
<tr><td>是否担任破产清算的公司、企业的董事或者厂长、经理，对该公司、企业的破产负有个人责任，自该公司、企业破产清算完结之日起未逾三年</td><td></td><td></td></tr>
<tr><td>是否担任因违法被吊销营业执照、责令关闭的公司、企业的法定代表人，并负有个人责任，自该公司、企业被吊销营业执照之日起未逾三年</td><td></td><td></td></tr>
<tr><td>个人是否负有数额较大的债务到期未清偿</td><td></td><td></td></tr>
<tr><td>最近24个月内是否受到中国证监会行政处罚或者被采取证券市场禁入措施的情形</td><td></td><td></td></tr>
<tr><td>最近24个月内是否受到刑事处罚、行政处罚或者涉嫌犯罪被司法机关立案侦查，尚未有明确结论意见</td><td></td><td></td></tr>
<tr><td>是否属于国家机关工作人员或法律、法规规定的禁止在公司中任职、兼职的其他人员</td><td></td><td></td></tr>
<tr><td>是否与公司其他董事、监事、高级管理人员具有亲属关系</td><td></td><td></td></tr>
</table>

<table>
<tr><td colspan="6">六、关系密切的家庭成员情况</td></tr>
<tr><td colspan="2" rowspan="2">亲属类别及姓名</td><td rowspan="2">身份证号码</td><td colspan="3">对外投资情况</td></tr>
<tr><td>被投资单位名称</td><td>出资金额</td><td>出资比例</td></tr>
<tr><td rowspan="2">配偶</td><td rowspan="2"></td><td rowspan="2"></td><td></td><td></td><td></td></tr>
<tr><td></td><td></td><td></td></tr>
</table>

续表

父母					
成年子女					

声明与确认

本人已充分理解本调查表所列问题，并确认在本调查表中的答复及所提供的相关资料均是真实、准确和完整的，不存在虚假、误导性陈述或重大遗漏。

填写人（签名）：______________

年　　月　　日

5. 尽职调查报告范本

××律师事务所

关于A股份有限公司收购B有限责任公司

法律尽职调查报告

序言

致：A公司

关于A股份有限公司收购B有限公司的法律尽职调查，是由××律师事务所（以下简称本所）根据A股份有限公司（以下简称A公司）的委托，基于A公司与B公司初步达成的公司股权收购意向，在本所收到B公司提供的有关该公司设立、对外合同及内部管理等文档资料基础上进行的。其目的在于查明B公司的资产负债情况、公司管理状况、诉讼状况等法律风险，为A公司的收购计划提供法律意见。

根据《关于A股份公司收购B有限公司的法律顾问聘请协议》，本所作为A公司收购B公司事项的专项法律顾问。

本所指派××律师、××律师作为本次公开发行的具体经办律师。本所根据《中华人民共和国公司法》（以下简称《公司法》）、《中华人民共和国证券法》（以下简称《证券法》）、《中华人民共和国合同法》（以下简称《合同法》）等法律、法规的有关规定，按照律师行业公认的业务标准、道德规范和勤勉尽责精神，出具本法律尽职调查报告。

××××年××月××日，本所律师向B公司发送了《××律师事务所关于A股份公司收购B有限公司尽职调查问卷》，收集并审查了本所律师认为出具本《法律尽职调查报告》所必需的资料和文件；为了进一步核实情况，本所律师前往B公司的厂区、仓库等地进行了实地现场勘查，只做了勘查笔录；就相关问题与B公司有关部门负责人、员工进行交流，制作了谈话笔录；并前往工商、税务、劳动、环保等政府部门了解和查询B公司情况；参阅其他中介机构尽职调查小组的信息；遵守相关法律、政策、程序及实际操作。

××××年××月××日，B公司签订了《B公司保证书》，就B公司及相关各方提供的文件、资料和所做的陈述，本所律师已得到B公司的如下保证：本公司所提供的所有文件及口头或书面声明、阐述、保证、说明均是真实、准确和完整的，不存在任何虚假记载、误导性陈述或重大遗漏，有关文件上的签字、印章均是真实、有效的，所提交的副本或复印件均与原件或正本一致。本公司已经确知违反上述保证所能导致的不利后果。如果本公司违反上述保证，本公司愿意承担因此而导致的不利后果。

本报告正是基于以上各文件而出具的。

为出具本法律尽职调查报告，本所律师特作如下声明：

一、本报告系依据本报告出具日之前已经发生或存在的事实，根据截至报告日所适用的中国法律、法规和规范性文件的规定而出具；

我们将对某些事项进行持续跟踪核实和确认，但不保证在尽职调查之后某些情况不会发生变化。

二、本法律尽职调查报告仅对法律问题发表意见。在本尽职调查报告中对有关会计报表、审计报告、评估报告中某些内容的引述，并不表明本所律师对这些内容的真实性、准确性、合法性做出任何判断或保证。

三、对于本尽职调查报告至关重要而又无独立证据支持的事实，本所依赖有关政府部门和其他有关单位出具的证明文件出具本尽职调查报告。

四、本法律尽职调查报告仅供A公司收购B公司相关事宜之目的使用，未经本所书面同意，不得将本报告外传及用于佐证、说明与收购事宜无关的其他事务及行为。

在本报告中，除非根据上下文应另做解释，否则下列简称和术语具有以下含义：

"A公司"是指A股份有限公司。

"B公司"是指B有限责任公司。

"本报告"指由××律师事务所于××××年××月××日出具的《关于A股份公司收购B有限公司法律尽职调查报告》。

“本所”指××律师事务所。

“本所律师”或“我们”指××律师事务所法律具体承办尽职调查的律师。

正文

一、B公司历史沿革

（一）设立时状况：

1.（1）B公司成立于________年____月____日，设立时的名称为______________公司，股东为__________、__________，注册资本为__________万元人民币，法定代表人为__________，住所为_______________，经营范围为_______________。

（2）股权结构为：

（3）验资或评估：

2. 第一次变更

3. 第二次变更

（二）主要问题及风险提示。

二、B公司股东及实际控制人

（一）B公司目前的股东和持股比例如下：

（二）B公司的实际控制人为：

如果是自然人，则说明其简历（姓名、身份证号、学历、地址等）；如果是法人，则说明其营业执照记载事项、主营业务、主要公司管理人员、最近一年的财务会计报告。

（三）主要问题及风险提示。

三、B公司公司章程

（一）设立时的章程（时间、主要内容）。

（二）历次修改（如果修改，修改内容）。

（三）主要问题及风险提示。

四、B公司股东会、董事会、监事会

（一）公司目前的组织架构。

（二）股东会会议。

1. 股东会议事规则。

2. 历次股东会会议时间、参与人员、议题、会议记录的主要内容。

（三）董事会会议。

1. 董事会议事规则。

2. 历次董事会会议时间、参与人员、议题、会议记录的主要内容。

（四）监事会会议。

1. 监事会议事规则。

2. 历次监事会会议时间、参与人员、议题、会议记录的主要内容。

（五）主要问题及风险提示。

五、B公司董事、监事及高级管理人员

（一）公司设立时的董事、监事及高级管理人员。

董事会成员：

监事会成员：

经理：

（二）公司董事、监事及高级管理人员历次变化情况。

（三）公司目前的董事、监事及高级管理人员。

1. 董事会成员：

（姓名、性别、年龄、身份证号、学历、职务、工作经历、社会兼职或头衔等）

2. 监事会成员：

（姓名、性别、年龄、身份证号、学历、职务、工作经历、社会兼职或头衔等）

3. 高级管理人员：

（姓名、性别、年龄、身份证号、学历、职务、工作经历、社会兼职或头衔等）

（四）主要问题及风险提示。

六、B公司主营业务

（一）主营业务情况。

（二）资质及证书。

（三）主要问题及风险提示。

七、B公司主要资产

（一）土地：

1. 土地使用权证号为__________，面积__________，权属状况__________；

……

（二）房产：

1. 房产证号为__________，面积__________，权属状况__________；

……

（三）机动车辆：

1. 号牌号码：__________，品牌型号：__________，车辆识别代码：__________车主：__________，车辆类型：__________；

……

（四）主要生产经营设备：

1. 设备名称：__________，发票号：__________，报关单号：__________，购买日期：________，使用年限：________，原始价值：________，账面价值：________；

……

（五）知识产权：

1. 商标：

（1）名称：__________，注册号码：__________，使用商品类别：__________，有效期限自__________至__________；

（2）权属状况：________________。

……

2. 专利：

（1）名称：__________，注册号码：__________，使用商品类别：__________，有效期限自__________至__________；

（2）权属状况：________________。

……

（六）主要问题及风险提示。

八、B公司存在的关联关系

（一）关联方。

（二）关联方基本情况。

（三）关联交易。

（四）主要问题及风险提示。

九、B公司税务情况

（一）税务基本情况。

（税务登记证、税种税率表、近三年的纳税申报表和完税证明、享受的减免税情况及依据文件、近三年是否存在被税务部门处罚的情况）

（二）主要问题及风险提示。

十、B公司重大债权债务

（一）买卖合同（时间、金额、商品名称、违约责任）。

（二）借款合同（时间、金额、合同主体、担保情况）。

（三）担保合同（时间、金额、合同主体）。

（四）主要问题及风险提示。

十一、B公司的独立性审查

（一）公司的资产完整。

（二）公司的人员独立。

（三）公司的财务独立。

（四）公司的机构独立。

（五）公司的业务独立。

（六）主要问题及风险提示。

十二、诉讼、仲裁或行政处罚

（一）公司诉讼、仲裁：（三年内的已结、未结案件统计表、诉状、答辩书、判决、裁定）。

（二）高级管理人员诉讼、仲裁：（三年内的已结、未结案件统计表、诉状、答辩书、判决、裁定）。

（三）关联企业诉讼、仲裁的材料：（三年内的已结、未结案件统计表、诉状、答辩书、判决、裁定）。

（四）主要问题及风险提示。

十三、劳动人事、劳动安全等

（一）公司员工名册、劳务合同样本、工资表和社会保障费用明细表（养老金、退休金、住房、度假、医疗、卫生保健、教育、工会费等）。

（二）安全生产制度、安全事故情况。

（三）主要问题及风险提示。

十四、其他

（一）B公司所获荣誉及证书。

（二）B公司财务会计报告数据（最近两年净利润累计额、净利润增长率、营业收入、营业收入增长率、非经常性损益）。

（三）其他应提及事项。

（四）主要问题及风险提示。

谨致

商祺！

________律师事务所

承办律师：

____年____月____日

案例使用说明

一、教学对象及目标

1. 教学对象：本案例可供法学、金融学教学使用，主要适用于民商法学硕士、金融法学硕士、法律硕士、金融学硕士（资本市场方向）的案例教学课程。

2. 教学目标：本案例希望通过对真实的公司并购中法律尽职调查报告模板及尽职调查相关重点问题的介绍，完成以下教学目标：（1）了解和掌握公司并购中存在的各种潜在的法律风险及风险防范手段；（2）了解和掌握法律尽职调查的基本流程及相关材料的获取途径；（3）了解和掌握如何编写一份合格的法律尽职调查报告；（4）重点掌握法律尽职调查各种法律文书的使用，以及律师在法律尽职调查中的主要执业风险，以及风险的防控。

二、教学内容

1. 什么是法律尽职调查？

法律尽职调查，是指在国有企业改制、公司拟公开发行证券、企业并购等过程中，律师依据委托，通过对相关资料、文件、信息以及其他事实情况的收集，对目标公司（被调查企业）的资信状况、产权交易、诉讼情况等从法律或规范性政策文件的角度进行调查、研究、分析和判断，最后出具法律意见书并制作律师工作报告的真实、准确、完整的过程。

2. 法律尽职调查的目的与基本原则是什么？

（1）法律尽职调查的目的，主要有四：

第一，摸清家底。通过律师尽职调查工作的展开，摸清目标公司家底，为委托方提供详尽的目标公司的资料。尤其是通过对目标公司非公开资料的了解，深挖可能存在的问题，为委托方的发行或收购行为提供有力的资料支撑。

第二，防范法律风险，防止欺诈案件的发生。尽职调查中最重要的一项就是为委托方提示目标公司可能存在的法律风险，并提出合理建议，发现对方可能存在的欺诈行为，避免委托方遭遇损失。

第三，方便委托方作出清晰的商业判断。通过律师对目标公司的尽职调查，让委托方对目标公司的资信状况、合规状况、法律风险等有清晰的认识，从而做出更准确的商业判断。

第四，防范法律工作者自身的法律风险。因为尽调而引发的案件时有发生，律师在进行尽职调查工作时，除了要为对方提示风险，也要避免自身可能产生的法律风险，尽职调查工作的每一个细节都要合法合规，并有相应的证明。最重要的是严谨，发现问题，并作出正确的法律风险提示。

（2）法律尽职调查的基本原则，也主要有四：

第一，独立性原则。律师开展尽职调查，应当独立于委托人意志，独立于审计、评估等其他中介机构。

第二，审慎原则。在尽职调查过程中，律师应持审慎的态度，保持合理怀疑。

第三，专业性原则。在尽职调查过程中，律师应当结合自身优势从法律角度作出专业的判断。

第四，避免利益冲突原则。律师应履行利益冲突审查义务，在提供服务过程中或服务结束后不应利用获悉的相关信息获取任何利益，也不应在提供服务过程中，代理与产权持有单位或改制企业有直接或间接利益冲突关系的单位或个人的任何诉讼或非诉讼事务。

3. 法律尽职调查主要涉及哪些事项？

对目标公司进行法律尽职调查，一般涉及八项事项，主要如下：

（1）对目标公司“设立、沿革和变更情况”的核查。包括但不限于企业的营业执照、企业历次变更的章程及目前有效的章程、与企业设立相关的政府有权部门的批文以及与业务经营相关的批准、许可或授权等文件（必要时需要辅之以企业工商登记的查询资料）。

（2）对目标公司基本情况的核查。主要包括如下三个方面：

第一，对公司“基本运营结构”的核查。包括但不限于企业目前的股本结构或出资人出资情况的说明、有关企业目前的管理结构、薪酬体系的文件以及有关企业内部管理制度与风险控制制度等文件。

第二，对公司“股权情况”的核查。包括但不限于有关企业的股权结构及其演变过程的证明文件、股权有无质押或其他形式权利行使障碍的证明文件、有关股东出资方式、出资金额的证明文件以及股东以非货币财产出资的财产权属证明文件及权属变更登记等文件。

第三，对“有形资产情况”的核查。包括但不限于企业及其附属机构房屋产权及重要设备的清单、企业及其附属机构有关房屋及重要设备租赁的文件、企业及其附属机构有关海关免税的机械设备（车辆）的证明文件、企业其他有形资产的清单及权属证明等文件。

（3）对“土地使用权及其他无形资产情况”的核查。包括但不限于企业及其附属机构对各项软件、产品等无形资产所拥有的知识产权清单，包括专利、商标、版权及其他知识产权、所有与知识产权有关的注册登记证明及协议、企业及其附属机构土地使用权证、租赁土地的协议以及企业及其附属机构签署的重大知识产权或专有技术相关协议等文件。

（4）对目标公司所签署或者有关联关系的“重大合同情况”的核查。包括但不限于任何与企业及其附属机构股权有关的合同、任何在企业及其附属机构的动产或不动产设定的所有抵押、质押、留置权等担保权益或其他与权益限制相关的合同、企业及其关联机构的兼并、分立、合并、歇业、清算、破产的相关合同、企业及其附属机构签署的所有重要服务协议以及其他重要合同等文件。

（5）对目标公司“重大债权债务”的核查。包括但不限于下列文件：第一，有关公司应收款、其他应收款的真实性及完整性；第二，应付款项是否与业务相关，有无异常负债；第三，有无其他或有事项；第四，有无提供抵押担保的债权债务及具体情况；第五，有无因债权债务事项而可能引发的纠纷等。

（6）目标公司所涉及的“重大法律纠纷、行政处罚等情况”的核查。包括但不限于下列文件：第一，企业未了结的诉讼、仲裁、行政处罚、索赔要求及政府部门之调查或质询的详细情况；第二，企业违反或被告知违反卫生、防火、建筑、规划、安全、环保等方面之法律、法规、通知的情况；第三，企业所知晓的将来可能涉及诉讼、仲裁、行政处罚、索赔要求、政府部门的调查或质询的事实。

（7）对目标公司“人员基本情况”的核查。包括但不限于下列文件：第一，企业高级管理人员的基本情况；第二，企业和职工签订的劳动合同样本；第三，企业工会组织的情况和与工会签订的集体劳动合同或协议；第四，企业职工福利政策；第五，企业缴纳社会保险费的情况。

（8）依据改制、上市、并购计划、特点与要求的不同，要求委托人以及被调查对象提供其他各类相关文件或信息。

4. 获取法律尽职调查材料的途径主要有哪些？

开展法律尽职调查，应要求被调查对象在合理或约定时间内提供真实、完整的资料原件或与原件审核一致的复印件。

对于法律尽职调查中材料的获取途径，大致包括以下几种：

（1）由目标公司提供。目标公司根据尽职调查问卷，准备相应的材料，主动提交。

（2）主动收集。对于目标公司不能提供的材料或者律师认为有必要的，可以主动去收集，如工商部门、不动产登记部门等保管的资料。但是，需要目标公司提供介绍信。

（3）关于无法查清的材料。对于无法查清的材料，可以通过对相关被调查人进行口头询问（目标公司的董监高、经理和其他人员）或对被调查事项进行现场勘查等方式了解情况，制作谈话记录、现场勘查记录等文件材料。谈话记录需要当事人签字，承诺陈述属实，并加盖公司印章。律师制作的谈话记录、现场勘查记录等文件材料，除非有相关人员或部门的书面保证或书面证明，否则不能作为制作《尽职调查报告》的依据。

5. 法律尽职调查的工作程序是怎样的？

法律尽职调查的程序，根据所涉及的具体事项的不同而略有所不同。而一般来说，法律尽职调查可以分为两个主要阶段，即准备阶段和具体执行阶段，其基本工作程序如下：

（1）准备阶段

第一，委托方与律师事务所签订委托进行法律尽职调查的委托合同。

第二，约定调查内容。双方当事人约定具体对哪些事项进行尽职调查。各方共同起草相关的调查项目目录（尽调清单），以便目标公司提供有关的具体材料。

同时约定尽职调查资料的存放地和保管规则（资料室规则），主要是对人员出入、资料存取等具体事项的规定，其主要目的是确保资料的安全与合理使用。

第三，组成尽职调查工作小组或确认负责律师。

第四，签署保密协议。

在调查进行之前，当事各方及中介机构最重要的工作就是签署保密协议，其主要目的就是保护各方公司的商业秘密。应当承担保密义务的人，除了具体执行尽职调查的专业人员如律师事务所、会计师事务所、投资银行及其工作人员，还有其他可以接触这些信息的人，如委托方及其董、监、高、经理等，都要签署保密协议或者保密承诺书。保密协议通常也可以在意向书中进行约定。

第五，目标公司管理层及相关人员对企业状况进行简要说明。

在正式的尽职调查开始之前，由目标公司管理层及相关人员对该公司有关情况进行简要说明。这种做法有助于尽职调查人员尽快上手，抓住重点。

（2）具体执行阶段

第一，经委托方确认后，向目标公司递送尽职调查问卷。

第二，按主体、类别分别收集文件资料。

这里的主体主要指的是法人主体，如果有独立性很强的分公司或者业务部门，也需要单独收集资料。原则上取得的资料均应是书面形式的，均应以书面问卷的方式向对方索要，且取得的资料均应加盖公司印章，以表明文件真实、有效、合法。对于对方不能提供的文件，可以通过对公司相关人员进行访谈并制作询问笔录的形式进行采集，同样应加盖公司印章。原则上所有取得的资料均应出自公司，但在必要的情况下，也需要向公司所在地政府、主管部门、债权人、债务人，或者其他利益相关者进行调查，这些资料都需要律师主动进行收集。

第三，整理、核对文件资料，编制文件目录。

收到目标企业提供的资料后，核对复印件与原件，做好资料清单并编制文件目录，由双方代表签字。没有原件的，提交的复印件要求加盖公司印章。资料既包括纸质版的，也包括电子版的，均需分别归类，并在文件目录里注明。电子文档整理完之后应刻成光盘，附于纸质资料后面。

第四，阅读、研究资料，整理和起草工作底稿。

对尽职调查过程中所获取的全部资料，应反复地研究判断，同时进行相应的核查验证，在核查验证的过程中，制作工作笔录。如果发现资料不全、情况不详，应要求对方作出声明和保证。

根据项目性质的不同，在阅读资料过程中，应根据相应的法律尽职调查要点进行核对，并找出问题。通过尽职调查查找法律问题，并寻求解决途径，这对上市和并购项目意义重大，也是律师价值的核心体现。在阅读资料的过程中，对于尚且欠缺的资料，应当发放补充问卷；对于查找出来的法律问题应形成备忘录。对于备忘录的问题，需要公司和各中介机构协商解决。

第五，在资料收集完整、备忘录问题基本解决之后，完成工作底稿的最终整理工作。

第六，在工作底稿的基础上起草《律师工作报告》，在《律师工作报告》的基础上形成《尽职调查报告》。《尽职调查报告》应保证准确、完整和翔实，工作组成员应签字并加盖律师事务所印章。

6. 公司并购中可能有哪些主要的法律风险？

在公司并购中，被并购的目标公司的股权状况、财务状况、资产状况、业务状况以及劳动关系均会对主动并购的公司造成重大影响，甚至可能引发重大法律风险，因此必须详细了解。以下将择其重点，详细阐述。

（1）被并购目标公司的股权问题所引发的法律风险。

第一，瑕疵出资。瑕疵出资指的是目标公司在设立或增资过程中，其股东未按照章程及法律规定履行出资义务的行为，从而给收购公司带来一些法律上的风险。

广义的瑕疵出资包括未履行出资义务、未完全履行出资义务，出资后抽逃出资等情况，亦包括以无权处分的财产出资、以赃款/物出资等特殊情形。其中，未完全履行出资义务又包括承诺出资的财产价值不足、承诺出资的财产已交付给公司但未办理过户手续（一般指不动产和一些特殊动产）、承诺出资的财产办理了过户手续但未实际交付公司使用等具体情形。

最高人民法院发布的《关于适用〈中华人民共和国公司法〉若干问题的规定（三）》（以下简称司法解释（三）），针对各种瑕疵出资的行为，分别规定了股东权利受限、股东资格丧失、承担补足出资等法律后果。瑕疵股东应承担的责任可分为瑕疵补正责任及赔偿责任两类，其中瑕疵补正责任又可细分为补足出资责任、归还出资本息责任。赔偿责任亦可分为对公司、对其他股东、对债权人等三类主体的责任。

据此，在对目标公司的进行尽职调查时，查明对方股东出资的状况之后，对其实际出资进行验资，并对其出资的资产进行跟踪调查。在发现对方股东有瑕疵出资的情形时，需要提醒收购方注意的是：

一是对方有没有及时要求瑕疵出资的股东补足出资并及时催缴，在催缴不成之后可能面临向股东提起要求其补足出资的诉讼；

二是目标公司股东存在抽逃出资的情形的，提醒收购方注意目标公司是空壳公司，并要注意该公司可能针对其股东抽逃出资而存在要求其股东返还出资本息、对公司债务不能清偿的部分承担补充赔偿责任等诉讼风险；

三是因目标公司的出资瑕疵，目标公司的债权人可能要求瑕疵出资股东承担相应的赔偿责任诉讼风险；

另外，也要注意该目标公司在对外投资过程中，作为其他公司股东，是否存在上述情形。

第二，股权代持。目标公司如果有股权代持的现象，需要提醒注意其公司实际控制人，且该隐名股东是出于何种目的，与目标公司之间的关系如何；该隐名股东对收购的倾向如何；显名股东与隐名股东之间的关系如何，如果二者存在争议，隐名股东想取回公司股份或实际控制权，将可能引发的诉讼风险；该公司股东因此而变更之后，是否会发生公司经营管理上的问题。

同时，也要注意提醒目标公司对外投资过程中是否是隐名股东，以及其可能面临的股权代持协议的法律效力被否定的风险、显名股东恶意侵害隐名股东权益的风险、隐名股东难以确立股东身份、无法向公司主张权益的风险、显名股东的债权人针对显名股东股权强制执行的风险等。

第三，股东会、董事会决议无效或被撤销。根据《公司法》第二十二条："公司股东会或者股东大会、董事会的决议内容违反法律、行政法规的无效。股东会或者股东大会、董事会的会议召集程序、表决方式违反法律、行政法规或者公司章程，或者决议内容违反公司章程的，股东可以自决议作出之日起六十日内，请求人民法院撤销。股东依照前款规定提起诉讼的，人民法院可以应公司的请求，要求股东提供相应担保。公司根据股东会或者股东大会、董事会决议已办理变更登记的，人民法院宣告该决议无效或者撤销该决议后，公司应当向公司登记机关申请撤销变更登记。"

据此，该目标公司可能面临的法律风险包括：

一是目标公司股东会、董事会决议违反法律、行政法规或而无效或其他原因而被撤销的，一方面可能会影响到目标公司的决策与运营，对其经营产生一定的影响；另一方面，也会面临行政机关处罚或其他法律责任的风险。

二是目标公司股东会或者股东大会、董事会的会议召集程序、表决方式违反法律、行政法规或者公司章程，或者决议内容违反公司章程的，目标公司可能会面临被其股东请求人民法院撤销该决议的诉讼风险。

三是公司完成相应变更登记之后被宣告无效，需要撤销变更登记的，该公司可能面临决策能力受质疑的风险，从而造成在公司管理上的不和谐。同时，也要提醒注意目标公司未及时申请撤销变更登记的情况，以及因此可能引发的风险。

（2）被并购公司资产状况不明所引发的风险。

对目标公司的资产，须列明清单，并对其权属状况进行排查。动产必须已经交付，不动产必须已经登记在目标公司的名下并能为其实际使用，专利权，商标权等知识产权，必须有明确的许可使用合同，如果是涉及转让的话，则需要相关行政主管机关的核准证明。如商标，即需要取得《核准转让注册商标证明》和相应的《商标注册证》。对于上述财产性权利权属有争议的，需提醒收购方主要该目标公司可能会面临的诉讼风险，以及可能在收购后可能会无法获得相应财产的情况，尤其是知识产权，可能有排他性占有使用的情况。

（3）被并购公司业务状况不稳定所引发的风险。

对于目标公司的业务，首先是审查其主营业务的合同的真实性、合法性、有效性。对方公司在业务上存在的漏洞，主要是因业务合同存在的合同无效、可撤销情形而造成的合同无法履行的情况；己方是否存在缔约过失；是否存在违约的风险及违约可能性大小。

其次，审查是否存在关联交易。对于关联方交易，则主要是关注是否存在定价不公允、利益输送等问题，从而损害公司及股东利益。

最后，还需要关注其同业竞争状况，在收购之后，是否会因失去相关的技术、客户源等，造成在市场上的竞争力减弱的情况。

对于其他因公司业务产生的相关问题，也需要提请收购方注意，如税率、政府的相关政策以及环境问题等。

（4）被并购公司债权债务关系不明所引发的风险。

目标公司的债权债务关系是尽职调查的一个重点，特别是目标公司如果存在重大债务，对主动收购公司将产生重大影响，买来的公司可能只是一个空壳。对于目标公司，着重审查与关联方的债权债务，是否存在不合规借款等情况，是否有抽逃出资的嫌疑。另外，还要注意是否存在到期债权债务，到期债权是否追回，到期债务是否偿还，并是否存在因债权债务到期而产生的诉讼风险。目标公司的债权债务在收购之后移转到收购方，收购方是否会继续承担其债务（尤其是重大债务）以及其能否成功实现其债权，是否仍会面临相应的法律风险，也是需要提醒的内容。

（5）被并购公司劳动关系不良所引发的风险。

对于与公司员工及其他人员的劳动关系，目标公司可能会产生的风险主要体现在以下两个方面：

第一，用人单位未向劳动者支付或未足额向劳动者支付劳动报酬。此情形下，可能造成公司员工的离职，对公司的生产经营产生影响。最重要的是，劳动者为了取回劳动报酬，可能会发起劳动仲裁或劳动诉讼。

第二，用人单位违背劳动法律的规定，不为劳动者缴纳或不按规定为劳动者缴纳社保。目标公司有此状况的，将会受到相应的行政处罚的风险。劳动保障行政部门、社会保险经办机构或税务机关发现有该种情形之后，会对单位或相关人员进行罚款并催缴，逾期仍不缴纳的，将会申请人民法院依法强制征缴。

因此，收购方应该关注目标公司的用人情况，律师在尽调过程中也应提请注意。除了劳动报酬和社保情况，还应关注劳动合同的执行情况，是否需要续签劳动合同，尤其是关键岗位的员工及管理人员的劳动合同状况，以避免存在人才流失的风险。

7. 法律尽职调查报告的内容主要包括哪些？

《尽职调查报告》一般包括下列内容：

（1）范围与目的。明确律师开展尽职调查工作的范围，出具尽职调查报告的目的；

（2）律师的工作准则。律师是否根据有关法律、法规、规章和规范性政策文件，根据委托人的授权，按照律师行业公认的业务标准、道德规范和勤勉尽责精神，出具工作报告；

（3）律师的工作程序。律师在开展尽职调查过程中的主要工作方式、工作时间以及工作流程；

（4）相关依据。律师获取的各项书面材料和文件、谈话记录、现场勘查记录等；

（5）正文。正文内容应当与律师的工作程序以及律师出具的调查清单所涉及的范围保持一致，如公司概况、经营情况、资产状况、知识产权、诉讼以及处罚情况等，正文部分可以分别对每一个具体问题进行确认、分析与解释；

（6）结尾。律师对尽职调查的结果发表结论性意见。

三、建议课堂计划

本案例可以作为专门的案例教学课进行讲授，整个案例可安排 4 个课时，每课时 45 分钟。如下课堂设计，仅供参考：

1. 课前计划：安排学生阅读案例及相关资料，熟悉法律尽职调查的目的、基本原则、基本程序以及主要内容，对公司并购中可能存在的法律风险及其相关问题在课前有个全面的了解。

2. 课中计划：（1）介绍教学目的，明确讨论主题；（2）分组讨论问题及解决对策，告知发言要求；（3）小组代表发言，提出解决方案，并对其他小组提出的方案进行评述；（4）教师进行引导分析，并做最后归纳总结。

3. 课后计划。布置学生课后进一步了解并掌握法律尽职调查的程序、主要内容及其可能出现的各种法律风险，并掌握应对上述法律风险的基本方案。

四、思考题

1. 什么是公司并购？
2. 什么是公司并购中的法律尽职调查？
3. 法律尽职调查的基本原则是什么？
4. 法律尽职调查的主要目的是什么？
5. 获取法律尽职调查材料的途径主要有哪些？
6. 法律尽职调查的基本流程有哪些？
7. 法律尽职调查的主要内容有哪些？

8. 公司并购过程中可能有哪些主要的法律风险？

9. 法律尽职调查应主要涉及哪些事项？

10. 公司股东出资有瑕疵时，应承担怎样的法律责任？

11. 转让瑕疵出资股权的法律效果是怎样的？

12. 公司股东请求法院撤销股东会决议或者确认股东会决议无效的法律条件？

13. 隐名股东的法律地位是怎样的？

14. 审查合同真实性的主要方法？

15. 合同可撤销的主要原因？

16. 合同无效的主要原因？

17. 不动产物权在何种情形下才会发生物权变动？

18. 动产物权在何种情形下才会发生物权变动？

19. 擅自处分抵押财产或质押财产的法律效果如何？

20. 公司主营业务稳定性的认定标准？

21. 劳动者签订无固定期限劳动合同的条件？

22. 对劳动者实行不定时工作制的条件？

23. 用人单位违背劳动法律的规定，不为劳动者缴纳或不按规定为劳动者缴纳社保的法律责任？

24. 用人单位未向劳动者支付或未足额向劳动者支付劳动报酬的法律责任？

25. 法律尽职调查有缺陷导致收购公司损失的，应承担何种责任？

参考文献

[1] 赵旭东. 公司法 [M]. 北京：中国政法大学出版社，2013.

[2] 王利明. 民法学（第六版）[M]. 北京：中国人民大学出版社，2015.

[3] 陈小君. 合同法学（第三版）[M]. 北京：中国政法大学出版社，2007.

[4] 贾俊玲. 劳动法学（第二版）[M]. 北京：北京大学出版社，2013.

[5] 苏楠. 800万赔偿让律师戴上“紧箍咒”[N]. 法制日报，2005-01-26.

[6]《北京市朝阳区人民法院民事判决书》(2014) 朝民初字第14007号.

[7]《北京市第三中级人民法院民事判决书》(2014) 三中民终字第11820号.

[8]《北京市高级人民法院民事裁定书》(2015) 高民（商）申字第1253号.

案例 22

某某信托计划参与有限合伙进行产业投资的交易结构分析和法律尽职调查案例*

（非诉讼法律业务）

本案例系一起真实的银行理财资金参与城投项目投资的方案设计案例。在此方案设计中，核心是如何通过现有的金融机制将银行资金与城投项目进行合法的对接与融通，实现产业获得融资、金融机构资金获得盈利的“双赢”。本案例以城投公司融资为背景，根据现有金融部门法律、法规和部门规章的规定，梳理银行理财资金参与信托计划，由信托计划参与有限合伙、再由有限合伙进行产业投资这一基本交易结构，分析信托计划作为“资金通道”的现实法律地位及未来改革方向，分析有限合伙这一商业组织形式的重要功能，并解析在此交易结构中所涉及的重大交易文件。本案例不仅能够帮助学生更为深刻地理解商业银行法、信托法、证券法、合伙企业法等部门法的相关规定，更有助于其理解这些金融部门法律规定在具体实践中的相互支撑和制约效应，理解现实的金融活动如何在合法的框架内实现资金融通，认识“集合信托计划信托合同”“合伙协议”等重要交易文件的起草、条款和结构，启发其在遇到类似情境时能反应甚至设计出合法、合理的交易构架。

* 本案例由中央财经大学法学院副教授杜晶编写。

案例正文

一、引　　言

（一）城投公司的融资渠道

企业融资在我国现行金融体制环境下一直是个难题，城投公司也不例外。所谓城投公司，即城市建设投资公司。城投公司源于 1991 年的国务院政府投融资体制改革，在此次投融资体制改革中，要求地方政府不再直接负责基础设施建设，而是以城投公司的方式承担相应的政府职能，进行城市基础设施的融资和建设。城投公司历史上曾视为属于地方政府融资平台，承担着为地方政府融资的功能。但根据国务院和财政部的相关文件[①]，要求“明确划清政府与企业界限，政府债务只能通过政府及其部门举借，不得通过企事业单位等举借”，因此，城投公司逐步剥离为地方政府融资的功能。然而，负有城市基建或其他产业建设项目的公司自身仍有融资需求。与普通的企业法人类似，城投公司的融资渠道一般有：

1. 债权型融资

其表现为：向银行贷款；公开发行企业债券；发行企业私募债；发行短期融资券、中期票据；融资租赁等。

在债权型融资渠道中，向银行进行贷款是最为直接的债权型融资方式，且具备期限适中、利率适度的特点。但城投公司由于历史上曾具备地方政府融资平台的性质，其向银行贷款受到监管部门的严格限制[②]。

公开发行企业债券也是理想的融资方式，具备门槛低、规模大、利率低[③]、期限长（通常期限为 3—20 年）的特点，但公开发行企业债券报批环节较多、周期较长，

---

① 参见《国务院关于加强地方政府性债务管理的意见》（国发〔2014〕43 号）、《地方政府存量债务纳入预算管理清理甄别办法》（财预〔2014〕351 号）。

② 根据《国务院关于加强地方政府融资平台公司管理有关问题的通知》（国发〔2010〕19 号）和《关于贯彻国务院〈关于加强地方政府融资平台公司管理有关问题的通知〉相关事项的通知》（财预〔2010〕412 号）的规定，中国银行业监督管理委员会（以下简称银监会）从 2010 年开始编制地方投融资平台名单，并定期进行更新。名单内平台被分为监管类（即仍按平台管理类）和监测类（即退出类平台）。在进行贷款发放方面，银监会要求金融机构不得向名单以外的平台公司发放贷款，且对名单内监管类平台的发放贷款还需要满足资产负债要求且融资规模受到控制。

③ 参见《企业债券管理条例》第 18 条：企业债券的利率不得高于银行相同期限居民储蓄定期存款利率的 40%。

通常无法即时满足企业的近期融资需求[①]。

企业还可以发行私募债券。私募债券，通常是指中小型企业在中国境内以非公开方式发行和转让，约定在一定期限还本付息的公司债券。由于以“非公开方式”进行发行和转让，因此每期私募债券的投资者合计不得超过200人，投资者也限于具备相应风险识别和承担能力的合格投资者。企业私募债券具备门槛低、规模大的特点。然而，企业私募债券的利率相对较高，按照相关规定其发行利率的上限是银行贷款基准利率的3倍[②]。

企业还可以通过发行非金融企业债务融资工具在银行间债券市场进行融资。所谓非金融企业债务融资工具，是指具有法人资格的非金融企业在银行间债券市场发行的，约定在一定期限内还本付息的有价证券[③]。主要包括短期融资券和中期票据。短期融资券，是指具有法人资格的非金融企业在银行间债券市场发行的，约定在1年内还本付息的债务融资工具[④]。中期票据，是指具有法人资格的非金融企业在银行间债券市场按照计划分期发行的，约定在一定期限还本付息的债务融资工具[⑤]。发行非金融企业债务融资工具的特点在于利率相对较低、期限适中、发行节奏可控、发行规模较大；然而，发行短期融资券或中期票据，待偿还余额都不得超过企业净资产的40%[⑥]，而且，对于企业的信用评级要求也较高。

2. 股权型融资

其表现为：增资或非公开发行股份融资。城投公司属于国有性质的企业，其股东为国有资产管理部门，增资来源主要为国有资产管理部门的资本注入或资产划入。

3. 资产证券化融资

其表现为：企业以其应收款、租赁债权、信贷资产、信托受益权等财产权利，基础设施、商业物业等不动产财产或不动产收益权，以及监管部门（中国证券监督管理委员会，以下简称证监会）认可的其他财产或财产权利为基础资产，通过证券公司或

---

① 发行企业债券，企业需逐级上报企业债券发行方案。经省发展改革委审核后，向国家发展改革委申请。发行批准文件也要由国家发展改革委批复给省发展改革委后（中央企业除外），再由省发展改革委批复给企业或相关市级发展改革委。

② 参见《上海证券交易所中小企业私募债券业务试点办法》（上证债字〔2012〕176号）第九条。

③ 参见《银行间债券市场非金融企业债务融资工具管理办法》（中国人民银行令〔2008〕第1号）第二条。

④ 参见《银行间债券市场非金融企业短期融资券业务指引》（中国银行间市场交易商协会公告〔2008〕第2号）（NAFMII指引0003）第二条。

⑤ 参见《银行间债券市场非金融企业中期票据业务指引》（中国银行间市场交易商协会公告〔2008〕第2号）（NAFMII指引0004）第二条。

⑥ 参见《银行间债券市场非金融企业短期融资券业务指引》《银行间债券市场非金融企业中期票据业务指引》第四条。

基金管理公司子公司设立的特殊目的载体发行资产支持证券进行融资。

与债权型融资渠道相比，企业资产证券化最大的优势在于盘活了既有资产的流动性、未增加企业资产负债表中的负债比例，又能进行较大规模的融资。然而，资产证券化要求基础资产的“真实销售”，即在资产转让过程中发起人要以“真实出售”的形式将与基础资产有关的收益和风险全部转移给特殊目的载体（以下简称SPV），资产转让后SPV对基础资产拥有完全所有权，发起人及其债权人不得再对资产行使控制或收益权[①]。只有“真实销售”才能实现“破产隔离”，但这也意味着城投公司将丧失对基础资产在法律上的所有权。

4. 信托型融资

其表现为：由信托公司发行集合资金信托计划筹集资金对企业进行股权型或债权型的融资。

尽管监管部门允许信托公司用自有资金对未上市企业进行股权型投资，但相关限制性条件的存在（例如，除经银监会特别批准的以外，信托公司以固有资产从事股权投资业务和以固有资产参与私人股权投资信托等的投资总额不得超过其上年末净资产的20%），也让信托公司通常不愿意用自有资金、而是以发行集合资金信托计划的方式从外部筹得资金进而投资[②]。因此，“信托型融资”通常意味着企业融资的资金来源于信托公司的集合资金信托计划，但信托公司的投资方式可能表现为股权型投资，还可能表现为债权型投资，甚至是“名股实债”型的投资。

总体来看，信托作为一种法律制度，在企业融资过程中起到了“资金通道”（非信贷融资）的作用，具有极大的便捷性。因此，尽管信托型融资相对来说成本较高（除去信托产品的收益外，还要支付信托公司受托报酬），但对于融资受到诸多限制的城投公司来说显然是较优的融资渠道。

（二）商业银行理财资金银信合作的监管规则限制

根据现行《证券法》第六条、《保险法》第八条的规定，我国法定金融监管体制仍然是“分业监管”，即对银行、证券、保险、信托等传统金融部门按照行业、机构分类监管。就金融业经营体制而言，尽管《证券法》第六条、《保险法》第八条同样明确了“分业经营”，但金融实质混业经营行为却已现实存在，例如，根据《保险法》

---

① 例如，《证券公司及基金管理公司子公司资产证券化业务管理规定》第三条第二款即规定：“前款规定的财产权利或者财产，其交易基础应当真实，交易对价应当公允，现金流应当持续、稳定。”

② 参见《中国银监会关于支持信托公司创新发展有关问题的通知》（银监发〔2009〕25号）。

第一百零六条、第一百零七条的规定以及相关部门规章的规定[①]，保险公司不仅其资金可以买卖债券、股票、证券投资基金份额等有价证券，直接投资企业股权或者间接投资企业股权，还可以在经国务院证券监督管理机构批准后设立保险资产管理公司从事证券投资活动。然而，《商业银行法》及相关部门规章对商业银行资金的进一步投资行为却依旧严格限制。《商业银行法》第四十三条规定："商业银行在中华人民共和国境内不得从事信托投资和证券经营业务，不得向非自用不动产投资或者向非银行金融机构和企业投资，但国家另有规定的除外。"

商业银行理财资金投向同样受到严格的监管限制。商业银行的理财资金来源于其所发行的理财产品募集的资金。发行理财产品传统上属于"表外业务"，即商业银行从事的，按照现行的会计准则不计入资产负债表内，不形成现实资产负债，但能够引起当期损益变动的业务。所谓银信理财合作业务，是指商业银行将客户理财资金委托给信托公司，由信托公司担任受托人并按照信托文件的约定进行管理、运用和处分的行为。由于信托公司可以发放贷款，并且贷款利率比较灵活，因此银信合作理财产品事实上成为商业银行通过信托公司间接满足客户融资需求的一种产品，且避开了监管层关于商业银行贷款方面的监管规定。因此，目前银信合作理财产品也开始受到监管限制。

融资类银信理财合作业务应遵守以下原则：（1）对信托公司融资类银信理财合作业务实行余额比例管理，即融资类业务余额占银信理财合作业务余额的比例不得高于30%。上例已超标的信托公司应立即停止开展该项业务，直至达到规定比例要求。（2）信托公司信托产品均不得设计为开放式。融资类银信理财合作业务包括但不限于信托贷款、受让信贷或票据资产、附加回购或回购选择权的投资、股票质押融资等类资产证券化业务[②]。

投资类银信理财合作业务的资金原则上不得投资于非上市公司股权[③]。

因此，商业银行理财资金虽可通过信托公司发行集合信托计划的方式与融资人进行对接，但要严格符合监管规定。

二、本案交易结构、交易步骤和交易文件

（一）本案基本情况

本案的实际资金需求方（融资方）为××城投公司（以下简称××公司）。××

① 参见《保险资金投资股权暂行办法》（保监发〔2010〕79号）第三条。
② 参见《关于规范银信理财合作业务有关事项的通知》（银监发〔2010〕72号）。
③ 参见《关于规范银信理财合作业务有关事项的通知》（银监发〔2010〕72号）。

公司拟通过信托公司 B 进行融资，信托公司 B 拟设立集合资金信托计划为 × ×公司融资。信托公司 B 将 × ×公司的融资需求和拟设立的集合资金信托计划告知 × ×银行，× ×银行拟通过向机构客户销售理财产品筹集资金参与集合资金信托计划的认购。

× ×银行募得理财资金后，设立单一信托 A。单一信托 A 与 × ×公司作为共同委托人委托信托公司 B 设立集合资金信托计划 B（以下简称信托计划 B）。信托计划 B 为结构化信托，单一信托 A 为优先级受益人，× ×公司为劣后级受益人）。× ×公司对优先级份额的本金及预期收益的实现负有补足义务；× ×公司的控股股东—— × ×投资集团有限公司（以下简称 × ×集团）为此提供连带责任保证。

集合资金信托计划 B 为指定用途信托。受托人将全部信托资金扣除相关信托费用后向 × × × ×产业投资有限合伙企业出资（以下简称有限合伙），成为有限合伙企业的有限合伙人（以下简称 LP）之一。× ×公司或 × ×集团的其他下属企业亦对有限合伙出资，成为有限合伙人。某基金管理公司则担任有限合伙的普通合伙人兼执行事务合伙人。

有限合伙成立后，即向标的项目公司进行股权投资。

（二）交易结构（见图 22 - 1）

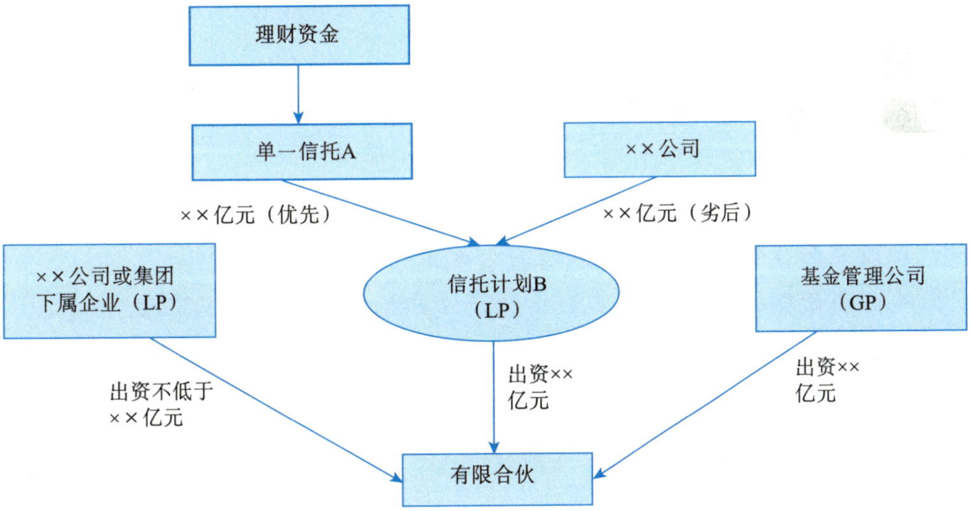

图 22 - 1　交易结构图

（三）交易步骤

1. 设立信托计划 B

（1）委托人。× ×银行将其机构理财资金委托信托公司 A 设立的单一信托 A。

信托 A 和××公司作为委托人，委托信托公司 B 设立信托计划 B。信托计划 B 成立时总规模为人民币××亿元，分为××亿份信托单位，每一份信托单位对应的价值为人民币 1 元。

（2）受托人。信托计划 B 的受托人为信托公司 B。

（3）受益人。信托计划 B 的受益人分为优先级受益人和次级受益人。信托 A 为优先级受益人，××公司为次级受益人。

优先级信托资金为××亿元，对应信托计划 B 项下的信托单位份数为××亿份，由信托 A 项下信托资金以现金形式认购，该优先级份额预期年化收益率为××%（固定），于每自然季末月 21 日分配。

劣后级信托资金为××亿元，对应信托计划项下的信托单位份数为××亿份，由××公司以现金形式认购，次级份额不设预期收益率。

（4）信托用途。信托计划 B 为指定用途信托。受托人运用信托资金的方式为：受托人将全部信托资金扣除相关信托费用后向××××产业投资有限合伙企业出资，成为有限合伙企业的有限合伙人（LP）之一。

（5）信托计划 B 期限为××年（期满可延期××年作为处置变现期）。

（6）信托计划 B 项下信托财产扣除各项税费及其他费用（包括受托人的信托报酬）后，按照如下顺序进行分配：优先级收益、优先级本金、劣后级本金、劣后级收益。

（7）××公司对上述优先级份额的本金及预期收益的实现负有补足义务；××公司控股股东——××投资集团有限公司为此提供连带责任保证。

2. 设立有限合伙

（1）拟设立的有限合伙制预计期限为××年（可延期××年）。

（2）有限合伙初始份额不低于××亿元（初始首期缴付暂定不低于【　　】亿元，各期均按优先：次级 = ××：××缴付且期满日相同）：信托公司 B 以信托计划 B 项下信托资金××亿元出资，作为 LP 之一；××公司或其下属企业出资不低于××亿元作为另一 LP 出资；普通合伙人（兼任执行事务合伙人）由基金管理公司（以下简称管理公司或 GP）担任。

（3）除临时投资外，有限合伙所有项目投资方式为向标的项目公司进行股权投资。

（4）有限合伙治理结构、决策流程、收益分配及其他相关事宜：①有限合伙的投资决策权利由 GP 行使，GP 同时应负责投资方向及投资领域的合规性。②GP 负责投资的可行性研究，并及时履行信息披露义务，例如，向 LP 提供项目管理报告、有限合伙年度审计报告等。③有限合伙的资金运用不得损害LP的权益，例如，不得以显失公允的价格进行项目投资等。若有限合伙的资金运用损害LP的权益，GP应对其他合伙人造成的损失进行赔偿。

（5）有限合伙的收益分配：有限合伙的项目投资收益等全部收益，由各合伙人按投资比例分配收益并分担亏损。

（6）有限合伙设立的其他相关事宜：①有限合伙托管银行：有限合伙托管行为××银行股份有限公司××分行。②有限合伙清算：信托优先级本金及预期收益实现后，有限合伙进行清算，清算期结束时未能变现的非货币资产按照收益分配约定的分配原则进行分配。

（四）交易文件

1. 信托计划

（1）《信托计划说明书》（参见附件1）。

（2）《集合信托计划信托合同（优先级）》。

（3）《集合信托计划信托合同（劣后级）》。

（4）《信托资金保管合同》。

（5）《保证合同》。

2. 有限合伙

（1）《合伙协议》（参见附件2）。

（2）《出资人协议》。

（3）《资产委托投资管理与托管合同》。

三、律师尽职调查的目的和文件

《信托公司集合资金信托计划管理办法》第九条规定："信托公司设立信托计划，事前应进行尽职调查，就可行性分析、合法性、风险评估、有无关联方交易等事项出具尽职调查报告。"因此，在设立信托计划开展项目投资前进行法律尽职调查成为一项必备工作。所谓法律尽职调查，通常是指由专业法律人员对拟投资目标企业的主体资格、治理结构、主营项目、资产负债、所涉诉讼等多方面情况进行书面、实地调查，从法律方面对调查事项的真实性、合法性、合规性予以分析，并向投资人提示投资可行性与相关法律风险。

（一）法律尽职调查的目的

1. 辨别拟设计信托计划所涉及项目的合法、合规性

拟设立的信托计划拟投资的项目是否存在无法克服的法律障碍和合规性风险，是法律尽职调查首先应审查的问题。结合相关的法律法规及监管政策，对信托项目的合法合规性进行分析与审查，以提示是否应运作或实施该项目。

2. 分析相关的法律关系、揭示项目具体运作风险

对于合法合规的项目，还应全面了解目标企业既存的各项法律关系，以揭示项目运作过程中的可能存在的法律风险。企业经营伴随着多种法律风险，包括设立及存续、股权结构、股东关系、内部管理模式、合同纠纷、财税、劳资关系等各个环节，只有通过较为详尽的调查，才可能了解目标企业现有的或潜在的问题，进而考虑信托计划投资项目是否实施以及运作中应注意的问题。

3. 针对具体的事项办理提出解决对策

即使特定项目合法合规且风险可控，但许多涉及政府部门的程序性问题实际操作起来存在差异，对相关事项具体办理的手续如果事先未调查清楚，可能存在一定的实际运作风险，致使投资项目中途卡壳。因此，只有通过事前法律尽职调查，针对具体事项与当地政府部门沟通协调，才能制定出切实可行的项目运作方案。

（二）法律尽职调查文件

法律尽职调查文件通常体现为《尽职调查文件清单》中的文件，即向目标企业发出《尽职调查文件清单》（参见附件3），要求其按照清单所列文件准备相关资料。通常还需要联系好目标企业进行现场尽调。

案例使用说明

一、教学对象及目标

1. 教学对象。本案例可供法学、金融学专业教学使用，主要适用于民商法学专业硕士、经济法学专业硕士、金融服务法学专业硕士、法律硕士和金融学硕士（资本市场方向）的案例教学课程。

2. 教学目标。本案例属于金融法实务案例，涉及证券法、信托法、商业银行法、

合伙企业法等各部门法及部门规章的内容，具有较强的综合性和知识贯通性特点，因此，本案例教学应着重让学生把握以下几个方面的内容：（1）理解产业企业融资的途径；（2）理解信托的分类及其制度性功能；（3）理解集合资金信托计划的概念、重要作用和现实设计；（4）理解有限合伙的概念及其作为商业组织形式的重要功能；（5）掌握“集合信托计划信托合同”的基本条款和结构；（6）掌握“合伙协议”的基本条款和结构；（7）掌握专业法律人士在为信托项目提供法律尽职调查服务和参与交易结构设计时的注意事项。

二、教学内容

1. 什么是集合资金信托计划？其作为信托的特点有哪些？

集合资金信托计划，是指在中华人民共和国境内设立的，由信托公司担任受托人，按照委托人意愿，为受益人的利益，将两个以上（含两个）委托人交付的资金进行集中管理、运用或处分的资金信托业务活动。

集合资金信托作为信托的特点在于：

第一，属于自益信托。自益信托即信托是委托人为自己的利益而设立，委托人同时为唯一受益人，委托人与受益人实则为同一人。

第二，集合信托的参与对象是二位及以上的委托人，有众多的委托人也就相应地有众多的受益人。

第三，集合资金信托属于明示信托，委托人自愿创设信托，在信托计划中明示信托资产是众多委托人（受益人）个人财产的集合体。

2. 如何理解自益信托与他益信托的区别？

自益信托是委托人以自己为唯一受益人而设立的信托，此时，委托人与受益人为同一人。营业信托多为自益信托。

他益信托是委托人不以自己为唯一受益人而以其他人或与其他人一起为受益人而设立的信托。公益信托全部是他益信托。

私益信托区分自益信托和他益信托。私益信托是指为了特定受益人的私人利益而设立的信托。

3. 如何理解投资人信托与融资人信托的区别？

投资人信托，是指在基金或集合信托资金计划等投资人信托下，投资者购买基金份额或信托受益权凭证而转移到信托的财产大多为资金，是为资金信托。

融资人信托，融资人通过转移特定资产到信托名下来进行证券化融资，该信托财产并非现金，而是可以在未来带来稳定现金流从而满足对投资人还本付息目的的债权资产，是为财产信托。

集合资金信托计划在法律构造上就属于投资人信托，即以投资人为委托人将其资金作为信托财产。而企业资产证券化则属于融资人信托，即融资人是委托人，以其企业资产为依托财产。

企业通过集合资金信托计划获得资金，并不需要像进行资产证券化那样“真实销售”基础资产，此时“放弃”资金法律上所有权的实际上是投资人。

4. 什么是集合资金信托计划的优先级、劣后级？

集合资金信托计划的优先级、劣后级源于该信托计划属于结构化信托。所谓结构化信托，是指信托公司根据投资者不同的风险偏好对信托受益权进行分层配置，按照分层配置中的优先与劣后安排进行收益分配，使具有不同风险承担能力和意愿的投资者通过投资不同层级的受益权来获取不同的收益并承担相应风险的集合资金信托业务。享有优先受益权的信托产品投资者称为优先受益人，享有劣后受益权的信托产品投资者称为劣后受益人。

在信托投资项目中，信托公司先收取费用，优先受益人分配完本金、预期收益后，余下的才分配给予劣后受益人。同时，劣后受益权人本金将对优先受益人进行支持，在项目遭受损失时，劣后人的财产向优先人补偿，取得盈利时，优先人按事先约定比例适当参与分红。

一般优先级向个人投资者进行募集，劣后一般是引入机构或者公司。通常劣后级是要比优先级承担更多风险的，当然，风险高，收益也相应提高。如果一个产品出现亏损，那么会先亏劣后级的资金，只有全部的劣后级资金都亏损了，然后才是优先级资金受损。如果一个产品出现盈利，并且盈利很大，那么在分配给优先级当初协议约定的较低收益率时，剩下的所有收益都归劣后级所有。

5. 投资基金的组织形式有哪些？其各自有什么优劣体现？

投资基金的组织形式主要有三种，信托型、公司型和有限合伙。

信托型基金的本质特征是基于信托原理，必须将基金资产的经营权、所有权、占有权和处置权都要转移到受托管理机构名下，由受托管理机构依据信托契约，以其自身名义，对基金行使各种民事权利并承担相应的义务、责任。信托型基金的优势在于：受托管理机构集基金资产经营权、所有权和处置权于一身，因而投资决策的效率较高。但是，由于投资者主要只能依据发起人事先拟定的信托契约来约束受托管理机构，基金本身无法建立有效的治理结构。因此，信托形式主要适用于依赖公开市场的信息披露机制就能较好约束受托管理机构的证券投资基金。

公司型基金的本质特征是基金本身是独立的商事主体，并拥有独立的法人地位，因此，基金公司自身即可独立地行使各项民事权利并承担相应的义务、责任。所有投资者投资于基金，即成为基金公司的股东，股东与基金公司构成股权关系。随着基金管理业的发展，公司型基金的财产经营权虽然也必须转移到受托管理人名下，由受托管理人按照“专家管理”原则独立运作，但公司本身仍拥有完整的法人财产所有权。公司型基金的优势在于：不仅基金公司的财产与受托管理人的财产是独立的，而且还可通过法人治理结构，更有效地防范受托管理人的道德风险，因此，在股权和创业投资基金发展之初，世界各国均无一例外地主要采取了公司形式。但公司型基金的缺点在于可能面临双重征税。

有限合伙是私募股权投资基金的主要组织方式。典型的有限合伙型基金虽然没有独立的法人财产权，更无法建立类似公司型基金那样的法人治理结构，但作为相对独立的商事主体，其财产与担任受托管理人的普通合伙人的财产仍然是分开的，如果普通合伙人自身出现资不抵债，不能用合伙型基金的财产为普通合伙人偿债。在社会信用体系和基金管理人市场健全的情况下，有限合伙是各类私募基金的有效组织形式之一。

6. 什么是有限合伙企业？有限合伙作为商业组织形式在产业投资方面有何优势？

有限合伙企业，是指一名以上普通合伙人与一名以上有限合伙人组成的合伙。其中普通合伙人执行合伙事务，对外代表合伙组织，并对合伙债务承担无限责任。有限合伙人不执行合伙事务，不对外代表合伙组织，只按出资比例享受利润和分担亏损，并仅以出资额为限对合伙债务承担清偿责任。

有限合伙作为商业组织形式在产业投资方面的优势：

第一，由少数普通合伙人经营管理并承担无限责任，可以保持合伙组织的结构简单，管理费用低、内部关系紧密和决策效率高等特点，这是它优于公司之处；

第二，能够以有限责任吸引他人入股，有利于广开资金来源，扩大企业规模，这是它优于普通合伙之处。所以，有限合伙有利于在保持合伙企业原有内部关系稳定的前提下吸收新的投资，扩大经营规模，同时也可以鼓励那些不愿承担无限责任的人向合伙企业投资，是一种有利于中小企业发展壮大的企业形式。

7. 有限合伙企业设立的条件有哪些？

第一，有限合伙企业由 2 位以上 50 位以下合伙人设立；但是法律另有规定的除外。

第二，有限合伙企业至少应当有一个普通合伙人。

合伙人必须包括普通合伙人和有限合伙人两部分，否则，有限合伙企业应当进行组织形式变化。若有限合伙企业只有有限合伙人，企业应当解散；若只有普通合伙人，企业应变更为普通合伙企业。

第三，有限合伙企业名称中应当标明“有限合伙”字样。

第四，合伙协议除符合普通合伙合伙协议的规定外，还应当载明下列事项：(1) 普通合伙人和有限合伙人的姓名或者名称、住所；(2) 执行事务合伙人应具备的条件和选择程序；(3) 执行事务合伙人权限与违约处理办法；(4) 执行事务合伙人的除名条件和更换程序；(5) 有限合伙人入伙、退伙的条件、程序以及相关责任；(6) 有限合伙人和普通合伙人相互转变程序。

8. 商业银行理财资金的投向有哪些限制？

第一，根据《关于加强信托公司结构化信托业务监管有关问题的通知》信托公司不得以商业银行个人理财资金投资劣后受益权。

第二，根据《关于加强信托公司房地产信托业务监管有关问题的通知》（银监办发〔2010〕54 号），商业银行个人理财资金投资于房地产信托产品的，理财客户应符合《信托公司集合资金信托计划管理办法》中有关合格投资者的规定。

第三，根据《关于规范信贷资产转让及信贷资产类理财业务有关事项的通知》（银监发〔2009〕113 号），单一的、有明确到期日的信贷资产类理财产品的期限应与该信贷资产的剩余期限一致。

信贷资产类理财产品通过资产组合管理的方式投资于多项信贷资产，理财产品的期限与信贷资产的剩余期限存在不一致时，应将不少于 30% 的理财资金投资于高流动性、本金安全程度高的存款、债券等产品。期限错配的理财资金，其中 30% 不得投资于高风险/低流动性产品。

第四，根据《关于进一步规范银行业金融机构信贷资产转让业务的通知》（银监发〔2010〕102 号）第九条以及《关于进一步推进改革发展加强风险防范的通知》（银监发〔2011〕14 号）的规定，理财资金不得直接购买信贷资产。

9. 信托合同计划说明书主要内容有哪些？

信托合同计划说明书的主要内容一般包括：受托人的基本情况；信托执行经；信托计划的服务机构（包括信托计划的推介机构和保管人）；信托计划的基本情况（包括信托计划的名称、目的、规模和期限）；认购信托单位的条件和方式（包括委托人资格、委托人的陈述与保证、认购资金要求、受益人要求、认购方式）；信托计划的推介与成立；信托合同内容摘要（包括信托目的、信托财产的管理方式、信托财产的保管、信托财产承担的费用、信托利益的分配原则）；风险警示；法律意见书概要；信托关系人基本情况；备查文件等。

10. 有限合伙协议的主要条款有哪些？

有限合伙协议的主要条款包括：合伙企业的名称和注册地；合伙企业的目的与经营范围；合伙人的姓名（名称）、住所；合伙人的出资方式、数额和缴付期限；利润分配、亏损分担方式；合伙事务的执行；入伙与退伙；争议解决办法；合伙企业的解散与清算；违约责任等。

11. 律师法律尽职调查和参与信托项目交易结构设计时有哪些注意要点？

第一，应尤其注意项目及交易对手的合法性。

项目及交易对手的合法性是信托计划得以开展的前提。法律尽职调查的内容包括交易对手的工商登记情况、存续、资质、持有证照、对外投资、治理结构、固定资产、财务状况、涉诉情况、重大债权债务、对外签订的重大合同等等方面。

第二，要对信托项目合规性有适度把握。

信托项目合规性所涉及的监管文件具有分散性、新规多的特点，且各地银监局对于信托项目合规性的把握尺度存在一定差异。对信托项目合规性的把握成为法律尽职调查中最核心的一环。这种适度把握不仅要求律师在信托尽职调查过程中对具体的监管规定进行及时更新，还要求结合总的金融监管政策提高对信托项目合规性与否的认定能力。

第三，应综合考虑项目整体操作方案的风险来进行交易结构的设计。

信托项目操作方案实际上涵盖了交易结构设计、项目操作、风险控制措施办理、后期管理等方面内容。但在进行法律尽职调查时，应有超前意识，即应首先考虑整体项目操作及其后期风险，包括司法部门对相关交易的认可度，再来进行交易结构的设计。

例如，根据《中国银监会关于支持信托公司创新发展有关问题的通知》（银监发〔2009〕25号），信托公司对房地产开发项目发放贷款或以投资附加回购承诺方式对房地产开发项目的间接融资，应遵守以下规定："（一）不得向未取得国有土地使用证、建设用地规划许可证、建设工程规划许可证、建筑工程施工许可证（'四证'）的房地产开发项目发放贷款，但信托公司最近一年监管评级为2C级（含）以上、经营稳健、风险管理水平良好的可向已取得国有土地使用证、建设用地规划许可证、建设工程规划许可证（'三证'）的房地产开发项目发放贷款。（二）申请贷款的房地产开发企业或其控股股东资质应不低于国家建设行政主管部门核发的二级房地产开发资质，但发放贷款的信托公司最近一年监管评级为2C级（含）以上、经营稳健、风险管理水平良好的除外。（三）申请贷款的房地产开发项目资本金比例应不低于35%（经济适用房除外）。"房地产股权信托的主要价值就在于在合规的前提下满足不具备上述三大条件的房地产项目的资金需求。但由于投资于房地产项目周期长、风险大，房地产股权信托投资实务中通常采用的是“明股实债”的方式，在面临司法纠纷时，司法部门倾向于通过个案中信托资金退出的具体方式来认定其到底是股权型投资还是债权型投资。这种后期的司法处置风险显然大于贷款信托。然而，贷款信托在净资本占用方面可能高于股权信托，会加大信托公司的经营成本。在前期交易结构的设计时，这些因素都需要进行综合考虑和衡量。

三、教学预期效果

帮助学生更为深刻地理解商业银行法、信托法、证券法、合伙企业法等部门法的相关规定，帮助其理解这些金融部门法律规定在具体实践中的相互支撑和制约效应，理解现实的金融活动如何在合法的框架内实现资金融通，认识“集合信托计划信托合同”“合伙协议”等重要交易文件的起草、条款和结构，启发其在遇到类似情境时能反应甚至设计出合法、合理的交易构架。

四、教学计划

本案例可以作为专门的案例教学课来进行，整个案例课的课堂安排 4 个课时，每课时 45 分钟。

五、课堂教学安排

1. 课前计划。安排学生自行收集、阅读相关的监管文件及参考资料（以专业书、期刊文章为主），对金融监管规定及类似情况下可能涉及的交易结构有个大概了解。

2. 课中计划。（1）介绍教学目标，明确讨论主题；（2）按照教学目标的分类，就每个问题按顺序进行分析；（3）学生分组对每个问题进行深入讨论；（4）小组代表发言，教师引导其他学生一起讨论、分析；（5）教师进行归纳总结，并引导学生对实践题进行思考。

3. 课后计划。布置学生进一步思考利用集合资金信托计划进行资金融通可能遇到的其他问题（例如，信托资金如何实现退出），并就学生讨论中出现的问题进行归纳和深度剖析。

六、思考题

1. 企业融资的途径有哪些?
2. 什么是集合资金信托计划?其作为信托的特点有哪些?
3. 如何理解自益信托与他益信托的区别?
4. 如何理解投资人信托与融资人信托的区别?
5. 集合资金信托计划的法律地位如何?
6. 什么是集合资金信托计划的优先级、劣后级?
7. 集合资金信托计划融资与企业资产证券化之间的区别有哪些?
8. 投资基金的组织形式有哪些?其各自有什么优劣体现?
9. 什么是有限合伙企业?有限合伙作为商业组织形式在产业投资方面有何优势?
10. 有限合伙企业设立的条件有哪些?
11. 商业银行理财资金的投向有哪些法律限制?
12. 信托合同计划说明书主要内容有哪些?
13. 有限合伙协议的主要条款有哪些?

七、实践题

1. 作为一名律师,在为某信托公司房地产股权信托项目进行法律尽职调查时,应有哪些注意事项?

2. 为前述房地产股权信托项目进行交易结构设计时,应有哪些注意事项?

参考文献

[1] 李宇. 论作为法人的商业信托 [J]. 法学,2016 (8).

[2] 姜昭. 集合资金信托商事法律关系主体化研究 [J]. 法学论坛,2015 (2).

[3] 楼建波,刘燕. 论信托型资产证券化的基本法律逻辑 [J]. 北京大学学报,2006 (7).

[4] 赵廉慧. 信托法解释论 [M]. 北京:中国法制出版社,2015:51.

附 件

附件1：信托计划说明书

受托人管理信托财产应恪尽职守，履行诚实、信用、谨慎、有效管理的义务。受托人依据本信托合同约定管理信托财产所产生的风险，由信托财产承担。受托人因违背本信托合同、处理信托事务不当而造成信托财产损失的，由受托人以固有财产赔偿；不足赔偿时，由委托人/受益人自担。

劣后受益人特别风险提示：劣后受益人所拥有之劣后受益权在优先受益人预期信托利益得不到实现的情况下，有可能面临全部损失的风险。

××信托·××

××产业投资集合资金

信托计划说明书

信托计划编号：××

××信托股份有限公司

××TRUST CO.，Ltd.

年　月

摘　要

信托计划名称：××信托·××××产业投资集合资金信托计划。

信托资金运用范围：受托人将以信托计划项下的信托资金用于认缴××××产业投资合伙企业（有限合伙）出资人民币××元整（小写：人民币××元，大小写不一致时，以大写为准，下同）。

信托计划的初始规模：本信托计划设立时，资金规模为人民币（大写）××元整（RMB××元），具体规模以信托计划实际募集的资金额为准。

信托计划期限：本信托计划期限为××个月，自信托计划成立日起计算；优先委托人有权单方指令受托人将本信托计划延期不超过××个月。

信托单位认购价格：面值1元，认购价格1元。

委托人：认购信托单位的投资者须是合格投资者。

信托计划推介期：自　年　月　日至　年　月　日。

受托人：××信托股份有限公司。

保管人：××银行股份有限公司××分行

推介机构：

第一条　绪言

1.1　本信托计划说明书依据《中华人民共和国信托法》和其他有关法律法规的规定，以及《××信托·××××产业投资集合资金信托计划资金信托合同》（包括优先级及劣后级信托合同，简称“信托合同”）编写。

1.2　本信托计划说明书阐述了“××信托·××××产业投资集合资金信托计划”的基本情况、受托人和保管人的基本情况、信托合同摘要、风险警示等信息，投资者在做出认购信托单位的决定前应仔细阅读本信托计划说明书。

1.3　受托人承诺本信托计划说明书不存在任何虚假记载、误导性陈述和重大遗漏，并对其真实性、准确性、完整性承担法律责任。受托人没有委托或授权任何其他人提供未在本信托计划说明书中载明的信息，或对本信托计划说明书作任何解释或者说明。

1.4　受托人将恪尽职守，履行诚实、信用、谨慎、有效管理的义务，但并不保证信托财产的运用无风险，也不保证最低收益。

1.5　本信托计划说明书依据信托合同编写。信托合同是约定信托当事人之间权利义务的法律文件。信托计划说明书主要向投资者披露与信托计划相关事项的信息。投资者在签署信托合同、认购风险申明书并交付认购资金后于信托计划成立之日起即成为本信托的委托人/受益人之一，并按照《中华人民共和国信托法》、信托合同及其他有关法律法规的规定享有权利，承担义务。

1.6　投资者欲了解信托当事人的权利和义务，应详细阅读信托合同。

1.7　除非上下文另有解释或文义另有所指，信托文件中所用的同一词语均具有相同含义。各词语的具体释义详见信托合同。

第二条　受托人的基本情况

名称：××信托股份有限公司

注册地址：××

法定代表人：××

成立日期：××

批准设立机关及批准设立文号：中国银行业监督管理委员会××监管局，金融许可证号××。

经营范围：经中国银监会批准和公司登记机关核准，公司经营下列人民币和外币业务：（一）资金信托；（二）动产信托；（三）不动产信托；（四）有价证券信托；（五）其他财产或财产权信托；（六）作为投资基金或者基金管理公司的发起人从事投资基金业务；（七）经营企业资产的重组、并购及项目融资、公司理财、财务顾问等业务；（八）受托经营国务院有关部门批准的证券承销业务；（九）办理居间、咨询、资信调查等业务；（十）代保管及保管箱业务；（十一）以存放同业、拆放同业、贷款、租赁、投资方式运用固有资产；（十二）以固有财产为他人提供担保；（十三）从事同业拆借；（十四）法律法规规定或中国银监会批准的其他业务。

组织形式：股份有限公司

注册资本：人民币××万元

存续期间：持续经营

第三条　信托执行经理

3.1　受托人指定××为本信托计划的信托经理，具体情况如下：

3.2　信托计划存续期间，受托人可以更换信托计划的信托执行经理，但应于更换后10个工作日内按照信托合同规定向受益人披露。

第四条　信托计划的服务机构

4.1　信托计划的推介机构

信托计划的推介机构：【　　】。

4.2　保管人

受托人聘请××银行股份有限公司××分行担任信托计划的保管人，保管信托资金。保管人的基本情况如下：

名称：

注册地址：

负责人：

联系人：

联系电话：

第五条　信托计划的基本情况

5.1　信托计划名称

××信托·××××产业投资集合资金信托计划。

5.2　信托计划目的

委托人基于对受托人的信任，认购信托单位并加入信托计划，由受托人根据信托文件的规定集合运用信托资金，按照信托文件的规定，受托人将本信托计划项下的全部信托资金投资于××产业投资合伙企业（有限合伙）的有限合伙份额。受托人在有效控制风险的前提下，谋求信托财产的保值和增值，为受益人谋取信托利益。

5.3 信托计划的规模

（1）信托计划设立时，信托单位总份数为不超过××万份。

（2）在《信托合同》第【12】条约定的情形出现时，劣后委托人应按本协议的约定追加信托资金，认购新增信托单位。

5.4 信托计划的期限

（1）本信托计划期限为××个月，自信托计划成立日起计算；优先委托人有权单方指令受托人将本信托计划延期不超过××个月。

（2）根据信托合同第15条规定，本信托计划可以提前终止或延期。

（3）信托计划期满时，优先受益人本金及预期信托收益未能以现金形式全部实现的，受托人应要求劣后受益人按照本合同第12条的约定追加劣后信托资金，否则，受托人应延长信托计划期限，延长期内受托人应尽快变现信托财产。

第六条 认购信托单位的条件和方式

6.1 委托人资格

委托人应当是符合下列条件之一，能够识别、判断和承担信托计划相应风险的合格投资者：

（1）认购信托单位的最低金额不少于100万元人民币的个人投资者或机构投资者；

（2）个人或家庭金融资产总计在其认购时超过100万元人民币，且能提供相关财产证明的个人投资者；

（3）个人收入在最近三年内每年收入超过20万元人民币或者夫妻双方合计收入在最近三年内每年收入超过30万元人民币，且能提供相关收入证明的个人投资者。

加入信托计划的合格投资者中，单笔认购资金不满300万元的个人投资者不超过50人，机构投资者和单笔认购资金300万元以上的个人投资者数量不受限制。

信托计划推介期内，申请认购信托单位的合格投资者中单笔认购资金不满300万元的个人投资者人数超过50人的，由受托人按照金额优先、时间优先的原则接受认购申请，认购申请以个人投资者签署认购风险申明书和信托合同的方式进行。

6.2 委托人的陈述与保证

（1）全体委托人的陈述和保证

1）委托人符合信托文件规定的委托人资格；

2）委托人用于认购信托单位的认购资金不是银行信贷资金，认购资金来源合法，委托人具有投资于本信托的资格，认购信托单位未损害委托人的债权人合法利益，不违反法律法规的规定；认购资金是其合法所有的具有完全支配权的财产，并符合信托法和信托文件对认购资金的规定。委托人认购信托单位、作出本条规定的陈述与保证或其他相关事项的决定时没有依赖受托人或受托人的任何关联机构，受托人不对认购资金的合法性负有或承担任何责任，也不对委托人是否遵守相关法律法规负有或承担任何责任；

3）委托人对金融风险包括信托投资风险等有较高的认知度和承受能力，并根据其自己独立的审核以及其认为适当的专业意见，已经确定：a. 认购信托单位完全符合其财务需求、目标和条件；b. 认购信托单位时遵守并完全符合所适用于其的投资政策、指引和限制；c. 认购信托单位对其而言是合理、恰当而且适宜的投资，尽管投资本身存在明显切实的风险；

4）委托人在此确认：信托计划终止时，信托财产清算报告仅需受托人内部审计，但法律法规的强制性规定应当进行外部审计的除外；如优先受益人对清算报告提出异议，可聘请有资质的第三方机构对清算报告进行审计，受托人应积极配合，提供相关文件资料；

5）委托人在此声明：委托人（受益人）选择电子网络方式获取信托计划相关信息以及其他相关信息。委托人将持续关注受托人网站，获取受托人通过网站披露的任何信息；

6）委托人保证向受托人提供的所有资料及以上陈述与保证均为真实有效。

（2）劣后委托人的特别陈述与保证

1）劣后委托人系按照中华人民共和国法律依法成立和存续的企业法人、其他组织或具有完全民事行为能力的自然人；

2）劣后委托人已就本次交易通过了内部审批程序；信托合同签署后，即构成对其合法、有效和有约束力的义务；

3）劣后委托人已详细研究信托计划各方当事人的权利义务，信托利益的计算与分配方法，并同意遵守信托文件做出的各项安排；

4）劣后委托人承诺以其自有资金认购信托计划项下的劣后信托单位，不存在为他人代持劣后受益权的情形；

5）劣后委托人承诺不通过任何内幕信息交易、不当关联交易等违法违规行为牟利；

6）劣后委托人将根据本协议及《资金支付协议》（编号：××），以下简称《资金支付协议》）的约定，按时、足额履行追加劣后信托资金的义务；

7）劣后委托人保证，信托计划期限内，其资产负债率不高于 80%。

6.3 认购资金要求

（1）认购优先信托单位

投资者认购优先信托单位的单笔认购资金金额最低为人民币 100 万元，并可按人民币 100 万元的整数倍增加。

（2）认购劣后信托单位

投资者认购劣后信托单位的单笔认购资金金额最低为人民币【 】万元，并可按人民币【 】万元的整数倍增加。

6.4 受益人要求

受益人与委托人是同一人。

6.5 认购方式

（1）投资者应当在信托计划推介期内签署信托合同、认购风险申明书，并在推介期内将认购资金划付至受托人指定的信托募集账户（即信托财产专户），受托人不接受实物认购。

（2）对于信托募集账户中的资金，受托人应于收到该笔资金当日将该笔资金划付至信托财产专户。

第七条 信托计划的推介与成立

7.1 信托计划的推介

信托计划推介期为____年____月____日至____年____月____日，受托人有权根据具体情况延长或提前终止信托计划的推介期。

7.2 信托单位的认购价格

每份信托单位（优先信托单位和劣后信托单位）面值 1 元，认购价格为 1 元。

7.3 信托计划的成立

（1）在满足信托合同第 7.2 款第（1）项规定的全部条件后，优先委托人在 3 个工作日内交付信托资金，优先委托人依信托合同第七条的约定将优先信托本金按期足额付至信托财产专户后，本信托成立并生效。

（2）信托计划成立的，委托人的认购资金自交付日至信托计划成立日期间产生的利息按信托合同规定处理。

（3）信托计划推介期结束，信托计划不符合成立条件的，受托人于推介期结束后的 5 个工作日内，将委托人交付的认购资金连同交付日至退还日期间所取得的全部利息（按银行同期活期存款利息计算），一并退还给该等委托人。

（4）受托人将本着诚实信用的原则施行信托计划的发行，但受托人不对发行成功与否作出任何陈述或承诺。

第八条　信托合同内容摘要

8.1　信托目的

委托人基于对受托人的信任，认购信托单位并加入信托计划，由受托人根据信托文件的规定集合运用信托资金，按照信托文件的规定，受托人将本信托计划项下的全部信托资金投资于××产业投资合伙企业（有限合伙）的有限合伙份额。受托人在有效控制风险的前提下，谋求信托财产的保值和增值，为受益人谋取信托利益。

8.2　信托财产的管理方式

（1）信托财产与受托人的固有财产分别管理、分别记账；受托人不得将信托财产归入其固有财产或使信托财产成为其固有财产的一部分。信托财产与受托人管理的其他信托财产分别管理、分别记账。受托人为信托计划设立专用账户，即信托财产专户。受托人为信托计划开立信托募集账户，用于汇集信托计划推介期内委托人交付的认购资金。

（2）受托人管理运用、处分信托财产所产生的债权，不得与其固有财产产生的债务相抵销。受托人管理运用、处分不同的信托财产所产生的债权债务，不得相互抵销。

（3）受托人应当妥善保存处理信托事务的完整记录，包括信托财产使用情况的报表和文件，保存期限依法律法规的规定确定。受托人应于信托成立后每季度结束后的5个工作日内向优先委托人/优先受益人报告信托财产及其管理、运用及收支情况，报告内容包括信托财产运作和收益情况、信托财产风险状况分析和其他重要事项的说明。受托人应随时接受优先委托人或优先受益人的查询。

（4）受托人办理本信托事务的管理机构在业务上独立于受托人的其他部门，其人员与其他部门互不兼职，具体业务信息不与其他部门共享。受托人固有财产运用部门与信托财产运用部门由不同的高级管理人员负责管理。

8.3　信托财产的保管

在信托计划期限内，受托人委托××银行××分行担任保管人，将信托财产专户设定为保管账户，由保管人对保管账户内全部信托财产（现金类资产）进行保管并根据与受托人签署的保管协议的约定对信托财产专户予以监督。信托财产保管的具体事宜，由受托人与保管人另行签署《信托资金保管协议》予以确定。

8.4　信托财产承担的费用

（1）信托报酬；

（2）保管费；

（3）信托财产管理、运用或处分过程中发生的法定税费；

(4) 受托人处理信托事务所发生的费用，如诉讼费、律师费等（如有）；

(5) 按照国家有关规定可以列入的其他费用。

受托人无义务垫付信托费用。受托人以固有财产先行垫付上述规定费用的，受托人有权从信托财产中优先受偿。

8.5　信托利益的分配原则

(1) 优先受益人预期信托利益

优先受益人预期信托利益等于优先信托本金加上预期信托收益。

预期信托利益、预期信托收益并不构成受托人的保证本金或收益承诺。最终实现的信托利益，根据信托财产的管理、运用、处分情况而定。

优先受益人的预期信托收益率按××%/年执行。

(2) 信托利益的分配

本信托计划项下信托财产扣除各项信托税费及信托费用（包括受托人的信托报酬）后按照如下顺序进行分配：

1) 优先受益人信托利益；

2) 劣后受益人信托利益。

(3) 优先受益权信托收益于每自然季度末月20日分配（信托计划终止时最后一期信托收益随信托本金一起分配），受托人应于每自然季度收到合伙企业分配的投资收益或其他收益之日起三个工作日内及信托计划终止日后三个工作日内，将扣除当季应当支付的各项信托费、税费用后剩余的款项向优先受益人分配当季的信托收益（如有）；如当期向优先受益人分配的实际信托收益不能满足其预期信托收益时，劣后受益人应按信托合同第12条的约定追加信托资金，直至优先受益人实现其全部预期信托收益。优先受益人的信托本金，在信托计划终止时一次性从信托财产中以现金形式分配给优先受益人。

(4) 一旦出现优先受益人预期信托收益及信托本金不能按时按预期实现情形，劣后受益人应当立即按照信托合同第12条的约定追加劣后信托资金。

(5) 信托优先受益人预期信托收益的分配优先于信托优先受益人信托本金的分配；信托优先受益人预期信托收益和本金的分配优先于劣后受益人信托利益分配。在优先受益人信托利益全部分配完毕前，劣后受益人不参与对信托财产的分配。

第九条　风险警示

9.1　投资有风险，请谨慎选择。投资者在认购信托单位前，应特别认真地考虑信托计划存在的各种风险。

9.2　本信托计划存在法律与政策风险、合伙企业经营风险、市场风险、信用风险、流动性风险、管理风险及其他风险等各项风险因素。认购信托单位前，应当仔细阅读信托合同和认购风险申明书。

9.3　受托人依据信托文件管理信托财产所产生的风险，由信托财产承担。受托人因违背信托文件、处理信托事务不当而造成信托财产损失的，由受托人以固有财产赔偿；不足赔偿时，由投资者自担。

9.4　受托人承诺以受益人的最大利益为宗旨处理信托事务，并谨慎管理信托财产，但不承诺信托财产不受损失，亦不承诺信托财产的最低收益。

第十条　法律意见书概要

北京市××律师事务所依据与受托人签订的法律服务文件，对信托计划出具了法律意见书。法律意见书结论性意见如下：

受托人拟设立的“××××产业投资集合资金信托计划”符合《中华人民共和国信托法》和其他法律、行政法规的规定。

第十一条　信托关系人基本情况

11.1　合伙企业

(1) 名称：××产业投资合伙企业（有限合伙）（合伙企业名称以工商登记为准）；

(2) 期限：×年（可延期×年）；

(3) 合伙企业投资方向：合伙企业根据其经营范围进行投资；

(4) 设立时总认缴出资额：不少于人民币××元；

(5) 设立时出资人及其认缴出资额：受托人认缴出资额为人民币××元；××管理公司认缴出资额为××元；××投资有限公司认缴出资额为人民币××元；

(6) 普通合伙人：××管理公司；

(7) 成立时有限合伙人：受托人、××产业投资有限公司；

(8) 注册地：××；

(9) 合伙企业的具体情况，由信托计划备查文件《出资人协议》约定为准。

11.2　担保人

名　　称：××投资集团有限公司

主合同：《资金支付协议》（编号：××）

债权人：××信托股份有限公司

注册地址：

法定代表人：

注册资本：

经营范围：

公司简介：

第12条 备查文件

12.1 《××信托·××××产业投资集合资金信托计划说明书》（编号：××）；

12.2 《××信托·××产业投资集合资金信托计划优先信托单位认购风险申明书》（编号：××）；

12.3 《××信托·××产业投资集合资金信托计划劣后信托单位认购风险申明书》（编号：××）；

12.4 《××信托·××产业投资集合资金信托计划资金信托合同（优先级）》（编号：××）；

12.5 《××信托·××××产业投资集合资金信托计划资金信托合同（劣后级）》（编号：××）；

12.6 《信托资金保管合同》（编号：××）；

12.7 《资金支付协议》（编号：××）；

12.8 《保证合同》（编号：××）；

12.9 《××产业投资合伙企业（有限合伙）合伙协议》（编号：××）；

12.10 《××产业投资合伙企业（有限合伙）出资人协议》（编号：××）；

12.11 《××产业投资合伙企业（有限合伙）资产委托投资管理与托管合同》；

12.12 《关于××信托·集合资金信托计划之法律意见书》。

××信托股份有限公司（公章）

二〇一 年 月

附件2：有限合伙协议

××产业投资合伙企业（有限合伙）合伙协议

编号：××

第一章 总则

第一条 为维护合伙企业、合伙人的合法权益，规范合伙企业的组织和行为，根据《中华人民共和国合伙企业法》（以下简称《合伙企业法》）和其他有关法律、行政法规的规定，制订本协议。

第二条　合伙企业是由普通合伙人和有限合伙人组成的有限合伙企业，普通合伙人对合伙企业的债务承担无限连带责任，有限合伙人以其认缴的出资额为限对合伙企业债务承担责任。

第三条　本合伙企业合伙期限为××年，本协议自生效之日起，即对全体合伙人具有约束力。

第四条　本协议中的各项条款与法律、法规、规章不符的，以法律、法规、规章的规定为准。

第二章　合伙企业的名称和注册地

第五条　合伙企业名称：××产业投资合伙企业（有限合伙）。

第六条　合伙企业注册地：【　】。

第三章　合伙企业的目的与经营范围

第七条　合伙企业的目的：通过合伙，将有不同资金条件和不同技术、管理能力的人或企业组织起来，集中多方力量共同从事经营活动，相互弥补各自的缺陷，实现一方在一定期限内难以实现的经营目的，分享经营所得。

第八条　合伙企业的经营范围：股权、股权收益权投资，及其他特定资产收益权、权利及权利收益权以及应收账款债权等权益类投资、其他投资。

第四章　合伙人的姓名（名称）、住所

第九条　合伙企业的唯一普通合伙人为××管理公司。

合伙企业设立时合伙人的名称、住所、认缴出资额如本协议附件一所示。

第五章　合伙人的出资方式、数额和缴付期限

第十条　合伙人可以用货币、实物、知识产权、土地使用权或者其他财产权利出资，普通合伙人可以用劳务出资，有限合伙人不得以劳务出资。合伙人以实物、知识产权、土地使用权或者其他财产权利出资，评估作价方式为全体合伙人协商确定。合伙人以劳务出资的，其评估办法由全体合伙人协商确定。以非货币财产出资的，依照法律、行政法规的规定，需要办理财产权转移手续的，应当依法办理。

合伙企业成立之日起三个月内，合伙人的首次实缴出资总额应不低于××万元人民币。

经协商，合伙人的姓名（名称）、认缴出资额、出资方式、缴付期限如附件二所示。

有限合伙人应当按照合伙协议的约定按期足额缴纳出资；未按期足额缴纳的，应当承担补缴义务，并对其他合伙人承担违约责任。

第六章　利润分配、亏损分担方式

第十一条　合伙企业的利润分配、亏损分担按照各合伙人另行约定内容分配、分担。

第七章　合伙事务的执行

第十二条　执行事务合伙人应具备的条件和选择程序；权限与违约处理办法；除名条件和更换程序约定如下：

（一）有限合伙企业由普通合伙人执行合伙事务。本合伙企业委托1名普通合伙人对外代表合伙企业执行合伙事务。

执行事务合伙人由全体合伙人推举产生，应具备以下条件：

按期缴付出资，对合伙企业的债务承担无限连带责任；

具有完全民事行为能力；

无犯罪记录，无不良经营记录。

（三）执行事务合伙人的权限与违约处理办法。

执行事务合伙人负责企业日常运营，对外代表合伙企业。执行事务合伙人不按照合伙协议约定或者全体合伙人决定执行事务导致违约发生的，执行事务合伙人应对其他合伙人造成的损失进行赔偿。

（四）执行事务合伙人除名条件和更换程序。

执行事务合伙人有下列情形之一的，经代表有限合伙80%以上份额的有限合伙人同意，可以决定将其除名，并推举新的执行事务合伙人：

1. 未按期履行出资义务；

2. 因故意或重大过失给有限合伙人或合伙企业造成重大损失；

3. 执行合伙事务时违背合伙协议，有不正当行为；

4. 以显失公允的价格进行项目投资；

5. 其他违反本协议的情形。

对执行事务合伙人的除名决议应当书面通知被除名人，被除名人接到除名通知之日，除名生效，被除名人退伙。

被除名人对除名决议有异议的，可以自接到除名通知之日起三十日内，按本协议第二十六条的约定执行，但只能请求经济赔偿责任，不能请求恢复合伙人地位。

（五）其他合伙人的权利

其他合伙人不再执行合伙事务，不执行合伙事务的合伙人有权监督执行事务合伙人执行合伙事务的情况。执行事务合伙人应当每季度向其他合伙人报告事务执行情况以及合伙企业的经营和财务状况。合伙人为了解合伙企业的经营状况和财务状况，有权查阅合伙企业会计账簿、会计凭证、报表等财务资料。受委托执行合伙事务的合伙人不按照合伙协议或者经代表有限合伙80%以上份额的有限合伙人的决定执行事务的，其他合伙人可以决定撤销该委托。

（六）有限合伙人不执行合伙事务，不得对外代表有限合伙企业。有限合伙人的下列行为，不视为执行合伙事务：

1. 参与决定普通合伙人入伙、退伙；

2. 对企业的经营管理提出建议，担任企业投资顾问（如普通合伙人聘请）；

3. 参与选择承办有限合伙企业审计业务的会计师事务所；

4. 获取经审计的有限合伙企业财务会计报告；

5. 对涉及自身利益的情况，查阅有限合伙企业财务会计账簿等财务资料；

6. 在有限合伙企业中的利益受到侵害时，向有责任的合伙人主张权利或者提起诉讼；

7. 执行事务合伙人怠于行使权利时，督促其行使权利或者为了本企业的利益以自己的名义提起诉讼；

8. 依法为本企业提供担保；

9. 行使本协议规定的有限合伙人的其他权利。

第十三条　合伙人对合伙企业有关事项作出决议，有限合伙人按照其出资比例行使表决权，并经代表有限合伙80%以上份额的有限合伙人同意通过的表决办法。

第十四条　合伙企业的下列事项应当经合伙人会议决议通过：

（一）改变合伙企业的名称；

（二）改变合伙企业的经营范围、主要经营场所的地点；

（三）处分合伙企业的不动产；

（四）转让或者处分合伙企业的知识产权和其他财产权利；

（五）聘任合伙人以外的人担任合伙企业的经营管理人员。

合伙企业不得举借债务、对外提供担保。

第十五条　有限合伙人可以同本有限合伙企业进行交易，有限合伙人可以自营或者同他人合作经营与本有限合伙企业相竞争的业务。有限合伙人可以将其在有限合伙企业中的财产份额出质；未经代表有限合伙80%以上份额的有限合伙人书面同意，普通合伙人不得在其对合伙企业的出资份额上设定质押，但本协议另有约定的除外。

第十六条　经代表有限合伙80%以上份额的有限合伙人同意，合伙人可以增加或者减少对合伙企业的出资。

有限合伙人向合伙人以外的人转让其在合伙企业中的全部或者部分财产份额时，应当经其他合伙人过半数同意。有限合伙人应就其财产份额转让事项书面通知其他合伙人征求同意，其他合伙人自接到书面通知之日起满三十日未答复的，视为同意转让。其他合伙人半数以上不同意转让的，不同意的合伙人应当购买该转让的财产份额；不购买的，视为同意转让。经合伙人同意转让的份额，在同等条件下，其他合伙人有优先购买权。两个以上合伙人主张行使优先购买权的，协商确定各自的购买比例；协商不成的，按照转让时各自的出资比例行使优先购买权。

普通合伙人向合伙人以外的人转让其在合伙企业中的全部或者部分财产份额时，经代表有限合伙80%以上份额的有限合伙人同意。在同等条件下，其他合伙人有优先购买权。

合伙人的出资、以合伙企业名义取得的收益和依法取得的其他财产，均为合伙企业的财产，除本协议另有规定外，合伙人在合伙企业清算前，不得请求分割合伙企业的财产。

第八章　入伙与退伙

第十七条　新合伙人入伙，经普通合伙人及代表有限合伙80%以上份额的有限合伙人同意，并依法订立书面认购协议。

新的合伙人入伙后，普通合伙人应依法办理相应的企业变更登记手续，并修改本协议附件二，并在合伙企业的合伙人登记册上登记。

入伙的新普通合伙人与原合伙人享有同等权利，承担同等责任。新入伙的普通合伙人对入伙前合伙企业的债务承担无限连带责任，订立认购协议时，原合伙人应当向新入伙的普通合伙人如实告知原合伙企业的经营状况和财务状况。

新入伙的有限合伙人对入伙前有限合伙企业的债务，以其认缴的出资额为限承担责任。

第十八条　在合伙企业存续期间，有下列情形之一的，合伙人可以退伙。

（一）合伙协议约定的退伙事由出现；

（二）经代表有限合伙80%以上份额的有限合伙人同意；

（三）发生合伙人难以继续参加合伙的事由；

（四）其他合伙人严重违反合伙协议约定的义务。

普通合伙人有下列情形之一，有限合伙人有（一）、（三）、（四）、（五）项情形之一的，当然退伙：

（一）作为合伙人的自然人死亡或者被依法宣告死亡；

（二）个人丧失偿债能力；

（三）作为合伙人的法人或者其他组织依法被吊销营业执照、责令关闭撤销，或者被宣告破产；

（四）法律规定或者合伙协议约定合伙人必须具有相关资格而丧失该资格；

（五）合伙人在合伙企业中的全部财产份额被人民法院强制执行。

第十九条　普通合伙人在不给合伙企业事务执行造成不利影响的情况下，可以退伙，但应当提前三十日通知其他合伙人。

第二十条　普通合伙人违反本协议第十八条、第十九条的规定退伙的，应当赔偿由此给合伙企业造成的损失。

第二十一条　有限合伙人与普通合伙人互换程序

（一）普通合伙人转变为有限合伙人，或者有限合伙人转变为普通合伙人，应当经代表有限合伙80%以上份额的有限合伙人同意。

（二）有限合伙人转变为普通合伙人的，对其作为有限合伙人期间有限合伙企业发生的债务承担无限连带责任。

（三）普通合伙人转变为有限合伙人的，对其作为普通合伙人期间合伙企业发生的债务承担无限连带责任。

（四）企业仅剩有限合伙人的，应当解散；企业仅剩普通合伙人的，转为普通合伙企业。

普通合伙人被依法认定为无民事行为能力人或者限制民事行为能力人的，经其他合伙人一致同意，可以依法转为有限合伙人。其他合伙人未能一致同意的，该无民事行为能力或者限制民事行为能力的合伙人退伙。作为有限合伙人的自然人在有限合伙企业存续期间丧失民事行为能力的，其他合伙人不得因此要求其退伙。

第二十二条　合伙人有下列情形之一的，经其他合伙人一致同意，可以决议将其除名：

（一）未履行出资义务；

（二）因故意或者重大过失给合伙企业造成损失；

（三）执行合伙事务时有不正当行为；

（四）发生合伙协议约定的事由。

对合伙人的除名决议应当书面通知被除名人。被除名人接到除名通知之日，除名生效，被除名人退伙。被除名人对除名决议有异议的，被除名人对除名决议有异议的，可以自接到除名通知之日起三十日内，按本协议第二十六条的约定执行，但只能请求经济赔偿责任，不能请求恢复合伙人地位。

第二十三条　合伙人死亡或者被依法宣告死亡的，对该合伙人在合伙企业中的财产份额享有合法继承权的继承人，经全体合伙人一致同意，从继承开始之日起，取得本合伙企业的合伙人资格。

有下列情形之一的，合伙企业应当向合伙人的继承人退还被继承合伙人的财产份额：

（一）继承人不愿意成为合伙人；

（二）法律规定或者合伙协议约定合伙人必须具有相关资格，而该继承人未取得该资格；

（三）合伙协议约定不能成为合伙人的其他情形。

合伙人的继承人为无民事行为能力人或者限制民事行为能力人的，经全体合伙人一致同意，可以依法成为有限合伙人，全体合伙人未能一致同意的，合伙企业应当将被继承合伙人的财产份额退还该继承人。

第二十四条　合伙人退伙，其他合伙人应当与该退伙人按照退伙时的合伙企业财产状况进行结算，退还退伙人的财产份额。退伙人对给合伙企业造成的损失负有赔偿责任的，相应扣减其应当赔偿的数额。退伙时有未了结的合伙企业事务的，待该事务了结后进行结算。退伙人在合伙企业中财产份额的退还办法，由合伙协议约定或者由全体合伙人决定，可以退还货币，也可以退还实物。

第二十五条　普通合伙人退伙后，对基于其退伙前的原因发生的合伙企业债务，承担无限连带责任，普通合伙人退伙时，合伙企业财产少于合伙企业债务的，普通退伙人应当按照实缴出资比例分配、分担。有限合伙人退伙后，对基于其退伙前的原因发生的有限合伙企业债务，以其退伙时从有限合伙企业中取回的财产承担责任。

第九章　争议解决办法

第二十六条　合伙人对合伙事项发生争议，通过合伙人会议解决。如合伙协议及相关各方不能协商解决，则应提交××仲裁委员会，按该会当时有效的仲裁规则在北京仲裁解决。仲裁裁决是终局的，对相关各方均有约束力。除非仲裁庭有裁决，仲裁费应由败诉一方负担。败诉方还应补偿胜诉方的律师费等支出。

第十章　合伙企业的解散与清算

第二十七条　合伙企业有下列情形之一的，应当解散：

（一）合伙期限届满，合伙人决定不再经营；

（二）合伙协议约定的解散事由出现；

（三）全体合伙人决定解散；

（四）合伙人已不具备法定人数满三十天；

（五）合伙协议约定的合伙目的已经实现或者无法实现；

（六）依法被吊销营业执照、责令关闭或者被撤销；

（七）法律、行政法规规定的其他原因。

第二十八条　合伙企业解散，应当由清算人进行清算。清算人可以全体合伙人担任；经全体合伙人过半数同意，也可以自合伙企业解散事由出现后十五日内指定一个或者数个合伙人，或者委托第三人，担任清算人。清算人自被确定之日起十日内将合伙企业解散事项通知债权人，并于六十日内在报纸上公告。清算人在清算期间执行下列事务：

（一）清理合伙企业财产，分别编制资产负债表和财产清单；

（二）处理与清算有关的合伙企业未了结事务；

（三）清缴所欠税款；

（四）清理债权、债务；

（五）处理合伙企业清偿债务后的剩余财产；

（六）代表合伙企业参加诉讼或者仲裁活动。

清算期间，合伙企业不得开展与清算无关的经营活动。合伙企业财产在支付清算费用和职工工资、社会保险费用、法定补偿金以及缴纳所欠税款、清偿债务后的剩余财产，由合伙人按照实缴出资比例分配、分担（可另作约定，但不得约定将全部利润分配给部分合伙人或者由部分合伙人承担全部亏损）；清算结束，清算人应当编制清算报告，经全体合伙人签名、盖章后，在十五日内向企业登记机关报送清算报告，申请办理合伙企业注销登记。合伙企业注销后，合伙人对合伙企业存续期间的债务仍应承担无限连带责任。

第十一章　违约责任

第二十九条　合伙人对合伙协议约定必须经全体合伙人一致同意始得执行的事务擅自处理，给合伙企业或者其他合伙人造成损失的，依法承担赔偿责任。

第三十条　合伙人执行合伙事务，或者合伙企业从业人员利用职务上的便利，将应当归合伙企业的利益据为己有的，或者采取其他手段侵占合伙企业财产的，应当将该利益和财产退还合伙企业；给合伙企业或者其他合伙人造成损失的，依法承担赔偿责任。合伙企业登记事项发生变更，执行合伙事务的合伙人未按期申请办理变更登记的，应当赔偿由此给合伙企业、其他合伙人或者善意第三人造成的损失。

第三十一条　不具有事务执行权的合伙人擅自执行合伙事务，给合伙企业或者其他合伙人造成损失的，依法承担赔偿责任。

第三十二条　合伙人违反合伙协议的约定，从事与本合伙企业相竞争的业务或者与本合伙企业进行交易的，该收益归合伙企业所有；给合伙企业或者其他合伙人造成损失的，依法承担赔偿责任。

第三十三条　清算人未依照本法规定向企业登记机关报送清算报告，或者报送清算报告隐瞒重要事实，或者有重大遗漏的，由此产生的费用和损失，由清算人承担和赔偿。

第十二章　其他

第三十四条　《××产业投资合伙企业（有限合伙）出资人协议》为本协议不可分割的组成部分，本协议约定与《××产业投资合伙企业（有限合伙）出资人协议》不一致的，以《××产业投资合伙企业（有限合伙）出资人协议》为准。

（以下无正文）

（本页无正文，为《××产业投资合伙企业（有限合伙）合伙协议》签署页。）

本协议由以下各方于　　年　月　日签署：

普通合伙人：

××管理公司

授权代表：＿＿＿＿＿＿＿＿

（签字）

（本页无正文，为《××产业投资合伙企业（有限合伙）合伙协议》签署页。）

本协议由以下各方于　　年　月　日签署：

有限合伙人：

授权代表：________________

（签字）

附件一　　合伙人及认缴出资额　　单位：万元

序号	名称	地位	证件编号	住所	认缴出资额
1	××管理公司	普通合伙人			××
2	××信托股份有限公司	有限合伙人			××
3	××投资有限公司	有限合伙人			××
总认缴出资额					××

日期：

普通合伙人签署：

××管理公司

（盖章）

授权代表：____________

（签字）

附件二　　各合伙人认缴出资额　　单位：万元人民币

姓名（名称）	住所	证件编号	认缴出资额	实缴出资额	缴付期限	出资方式
××管理公司			××			货币
××信托股份有限公司	××		××		【　】	货币
××投资有限公司			××			货币

普通合伙人：

××管理公司

（盖章）________________

（签字）

年　　月　　日

有限合伙人：

（盖章）________________

（签字）

年　　月　　日

附件3：尽职调查材料清单

法律尽职调查文件清单

致：××公司

根据有关法律、法规的规定和项目的需要，请贵司提供以下资料：

一、融资主体资料

（一）企业设立文件：

1.《营业执照》

2.《税务登记证》（含国税、地税）

3.《组织机构代码证》

4. 法定代表人证明书及法定代表人身份证

5.《银行开户许可证》、贷款卡

6.《社会保险登记证》以及历年年检证明

7. 企业经营业务须获得的政府许可、资质（施工、装修等资质）证书文件、批文

8. 公司章程及股东会决议

9. 验资报告

10. 集团公司及子公司最近一期及近三年经审计的的年度财务报告/审计报告

11. 外部评级报告

12. 人民银行征信记录资料

13. 其他相关资料（贵司、银行、信托公司认为需要补充提供的文件资料）。

（二）企业变更登记文件

公司成立以来历次变更（含改制、增资、股份转让、资产划拨等）的政府主管部门批准文件（如有）、营业执照、公司章程、工商变更登记文件，公司董事会、股东会决议、资产评估报告、资产转移登记证明文件（不动产或需进行登记的动产）以及验资报告等。

（三）公司的组织结构文件

请提供一份公司的整体结构图，反映出公司所有直接或间接投资的参股、控股子公司、分公司、办事机构以及其所有主要生产设施所在地及经营地。

请提供公司目前的股权结构图，以及组织结构图（公司部门设置）等。

（四）公司债权债务文件

1. 请说明公司的债权、债务数量，债权人和债务人名单，并提供相关的债权、债务合同；

2. 公司及其子公司所有人民币及外币借款合同（包括关联公司之间贷款、对股东的贷款、对董事、雇员或客户的贷款安排）以及上述合同的修正案、附件、同意或放弃证明文件；

3. 前款所述的借款合同项下的担保合同（如抵押、保证、质押获取财产留置权的合同或协议），包括任何由第三方为公司及其子公司债务提供的担保合同以及任何公司或其子公司为第三方提供的债务、提供的担保合同以及相关的登记文件；

4. 若公司或其子公司有外国公司、外国银行或其他金融机构提供的外汇贷款，请提供上述外债合同、担保合同以及外债登记、履约及担保批准、登记证明；

5. 请说明上述各项债权债务合同的实际履行情况；

注：本部分文件，凡涉及须在工商局办理登记手续的，请公司提供在工商登记机关备案的全套资料（工商底档资料，按设立、变更，年检分别立卷）。本所律师走访自行调取的，公司需提供营业执照复印件加盖印章及公司介绍信，由专人协同本所律师前往工商局调取资料。

二、融资交易合法合规性文件

此部分资料由融资主体、银行、信托公司等相关主体的文件构成，本所律师在此分类列明，贵司根据类别提供贵司应提供的文件。

（一）融资主体提供的文件：

1. 融资申请书

2. 股东会/董事会同意融资的决议

3. 股东会/董事会授权管理层实施本次融资的文件

4. 贵司主管部门（国资、发改、行业管理部门等）批准本次融资的文件（如有）

5. 其他相关资料（贵司、银行、信托公司认为需要补充提供的文件资料）

（二）银行主体提供的文件

主要指银行资金来源、性质（如属于自有资金或客户资金、是否属于银信理财合作业务资金）说明文件。

（三）信托公司提供的文件

主要指本次信托融资业务性质、交易结构的说明，考察本次融资活动、交易结构是否满足监管部门及信托公司合规管理要求，如：信托公司融资类银信理财合作业务余额占该信托公司银信理财合作业务余额的比例是否高于30%等。

三、融资担保措施相关文件

主要由贵司提供此次融资的担保说明及担保物、担保人信息文件资料，包括但不限于：

（一）担保物相关资料文件

1. 担保物权利证书

如担保物为不动产的，请提供以下资料：

国有土地使用证；

如果没有领取前款所有权证，请提供所使用土地的建设用地规划许可证或征地文件，或其他有关政府批准用地的文件，或确权文件；

如果土地属于出让方式取得，请提供与土地管理部门签署的国有土地使用权出让合同及其附件；

如果土地为公司向第三方以转让方式取得，请提供国有土地使用权转让合同；

若公司拥有的土地使用权为集体土地，还需提供公司签署的征用集体土地的协议以及土地管理部门出具的征地批准文件；

土地出让金或转让金缴付凭证；

请提供公司所拥有房屋的房屋所有权证；

若公司拥有在建工程，请说明在建工程的建设和完工情况，请根据工程进度提供立项批文、《建设用地规划许可证》《建设工程规划许可证》《开工证》、工程竣工验收证明及工程承包合同及重大建筑设备采购及安装合同；

如果房屋是通过购买方式取得，还请提供购房合同；

若上述土地使用权或房产已经抵押，请提供有关抵押合同及登记文件；

2. 担保物评估报告

3. 担保物保险购买文件

4. 担保物所处地理位置、市场情况、价值趋势情况等说明文件

5. 其他相关资料（贵司、银行、信托公司认为需要补充提供的文件资料）

（二）担保人相关资料文件

1. 担保人简介

2. 《营业执照》

3. 《税务登记证》（含国税、地税）

4. 《组织机构代码证》

5. 《银行开户许可证》、贷款卡

6. 同意担保的股东会/董事会决议

7. 担保人与融资主体关系的说明

8. 对外担保余额统计文件

9. 验资报告

10. 集团公司及子公司最近一期及近三年经审计的年度财务报告/审计报告

11. 外部评级报告

12. 人民银行征信记录资料

13. 其他相关资料（贵司、银行、信托公司认为需要补充提供的文件资料）

四、融资资金投向项目相关文件

1. 投资项目可行性研究报告及其批复文件

2. 投资项目立项批准文件

3. 投资项目资本金落实证明文件（根据国务院最新关于固定资产投资项目资本金最低比例的要求）

4. 投资项目保险文件

5. 项目已投资金数额、来源、投向

6. 投资项目环境影响评估报告文件

7. 项目公司（如有）简介（注册资本、股权结构，股东介绍、开发资质、过往业绩等）

8. 投资项目相关证书：土地使用权证、施工许可证、用地规划许可证、工程规划许可证、安全生产许可证等

9. 投资项目背景说明，简单说明项目的建设规模，建设工程合同造价，计划工期，目前项目进展情况

10. 项目开发进度表及施工进度计划

11. 项目建设的设计、施工、监理情况及相关合同

五、融资主体还款保障相关文件

主要由贵司提供公司收入来源说明及还款来源说明文件，包括但不限于：

1. 公司已经签署的取得公司收入的主要合同文件

2. 公司即将签署的取得公司收入的主要合同文件

3. 公司已经批准或者正在实施的其他融资计划

4. 政府部门批准的税收返还、财政补贴、贴息计划

5. 公司偿还本次融资的资金安排计划

案例 23

某某中外合资经营企业注册设立案例*

（非诉讼法律业务）

外商投资企业是我国实务中吸引外资的一项重要手段。与内资企业相比，外商投资企业具有其特殊性。这些特殊性正是外商投资企业设立、运营中法律风险的易藏之处，在外商投资企业的设立过程中体现得尤为明显。而外商投资企业的设立程序也因为这些特殊性而显得十分复杂。同时，设立过程中对外商投资企业形式的选择、公司章程设计及法律风险把控将会直接影响外商投资企业持续运营和发展。本案例以中外合资企业的设立为例，希望通过对外商投资企业设立流程的研究，让同学们了解外商投资企业的概念、外商投资企业设立条件、所需有关法律文件，关注外商投资企业的管理机构的特殊性、外商投资企业的合同与公司章程的效力差别、投资总额及注册资本分配关系、外方提供法律文件的认可等法律问题，本案例对实践具有重要的指导意义。

* 本案例由中央财经大学法学院副教授艾茜编写。

案例正文

外商投资企业是指外国投资者在东道国境内经批准投资举办的企业，属于国际投资范畴，是利用国际投资的一种重要形式①。中国的普通内资企业与外商投资企业采取分别立法模式，适用两套不同的法律体系。我国未制定一部完整的外商投资企业法，而是以单行法的形式，分别制定了《中外合资经营企业法》《中外合作经营企业法》和《外商独资企业法》（2020 年 1 月 1 日起《外商投资法》施行，以上三个法律同时废止），并颁布了许多与外商投资企业法相配套的行政法规和规章，涉及外商投资企业的登记管理、资金管理、劳动管理、外汇管理、财务管理、进出口管理、技术引进、税收管理等，这些法律、法规、规章一同构成了外商投资企业法，在此基础上形成外商投资企业法的基本框架。

对于内资企业适用《公司法》，外商投资企业则主要适用《外商投资法》，这是我国一直采用的两套不同的法律体系。《公司法》第二百一十七条对外商投资企业适用公司法问题作出了如下规定："外商投资的有限责任公司和股份有限公司适用本法；有关外商投资的法律另有规定的，适用其规定。"根据该条规定，可以看出《外商投资法》相关法律是公司法的特别法，《公司法》相对于《外商投资法》属于一般法，或称普通法，是以一般的事项为适用标准的，即规范公司的组织和行为的法律。《外商投资法》则是以特定的事项为适用对象的，即外商投资企业组织和活动的行为规范的法律。因此在外商投资企业设立问题上，有特殊约定的依照特殊约定，没有特殊约定的则参照《公司法》的规定来执行。

因而，外商投资企业与内资企业相比、外商投资企业内部不同形式之间相比，在设立程序、主体限制及出资要求、公司治理结构上均有不同要求。外商投资企业设立中存在的这些特殊性，也正是法律风险易藏之处。因此在实践中，律师应当根据实际情况，以及当事人的交易需求建议当事人谨慎选择外商投资企业的形式。此外，在外商投资企业的设立过程中，对外商投资企业的管理机构的特殊性、外商投资企业的合同与公司章程的效力差别、投资总额及注册资本分配关系、外方提供法律文件的认可问题等法律问题的考量和风险把控也显得尤为重要。

---

① 姚梅镇．外商投资企业法教程［M］．北京：法律出版社，1990：1.

一、有关项目简介

（一）中方股东简介

某某（北京）控制技术有限公司是一家专业提供监控中心控制台产品及整体解决方案的综合服务商，公司集科技研发、规模生产、销售和服务于一体，先后取得了“中关村高新技术企业”与“北京市高新技术企业”的称号。公司主要从事于生产控制台、计算机系统服务；软件研发；基础软件服务；应用软件服务；货物进出口、技术进出口、代理进出口等业务。

公司成立于2011年11月，公司注册资本为1500万元，法定代表人徐某。

（二）外方股东简介

某某环球有限责任公司是一家意大利的有限责任公司，主要从事发展和实施企业经营战略、工商股权的行使，以及对非公共控股公司进行财务控制等业务。法定代表人为DANDOLO GUIDO GIACCONI，意大利籍。

公司成立于2005年8月4日，资产总额为1万欧元，注册资本为1万欧元。

（三）设立项目公司的主要目的

中外双方希望能够在中国境内设立一家企业，对国内的一些产业进行投资，以寻求广阔的市场空间和高成长性的项目，其目的在于将国外的一些先进管理经验和技术引入中国，同时也希望引导这些企业走出去，开拓一些海外市场，但并不想谋求这些企业的实际控制权，也无意实际参与企业的日常经营管理。中外投资方最初提出设立资产管理公司（Asset Management Companies，AMC）或投资公司的设想，律师在初步了解项目情况以及投资方的想法后，指出上述两类公司的设立有严格的市场准入条件，可能需要人民银行或者地方性政府的许可批准，也可能面临证监会有关RQF II的资格和额度的监管。总之，上述两种形式企业的设立都存在着门槛高、难度大且设立周期长的困难。基于此，律师提出建议，可以通过设立经营范围中包含投资咨询、管理的中外合资企业的形式，达到当事人在中国境内进行产业投资的目的。

二、中外合资经营企业设立的基本流程及设立条件

（一）中外合资经营企业设立的基本流程（见图23－1）

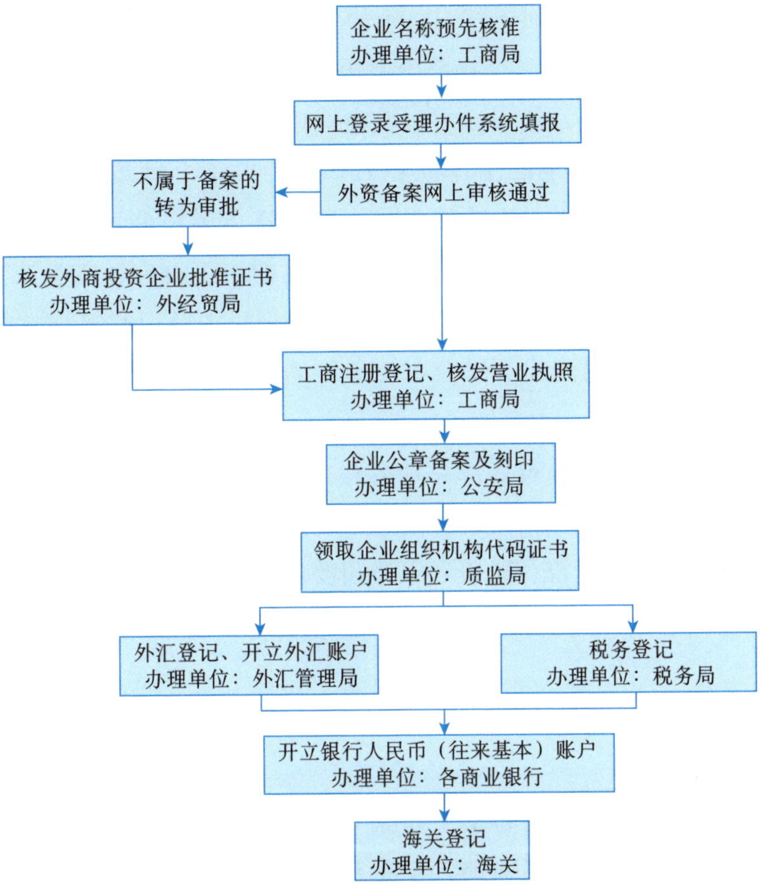

图23－1　中外合资经营企业设立基本流程

（二）中外合资经营企业的设立条件

1. 有限责任公司

（1）经审批机关批准（仅限于涉及外商投资的国家规定实施准入特别管理措施或外资并购的企业，港澳服务提供者按CEPA协议投资的公司提供）；

（2）投资者符合法定人数（50人以下）；

（3）投资者出资达到法定资本最低限额；

（4）投资者制定公司章程；

（5）有公司名称，建立符合有限责任公司要求的组织机构；

（6）有公司住所。

2. 股份有限公司

（1）经审批机关批准（仅限于涉及外商投资的国家规定实施准入特别管理措施或外资并购的企业，港澳服务提供者按 CEPA 协议投资的公司提供）；

（2）发起人符合法定人数。设立股份有限公司，应当有 2 人以上 200 人以下为发起人，其中须有半数以上的发起人在中国境内有住所；

（3）有符合公司章程规定的全体发起人认购的股本总额或者募集的实收股本总额。股份有限公司采取发起设立方式设立的，注册资本为在公司登记机关登记的全体发起人认购的股本总额。在发起人认购的股份缴足前，不得向他人募集股份。股份有限公司采取募集方式设立的，注册资本为在公司登记机关登记的实收股本总额。法律、行政法规以及国务院决定对股份有限公司注册资本实缴、注册资本最低限额另有规定的，从其规定；

（4）股份发行、筹办事项符合法律规定；

（5）发起人制定公司章程，采用募集方式设立的经创立大会通过；

（6）有公司名称，建立符合股份有限公司要求的组织机构；

（7）有公司住所。

三、中外合资经营企业设立时所需的有关法律文件

1.《外商投资的公司登记（备案）申请书》（附件 1）。

2.《指定代表或者共同委托代理人授权委托书》（附件 2）。

3. 审批机关的批准文件（批复和批准证书副本）或备案证明文件（附件 3）。

（1）涉及外商投资实施准入特别管理措施或外资并购的企业，提交批复和批准证书副本。

（2）港澳服务提供者按 CEPA 服务贸易协议投资的公司，提交备案文件。

（3）在中国自由贸易试验区内登记的外商投资企业，投资自由贸易试验区负面清单内项目的，提交商务主管部门的批准文件；投资自由贸易试验区负面清单外项目的，无须提交商务主管部门的批准文件或备案文件。

（4）证券业、保险业的公司，银行业金融机构、非银行业金融机构仅需提交监管部门的批准文件。

4. 法律、行政法规和国务院决定规定设立公司必须报经批准的，提交有关的批准文件或者许可证件复印件（第3项除外）。

5. 公司章程。有限公司公司章程由投资各方签署。股份有限公司公司章程由全体发起人签署或者出席股东大会或创立大会的董事签字（附件4）。

6.《公司名称预先核准通知书》（附件5）。

7. 投资者的主体资格证明或自然人身份证明（附件6）。

8. 董事、监事和经理的任职文件及身份证明复印件（附件7）。

9. 法定代表人任职文件及身份证明复印件（附件8）。

10. 住所使用证明（附件9）。

11. 以募集方式设立股份有限公司的，还需提交创立大会的会议记录以及依法设立的验资机构出具的验资证明。涉及发起人首次出资是非货币财产的，提交已办理财产权转移手续的证明文件。以募集方式设立股份有限公司公开发行股票的，还需提交国务院证券监督管理机构的核准文件（附件10）。

12. 经营范围中有法律、行政法规和国务院决定规定必须在登记前报经批准的项目，提交有关批准文件或者许可证件的复印件。

四、起草有关文件时所需注意的法律问题

外商投资企业，通常是指依照中国法律规定，在中国境内设立的，由中国投资者和外国投资者共同投资或者仅由外国投资者投资的企业。外商投资企业的设立有其特殊性，一方面要满足普通企业的设立条件，另一方面还要满足我国法律法规等对其的特殊要求和限制。因此在起草外商投资企业设立时的相关文件时，应当关注外商投资企业的特殊性，防控相关法律风险，并对企业后续经营过程中可能出现的风险进行相应防范。

（一）外商投资企业设立时应注意的特殊法律要件

外商投资企业主要指中外合资经营企业、中外合作经营企业和外资企业，即俗称的“三资”企业，以及外商投资合伙企业。中外合资经营企业是外国公司、企业和其他经济组织或个人同中国的公司、企业或其他经济组织在中国境内共同投资举办的企业。其特点是合营各方共同投资、共同经营、按各自的出资比例共担风险、共负盈亏。中外合作经营企业是指外国公司、企业和其他经济组织或个人按照平等互利的原则，同中国境内的企业或其他经济组织共同举办的，按合同约定的各方投资条件、收益分

配、风险责任和经营方式等进行经营的非股权式的经济组织。企业采取灵活的组织管理、利润分配、风险负担方式，故此又称为契约式合营企业。外资企业又称外商独资企业，是指在中国境内设立的，全部资本由外国企业和其他经济组织或个人投资的企业（不包括外国的企业和其他经济组织在中国境内设立的分支机构），特点是自投资金、自主经营、自负盈亏、自享其利。外商投资合伙企业是指两个以上外国企业或者个人在中国境内设立的合伙企业，以及外国企业或者个人与中国的自然人、法人和其他组织在中国境内设立的合伙企业。根据《中外合资经营企业法》的规定，合营企业的形式是有限责任公司，是公司形式的企业。中外合作企业组织形式可以是具有法人资格的企业，也可以是一个松散的经济联合体。外资企业也多为公司型企业。由于我国法律对不同类型外商投资企业的设立规定了不同的条件，外方投资者需结合自身情况、企业设立目的和经营范围等进行谨慎选择。

外商投资企业的设立首先应当满足一般企业的设立条件。就公司而言，我国公司设立应当符合以下条件：（1）股东或者发起人符合法定人数；（2）有符合公司章程规定的全体股东认缴的出资额，或者全体发起人认购的股本总额或者募集的实收股本总额；（3）依法制定公司章程，章程应当载明“本章程与法律法规不符的，以法律法规为准”，章程的经营范围条款中应当注明“以工商管理机关核定的经营范围为准”；（4）有公司名称，建立符合公司要求的组织机构；（5）有公司住所。除此之外，公司型外商投资企业还需满足以下特有条件：

1. 有符合要求的股东

外商投资企业中的外国投资者应为境外公司、企业和其他经济组织以及个人，应有良好的信誉，无违反中国法律、行政法规及相关规章的行为。有中方股东参与的外商投资企业中，中方投资者应为合法的公司、企业或其他经济组织。一般来说，自然人不能成为中方投资者。仅在中关村科技园区兴办的中外合资（合作）高新技术企业和上海浦东新区等一些地方，中方可以自然人身份出资。但原对外经济贸易部等 2002 年《关于加强外商投资企业审批、登记、外汇及税收管理有关问题的通知》第五条第二、三款规定，“原境内公司中国自然人股东在原公司享有股东地位 1 年以上的，经批准，可继续作为变更后所设外商投资企业的中方投资者；暂不允许境内中国自然人以新设或收购方式与外国的公司、企业、其他经济组织或个人成立外商投资企业。”商务部 2009 年《关于外国投资者并购境内企业的规定》第五十四条规定，“被股权并购境内公司的中国自然人股东，经批准，可继续作为变更后所设外商投资企业的中方投资者”，第五十五条规定，“境内公司的自然人股东变更国籍的，不改变该公司的企业性质”。可见法律允许企业变更等使中方个人消极地成为股东，但不允许自然人作为中方投资者进行外商投资企业设立。

2. 有符合要求的出资

外国企业或者个人应当以可自由兑换的外汇或中国法律允许的非货币财产出资，如实务、知识产权、土地使用权、股权等。例外情况下可以人民币出资，即外商经批准可以用从中国境内举办的其他外商投资企业获得的人民币利润、从已投资的外商投资企业的清算后的依法分配所得人民币和转股所得的人民币出资。合营企业中，外国合营者作为投资的技术和设备，必须是适合我国需要的先进技术和设备。外商投资合伙企业中，外国普通合伙人以劳务出资的，应当向企业登记机关提交外国人就业许可文件①。

此外，外国投资的出资比例需符合一定要求。外资企业由外国投资者投入全部资本；中外合资经营企业要求注册资本中，外国合营者的投资比例一般不低于 25%；具有法人资格的中外合作企业，外方投资者投资一般不低于注册资本的 25%；其他企业则无明确比例要求。外商投资企业经营范围涉及特定行业、对出资比例有限制规定的，从其规定。如《外商投资产业指导目录》在限制类对外资比例作出了 49%、50% 等不同要求。

注册资本方面，2013 年《公司法》确定了注册资本认缴制，并取消了最低注册资本数额限制。2014 年商务部《关于改进外资审核管理工作的通知》对外商投资企业注册的审核事项作出重大改革，取消了对外商投资首次出资比例、货币出资比例和出资期限的限制；允许投资者自主约定认缴出资额、出资方式、出资期限；取消了一般行业外商投资企业的最低注册资本限制。法律、行政法规以及国务院决定对特定行业注册资本最低限额另有规定的，从其规定。

3. 从事的经营项目应符合国家规定

外商投资企业与普通企业设立的一大不同在于前置审批程序。申请外商投资企业登记应首先取得商务部门的批复和许可文件，如从事的经营项目属于行政法规或国务院决定规定须经审批的，无论是工商登记前置审批项目还是照后审批项目，均应在获得相关部门批准后依批准的内容开展经营活动。因此，在设立外商投资企业时，应当首先确定外商投资项目的类别。

外商投资项目分为鼓励类、允许类、限制类和禁止类，鼓励类、限制类和禁止类的外商投资项目规定在《外商投资产业指导目录》，未列入《外商投资产业指导目录》的项目为允许类外商投资项目。对于限制类，外商投资企业应当取得相应审批；对于

① 参见《外商投资合伙企业登记管理规定》第十五条。

禁止类，外商投资企业不得从事相关产业投资；标注“限于合资”“限于合作”“限于合资、合作”“中方控股”“中方相对控股”和有外资比例要求的项目，不得设立外商投资合伙企业。

2016年10月8日，商务部发布的《外商投资企业设立及变更备案管理暂行办法》明确了外商投资企业设立变更的备案制。对于不涉及国家规定实施准入特别管理措施（“负面清单”）的，外商投资企业按照规定提交相应文件办理设立备案手续即可；涉及国家规定实施准入特别管理措施的，应按照外商投资相关法律法规办理审批手续。同日，商务部条约法律司负责人对《暂行办法》的解读明确：外商投资准入特别管理措施范围按2015年《外商投资产业指导目录》中限制类和禁止类，以及鼓励类中有股权要求、高管要求的有关规定执行。由此，不涉及准入特别管理措施的外商投资企业适用属地管辖原则，应向企业所在地最基层一级的有权地方工商部门办理工商登记注册，涉及准入特别管理措施的外商投资企业则执行级别管辖原则，不同类型、规模的企业向被授予相应核准登记权的工商部门申请工商登记注册。

根据《暂行办法》第三十七条，《自由贸易试验区外商投资备案管理办法（试行）》废止。在自贸区设立外商投资企业的，按照《暂行办法》试行备案制。但是《自由贸易试验区外商投资准入特别管理措施》（即自贸区的“负面清单”）并未同时废止。根据商务部外商投资综合管理信息系统的提示，自贸区负面清单仍然对自贸区内外商投资企业适用。因此，在设立外商投资企业时，应特别注意，自贸区内外实行不同的“准入特别管理措施”清单。

（二）外商投资企业类型的选择

本案例中的外方投资者到中国设立外商投资企业是为了进行产业资本的投资，而非直接设立工厂等实业经营。如果外方投资者欲进行金融资本的投资，则需取得QF II资格且面临的监管甚严。如果外方投资者欲进行产业资本的投资，则有多种公司类型供选择。

外商投资的投资性公司系指外国投资者在中国以独资或与中国投资者合资的形式设立的从事直接投资的公司。公司形式可为有限责任公司或股份有限公司。2015年商务部《关于外商投资举办投资性公司的规定》第三条指出，设立投资性公司应符合以下条件：

（1）外国投资者资信良好，拥有举办投资性公司所必需的经济实力，申请前一年该投资者的资产总额不低于4亿美元，且该投资者在中国境内已设立了外国投资企业，其实际缴付的注册资本的出资额超过1000万美元，或者外国投资者资信良好，拥有举办投资性公司所必需的经济实力，该投资者在中国境内已设立了10个以上外商投资企业，其实际缴付的注册资本的出资额超过3000万美元；

(2) 以合资方式设立投资性公司的，中国投资者应为资信良好，拥有举办投资性公司所必需的经济实力，申请前一年该投资者的资产总额不低于1亿元人民币；

(3) 申请设立投资性公司的外国投资者应为一家外国的公司、企业或经济组织，若外国投资者为两个以上的，其中应至少有一名占大股权的外国投资者符合第一条的条件。

除此之外，投资性公司的注册资本中至少应有3000万美元作为向其投资新设立的外商投资企业的出资，或作为向其母公司或关联公司已投资设立外商投资企业（已依法办理完毕股权转让手续）未缴付完毕的出资额的出资，或增资部分的出资，或用于设立研发中心等机构的投资，或用于购买中国境内公司股东的股权（不包括投资性公司母公司或其关联公司已缴付完毕的出资额形成的股权）。且投资性公司可使用的贷款额与已缴付的注册资本额成比例关系①。

可以看出，投资性公司相对于普通类外商投资企业具有较高的设立条件。且根据商务部《外商投资企业设立及变更备案管理暂行办法》第三十二条，投资类外商投资企业（包括投资性公司、创业投资企业）视同外国投资者，需遵循有关备案和实施准入特别管理措施的规定。因此，本案中投资者最终选择设立了投资管理类公司，方便注册登记和日后经营。

（三）外商投资企业设立时投资总额与注册资本的关系

外商投资企业中有投资总额和注册资本两个概念。投资总额是指按照外商投资企业合同或章程规定的生产经营规模需要投入的基本建设资金和生产流动资金的总和。注册资本是指为设立外商投资企业在工商行政管理机关登记的各方认缴的出资额之和。投资总额包括注册资本，但是投资总额与注册资本差额部分，可以由投资者以股东借款的方式投入，或者由外商投资企业向境内外金融机构贷款。该差额部分通常也是外商投资企业在国内外市场进行融资的额度限制。即投资总额为注册资本与对外负债之和。实践中不少外商因不清楚投资总额与注册资本的关系，往往将二者数额等同填写，实际上为日后扩大经营发展设置了一定障碍。外商投资企业可以用足政策，依法设定投资总额，合理确定注册资本金额，享受相应的便利与优惠。

国家工商局《关于中外合资经营企业注册资本与投资总额比例的暂行规定》第三

① 参见《关于外商投资举办投资性公司的规定》第九条。

条详细规定了投资总额与注册资本的比例关系：（1）投资总额在300万美元以下（含300万美元）的，其注册资本至少应占投资总额的7/10；（2）投资总额在300万美元以上至1000万美元（含1000万美元）的，其注册资本至少应占投资总额的1/2，其中投资总额在420万美元以下的，注册资本不得低于210万美元；（3）投资总额在1000万美元以上至3000万美元（含3000万美元）的，注册资本至少应占投资总额的2/5，其中投资总额在1250万美元以下的，其注册资本不得低于500万美元；（4）投资总额在3000美元以上的，注册资本至少应占投资总额的1/3，其中投资总额在3600万美元以下的，注册资本不得低于1200万美元。中外合作经营企业、外资企业的注册资本与投资总额比例，参照该规定执行。如遇特殊情况不按该比例规定执行的，需由商务部会同国家工商局批准。

但应当注意，外商投资企业的对外负债应符合外汇管理的有关规定。国家外汇管理局及其分局为全国外债登记和管理部门。外商投资企业可以根据企业经营的需要向境内银行借入外汇资金，也可以直接向境外银行或企业借入外汇资金，借款单位应在正式签订合同后15天内，到外汇管理部门办理《外债登记证》，取得《外债登记证》和核准件后借款合同方能生效履行。外商投资企业举借的中长期外债累计发生额和短期外债余额之和应当控制在审批部门批准的项目总投资和注册资本之间的差额以内。办理外债登记手续时所需材料主要包括：营业执照复印件、批准证书复印件、境内注册会计师事务所出具的验资报告复印件、批准证书复印件、境内注册会计师事务所出具的验资报告复印件、借款合同正本、董事会决议正本、外汇登记证、境内机构外债签约情况表、加盖申请单位公章的业务申请表以及外汇局要求的其他资料。

（四）外商投资企业的特殊公司治理结构问题

如前所述，外商投资企业可以体现为不同的企业形式，法人型企业、合伙企业或松散经济联合体等。在公司型外商投资企业中，公司治理结构是非常值得注意的问题。

1. 董事会中心主义

根据《公司法》的规定，有限责任公司的股东会是公司的最高权力机构，股东会会议由股东按照出资比例行使表决权，体现了公司资合性的特点。然而，外商投资企业不论是否具有法人资格或采取有限责任公司的形态，通常均不设立股东会，也不设立监事或监事会，只设立董事会或相当于董事会的联合管理委员会或执行董事，企业的组织机构相对于一般的有限责任公司要简单得多。有限责任公司不设股东会，董事会是公司的最高权力机构，决定公司的一切重大事项，即董事会中心主义。显然外商投资企业的董事会兼备了《公司法》中股东会和董事会的双重职权，而且权力明显大于《公司法》中规定的董事会的权力。之所以外商投资企业有如此特殊的规定，是因为从我国外商投资企业的实际出发，虽然外商投资企业也是公司形式，但是股东人数很有限，一般不超过两三家，就直接规定了董事会为外商投资企业的最高权力机构。

另外，根据外商投资企业法的规定，各投资方委派董事的人数并不完全取决于其出资的比例，投资方之间可以协商确定各自委派董事的人数。董事会在行使表决权时，每一董事的投票权是平等的，决议通过与否完全依赖于获得多少董事的支持，与出资比例并无必然关系。之所以这样规定，不仅由于外商投资企业法没有规定股东会，还因为本着中外投资各方共同管理企业的精神，即不完全按照出资比例硬性分配，而是通过协商适当分配董事名额，使各方的董事名额不致因出资比例的大小不同而悬殊过大。《中外合资企业法》还特别规定董事会会议应当有2/3以上董事出席方能举行，实际上是要求董事会应当有中外投资者各方董事的一定人数参加，确保董事会决议能反映各方的共同意见，否则，董事会会议的决议应为无效。

从上述两点可以看出，在公司治理结构方面，外商投资企业的架构与现代公司的基本制度不一致，董事会作为公司治理的中心更易演变出合营各方之间的矛盾，出现公司僵局甚至解散的情况。如根据法律规定，外商投资企业中召开董事会的职权由董事长享有，则可能出现合资企业的小股东利用担任董事长的便利控制大股东，独揽公司经营大权甚至损害公司利益的情况。即使大股东委派的董事知道情况后要求召开董事会，也会因为无召集董事会的职权受到限制。

2. 董事的产生方式

我国《公司法》规定，外商投资的有限责任公司和股份有限公司适用本法；有关外商投资的法律另有规定的，适用其规定。实践中，因绝大多数外商投资企业在组织形态上采取的均为有限责任公司形式，故《公司法》的相关规定也适用于外商投资企业。根据《公司法》的规定，公司的非职工董事由股东会“选举”或“更换”，但我国外商投资企业法对董事产生方式有特殊规定。

《中外合资经营企业法》第六条第一、二款规定：“合营企业设董事会，其人数组成由合营各方协商，在合同、章程中确定，并由合营各方委派和撤换。董事长和副董事长由合营各方协商确定或由董事会选举产生。中外合营者的一方担任董事长的，由他方担任副董事长。董事会根据平等互利的原则，决定合营企业的重大问题。董事会的职权是按合营企业章程规定，讨论决定合营企业的一切重大问题：企业发展规划、生产经营活动方案、收支预算、利润分配、劳动工资计划、停业，以及总经理、副总经理、总工程师、总会计师、审计师的任命或聘请及其职权和待遇等。”《中外合作经营企业法》第十二条规定：“合作企业应当设立董事会或者联合管理机构，依照合作企业合同或者章程的规定，决定合作企业的重大问题。中外合作者的一方担任董事会的董事长、联合管理机构的主任的，由他方担任副董事长、副主任。董事会或者联合管理机构可以决定任命或者聘请总经理负责合作企业的日常经营管理工作。总经理对董事会或者联合管理机构负责。合作企业成立后改为委托中外合作者以外的他人经营管理的，必须经董事会或者联合管理机构一致同意，报审查批准机关批准，并向工商行政管理机关办理变更登记手续。”

因此，与普通企业不同，外商投资企业的董事由投资者“委派”而非“选举”产生，且在经营管理机构的组成上存在一定的特殊性。当然，在外商独资企业中，由于只有一位股东，董事的产生方式可以为“任命”。与此相应，在设立外商投资企业时，应当注意在发起协议或公司章程中明确董事产生方式和席位分布，保障各投资方在董事会的权力平衡，使董事会决议更多地反映出各方的共同意见，以降低企业日后经营和决策风险。

3. 外国人任职问题

根据1998年劳动和社会保障部办公厅《关于加强外国人在中国就业管理工作有关问题的通知》规定，来中国投资的外籍投资者，不直接参与企业经营管理的，不视为在中国就业，不持职业签证。未持职业签证入境，需在华常驻参与企业经营管理活动的外商投资企业外方投资者、法人代表或外方高级管理人员（外籍总经理、副总经理、厂长和副厂长），凭企业的批准证明、营业执照副本和外国人就业许可证书，申请办理职业签证及外国人就业证。

对于参与企业经营管理，在企业担任管理职务的外国人，外商投资企业应当与劳动者订立劳动合同，并应当根据需要办理就业许可、职业签证、就业证、居留证等手续。就业证是外籍人士在中国劳动权益获得保护的基础。单位在雇佣外籍员工时应当遵守相关规定，经当地劳动行政部门批准，办理就业证等有关手续。未办理就业证的，将面临罚款等处罚。

（五）外商投资企业设立时有关税收优惠政策的问题

我国在实行对外开放政策初期，长期面临资金、技术、市场等的供给短缺，为了吸引外资以及促进国民经济发展，国家在土地、税收、外汇等方面给予外商投资企业多种优惠，形成外商投资企业特有的政策优势。然而，随着内资企业和外商投资企业所得税并轨，外商投资企业享有的优惠正逐渐消失。按照1991年《外商投资企业和外国企业所得税法》的规定，外商投资企业所得税税率为30%，地方所得税税率为3%，但对设立在特定地区和特定行业的外商投资企业减征收企业所得税，且对于鼓励外商投资的行业项目，省级人民政府可以决定免征、减征地方所得税①。2008年《企业所得税法》施行后，外商投资企业作为居民企业按照25%的税率缴纳企业所得税，与普通企业采取相同的税率和税率优惠政策。如外商投资的高新技术企业减按15%的税率征收企业所得税。

但是近年来中央政府对外商投资企业的税收优惠逐渐减少，地方政府为招商引资、促进经济发展，地方性的特殊优惠政策仍然存续。然而根据法律规定，免税权力仅由中央政府享有，地方政府无免税权，地方政府提供免税优惠的协议将被认定为无效。故实践中，地方上多采取财政补贴的方式对外商投资企业提供优惠，即“先征后返”。2014年，国务院出台《关于清理规范税收等优惠政策的通知》，要求清理不合规的税收优惠政策，对违法违规的优惠政策坚决予以取消。并明确指出应当坚持税收法定原则，未经国务院批准，各地区、各部门不得对企业规定财政优惠政策。因此，外商投资企业在设立时，既应将地方税收优惠作为设立的考虑因素，也应注意税收优惠政策的合法性和可操作性，以保证自身能确定地享受优惠政策。外商投资企业在于地方政府沟通时，应当审查税收优惠政策是否属于违背上位法的税收优惠政策、未经批准或超越时限的不合规政策等，如果属于无效政策，应当及时与政府部门协商，根据合法有效的税收优惠政策重新签订协议。

（六）外商投资企业设立时有关外方法律文件的公证问题

外商投资企业设立时通常需提交中外文两种文本，具体程序上文已明确，此处不再赘述。应当注意与普通企业不同，根据2006年《关于外商投资的公司审批登记管理法律适用若干问题的执行意见》的规定，申请外商投资企业设立登记时，向审批和登记机关提交的外国投资者的主体资格证明或身份证明应当经所在国家公证机关公证并经我国驻该国使领馆公证。如中国与投资方所在国无外交关系，则由于中国和投资方所在国均有外交关系的第三国使领馆先行认证，再由中国驻该第三国使领馆予以认证。香港、澳门和台湾地区投资者的主体资格证明或身份证明应当依法提供当地公证机构的公证文件。

① 参见《外商投资企业和外国企业所得税法》第五、七、八、九、十条。

附件1：外商投资的公司登记（备案）申请书

<table>
<tr><td>拟设立公司名称</td><td colspan="5">××××有限公司</td></tr>
<tr><td>名称预先核准文号</td><td colspan="5">××××××××</td></tr>
<tr><td rowspan="2">住　所</td><td colspan="5">××省××区××镇××路××号</td></tr>
<tr><td>行政区划</td><td>××市</td><td>所在经济开发区</td><td colspan="2">××区</td></tr>
<tr><td>联系电话</td><td colspan="2">××××××××</td><td>邮政编码</td><td colspan="2">××××××</td></tr>
<tr><td rowspan="2">法定代表人
（负责人）</td><td>姓名</td><td>×××</td><td>国别（地区）</td><td colspan="2">×××</td></tr>
<tr><td>职务</td><td colspan="4">□董事长 □√执行董事 □经理 □其他</td></tr>
<tr><td>投资总额（万元）</td><td>×××</td><td>币种：（境外）
人民币</td><td>注册资本（万元）</td><td>××</td><td>币种：（境外）
人民币</td></tr>
<tr><td>企业类型</td><td colspan="5">□√有限公司（中外合资）　□有限公司（中外合作）
□有限公司（外商独资）　□有限公司（外商合资）
□外商投资股份有限公司</td></tr>
<tr><td>设立方式</td><td colspan="5">□√一般新设　□分立新设　□合并新设　□资产并购
□股份公司发起设立　□股份公司募集设立　□其他设立</td></tr>
<tr><td>经营范围</td><td colspan="5">商务咨询、投资咨询、投资管理服务、技术咨询服务</td></tr>
<tr><td>营业期限</td><td>长期/××年</td><td>申请副本数</td><td>1 份</td><td colspan="2"></td></tr>
<tr><td colspan="6">本公司依照法律法规相关规定申请设立登记，提交材料真实有效。
拟任法定代表人签字：
年　月　日</td></tr>
</table>

附件2：

指定代表或者共同委托代理人授权委托书

指定代表或者委托代理人姓名：____×××____

委托事项及权限：

1. 办理____××××有限公司____（单位名称）的名称核准☑、设立☑、变更□、备案□、注销□、撤销□、股权出质（设立□、变更□、注销 □）、其他登记□________事宜。

2. 同意☑、不同意□核对登记材料中的复印件并签署核对意见；

3. 同意☑、不同意□修改企业自备文件的错误；

4. 同意☑、不同意□修改有关表格的填写错误；

5. 同意☑、不同意□领取营业执照和有关文书。

指定或者委托的有效期限：至______年______月______日

指定代表或委托代理人信息	单　　位：××局
	联系电话：××××××××
	签　　字：

指定代表或委托代理人身份证明复印件粘贴处

申请人签字或盖章：

年　　月　　日

附件 3：

××商审〔2016〕×号

关于同意设立中外合资某某有限公司的批复

某某有限公司：

你方关于要求设立某某有限公司的申请及相关材料收悉。经审查，现批复如下：

一、同意某某（北京）控制技术有限公司（甲方）与某某环球有限责任公司有限责任公司在××市设立中外合资某某有限公司（以下简称“公司”）。同意公司投资者于20××年××月××日签署的公司合同、章程。

二、公司投资总额、注册资本均为××××万美元。甲方以人民币现金出资××××万美元，占注册资本××%；乙方以外币现汇出资××××万美元，占注册资本××%。公司注册资本应按照合同规定的时间出资到位。

三、公司经营范围：××××××××

四、公司经营期限：××年。

五、公司法定地址：××市××区××路××号。

六、公司董事会成员名单已在我局备案。董事会由×人组成，甲方委派×人，乙方委派×人，董事长由×方委派的××担任，董事长为公司的法定代表人。

请持此批复办理批准证书核领手续。公司合同、章程自批准证书领取之日起生效。

××区商务局

20××年××月××日

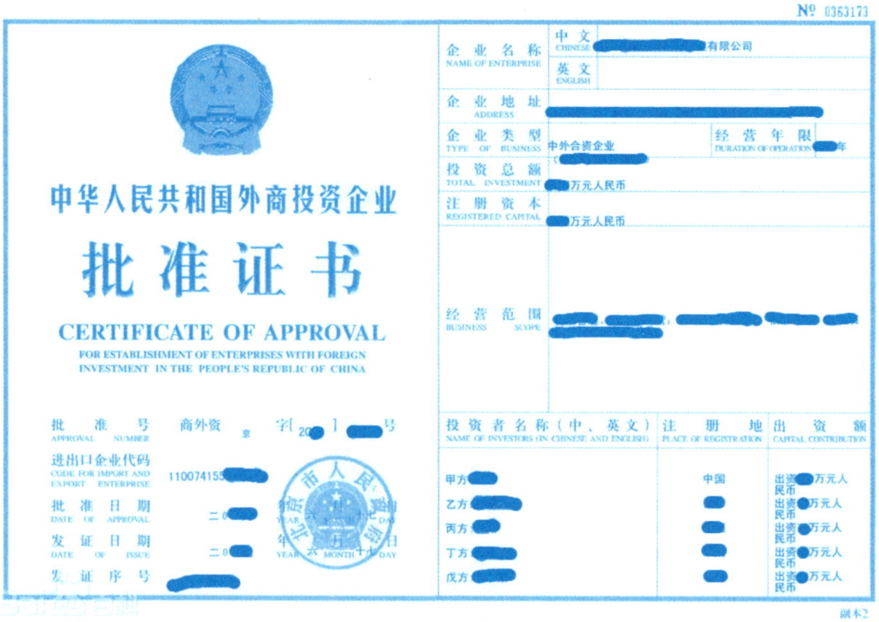

№ 0363173

中华人民共和国外商投资企业

批准证书

CERTIFICATE OF APPROVAL

FOR ESTABLISHMENT OF ENTERPRISES WITH FOREIGN INVESTMENT IN THE PEOPLE'S REPUBLIC OF CHINA

批准号 APPROVAL NUMBER 商外资 京 字[20] [redacted] 号

进出口企业代码 CODE FOR IMPORT AND EXPORT ENTERPRISE 110074155[redacted]

批准日期 DATE OF APPROVAL 二○[redacted] 年 YEAR 月 MONTH 日 DAY

发证日期 DATE OF ISSUE 二○[redacted] 年 YEAR 月 MONTH 日 DAY

发证序号 [redacted]

企业名称 NAME OF ENTERPRISE 中文 CHINESE [redacted]有限公司 英文 ENGLISH

企业地址 ADDRESS [redacted]

企业类型 TYPE OF BUSINESS 中外合资企业 ([redacted]

经营年限 DURATION OF OPERATION [redacted]年

投资总额 TOTAL INVESTMENT [redacted]万元人民币

注册资本 REGISTERED CAPITAL [redacted]万元人民币

经营范围 BUSINESS SCOPE [redacted]

投资者名称（中、英文）NAME OF INVESTORS (IN CHINESE AND ENGLISH)	注册地 PLACE OF REGISTRATION	出资额 CAPITAL CONTRIBUTION
甲方[redacted]	中国	出资[redacted]万元人民币
乙方[redacted]	[redacted]	出资[redacted]万元人民币
丙方[redacted]	[redacted]	出资[redacted]万元人民币
丁方[redacted]	[redacted]	出资[redacted]万元人民币
戊方[redacted]	[redacted]	出资[redacted]万元人民币

副本2

附件4：

中外合资某某有限公司章程

一家在中国成立的

中外合资经营有限责任公司

第一章　序言

某某有限公司（以下简称“股东”或“投资人”），为一家在中国××省××市依法成立和有效存续的公司，其注册地址为××省××区××镇××路××号，其法定代表人为×××。股东现根据《中华人民共和国公司法》（以下简称“《公司法》”）、《中华人民共和国外资企业法》（以下简称“《外资企业法》”）及其实施细则，以及其他有关的中国法律法规，制定某某有限公司（以下简称“公司”）的章程（以下简称“本章程”）。本章程如与法律发生冲突，以法律规定为主。

第二章　名称和住所

2.01　公司名称

(1) 公司的名称为某某限公司。

(2) 在公司执行董事（以下简称“执行董事”）作出修改之前，公司的名称应保持不变，但是应当按照《公司法》等法律规定，向审批机关办理变更登记事项。

2.02　公司住所

(1) 公司的法定地址为××省××区××镇××路××号。执行董事有权决定变更该地址并将新地址注册为公司的法定地址，但是应当按照《公司法》等法律规定，向审批机关办理变更登记事项。

(2) 公司的总部应设在公司的法定地址所在地。

第三章　股东基本情况

3.01　股东名称：某某有限责任公司

3.02　注册地址：××市××路××号

3.03　法定代表人：×××

第四章　公司的成立

4.01　公司系由股东根据《公司法》《外资企业法》及本章程成立的外商独资有限责任公司。其为按中华人民共和国（以下简称为“中国”）法律成立的独立企业法人，并受中国法律的保护和管辖。

4.02　股东以其对公司注册资本的出资额为限对公司承担责任。公司的债权人的追索权只限于公司的资产，不得另向股东索偿。

4.03　中华人民共和国商务部或其授权的地方机构（以下简称“审批机关”）颁发批准公司成立的证书之日起三十（30）日内，公司应根据《中华人民共和国公司登记管理条例》和其他适用法律法规的规定向国家工商行政管理局或其授权的地方机构（以下简称“工商局”）办理注册登记手续，领取营业执照。

公司营业执照签发日期为公司成立日期。

公司应当在公司成立之日起三十（30）日内向税务机关办理税务登记。

4.04　在中国法律允许的范围内，如经要求并经审批机关批准，公司应具备履行本章程所载经营范围所需的或适宜的全部权力。

第五章　宗旨和经营范围

5.01　公司的宗旨为：促进中国投资者与欧洲国家投资者之间的投资合作及双赢，保障和促进股东经济利益的增长。

5.02　公司的经营范围为：商务咨询、投资咨询、投资管理服务、技术咨询服务（外资经营企业的经营范围应先由商务部审批，以审批机关核定的经营范围为准）。

第六章　投资总额、注册资本和出资期限

6.01　预计公司初步业务经营需要的投资总额相当于××××万元人民币。公司的注册资本应为××××万元人民币。

公司可以通过股东贷款或商业贷款（如适用）获得注册资本之外的额外资金，满足预计的投资总额的要求。

6.02　股东将以××××万境外人民币作为注册资本出资。自取得营业执照之日起×个月内缴清出资额的××%，其余部分根据注册资金数额分期入资，×年内缴清。

6.03　股东通过电汇方式以人民币现汇出资在有关人民币现汇金额存入公司名下的银行账户之日视为正式缴纳。

6.04　非经审批机关批准，公司在企业经营期限（如第十六章所规定）内不得减少其注册资本。

6.05　公司注册资本的增加，须由股东和执行董事根据第七章和第八章规定予以批准，并报审批机关批准。经审批机关的批准后，（1）股东和公司应采取所有必要行动，实施此类增资，（2）公司应向相关工商局办理增资登记手续。

第七章　股东

7.01　投资人作为公司的唯一股东，有权行使下列职权：

（1）决定公司的经营方针和投资计划；

（2）任命和更换董事、监事，决定有关董事、监事的报酬事项；

（3）审议批准执行董事的报告；

（4）审议批准监事的报告；

（5）审议批准公司的年度财务预算方案、决算方案；

（6）审议批准公司的利润分配方案和弥补亏损的方案；

（7）对公司增加或者减少注册资本作出决议；

（8）对发行公司债券作出决议；

（9）对公司合并、分立、解散、清算或者变更公司形式作出决议；

（10）修改公司章程。

7.02　股东就本章程7.01条款所列事项作出决定时，应采用书面形式，并由股东签署后置备于公司。

第八章　执行董事

8.01　执行董事由一（1）名董事组成。股东可依法随时成立董事会。股东有权委派及替换执行董事，但上述变更应在相关工商局办理登记手续。

8.02　执行董事在股东授权范围内行使职权，并且履行股东随时授予的其他职权。执行董事为公司的法定代表人，且可以兼任公司总经理。

8.03　执行董事的任期为三（3）年，经股东继续委派可以连任。如执行董事席位因执行董事退休、辞职、疾病、伤残、丧失工作能力、死亡或撤职而出现空缺，则股东应在三十（30）日内委派一名继任者，在该名执行董事未满的任期内继任执行董事。

8.04　除股东授权执行董事履行的职责外，执行董事行使下列职权：

（1）执行股东的决议；

（2）决定公司的经营计划和股东案；

（3）制定公司的年度财务预算方案、决算方案；

（4）制定公司的利润分配方案和弥补亏损方案；

（5）制定公司增加或者减少注册资本以及发行公司债券的方案；

（6）制定公司合并、分立、解散或者变更公司形式的方案；

（7）决定公司内部管理机构的设置；

（8）决定聘任或者解聘公司经理及其报酬事项，并根据经理的提名决定聘任或者解聘公司副经理、财务负责人及其报酬事项；

（9）制定公司的基本管理制度；

（10）本章程规定的其他职权。

第九章　监事

9.01　公司不设监事会。公司设一名监事，由股东委派。董事、高级管理人员不得兼任监事。

9.02　监事的任期为三（3）年，若股东继续委派，可以连任。监事任期届满未及时改选，或者监事在任期内辞职的，在改选出的监事接任前，原监事仍应当依照法律、行政法规和本章程的规定，履行监事职务。

9.03 监事的职权包括：

（1）检查公司财务；

（2）对董事、高级管理人员执行公司职务的行为进行监督，对违反法律、行政法规、本章程或者执行董事决议的董事、高级管理人员提出罢免的建议；

（3）董事、高级管理人员的行为损害公司的利益时，要求董事、高级管理人员予以纠正；

（4）向执行董事提出议案；

（5）对执行董事决议事项提出质询或者建议；

（6）对公司经营中的异常情况进行调查。

9.04 监事行使职权所必需的费用，由公司承担。

第十章 经营管理

10.01 执行董事应任命一名总经理和执行董事认为有必要的其他高级管理人员负责公司日常经营管理工作。总经理和其他高级管理人员的任期和职责由执行董事决定，任期届满，可以连任。

10.02 总经理作为首席运营官，其职责包括执行执行董事的决定，及按照该决定和本章程的规定组织和领导公司的日常经营和管理。在遵守本章程第十九章的规定的前提下，总经理行使下列职权：

（1）经第十一章规定的执行董事的批准，制定和修改年度经营计划和预算方案；

（2）指定及撤换经营和管理人员，决定其报酬、职业培训等；

（3）审阅并向执行董事报批会计报告；

（4）制定和修改本章程十九章规定的规章以报执行董事批准；

（5）执行董事授予的其他职权。

10.03 公司的其他高级管理人员应协助总经理履行其职责，并向总经理汇报。其他高级管理人员的职责由总经理决定。

10.04 除非经执行董事依适用法律批准，公司雇员不得从事与公司相竞争的商业活动。

第十一章 年度经营计划和预算

11.01 执行董事可授权总经理应负责制定年度经营计划和预算报告。每一个会计年度的经营计划和预算（包括一份预测的资产负债表、损益报表和现金流量表）最迟应于该会计年度开始前四十五（45）日或者执行董事批准的更短时间内提交执行董事审批。

11.02 执行董事最迟应在会计年度开始之前十五（15）日或者股东批准的更短时间内完对成对下一年度经营计划和预算的审查并提请股东审批。执行董事负责执行或安排总经理负责执行批准的年度经营计划和预算。

第十二章 税收、财务和审计

12.01 公司应根据已颁布并可公开获得的中国有关法律法规以人民币缴纳税款。经有关机构批准，公司可获取技术先进型企业的身份并应享受外资企业可享受的所有税务和关税优惠（包括减免）待遇。

12.02 按照外资企业法的规定，公司应从税后利润中提取储备基金及职工奖励和福利基金。受法定高低限额的约束，每年拨付的普通储备基金及职工奖励和福利基金的实际数额，应由执行董事按公司的实际业务和财务状况决定。

12.03 经执行董事决定，公司可以分配剩余的税后净利润。如公司以往会计年度的亏损未予弥补，则首先应将本年度的利润用于弥补亏损，以往年度的亏损完全予以弥补后方可分配利润。公司以往年会计年度未分配的利润可与本年度可供分配的利润一起分配。

12.04 公司的会计年度从公历年的一月一日始至同年十二月三十一日止。公司的第一个会计年度始于公司营业执照的签发之日终于同年十二月三十一日。公司的最后一个财务年度始于终止或清算之年的一月一日，终于公司终止或清算之日。

12.05 公司的所有会计账簿、记录、报表和报告皆应以中英文书写并保存。公司应采用人民币为其记账本位币，如果银行存款、现金收入支出，或与公司债务有关的公司的索偿或导致支出的货币与记账本位币不一致时，则还应按实际收付的货币记账。在编制公司的账目和财务报表时，货币应按届时中国人民银行公布的汇率折算，兑换实际损益作为损益列账。

12.06 公司的财务与会计准则及程序应提交执行董事批准。

12.07 根据执行董事决定，公司可以聘任财务主管，由总经理提名并经执行董事批准。下列财务原则应作为公司持续经营的方针：

（1）销售利润和资产收益应足以满足公司发展的需要及支付资金成本（借款和股份）；

（2）经执行董事决定，可分配给股东的税后利润应作为股息支付给股东；

（3）所有财务报告和控制应符合中国财政部颁布的有关外商投资企业会计和财务

事宜的规定以及股东习惯使用的会计审计做法和原则。

12.08　在公司每个会计年度头四周内，总经理应组织编制上一年度的会计报表和报告，包括资产负债表、损益表和利润分配方案。

公司应聘请一家由执行董事指定的在中国注册的会计师事务所为其独立审计师。该独立审计师应审核公司的账目和账簿，并向执行董事提交公司每个会计年度的审计报告。执行董事可自行决定替换该独立审计师并聘请另一家具有相似水准的本地或国际独立审计师。

12.09　公司的年度会计报表和报告（包括资产负债表、损益表和现金流量表）以及独立审计师的报告应在规定的时间内报送当地的有关财政部门、当地的税务机关和政府主管部门，并应交给原审批机关和工商局备案（如需要的话）。

公司的年度会计报表和报告以及独立审计师的报告应在每个财务年度结束之后四个月内交付给股东。如果股东要求，公司应按股东要求按同样的形式和内容编制并提供每月的财务报告。

第十三章　银行贷款

经执行董事批准，在符合有关法律法规的规定下，公司可向任何经授权的外国或中国的银行或其他金融机构申请外汇及/或人民币贷款。适用法律或规定如有要求，公司应将该借款事宜向国家外汇管理局或其有关分局备案。

第十四章　外汇

14.01　公司须在境内任何经授权的银行或金融机构开立人民币账户和外汇账户。公司的全部外汇收入将存入其外汇账户，而公司所有外汇支出应从其外汇账户汇出。

14.02　公司应当遵守外汇管理方面的所有法律法规。

第十五章　劳动管理

15.01　公司有权享有授予外资企业的企业自主权，并享有对其职工进行管理的各个方面的全部权力。公司职工的招收、雇用、解聘和辞退及其工资、薪金、劳动保险、福利津贴、奖励、劳动纪律及其他事项应依据《中华人民共和国劳动法》《中华人民共和国劳动合同法》及其他有关法律和法规和执行董事通过的公司规章处理。

15.02　公司有权自行招聘职工。总经理按公司的需要、经营和财务状况确定人员工资。公司应与其职工签订劳动合同。

15.03　公司的雇员应遵守公司的规章制度。按照执行董事授权，总经理可制定和发布有关劳动管理的规章制度。该规章制度应包括但不限于有关公司职工的招收、雇用、辞退、工资、劳动保险、福利津贴、奖金、奖励及处分等事项。

15.04　除执行董事另行决定，所有应向公司职工支付的工资及其他报酬均应从公司现有人民币收入中由公司以人民币直接支付。

15.05　公司职工有权按照《中华人民共和国工会法》的规定建立工会组织开展工会活动。

15.06　工会可以参加调解职工和公司之间发生的争议。

15.07　根据现行法律，公司按职工工资总额的百分之二（2%）拨发工会经费。该经费应由工会依法使用。

第十六章　经营期限

公司的经营期限应从原始营业执照正式签发之日起开始计算，除非根据第十八章提前终止或按下列规定延长，于三十（30）年后届满。如果有愿望延长经营期限，公司应在距经营期满一百八十（180）天前向审批机关报送延长经营期限的申请书。经审批机构批准，方可延长经营期限。经批准延长经营期限的，应当自收到批准延长期限文件之日起三十（30）天内，向工商局办理变更登记手续。

第十七章　权益转让

17.01　股东可向任何第三方转让、出售或以其他方式处置其在公司注册资本中的全部或部分权益。

17.02　公司的经营、合同和其他义务的履行及其组织结构不得因股东转让、出售或以其他方式处置其在公司注册资本中的权益而受影响。

17.03　如按照本章规定，股东对注册资本任何权益进行转让、出售或处置，股东应促使执行董事采取一切所需行动保存有关记录，呈交所有有关转让、出售或处置的报告以促使审批机关批准。

17.04　公司按照本章规定对注册资本任何权益的转让、出售或其他处置应呈交审批机关批准，并对公司的营业执照作适当修改。在收到审批机关的批准后，公司应向北京市工商行政管理局进行所有权变更登记。

第十八章　终止和清算

18.01　以下任何原因发生时，公司可在经营期限届满前由股东终止：

（1）如果公司遭受未能预计的严重损失；

（2）如果公司的全部财产或其财产的重要部分被政府征收；

（3）公司破产或无偿还能力；

（4）如果中国新的法律法规或有关规定的颁布，或中国既存法律法规或有关规定的修改或解释对股东的经济利益产生严重不利的影响；

（5）如果因出现其他未曾预见的情况而导致公司不可能获利经营；

（6）股东认为有利或有关法律或条例规定。

如果出现上述任何情况，执行董事应向审批机关申请提前终止公司，并在终止之后十五（15）日内发布公告并通知公司的债权人。审批机关做出核准的日期为公司的终止日期。

18.02　公司的终止公告发布之日起十五（15）日内，执行董事应确定清算的程序和原则并提名清算委员会的候选人，报审批机关审核，审批机关批准清算之日起开始清算。清算应在审批机关审核同意后进行。清算委员会的组成应符合适用的法律法规。原则上，清算委员会解决一切问题时均应意见一致。如不能取得一致意见，应通过简单多数赞成票决定。

18.03　清算委员会应安排处置公司的剩余资产。实物资产估价和出售时，清算委员会应尽一切努力从第三方获得该资产可能取得的最高售价。公司的资产应尽可能以可自由兑换的外币出售。在清算并付清一切未偿债务及应付税款（包括支付清算委员会的合理费用及清算委员会聘用顾问的合理费用）后，剩余的资金应分配给股东。

18.04　在公司清算完毕之后，股东对公司不再有任何权利或义务。

在公司清算完毕后，清算委员会应向工商局申请办理注销登记手续，缴销营业执照，并向股东证明该执照已注销。

第十九章　规章制度

下列详细规章制度应由总经理制订并提交执行董事批准：

（1）管理条例，包括各经理部门的权力和职能以及工作规则和程序；

（2）职工条例；

（3）有关劳动和报酬的条例；

（4）有关职工出勤、提升、奖金及惩罚的条例；

（5）有关职工福利的条例；

（6）执行董事认为必要或可取的其他规章。

第二十章　其他

20.1　本章程未具体规定的事宜应根据执行董事通过的决定及中国法律的有关条款处理。

20.2　本章程以中文书就。

20.3　本章程及修改需经股东签署，并经审批机关批准方能生效。

20.4　本章程任何条款的无效不应影响本章程其他条款的有效性。

签字页

本章程四（4）份中文正本由股东正式授权的代表于20××年××月××日签署。

股东（盖章）：某某有限责任公司

授权代表（签字）：________________

附件 5：

企业名称预先核准通知书

××名称预核字【20××】第××号

××××：

根据《企业名称登记管理规定》《企业名称登记管理实施办法》等规定，同意预先核准下列 个投资人出资，注册资本（金） 万元（人民币），住所设在的企业名称为：××××

投资人、投资额和投资比例：××××

以上预先核准的企业名称保留期至20××年××月××日。在保留期内，企业名称不得用于经营活动，不得转让。经企业登记机关设立登记，颁发营业执照后企业名称正式生效。

（名称核准机关盖章）

核准日期：20××年××月××日

附件 6：

[redacted]

Department of Economic Affairs
Register of Commerce of the Canton of [redacted]

EXTRACT
OF THE REGISTER OF COMMERCE
OF THE CANTON OF [redacted]

Company Name:	[redacted]
Domicile, Address:	[redacted]
Nature of Company:	Company limited by shares Registered in [redacted] Original Articles: [redacted] Latest Articles: [redacted]
Company capital:	Share capital: CHF [redacted]0; divided in [redacted] bearer shares at CHF [redacted] each; fully paid in
Purpose:	Holding of participations as well as the arrangement of and consulting in building technologies; may incorporate branches in Switzerland and abroad, merge with other enterprises as well as buy, hold or sell real estate
Remarks:	Notices to the shareholders occur by publication in the [redacted] With declaration of [redacted] the restricted audit was waived.
Specific matters of fact:	The company capital has been increased to CHF [redacted]. The limited liability company has been transformed into a company limited by shares according to the transformation plan of [redacted] and the balance of [redacted] with assets of CHF [redacted] and liabilities of CHF [redacted]. The partners obtain 100 shares at CHF [redacted] each for their company shares. New nature of Company: Company limited by shares
Board of Directors:	[redacted], in [redacted], chairman with single signature [redacted], in [redacted], member with joint signature at two
Further person authorized to sign:	[redacted], citizen of China, in Beijing (CN), manager with single signature
Instrument for publication:	[redacted]
Last publication:	[redacted] Official Gazette of Commerce [redacted]

[redacted]

REGISTER OF COMMERCE
OF THE CANTON OF [redacted]

[redacted]

APOSTILLE

(Convention [redacted])

1. Land: [redacted]

   Country: [redacted]

   Diese öffentliche Urkunde / This public document

2. ist unterschrieben von [redacted]

   has been signed by [redacted]

3. in der Eigenschaft als ……

   acting in the capacity of [redacted] ……

4. Sie ist versehen mit dem Stempel / Siegel des (der) bears the stamp / seal of

   [redacted] ……

5. in / to 6301 Zug

6. Bestätigt am / Certified the …… [redacted] ……

7. Durch die Staatskanzlei des Kantons [redacted]

   By Chancery of State of the Canton of [redacted]

8. unter Nr. / under Nr. …… [redacted] ……

9. Stempel / Siegel Stamp / Seal　　10. Unterschrift / Signature

   [redacted]　　[redacted]

   Rolf Iten

（20[redacted]领认字第[redacted]号

兹证明前面文书上[redacted]州政府办公厅的印章和[redacted]的签字均属实。

该文书内容由出文机构负责。

中华人民共和国

驻[redacted]总领事馆

领事[redacted]

20　年　月　日

附件 7：

任命书

本公司依法任命×××为某某有限公司的监事。

某某有限责任公司

（盖章）

20××年××月××日

董事、监事、经理情况表

姓　名	职　务	国别（地区）	身份证件号码
×××	执行董事	××	××××××××
×××	监事	××	××××××××
×××	总经理	××	××××××××

注：此表不够填写的，可复印空表填写。

董事、监事、经理证件复印件粘贴处

身份证件复印件粘贴处	身份证件复印件粘贴处
身份证件复印件粘贴处	身份证件复印件粘贴处
身份证件复印件粘贴处	身份证件复印件粘贴处

注：此表不够填写的，可复印空表填写。

附件8：

任命书

本公司依法任命×××为某某有限公司的执行董事。根据公司章程的有关规定，执行董事×××为某某有限公司的法定代表人，享有法定代表人的职权并承担相应义务。

××××有限责任公司

（盖章）

20××年××月××日

法定代表人证件复印件粘贴处

身份证件复印件粘贴处	身份证件复印件粘贴处

附件9：

住所使用证明

申请注册登记的________________________________，住所位于________________________________，产权属__________所有，面积______平方米，房屋用途为非住宅用房，其房产属于：

□自有产权。

□租赁使用。

□无偿使用。

产权所有人盖章签字：

年　　月　日

证明单位意见：

上述证明中所载内容属实（仅供办理营业执照使用）。

（盖章）

年　月　日

备注：1. 自有房屋提交产权证复印件；租赁房屋提交租赁协议以及出租方的房产证复印件；无偿使用房屋提交房产所有人同意无偿使用的说明及产权证复印件。

2. 未取得房产证的，属城镇房屋的提交房地产管理部门的证明或竣工验收证明、购房合同及房屋销售许可证复印件；属非城镇房屋的提交乡、镇证明；（镇村建办管辖）

出租方为宾馆、饭店、有形市场的，提交宾馆、饭店、有形市场的营业执照复印件。

3. 产权所有人为自然人的由本人签字；产权所有人为单位的加盖公章。

附件 10：

验资报告

某某有限责任公司（筹）：

我们接受委托，审验了贵公司（筹）截至 20××年××月××日止申请设立登记的注册资本实收情况。按照相关法律、法规以及协议、章程的要求出资，提供真实、合法、完整的验资资料，保护资产的安全、完整是全体股东及贵公司（筹）的责任。我们的责任是对贵公司（筹）注册资本的实收情况发表审验意见。我们的审验是依据《中国注册会计师审计准则第 1602 号——验资》进行的。在审验过程中，我们结合贵公司（筹）的实际情况，实施了检查等必要的审验程序。

根据协议、章程的规定，贵公司（筹）申请登记的注册资本为人民币××元，全体股东于20××年××月××日之前一次缴足。经我们审验，截至20××年××月××日止，贵公司（筹）已收到全体股东缴纳的注册资本（实收资本）合计人民币××（大写）元。各股东以货币出资××元，实物出资××元。

本验资报告仅供贵公司（筹）申请办理设立登记及据以向全体股东签发出资证明时使用，不应被视为对贵公司（筹）验资报告日后资本保全、偿债能力和持续经营能力等的保证。因使用不当造成的后果，与本所及执行本验资业务的注册会计师无关。

附件：注册资本实收情况明细表；

中国注册会计师：

（合伙人签名盖章）

××××事务所

（签名盖章）

20××年××月××日

附件：

注　册　资　金　实　收　情　况　明　细　表

截至 20[redacted]年[redacted]月[redacted]日止

被审验单位名称：[redacted]　　　　货币单位：万元

股东名称	认缴注册资金		实际出资情况									
									实收资金			
											其中：货币出资	
	金额	出资比例	货币	实物	知识产权	土地使用权	其他	合计	金额	占注册资金总额比例	金额	占注册资金总额比例
[redacted]	[redacted]	[redacted]	[redacted]					[redacted]	[redacted]	[redacted]	[redacted]	[redacted]
											–	–
											–	–
											–	–
											–	–
合　计	[redacted]	100.00%	[redacted]					[redacted]	[redacted]	100.00%	[redacted]	100.00%

[redacted]会计师事务所有限公司　　　　中国注册会计师：

案例使用说明

一、教学对象及目标

1. 教学对象：本案例可供法学、金融学教学使用，主要适用于民商法学硕士、金融法学硕士、法律硕士、金融学硕士（资本市场方向）的案例教学课程。

2. 教学目标：本案例教学应着重让学生掌握以下几个方面内容：(1) 了解和掌握如何设立外商投资企业，设立外商投资企业应具备哪些条件；(2) 了解和掌握设立外商投资企业的基本流程和应当提供哪些法律文件；(3) 了解和掌握外商投资企业中所需的各项文件如何编写，应注意防控哪些法律风险；(4) 重点掌握中外合资经营企业设立过程中各种法律文书的使用，以及对企业后续经营过程中可能出现的法律风险如何进行防范。

二、教学内容

1. 什么是外商投资企业？

外商投资企业是一个总的概念，包括所有含有外资成分的企业。外商投资企业，是指依照中华人民共和国法律的规定，在中国境内设立的，由中国投资者和外国投资者共同投资或者仅由外国投资者投资的企业。其所称的中国投资者包括中国的公司、企业或者其他经济组织，外国投资者包括外国的公司、企业和其他经济组织或者个人。

依照外商在企业注册资本和资产中所占股份和份额的比例不同以及其他法律特征的不同，可将外商投资企业分为四种类型：

第一种是合资经营型企业，是由中外合营各方共同投资、共同经营，并按照投资比例共担风险、共负盈亏的企业。其主要法律特征是：外商在企业注册资本中的比例有法定要求；企业采取有限责任公司的组织形式，故此种合营称为股权式合营。

第二种是合作经营型企业，中外合作各方通过合作企业合同约定各自的权利和义务的企业。其主要法律特征是：外商在企业注册资本中的份额无强制性要求；企业采取灵活的组织管理、利润分配、风险负担方式，故此种合营称为契约式合营。

第三种是完全外资型企业，其主要法律特征是：企业全部资本均为外商出资和拥有，但不包括外国公司、企业和其他经济组织在中国境内设立的分支机构。

第四种是外商投资型合伙，是指两家以上外国企业或个人在中国境内设立的合伙企业，以及外国企业或者个人与中国的自然人、法人和其他组织在中国境内设立的合伙企业。

2. 公司型外商投资企业的设立条件有哪些？

设立外商投资有限责任公司，应当具备下列条件：(1) 股东符合法定人数；(2) 股东出资达到法定资本最低限额；(3) 股东共同制定公司章程；(4) 有公司名称，建立符合有限责任公司要求的组织机构；(5) 有公司住所；(6) 经政府审批机关批准设立。

设立外商投资股份有限公司，应当具备下列条件：(1) 发起人符合法定人数；(2) 发起人认购和募集的股本达到法定资本最低限额；(3) 股份发行、筹办事项符合法律规定；(4) 发起人制定公司章程，采用募集方式设立的经创立大会通过；(5) 有公司名称，建立符合股份有限公司要求的组织机构；(6) 有公司住所；(7) 经政府审批机关批准设立。

3. 我国商务部关于外商投资举办投资性公司在设立条件方面有何特殊规定？

根据商务部《关于外商投资举办投资性公司的规定》（商务部令 2004 年第 22 号），在我国申请设立投资性公司应符合下列条件：(1) 外国投资者资信良好，拥有举办投资性公司所必需的经济实力，申请前一年该投资者的资产总额不低于 4 亿美元，且该投资者在中国境内已设立了外商投资企业，其实际缴付的注册资本的出资额超过 1000 万美元，或者外国投资者资信良好，拥有举办投资性公司所必需的经济实力，该投资者在中国境内已设立了 10 个以上外商投资企业，其实际缴付的注册资本的出资额超过 3000 万美元；(2) 以合资方式设立投资性公司的，中国投资者应为资信良好，拥有举办投资性公司所必需的经济实力，申请前一年该投资者的资产总额不低于 1 亿元人民币；申请设立投资性公司的外国投资者应为一家外国的公司、企业或经济组织，若外国投资者为两个以上的，其中应至少有一名占大股权的外国投资者符合本条第一款第一项的规定。

4. 外商投资企业设立登记时应提供哪些法律文件？

(1)《外商投资的公司登记（备案）申请书》；

(2)《指定代表或者共同委托代理人授权委托书》；

(3) 审批机关的批准文件（批复和批准证书副本）或备案证明文件；

①涉及外商投资实施准入特别管理措施或外资并购的企业，提交批复和批准证书副本；

②港澳服务提供者按 CEPA 服务贸易协议投资的公司，提交备案文件；

③在中国自由贸易试验区内登记的外商投资企业，投资自由贸易试验区负面清单内项目的，提交商务主管部门的批准文件；投资自由贸易试验区负面清单外项目的，无须提交商务主管部门的批准文件或备案文件；

④证券业、保险业的公司，银行业金融机构、非银行业金融机构仅需提交监管部门的批准文件；

（4）法律、行政法规和国务院决定规定设立公司必须报经批准的，提交有关的批准文件或者许可证件复印件（第③项除外）；

（5）公司章程（有限公司公司章程由投资各方签署，股份有限公司章程由全体发起人签署或者出席股东大会或创立大会的董事签字）；

（6）《名称预先核准通知书》；

（7）投资者的主体资格证明或自然人身份证明；

（8）董事、监事和经理的任职文件及身份证明复印件；

（9）法定代表人任职文件及身份证明复印件；

（10）住所使用证明；

（11）以募集方式设立股份有限公司的，还需提交创立大会的会议记录以及依法设立的验资机构出具的验资证明。涉及发起人首次出资是非货币财产的，提交已办理财产权转移手续的证明文件。以募集方式设立股份有限公司公开发行股票的，还需提交国务院证券监督管理机构的核准文件；

（12）经营范围中有法律、行政法规和国务院决定规定必须在登记前报经批准的项目，提交有关批准文件或者许可证件的复印件。

5. 自 2016 年 10 月 1 日起，哪些外商投资企业仍继续实行审批登记制度？

仍实行审批登记制度的外商投资企业有以下三类：

第一，涉及特别管理措施的。根据《国家发展改革委 商务部公告》（2016 年第 22 号）的规定，特别管理措施适用范围为：《外商投资产业指导目录》限制类和禁止类，以及鼓励类中有股权要求、高管要求的项目。此外，涉及外资并购设立企业或者变更的，仍按现行有关规定执行。

第二，涉及外资并购设立及变更的。根据《关于外国投资者并购境内企业的规定》第二条规定，外国投资者并购境内企业系指外国投资者购买境内非外商投资企业（以下称“境内公司”）股东的股权或认购境内公司增资，使该境内公司变更设立为外商投资企业；或者，外国投资者设立外商投资企业，并通过该企业协议购买境内企业资产且运营该资产，或外国投资者协议购买境内企业资产，并以该资产投资设立外商投资企业运营该资产。

第三，在中国自由贸易试验区内，投资自由贸易试验区负面清单内项目的。

外资被授权局在办理上述外商投资企业设立、变更登记时，应依法收取商务主管部门的批准文件；涉及特别管理措施以及设在中国自由贸易试验区内并投资自由贸易试验区负面清单的外商投资企业在合法存续期间申请注销登记的，外资被授权局应当收取商务主管部门的批准文件。

6. 外商投资企业投资总额和注册资本的缴纳方面应当注意的问题有哪些？

外商投资企业注册资本与投资总额的比例规定是：

合营企业投资总额（万美元）	注册资本占投资总额比例	注册资本最低额（万美元）
300 及 300 以下	7/10（70%）	《公司法》最低要求
300 至 1000	1/2（50%）	>210
1000 以上至 3000	2/5（40%）	>500
3000 以上	1/3（33%）	>1200

中外合资经营、合作经营和独资经营企业均需按上述比例规定执行。如遇特殊情况不按该比例规定执行的，需由商务部会同国家工商局批准。

房地产企业投资总额1000万美元以上的注册资本占投资总额的比例不低于50%。

7. 外商投资企业公司治理结构安排方面应当注意哪些问题？

第一，在公司章程方面应注意以下问题：（1）外资企业的公司章程与一般的内资公司并无很大差别，但又有别于一般内资公司，章程的生效及修改都需审批机关的批准；（2）鉴于外资企业的特殊性，尤其是外资公司享有一定的税收优惠或经营优惠，许多“假外资”借BVI、百慕大或香港澳门的离岸公司设立境内的外商投资企业，因此，在正式的公司章程背后，通常订立有“隐名投资协议”，即实际控股股东为境内的公司或个人；（3）外商投资企业，尤其是合资企业，应当在章程中明确一些重要的事项，即“相对记载事项”和“任意记载事项”，以利于日后纠纷的解决及保护小股东的利益：如公司向其他企业投资或担保事项；在僵持不决或者公司发生严重亏损、经营困难时，明确强制清盘细则；明确各股东对公司财务、管理的人员安排；明确股东的决策参与权及投票权。

第二，在公司的组织机构方面应注意以下问题：（1）中外合资、中外合作的有限责任公司：董事会是公司的权力机构，其组织机构（法定代表人、董事、经理、监事的产生办法）由公司根据《中外合资经营企业法》《中外合作经营企业法》《公司法》通过公司章程规定；外商合资、外商独资的有限责任公司：股东会或者股东是公司的权力机构，其他机构由章程规定。（2）由以上规定可以得出，其实不管是董事会作为权力机构，还是股东/股东会作为权力机构，其运行及决策还是应当遵循《公司法》的规定。（3）董事会成员的组成，合资、合作一般由各方在合资或合作合同中约定，并将该选举或产生的方式记载于公司章程，行使公司经营决策的权力；外商独资的董事会由股东会/股东直接委任，也可直接任命一名执行董事，董事会/执行董事的重要职能是：决定一些重要的生产经营活动，召集股东会议，聘任经理；另外执行董事也可兼任经理，执行董事与经理都可作为公司的法定代表人，无国籍之限制。（4）无监事会等监督机构方面的要求。

8. 外国投资者委派的公司外籍董事应符合哪些条件，并办理哪些手续？

根据1996年劳动部、公安部、外交部、对外贸易经济合作部联合发布和2010年人力资源和社会保障部修订的《外国人在中国就业管理规定》，用人单位聘用外国人须为该外国人申请就业许可，经获准并取得《中华人民共和国外国人就业许可证书》后方可聘用。外国投资者委派的公司外籍董事应当持职业签证入境（有互免签证协议的，按协议办理），入境后取得《外国人就业证》（以下简称就业证）和外国人居留证件，方可在中国境内就业，被委任为公司董事。

三、建议课堂计划

本案例可以作为专门的案例教学课进行讲授，整个案例可安排4个课时，每课时45分钟。如下课堂设计，仅供参考：

1. 课前计划：安排学生阅读案例及相关资料，熟悉外商投资企业设立的目的、基本原则、基本程序以及主要内容，对外商投资企业设立中可能存在的法律风险及其相关问题在课前有全面的了解。

2. 课中计划：（1）介绍教学目的，明确讨论主题；（2）分组讨论问题及解决对策，告知发言要求；（3）小组代表发言，提出解决方案，并对其他小组提出的方案进行评述；（4）教师进行引导分析，并做最后归纳总结。

3. 课后计划：布置学生课后进一步了解并掌握外商投资企业设立的程序、主要内容及其可能出现的各种法律风险，并掌握应对上述法律风险的基本方案。

四、思考题

1. 什么是外商投资企业？外商投资企业的类型有哪些？各有何法律特征？

2. 外国投资者在选择外商投资企业类型时，主要有哪些参考因素？

3. 设立外商投资有限责任公司和股份有限公司，应当具备哪些条件？

4. 外商投资企业设立登记时，应提交哪些法律文件？

5. 哪些外商投资企业需要提交前置审批文件或证件？

6. 外商投资企业在我国申请设立投资性公司应符合哪些条件？

7. 哪些外商投资企业在设立时需要我国商务主管部门审批？

8. 哪些外商投资企业在设立时仅需向商务主管部门备案即可？备案管理的性质是什么？是否是外商投资企业办理其他手续的前置条件？

9. 外国投资者并购境内非外商投资企业完成后，外商投资企业发生的变更事项，如不涉及国家规定实施准入特别管理措施的，是否需要进行备案？

10. 什么是企业的投资总额？我国对外商投资企业注册资本与投资总额的比例有何要求？如有特殊情况，应如何确定？

11. 外商投资企业公司治理结构安排方面应当注意哪些问题？

12. 外商投资企业遇有隐名股东时，主要会面临哪些法律风险？可有哪些措施化解上述风险？

13. 外商投资企业，尤其是合资企业，有哪些重要事项应当在章程中明确？

14. 外商投资企业遇有公司僵局时，主要有哪些有效救济措施？

15. 外国投资者委派的公司外籍董事应符合哪些条件，并办理哪些手续？

参考文献

[1] 赵旭东．公司法［M］．北京：中国政法大学出版社，2013.

[2] 王利明．民法学（第六版）［M］．北京：中国人民大学出版社，2015.

[3] 陈小君．合同法学（第三版）［M］．北京：中国政法大学出版社，2007.

[4] 王开定，祁铮，黄荷．外商投资法律政策指引与重点解读（第二版）［M］．北京：中国法制出版社，2016.

案例 24

股份转让及回购合同案例*

（非诉讼法律业务）

近年来，投融资及法律实务界创新的资产转让及回购合同业务，因兼顾了资金方的资金安全和融资方的融资便捷而得到了长足发展。但对转让及回购合同的性质和合同效力一直存有争议。如何界定资产转让及回购合同的性质，如何判定资产转让及回购合同的效力，事关这项业务能否长久健康发展。本案例希望通过对股份转让及回购合同研究，让同学们了解订立转让及回购合同目的，熟悉转让及回购合同的基本条款，进而发掘隐匿于转让及回购合同之下的真实法律关系、转让及回购合同的法律性质以及司法实践中对转让及回购合同的态度。

* 本案例由中央财经大学法学院董新义副教授编写。

案例正文

一、引　　言

近几年来，在资本市场出现的以转让及回购为表现形式的投融资模式，由于兼顾了资金方的资金安全性和融资方的融资便捷性，深受融资方和资金方的青睐。转让及回购作为一种创新的投融资业务模式，在我国现行法律制度框架下，并无明确的法律规范予以规制。转让及回购合同是何种法律性质，以及转让及回购合同的法律效力如何，在投融资界和法律界一直存有争议。对转让及回购合同的法律评价和司法态度，将影响到该类业务能否持续健康发展。

本案例“转让及回购合同”名称中的转让及回购，并非该类交易的本质，两次交易仅仅是该类业务的表现形式，而本质是融资方通过名义上出售股票、取得股票价款的方式取得资金；依照约定回购股票的本质是偿还融资及收益。而将标的股票转移至资金方名下，实质是为了担保资金方的资金安全。

我国法律理论界及司法实务界虽然对转让及回购合同的性质及效力存有争议，但主流观点认为，认为一般情况下应当认定转让及回购合同有效。

如何设计转让及回购合同的条款，使之尽量符合双方的合作意图，保障各方利益的实现，一旦发生争议，司法实践认可合同条款的效力，是投融资领域法律工作者应当熟练掌握的。

二、“转让及回购合同”范本

股份转让及回购合同

合同编号：201500801001

目　录

第六条　股份转让及回购方式

第七条　股份的处置

第八条　预警机制

第九条　税费与费用负担

第十条　陈述与保证

第十一条　通知

第十二条　不可抗力

第十三条　合同解除

第十四条　违约责任

第十五条　争议的解决

第十六条　合同生效

第十七条　其他事项

合同当事人：

甲方：上海某某资产管理中心（有限合伙）

联系地址：上海市浦东新区

联系电话：

传真：

乙方：北京某某实业有限公司

联系地址：北京市西城区

联系电话：

传真：

鉴于：

1. 乙方合法持有______万股______（股票代码：______，以下简称“标的股票”或“目标上市公司”）无限售条件流通股（以下简称“标的股份”），乙方拟向甲方转让上述股份，并在约定时间按照约定价格进行回购。

2. 甲方通过其控制或指定第三方的账户资金，通过大宗交易方式受让标的股份，并在约定时间按照约定价格由乙方回购。

现根据《中华人民共和国合同法》等法律、行政法规的规定，双方本着诚实信用和公平的原则，就标的股份转让及回购相关事宜，经友好协商，达成本合同，以资信守。

第一条　转让标的

乙方拟向甲方转让的标的股份为：

1.1　乙方合法持有的______万股______无限售流通股股份。

1.2　自本合同签署之日起，因标的股份发生送股、公积金转增、股份拆分等情形而形成的派生股份。

1.3　本合同签署之日至转让日（即乙方通过大宗交易方式将转让股份成功过户至甲方名下的当日，以下简称“转让日”）期间，因标的股份产生派生股份的，乙方向甲方实际转让的股份数量相应增加。

第二条　转让价款

2.1　实际转让价款

甲方或甲方指定第三方受让标的股份，需向乙方支付的实际转让价款（以下简称“转让价款”）约为________万元（实际转让价款为大宗交易当日收盘价或大宗交易前20日均价中的孰低价格的70%）。

2.2　股份转让的大宗交易价格

乙方与甲方经协商一致同意，转让股份的大宗交易转让价格（以下简称“大宗转让价格”）以甲方向乙方发出的通知为准，乙方应按通知载明的价格进行卖出意向申报。

2.3　转让资金差额的支付

转让资金差额是指因甲乙双方一致同意采取第【六】条约定的大宗交易方式进行本次股份转让交易，大宗转让价格按照2.2条确定，而双方约定的实际转让价款按照2.1条确定，由此导致大宗转让价格与实际转让价格之间形成的差额。即转让资金差额＝大宗转让价格－转让价款。

在满足2.4条约定的其他付款条件时，甲方或甲方指定第三方按照大宗转让价格（即转让价款和转让资金差额的总和）向乙方支付价款。

在每笔大宗交易日前的两个交易日之前（如大宗交易日为7月4日，转让资金差额最迟应在7月1日支付），乙方应将每笔大宗交易对应转让资金差额支付至2.5条规定的甲方银行账户。大宗交易完成后双方统一核算转让资金差额，多退少补。

2.4　转让价款的支付条件

甲方仅在下列条件全部满足时，甲方才有义务接受乙方的卖出申报，并依约支付价款：

（1）本合同已签署并生效；

（2）乙方卖出申报的股份价格、股份数量与本合同约定一致。

2.5　甲方的收款账户信息如下：

账户名：

账户号：

开户银行：

本合同项下，乙方向甲方支付的所有款项均应支付至以上账户。

2.6　乙方的收款账户信息如下：

账户名：

账户号：

开户银行：

本合同项下，甲方向乙方支付的所有款项均应支付至以上账户。

第三条　转让期限

转让期限是指转让日至回购日所经历的期间（以下简称“转让期限”）。

转让期限为12个月，自转让日起算，至转让日起满12个月的对日（以下简称“回购日”，即回购日为2017年　月　日；若无该公历日或遇非交易日的，则为前一交易日）。

乙方应在回购日通过大宗交易平台或本合同特别约定的其他方式向甲方回购股份。如乙方在回购日之前申请提前回购的，应至少于前一个月向甲方提出书面申请并经甲方同意；转让期限满6个月后乙方可以申请提前回购，未满6个月乙方提前回购的，转让期限按照6个月计算。

转让期限届满前一个月，乙方可以向甲方提出续签申请，经甲方同意续签的，双方应就具体续签条款另行协商签订协议或补充协议。

第四条　回购标的

乙方向甲方回购的标的为（以下简称“回购股份”）：

4.1　转让股份，即乙方于转让日成功过户至甲方或甲方指定第三方名下的股份；

4.2　自转让日起，因转让股份发生送股、公积金转增、股份拆分等情形而形成的派生股份。

甲方持有转让股份期间，转让股份产生派生股份的，乙方向甲方实际回购的股份数量相应增加。

第五条　回购价款

5.1　实际回购价款

乙方回购股份，需向甲方支付的实际回购价款（以下简称“回购价款”或“回购价格”）为：

转让价款×（1+转让费用率×N/360）

其中，转让费用率为：9%/年

N：转让日至回购日之间的存续天数，按照第三条第三款的规定执行。

5.2　回购价款预付款

自转让日起，乙方应当在每自然季度结束后的三个工作日内，向甲方的账户支付本季度应当支付的回购价款预付款，支付日如逢节假日，则提前至最近一个工作日。最后一期的回购价款预付款与剩余回购价款于回购日一并支付。

本自然季度应当支付的回购价款预付款 = 转让价款 × 转让费用率 × 本自然季度的存续天数/360；

本自然季度的存续天数 = 上自然季度的最后一日（不含）或转让日（含）至本季度的最后一日（含）或回购日（含）的存续天数；

回购日之前甲方已收取且未退还的保证金、回购价款预付款作为乙方已支付的回购价款，在合同终止结算回购价款时予以扣除。

5.3　股份回购的大宗交易价格

乙方与甲方经协商一致同意，股份的大宗交易回购价格（以下简称“大宗回购价格”）以甲方向乙方发出的通知为准，乙方应按通知载明的价格进行买入意向申报。

5.4　回购资金差额及其支付

5.4.1　回购资金差额是指因甲乙双方一致同意采取第【六】条约定的大宗交易方式进行本次股份回购交易，大宗回购价格必须按照 5.3 条确定，而双方约定的实际回购价款按照 5.1 条确定，由此导致大宗回购价格与实际回购价款之间形成的差额。即回购资金差额 = 大宗回购价格 - 回购价款 + 乙方已支付的回购价款预付款 + 乙方已支付且未退还的保证金。

5.4.2　当回购资金差额 >0 时，按照以下模式的约定操作

模式一：乙方以大宗回购价格全额支付股份回购价款，在股份回购的大宗交易完成后，回购资金差额由甲方在收到款项的3 个工作日内支付给乙方。

模式二：乙方指令甲方交易。

模式三：甲乙双方商定的其他方式。

最迟于本合同到期的 10 个工作日前，由甲乙双方协商并通过确认函的形式确定操作模式。如未能协商一致，则双方应采用模式二。

5.4.3　当回购资金差额 <0 时，按照以下模式的约定操作

模式一：乙方除应向甲方支付大宗回购价格外，还需在大宗交易当日 12:00 前另行向甲方支付回购价款与大宗回购价格的差额部分（即回购价款 - 大宗回购价格 - 乙方已支付的回购价款预付款 - 乙方已支付且未退还的保证金），以保证甲方累计收到的全部款项之和等于回购价款。

模式二：甲乙双方商定的其他方式。

最迟于本合同到期的10个工作日前，由甲乙双方协商并通过确认函的形式确定操作模式。如未能协商一致，则双方应采用模式一。

5.5　分红派息资金支付

5.5.1　甲方持有转让股份期间，如遇转让股份分红派息的，甲方应于乙方足额支付回购价款后向乙方对应支付，但该分红派息资金不计算利息；经甲方同意，乙方也可以该分红派息款项用于抵扣回购价款。

5.6　特别约定

乙方可以采用以下方式支付回购价款：乙方向甲方发出《股份卖出指令》，指令卖出标的股票股数须为本合同剩余的全部标的股票股数。因通过竞价交易方式仅成交部分标的股票的，乙方可再发出《股份卖出指令》卖出剩余全部标的股票数量。除甲方同意外，乙方累计发出《股份卖出指令》不得超过3次)。乙方须在《股份卖出指令》指定的抛售日前一个交易日向甲方发出，甲方以该日最后收到的乙方发出的《股份卖出指令》为准。

甲方根据前款规定变现股份取得的收入加上乙方根据第5.2条及第八条支付的预付款及已追加且未退还的保证金的总额，扣除回购价款、甲方垫付的第九条相关税费（如有）及甲方应收而未收到的其他款项后的余额，于甲方将全部股份抛售完毕后的5个工作日内一次性返还给乙方。如果乙方已支付的预付款、甲方根据前款规定变现股份取得的收入和已追加且未退回的保证金之和小于回购价款、甲方垫付的第九条相关税费（如有）及甲方应收而未收到的其他款项之和，不足部分由乙方在甲方将全部转让股份抛售完毕后的5个工作日内补足资金至甲方指定账户。若乙方不补足资金至甲方指定账户，甲方就相关补足资金享有对乙方的追索权。

第六条　股份转让及回购方式

6.1　除5.6条、6.5条、6.6条及6.7条的特别约定外，乙方向甲方转让股份、乙方向甲方回购股份均采取大宗交易的方式。

6.2　甲方于本合同签订后向乙方发出通知，乙方应按通知载明的交易日期、股份数量、股份价格进行大宗交易卖出意向申报。

6.3　乙方应于回购日通过大宗交易方式向甲方回购股份。

乙方应在回购日进行大宗交易买入申报。

甲方向乙方发出大宗交易通知，乙方应在回购日按大宗交易通知载明的股份数量、股份价格进行买入意向申报。

6.4　大宗交易证券账户信息

甲乙双方以大宗交易方式进行股份转让、股份回购时，应使用以下证券账户：

6.4.1　乙方大宗交易证券账户信息

乙方证券经纪商：

交易席位号：

乙方证券账户名称：

乙方证券账户号码（股东代码卡号码）：

乙方大宗交易证券账户信息如在转让期限发生变更的，须在回购日或提前回购日的5个交易日前，以书面形式告知甲方。

6.4.2　甲方或甲方指定的第三方大宗交易证券账户信息：

甲方或甲方指定第三方证券经纪商：

交易席位号：

甲方或甲方指定第三方证券账户名称：

甲方或甲方指定第三方证券账户号码（股东代码卡号码）：

6.5　特别约定：

6.5.1　如回购日（含甲方根据本合同约定要求乙方提前履行回购义务之日），因标的股份股价波动等原因导致无法通过大宗交易回购，乙方应于回购日起__2__个交易日内（含回购日当日）向甲方出具《股份卖出指令》抛售股份以履行本协议的回购义务。在上述__2__个交易日内，如甲方根据乙方《股份卖出指令》抛售股票因股份波动等原因导致甲方未能完成全部股份抛售的，则甲方有权自行于回购日后第三个交易日起（含当日）按照不低于剩余股份抛售日跌停板价格抛售剩余股份，直至股份全部抛售完毕。

乙方对此安排已充分理解且无异议。

甲方按照上述约定抛售股份取得的收入加上乙方根据第5.2条及第八条支付的预付款及已追加且未退还的保证金的总额以及依5.6条抛售股份取得的收入扣除回购价款、甲方垫付的第九条相关税费（如有）及甲方应收而未收到的其他款项后的余额于甲方将全部股份抛售完毕后的__5__个工作日内一次性返还给乙方。如果乙方已支付的预付款、甲方抛售股份取得的收入和已追加且未退回的保证金之和小于回购价款、甲方垫付的第九条相关税费（如有）及甲方应收而未收到的其他款项之和，不足部分由乙方在甲方将全部股份抛售完毕后的__5__个工作日内补足资金至甲方指定账户。若乙方不补足资金至甲方指定账户，甲方就相关补足资金享有对乙方的追索权。

6.5.2　如回购日（含甲方根据本合同约定要求乙方提前履行回购义务之日），因标的股份停牌等情形导致乙方无法通过大宗交易回购股份或甲方无法自行通过证券交易市场抛售回购股份的，乙方应当于回购日（含甲方根据本合同约定要求乙方提前履行回购义务之日）向甲方支付［回购价款+甲方垫付的第九条相关税费（如有）+甲方应收而未收到的其他款项－乙方已支付的回购价款预付款－乙方已支付且未退还的保证金－甲方抛售股份取得的收入（如有）］的金额。乙方支付上述金额后，甲方应当于标的股份复盘后通过如下方式变现股份，并于股份变现后的__5__个工作日内将股份变现价款扣除自回购日起至股份变现日止因甲方持有股份而支出的费用（如有）后的余额支付给乙方：

（1）自标的股份复盘之日起的__10__个交易日内，按照乙方《股份卖出指令》通过大宗交易的方式完成甲方持有股份的变现。

（2）自标的股份复盘之日起的__10__个交易日内，按照乙方《股份卖出指令》完成甲方持有股份的全部抛售变现。

6.5.3 如转让期限内及回购日（含甲方根据本合同约定要求乙方提前履行回购义务之日），目标上市公司发生破产、终止上市交易、暂停上市交易等情形的，乙方应在上述情形发生之日向甲方全额支付［回购价款+甲方垫付的第九条相关税费（如有）+甲方应收而未收到的其他款项－乙方已支付的回购价款预付款－乙方已支付且未退还的保证金－甲方抛售股份取得的收入（如有）］的金额。乙方支付该金额之后，甲方通过如下方式实现股份过户：

（1）标的股份终止上市交易的，通过协议转让的方式实现甲方持有股份的过户。

（2）目标上市公司破产的，甲方按照破产程序将因持有股份所分配的财产支付给乙方。

（3）按照法律法规规定的其他方式实现股份的过户或变现。

第七条 股份的处置

7.1 发生下列情形之一的，乙方构成根本违约，自该情形发生之日起，甲方有权以不低于当日跌停板价格随机卖出回购股份：

7.1.1 乙方未按期足额履行第二条规定的转让资金差额支付义务（如有）；

7.1.2 乙方未按期足额履行第五条规定的回购价款（含回购价款预付款）支付义务的；

7.1.3 乙方未按本合同第八条约定追加足额现金保证金义务的；

7.1.4 证监会或其他监管机构发出指令要求的；

7.1.5 乙方严重违反本合同或法律法规等规定义务（含陈述与保证）的；

7.1.6 乙方发生以下情形，甲方判断足以影响乙方履行其义务而提前要求乙方回购股份，乙方不进行回购的；

7.1.6.1 发生承包、托管（接管）、租赁、股份制改造、减少注册资本金、投资、联营、合并、兼并、收购重组、分立、合资、控股股东/实际控制人变更或重大资产转移、法定代表人或主要负责人无法正常履行职责；

7.1.6.2 没有履行其他到期债务，低价、无偿转让财产，减免第三方债务，怠于行使债权或其他权利；

7.1.6.3 涉及重大法律纠纷；

7.1.6.4 生产经营出现严重困难或财务状况恶化；

7.1.6.5（被）申请停业整顿、申请解散、被撤销、（被）申请破产、停产、歇业、被有权机关施以高额罚款、被注销登记、被吊销营业执照。

7.1.6.6 受到中国证监会的立案调查、限制证券买卖处罚、证交所的谴责，或者受到其他调查和处罚（含其他监管部门的调查和处罚）。

7.1.7 目标上市公司可能发生破产、标的股份可能发生终止上市交易、暂停上市交易等风险的；

7.1.8 法律法规规定或本合同约定的其他情形。

7.2 甲方根据前款规定变现股份取得的收入，加上乙方根据第5.2条预付款、根据第八条已追加且未退还的保证金的总额，扣除回购价款、甲方垫付的第九条相关税费（如有）及甲方应收而未收到的其他款项后的余额返还给乙方。若余额为负，不足部分由乙方在甲方将全部转让股份抛售完毕后的__5__个工作日内补足资金至甲方指定账户。若乙方不补足资金至甲方指定账户，甲方就相关补足资金享有对乙方的追索权。

第八条 预警机制

8.1 本合同签署时标的股份数量为______万股，初始股价预警线为______元/股。

8.2 在转让期限内任何一个交易日（T日）的任何时点，若转让股份的二级市场价格低于当前股价预警线，乙方须在T+1日上午9:30前追加足额现金保证金，以使得新的股价预警线不高于T日标的股份的收盘价。

乙方追加保证金后的股价预警线计算公式为：

股价预警线=（转让价款-分红派息资金（如有）-已追加且未退还的保证金）×145%/股份数。

乙方追加的保证金应缴纳至甲方指定账户。

8.3 股份因发生送股、公积金转增、拆分股权等情形导致股份数量发生变动的，变动后的股价预警线依据上述公式调整。如股份因配股导致标的股份价格发生变动的，乙方须追加足额现金保证新的股价预警线不高于T日标的股份的收盘价。

第九条　税费与费用负担

因股份大宗交易或其他交易而发生的印花税、证券交易经手费、证券交易监管费、过户费以及其他税费和费用按千分之二计算，并由乙方承担，超出部分由甲、乙双方各自承担。

第十条　陈述与保证

10.1　乙方的陈述与保证

10.1.1　标的股份是无限售条件的流通股股份，股份未设定任何质押担保或其他任何权利负担，乙方未向任何第三人转让任何与股份有关的权利或利益，不存在任何权利瑕疵。

10.1.2　签署并履行本合同

a. 已经取得乙方内部有权机构的批准，签署并履行本合同并不违反对其有约束力或有影响的法律、公司章程或合同的限制（适用于乙方为机构的情形）或

b. 已依法获得一切必要的授权与批准，其签署并履行本合同，不超越其权利范围，且不违反对其有约束力或有影响的法律或合同的限制（适用于乙方为自然人的情形）。

10.1.3　保证配合甲方履行本合同，按照本合同规定承担相应费用。

10.1.4　乙方作为目标上市公司的股东，熟知相关证券法律法规，具备相应的证券、金融知识；保证遵守证券法律法规、规章及相关的交易规则，包括但不限于办理股东权益变动报告、向证监会及其派出机构提交报告等。

10.1.5　乙方与其他直接或间接持有目标上市公司股份的法律主体不构成一致行动人。

10.1.6　乙方信用状况良好，不存在被政府有关部门处罚，或任何第三方追索，或受到司法保全措施或强制执行等情形。

10.1.7　乙方根据本合同取得的转让价款，不得进行房地产开发，不得向主营业务为房地产开发的关联方提供资金。

10.1.8　转让期限内，目标上市公司发生停牌超过30个自然日的，且［（转让价款－乙方已追加且未退还的保证金（如有））÷（【　】停牌日前5日及前60日收盘价均价孰低者×股份数量）］大于68%，乙方应在停牌30个自然日向甲方追加保证金使得［（转让价款－乙方已追加且未退还的保证金（如有））÷（【　】停牌日前5日及前60日收盘价均价孰低者×股份数量）］小于或等于68%。

10.2　甲方的陈述与保证

10.2.1　甲方系根据中华人民共和国法律依法成立的企业。

10.2.2　签署并履行本合同不违反对其有约束力或有影响的法律、协议或合同的限制。

10.2.3　本合同生效后，即构成对其合法、有效和有约束力的义务。

第十一条　通知

11.1　双方之间的通知主要为书面形式，可由专人送达、挂号邮递、特快专递或传真等方式传送。本合同履行过程中，甲、乙双方的具体交易指令可以通过指定联系人的联系电话或电子邮箱进行发出与接收，只要是通过指定联系人的联系电话或电子邮箱发出或接收到的交易指令，甲、乙双方均认可并执行。

11.2　甲、乙双方指定联系人及联系电话、电子邮箱如下：

甲方指定________（身份证号：____________；联系电话：____________；电子邮箱：____________）为甲方联系人，负责接收乙方指定联系人发出的交易指令；

乙方指定________（身份证号：____________；联系电话：____________；电子邮箱：____________）为乙方联系人，负责向甲方指定联系人发出交易指令；

11.3　通知在下列日期视为送达：

11.3.1　专人递送的通知，在专人递送之交付日为有效送达；

11.3.2　以挂号信（付清邮资）发出的通知，在寄出（以邮戳为凭）后的第 4 日为有效送达；

11.3.3　以特快专递（付清邮资）发出的通知，在寄出（以邮戳为凭）后的第 3 日为有效送达。

11.3.4　以传真发出的通知，以传真发出的当日为有效送达。

11.4　双方在本合同中填写的联系地址即为其有效的通讯地址。

11.5　双方均有权在任何时候更改其通讯地址，__1__个工作日内向对方送达通知。

第十二条　不可抗力

12.1　本合同所指不可抗力，是指由于地震、水灾、战争、政府行为以及其他不能预见并对其发生后果不能合理预防或避免并不能克服的各类事件。

12.2　如果本合同一方由于不可抗力而全部或部分不能履行本合同，则该方应在不可抗力发生后 5 日内书面通知对方；并应在 15 日内提供事件的详细情况及有关主管机关、职能部门或公证机构证明本合同全部或部分不能履行的证明文件。

12.3　因不可抗力而导致任何一方全部或部分不能履行本合同的，该方不承担违约责任，但该方应采取一切必要和适当的措施减轻可能给对方造成的损失。

12.4　发生不可抗力，双方应依据不可抗力对履行本合同的影响程度，协商决定变更或终止本合同。

第十三条　合同解除

在本合同各方善意履行本合同及相关法律文件所确定的义务的情况下，中国证券登记结算有限责任公司上海分公司不予办理股份转让过户手续的或甲方未募集足额资金（数额未达到大宗转让价格）的，甲方可以解除本合同，各方互不承担责任。

第十四条　违约责任

14.1　本合同一方违反本合同项下的义务或陈述与保证事项不真实的，应当及时采取补救措施，并赔偿守约方因此而受到的损失；在前述违约事项发生时或在守约方的损失得到全部赔偿之前，守约方有权采取相应的防止损失扩大及补偿损失的措施直至解除本合同。

14.2　如果乙方因任何原因受到证券监管机构或其他主管机关的立案调查、处罚，或者违反其他对其有约束力的法律或合同，且甲方认为该情形已经影响或可能严重影响其在本合同项下的义务的履行的，即可视为其违约，甲方有权采取第七条约定的措施，并要求乙方承担违约责任。

14.3　因乙方违反本合同项下的义务或陈述与保证事项，导致本合同无法成立的，或者导致股份买卖交易不能按期完成的，乙方应当赔偿因此而给甲方造成的全部损失。

14.4　本合同签署后，乙方在<u>　五　</u>个工作日内未按照本合同约定转让标的股份的，本合同自动解除。

14.5　乙方逾期支付转让资金差额或回购价款预付款等任何款项的，每逾期一日应加付应付未付金额的<u>　0.5%　</u>给甲方。

14.6　如果甲方发生违约行为，应赔偿乙方由此受到的相应损失。

第十五条　争议的解决

因履行本合同发生争议，由争议双方友好协议解决。协商不成的，任何一方均可向甲方住所地有管辖权的法院提起诉讼。

第十六条　合同生效

本合同自各方当事人签署之日成立并生效。

第十七条　其他事项

17.1　乙方同意对本合同第5.1条约定的转让费用率向甲方进行补偿，即乙方同意将转让股份依据本合同第2.2条约定的大宗转让价格与回购时的大宗交易价格或二级市场减持价格之间的自然增值收益部分按比例向甲方进行补偿，具体补偿方案如下：

某某股票×××××	基准价格	基准价格上浮 10%—20%	基准价格上浮 20%—40%	基准价格上浮 40%—70%	基准价格上浮 70%以上
转让股份交易价格（元）	1.66	1.83—1.99	1.99—2.32	2.32—2.82	2.82—3.32
补偿收益比例	0	15%	25%	35%	45%

上表中的基准价格即为大宗转让价格，上浮即为转让期间转让股份的自然增值收益，补偿收益比例即为乙方将转让股份在转让期间产生的自然增值收益部分按该比例向甲方进行补偿收益支付。

例如：转让股份为1000万股，大宗转让价格为1.66元/股，回购时的大宗交易价格为1.9元/股，乙方应向甲方支付的补偿收益为：

1000万股×（1.9－1.83）×15%＝10.5万元。

17.2　本合同未尽事宜，由双方另行协商，并订立补充协议作为本合同之附件，与本合同具有同等法律效力。

17.3　本合同一式四份，具有同等法律效力。双方各执二份。

（以下无正文）

「本页为签署页，无正文」

在签署本合同时，各当事人对合同的所有条款已经阅悉，均无异议，并对当事人之间的法律关系、有关权利、义务和责任的条款的法律含义有准确无误的理解。

甲方：______________________

法定代表人或授权代表（签字或盖章）

乙方：______________________

法定代表人或授权代表（签字或盖章）

签署时间：2016年7月　日

签署地点：上海市浦东新区

三、转让及回购合同草拟和审查流程及注意要点

股份转让及回购合同草拟和审查业务，是指法律工作者接受当事人委托，按照当事人的要求，草拟股份转让及回购协议，或者就其送审的股份转让及回购合同草案根据委托人的要求及法律工作者的专业判断，通过检查、核对、分析等方法，就股份转

让及回购合同中存在的法律问题及其他缺陷提出意见，供委托人进行决策或投融资商务谈判时参考的专业活动。

依据合同法规定，股份转让及回购合同并非法定的有名合同类型，在草拟和审查股份转让及回购合同时，法律工作者既有针对所有合同的共同性审查，又有针对股份转让及回购合同的特殊性审查，但是无论如何，对股份转让及回购合同的审查，应紧密围绕内在问题的审查与外在问题的审查两个方面进行：

（一）对于股份转让及回购合同内在问题的审查

1. 对主体合格性的审查

对于有资格限制的交易，律师应当审查相对人的营业执照、资质、许可等方面是否符合法律规定。其中：

（1）对于营业执照的审查，应注意根据其原件判断相对人的经营期限、经营范围、是否年检等信息，以判定其身份是否符合工商法规的规定；

（2）对于资质等级的判断，应审查其相关的资质证书，以确定其是否合法、有效及是否在合法的范围之内从事经营活动；

（3）对于证券交易相关内容，应审查其是否符合国家证券法律法规规定的证券交易等相关许可制度，以确定合同是否存在效力问题；

（4）对于涉及证券从业人员专业资格的交易，应结合委托人的需要或合同履行的需要，审查履行合同过程中所需的特定人员是否具备证券交易相应的专业资格。

2. 对内容合法性的审查

审查合同的合法性应当根据国家法律、国务院行政法规、地方性法规、中国证监会各类规章、相关国际条约（如有）的规定，其中审查合同是否可能无效只能依据国家法律及国务院行政法规。此类审查工作主要包括：

（1）审查股份转让及股份回购合同条款及签订合同的过程中，是否涉嫌存在合同法中所规定的合同无效、免责条款无效、可申请变更或撤销的情况。对于股份转让及回购合同条款进行审查时，应据合同法及其司法解释，以及《最高人民法院关于审理民间借贷案件适用法律若干问题的规定》规定的无效、免责条款、可申请变更或撤销等情形进行审查。

（2）股份转让及回购合同中的约定是否违反法律、行政法规的强制性规定。

（3）审查股份转让及回购合同中所用的法律术语、技术术语是否符合合同法、证券法以及中国证监会规章等规范。

（4）审查证券交易标的物的质量标准是否符合法律的明确规定。这是股份转让及回购合同审查时应重点关注的对象。在股份转让及回购合同中，交易标的物的质量是指拟转让和回购的股份的质量，即对拟交易的该宗股份是否存在瑕疵进行审查，此时应重点围绕对于转让人（融资方兼回购人）是否合法拥有该宗股权，是否具有完全的处分权。该股权有无被法院冻结、拍卖，有无设置任何抵押、质押、担保或者有无被依法限制交易等其他可能影响受让方利益的瑕疵，还要审查在上述股权转让交割完成之前，转让人能否以转让、赠与、抵押、质押等任何影响受让人（资金方兼被回购人）利益的方式处理该股权。股份所在的公司有无存在转让人未向受让人披露的现存或潜在的重大债务、诉讼、索赔和责任等。对于有限责任公司的股权转让，还要重点关注其他股东是否已经放弃优先购买权。

（5）审查股份转让及回购合同名称与合同内容、属性是否一致，特别是该合同中是否包含了股份转让以及股份回购两大核心交易内容，对两项交易内容的安排是否合乎逻辑，是否存在冲突。

3. 对条款实用性的审查

法律工作者可以根据委托人（资金方或融资方）的行业性质、产品特性、相对人情况等，审查股份转让及回购合同中是否具备避免争议或明确权利义务的实用性条款。如果合同审查只是日常性的审查或委托人并无此项需要，可不进行此类审查。此类审查包括下列内容：

（1）是否根据股份转让及回购交易所涉投融资行业的特点界定投融资双方各自权利义务和责任。若为资金方（受让人兼被回购人），需重点审查在何种条件下有义务购买融资方（转让人兼回购人）的股份以及在何种条件下可以行使回购请求权；若为融资方（转让人兼回购人），则要重点审查在满足何种条件的情形下应当履行股份转让和回购的义务，这些条款的设计都必须具有实用性。

（2）是否根据股份转让及回购标的物乃股份的特点设定避免争议的条款。重点审查拟转让标的股份是否为无限售流通股股份、股份所在的公司情况及其数量，原交易股份发生送股、公积金转增、股份拆分等情形而形成的派生股份是否包括在内等。

（3）是否根据违约特点设定界定责任的条款。鉴于股份转让及回购合同本质乃一种交易性融资合同，转让人（融资方兼回购人）若出现一定情形时都有可能给受让方（资金方兼被回购人）带来巨大损失，因此股份转让及回购合同应详细规定此类情形，这些情况一般包括：一是受到证券监管机构或其他主管机关的立案调查、处罚，或者违反其他对其有约束力的法律或合同；二是欺诈受让人（资金方兼被回购人），例如虚假声明、陈述与保证导致股份转让及回购无法成立或者导致股份买卖交易不能按期完成的；三是合同签署后不按照合同约定转让标的股份；四是逾期支付转让资金差额或回购价款预付款等任何款项。因此，法律工作者在草拟和审查股份转让及回购合同时，就要针对这些可能违约的情形约定相应的违约责任条款。

（4）是否根据股份转让及回购交易相对人的情况设定实用性条款。

（5）股份转让及回购合同中履行方式及顺序、履行地点等对委托人交易安全的影响。

（6）合同中明示的或隐含约定的管辖等条款对委托人的影响。作为法律工作人员，应尽量站在委托人的角度为其争取有利的争议解决条款和管辖地条款。

4. 对股份转让及回购合同权益明确性的审查

在审查股份转让及回购合同时，应注意合同中的权利义务是否明确，以避免当事人因权利义务不明而丧失权益或导致损失。此类审查包括可识别性、明确性。

（1）交易内容是否明确、具体、可识别、可履行。对于股份转让及回购合同，重点审查转让标的、转让价款、转让期限、回购标的、回购价款、股份转让及股份回购的方式、转让人（融资方）违约情形及其此时的股份处置、股价的预警线、税费和费用负担等的约定，以确定这些约定是否明确、具体、可识别、可履行。

（2）交易程序是否明确、具体且定有时限、义务归属。对于股份转让及回购合同，应重点审查股份转让和股份回购的交易程序安排是否明确具体，是否约定了明确、具体的履行方式和履行期限，是否明确地约定了在此过程中资金方和融资方分别应履行何种义务。

（3）争议处理方式是否明确具体且有时限、义务归属。若发生争议，是选择调解还是仲裁、诉讼进行解决，该约定必须明确，而且应规定明确的管辖机关和时限。

（4）条款之间是否由于配合问题而存在权利义务不明确的缺陷。

（5）是否由于表述不严谨而存在权利义务不明确。

（6）权利义务及违约是否具备可识别性。对于股份转让及回购合同，应重点围绕股份转让及股份回购的方式、转让人（融资方兼回购人）违约时的股份处置、股价的预警线、税费和费用负担、违约责任等约定，确认受让人（资金方兼被回购人）和转让人（融资方兼回购人）的权利义务及责任等的约定，以确保这些约定明确、清晰并具有可识别性和可操作性，务戒含糊、笼统和不具可操作性。

（7）股份转让及回购合同若有附件的，一定要审查附件内容是否明确、是否与合同正文冲突，如有冲突是否有解释顺序。

5. 对需求满足性的审查

实现交易目的是合同的意义所在，股份转让及回购合同本身是资本市场中为了满足投融资而进行的创新性合同行为，资金方希望在提供资金时安全、高效，融资方希望能进行便利融资，因此在草拟和审查该类合同时，应按照委托人所处的地位，对合同的满足性进行审查。此类审查主要包括：

（1）判断合同条款能否达到委托人所要求的目的。若委托人为资金方（受让人兼被回购人）的，就要审查股份受让能否产生担保权的效果以及融资方出现违约时能够处置股份或实现回购而进行变现的目的，以解决资金提供时的安全性问题。若委托人为融资方（转让人兼回购人），就要满足其能够高效、便捷获得资金的目的，因此，要对资金方提供资金的期限、条件、数额等进行明确的约定。

（2）判断标的、交易方式、交易期限等能否满足委托人的交易目的。重点审查转让标的是否可转让、转让价款数额及支付条件、转让期限、回购标的、回购价款的计算方式、回购资金差额及支付方式、发生违约的股份处置等约定是否能满足投、融资方的设定股份转让及回购的目的。

（二）对股份转让及回购合同外在问题的审查

虽然合同的内在性是指合同的内容，外在性是指合同的形式，根据马克思主义观点，内容与形式的关系不仅是对立统一的关系，而且是相互作用的关系。因此，合同的内在性审查是合同审查的核心任务，但合同的外在性审查也是非常重要的，是直接服务于内容审查的。作为法律工作者，在对合同内在性进行审查的同时也不能忽视对合同外在性的审查。

1. 对股份转让及回购合同结构体系性的审查

建立合同结构体系的目的在于确定合同条款间的秩序，使之符合阅读的习惯，从而便于合同的阅读、理解。对于股份转让及回购合同结构体系性的审查一般仅针对委托人自行制定并用于长期使用的合同文本，除非委托人有明确要求，对于相对人提供的文本一般不进行此项审查。此类审查包括如下内容：

（1）是否将股份转让及回购合同内容分成若干主题，以便于内容的安排及理解和使用；

（2）各主题之间是否条理清晰、划分合理、内容相互分开；

（3）各主题之间是否存在合同履行中的时间顺序或先后顺序，从而便于履行。

如果审查合同时需要，可辅助性地标注出股份转让及回购合同的结构体系，以便后续工作的开展，确保效率及质量。

2. 对股份转让及回购合同条款完备性的审查

此项审查的目的，是通过对股份转让及回购合同已经设立的各层标题，判断合同条款是否完备，检查是否缺少影响合同履行及权利义务明确的条款。在股份转让及回购合同中，当事人、转让标的、转让价款、转让期限、回购标的、回购价款、转让方式和回购方式、违约责任、争议解决方式等都是必备条款。

对于篇幅较大但未设立标题体系的股份转让及回购合同，可先整理出不同层级的标题，然后进行此项审查。此类整理仅为辅助审查之用，也可用于后续的修改。

（1）判断各层级的标题体系是否合理、完整；

（2）判断最小标题下的条款是否完备、假设的可能性是否齐全；

（3）审查合同的辅助性条款是否完备，是否足以明确合同本身的秩序并能够满足解决争议等情况下履行附随义务所需。

3. 对股份转让及回购合同严谨性的审查

在审查股份转让及回购合同时，法律工作者应当注意到合同的思维是否严谨，以防止因合同约定不严谨而产生的缺陷，避免因约定不明确或冲突而产生的争议。主要关注点有：

（1）股份转让及回购合同中是否由于假设不足而导致某些情况未予约定，从而导致权利义务不明确；

（2）是否存在有禁止性规定但无违约责任条款，以及类似的合同条款；

（3）是否存在由于术语或关键词不统一而造成的条款冲突，或由于表述不一致而影响权利义务的明确性；

（4）股份转让及回购合同生效的时间是否控制得当，辅助条款是否利于合同履行或争议处理。

4. 对表述精确性的审查

文字表述是合同权利义务的载体，法律工作者在审查股份转让及回购合同时应当关注由于表述问题而可能存在的缺陷。对于此类缺陷，如果仅为一般审查，只要不会产生歧义、不影响权利义务的明确性，可概括性指出而不必逐项审查。

如果送审合同系委托人的文本，特别是用于长期使用的合同，则应逐项指出其缺陷。这些内容包括：

（1）语言风格是否适合合同所应具备的风格；

（2）标点符号的使用是否符合使用规范；

（3）用词、用句是否符合法律文书的特定表达方式；

（4）用词或词组的内涵外延是否精确、指代用词的指代关系是否明确；

（5）行为人是否明确、承受人是否明确，以及句间关系是否明确、流畅；

（6）合同条款中是否存在严重影响交易目的的实现及合同履行的语言歧义现象。

5. 对版面美观度的审查

本项审查一般仅对委托人提交的、由委托人起草或整理后以委托人方文本形式出现的合同，尤其是准备长期反复使用的合同。对相对人提交的文本，除非委托人另有要求，一般不进行此类审查。

（1）合同排版是否整齐、美观、大方，其中采用中文版式的合同应审查是否符合中文的排版规范；

（2）全文的版式必须整齐划一，是否存在不同的排版形式混杂使用；

（3）不同层级条款序号的使用是否符合规范或习惯，各层序号是否连贯并显示出明确的层级，页码是否连续。

案例使用说明

一、教学对象及目标

1. 教学对象：本案例可供法学、金融学教学使用，主要适用于民商法学硕士、金融法学硕士、法律硕士、金融学硕士（资本市场方向）的案例教学课程。

2. 教学目标：本案例希望通过对真实的 PE 投资协议模板及股份转让及回购合同审查流程和重点的介绍，完成以下教学目标：（1）了解转让及回购合同基本条款；（2）掌握转让及回购合同的审核要点；（3）掌握转让及回购合同的法律性质；（4）了解司法实践中对转让及回购合同的司法态度；（5）重点关注“转让及回购合同”的履行方式和存在的风险；（6）“转让及回购合同”起草过程中，如何审查和草拟协议，防控法律风险的发生。

二、教学内容

1. 转让及回购的交易模式

在目前的投融资界的商事安排中，转让及回购合同的标的常见的是上市公司股票或优质有限责任公司的股份。但转让及回购的标的物并不仅限于股票（或股份），其他如房地产等，也可以作为转让及回购合同的标的。本案例主要以上市公司股票为例来分析论证。

例如，持有上市公司股票的股东（融资方）需要融资，与资金方签订转让及回购合同的操作模式为：

第一阶段：融资方（转让人）将股票以市价乘以一定比例（如60%，具体看股票情况而定，相当于融资质押担保的融资比例）转让给资金方（受让人），资金方以支付购买股票款项的名义，向融资方支付资金。这样，融资方取得了资金，标的股票则转移至资金方名下，交易结构示意如图24－1所示。

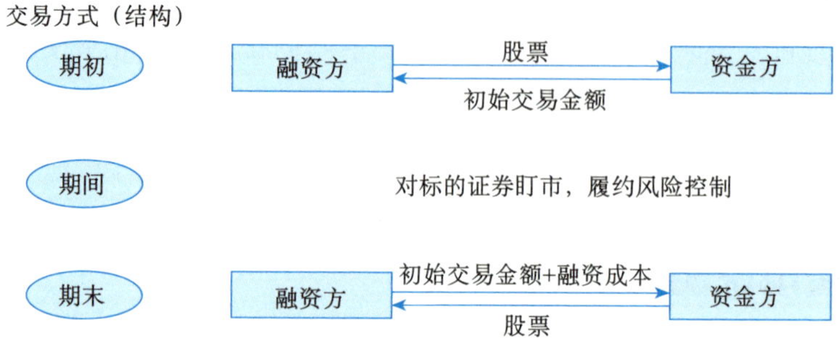

图24－1　交易结构示意

第二阶段：双方盯紧股市变化，在标的股票出现下跌时，若下跌到股价预警线（具体数值由股份转让及回购合同约定），则资金方通知融资方提供保证金或增加股票数量。当股市下跌到平仓线（由合同约定，低于该线时，资金方的资金安全将受到威胁），资金方可以强行平仓，所得价款依照合同约定支付资金方资金及资金占用成本后，多退少补。

第三阶段：若没有出现强制平仓的情况（出现强制平仓是小概率事件），股份转让及回购合同约定的回购期限届至，融资方依约支付回购价款（资金＋收益），资金方将股票过户回融资方名下。

2. 转让及回购模式的概念

在投融资界，多数上述交易模式称之为“转让及回购合同”，顾名思义，似乎就是做了两次交易，将标的股票转让出去然后再回购回来。一次是融资方将标的股票转让给了资金方，符合约定的条件成就时，融资方再将标的股票依照约定的价格回购回来。但这个名称仅仅是描述了该类合同的表象，并未揭示该类合同的本质。

《上海证券交易所约定购回式证券交易业务会员指南》中，将类似的交易行为称为“约定购回式证券交易”，该指南第一章中规定：“约定购回式证券交易是指符合条件的客户以约定价格向其指定交易的证券公司卖出标的证券，并约定在未来某一日期客户按照另一约定价格从证券公司购回标的证券，除指定情形外，待购回期间标的证券所产生的相关权益于权益登记日划转给客户的交易行为。”该指南限定了交易的主体为“符合条件的客户”和“证券公司”，现实的商业行为中主体远比“约定购回式证券交易”宽泛，但交易的性质是一样的。这个定义同样没有揭示该类行为的本质。

在金融业界也有人称之为“交易式融资”，本案例比较赞同这个定义，该定义既揭示了该类行为的本质——融资，也描述了该类行为的操作模式——交易。

3. 转让及回购合同的法律性质

转让及回购合同到底属于何种性质，金融及法律界存在如下学术和观点：

（1）信托说。该观点认为，转让及回购合同应属于信托行为。该观点的依据一是证监会《证券公司融资融券业务试点管理办法》，该办法第十四条规定：“融资融券合同应当约定，证券公司客户信用交易担保证券账户内的证券和客户信用交易担保资金账户内的资金，为担保证券公司因融资融券所生对客户债权的信托财产。”但证券账户内的证券和资金账户内的资金，实质上处于证券公司的监管之下，目的是担保证券公司作为出借资金一方债权的实现，显然与信托制度关于“由受托人按照委托人的意愿，为受托人的利益进行管理”的定义相悖。该观点的另一个理由是若将转让及回购界定为让与担保，由于我国关于担保物权的法律制度框架内并未规定让与担保制度，根据物权法定原则，转让及回购就不应该得到我国法律的认可。

（2）借贷 + 让与担保说。该观点认为，转让及回购仅仅是表现形式，本质是为了借款。将股票过户到资金方，是为了担保债权的实现。这种担保方式不是法定的担保方式，是理论上的非典型担保中的让与担保。

（3）融资 + 让与担保说。该观点也认为，转让及回购仅仅是表现形式，本质是为了融资，将股票过户到资金方，是为了担保债权的实现。

（4）无名合同说。最高人民法院终审判决的最高法（2013）民二终字第 33 号判决书关于“联大集团有限公司与安徽省高速公路控股集团有限公司股权转让纠纷上诉案”，认为转让及回购合同并非企业间的借贷合同，而是无名合同，但在判决书分析中认为合同行为有融资行为性质，该判决认为该案中的转让及回购合同有效，没有支持合同无效的观点。

上述“借贷 + 让与担保说”观点与“融资 + 让与担保说”观点基本类似，只是在概念术语上有所差别，实践中的操作流程基本相同。从语义学分析，融资与借贷（借款）这两个概念是有密切联系但又不同的两个概念，现代百科辞典中，融资是指通过借贷、租赁、集资等方式而使资金得以融合并流通。可知融资与借贷这两个概念是包含关系，借贷属于融资的方式之一，融资包含了借贷。融资是属概念，借贷是种概念。

由转让及回购的交易模式可以看出，转让及回购的目的是融资，第一次转让，融资方以收取股票转让款的名义取得了资金，第二次转让，由融资方将资金及约定收益以回购款的名义支付给资金方，将标的股票再回购回来。这两次转让的本质是融资过程中的资金融出和资金偿还的过程而已。而将标的股票转移至资金方名下，并非资金方为了取得标的股票，而是为了保证资金方的资金安全，起到了担保的作用，但这种担保方式并非我国担保法、物权法担保物权篇中的法定担保方式，而应属于非典型担保中的让与担保。转让及回购合同的法律性质，应属于融资合同加担保合同。

4. 让与担保与转让及回购合同

让与担保属于非典型担保的范畴，非典型担保是相对于典型担保而言的。典型担保是指物权法、担保法或者其他法律明文规定的担保类型，如抵押、质押、留置。非典型担保则是社会交易中自发产生、而法律没有规定的担保，如让与担保。

让与担保是指债务人以买卖方式移转标的物的所有权，而以价金名义通融资金，并约定日后得将该标的物买回的制度。在债务届时未能得到清偿时，债权人有就担保物优先受偿的权利。也有的约定以标的物以物抵债（在转让及回购合同中，有的约定出现约定情形时丧失回购权）。让与担保的特征是转移标的物的所有权。由以上概念可以看出，转让及回购合同具备了让与担保制度的所有特征，应属于让与担保的范畴。

5. 转让及回购合同的法律评价

按照上面的分析逻辑，转让及回购合同属于让与担保制度的范畴，则法律和司法实务界对让与担保的态度，即为对转让及回购合同的法律评价之态度。

目前法律理论界和司法实务界，对让与担保合同存在截然不同的两种态度，一种认为合同无效，另一种认为一般情况下应当认定合同有效。

（1）合同无效说。该观点认为让与担保合同无效的理由有三：

一是虚伪表示，认为转让及回购合同并非为了转让或者回购，所以认为该类合同是虚伪的意思表示，依据合同法原理当属无效。

二是违反了禁止流质契约之规定，《物权法》第二百一十一条规定："质权人在债务履行期届满前，不得与出质人约定债务人不履行到期债务时质押财产归债权人所有。"转让及回购合同违反了禁止流质契约的规定，所以合同无效。《担保法》及相关的司法解释、法律理论均认为流质契约无效。

三是违反了物权法定原则，《物权法》第五条规定："物权的种类和内容，由法律规定。"抵押或者质押均属于担保物权的范畴，根据物权法定原则，不允许当事人创设物权的种类，所以合同无效。因为在我国法律制度框架之下，并无让与担保之规定，所以应认定无效。

（2）合同有效说。持合同有效的观点主要基于以下理由：

第一，我国《物权法》规定物权变动合同签订即具有法律效力。《物权法》第十五条规定："当事人之间订立有关设立、变更、转让和消灭不动产物权的合同，除法律另有规定或者合同另有约定外，自合同成立时生效；未办理物权登记的，不影响合同效力。"虽然该条文规定的是不动产，但其他以登记公示的物权，应类推适用不动产的相关规定，或者说原理是一致的。合同的签订是发生物权变动的原因，履行合同的结果是物权的变动。要正确区分负担行为（原因行为）与处分行为（结果行为），不能把物权未发生变动与合同无效混为一谈。如担保合同，合同签订即应生效，没有办理担保物的登记手续，只是不发生担保物权的效力，而不能认为担保合同无效。

第二，让与担保合同并非合同法意义上的意思表示不真实。让与担保合同中，转移标的物所有权的行为，与合同法理论上的意思表示不真实不同。转移标的物所有权的目的就是起到担保的作用，在合同当事人之间是心知肚明的。国外立法例如德国、日本，早已摒弃了以虚伪表示说来否定让与担保合同的效力，让与担保早已被判例所接受。

第三，让与担保是否违反了流质契约禁止原则。流质契约的立法宗旨在于，防止债权人利用债务人的紧迫需要，取得标的物实际价值与债权额之间的差额，为少量融资而以高价物品提供担保。以至于万一到期无法偿还债务，则只能坐视债权人取得高价担保物而使债权人得以榨取不当利益。但让与担保赋予债权人清算义务后，可以克服规避流质禁止规定的嫌疑。

《上海证券交易所约定购回式证券交易业务会员指南》第四章·违约处置："（三）会员提交的违约处置申请及相关材料形式完备的，本所向中国结算上海分公司发出终止约定购回交易的书面通知。会员可在标的证券划转至自营账户的下一交易日起按照《客户协议》约定，处置约定购回交易所涉全部标的证券，以抵偿客户应付金额，剩余金额按照多退少补的原则处理；……"常用的转让及回购合同条款中，也有类似的约定。在域外立法例中，如德国、日本，同样也摒弃了依此来否定让与担保合同的效力。

第四，让与担保是否违反物权法定原则。物权法定的立法宗旨在于保护财产权制度的静态安全，防止损害善意第三人的利益。合同法是保护财产权制度的动态的安全。转让及回购的交易结构，除了合同约定外，还要对财产权转移进行登记公示，不会侵害第三人的利益。同样国外立法例中，让与担保早已被判例所接受。

在我国的司法界，虽然也存在将让与担保合同判为无效的案例，但主流观点还是认为让与担保合同有效。例如最高人民法院应用法学研究所《人民法院案例选》选编并点评的"临海市工艺服装绣品厂破产清算组诉临海市第四建筑工程公司让与房屋产权担保责任逾期未履行返还房产权案"、最高人民法院终审的（2013）民二终字第33号判决关于"联大集团有限公司与安徽省高速公路控股集团有限公司股权转让纠纷上诉案"，以及最高人民法院王闯、刘贵祥等专家，均认为一般情况下应当认为让与担保合同有效。在转让及回购合同中，只要约定债权人有清算的义务，不是约定债务人不能清偿到期债务担保物归债权人所有，合同就有效；合同即使约定了流质条款，仅仅是流质条款无效，合同的其他条款有效。最高人民法院《担保法司法解释》第五十七条第一款规定："当事人在抵押合同中约定，债务履行期届满抵押权人未受清偿时，抵押物的所有权转移为债权人所有的内容无效。该内容的无效不影响抵押合同其他部分内容的效力。"

6. 转让及回购合同模式可扩大适用一切可转让和回购的资产

通过对以股份为标的物的"股份转让及回购合同"的案例分析研究，可以管中窥豹，洞晓资产转让及回购合同的核心。从理论上讲，一切可以转让和回购的资产均可适用转让及回购合同，股份其实只是应用于转让及回购合同模式的一种标的物而已，如房地产转让及回购合同。当然，针对不同种类的标的物，需要设置相应的转让和回购交易条件。资产转让及回购合同模式已经广泛应用于投融资及法律实务界，是融资实践中担保方式的一种创新，能够很好地满足资金方的资金安全和融资方的融资便捷需求，具有很强的生命力，必将得到长足的发展。司法机关也在一定程度上肯定了这种交易模式的有效性。本案例希望通过对"股份转让及回购合同"文本的研究，以及对"股份转让及回购合同"审查和草拟基本要点的介绍，并对转让及回购合同法律性质学说等的介绍，让同学们熟悉这种融资担保模式，以便在将来的投融资业务中灵活运用这种创新模式，为委托人提供多样化的融资、担保服务奠定基础。

参考文献

[1]《上海证券交易所约定购回式证券交易业务会员指南》.

[2] 中国证监会《融资融券业务试点管理办法》第十四条.

[3] 王亚楠. 融资融券交易担保制度的法律构建 [J]. 金融法苑，2011 (83).

[4] 高圣平，张尧. 中国担保物权制度的发展与非典型担保的命运 [J]. 中国人民大学学报，2010 (5).

[5] 刘贵祥.《物权法》关于担保物权的创新及审判实务面临的问题 [J]. 法律适用，2007 (9).

[6] 王闯. 关于让与担保的司法态度及实务问题之解决 [J]. 人民司法，2014 (16).

[7] 最高人民法院 (2013) 民二终字第33号判决：联大集团有限公司与安徽省高速公路控股集团有限公司股权转让纠纷上诉案.